U0479290

JACQUELINE DU PRÉ

杜普蕾的爱恨生死

［英］伊丽莎白·威尔森——著 蒋文惠——译

文化发展出版社
Cultural Development Press

图书在版编目（CIP）数据

杜普蕾的爱恨生死 / (英)伊丽莎白·威尔森著；蒋文惠译. —— 北京：文化发展出版社有限公司, 2017.7
ISBN 978-7-5142-1847-3
Ⅰ. ①杜… Ⅱ. ①伊… ②蒋… Ⅲ. ①杜普雷(DuPre, Jacqueline 1945-1987)—传记 Ⅳ. ①K835.615.76
中国版本图书馆CIP数据核字(2017)第153550号

JACQUELINE DU PREÉ by ELIZABETH WILSON
Copyright:©
This edition arranged with THE ORION PUBLISHING GROUP through Big Apple Agency, Inc., Labuan, Malaysia.
Simplified Chinese edition copyright: 2017 Cultural Development Press Co.,Ltd.
All rights reserved.

杜普蕾的爱恨生死

著　　者：[英]伊丽莎白·威尔森
译　　者：蒋文惠
出 版 人：武　赫
责任编辑：范　炜
责任印制：邓辉明
装帧设计：高　熹

出版发行：文化发展出版社（北京市翠微路2号　邮编：100036）
网　　址：www.wenhuafazhan.com
经　　销：各地新华书店
印　　刷：北京顶佳世纪印刷有限公司
开　　本：889mm×1194mm　1/16
字　　数：500千字
印　　张：33
印　　次：2017年10月第1版　2017年10月第1次印刷
定　　价：88.00元
ＩＳＢＮ：978-7-5142-1847-3

◆ 如发现任何质量问题请与我社发行部联系。发行部电话：010-88275710

JACQUELINE DU PRÉ

杜 普 蕾 的 爱 恨 生 死

[1] 1962年，杰奎琳·杜普蕾在持弓练琴

[2] 杰奎琳·杜普蕾近照，大约摄于1960年代

[3] 1964年10月5日，在伦敦金史密斯音乐厅，杰奎琳·杜普蕾与史蒂芬·比肖普排练中

[4] 杰奎琳·杜普蕾与指挥约翰·巴比罗利爵士在演奏现场

[5] 1967年3月14日,杰奎琳·杜普蕾演奏照,刊登于加拿大《多伦多星报》

[6] 在耶路撒冷的哭墙前举办完婚礼，1967年6月28日，杰奎琳·杜普蕾和丹尼尔·巴伦博伊姆这对新婚夫妇返程抵伦敦希思罗机场的合影

[7] 杰奎琳·杜普蕾、平基·祖克曼与丹尼尔·巴伦博伊姆在进行三重奏演奏

[8] 1968年5月1日，杰奎琳·杜普蕾和丹尼尔·巴伦博伊姆夫妇合影
这对夫妇在婚姻和音乐事业上皆看似琴瑟相和，一帆风顺，虽然，在音乐圈内，夫妻档往往因事业追求而起冲突，持久的婚姻实不多见

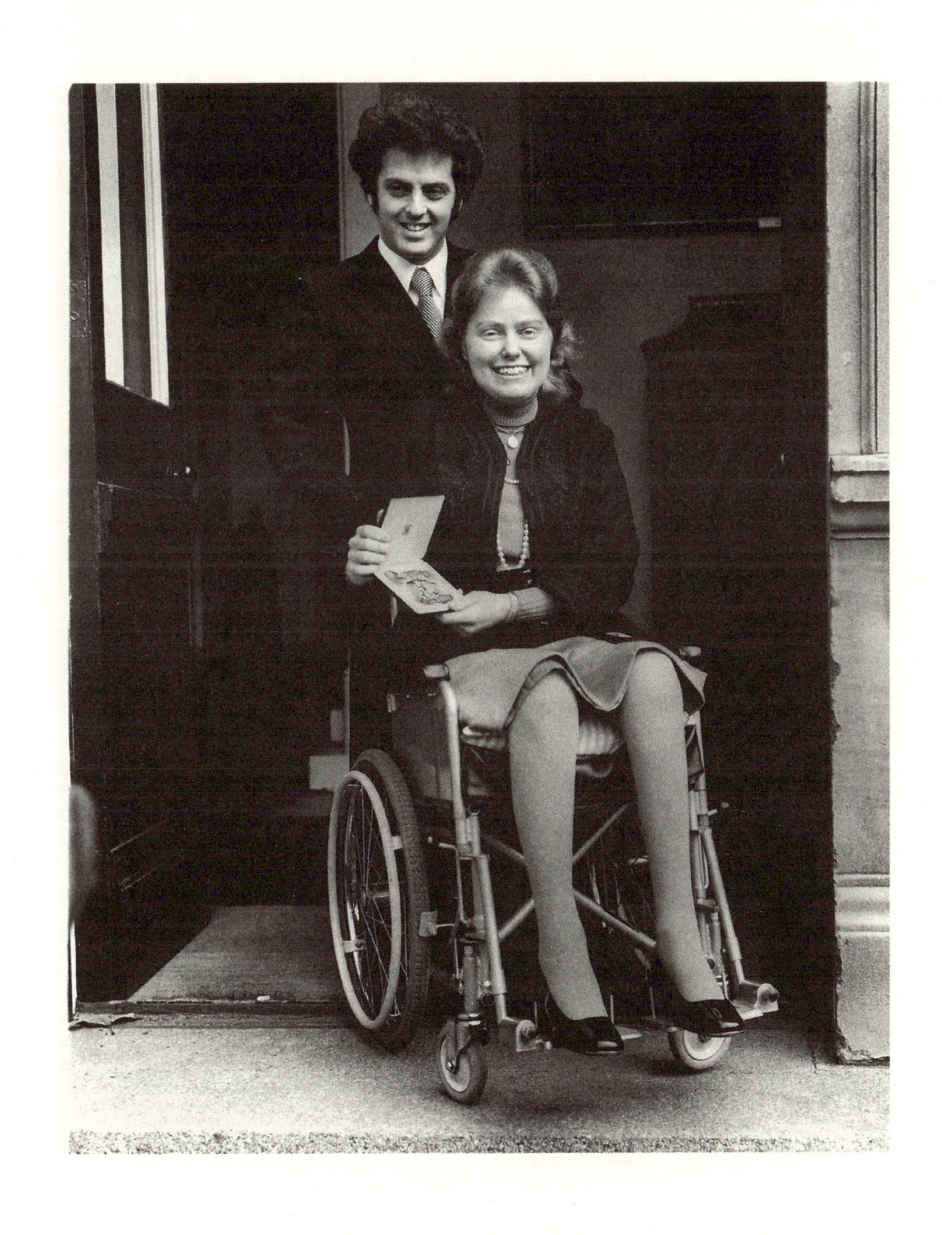

[9] 1976年2月24日，杰奎琳·杜普蕾在轮椅上接受英国女王授予大英帝国勋章后，由丈夫丹尼尔·巴伦博伊姆推着轮椅离开白金汉宫

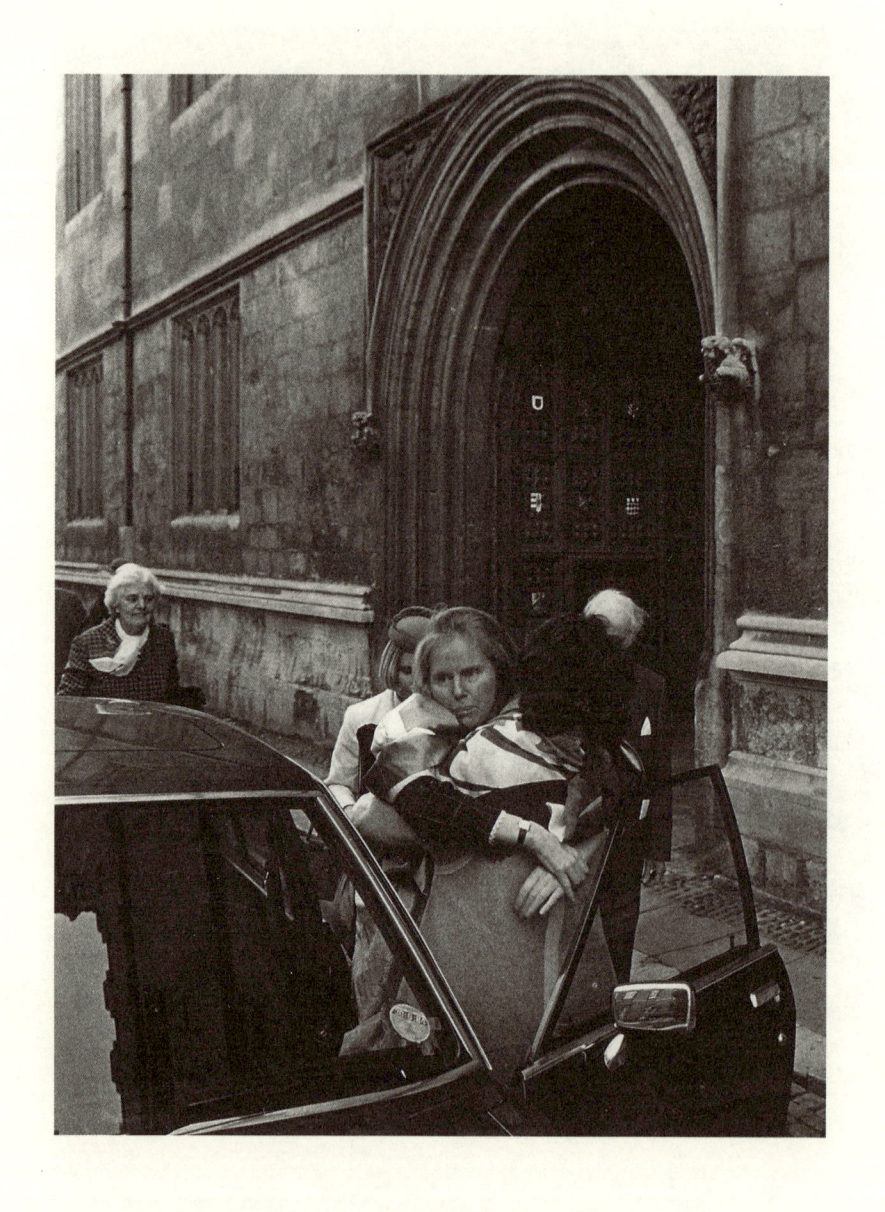

[10] 1984年，在牛津大学接受荣誉学位后的杰奎琳·杜普蕾由丈夫丹尼尔·巴伦博伊姆抱上车

序
文/朱伟

杜普蕾（Jacqueline du Pré，1945—1987）是一个爱乐人绕不过去的伤感名字。一个金发飘飘的大提琴演奏家，演奏生涯却非常短暂：从16岁，1961年3月1日在伦敦维格莫尔音乐厅（Wigmore Hall），由她母亲操办首演音乐会，到1973年确诊患多发性硬化症无法再抬臂拉琴，仅短短12年时间，如天使折断了翅膀。而这12年，她又似乎冲刺般走完了别的演奏家用20多年所走的道路，大提琴经典曲目基本都留下了录音。这样的迅捷耀目与迅捷谢幕，带给人感伤。

大家都将英国作曲家埃尔加（Edward William Elgar，1857—1934）《e小调大提琴协奏曲》中的悲惋，与她的命运联系在一起。埃尔加这首大提琴协奏曲作于第一次世界大战（1914—1918）结束后，完成于1919年。作为一个战争目击者，埃尔加目睹了战争中朋友的死亡；更痛心于许多朋友在战争中成为彼此杀戮的敌人。这首协奏曲，按埃尔加自己的说法，是表达一种生活态度的。什么态度呢？告别。它被称为他的"战争安魂曲"，悲伤是主调。英国音乐评论家迈克尔·肯尼迪在他的《埃尔加肖像》中，对这首作品的著名诠释是："这里的安魂曲，与其说是为了佛兰德战场上的死者，不如说是为了一种生活方式的毁灭。"这首协奏曲在杜普蕾演奏前，已经有了英国女大提琴演奏家哈里森（Beatrice Harrison，1892—1965）1932年由埃尔加指挥、西班牙大提琴泰斗卡萨尔斯（Pablo Casals，1876—1973）1945年由鲍尔特指挥、法国大提琴演奏家纳瓦拉（Andre Navarra，1911—1988）1957年由巴比罗利指挥的三个经典版本。杜普蕾是以卡萨尔斯的演奏为范本，改以更强烈的姿态，完全颠覆了哈里森与纳瓦拉塑造的那种英国绅士落寞细腻、垂首感伤的语态。

杜普蕾不仅加重了沉滞,使悲伤刻骨成为悲泣,且以强劲的悲痛,改变了哈里森或纳瓦拉的基调,最后一个乐章的悲慨,真抑扬顿挫到声惊四座。她以一种强大的力量注于这作品,似乎是她自己要抗争于埃尔加赋予这首作品的命运。因此,有评论家认为,她是以"一种强烈的激情的光芒",使得埃尔加原作中垂暮的"模棱两可、唯唯诺诺消失得无影无踪"。当然,对此作应赋予怎样的演绎,不同人有不同的体会。但杜普蕾就这样不容置疑重新塑造了这首协奏曲,这就是杜普蕾。祖宾·梅塔曾有这样的说法:"这个女孩的演奏,像五个男人在拉大提琴,整个乐团,没一个小节能盖过她的声音。"这当然是夸张的比喻,梅塔喜欢夸张。

杜普蕾构成了一个传奇。早在2001年,我们就读到了上海译文出版社出版,由黄昱宁、管舒宁翻译的,杜普蕾的姐姐希拉里与弟弟皮尔斯的回忆录《狂恋大提琴》。尽管亲姐弟的记录可能更接近一个狂放不羁的艺术家的燃烧天性,但我们都不愿认可这被记录的事实,不愿接受根据这本书改编的那部被译为《她比烟花寂寞》的电影。我们期待有一部真正能承载我们心中对艺术女神想象的传记。这下好了,伊丽莎白·威尔森(Elizabeth Wilson)1998年出版的这部传记,算是一份迟到的礼物。伊丽莎白·威尔森是与杜普蕾同时期的英国大提琴演奏家,罗斯特罗波维奇的学生,杜普蕾的好友。她不仅提供了近距离观察杜普蕾的角度,且提供了大量背景信息。这部传记是巴伦博伊姆授权认可的,专业知识丰盈,这满足了我作为一个读者,对杜普蕾此生思索的需求。

比如师承关系。杜普蕾是普利兹(William Pleeth,1916—1999)的学生,是称其为"大提琴父亲"的。普利兹是德系克林格尔(Julius Klengel,1859—1933)的学生,托特里耶在接触杜普蕾后,曾抱怨普利兹,"不明白他教给了她什么"。但普利兹却认为,克林格尔对他的最深刻影响是,让每个人成为自己,"因此,富尔曼(Emanuel Fauermann,1859—1933)与皮亚蒂戈尔斯基(Gregor Piatigorsky)才演奏风格截然不同。"富尔曼与皮亚蒂戈尔斯基是克林格尔两个最重要的弟子。也许,正因为普利兹的这种教学方法,才培养了杜普蕾不被驯服的强烈个性。普利兹对技巧的理解是,"根据自身来塑造技巧"。

我们可能会惋惜，杜普蕾没能进一步随大师深造，尤其是法系的托特里耶（Paul Tortelier，1914—1990）。1960年她在瑞士采尔马特（Zermatte）的暑期班只听过卡萨尔斯三节课，那时卡萨尔斯已经83岁，她与他，距离很远。1962年她本来有随托特里耶深造半年的机遇，托特里耶是一心想好好塑造她的。她到巴黎第二天，托特里耶就用了两小时精心辅导她布洛赫的希伯来狂想曲《所罗门》，以致他妻子都梦见他对她不忠了。但结果是，杜普蕾提前就离开了巴黎。她不能接受托特里耶对她的改造，托特里耶以垂直、水平、对角关系等研究音乐逻辑的方法，反而疏离了她。普利兹说了："她不是一个耐心的倾听者，因为她内心的冲动。"所以，尽管她也喜欢托特里耶对舒曼协奏曲中华彩乐段的处理，但如认真对比两人演绎的这首协奏曲，语调的差距真的巨大。

对杜普蕾实际有影响的，其实是罗斯特罗波维奇（Mstislav Leopoldovich Rostropovith，1927—2007）。杜普蕾是1966年到莫斯科，跟了老罗半年。应该说，罗斯特罗波维奇不仅教了她《洛可可主题变奏曲》的氛围，教了她普罗科菲耶夫与肖斯塔科维奇的节奏，更重要是启发了她驾驭自身的能量，这是最受益于她的。尽管杜普蕾后来不愿意承认老罗对她的影响，但这半年，事实是有烙印的。遗憾是，她似乎没留下《洛可可主题变奏曲》与普罗科菲耶夫、肖斯塔科维奇的录音，也就无法直接对比老罗。但我想，如果没有莫斯科这半年，她大概就不会轻易终止"杜比组合"。

"杜比"的"比"是史蒂芬·比肖普-科瓦塞维奇（Stephen Bishop-Kovacevich，1940—）。我们现在遗憾是"杜比组合"留下的录音太少，1965年，他们本来已经开始贝多芬奏鸣曲的录音了，科瓦塞维奇透明晶莹的琴声其实是杜普蕾极好的衬托与对比，但可惜他们只留下了第三、第五号两首录音。1966年从莫斯科回来后，秋天她就开始选择新搭档，到年底，她就被巴伦博伊姆之"箭"射中了。总是相遇之缘决定命运的，杜普蕾邂逅巴伦博伊姆，对她一生的意义不言而喻，是他使她的事业迅速抵达了顶峰——巴伦不仅是钢琴家、指挥家，更是出色的洲际活动家，他推动着她，短短5年，成为了世界各大乐团与EMI录音室的常客。就我个人而言，惋惜于"杜巴组合"替代了"杜比组合";就杜普蕾的命运而说,"杜巴"必然取代"杜比"。比肖普·科瓦塞维奇满足不了她,她是一团火;而在巴伦的推助下,这团火就很快烧毁了她自己。其实,巴伦后来也满足不了她,我听"杜巴"组合,都能听到巴伦博伊姆的亦步亦趋,她的气场太强大。马友友说得对,他说她的演奏,像要跳出唱片向你扑来一样。

伊丽莎白·威尔森这部传记告诉我,"杜巴"组合最珍贵录音是1971年的肖邦、弗兰克奏鸣曲。弗兰克这首奏鸣曲以大提琴演奏,深沉美丽,尤其慢乐章,每次听,都感觉到杜普蕾那种哀婉绕梁,只能令人深深叹息。而杜普蕾最好的埃尔加协奏曲录音,也是巴伦博伊姆1970年在费城与她的合作。在这个录音中,能听到第一乐章的"心如刀绞"与慢乐章的"延长至永恒"。费城录音是CBS的版权。

当然会不断有人对比各种各样的大师,批评杜普蕾的技术;当然也会不断有人批评杜普蕾夸张的肢体语言,批评她的琴弓压力使强音紧逼,音色粗糙。但杜普蕾仍然不可替代。"生如夏花灿烂,死如秋叶静美",她的艺术生命在青春期就燃尽,她亦就将自己定格在了闪光灯下那个金发在脸颊上飘逸的年纪。就像一颗美丽的彗星,她留下长长耀亮整个天宇的尾光,令我们仰望,令我们感叹她所融合的星空之壮美,这还不够吗?

一个人,凝固了她强烈的情感,变成一座坚硬的雕塑,我们为此肃然起敬,这已经超越了她所留下的音乐的价值。

CONTENTS 目 录

前言 —— 001

第一章 　天赋异禀 —— 001
第二章 　爱乐琴童 —— 012
第三章 　苏吉亚天才奖 —— 022
第四章 　拜师普利兹 —— 033
第五章 　银屏亮相 —— 042
第六章 　首场独奏 —— 054
第七章 　塞尔莫内塔 —— 066
第八章 　初试交响 —— 084
第九章 　求学巴黎 —— 104
第十章 　青春困惑 —— 119
第十一章 　达维多夫大提琴 —— 136
第十二章 　杜比二人组 —— 151
第十三章 　新的听众 —— 170
第十四章 　唱片事业 —— 185
第十五章 　在莫斯科 —— 201
第十六章 　新的方向 —— 228
第十七章 　脚下世界 —— 244

第十八章　爱情至圣 —— 270

第十九章　完美三重奏 —— 290

第二十章　欢乐音乐季 —— 315

第二十一章　属于世界 —— 337

第二十二章　《鳟鱼五重奏》 —— 358

第二十三章　贝多芬盛典 —— 374

第二十四章　迎难而上 —— 403

第二十五章　患疾封琴 —— 421

第二十六章　短暂复出 —— 439

第二十七章　宿命弄人 —— 454

第二十八章　琴声依旧 —— 479

致谢 —— 494

前言

我动心写这本书,是杰奎琳·杜普蕾辞世数个月之后的事。1988年1月,在威斯敏斯特大厅,杜普蕾的丈夫丹尼尔·巴伦博伊姆与不少杜普蕾生前的音乐家好友举办了一场纪念杜普蕾的专场音乐会;音乐会上,丹尼尔问我,打不打算写写杰姬(英文中,杰奎琳的昵称,下同——译者注)的生平传记,他这一问,真就问动了我写这本书的心思。很感谢丹尼尔会想到我,不过,我当初的反应是想回绝。我几乎没什么写作经验,自觉难以担当此任。不过,丹尼尔很鼓励我,只说容我好好想想再定。在他看来,我自己拉大提琴,了解而且也听过杰姬生前的演奏——我1965年就认识杰姬,理应胜任。丹尼尔还大方说,他很是信得过我,杰姬也早就信得过我了。正是巴伦博伊姆说的最后一句"信得过"给了我接受这份挑战的勇气,大约五年后,我真的动笔写了起来。

杰奎琳·杜普蕾,深受人们热爱。杜普蕾生前受到过不同媒体的热捧,先是她无与伦比的艺术造诣,而后,是她不惧病魔折磨的勇气与坚韧。杜普蕾于1987年10月辞世,迄今,人们对她的兴趣一如既往,未见消退:有关她的两本传记已经相继面世,不少相关的文章和取材她生平故事的戏剧亦流行坊间,一部纪录片也即将面世,更有一部电影在筹拍之中,剧本取材杜普蕾姐姐和弟弟新近推出的回忆录。愈发显见的是,人们对杜普蕾念念不忘,已陆续发掘出越来越多杜普蕾生前录制的唱片资料,EMI唱片公司因此专门选择杜普蕾演奏的拉罗大提琴协奏曲和理查·施特劳斯的《唐璜》,作为自家公司五十年庆典大礼奉献给大众。

在杜普蕾身上，从传奇中抽丝剥茧出她个人的真实生活，是一件特别艰难之事。过去十年，围绕她名字的神秘光环一直都在。一位年轻女子，天赋异禀，而后，人生最是盛年之际，却遭受无情病痛的侵袭，被残酷折翅，杜普蕾的故事很是具有希腊悲剧的震撼力，让人强烈感到几近天意的宿命弄人，以致某种虚构的东西隐约侵扰着我们手边收集的往事资料。与此同时，一提及她的名字，人们禁不住啧啧称奇，亦阵阵叹息。人或许问，有关她，还需要写些什么吗？

不过，我个人发觉，似乎还没有一本书认真探究过杜普蕾所取得的巨大音乐成就，也还没有人系统梳理过造就她才华的根源，她对其他音乐家和大提琴家所产生的影响。就像熟悉她的人所回忆叙述的那样，杜普蕾本人对自己的巨大成就一贯内敛谦逊。在收集资料和着手写这本书的过程中，我了解到她参与过的活动十分广泛，这让我惊讶不已。杜普蕾在自己短暂而逝的生命中演绎了大量的音乐，曲目范围和所拥有的音乐素养远远超出人们通常记忆中的那些。

尽管这本书主要围绕杜普蕾的音乐演奏生涯展开，不过，在她的故事里，很难将音乐与她的个人生活脱离开来。她的艺术造诣与她的个性本就合二为一，达到了异乎寻常的高度统一；借大提琴抒发心声，一直是她最钟爱的表达沟通方式，直到病魔迫使她的音乐生涯戛然断弦为止。

我与杰姬相遇相识二十余年，这给了我撰写这本传记得天独厚的条件。不过，这也容易让我的记忆因事后感触而蒙上轻纱。有时，我不得不——起码，暂时地——搁置下自己的个人情感和判断，尽量给出中肯客观的观点。首先，我得让自己心头摆脱杰姬最后病重时那些令人揪心的一幕幕情景的萦绕，重新捕捉她身上那股振奋人心的热情气息，那是她青春个性中的重要特质。总之，我尝试站在一个新的视角，重塑杰姬的人生轨迹，包括那些与她各个人生时点相关联的情感纠葛，提供读者造就她伟大音乐成就的时代语境与背景。

为了收集资料准备下笔，我曾和很多人一起谈论和追忆杰姬，非常美好。不过，我依旧觉得，让我自己更为愉悦的是，每每独自聆听杜普蕾演奏的唱片之时，每每追逐她与她美妙艺术亲密相随的那些生活内容之际。

除了已发行的唱片资料,我有幸发现仍留存在世界各地广播电台档案里她往昔的一些演出内容。在英国,位于伦敦展览路上的国家声音档案馆[①]拥有极丰富的电台磁带收藏,馆内人员非常热心,聆听设备也极不错,可供大众查听各种声音资料。

唱片无疑是杜普蕾遗留下来最有价值、最持久的东西。EMI公司提供了她的唱片目录,还有克里斯托弗·努本拍摄的纪录片,可供人们视频观赏。

我不打算采取随书附赠送唱片的做法,主要原因有二:一是,这本传记中,我已详细涉及的曲目绝大多数都是唱片资料;二是,由于再版唱片和新合集发行,以及其他版本退市,商业化灌录的唱片目录往往过时很快。不过,倘若读者您想进一步欣赏杜普蕾的精湛琴艺,敬请留意:本书中所提到的EMI唱片,现今都可在CD碟片上听到。这种情形应该会延续下去,杜普蕾的独特气质无疑会继续打动新一代的音乐爱好者。目前,EMI录制的作品中,少了贝多芬的《单簧管三重奏Op.2》和《E大调钢琴三重奏 WoO 38》这两首,因为,EMI公司再版由巴伦博伊姆、祖克曼、杜普蕾三人合奏的《贝多芬三重奏全集》的CD唱片时,拿掉了这两首乐曲。

杜普蕾作为一只世间罕见的百灵鸟,一位光彩夺目的英国弦乐演奏者,BBC广播公司自然频繁录制下她个人演奏的众多曲目。的确,正是在BBC第三套广播电台的演播室里,杜普蕾开始了自己的唱片录制生涯。贯穿她整个演奏生涯,杜普蕾的演奏经常进行现场直播(不只在英国,在其他国家也一样)。遗憾的是,在这些广播电台的档案中,许多磁带都很难再找到,有些似乎早已遗失不见。例外的情形也有,磁带因凑巧误记作停播的非专业磁带侥幸保留了下来,它们往往质量不甚好。

杜普蕾的音乐发烧友可以预约前往国家声音档案馆,让自己更好地满足一番,在那儿,您能听到这本书中所提到的BBC广播电台录制的绝大多数唱片,其中包括罕见珍品,诸如,1962年在BBC电台演播

[①] 国家声音档案馆(The British Library Sound Archive):现更名为大英图书馆声音档案馆,位于伦敦,世界最大的声音收藏馆。

室录制的雅克·伊贝尔①的《b小调大提琴与管乐合奏协奏曲》，1962年12月在一场演奏会上录制的《舒曼大提琴协奏曲》和托特里耶的华彩乐段，以及数次演奏会上演奏的《埃尔加协奏曲》——杜普蕾和诺曼·德尔·马（Norman Del Mar）于1962年10月的一次合作演奏，是最早录制的一首。

除了EMI唱片目录外，市面上还有两张较新的CD唱片：CBS（哥伦比亚广播公司）取材费城演奏会的演出发行的1970年版埃尔加协奏曲唱片，和德意志唱片公司（Deutsche Grammophon）1979年录制出品的杜普蕾朗读普罗科菲耶夫（Prokofiev）《彼得和狼》的唱片。此外，在一些国家，打有凹版印刷标签的CD唱片上，能找到1968年一场演奏会上杜普蕾演奏的亚历山大·戈尔（Alexander Goehr）的浪漫曲。

虽然杜普蕾最主要是作为一名音乐家为人们所铭记，但与她相关的诸多方面都留下了丰富的遗产，有待我们进一步研究探讨。在生前，杜普蕾用自己的亲和力、幽默感和强大尊严为人们立起了战胜病魔的希望灯塔，振奋激励着其他慢性病患者，特别是多发性硬化症患者。杜普蕾的名字和影响已见诸各种信托和机构之中。

这些信托与机构中的领航者便是国际多发性硬化症协会联盟（the IFMSS—International Federation of Multiple Sclerosis Societies）下属的杰奎琳·杜普蕾研究基金会。1979年，在杰奎琳参与下，丹尼尔·巴伦博伊姆与詹姆斯·沃尔芬森②发起创建了这家基金会。在巴伦博伊姆的慷慨投入和示范鼓舞下，接下来数年间，由明星艺人推出的支持该基金会的演奏会赢得了极高的赞誉。1987年4月，就在杜普蕾临辞世的前几个月，国际多发性硬化症协会联盟设立了杜普蕾奖学金，提供一笔每年两万美金的奖学金，资助一名选定的多发性硬化症研究方向的专业人员进修深造。杜普蕾深知自己将永远无法受益于任何研究成果，但明白用自

---

① 雅克·伊贝尔（Jacques François Antoine Ibert，1890年—1962年），法国作曲家。
② 詹姆斯·沃尔芬森（James Wolfensohn，1933年—），犹太裔澳大利亚—美国经济学家，曾任第九届世界银行行长。

己名字来命名也许能缓解其他多发性硬化症病患的痛苦，她觉得这么做颇有意义。

杜普蕾辞世后不久，一项名为杰奎琳·杜普蕾的纪念奖创设，专门资助年轻的大提琴专业学生，包括赞助购买乐器，或是赞助一场演奏会。第一次奖项于1988年颁发。1988年11月，杰奎琳·杜普蕾纪念奖在伦敦启动，赋予双重目的。整个奖项筹划分为两个项目，一是，一项筹款基金项目（the Appeal Fund），用于在牛津的圣·希尔达学院筹建一座新的音乐演奏厅；二是，一个由音乐家贝多芬基金会管理下的信托项目，用于帮助那些患有机能退化和慢性疾病的音乐家，让他们能尽可能居家接受治疗，也可用于购置护理所需的病床。纪念基金会达成了这两个项目，筹集的捐款总额近三百万英镑。

而今，一座纪念性建筑最能彰显杜普蕾的后世影响，1995年9月，在圣·希尔达学院，杰奎琳·杜普蕾音乐教学楼落成启动。除了一个可容纳200人的音乐演奏厅外，这栋音乐教学楼还设置数间练习室和排练厅，并提供各种录制设备。1985年，杜普蕾入选圣·希尔达学院院士，随即开始设想和筹划这个项目，当时，杜普蕾一直关注并冀望着项目早日启动落实。

纪念基金会清算注销后，最近一次发起致敬杜普蕾的现场活动于1996年举行，此次活动由基金会前任总监诺曼·韦伯主持，与会人员拟定在当年3月1日这一天，在伦敦的威格莫尔大厅里，推出一场周年纪念音乐会，旨在纪念杜普蕾在这个音乐厅里的首次登台演奏。音乐会门票的销售和捐款事宜交由一家与音乐或医学关联的慈善机构负责运营。

近些年，由EMI公司倡议赞助，以杜普蕾命名的大提琴演奏大赛已在英国启动。我发现，在意大利，这个杜普蕾生前就深受其人民敬仰和爱戴的国度，在博洛尼亚[①]，有一所以杜普蕾名字命名的音乐学校；在那不勒斯[②]，有一群年轻音乐人自发组建了杜普蕾钢琴四重奏乐队。

---

① 博洛尼亚（Bologna）：意大利城市，获选过2000年的欧洲文化之都。
② 那不勒斯（Naples）：意大利南部的第一大城市。

我希望，我的这本传记在关注杜普蕾这位音乐家的同时，也能将她一生的其他方面呈现出来。自然，没有一本书能替代杰奎琳自己的声音，这声音就在她的那些音频和视频唱片中广为流传。

伊丽莎白·威尔逊
写于意大利的贾韦诺[①]
1998年6月

[①] 贾韦诺（Giaveno）：意大利都灵省的一座市镇。

第一章
天赋异禀

音乐天赋很可能在人一出生就自然展现出来；音乐是天生且内在的东西，它几乎不需要从无到有的滋养，也不需要来自生活的任何体验。

——约翰·沃尔夫冈·冯·歌德

神童现象一直是奇迹的来源。倘若不揣测神童的才华有赖于神的眷顾（歌德就是这么猜测的），人们还真无法解释神童幼小时的超凡才华来自何方，例如莫扎特。在莫扎特一生中，聪颖早慧无疑是他成熟期灵感创作的先兆。不过，神童展示其早熟的精湛技艺，常常让人赞叹不已；等到这些神童长大成人后，总难免让人们早先的期望变失望。一名小音乐家，唯有其创作天赋融入精准的直觉感知，并凭借体悟深刻情感的能力而得到丰富时，才有可能成就超凡脱俗的一生。

小提琴家耶胡迪·梅纽因的音乐天赋早早就显露了出来，他描述过神童充满激情的内心世界与受限的生活经验之间奇特的失衡情境："我是个孩子，却懂得很多，体会到十分丰富的情感，但这绝对不是学来的！我感悟到生活中的悲情，感受到抛弃、丰富与提升等情感，但在外在世界里，我并没有经历过这类情感遭遇。"[i]梅纽因后来深有感悟地这么说，视自己这种情感上的早慧多少也局限了他自己早年的演奏发挥。成长成为一名艺术家，就意味着要将这些直觉情感与真实生活的体验结合起来，这是神童青春萌动期一段必经且艰难的自我提升历程。

杰奎琳·杜普蕾十六岁时才开始自己的公开演奏——与大多数神童相比，算是起步较晚的了。尽管如此，杰奎琳的音乐天赋很早就显露了出来，在她身上，是内心世界的丰富情感，而不是早慧的精湛琴艺，确定了她的天赋异禀。杜普蕾的母亲爱丽斯·杜普蕾仍记得，杰姬四岁那年，头一回得到一把大提琴——那是一把全尺寸的"大家伙"——小杰姬兴奋得高声嚷道，"噢，妈妈，我太喜欢我的大提琴啦"。爱丽斯听在耳朵里，警觉到这么一句小孩话已饱含着"强烈而丰富的情感"，[ii] 不由心感震惊，隐隐觉得自家这小女儿将会终生投入到对音乐和大提琴的热爱之中。也的确是爱丽斯的功劳，是她即刻慧眼辨识出小杰姬的不同寻常，与此同时，作为母亲，她时时在意且呵护有加，小心培育着自家这个小女儿，颇有节奏地让小杰姬的才华逐渐崭露头角。

实际上，杜普蕾相对较晚才亮相音乐演奏会，杜普蕾家人和老师对杜普蕾崭露头角的时机选择是有过一番权衡的，这是部分原因所在。再就是，英国人向来不推崇向公众推销小音乐家的做法。与梅纽因儿时登台大获成功的演奏生涯十分不同，乔治·马尔科姆，英格兰出生的钢琴家和大键琴家，就记得自己曾遭遇过刻意阻拦、不准演出的艰难境况。虽然马尔科姆的父母和老师很早就发觉小马尔科姆的音乐才华，但并不想翻版他们看在眼里的那类外界明目张胆盘剥神童的现象，比如，还是小男孩的梅纽因，乔治的同龄人，就不得不承受这么一种盘剥。[iii]

英国人讨厌过度推销神童做法的态度，与欧洲大陆积极推销神童秀的传统恰好相反。爱丽斯·杜普蕾乐于再三说道这么一件逸事：很可能因为英国人与欧洲大陆人的这种差异，一次，在大提琴大师帕布罗·卡萨尔斯的采尔马特①大师班的一堂课上，年仅十五岁的杰姬激情四射地精彩演绎了圣桑的《A小调大提琴协奏曲》，卡萨尔斯这位大师竟然没猜出杰姬其实是地道的英国人。

---

① 采尔马特（Zermatt）：瑞士的一个市镇。

"哦，可我就是英国人。"当大师表示不信时，杰姬对他说。

"但是，你的姓？"——卡萨尔斯很肯定，哪有英国人会在音乐演奏中表露出这般强烈的情感和不羁的激情。

"杰奎琳·杜普蕾。"

卡萨尔斯旋即高声大笑起来，确信无疑自己猜得没错，杰姬不是英国人。[iv]

虽然如此，不过，杜普蕾这个姓氏源自英吉利海峡群岛一带，群岛从十一世纪中叶脱离诺曼底，而后并入英格兰。尽管地理位置上靠近法国一些——实际上，近些年来，岛上居民仍主要说法语——不过，这些群岛在政治和文化上都倾向英格兰。杰姬曾经常骄傲地说，她父亲德里克·杜普蕾二十岁之前从来没有离开过泽西岛，到了离开那儿的时候，父亲堪称家族祖祖辈辈中头一个走出去的人了。跟众多家世传奇一样，严格意义上来说，这番说法算不上属实，德里克其实出生在朴次茅斯①，儿时，还去过英格兰度假。不过，一般来说，德里克自称是泽西岛人，也传承给自家女儿某种岛民的骄傲特质，那就是独立精神。

杰奎琳的音乐天赋遗传自她母亲的血脉。她的母亲，原名爱丽斯·格瑞普，是一位专业钢琴人，倘若换一种境遇，爱丽斯自己八成也会成为一名钢琴独奏家。不过，更为关键的是，爱丽斯有着教儿童音乐的非凡天赋，加上自身的敏锐判断力，能够鉴别出小杰姬与生俱来的独特天资——换句话说，小杰姬拥有深刻感悟的内在激情，这份激情从杰姬一出生就显露在对音乐的天然反应上，牙牙学语唱童谣也好，哼圣诞颂歌也好，还是迅速辨识出大提琴琴声等诸如此类的事情也好，皆可见一斑。

1914年，爱丽斯出生在德文郡②的一户普通人家。父亲威廉·格瑞普在德文码头船厂做船上木匠，这位父亲平日的音乐活动也就仅限于在音乐娱乐室里唱唱歌。母亲，莫德·格瑞普（娘家名米歇尔），发现爱丽斯特别聪颖，就给七岁的爱丽斯买了一架钢琴，激励她在校外课余时间学习音乐。爱丽斯的确具有真正的音乐才华，不久，她就在当地的音乐节上获

---

① 朴次茅斯（Portsmouth）：位于英国英格兰东南部汉普郡。
② 德文郡（Devon）：英国英格兰西南部的一个郡。

奖，证明了自己。后来，爱丽斯还赢得了供自己上德文波特高中的奖学金，在这所高中，爱丽斯除了做好学业功课之外，还喜欢游泳、戏剧等专长训练。同时，她的钢琴也进步显著，高中毕业的前一年，她去了一趟伦敦，取得了自己的钢琴演奏文凭。爱丽斯给皇家音乐学院的评委（其中两位后来成为她的老师）留下了不错的印象，她荣获了皇家音乐学院的专业证书，随后，爱丽斯一回到家，就立志要成为一名专业音乐人。第二年，十八岁的爱丽斯申请就读伦敦达尔克罗兹①形体律动艺术学校。因为赢得了奖学金，这时的爱丽斯手中有了供自己离家求学的费用了。

达尔克罗兹形体律动艺术学校由珀西·英厄姆（Percy Ingham）于1913年创建，与埃米尔·雅克-达尔克罗兹关系密切，埃米尔创建了他这套达式律动法，旨在让音乐教育依托韵律作为一种表达方式，暨此，身体的运动与音乐相协调，促使人的身与心融合为一个整体。虽然他的教学体系最初为音乐人员构思，达尔克罗兹声称自己的这套律动法"主要价值在于训练个体内在的感知能力和表达能力，从而更轻松自如地进行自然情感的外在表达"。

达氏形体律动法成为其学习实践者的生活方式。就像萧伯纳表述的那样，达氏律动法的实践者"随音乐行走，随音乐娱乐，随音乐思考，听命甚至能让卫兵迷上音乐的训练要求，随音乐生活，脑际对音乐认知清晰到让自己举手投足间皆带乐动，直到他们成为一本本节奏交错的活杂志，而且，更重要的是，让音乐带动其他人也随音乐这么生活起来"。[v]

达氏律动法，除了在儿童教育方面有着显著的重要意义以外，在那个时代，对舞蹈家和表演艺术家也产生了巨大影响，诸如格兰维尔-巴克②、伊莎多拉·邓肯③和玛丽·兰伯特④这些不同人物都曾借鉴，将之融

---

① 达尔克罗兹（EmileJaques-DalcroZe，1865年—1950年）：瑞士作曲家、教育家，主要著作有《节奏、音乐和教育》《优律动、艺术和教育》等。
② 哈利·格兰维尔-巴克（Harley Granville-Barker，1877年—1946年）：英国剧作家、制作人和评论家。
③ 伊莎多拉·邓肯（Isadora Duncan，1878年—1927年）：美国舞蹈家，现代舞的创始人。
④ 玛丽·兰伯特夫人（Dame Maire Rambert，1888年—1982年）：波兰裔英国女芭蕾舞者和教师。

入各自的戏剧和舞蹈表演之中。兰伯特后来还把达氏律动法与古典芭蕾进行结合，运用到她与狄雅思列夫剧团的共同创作之中，尤其是帮助尼金斯基编排斯特拉文斯基《春之祭》中极富韵律感的复合舞曲部分。

在这样的背景下，1935年，爱丽斯·格瑞普考取了伦敦形体律动的教学资格证书，这之前，她就已经是一位投身达氏律动法的实践者，爱丽斯的后半生也一直结缘这种教学法。1949年到1963年间，她被列为达氏教法协会培训中心的外聘讲师，1953年，她入选由恩尼斯特·雷德领导的一届教学委员会，具体负责修订培训中心的教学大纲。

爱丽斯取得达氏教学证书之前的当年，还注册入学皇家音乐学院，从师艾瑞克·格兰特，学习作为自己第一专业的钢琴。一开始，她选择中提琴为自己的第二专业，但很快放弃了，为的是想要上西奥多·霍兰德的伴奏与和声课。

1935年起，爱丽斯的学费大多来自自己获得的奖学金——她获得过巴赫和贝多芬奖学金，还有威廉·司图克斯奖学金，之后，接下来的四年里，多次赢得和声、音乐赛事和钢琴方面比赛的名次。此外，爱丽斯还靠教人钢琴和形体律动练习勤工俭学。

1937年，爱丽斯取得了自己的皇家音乐学院毕业证书，不过，仍继续学习，直至"二战"爆发，与此同时，爱丽斯还开始了自己的专业演出和教学活动，艾瑞克·格兰特对她很有好感，提名她做自己的助手；1940年，爱丽斯被指定为皇家音乐学院和声专业的助理教员。

爱丽斯人在伦敦时，借住在玛丽·梅的家中。玛丽，一位热衷达氏教学法的同道中人，后来这么描述爱丽斯："身高大约五英尺七，宽肩膀，人结实，漂亮，一头赤褐色头发。"玛丽日渐喜欢上了爱丽斯，还让她妈妈提供爱丽斯一些重要的演出合约，与她有过合约的人当中就包括富有的女艺术品资助人薇蕾特·贝克。贝克资助爱丽斯举办了自己的首场伦敦独奏音乐会。玛丽的妈妈还引荐爱丽斯结识了德国交响乐钢琴家埃贡·佩特里[①]。

据玛丽说，爱丽斯似乎"在生活这门艺术上丝毫没有经验。她从来都

---

① 埃贡·佩特里（Egon Petri，1881年—1962年）：德国古典钢琴家。

不晓得人要是开了门就要关上门。有一次，我发现洗澡水流下了楼——我们不得不教她怎么居家过日子。"玛丽还发觉，爱丽斯的父母虽简朴，但善良——爱丽斯的父亲参加过玛丽家的一次聚会，是一个"内向的人，待在伦敦让他常觉得很不自在。"[vi]

虽说爱丽斯初到伦敦时没有任何社交礼仪意识，但也很快学会适应新环境，学会欣赏都市生活的各种新奇与期许。在这里，她特别幸运地遇到了一位良师，这位良师不仅传授专业技能，更是用心呵护学生个性的全面发展。

爱丽斯的钢琴老师艾瑞克·格兰特（Eric Grant）是一位涵养极高的音乐家，虽然他的教学法有些老派学究式。他的学生记得，他对纯粹的精湛技艺不感兴趣，却偏好灌输学生感人至深的音乐价值——虽然有学生声称，格兰特这么做无疑是在以牺牲他们的技艺为代价。不过，在训练学生手指的同时，格兰特热衷扩展学生的文化视野。格兰特文雅、机智，对女孩颇有鉴赏眼光，喜欢把学生引到学院高墙以外的社会生活之中，带他们去皇后大厅听音乐会，让他们了解伦敦索霍区的美食。学生都钦佩格兰特，这自然一点不奇怪。

西奥多·霍兰德也是这样一位老师，对学生的影响远超出教室的四面围墙。还是年轻小伙时，霍兰德就在伦敦皇家音乐学院学习作曲和小提琴，而后，赴柏林音乐学院深造，在柏林，霍兰德的老师乔基姆极大影响了霍兰德的音乐品味。1927年，霍兰德便被指定为皇家音乐学院教授。霍兰德本人风度翩翩，在伦敦音乐界赢得相当高的声望，是皇家爱乐协会和其他公共团体的成员。

霍兰德的音乐轻松，创作精细，充满魅力，"二战"前的岁月里曾盛极一时，当时，他诙谐嬉戏风格的舞台曲目深受大众喜爱。后来，他的爱德华时代"沙龙"风格过渡到较严肃收敛一些的曲风创作。《埃林厄姆沼泽》一首管弦乐招魂曲，曲调让人感怀霍兰德本人所钟爱的萨福克风景，具有印象派风格，在当时一度相当成功。

不过，到了20世纪30年代，人们不再经常演奏霍兰德的作品了。玛戈·佩西，爱丽斯的一位朋友，也跟霍兰德学过作曲，仍记得，霍兰德对自己被更现代的音乐潮流所取代颇感失望。"我记得我吃的苦头，突然间，学院里所有人都在谈勋伯格，不听任何其他东西了。"[vii]

尽管如此，这倒不是流行趋势。跟霍兰德学作曲的另一位学生，钢琴家罗纳德·史密斯说："伦敦只有小圈子的人知道先锋艺术，勋伯格也被认为相当越轨过界（原法语：outré）。西贝柳斯在那时名声蛮大。西奥多·霍兰德明白自己喜欢什么，他就是觉得西贝柳斯不对他的胃口——'我亲爱的小伙子，这么难听的曲调响起来，人在屋里哪里待得下去。'在他自己的美学体系里，霍兰德回溯得甚远，远到甚至能接受斯特拉文斯基的早期音乐。"[viii]

不过，霍兰德从不利用自己的影响来推广自己的音乐作品。相反，在代言年轻一代的事情上却很上心，他鼓励自己的学生要大胆。罗纳德·史密斯回忆说："西奥多最爱说的字眼是'沙了'（cracked）——意思是音乐有些糙。他跟我说，他有一次在学院做评委，有位不怎么样的作曲人递上来一首曲子。其他评委都驳回了这人的乐谱，但霍兰德觉得这人的乐谱里有些东西很特别。'谱子不算好，'霍兰德说，'不过，有些意思。' 这个不怎么样的作曲人就是日后的本杰明·布里顿①。"[ix]

霍兰德辅导爱丽斯掌握了一种进行式编曲技巧（Working Compositional Technique），虽然，爱丽斯一直都不是他学生中爱冒险的一位。离开学院后，爱丽斯继续向霍兰德请教。罗纳德·史密斯还记得发生在"二战"爆发后不久的一件事。当时，爱丽斯去上霍兰德的课，攥着一叠乐谱。史密斯对其中的一部作品印象很深，是一部名为《樱桃核》的芭蕾舞剧，这部舞剧后来在伦敦推出，获得了一定程度上的成功。大约在这个时期，爱丽斯创作起自己的儿童歌剧。从这以后，创作儿童歌剧成为最打动爱丽斯的事业；她余生都在为——儿童，也和儿童一起——创作儿童剧目。

在学院里，爱丽斯一心二用地学习着音乐编剧和钢琴演奏两个专业。玛戈·佩西很钦佩爱丽斯的才华，发现"爱丽斯作为钢琴人和作曲人的才华不相上下，她既赢得作曲大赛的名次，也上台演奏音乐会。不过，因为

---

① 本杰明·布里顿（Edward Benjamin Britten，1913年—1976年）：英国作曲家、指挥家和钢琴家。

'二战'爆发，她一直没有机会进入这两个领域中任何一个发挥所长"。[x]

虽说如此，1938年，爱丽斯得到了一次机会，赴波兰扎科帕内①，参加伊根·派瑞②组织授课的夏季班学习，这表明爱丽斯内心一度怀有成为音乐会钢琴家的职业抱负。派瑞与阿图尔·施纳贝尔③齐名，也是第二次世界大战前那个时代在钢琴教学方面首屈一指的一代名师。派瑞是布索尼④的得意门生，因演绎李斯特和巴赫作品——尤其是以他自己和布索尼改编的版本进行演绎，而蜚声欧洲。显然，爱丽斯跟派瑞学习了这些曲库作品——这些音乐在西奥多·霍兰德的美学体系之外。

爱丽斯的波兰之旅意义重大，不只在音乐这方面。一位英格兰小伙，德里克·杜普蕾，带着他的手风琴当时先已来到波兰，正徒步旅行去往喀尔巴千山脉。到达扎科帕内时，德里克邂逅这位英格兰姑娘，爱丽斯当时住在城镇郊区的一处住宅里。余下的旅行假日，德里克迷上了爱丽斯。两人徒步在塔特拉山脉间，聆听民间音乐，也为民间音乐人演奏曲目，在这般浪漫中，双双坠入爱河。回伦敦的途中，德里克撰写自己的旅行游记，邀爱丽斯代写其中一章，有关乌克兰民间音乐，带上几首带注释的民间歌曲。这本无伤大雅的游记取名《波兰微笑时》，配有赫克托·惠斯勒的迷人插图，以个人名义出版面市。有些令人难以置信的是，游记中只字没提1938年陷入困境的（欧洲）政治时局。

据玛丽·梅回忆，爱丽斯随后就思嫁了。她带德里克去到自己的住所，梅见了德里克，觉得德里克是一位"有涵养，彬彬有礼的绅士"。德里克·杜普蕾出身富庶人家，家里拥有一份蛮不错的香水生意。德里克本人上过一所不错的当地高中，维多利亚学院，十八岁那年，开始为位于圣·赫利尔的劳埃德银行工作。两年后，德里克调到伦敦，之后，终身都在伦敦工作。1937年，德里克得到一份新的工作，出任《会计》杂志助理编辑一职，就此离开了银行业。

---

① 扎科帕内（Zakopane）：位于波兰南部的一座城镇，始建于17世纪。
② 伊根·派瑞（Egon Petri，1881年—1962年）：荷兰古典钢琴家。
③ 阿图尔·施纳贝尔（Artur Schnabel，1882年—1951年）：奥地利古典钢琴家、作曲家和教师。
④ 布索尼（Busoni，1866年—1924年）：意大利钢琴家，作曲家。

遇见爱丽斯时，德里克已三十岁，人也想安定下来了。高大帅气的模样，一双犀利的蓝眼睛，德里克天生是一个腼腆羞涩的男人。不论是德里克求爱期间人太过沉默不语也好，还是爱丽斯此刻一心想要有时间开启自己音乐事业的野心也罢，这对小情侣当时决定两年后再结婚。在朋友看来，从一开始，似乎挺明显，爱丽斯就是这么一个人，只要自己的社会背景少了什么，她定会加倍利用自身的个性与才华来弥补，甚至争取更多。很自然，这场婚姻中，主动强势的一方，当然是她爱丽斯。

就着当时严峻的战时状况，爱丽斯和德里克1940年7月25日在肯辛顿登记处成婚，婚礼仪式很小。当时，德国不久前刚占领海峡群岛，德里克的家人音信全无，爱丽斯的父母也没法到场参加婚礼。伊斯曼纳·霍兰德记得，爱丽斯跟她说，他们俩一无所有地开始了婚后生活，在没有家具的住处，新婚的两人坐在货箱上，大概就只有一头娟珊牛①摆设做伴了，权当作是德里克亲朋好友寄来的一件结婚礼物。

1941年7月，德里克入伍。他先是在洛克比②进行军事训练，而后去了桑赫斯特，与此同时，爱丽斯继续自己身为钢琴人的职业生涯，教人弹钢琴，还参加音乐会和广播演出，绝大多数在伦敦以外的地方。她频频与卓越的中提琴手维尼弗雷德·卡波维特③一起演奏；也是在与卡波维特合作中，爱丽斯首次演奏了西奥多·霍兰德的乐曲；她还为卡波维特创作了一首奏鸣曲。随着孩子出生，爱丽斯的这些演出活动自然而然减少了不少。

杜普蕾夫妇的第一个孩子，希拉里，1942年4月出生，恰巧赶在德里克接到他的任命，出任黄金溪近卫团上尉一职之前。两年后，德里克被调到牛津，正是在牛津，他们的第二个女儿，杰奎琳·杜普蕾，1945年1月26日出生。1945年秋，小女儿杰奎琳在伍斯特学院的礼拜堂里接受洗礼，德里克本人是礼拜堂高级休息室里的一名成员。为这个孩子选定的教母与教父分别是伊斯曼纳·霍兰德和拉塞尔斯伯爵（后

---

① 娟珊牛（Jersey cattle）：原产英国泽西岛的一种奶牛。
② 洛克比（Lockerbie）：苏格兰西南部邓弗里斯—加洛韦地区的一个镇。
③ 维尼弗雷德·卡波维特（Winifred Copperwheat，1905年—1976年）：英国古典中提琴演奏家和教师。

来的哈伍德伯爵),在这个小女孩生活的各个阶段,这两位都起到了极为重要的作用。

1942年,德里克·杜普蕾在上军校学员培训的一门课上,结识了乔治·拉塞尔斯。拉塞尔斯记得,"在那段相当沉闷的生活阶段,我很多开心日子都是与德里克一块度过的。我们曾经从桑赫斯特骑自行车,骑了好长一段路,专门去探望住着院的爱丽斯,当时,希拉里刚出生不久。后来,是德里克问我,要是他家再添一个宝贝的话,我愿不愿意做他家老二的教父——就这样,我答应了下来。"

拉塞尔斯在意大利亲眼目睹了激烈的战况,而德里克在英国度过这段岁月,一度借调去了情报部门。德里克从没告诉过家里人,那段时期,自己是在为军情五处[①]工作。拉塞尔斯记得:"1945年5月,我回到英格兰时,德里克与我取得联系,告诉我说,他和爱丽斯刚又添了个女儿。那年10月洗礼时,我第一次见到杰姬,我抱她——在怀里——不容易呵。是个大个子,长得飞快的女孩。"[xi]

杰奎琳的教母,伊斯曼纳·霍兰德,爱丽斯老师霍兰德的太太,出生在德国,父亲是英国人,母亲是德国人,继承了一笔记在她名下的财产。第一次世界大战后,伊斯曼纳来到英格兰,时年十七岁。几年后,她嫁给了霍兰德,两人结婚的消息一出来,就震惊到霍兰德的朋友和同事——伊斯曼纳小霍兰德近三十岁,年纪上更接近霍兰德的学生。霍兰德因在"二战"期间患上了炮弹袭击休克症,身体健康受到严重损伤,伊斯曼纳全身心扑在她家先生的安康事务上。

闲暇时,伊斯曼纳织东西或练字,用精细的手笔抄写她先生霍兰德的五线谱。这对夫妇很早就决定不要孩子了,两人本就是直系表亲,不想冒这种先天遗传的风险。不过,夫妻二人热情好客,在自己位于埃尔顿路、漂亮的肯辛顿家中经常招待学生、友人和同事等人,常常举办音乐派对和音乐会。

表面上,伊斯曼纳·霍兰德人看起来严厉,还有些严苛,不过,伊斯

[①] 军情五处(Military Intelligence, Section 5,缩写:MI5):英国安全局(Security Service)的别称。

曼纳懂得——也力行着——待人忠诚与友情帮扶的生活真谛。因为这个缘故，玛戈佩西和爱丽斯两人很自然都想让伊斯曼纳做自家女儿的教母。伊斯曼纳履行自己的职责不只认真二字而已，事实证实，她是一个非常慷慨大度的赞助人，也是惠予他人智慧与建议的给予者。

德里克退伍，回到他战前在伦敦的工作，即《会计》杂志的助理编辑（而后是编辑），杜普蕾一家也跟着再次搬家到圣·奥尔本斯。1948年，他们的儿子皮尔斯出生，不久，一家人又搬家了，搬进了位于普尔雷布莱德尔路的一处大一些的房子里，在伦敦以南二十英里的地方，城际间往返出行还算便捷。这套大房子，就是杜普蕾一家一住就住上十年的家了。

i 罗宾·丹尼尔，《对话梅纽因》，FUTURA 出版社，伦敦，1991年，第25页。

ii 摘自威廉·华兹华斯（编著）的《杰奎琳·杜普蕾：印象》一书，Grafton Books出版社，伦敦，1983—1989年，第22页。

iii 乔治·马尔科姆接受本书作者的访谈内容，1994年6月。

iv 摘自《伦敦达式律动学校1913—1973年纪实》（Nathalie Tingey 编辑），第17页。

v 本章的这段引用及其他引用取自对玛丽·梅进行的录音采访，1995年12月。

vi 玛戈·佩西接受本书作者的采访内容，1993年5月。

vii 罗兰德·史密斯接受本书作者的采访内容，1995年12月。

viii 本书作者的采访内容。

ix 本书作者的采访内容。

x 本书作者的采访内容。

xi 本书作者的采访内容，伦敦，1996年5月。

第二章
爱乐琴童

> 神童，就是儿时就懂成年才懂之事的孩童。
>
> ——威尔·罗杰斯[①]

电视问世前，收音机主宰英国的家家户户。20世纪40年代晚期和50年代早期，几乎所有英国儿童都记得几档人们喜闻乐道的电台广播栏目——不论是《秀展播》（Goon Show），《儿童时间》（Children's Hour）栏目主持人乔伊斯·格兰菲尔[②]，还是收听全国赛马大赛[③]，或是听选拔赛，各有各的精彩。

杜普蕾一家人也是BBC第三套广播电台的热心听众。希拉里记得，小时候收听"无线"设备广播她妈妈弹奏的钢琴演奏会，带着一颗孩子气的好奇心，她"想知道他们怎么就把钢琴和妈妈一同放进里面去的"。[i]

于是，有那么一天，杰姬正收听一档《儿童时间》广播栏目，这档栏目专门介绍交响乐的各种乐器，杰姬第一次听见大提琴的琴声。这个四岁孩童旋即毫不迟疑地向她妈妈宣称："这就是我想拉的琴声。"

[①] 威尔·罗杰斯（Will Rogers，1879年—1935年）：美国幽默作家、电影演员、作家和电台评论员。

[②] 乔伊斯·格兰菲尔（Joyce Grenfell，1910年—1979年）：英国女演员。

[③] 全国赛马大赛（The Grand National）：英国利物浦安特里赛马场每年举办的全国狩猎赛马。

爱丽斯不失时机地随即买下一把大提琴给小女儿试拉；小杰姬的第一把全尺寸大提琴，则是格菲·郝太太拿到杜普蕾家的，郝太太是钢琴家丹尼斯·马修的岳母。在小杰姬一张四岁的照片上，小杰姬正用手灵巧地拨弄着这件沉重乐器。小家伙的脸上洋溢着异常兴奋的表情，一心想要捕捉住萦绕在自己小脑袋瓜里的琴声。这时的小杰姬就似乎显露出自己鲜明的个人意愿了。

每个星期六，郝太太便来到杜普蕾家，教希拉里拉小提琴，也教杰姬拉大提琴；还有另外两个小孩，玛格丽特·比斯顿和维尼弗莱德·比斯顿；郝太太还将她们四个孩子组成了一支弦乐四重奏小乐队。郝太太这人，据希拉里回忆，是一位"颇带劲、有点儿胖的女士"，人看起来精明强干，能教孩子任何一种乐器的入门曲目。接下来的三个月里，郝太太一路教杰姬大提琴，直到显然须找更专业的教师教小杰姬的时候为止。希拉里回忆说，"我仍清晰记得，上这些课时，杰姬样样都学得飞快。无论郝太太教什么，杰姬总能立马学会。也因为这个缘故，这些课很快变得不均衡起来，杰姬总是超出我们其他几个好远好远"。[ii]

杜普蕾的家常常坐满孩子，他们在上爱丽斯教的钢琴课，还参加尤氏律动训练班的活动。杰姬和希拉里也参加其中。尤氏律动训练通过节奏式拍手、歌唱和运动，不只刺激孩子们的音乐拓展，而且刺激他们整个身体的协调能力。希拉里已在学弹钢琴，也展露出很高天分。希拉里学小提琴到后来最终不拉了，因为她对小提琴吱吱响的高音域心有抵触。希拉里起初专心于学钢琴，不过，不久还学起了长笛，也很快学会吹了，她的长笛技法同样娴熟。杰姬呢，得益于她天赋异禀的耳朵听音能力，模仿得很快。虽然从没有接受任何正规训练，杰姬拿起钢琴的入门曲目，弹起来异常自如，她也完全可以成为一位优秀的钢琴家。

爱丽斯总是娓娓动听地演绎音乐来启蒙这群小孩子，常用生动的描述诠释每一段乐曲的情感，或是进行视觉化描绘。她能促使每个学生与学生自己所选乐器的声响产生共鸣。她教他们不只是简单寻找音符或是演奏准确的音调或节奏，而是要学会重现在自己脑际想象中所听到的声音。[iii]也就是说，内耳的提升是学习过程的根本所在。

一开初，是爱丽斯的热情带动激励着小杰姬。爱丽斯知道大提琴家米拉·亨德森（Mira Henderson）想象力丰富的乐曲，亨德森为她的入门学生曾创作过音乐盒类的歌曲。利用亨德森的乐曲为范例来响应小杰姬对大提琴显见的一腔激情，爱丽斯开始用简单的曲调与语句自己创作一些音乐小乐曲，还都配上好看的插图——爱丽斯也是一位优秀的绘画手。她总是趁孩子睡了的晚上创作绘制好，而后，这些当夜写出来的音乐乐谱就会溜进杰姬的枕头底下。一觉醒来，杰姬跳下床，迫不及待地试着拉新的曲子，拉完之后才穿衣服。爱丽斯不动声色地引入新的难度，循序渐进地从基本节奏与自由弦乐一点点递进，将趣味与不太难的琴技挑战巧妙结合了起来。

小杰姬很高兴有她自个儿的小曲来拉，长大成人后，她经常一脸打动人心的骄傲谈到自己母亲自创的这些小曲子。爱丽斯发明了这种最好的方法来激发她孩子敏锐的想象力。后来，这些曲子被编辑成一本名为《为我的大提琴和我而写的歌曲》的曲集出版面世。

1950年夏天，爱丽斯向伊斯曼纳·霍兰德请教，想要为杰姬找一位专业大提琴教师；从这次开始，爱丽斯多次向杰姬的这位教母请教，以求获得指点与帮助。伊斯曼纳建议爱丽斯去找赫伯特·沃兰，伦敦大提琴艺校的董事和创建人，去沃兰那儿面试一下。沃兰对这个刚刚五岁的金发小女孩身上的天赋和超强的专注力印象很好。他承诺关照杰姬，同时指派艾莉森·达尔林普尔（Alison Dalrymple）负责教杰姬。

接下来的几年间，杰姬和爱丽斯每周一次去到诺丁汉广场34号，即伦敦大提琴艺校的校舍地址。每每上完达尔林普尔的课，小杰姬就会走到沃兰身边，坐在他的大腿上，跟他聊一会儿。有一次，杰姬对沃兰说他的闹钟走调了——还真走调了，这一点更证实杰姬的耳力好得出奇，这令沃兰很是吃惊且印象深刻。

赫伯特·沃兰曾赴法兰克福大学，从师雨果·贝克尔（Hugo Becker），而后，作为独奏人和克鲁斯弦乐四重奏乐队中的成员，沃兰开始了自己的表演事业。不过，让沃兰留下了自己印记的，则是他作为教师的执教生涯。身为皇家音乐学院的专业教师，他还备有一套教学策略，这套策略在当时很少用于儿童音乐培训和鼓励业余音乐爱好者。为了实现自己的教学理念，沃兰于1919年创建伦敦大提琴艺校。在自己的学校里，他创设各种常规音乐演奏会活动，包括多达一百位大提琴手共同参与演奏的团体演出。

在伦敦，众多大提琴手早年都上过沃兰的艺校，其中包括约翰·巴比罗利、道奇·卡梅伦和威廉·普利兹。在他最出名的女学生中，有年轻的扎拉·奈尔索娃（Zara Nelsova），奈尔索娃是一位俄裔加拿大人，十二岁起就跟着沃兰学习。卡萨尔斯为沃兰的学校专门创作了《十六把大提琴的萨达纳舞曲》；西奥多·霍兰德则是另一位受命沃兰为大提琴合奏创作过一首曲子的作曲家。

在《大提琴名家录》一书中，玛格丽特·坎贝尔认为，沃兰不怎么教学生技巧，他的教学方式也完全非正统。[iv]不过，沃兰的另一个学生，埃莉诺·沃伦记得，"沃兰确实让我们练琴，还让我们练习各种技巧、音阶和练习曲。沃兰不像相当多的其他老师那样，他会听我们练音阶和演奏练习曲。我觉得，比尔·普利兹拒绝拉练习曲时，沃兰跟普利兹争吵过。沃兰的钢琴弹得非常棒，还给我们伴奏。不过，也就到某个特定的水准为止。基本上，雨果·贝克尔教授给他的，他都悉数传授给了我们"。[v]

艾莉森·达尔林普尔从她出生地南非来到伦敦，从师沃兰。作为一名优秀儿童教师，达尔林普尔很快在伦敦获得了声誉。达尔林普尔很擅长在教授技巧基础的同时让孩子抱有演奏的乐趣，而且，就像普利兹察觉到的那样，达尔林普尔教给学生双手摆放的良好姿态。对达尔林普尔的这种活泼教风和轻松教法，小杰姬适应得不错。

达尔林普尔的教学，因小杰姬家人的密切督促而得到强化；人们不能低估爱丽斯对杰姬音乐提升的影响。最为重要的是，爱丽斯知道如何维持如下两方面的微妙平衡：既让小杰姬的天生直觉感与即兴发挥天性信马由缰，又确保小杰姬掌握在音乐中表达自己的大提琴演奏功底。

伦敦大提琴艺校鼓励所有在校生参加音乐演出，还在大罗素街上的玛丽女皇大厅里举办音乐会。第一次在达尔林普尔所教学生的示范音乐会上演奏时，小杰姬才六岁。显然，她已被公认为尖子生了，当时，她演奏了三首曲子。其中的一首是舒伯特的《摇篮曲》，此后，这首曲子一直保留在杰姬的演出曲目单中，是贯穿她一生演奏生涯的返场必拉曲目之一。在这场演出中，爱丽斯到场为小杰姬伴奏；接下来大约十年，杰姬一直都由自己的母亲这位一生一世的陪伴者给自己伴奏。

埃莉诺·沃伦，后来成为BBC制片人的大提琴手，仍然记得当时的演出。达尔林普尔邀请沃伦到场，想让她听辨出谁是自己最棒的学生：

结果就是杰姬。希拉里也在场演奏。两个小女孩穿戴十分干净整洁——杰姬穿粉红色，希拉里穿绿色。我与杰姬说了几句话，发现她非常有礼貌，家教好。开始演奏的那一刻起，你就能看出杰姬的独特来了。杰姬演奏相当专注，真真切切的音乐旋律，还有日后成为她独到演奏特色的那种强烈感染力。杰姬完全投入在自己的演奏之中。我当时想"这是两个非常有天分的孩子"。话虽如此，杰姬的天赋却更具个性，已经能把控住整台演出的气氛。[vi]

杰姬每每都在用心演奏音乐，她拥有出众的听觉和非凡的音乐记忆，这两点有利于快速学习吸收。即便在童年阶段，表演已如同她的第二天性，无论何时进行演奏，即便在非正式场合，杰姬都能引起人们侧目关注。每个听她演奏的人，都对她的高度专注力、内在表现力和演奏音乐时自身感受的无比愉悦印象深刻。即便还只是小女孩，杰姬最引人注目的天赋就已经是她与生俱来的这份音乐表现力。

大概二十年后，杰姬跟她的朋友尼娅·祖克曼谈起自己的这次童年处女秀："她对我说，临到演奏那一刻前，她面前仿佛一直横着一堵阻隔她与外界世界交流的砖头墙。但，开始为观众演奏的那一刻起，这堵墙转瞬消失了，她感到终于能开口说话了。这种感觉一直是她每每演奏时会伴有的感觉。"

杰姬的教母伊斯曼纳·霍兰德也证实了杰姬对登台演奏的热爱："还小的时候，杰姬就一点也不怯场——她真的很享受演出。演出对于她而言，就是再自然不过的事了，你从来不必为她操心——每每想拉琴，她就拉起来。希拉里呢，尽管非常有才华，但从没有杰姬那样的自然，也不是达到杰姬那种水准的演奏者。后来，这引起姐妹两人间一些磕磕碰

碰的摩擦。"[vii]

姐妹之间出现的问题，部分缘由是，妹妹的演奏更成功，这让希拉里难免有些情有可原的嫉妒情绪。一直被人们相形见绌地与杰姬比来比去，也挺难为希拉里的。也许，爱丽斯从来没有充分意识到这么一点，即这类比来比去其实颇伤害大女儿的自信心。

当杰姬和希拉里开始在当地各种音乐节上相互比拼时，这种较劲就越发明显了。希拉里一直表现得非常不错，但仍比不上妹妹。这些音乐节是英格兰音乐生活的一大显著特色，让孩子有机会与志同道合的心灵相遇，有机会将他们的才华与同龄人放在一块一测高下。杰姬的获奖证书见证了伦敦郊区好几处的巡回赛活动——寇斯顿和普尔雷、布罗姆利、红山、赖盖特、温博尔顿。这种音乐巡回赛据说很类似马驹表演秀和马赛，其有着重要意义，旨在寻找"千里马式"的孩童。

当然，在小杰姬来说，比赛没啥可怕，她横扫了所有奖项。七岁的杰姬首次亮相一次音乐节，有位评审看见她轻快地跳过廊道。这位评审会意地说，"看得出这个小女孩刚表演完"。不过，他会错意了——杰姬的这份喜悦实是参与的喜悦。[viii]爱丽斯记得，杰姬自如的演奏魅力感染了在场的每一位观众；表演完自己的曲目后，杰姬跳下舞台，径直坐在她爸爸的膝盖上。不像大多数孩子内心很紧张自己的表演，杰姬则十分欢欣雀跃地享受表演的过程。

很自然，小杰姬成为音乐巡回赛中人们议论最多的孩子。对于小提琴家戴安娜·卡明斯而言，杰姬占据了卡明斯童年和青少年期的很大一部分。

尽管我比她大四岁，我们却在同个音乐节上出现，在相同的赛事上比赛。爱丽斯是一个热情、待人友好的人，但也有几分让人害怕，她总是到场给自己的两个女儿伴奏。爱丽斯看上去挺乡土气的，穿着翻毛鞋和花呢衣，不过，她总是很用心地打扮杰姬和希拉里，让她们非常干净齐整地出现在人前。还是孩子的小杰姬被罩上了某种光环——这边，杰姬在接受好几个小时的个别专业训练，而另一边，我们其他孩子只是不得已地操练操练，权当应付学校的要求罢了。[ix]

虽说杰姬的天赋显见,在当地赛事上也连连获得成功,杜普蕾一家人仍保持相对的低调。杰姬呼吸着宛如与生相随、一如自然气息般的音乐,与此同时,爱丽斯和德里克尽全力确保自家的女儿不会沾染上自恃自己是神童或"音乐怪胎"的那类毛病。爱丽斯具有作为一位良师的核心品质,给予孩子鼓励时,从不带任何明显的胁迫意味。她教过的学生回忆说,爱丽斯既严格又善良,培养孩子正面积极的学习期望,以致"倘若你不去做的话,你会自觉有愧于爱丽斯老师"。[x] 在家里,爱丽斯推演出一套养成孩子主动练琴习惯的日常生活作息,她认为学校和其他活动都应当排在音乐之后。实际上,希拉里和杰姬很快就养成无须任何外力敦促就自己主动练琴的习惯了,这一直都让她们的在校同学感到惊讶。爱丽斯剩下唯一要解决的问题是,要制止这两个兴致勃勃的女儿不要过早爬起来练琴。

爱丽斯对希拉里和杰姬两人的生活都产生了很强的引导影响,爱丽斯投入了惊人的时间和气力来促进两个女儿的成长。的确,爱丽斯在家营造的环境是如此以音乐为主导,以致德里克和皮尔斯,这两位家中不太音乐至上的成员,很少能得到爱丽斯的关注。德里克蛮喜欢一家不错的歌咏会,还拉手风琴,但不识谱。很自然,德里克与自己的儿子经常交流,激发儿子对历险、飞机和船只的兴趣。皮尔斯主动选择不摸与音乐相关的任何事,他后来当了飞行员,找到了自己的位置。

在杰姬看来,母亲全身心对音乐的投入以及她和她姐姐亲密的关系给了她整个童年的安全感。这种安全感只遭受过一次严重的侵扰,当时,只四岁的小杰姬被带到医院,要动摘除扁桃体的小手术。据希拉里回忆,爱丽斯不想跟小杰姬明说要上医院动个手术,还要离开家一个星期。显然,医院规定限制家人探望孩子。自己被孤零零留在医院里,小杰姬感到被人完全抛弃了,一直都无法原谅她妈妈这么明显的欺骗。很难确定这故事的真伪,要么是医院的规定真的这般僵化严苛,要么就是爱丽斯不得不服从规定。即便在20世纪40年代末,去除扁桃体的常规手术也只需要住院一到两个晚上而已;不过,即便短暂的分离,也足以让一个小孩子胆战心惊好一阵子。

杜普蕾一家,是一个注重私密且内部关系紧密的家庭,每当不必过多参与紧张的音乐活动时,一家人常一起享受轻松时光。他们会去乡村度假,经常探望住在德文郡和泽西岛的祖父母。正是在度假地,德里克做回自己,做回一个精力充沛的户外人,德里克对自己家乡泽西岛上隐蔽的洞穴和海岸线了如指掌,他的这些东西带给自己三个孩子兴奋且神奇的感受。德里克对地理的兴趣自然影响了一家人前往达特穆尔和其他地方进行探险。对于小孩子来说,岩石收集那时蛮时兴的(原法语:de rigueur),不过,再后来,他们就有些厌了。

杰姬儿时的一个小伙伴,温尼弗莱德·弗莱狄·比斯顿,与杜普蕾一家人有过几次结伴探险泽西岛和达特穆尔的经历。据比斯顿回忆,"德里克叔叔是泽西岛人,当真是的。他懂得浪潮的起落,会带我们去只能在低潮时才能进入的地方捕虾。杰姬很喜欢游泳,一家人散步也是这家人的一件大事。德里克叔叔非常矫健,我得跑才能赶上他和爱丽斯阿姨"。[xi]

杰姬五岁上学时,弗莱狄·比斯顿就认识了杰姬,在她们的交往中,弗莱狄还上起了爱丽斯的钢琴课。也是因为爱丽斯的引导,比斯顿也拿起了小提琴,但听了杰姬拉的大提琴后,弗莱狄当即嚷着要转而学大提琴。她跟着杰姬一起去上伦敦大提琴艺校。因为志趣相投,两个女孩要好得形影不离。上完钢琴课,弗莱狄就会待在房间里练琴。据她回忆,就是在那个时候,大提琴就已主宰着杰姬的生活:"很自然,我们上楼去到她的房间,拿出大提琴。虽然我们都还小,但我们会交流想法。我就这样成为杰姬的第一个'大提琴之友'了。"

此外,她们喜欢在钢琴上乱弹一气,编故事,或即兴弹奏。弗莱狄记得:"杰姬会唱歌——她的嗓音非常好。大约八或九岁时,杰姬就能凭自己耳朵记谱演奏各种曲子了,即兴拼曲发挥方面,她也相当出色。到了那个阶段,爱丽斯阿姨已为几个孩子写了很多音乐曲谱。要是我在钢琴上弹什么的话,杰姬就会加上低音部分,即兴响应我在弹的旋律,还加上和弦什么的。"

两个孩子还痴迷户外假小子的活动,爬树啦,扮牛仔和印第安人啦。她们不喜欢"女孩子的那些东西"——娃娃啦,毛绒动物啦。弗莱狄敬佩杰姬刚中带柔的性格,"她从来不会伤害任何人或是起争执。她不强势,即便在我们的友谊中，她领头拿主意，但懂得怎么给与取"。

杰姬拉琴的手很珍贵，各种游戏不得不相应受到限制，这牢牢记在她家人和朋友的心里。杰姬的外婆莫德和姨母安穆——孩子们只知道安穆是她们的"姨母"——从德文郡来，经常留在家照看孩子。外婆和姨母都是令人感到贴心的人，杰姬越来越喜欢她们。弗莱狄记得有过一次挺吓人的事，在花园荡秋千时，杰姬的一根左指被绕进了绳子里，挤压得厉害。"杰姬疼得要命，变得相当歇斯底里，她的外婆那天正在照看我们，也十分担心，担心弄不好杰姬就再也拉不了大提琴了。当时，我们大概只有六七岁，这件事的发生说明大提琴对杰姬有多重要。"[xii]还只是小女孩时，杰姬就非常依恋大提琴，从来都是琴不离身，度假也不例外。有一次，在达特穆尔，大家都在散步，杰姬突然眼泪止不住地流了下来，因为她很想念她的大提琴——昨天起，她就没拉它了，她抱怨说。杰姬容不得自己的大提琴拉得马虎不认真。在泽西岛度假时，有一天，她留在家练琴，由德里克的弟弟，身为牧师的舅舅瓦尔照看着，其他家人都往海滩去了。杰姬要舅舅在钢琴上弹出一个"A"音符，好让她可以调试她的大提琴。瓦尔舅舅不假思索地随手敲了一下手边第一个琴键，但他没蒙过小杰姬，小杰姬当即暴跳起来，冲出屋子去找妈妈诉苦抱怨。

在杰姬的生活中，虽然大提琴是第一位的，但她与生俱来就对大自然怀有强烈的情感，对大海也有着深深的眷念。在临近生命终结之时，杰姬讲述过一件自己童年时就向往独立的逸事。三岁那年，杰姬骑着自己的三轮小童车离家出走了。被家人找回来时，父母问小杰姬，她这是想要去哪？"去大海那儿，去大海那儿。"她毫不迟疑地回答。[xiii]不管这故事是否是杜撰的，它至少表明杰姬日后自我投射的形象就是一位叛逆者，与此同时，也表明她一生所热爱的东西是什么。后来，人们将杰姬形容为一位"自然之子"，这样的称谓很是恰如其分，这不仅符合杰姬超凡脱俗的自发性天赋，而且契合她那种对大自然世界近乎原始的归属感。因此，即使在投身于自己的演奏生涯期间，散步和户外活动也给予杰姬某种形式的逃逸与欢乐。

i 《BBC音乐杂志》，1995年1月。

ii 同上。

iii 本书作者的谈话内容。

iv 玛格丽特·坎贝尔，《大提琴名家》，Victor Gollancz出版社，1988年，第128页。

v 本书作者的访谈内容。

vi 本书作者的访谈内容。

vii 本书作者的访谈内容。

viii 在克里斯托弗·努本1967年摄制的纪录片《杰奎琳》中，接受努本的访谈内容。

ix 本书作者的访谈内容，1995年3月。

x 采访文温尼弗莱德·比斯顿（Winifred Beeston）的内容，1993年8月。

xi 同上。

xii 同上。

xiii BBC电台栏目《愉悦》（With Great Pleasure），1980年。

第三章
苏吉亚天才奖

> 人一旦置身在学校体制内,就少有空间或时间去感悟美和放飞自己的想象。在我们的人民身上,感悟这些的那部分大脑当是,而且很大程度上,尚没有得到开发。
>
> ——朵拉·罗素[1],《红柳树》

1950年,杰姬开始到珀利[2]的公益女子寄宿私立学校上学,这所学校招收五到十八岁的女生。虽然在上过这所学校的学生记忆中,这所校园有着一种快乐的氛围,但学校既不注重学生学习兴趣的培养,也不提倡诸如艺术和音乐等专长拓展。人们也许会说这所学校的办学理念正好反映出伦敦郊区一带的特质,即民风温淳但见识有限,或者,就像一位前校友形容的那样,"这所学校就是一所让小女生变身优雅淑女的学校"——带着一股陈腐的英式老派风尚,也就是一所小型的淑女培训学校。

朵琳·阿什,当时这所学校的校书记,仍记得,小杰姬快乐开朗,跟她姐姐一样,与班上其他同学相处融洽。阿什形容小杰姬,一张小脸蛋笑盈盈的,一双矢车菊蓝的眼睛清澈明亮,框在齐短的金发中间。[i]

---

[1] 朵拉·罗素(Dora Black,1894年—1986年):英国作家,杰出的哲学家罗素的第二任妻子。

[2] 珀利(Purley):伦敦的一个地区,位于伦敦南部的克罗伊登伦敦自治市。

小杰姬最要好的朋友弗莱狄·比斯顿也上学了。课间休息时，杰姬和弗莱狄会与其他女生一起跑啊、跳呀。据弗莱狄回忆，杰姬赢得过所有的跑步比赛："跑步对杰姬简直太容易了，她的腿那么长。我们在学校两人一组的三只脚竞跑比赛中很有名，杰姬和我分别是班上最高和最矮的两个——她总是带着我跑。"

据希拉里说，杰姬在这所学校过得并不开心，后来在其他任何学校上学也都不大开心，还有过被校方请家长到校带走的记录。[ii]在外人看来，小杰姬长得腼腆文静，但实际上，她却是个挺任性的女孩子，很快就摸出一套自己的方式来应对她妈妈，总是借口说自己待在家里就意味着有更多时间学音乐，小杰姬就这样很快找到见效的法子来赢得妈妈对自己的体恤。也许在对待自己的三个孩子上，爱丽斯倒不是成心区别对待，但还是越来越多地将精力放在小女儿身上了。爱丽斯对杰姬的逃学不加深究的宽容，看在希拉里和皮尔斯眼里，当然是妈妈偏心了。

站在学校的角度，将时间花在音乐上，自然要付出牺牲杰姬的在校学业这样沉重的代价。杰姬必须每周两次早早离校赶往伦敦的中心区，去上她的大提琴课。布蕾小姐，公益学校的校长，对这样的违纪行为看不下去了，就向杜普蕾夫妇建议，杰姬应当转学去上克罗伊登①高中。

这次转学被证明是明智之举，波维尔小姐，克罗伊登高中的女校长，本人很体谅天才型孩童的个人需求，她批准杰姬向学校请假去上大提琴课。1955年9月，杰姬转学到这所新的学校，正好也遇上赫伯特·沃兰去世，伦敦大提琴艺校随即关闭，不过，杰姬仍继续去伦敦上艾莉森·达尔林普尔的私人辅导课。

克洛伊登高中是当地声誉最好的一所学校，教育水准高。它被划归为直接享受英国国家补助（又被称作公立国家学校信托）的学校类型，合并了一所义务初中和一所40%都是国家补助生的高中。这所学校下设三个部门——小学部（最大九岁），九岁到十一岁的初中部，和十一岁到十八岁的高中部，每个学部都驻扎在一栋独立的建筑物里。当时，平日在校的

---

① 克罗伊登（Croydon）：南伦敦的一个镇。

学生必须穿校服——一条深蓝色裙子，一件白色衬衫，一条绿领带，再加上一双褐色鞋子——"相当单调乏味"的一套校服，一位老校友，帕泰诺佩·比昂（Parthenope Bion）回忆说[iii]。

转学意味着离开希拉里，希拉里余下的课仍在公益女生寄宿私立学校上。在克洛伊登高中，杰姬的新朋友——其中包括瑞贝卡·圣东吉和安德瑞·巴伦，还有帕泰诺佩·比昂——发现，杰姬来自相当平淡、传统的家庭，但她本人却是一个非常可爱、淳朴的邻家女生。据安德瑞回忆，杰姬平日在校并没有什么过人之处。[iv]这点其实不难理解，要知道杰姬的音乐活动几乎全在校外进行。

杜普蕾夫妇很少鼓励自家儿女扩展他们的生活圈子。当爱丽斯为生日和特别事项举办聚会时，学校里的朋友会受邀来杜普蕾家中做客，不过，杰姬则很少回访这些朋友的家。帕泰诺佩·比昂还记得几个同班同学，包括杰姬，受到各自家长的限制，都不准上她家玩，因为她爸爸——知名的心理医生威尔弗雷德·比昂[①]，集体治疗法的开拓者——所从事的职业在当时尚不被人们普遍认可接纳。这充分说明伦敦郊区守旧的文化氛围，在那里，精神病理学仍是一门不为人知——完全受人质疑的——学科。站在比昂医生个人的角度，爱丽斯·杜普蕾头脑狭隘，爱丽斯外在的"一本正经"多少有些虚假不真诚的成分。

杰姬在校的朋友直到有机会听到杰姬拉琴，方才知道杰姬有多么才华横溢。用帕泰诺佩的话说：

甚至年纪还那么小的时候，杰姬只要一拉大提琴，就完全变成另一个人——强烈的专注与激情。你甚至会说，不拉琴时，杰姬骨子里不大擅长与人交往，在当时，这种不善交往还没被界定为是一种疾病。在外看，杰姬就是一个非常不错，有些胖乎乎，家教还不错的大个头"小丫头"。不过，跟许多具有创造力的人一样，杰姬内化自己的情感在自己的内心里，她的真实生活运转在另一个星球上。

那些细心朋友注意到，杰姬阳光外表下隐约流露出一种天生的忧郁。

[①] 威尔弗雷德·比昂（Wilfred Ruprecht Bion，1897年—1979年）：英国精神分析学家，群体动力学研究的先驱。

杰姬就仿佛抽身于她周遭的世界之外，隐退在自己的个人世界里。不过，杰姬拥有借弹钢琴愉悦自己朋友的能力，同时进驻在她自己的世界里。帕泰诺佩回忆："初中时，地下室里有一个餐厅，我们所有人会稀稀拉拉下楼，排队等着取餐。在等叫号的时候，我们会盘腿坐在地上，提议唱个歌，背首诗，或是弹首钢琴曲，也就是做晨祷的人往常听的一些东西。我们经常点杰姬弹一下《轮回》，这是杜普蕾妈妈自创的一首曲子。这首曲子听得我天马行空地尽情想象，甚至觉得杰姬就没在弹钢琴，她弹得太棒了。"人们还喜欢点杰姬来唱电影《安徒生》[1]中的歌曲，这部影片在当时因丹尼·凯[2]主演而很受欢迎。

其实，克洛伊登高中值得炫耀的是，他们拥有一位极为出色的音乐教师，菲利斯·亨特。亨特主要负责学校合唱团事务，也教授钢琴课。亨特老师当时刚完成自己脱产一年赴维也纳的学习，最近才返校工作。亨特的伴奏功底相当不错，与知名小提琴家威廉·普里姆罗斯[3]这样的名人一起登台演奏过。后来，费尔菲尔音乐厅即将启用之际，年轻且精力充沛的亨特老师积极发挥自己的作用，一心要将克洛伊登高中打造成一处举办专业演奏会的音乐场所。那些来学校表演的人当中，包括圆号演奏家丹尼斯·布莱恩[4]、打击乐演奏家詹姆斯·布雷德[5]和钢琴家傅聪。亨特清楚意识到杰姬拥有罕见的音乐天赋，她成了杰姬的盟友，总是确保杰姬在学校各类音乐会上进行大提琴演奏。

与此同时，越来越明显的是，杰姬能从艾莉森·达尔林普尔那儿学习的东西就要到头了，需要再物色新的大提琴老师继续点拨杰姬。爱丽斯明白，在杰姬接下来最关键的提升阶段，觅对一个人最为关键。接触到威廉·普利兹，爱丽斯的灵感深受激发，当即下定一个决心。普利兹是一位自然且敏感的音乐家，十分擅长沟通。普利兹此时早已是名声在外的大提琴名师，由于演出活动频繁，他只教授专业音乐生。

---

[1]《安徒生》：拍摄于1952年的好莱坞音乐剧。
[2] 丹尼·凯（Danny Kaye，1911年—1987年）：美国演员、歌手、舞蹈家和喜剧演员。
[3] 威廉·普里姆罗斯（William Primrose，1904年—1982年）：苏格兰小提琴家和教师。
[4] 丹尼斯·布莱恩（Dennis Brain，1921年—1957年）：英国著名圆号演奏家。
[5] 詹姆斯·布雷德（James Blades，1901年—1999年5月19日）：英国著名打击乐演奏家。

爱丽斯有些担心,担心普利兹不愿接收杰姬这么小的学生。作为第一步,爱丽斯先带杰姬去听阿玛迪斯四重奏乐队①演奏舒伯特《C大调弦乐五重奏》的一场演奏会,这场演奏中,普利兹负责第二大提琴部分。第二大提琴部分的韵律令人心伤但雄浑深沉,杰姬当场被打动得泪如泉涌。1955年春,爱丽斯拨通普利兹的电话,定下了一次见面时间。后来,杰姬对当时的会面仍记忆犹新:

平生第一次站在威廉·普利兹的家门口的情形。我当时十岁。我按门铃时,人很紧张,同时又异常欢欣鼓舞。我们之前从没见过,虽然我在一场音乐会上听过他的演奏,被深深打动过。现在,真就要面对面见到他本人,我就在想他会是个什么样的人。他人很棒吗?会像他的演奏一样吗?还是有些孤僻桀骜——这么一位大艺术家——不会没时间也没兴趣教他的小新生吧?我其实过虑了。普利兹热情、好客的性格很快就打消了我所有的疑虑,那次见面的头一个小时,我们就很有兴致地探讨了音乐领域的许多东西,还有许多有关我们彼此的情况。ᵛ

在新老师的激发下,杰姬越发投入到大提琴的学习之中,与此同时,不可避免地,在校的课业开始落下不少。在克洛伊登高中的头几年,杰姬在学习上凭着天资聪颖,不太费劲就能赶上所在班级的学习进度。她的学习反映出她英语文学方面见长,但拼写与语法薄弱;尽管擅长模仿,杰姬仍发觉外语的发音与构成很难掌握。

在家时,杰姬会抱怨,认为自己与周围人与事格格不入,还被其他孩子取笑,甚至欺凌。我采访了杰姬曾经的高中同学,她们都不记得有过杰姬所提到的欺凌之事;相反,她们提到杰姬在校时常常沉默寡语,看上去不太喜欢参与她们沉浸其中的讨论和议论,也因此,杰姬没能跟自己的同龄人交往或是发展出彼此促进的友谊。

总之,在杰姬而言,克洛伊登高中很可能跟当时的任何一所学校差不多,各方面还过得去。就像帕泰诺佩·比昂说的那样,症结存在于学校体制本身,这种体系倾向抑制人的创造力:"杰姬受到这种英式学校'用心

---

① 阿玛迪斯四重奏乐队(Amadeus Quartet):世界著名的弦乐四重奏乐队,1947年成立,1987年解散。

呵护'的折磨,这种'呵护'并不兼容人的艺术感悟力。"ⅵ

与此同时,杰姬跟着普利兹学习,一年之后,杰姬的大提琴大有提高,令普利兹甚为赞赏,于是,普利兹授意杰姬去角逐苏吉亚天才奖(Suggia Gift Award)①,该奖项面向二十一岁以下的大提琴手开设。杰姬赢得这项奖时年仅十一岁,她的才华得到了公开肯定,这意味着杰姬将全方位投入音乐之中。杰姬的综合通识教育,从这时起,正式被视为第二位的,从属于她的音乐学习,这本身也使得杰姬更加远离了她的那些在校同龄人。

除了才华得到公认之外,苏吉亚天才奖也提供给杰姬接下来六年的大提琴课学习经费。由逝世的格勒米娜·苏吉亚慷慨资助杰姬的音乐教育,特别恰当。苏吉亚这位葡萄牙大提琴家,是一位开创性音乐女性,一位女大提琴家,在以往由男人主宰的大提琴职业领域中曾获国际声望。苏吉亚高傲且情感丰富的形象之于我们,在奥古斯塔斯·约翰的肖像画中得到了永生,这幅肖像现今就挂在泰特美术馆②内。在一袭葡萄酒色礼服的华丽褶裙烘托下,苏吉亚这位大提琴家头稍有些后仰地端坐着,下巴决然翘起。右胳膊郑重伸出来,虽有几分不太符合好的拉弓姿态规范。罗伯特·鲍多克(Robert Baldock)在他的《卡萨尔斯传》中这么评价,"(这幅画)明确表明,大提琴并不是一件适合女人拉的优雅乐器"。ⅶ

由于大提琴要求的演奏体态不够淑女,人们往往不赞同女性拉大提琴,直至近些年,随着当今女大提琴名家的人数不断增加,人们才不再劝阻,这来之不易。在苏吉亚的那时候,充其量,人们接受女性"侧鞍"的坐势,即将双腿并拢一处收放在大提琴的左侧,这种姿态显然让演奏者身体拉紧,不让人舒服。近代音乐史中,保罗·托尔特利耶曾记录过他的第一位(女)老师就采用这种坐姿拉琴。

苏吉亚拥有葡萄牙—意大利血统,七岁就在自己的故乡波尔图首次登台表演。1898年,第一次为卡萨尔斯演奏时,苏吉亚十岁,不过,苏吉亚

---

① 苏吉亚(Guilhermina Suggia,1885年—1950年):葡萄牙著名女大提琴家。
② 泰特不列颠(Tate Britain):位于英国伦敦米尔班克(Millbank),主要收藏公元1500年至今的美术品。

与卡萨尔斯的亲密关系开始于八年之后,当时,苏吉亚先跟克伦格尔①短暂学习,而后来到卡萨尔斯位于巴黎的家门口,自此,她不但成为卡萨尔斯的得意门生,还成为卡萨尔斯的伴侣与情人。之后的五年,两人的家庭生活与音乐生活丝丝相扣地交织在一起。尤金·古森斯称,这两位大提琴家几乎样样旗鼓相当,古森斯记得,有一次,在一户伦敦私宅举办的聚会中,卡萨尔斯和苏吉亚两人藏身在屏风后拉大提琴,然后,请聚会宾客猜一猜,正在拉琴的是他们两人中的哪一位——这一问,当场就问倒了绝大多数在场的人。ⅷ杰拉尔德·摩尔,在很多场合下给苏吉亚伴过奏,据他回忆,苏吉亚"……给人一种刚毅、浪漫且艳丽的印象。她对你说她的演奏充满激情而且强烈,但事实恰恰相反:她的演奏有拿捏、缜密而且古典"。ⅸ

卡萨尔斯和苏吉亚一起参加音乐会的演出,还一同首奏匈牙利作曲家伊曼纽尔·穆尔②的《大提琴二重奏协奏曲》,这是专门为他们夫妇二人创作的曲目。唐纳德·托维③,卡萨尔斯所推崇和钦佩的另一位作曲家,则证实,卡萨尔斯在西班牙的圣萨尔瓦多拥有一处隐居地,是这导致苏吉亚与他最终分手,但卡萨尔斯本人并不知情。两人关系断裂之后,苏吉亚搬到伦敦,伦敦一直都是她的主要驻扎地,直至"二战"前期。苏吉亚后来在英国的演出次数远远多过在其他任何国家。

英国也恰好是盛产女大提琴手的国度。与苏吉亚同时代的就有一位——性格同样光鲜耀目——她就是比阿特丽斯·哈里森④,哈里森积极推广英国当代作曲家的曲目。哈里森为人们记住的,还有她行事古怪这一点,比如,哈里森会在自己的乡下花园里,与一只夜莺对唱,借此灌录里姆斯基-柯萨科夫⑤的《印度之歌》,此外,她的衣橱也很夸张——每场音

---

① 朱利叶斯·克伦格尔(Julius Klengel,1859年—1933年):德国大提琴家、作曲家。
② 伊曼纽尔·穆尔(Emánuel Moór,1863年—1931年):匈牙利作曲家、钢琴家和乐器发明家。
③ 唐纳德·托维(Sir Donald F.Tovey,1875年—1940年):英国音乐分析家、史学家、作曲家、指挥和钢琴家。
④ 比阿特丽斯·哈里森(Beatrice Harrison,1892年—1965年):英国活跃于20世纪前半期的女大提琴家。
⑤ 里姆斯基-柯萨科夫(Rimsky-Korsakov,1844年—1908年):俄罗斯作曲家、音乐教育家。

乐会都换装，她穿的礼服从不重样。

哈里森是首奏戴留斯①《大提琴奏鸣曲》和《双提琴协奏曲》的大提琴家（与她拉小提琴的姐姐梅一起演奏），还首次录制了埃尔加的协奏曲，由作曲家埃尔加亲自指挥。戴留斯还将他的《大提琴奏鸣曲》专门献给哈里森。任凭自己取得多大的成绩，哈里森以自己付出的巨大代价发现，女大提琴手仍受世人质疑。据说，哈利森还成了托马斯·比彻姆②一则粗俗笑话中的笑柄。比彻姆不喜欢哈里森录制的琴声，曾这么奚落这位不幸的女士："夫人，你在两腿之间夹着一件本可以愉悦千万人的乐器，而你所做的就只是坐在那里，刮挠它而已。"

接下来的几代人中，英国陆续出现了好几位不错的女大提琴家：塞尔玛·赖斯（Thelma Reiss）、海伦·加斯特（Helen Just）、安东尼·巴特勒（Antonia Butler）、琼·迪克森（Joan Dickson）、佛罗伦萨·胡顿（Florence Hooton）、艾琳·克劳斯福特（Eileen Croxford）、阿莫莱丽丝·弗莱明（Amaryllis Fleming）、安娜·沙特尔沃思（Ana Shuttleworth）、和奥尔加海戈德斯（Olga Hegedus），这些人作为演奏者和教师都取得了一定程度的成功，对战后英国的大提琴演奏产生过显著影响。尽管如此，作为演奏家，或是在成就上，她们中无一人，包括苏吉亚，能与巅峰时期的杰奎琳媲美。

苏吉亚迁居到英格兰后，受到一位富有且社交广泛的英国绅士（《乡村生活》杂志的老板）热烈追求，这位绅士据说送给苏吉亚一把斯特拉迪瓦里③大提琴和一处苏格兰岛屿。在取消跟这位先生的订婚时，苏吉亚退还了那座岛屿，但留下了这把大提琴——这把斯特拉迪瓦里琴对她来说更有用，也是更好的投资。她后来遗赠给皇家音乐学院的就是这把琴，开列的条件是出售这把琴的收入必须存入一个信托委员会，用以提供资金支持并赞助有抱负的年轻大提琴手进行学习深造。

---

① 戴留斯（Frederick Albert Theodore Delius，1862年—1934年）：德国血统的英国作曲家。

② 托马斯·比彻姆爵士（Sir Thomas Beecham，1879年—1961年）：英国指挥家。

③ 安东尼奥·斯特拉迪瓦里（Antonio Stradivari，1644年—1737年）：意大利克雷莫纳的弦乐器制造师，姓氏"Stradivarius"及其缩写"Strad"经常被用于谈及他所制造的乐器。

苏吉亚去世两年后，1956年，苏吉亚天才奖创设，首轮面试于当年7月25日在皇家音乐学院里进行。五位评委组成名人评审小组，成员包括艾弗·牛顿（Ivor Newton）、莱昂内尔·特泰（Lionel Tertis）和评审小组的主席约翰·巴比罗利（John Barbirolli）。演奏者和面试官在人数上一等一的均衡，很明显——第一年只有五位大提琴手角逐。理论上说，每位申报选手进行十二分钟的演奏，不过，就像伊芙琳·巴比罗利（Evelyn Barbirolli）记录的那样，"很多时候，约翰·巴比罗利给有些懵了的孩子（用提问和建议的方式）上了一堂即兴的大提琴课，这么着撑过整个演奏竞技过程"。[x]

威廉·普利兹的推荐信肯定激起了评委组的期待："杰奎琳·杜普蕾，我迄今所见最出色的大提琴与音乐方面的天才，此外，她还有着令人难以置信的成熟思想。我所持的意见是，她将拥有杰出的职业生涯前景。"

第一轮面试中，杰姬演奏了维瓦尔第、圣桑和波契里尼三人的曲目。在开始拉琴的那刻起，约翰·巴比罗利就认定杰姬会胜出。不过，巴比罗利的面试评语仍体现了一种公平竞争理念，也反映了他本人在专业标准上的坚持：

维瓦尔第：确实有才华。音色漂亮。起承转合不错。

《天鹅》（圣桑）：音乐上，非常不成熟。想象力不足。

波契里尼：技巧比音乐处理更精道。感觉她现在应该认真对待她的大提琴。[xi]

将奖项颁发给十一岁的选手时，评委组选择对一位正处于提升阶段的人才而不是业已成型的人才进行保付式投入，也是一项评委会在未来几年一直追求的选拔策略方针。杰姬每年将收到175英镑，用以支付她学琴的课程费用，附带条件是必须每天练琴四个小时。这一条件在天才奖的规章中明确规定下来，还须经杰姬的父母同意，并与普利兹和克洛伊登高中新任校长玛格丽特·亚当斯进行相关协商。亚当斯为杰姬特意制定了专门的课表，杰姬当时刚进入学校的高中部学习，这份课表允许她保持最低课时的科目学习，也允许她不参加游戏活动和支持德国的针线活——这是对未

来专业巡演音乐人专属的大都市生活的一种让步。[xii]

普利兹记得,"就杰姬上学事宜,爱丽斯确实咨询过我。决定让孩子退学(要么半退)就是一次巨大的赌博,不过,我觉得这在杰姬身上并非如此,我很肯定,杰姬会一路走下去,成为一名大提琴家。我也许带有几分偏见,我自己十三岁时也同样选择了退学。不过,这件事上,我支持爱丽斯。偶尔,我会跟杰姬聊一聊,让人满意的是,杰姬接受的教育已到了一定的程度,她的大脑正在接受充分的调动与激发"。

最为重要的是,这种进退维谷是那一时代身为特殊神童的父母所面对的常见困境。杜普蕾夫妇的感觉是对的,必须给予杰姬最好的机会来开发她的天赋专才。要让他们承担以往那些小神童(比如耶胡迪·梅纽因)所接受的私人辅导,则不太可能;另一方面,这些神童在他们全世界各地演出的同时,挣钱养活着自己(还经常供养他们的家庭)——这是杜普蕾夫妇从未考虑过的一种选择。无论怎样,私人辅导也无法消解杰姬与同龄人脱离的那种人际隔绝感。

在俄国(和后来的东欧国家),专业音乐院校的开设可追溯到20世纪30年代,这些院校运行一种将通识教育与专业特长训练整合一体的教育体系。尽管如此,这种体系的温室氛围和刻板僵化——往最坏处说——进行的是标准化音乐名家的流水线生产式教育,冒着摧毁富有创意的个人个性的风险。尽管耶胡迪·梅纽因于1963年在英格兰创建他自己的学校时,就在效仿俄国专业音乐院校,但他仍尝试确保每个学生的个体能力能得到全方位的开发。随着其他专业音乐学校在英国陆续创建,今天的父母有了更好的选择,确保音乐上早慧的孩童接受到一种均衡的教育。

杰姬的在校教育问题——或是缺失——随着时间推移变得越发严重。存在一种舆论说法,认为杰姬受到过度的保护,而且受教育程度不足,另一种论调则是,平庸的英国学制很可能会毁了她。实际产生的后果是,在杰姬上学时间压缩到最低限度的同时,杰姬自己也与同龄人隔绝开了,而后,她开始发觉自己社交笨拙,除了音乐,自己似乎什么都欠缺。回想儿时经历时,杰姬常不无苦涩地说,通识教育的机会早就离她而去了,她经常说,"就没有人问过我本人,我自己是不是想去学校"。杰姬或许没有意识到，她也因此补偿式地获得了自由思考和创意想象的自主权。

ⅰ 致本书作者的信函内容，1995年11月。

ⅱ 本书作者的访谈内容，1993年9月。

ⅲ 本书作者的访谈内容，克莱尼奥，1995年5月。

ⅳ 本书作者的电话访谈内容，1995年8月。

ⅴ 致威廉·普利兹，"大提琴"，《梅纽因音乐指南》，Macdonald&Co.出版社，1982年。

ⅵ 本书作者的访谈内容，克莱尼奥，1995年5月。

ⅶ 罗伯特·巴尔多科，《帕布罗·卡萨尔斯》，Victor Gollancz 出版，伦敦，1992年，第71页。

ⅷ 尤金·古森斯，《序曲与初学者》（Overture and Beginners），Methuen出版，1951年，第99页。

ⅸ 杰拉德·摩尔，《我太大声了吗？》，Hamish Hamilton 出版，1962年，第108-109页。

ⅹ 本书作者的采访内容。

ⅹⅰ 哈罗德·阿特金斯（Harold Atkins）和彼得·科茨（Peter Cotes），《巴比罗利夫妇的音乐婚姻》（the Barbiollis, A Musical Marriage），Robson Books出版，伦敦，1992年，第130页。

ⅹⅱ 本书作者的采访内容。

第四章
拜师普利兹

是"我"在拉弓,还是这弓拉得我紧张至极?……因为,我一拔弓开射,一切即刻变得如此清晰、如此明确,亦如此可笑的简单……

——尤金·赫里格尔①,《弓与禅》②

威廉·普利兹,杰姬的新任大提琴老师,1916年出生于伦敦,波兰犹太裔。普利兹七岁开始拉大提琴,提升神速,十三岁时荣获一项奖学金,赴莱比锡师从朱利叶斯·克伦格尔③学琴。

据普利兹回忆:"克伦格尔在音乐上枯燥乏味,却有着梦幻般的帕格尼尼演奏技巧。他为人真挚单纯,这也是当时德国院校的特点。克伦格尔的一大强项在于他教学灵活,让学生去发掘其自身的个性。因此,他最后一批学生个个都有建树——其中就有费尔曼④、皮亚蒂戈尔斯基⑤,还有我。"

---

① 尤金·赫里格尔(Eugen Herrigel,1884年—1955年):德国哲学家,曾在日本执教四年,将禅宗介绍到欧洲。
② 《弓与禅》(英文:Zen in the Art of Archery):尤金·赫里格尔的著作,出版于1948年。
③ 朱利叶斯·克伦格尔(Julius Klengel,1859年—1933年):德国大提琴家、作曲家。
④ 艾曼纽·费尔曼(Emanuel Feuermann,1902年—1942年):成名于美国的奥地利大提琴家。
⑤ 皮亚蒂戈尔斯基(Gregor Piatigorsky,1903年—1976年):俄裔美国大提琴家。

普利兹坚持认为，不管自己能从老师那儿学到什么，他自己在音乐上的提升绝大部分有赖于"环境的"熏陶——去听音乐会、吸收音乐，并学习不同演奏者的品质特色。"我十三岁就不再上学了，三年后，上完自己的最后一节大提琴课。虽然拥有音乐直觉天赋，但对技巧方式也特别有感觉，后来，我能将这种感觉应用在自己的乐曲演奏之中。在我，拉大提琴和自觉思考是两相宜的事情，彼此相辅相成。"[i]

十五岁时，普利兹推出自己的管弦乐首场演出，在莱比锡布业大厅里，演奏海顿的《D大调协奏曲》。两年后，他回到英国，开始自己的音乐事业。杰姬常说，作为演奏家的普利兹从来就没用尽他自己的巨大天赋，他不大有意愿让自己卖命卖力地投入其中。虽然如此，普利兹在自己演奏生涯的前二十年里不仅演奏那些响当当的"名家巨作"，还掌握和演奏了许多新的协奏曲。考虑到分配给他与英国各家管弦乐团的小型音乐会演奏活动不太多（尤其是进行电台直播类的演出），普利兹开始越来越不满意自己作为独奏音乐人的生活方式了。

于是，20世纪50年代和60年代，威廉·普利兹打算把自己的精力倾注在教学和室内乐之中。他受命担当市政厅艺校执教的音乐教授，并与小提琴家伊莱·戈伦（Eli Goren）创建阿莱格里四重奏乐队，与此同时，还是梅洛斯合奏团（Melos Ensemble）的成员之一。原阿莱格里四重奏乐队在老威斯敏斯特演奏的海顿和莫扎特音乐曾灌制成唱片，凡是听过这张唱片的人都知道，普利兹赋予低音线非常强烈的动感活力，旋律表达亦极其丰富多变。彼得·托马斯，有一次曾担任四重奏中的第二小提琴手，他仍记得，在演奏中，普利兹担当了戈伦的完美陪衬，使得其他两位演奏者可以自如融入，普利兹就像一块三明治里中间那层馅一样。[ii]戈伦说："就没有哪位别的大提琴手能从低音部如此出色地驾驭四重奏。"说这番话颇有恭维之意；普利兹抚弄低音线可谓变化多端，出神入化，令戈伦一直惊讶不已。

1955年，杰姬来见普利兹时，普利兹早已名声在外，这位老师只教专业音乐生，为师之道以富才情且善激发见长。虽然教小杰姬这么小年纪的孩童有悖他自己的招生原则，普利兹还是当场意识到他必须破例接收杰姬这名学生。他仍记得杰姬第一次面试时的表现：

……漂亮、干净、明了，加上不错的韵律。她的琴声就像她的模样一样——整个一尘不染。演奏丝毫不带神童身上常见的那种自以为是的"聪明机灵"劲。人自身不能被什么天资或无用的表面光迷失自我。我跟杰姬聊了聊，她答话很利落。我明白她天赋中某种非凡的东西尚待发掘。我有信心，在共同努力下，我与她会携手攀登，再攀登。[iii]

普利兹感谢艾莉森·达尔林普尔，一方面，达尔林普尔为杰姬奠定了不错的基本功，另一方面，又让杰姬的音乐特质与纯朴天性自在生长。"达尔林普尔从不对杰姬做任何主观强加的要求，这意味着没有什么额外拔除杂草的活要我干。相反，我得到一块干干净净的土壤交由我来培植。"

从上普利兹的课之时起，杰姬的进步明显加速。一开始，他们以一种稳扎稳打的步调推进，但这两年里，普利兹发觉可以给杰姬逐渐施加更多的压力。"就像让一匹马松开缰绳，她就可以驰骋而去一样，关键在于你给她上的缰绳有多紧。杰姬进步之快非同一般。"

凭借吸纳音乐精髓和记忆乐谱的超凡能力，杰姬学琴从来不是一件苦差事。从一开始，普利兹就十分感叹杰姬领悟音乐结构迅速且直观。越是了解杰姬，普利兹就越是惊叹杰姬掌握和演奏一首曲目的水准之高之快。

到十一岁时，杰姬已开始学习曲库中的协奏曲了，例如，拉罗①的《西班牙交响曲》。十二岁那年，杰姬与管弦乐队合作演出时拉的就是拉罗这首乐曲的第一乐章，当时，由诺曼·德尔·马尔指挥，那是与市政厅学生管弦乐队一起推出的一场音乐会。十三岁时，普利兹开始让杰姬拉埃尔加的协奏曲和皮亚蒂②《十二首随想曲》中的第一首。普利兹记得：

那以后，杰姬跟着我每周上两次课——一次在我家中，每周六；一次在市政厅，每周三。周三的课上，我教她掌握埃尔加——她周四下午就能学会，随后开始练习。周六上午的课，她过来，然后练习皮亚蒂的随想曲，还凭记忆练习埃尔加协奏曲中第一乐章的全部和第二乐章的一

---

① 拉罗（Édouard-Victoire-Antoine Lalo，1823年—1892年）：法国作曲家。
② 皮亚蒂（Piatti，1822年—1901年）：意大利大提琴家、音乐名师。

半——分量相当大。不过,她拉得好极了。之后不久,我们开始学其他著名的协奏曲——海顿的D大调、布洛赫①的《希伯来狂想曲》、德沃夏克和舒曼的作品。不过,埃尔加是杰姬拉的第一首协奏曲。虽然她人很激动,但对这首曲子的诠释极为平和含蓄。

师从普利兹的这段岁月中,杰姬掌握了大提琴曲库中非常庞大且常见的曲目,从巴洛克时期的奏鸣曲、巴赫的组曲,到当代的作品,比如肖斯塔科维奇②的第一部协奏曲(完成于1959年)和本杰明·布里顿于1961年创作的奏鸣曲。爱丽斯自己抽时间到课上给杰姬伴奏,普利兹也发现,有爱丽斯在场很管用,她能给予杰姬积极适当的音乐支持。不过,他承认,要是时间多些的话,他会介绍杰姬多一些室内乐,也会让其他钢琴演奏者加入其中。

普利兹鼓励杰姬,在推出个人正式职业首秀之前,积极参加几次音乐会的演出。杰姬热爱演出,偶尔参加音乐会给了她有益的经验。出于这个原因,普利兹同意杰姬先期在BBC电视台上出镜亮相,在介绍天才孩童的电视栏目中露面。而BBC电台的广播遴选十分严格认真,参选的孩子必须通过面试试听环节方才入选。电视只就孩子的年龄限制方面带有附带条件,在专业水准方面并未设限——电视上亮相的最低年龄设在十二岁。

作为杜普蕾姐妹中的姐姐,希拉里先被"人才发现"了,上了电视。虽然希拉里十来岁时起渐渐转向,钟情起吹长笛来了,她最初的亮相仍是弹钢琴。1958年1月,在加的夫③录制的一场少年音乐会上,杰姬首次亮相电视荧幕——与威尔士BBC交响乐团④合作,斯坦福·罗宾逊⑤出任指挥,演奏了拉罗协奏曲的第一乐章。

同一年稍后,4月28日那一天,杰姬和希拉里双双出现在电视台的

---

① 欧内斯特·布洛赫(Ernest Bloch, 1880年—1959年):犹太血统的瑞士裔美国作曲家,指挥家。
② 肖斯塔科维奇(Shostakovich, 1906年—1975年):苏联作曲家。
③ 加的夫(Cardiff):英联邦威尔士公国首府。
④ 威尔士BBC国家交响乐团(Cerddorfa Genedlaethol Gymreig BBC):BBC的五个专业乐团之一。
⑤ 斯坦福·罗宾逊(Stanford Robinson, 1904年—1984年):英国指挥家和作曲家。

演播室里，与小提琴手戴安娜·卡明斯、中提琴手伊恩·怀特，一起演奏莫扎特《长笛四重奏》中的一个乐章。接着，他们在一场音乐俱乐部演奏会上演奏了整首乐曲。BBC电视台给这四个年轻人的组合取名阿尔忒弥斯四重奏乐队，不过，没人记得取这名的个中原因了。这支乐队演奏的音乐常被选用，作为一段文化间奏曲穿插在诸如杰里米·胡克[①]的《介绍刺猬》栏目到《篝火烹饪中的启示》这些任意混搭、意在寓教于乐的栏目中。

希拉里回忆，当时查尔斯王子和安娜公主到场做电视台演播室的嘉宾。杰姬一度喜欢提起那天一件逸事，年轻的查尔斯王子有问过她，他能不能在她的大提琴上显显身手。令杰姬失望的是，王子骑马似的想要骑在她的大提琴上，被她断然制止住了。数年后，查尔斯王子在皇家节日大厅[②]听杰姬演奏海顿的《C大调协奏曲》，被杰姬的演奏深深打动，甚至想要留下那把大提琴给他自己。

阿尔忒弥斯四重奏乐队再次亮相电视，虽然这次由第二小提琴手（悉尼·曼）取代长笛——她们分别演奏了取自亨德尔《水上音乐》[③]和普赛尔《音符幻想曲》的几个短片段，演奏中，由斯坦·昂温（他的"斯坦叔叔"装扮更为人所知些）负责第二中提琴长久持续的C调部分。

在无须增加额外的学习压力下，杰姬自觉地提升自己的演奏技巧，普利兹看在眼里，设定杰姬努力的具体目标确实可行。同样，在日复一日的日常学习中，普利兹的信条是，在不提超出学生能力限度的过高要求前提下，多方位激发学生对音乐的兴趣，而不是对乐器本身的兴趣。借由音乐来解决技巧问题的方法，是普利兹教学中很自然的部分，这部分在杰姬日后的成长中留下了相当深刻的影响，以致，杰姬从来没有正儿八经地学习过技巧。此外，教授像杰姬这么感知敏锐的孩子，普利兹能将技巧在他自己定义为"与乐器融为一体的生活方式'中进行传授。

---

① 杰里米·胡克（Jeremy Hooker，1941年—）：英国诗人、评论家、教师和播音员。
② 皇家节日大厅（Royal Festival Hall）：英国的地标性建筑，位于伦敦泰晤士河南岸的南岸中心。
③ 《水上音乐》（Water Music）：巴洛克时期作曲家亨德尔著名的管弦乐组曲。

普利兹回忆,"杰姬学会在自己不自觉的意识下攻克乐器方面的难关。我从来都不需要——讲解"。

普利兹主张,技艺始于"大自然",意指要为每一特定筋骨和每一双手找到正确演奏的解决之道。在杰姬,普利兹发觉杰姬的左手可能是个问题。"她的第一根手指跟第二根手指差不多一样长,在大提琴上会很不对劲。我们得找个法子,保持第二根手指能绕过来,特别是当走到较高的琴位时。不过,杰姬从没意识到这是个问题。"

后来,又出现了另一个难点,这次在右手上。以极大的激情进行演奏时,杰姬往往太过施压和逼迫琴声。就像普利兹看到的:

她的症结在于她性情的爆发力上——有时,消耗自己的体力太多。她常紧逼琴弓,紧到张力过大。这意味着她的大拇指,因为十分长,往往下陷和滑落琴弓的螺母。这时,你就该意识到自己触到了极限;你不能在弓上弄出洞来吧,所以,得找出一个退路。最终,杰姬摸索出如何处理这个问题的方法,她把自己的小指头放在弓棒背后,这样大拇指就相应从容了。

普利兹坚持技巧与音乐的表达有着你中有我、我中有你的紧密关联,他笃信在学习曲库曲目的过程中融入技巧提升的学习方法。

作为老师,我尝试嗅出每个学生个体需要哪类专业训练。我认为不能只从专业角度练习音阶。音阶是音乐的一部分——不是狭隘的研习。一个指法可以因那么多不同方式而不同,弓的触碰也是一样。钢琴家们谈论甚多的琴键触摸手法,对于弦乐演奏者而言,也是非常必要的东西。有些学院培训出来的大提琴手被训练成用机枪指来演奏——但在我脑海里,这些不是强有力的手指——它们不懂得怎么跳动,怎样变换步骤。一百个音阶可以有一百种不同的感觉。

普利兹对在练习中机械重复的观念嗤之以鼻,或被他称之为"没脑子的苦干"。普利兹教导杰姬要避免任何机械练习。同样地,与其让杰姬在无用的重复练习中消磨时间,普利兹宁愿布置杰姬练习拉诸如皮亚蒂《随想曲》这样的功课,皮亚蒂的乐曲,技巧内置于音乐之中,甚至过渡段也用歌唱式行板处理。普利兹认为极为重要的是,他的学生从不对他们研习的乐曲进行"二流"和源自主流曲库的"正宗"音乐这样的划分。

后来,大提琴家罗伯特·科恩效仿过杰姬的经历,也在十到十六岁期间师从普利兹。他回忆说:"跟普利兹学习,从来没有遇见在许多传统学校只学音符和调性演奏等这类问题。"很多人提醒科恩,说他跟着比尔·普利兹,会学不到技巧。

但这说明人们对普利兹教法存在根本误解。普利兹坚持从技巧存在是为成就音乐的理念出发。你必须生活在一个发现的习得过程中,自我学习地调整你自己的技巧。在我认为,普利兹更强调技巧,因为技巧时时都在。不过,人往往在意于一点上——怎么拉出这个具体的音,或是再次拉出那种特别的情感或效果。普利兹不谈有关弓的变化或指触,因为这些技巧全都那么的微妙复杂,他放在音乐自身的语境中教授它们。

其实,倘若普利兹觉得与某个特殊的问题相关,他会给他的学生设定一个音阶来拉,或是从舍夫契克①或费雅尔②比较枯燥的弓法练习中挑一首曲子让他们练。不过,就像科恩所言,"跟普利兹学琴,每次练习都有一个具体的目标,我们从来不限于一种方式来拉一首练习曲。普利兹会说,'……不要按谱子上印着的弓法来拉,不妨这么来拉一拉,'或是,'……现在用半弓快两倍地来拉一拉。'这使得练习曲在他那里变得更为有趣,也让我们更灵活地进行发挥。"灵活,意味着接受处理问题有多种解决途径的观念。普利兹喜欢激发思想并与他的学生展开讨论,借此教导自己进行思考。普利兹的座右铭是"摸索与发现",促使每个学生质疑学生自己的音乐意图。尽管他本可以自己提出来很多问题,但他总是留给学生去得出他或她自己的结论。

在大提琴的术语中,这意味着绝不要只按照一套弓法或指法去演奏一首曲子。据科恩回忆,"普利兹会给任何选定的段落至少六种指法,不只局限于此,他还想让你自己去摸索这些指法的运用。在常规的传统中,存

---

① 舍夫契克(Otakar Ševčík,1852年—1934年):捷克小提琴家。小提琴教学史上最杰出的教师之一。

② 费雅尔(Feuillard,1872年—1941年):法国室内乐音乐家、大提琴家,音乐教师,托特里耶的老师。

在这样的观念,即大提琴主宰着你拉出来的音,比如说,A弦拉出比D弦更明亮的琴音。但普利兹教我们把控住琴弓和颤音,这样你就可以在A和D弦上获得同样的音乐效果"。[v]

科恩称普利兹的音乐学习法既有逻辑又有器乐质性。"他会谈音乐的物理学——每次减缓或渐进中的反弹时间,一个球每次弹跳加快时的反弹时间,自然重力过程的反弹时间。他还谈你该如何获得回应。如果你以某种特定方式掷球,动作迅速利落,你就得到其相应的回应,但是,如果你想要一定的距离感,你掷球的动作就须有所不同。"

普利兹认为,学音乐的人必须是整个音乐过程的主人,也就是说,你要懂得如何感受、引发和实现音乐冲动。同时,学音乐的人还得训练自己的客观判断性。据科恩说:

普利兹教授我们,拉琴时,需要近乎精神分裂式地控制这种音乐冲动,感受音乐,同时又抽身于音乐之外。如果顾此失彼太多,立马会遇上麻烦,身处危险之中了,也就是实际上拉出了有别于你想要拉出的音乐。当有学生过于自我沉浸于自己的音乐冲动中时,比尔就会说出他的口头禅:"这里,你呀,再拉上一遍,同时往窗外看。"当然,像杰姬这么精湛的艺术家,则能一边拉琴,一边让自己的耳朵去到屋子的那一头去。

这种做到客观又保持完全投入在音乐之中的能力,指的是杰姬拥有一种敏锐意识的天赋,这并不符合人们普遍认可的看法,人们普遍认为杰姬是一位直觉冲动型的演奏者。当普利兹谈起杰姬无穷无尽的惊人才情时,他特别指出杰姬的两点:持续不断且永无止境的提升能力,和仿佛想在音乐中奉献自己一切的意愿,同时又总是留有后手。"杰姬知道如何营造出更富有戏剧性的音乐幻境,同时,每时每刻都意识到营造这个幻境的进程。她学会了如何自动把控,就像发射出去一枚火箭,再发射另一枚,然后,一枚接着一枚。她在用源自她自己无穷无尽之才情的激情滋养她的音乐,她的这种能力,在我看来就是一种精神过程。她学会了接受乐器自身的局限,意识到不能强行超越这些局限。"[vi]

普利兹在杰姬最重要的拓展阶段教授她,并把她推向世界。这七年的学习也的确贯穿杰姬日后的一生,普利兹一直是深深影响杰姬的人;这也就难怪杰姬爱戏称普利兹是她的"大提琴爸爸"。杰姬，认为普利兹能抽身出自己个人的情感，总是保持自己是一位公正、不带操纵欲的老师。普利兹坚守一项绝对的教学原则，从不像某些有野心的老师所做的那样，利用自身影响力来推销自己的学生，也出于这个原因，他不鼓励利用国际大赛谋出名的念头。普利兹乐于就学生的演出节目安排和何时推出首场音乐会等方面给出自己的建议，虽然他并不喜欢卷入自己学生的职业生涯之中。不过，像杜普蕾和科恩这类学生，普利兹从不操心，他很明白他们足以凭借自身所长谋生建业。

就像每一个人都有一位对的老师，每个老师也都有一位他理想的学生。在这点上，普利兹和杜普蕾是非常契合的理想师徒配。在普利兹的引导下，杰姬的音乐个性一步步扎实强劲地拓展提升。普利兹总是能激发杜普蕾对大提琴的兴趣，从不强迫式施予要求来迫使杜普蕾练琴学习。正是得益于普利兹不朽的栽培，普利兹让杰姬保有着他称之为的"杰奎琳的音乐纯真"，普利兹深知，杰姬的才华魅力别具一格且独一无二，这种魅力在于杰姬自然生发的表达感染力和杰姬内心蕴藏着的无尽激情。甚至在跻身国际寰宇之界，成为一位完全成熟的音乐演奏艺术家的时候，杰姬仍能够让她的听众拥有一份难得的特权，这份特权让他们得以分享她自然天成的原生态直觉意识带给人的内省感悟。

ⅰ 本段与接下来的引用源自本书作者的访谈内容，伦敦，1993年6月。
ⅱ 本书作者的访谈内容，伦敦，1995年3月。
ⅲ 这一段与接下来的所有引用都源自本书作者的访谈内容，伦敦，1993年6月。
ⅳ 希拉里·杜普蕾和皮尔斯·杜普蕾，《家中天才》(*A Genius in the Family*)，Chatto&Windus出版社，伦敦，1997年，第88页。
ⅴ 引用(同以上所有摘录)源自本书作者的访谈内容，伦敦，1995年12月。
ⅵ 同上。

第五章
银屏亮相

才华在生命宁静处拓展,性格在生活波澜中养成。

——约翰·沃尔夫冈·歌德,《托尔夸托·塔索》①

接近1958年底,德里克·杜普蕾得到一份新工作。担任成本和工程会计师协会秘书一职,这份工作提供一份额外待遇,即提供他们一家人一处公寓居住,是一套楼上公寓,位于伦敦市中心波特兰广场的第63号公寓楼里,离摄政公园咫尺而已,离希拉里刚被录取的英国皇家音乐学院也不远,很适合德里克和他一家人过日子。

住公寓有一点不好,楼内还有其他办公住户。这就需要一间隔音的顶楼阁间,好让杰姬在不打搅他人的情况下练琴。普利兹回忆说,这是件麻烦事,墙壁的隔音往往消减声音共鸣,使得弦乐听起来枯燥乏味。他赞叹杰姬仍能拉出正常音响环境下的旋律效果。杰姬的拿捏分寸适度到位,未受影响地坚持练习着。尽管如此,杰姬还是有自个儿的小抱怨,就是窗户一直得关着;尤其是湿热的夏天,室内闷热得让人难以忍受。

1958年11月,一家人搬到伦敦。按杜普蕾一家人的打算,新家需要重新装修,于是,伊斯曼纳·霍兰德好心相助,邀他们在她位于肯辛顿的独

---

① 托尔夸托·塔索(Torquato Tasso,1544年—1595年):16世纪意大利诗人,作品对欧洲文学产生过重要影响。

立屋里暂住数个星期。霍兰德夫人待人慷慨热情,乐于杜普蕾一家住在她家。霍兰德夫人回忆说,为了给这一家人私人空间,晚饭时,她总是自己单独吃;别的没什么,只是她发觉爱丽斯做的饭菜很寡淡。

霍兰德夫人在位于埃尔顿路还有一栋独立屋,杰姬早就是那里的常客了。霍兰德夫人记得:

> 他们一家人还住普尔雷时,爱丽斯就常自己坐车上伦敦,要是音乐课之间有些课间休息时间,她就会把杰姬寄放在我肯辛顿的家里。杰姬会上楼到我的工作室里,然后,狂练自己的大提琴。杰姬异乎寻常地专注,从不会无故停下来闲着。拉琴时,她相当认真。我记得,趁杰姬休息的间隙,我本想要教她一些德国曲目,不过,因为她的兴致不大,进展不是很快。这孩子有趣,非常独立自主。[i]

搬到伦敦不久,离杰姬的电视首秀也将近一年了,杰姬再次接受邀请参加电视演出。1959年1月2日,面对演播室现场的观众,杰姬与斯坦福·罗宾逊指挥下的皇家爱乐乐团合作,演奏海顿的《D大调协奏曲》最后乐章。另两位年轻的独奏者,小提琴手彼得·托马斯和戴安娜·卡明斯,也同台演奏,演奏巴赫的《双重协奏曲》第一乐章。戴安娜早年就在当地音乐节巡演中认识杰姬,彼得却是第一次听杰姬的演奏。他被杰姬出色的大提琴惊到了,不过,他当时心下太过敬畏,没敢接近杰姬。彼得比杰姬小六个月,觉得自己是个正常的十三岁小孩而已,小提琴方面有些才华;不像杰姬,他不是神童。

杰姬,她呢,喜欢上了彼得,就写信给彼得,邀他一同演奏音乐。后来,彼得常常到波特兰广场,跟杰姬一家人处得不错。彼得形容杜普蕾一家人骨子里乡土,很享受质朴的生活快乐。

> 我们会在摄政公园里散步——杰姬非常喜欢。之后,他们一家人煮茶来喝,我们在茶桌上聊得很多。然后,我们一起拉琴。这家人有股子淳朴简单的气质,从来不会考虑杰姬是不是该在校上学。德里克完全听爱丽斯的,性格被动。德里克好像不太知道该如何培养杰姬,不管任何事,全由爱丽斯拿主意。[ii]

彼得对爱丽斯很敬佩,觉得她人质朴直率:"虽然恪守社会习俗,但在许多方面,爱丽斯崇尚自由精神,能够将自己的自由意识传授给两个女儿。两个女儿没有受到传统教育的禁锢——在杰姬身上,最重要的,是她能够打破常规,这也表现在她的音乐演奏中。杰姬的美,就在于杰姬整个人的自然天性得以保全完整——就像一只鸟——拥有更多的自由,人却根本无法想象。"

跟自己干练且精力充沛的母亲恰恰相反,杰姬平日里相当低调被动。她需要大量的休息。据彼得回忆,"虽然她会很活泼,但人看起来相当平静。一拉起大提琴,就变了一个人,精力过人。不过,总的来说,体力和精力上给人深刻印象的是爱丽斯,而不是杰姬"。

在杰姬,这份友谊愈发重要,说明她迫切需要同辈人的陪伴。虽然太过羞涩,不好意思把彼得当成"男朋友",但结识彼得这个男孩子,杰姬心里特别高兴。自然而然,她和他的友谊围绕着一起演奏音乐而展开。据彼得说:"我们拉了很多曲子——杰姬拽着我一起演奏像罗拉[①]的二重奏这类的曲子——她正好也在练习。要是她迷恋上什么,就真冲着它去,而且立竿见影。杰姬吸收东西非常快。听力辨识很快,记忆力也十分出色,跟她演奏的音阶宽度一样,令人难忘。"彼得发现,杰姬仿佛总是置身在一个大大的音乐厅里,情感充沛且从容不迫地拉她的大提琴,很有表演艺术大家的风范。

有一次,杰姬提议他们一起试着拉勃拉姆斯的《双重协奏曲》。熟悉乐谱后,杰姬和彼得碰面。彼得回忆,"我发现杰姬早就将第一乐章了然于心了,而我还只是看到第一页左右。她拉得非常棒。这点上,我发觉自己有些力不能及"。

他们还彼此合奏无伴奏的巴赫音乐,杰姬会跟彼得分享她对音乐的见解:"她的处理充满情感、非常高贵、带戏剧性起伏,气势宏大。虽然她的处理讲究,带着普利兹灌输给她的那种乐线纯度(The purity of line),一路下来或沉溺于这类小炫耀上,不过,她的演奏与所谓的'正宗'风格完全不搭界。"

[①] 亚历山德罗·罗拉(Alessandro Rolla,1757年—1841年),意大利中提琴和小提琴演奏家、作曲家、指挥家和教师。

爱丽斯乐于杰姬结交彼得，毕竟这让杰姬有了与同龄人一起拉琴的难得机会。不像她的同龄人，杰姬从不参加少年乐团或寒暑假音乐课程。爱丽斯觉得，英国国内的普通音乐水准对自家小女儿来说太低了。也许从音乐人角度看，要是杰姬上这类课程，无异于在浪费时间，不过，杰姬也确实因此失去了与其他志同道合的青少年交往的机会。

在家里，杰姬和彼得一起拉海顿的一些三重奏，希拉里弹钢琴。普利兹鼓励这三位小音乐人，提议他们一起拟一个演奏节目单，加上希拉里吹长笛和她音乐学院的朋友克里斯蒂娜·梅森弹钢琴。而后，普利兹替她们在霍舍姆音乐俱乐部安排了一场音乐演奏会，1960年6月10日推出。彼得和杰姬演奏罗拉的二重奏——在杰姬坚持下，两人凭记忆演奏——希拉里与克里斯蒂娜，演奏普朗克[①]的《长笛奏鸣曲》。演出收尾，彼得和杰姬，加上克里斯蒂娜，演奏贝多芬的《C小调钢琴三重奏作品Op.1 No.3》。

六个月后，彼得父母在雷纳姆小学也安排了一场室内演奏会，彼得父母都在这所小学教书。这次，希拉里、彼得和杰姬，先是每人分别独奏一小段乐曲，接着是重头戏，门德尔松的《D小调三重奏》——彼得姐姐朱迪替代克里斯蒂娜弹钢琴。

据彼得回忆，"我们怎么都比不上杰姬，不过，与同龄人同台竞技，让杰姬快乐"。杰姬可以说拔得头筹，她的伙伴也都个个才华横溢，希拉里和克里斯蒂娜已是皇家音乐学院的学生。据彼得回忆，希拉里演奏也带有与杰姬一样的气场。"弹钢琴时，希拉里弹得利落直截。不过，她吹长笛更出色。希拉里的身体语言令人着迷，远比杰姬好动——希拉里可真是一个真本事的印度吹笛耍蛇人呢"。

很自然，杰姬拉大提琴时不羁的肢体动作惹人议论；有人反感她的肢体动作，认为是干扰听众的矫饰举止。不过，杰姬表演时的体态完全是自然流露。就像卡萨尔斯后来为杰姬辩护所说的，"我就喜欢她的姿态。她人在随音乐而动"。彼得回忆，与杰姬恰相反，爱丽斯演奏时姿态相当平静，也许弹钢琴本身就不适合过多的肢体动作。

---

① 普朗克（Francis Jean Marcel Poulenc，1899年—1963年）：法国钢琴家、作曲家。

出于有来有往的礼节，杰姬也会去埃塞克斯①，拜访彼得父母的家，不久，这两家人成了朋友。彼得的妈妈，莫纳·托马斯，仍记得他们一起度过的快乐时光。"生活，在杰姬而言，很欢快简单——她人愉快、乐观、阳光，充满喜悦和幽默感。我们有时沿埃塞克斯溪流散步，杰姬和彼得还会在花园里玩雪埋活人的游戏。"iii

多年以后，杰姬这么描述自己童年对雪和寒冬的喜爱："我记得怎么找造型奇妙的单朵雪花，记得怎么将自己整个投入雪中，爱雪给人的那份感觉，带给肌肤的那份寒冷，搓硬雪球的快乐，在户外，随意投掷雪球，雪球打中目标，反弹起来化为粉碎的情形。"这些文字，是杰姬坐轮椅时写的，如同诗意般的回忆，回忆她少女时，那些遥远年月中，与彼得曾拥有的纯真乐趣。iv

莫纳回忆说，十四岁的杰姬第一次来她们家时，爱丽斯也跟了过来，莫纳挺吃惊。托马斯家的孩子，十岁时就已经独自去伦敦上音乐课和见朋友。杰姬则相反，基本到哪都有妈妈陪着。一方面，爱丽斯护送杰姬上学、放学和上音乐课，无微不至照看杰姬；另一方面，她越来越顾不上皮尔斯和希拉里，就任他们自生自灭了。希拉里十五岁时就坐公交车从普尔雷②去皇家音乐学院上学。一家人搬到伦敦后，十三岁的皮尔斯情形差不多，也得自己坐地铁去汉普斯特得③上学。

引人争议的是，爱丽斯太过看护杰姬，一心要为拓展杰姬的音乐才华创造尽可能好的条件；她这么做，用心良苦，毋庸置疑。杰姬性格中带有某种被动，就是不假思索地接受她妈妈的呵护。另一方面，杰姬在她生命的这个阶段也强烈认同爱丽斯，非常依赖爱丽斯的支持和陪伴。

虽然，莫纳一开始很吃惊爱丽斯这么形影不离地陪伴杰姬，但很快就察觉，这对母女俩都有这份需要。爱丽斯一直自恃具备钢琴家的才华，显然，一心扑在杰姬出色才华的培养上，让她多少获得某种补偿式的满足感。

爱丽斯这边呢，却经常想劝说莫纳让彼得退学，好让彼得投入更多

---

① 埃塞克斯郡（Essex）：英格兰东部的一个郡。
② 普尔雷（Purley）：伦敦南部的一个区，位于克罗伊登伦敦自治市内。
③ 汉普斯特得（Hampstead）：位于英国伦敦，属于内伦敦卡姆登区的一部分。

时间拉小提琴。[v]杰姬很可能也帮着她妈妈说话；杰姬很肯定地认为，彼得学小提琴还没有得到充分展开。[vi]很想说服彼得换一位小提琴老师，于是，杰姬采取了她这项使命的第一步，就是带彼得去听她跟比尔·普利兹学琴的课。彼得发觉这种全新的表达世界很启发人，在杰姬的建议下，彼得开始拜师伊莱·格伦，阿莱格里四重奏乐队的队长，普利兹也是四重奏成员。格伦演绎音乐的方式与普利兹相似，彼得发现格伦是一位激发人灵感的老师。尽管如此，有别于杰姬，彼得没觉得在校学习有什么不好；他喜欢有同学做伴，还可以踢足球和进行其他体育运动。

虽然正规的学校教育在杰姬的生活中越来越不重要，但是，一家人搬迁到伦敦后，还是需要为她换一所学校。杜普蕾夫妇发现知名的女子学校皇后学院就在波特兰广场附近，步行即到。于是，替杰姬报了名，想从1959年1月开始，让杰姬从英、法、德三种语言中选一门限选课。在推荐信中，霍兰德夫人这么形容她的这位教女：一个"相当明理的女孩，具有独特的音乐天赋和专注力"。此外，她还说，杰姬"性格最是讨人喜爱，举止优雅"。[vii]

更为重要的是，泰瑟姆小姐，艺术委员会（苏吉亚天才奖THE SUGGIA GIFT评选理事会）的音乐主管助理，给皇后学院校长寄去了一封推荐信，信中说"评定苏吉亚天才奖的各位评委衷心希望这个孩子能被培养成为世界级艺术家"。[viii]她提及规定每天四小时练琴的限定条件，还强调大提琴课要优先于学校的科目。依据普利兹安排紧凑的课程，学校这些科目课程都无法按常规课时进行安排。

实际上，皇后学院是一所信奉个体价值哲理的学校，早就开设了"特长生"类别——指的是非全日制学生。学校校长，基纳斯顿小姐，接收杰姬作为特长生入学，附加条件是，她的学业水平必须能让她跟上课程进度。

尽管双方起初都抱着良好的初衷，但是，杰姬在皇后学院学习的这一年最终落得两边都不满意。正值年仅十四岁的懵懂青春期，杰姬不得不插班进入一群女生当中，这群女生已有了各自的友情圈，在诸事上，从穿衣打扮和学业学习到对外面世界的熟悉，都老道世故得多。杰姬呢，却仍由着妈妈打扮自己,穿着圆形喇叭裙和白膝袜,而她的同年龄女生打死都不会这么穿。杰姬其实对自家四壁以外的世界所知甚少。

杰姬感觉自己不适应,自然在所避免,再加上她天性谦逊质朴,几乎不提自己的特殊天赋,隐匿着自己的锋芒。老师对所教的科目要求颇高——好老师理当这样——不予通融。从一开始,杰姬就遇上法语老师布隆多女士,两人起了冲突,这位老师觉得杰姬的法语差得"令人瞠目",还有根有据地判定,杰姬显然从来不动脑筋就动笔写东西。杰奎琳一直称她的学生年代不快乐,还称自己离开学校的那天是自己无限美好的一天。[ix]十年后,在一次采访中,杰姬坦言说:"我是那类别的孩子无法忍受的孩子。其他孩子习惯形成自己的圈子,叫嚷吓人的东西。我一直觉得,大提琴里有着我绚烂无比的秘密,小心翼翼守护着。就是这个秘密,我没跟其他小孩提起过。"当时,杰姬是否成了(校园)被人嘲讽的笑柄,以及这类事是否偶尔也在克罗伊登高中或是在皇后学院发生过,我们无从得知。不过,杰姬细说起这些经历,这点证明,她觉得自己在学校,即使没被人当作替罪羊,也常常不被人接纳。

不过,我从她同代人那儿得来的资料看,所有一切表明杰姬在学校蛮受人喜欢。詹妮弗·卡斯,杰姬皇后学院的同学就说,杰姬是"一个友善、快活的女孩子,很合群"。尽管如此,显见的是,杰姬在学校没有结交什么真正意义上的朋友。她姐姐希拉里记得,就是很小的时候,比起与小孩子相处,杰姬与大人相处要更合得来,杰姬还发现用口头言语表达自己很难。[xi]

杰姬在皇后学院整一年,爱丽斯充当着自家小女儿的挡箭牌——最终,很可能造成了对杰姬的不利影响。就在四旬节学期①结束之前,爱丽斯给学校写去第一封信,辩解女儿上学出勤差和学业跟不上等都事出有因,后来,这类信写了很多。几周后,爱丽斯的长信中解释说,杰姬患

---

① 四旬节学期(Lent term):英国和爱尔兰一些大学的冬季学期,通常从每年一月至三月,等同于牛津大学的希拉里学期。使用这个术语的大学包括:剑桥大学,伦敦政治经济学院等。

了两次感冒，整个人很低落，不过，"假期开始，在达特穆尔①徒步游十天后，她好了起来"。杰姬在忙着拉琴，为在节日音乐大厅举办的一场周六儿童音乐会做准备，这场音乐会上，她将与欧内斯·瑞德②和皇家爱乐乐团一起合作拉罗的协奏曲。这一切表明，爱丽斯早就认为，杰姬花时间去上法语假期预备课是"不明智的"，于是，她特别要求校方将这些情况向法语老师解释一下。

这类辩解持续了整个夏季一个学期——杰姬"音乐方面"正忙得很，要准备三首协奏曲和一首巴赫的组曲。女儿没法完成课业预习时，爱丽斯就出面要求校方豁免。显然，杰姬自己很努力，班上的其他女生都学在她前头了，"学法语，杰姬迷茫得几乎完全摸不着北"。5月24日的信里，爱丽斯首次提及，她打算让女儿十五岁生日那天退学（明年的一月份），转而接受家教辅导，十五岁是当时大英帝国法定的最低离校年龄。

这一切让校长挺困惑，杰姬的课程表只含每周最低限度的八课时和三小时的预习时间。此外，爱丽斯愿意接送杰姬上下学，确保各课时之间的空档时段，杰姬可以在家拉大提琴。很难让人相信杰姬没有充足的时间练习音乐。

基纳斯顿小姐简明扼要地回复爱丽斯最近的来信，并在两封信中更完整地表达了自己的担忧，一封写给艺术委员会，担任苏吉亚天才信托秘书的泰瑟姆小姐，另一封写给菲利普·韦恩先生，时任苏吉亚天才信托的董事。信中，她说杜普蕾夫人在"夸大其词"，没能就杰奎琳出勤差给出令人满意的解释，对此，她视杜普蕾太太此举无异于逃避责任。基纳斯顿小姐还担心，不遵守在校最低课时要求的这种情形是否合法。她强调杰奎琳"资质不错，我肯定，要让她全面发展，应该接受一定的通识教育"。

一点有趣的发现是，在回复基纳斯顿小姐的信函中，泰瑟姆小姐表示不会为此事态负责，"我们所关心的，是杰奎琳音乐上的提升——作为苏吉亚天才奖的获得者——她的通识教育由她的父母负责"。她信末收尾表

---

① 达特穆尔（Dartmoor）：英格兰德文郡中部穆尔兰的一个地区。
② 欧内斯·瑞德（Ernest Read，1879年—1965年）：英国指挥家、风琴演奏家、音乐教育家。

示,委员会委员无意修改他们对杰姬练琴时间的要求。不过,尽管如此,她之后真的去找过普利兹,询问他能否调剂一下杰姬的大提琴课,以免与学校课时冲突。

菲利普·韦恩的反应则更有洞见和有益。他赞同基纳斯顿小姐的见解,反对泰瑟姆小姐的看法,韦恩认为杰奎琳在皇后学院已开始有了进步,"在那里受人喜爱,这种环境应当有利于驱散她开初的不快"。理解杰姬倾情大提琴的同时,韦恩强调,需要以更宽阔的眼界来看待问题,尤其是在激发她的文学兴趣方面。的确,"最近布置的一批文学写作中,我得知,她的文章写得最好。"韦恩先生认为,不应该让杰姬离开皇后学院,接受什么家教辅导,因为好的家教很难找。"杰姬需要与同龄女孩在一起,学会适应那些无关她音乐和她个人问题的人。我认为她很值得体验这所有的麻烦和困难,要是错失多一些教育的机会,她恐怕成不了大音乐家。"[xiii]

跟杰姬谈过后,韦恩对杰姬印象很好,了解到杰姬"非常聪明,能即刻明白音乐的意义,头脑丰富"。杰姬自己对他说,她真的不希望自己是一匹"蒙住眼睛的马"。(几个星期后,杰姬就向韦恩坦陈,待在学校让她觉得自己"一无是处"。)韦恩于是说,有关这一切,他相信杰姬能"最大程度地自己做决定",暨此,他也就收回了对泰瑟姆小姐看法的异议。

虽然如此,不过,任何决定看起来都是以杰姬的名义做出的,爱丽斯和普利兹也都不觉得音乐奇才的培养用得上学校教育来打底。毫无疑问,这一点充分表述在爱丽斯夏季学期快结束之时写的信里,信中,爱丽斯写道,家庭作业看来无关紧要了,杰姬不会去参加考试。事实上,普通教育证书(GCE)[①]的各科考试一门都没过的情形下,杰姬准备离校退学了。

这些做法与莫纳和史丹利·托马斯夫妇,彼得的父母,截然相反。身为学校教师,托马斯夫妇两人都赞同孩子接受全面教育的益处,没打算听取爱丽斯的建议,让自家的儿子退学。与杰姬相反,十五岁离校之前,彼得就拿到了相当于普通中等教育证书的五门功课成绩。而后,彼得才开始

---

① 普通教育证书(General Certificate of Education,简称GCE):使用英语教育系统国家的考试制度。

全日制的音乐学习。回想起来，彼得觉得，这种方式，在他，是对的，若在杰姬，也有可能是对的。在彼得看来，"无论上不上学，杰姬都会是一位大艺术家。跟着普利兹学习，她无论如何都会成为一位超棒的大提琴家，虽然职业生涯或会晚上三年起步。我个人觉得，对杰姬而言，上学的好处倒不是在接受正规教育，而是能让她学会待人处世。当时，她确实时时感到自己处处落单，与人隔绝"。

显然，神童从孩童长到青少年时，常常遭遇这种社交烦恼的不安情绪。耶胡迪·梅纽因承认，他就有过同样的经历。"我缺了一项重要体验，就是在日常生活中，本该有的，同别的孩子在一起时考量自己的机会。取而代之的是，我就是我自己和我家人的作息定律，与人相当隔离——让人生畏，过了很长一段时间后，我才能自如地与自己的同龄人相处。"[xiv] 所幸的是，长到十几岁时，女大十八变的杰姬很顺利地掌握了与人相处的社交技巧。

1959年秋，杰姬上学的最后一个学期。在皇后学院的教职员工看来，杰姬渐渐安顿了下来。事态出现转好的迹象，基纳斯顿校长同意杰姬在学期中途更换法语老师。杰姬的新老师，丢瑟小姐，校长推荐的，是一位"和蔼可亲"得多，而且更理解杰姬处境的好老师。不过，杰姬也好，爱丽斯也罢，都不太花精力了，无意再争取合意的在校学习了。

无论在学校有何种挫败感，杰姬在校外取得的成功都远超过了弥补这种挫败感需要的程度。10月份，爱丽斯写信给基纳斯顿校长，对旷课表达更深的歉意，解释说，10月27日，杰姬即将"从市政厅音乐与戏剧学院[①]收获三项大奖，颁奖仪式会在伦敦市长官邸[②]举行。市长会亲自颁奖"。她颇骄傲地写下最后一句。

1959年12月17日，学年的最后一天，爱丽斯提笔给基纳斯顿校长写下最后一封信，再次就杰姬不到校致歉。接着告诉校长，"这对你可能是不

[①] 市政厅音乐与戏剧学院（Guildhall School of Music and Drama）：英国伦敦一家独立的音乐及戏剧艺术学院，创立于1880年，开设音乐、歌剧、戏剧、舞台管理和技术等艺术课程。

[②] 伦敦市长官邸（Mansion House）：位于伦敦中心的历史城区。

小的震惊，再三考虑后，我先生和我决定，最好让杰姬退学，只进行家教辅导"。爱丽斯一定意识到这最后一分钟的通告并不会让校长太过吃惊。她这个夏天就已告诉过校长，她一直在考虑让杰姬在十五岁生日那天或是之前退学。那时，校长努力敦促杜普蕾夫妇早做决定，解释说，这么一来，她可以接纳一名全日制学生来填补杰姬退学空出来的名额。在最后一刻通告学校杰姬的退学，这表明爱丽斯主意已定。不过，也许有那么几分内疚感在其中，因为，爱丽斯置于首位的，是她对杰姬的音乐生涯抱有的野心，而不是女儿需不需要获得更多的教育。

显然，杰姬回避参与有关她在校教育的任何讨论。生性被动，在这件事上，她选择顺从配合，而不是对抗。无论任何场合，只要关乎她，对她而言，基本不赞同上学，虽然后来她的确承认自己一度喜欢数学和英语。在杰姬的教父哈伍德勋爵看来，杰姬在学校可能没学到多少书本知识，但已经了解了某些东西，这些东西远比我们绝大多数在校或毕业后学到的东西来得丰富且深刻。[xv] 通过音乐，杰姬拥有了丰富的情感世界，一路下来弥补了她在友谊或智力激发方面的缺失。

尽管如此，在后来的岁月中，杰姬会说起自己的一则逸事，表达出她感受过的隔离感。当问到生日想要什么时，十岁的杰姬答道："一个朋友。"虽说如此，人们也许会说，杰姬对音乐的投入让她有了遁逃世俗的方式，可以逃离外界世界的某些现实，而这些现实事物是她无法应付的。

二十出头时，杰姬对事物已形成了这么一些观点："回看过去，我想我似乎过着一种受限制的生活，不过，我从不这么觉得。我仍然不这么觉得。我没有同龄的朋友，但也没想过要有。我从音乐中获得的要多得多……打小就可以这强烈地喜欢一件事，感受很强烈。拥有一个自己专属的个人世界，任何时候你想，你就可以很自我，这些究竟意味着什么，没有体验过的人是无法懂的。"[xvi]

不过，后来，疾病让她再也无法拉琴时，杰姬个人的音乐世界并没能给予她足够的资源支撑。杰姬一度恨恨地抱怨，在自己上学的事上，她几乎没有自己做选择的余地，而现在，当她需要时，却没有任何通识教育能聊以依傍。

ⅰ 本书作者的访谈内容,霍弗,1993年6月。

ⅱ 彼得·托马斯的这段引文与接下来所有他的引用来自本书作者的访谈内容,伦敦,1994年3月。

ⅲ 莫纳·托马斯写给本书作者的信函内容,1994年12月。

ⅳ 杰奎琳·杜普蕾的笔记,写于1970年代末。

ⅴ 莫纳·托马斯致本书作者的信函内容,1994年12月。

ⅵ 女王学院档案中的信函内容。

ⅶ 同前。

ⅷ BBC电台的访谈内容,1976年。

ⅸ 接受莫琳·克利夫(Maureen Cleave)题为"巴伦博伊姆夫妇与大提琴"的访谈内容,《纽约时代杂志》,1969年3月16日。

ⅹ BBC第三套电台庆祝杰奎琳·杜普蕾四十岁生日的访谈内容(1985年)。

ⅹⅰ 基纳斯顿小姐写于1959年4月5日的信函内容,女王学院档案资料。

ⅹⅱ 女王学院档案资料的信函内容。

ⅹⅲ 同前。

ⅹⅳ 罗宾·丹尼尔斯,同前,第38页。

ⅹⅴ 本书作者的访谈内容,1996年5月。

ⅹⅵ 帕西·库姆的访谈内容,《纽约时代杂志》,1968年。

第六章
[1]首场独奏

而大提琴手
倚着琴,闭着眼,
沉浸在练习曲中,一时间,遮去,
听众,音乐厅,还有大半个自己
准确无误,置身在,或称之为探索,
或称之为最私密的真诚之中。

——安东尼·赫克特[2],《诗与真》[3]

在十五岁生日临近之际,让杰姬脱离学校教育体制,这标志着杰姬家人和音乐老师都对杰姬信心满满,认定杰姬一定会成为大提琴演奏家。杰姬异乎寻常的音乐提升也充分表明他们对她的这份信心自有道理。

虽然市政厅音乐与戏剧学院于1955年录取了杰姬,杰姬与学院的关系仍仅限于她去上普利兹的课;学校的其他讲座和课程,她一概不去,其中,交响乐和室内音乐方面的课也包括在内。尽管如此,杰姬真就一人包

---

[1] 威格莫尔大厅(The Wigmore Hall):世界一流演奏音乐厅,位于伦敦威格莫尔街36号。
[2] 安东尼·赫克特(Anthony Hecht, 1923年—2004年):美国犹太裔诗人。
[3] 《诗与真》(Dichtung und Wahrheit):摘自赫克特作品《怪影千万重》(Millions of Strange Shadows),剑桥出版社,1977年版,第10页。

揽了学校所设的诸多奖项，尤其是1959年，杰姬荣获庆贺女王登基二十五周年音乐挑战赛的大奖杯，接着，第二年又荣获市政厅音乐与戏剧学院授予的1960届乐器专业优秀毕业生金奖。

总的来说，普利兹不喜欢自己的学生参加比赛，坚信竞争本能与真正的艺术创作根本两回事，彼此不兼容。不过，时不时地，倘若普利兹觉得某个学生需要特别鼓励的话，也会微调一下自己的调教理念。1960年春，他向爱丽斯建议，杰姬应当参赛去，争取拿到久负盛名的女王奖，该奖项专为三十岁以下的英国器乐家而设。普利兹认为，杰姬是时候让自己与顶尖学子以及青年表演艺术家一起竞技角逐。杰姬可以在不受首场公开演奏的压力影响下稍稍小范围曝光，其实，这就意味着杰姬必须锁定自己从此踏上音乐演奏的职业生涯。爱丽斯很是赞同让杰姬参赛，她心下明白，若赢得女王奖，将会带给杰姬不小的名气，有利于拓展音乐圈内的人脉。

1960年6月，女王奖的面试选拔在皇家音乐学院进行，并对外开放，供人观摩。十五岁的杰姬进行了一段四十分钟的演奏，其中包括布鲁赫[①]的《希伯来祷歌》[②]和巴赫的《D小调无伴奏大提琴组曲》。此时的杰姬已颇懂抓住观众注意力的沟通艺术。音乐厅里，普利兹察觉自己正好坐在杰姬爸爸的身边：

在那儿，我边上，就是这位可爱淳朴的人，半梦半醒的样子。每次杰姬演奏完一首曲子，观众便雀跃兴奋起来。这时，德里克就扭过头问我，"她还行啊？"我心下想，这也太轻描淡写这一年付出的努力了吧，他看来不大懂演奏的事，真让人吃惊。不过，他只是很肯定杰姬不错，他自己表现得谦逊、可爱且敦厚，其实，这给人不错的印象。[i]

就是这次选拔，耶胡迪·梅纽因作为评委会主席第一次听到杰姬的演奏。杰姬拉得洒脱自由，富有感染力，梅纽因当即就判断杰姬一定是比尔·普利兹的学生。"时至今日，我记得她带给我的那份快乐……伴着她自身愉悦的兴奋感和沉浸在音乐中的陶醉之情。"

---

① 布鲁赫（Max Christian Friedrich Bruch，1838年—1920年）：德国浪漫乐派作曲家、指挥家、音乐教育家。

② 《希伯来祷歌》（Kol Nidrei, Op. 47）：布鲁赫创作的一首大提琴与管弦乐合奏曲。

接下来的几年，梅纽因成为杰姬生活中一位至关重要的人物，他邀请杰姬与自己同台演奏，说明梅纽因本人由衷欣赏杰姬的艺术才华。过了一两年，梅纽因将杰姬引荐给彼得·安德里，彼得当即就决定要给杰姬录制唱片，彼得后来担任EMI唱片公司HMV[①]的录制部负责人。

与此同时，苏吉亚天才奖的评委会每年都对杰姬的琴艺进展进行评估。约翰·巴比罗利一直担任评委会的领头人，是杜普蕾最重要的拥戴者和支持者。他一直坚持把自己的评估做到客观严格，这体现在他1958年7月的面试评估笔记中："确实兑现了她的承诺，应当建议延续对她的经费资助。不过，用在哪些方面为好呢？需要提升琴音的真实美感、诗意化与想象力，还有激情情绪方面。朝气活力，她充分拥有。"[ii]

刚赢下女王奖，杰姬接着就接受了苏吉亚信托的年度评估审核。这一年，她提出申请，想获得多一些经费，好让她（由妈妈陪着）报名去卜帕布罗·卡萨尔斯[②]在采尔马特暑期学校[③]开设的一年制大师班。

卡萨尔斯就是一个活着的传奇。年届八十三岁的他一如既往投身音乐活动。卡萨尔斯早已是伟大的器乐创新家，凭借自己超强的艺术技艺，令大提琴在音乐领域获得前所未有的显著地位。在过去数十年，卡萨尔斯极少以独奏家身份进行演出，他个人更青睐室内音乐演奏，也更喜欢通过指挥和教学与人们分享自己对音乐的精辟见解。实际上，卡萨尔斯同各种节庆乐队进行排练，这些乐队由才华横溢且冲劲十足的音乐家组成，这对他很有好处，与他们排练成为他传播自己诠释式音乐智慧最重要的渠道。颇有效，他的教学与演奏源自同样的理念，即音乐必须由内在灵动来照亮，必须交流情感和愉悦。就像大卫·百隆写的那样，"在卡萨尔斯而言，情感程式和音乐诠释发自同一个发源地，同在一条溪水中流动"。[iii]

卡萨尔斯直到1920年代初才开始担任教职，在巴黎高等师范学院教授

---

① HMV（His Master's Voice）：EMI公司名下的唱片制作品牌，创设于1899年。
② 帕布罗·卡萨尔斯（Pablo Casals，1876年—1973年）：西班牙著名的大提琴家、作曲家、指挥家。
③ 采尔马特（Zermattc）：位于瑞士瓦莱州马特峰北麓的一个市镇，世界著名滑雪胜地。

大师班课程，与他的钢琴三重奏组合中的另外两位，雅克·蒂奥[1]和阿尔弗雷德·科尔托[2]一起执教，他还担任艺术总监。第一次世界大战后，人在普拉代[3]的卡萨尔斯在自己的家里开班授课，自愿选择退休生活，以此抗议弗朗哥的法西斯胜利。

1952年，卡萨尔斯受邀在采尔马特暑期学校开设大师培训班。在这所学校，他享受着洁净的空气与山景，很高兴有机会小班教授专设的文学课，还时不时与信得过的同事，比如桑德尔·威格[4]和米切斯劳·霍茨佐斯基[5]，一道演奏室内乐。

普利兹记得，杰姬对赴采尔马特学习内心挺复杂。平生就要首次出国旅行，这让杰姬很兴奋，但又犹豫要不要把自己交付给这位富有传奇色彩的大提琴家，接受他的指导："个中原因是，虽然杰姬是一位非常迷人的大提琴手，她却只是一心想要拉琴而已。你可以说她不是一位好的倾听者，这也是所有这类大提琴家的局限。在她身上，这不是高傲，而是内在冲动。"

杰姬一到采尔马特，因为一向不适应人际间的奉承和装腔作势之态，她很快就判断出自己不喜欢大师班的地方——换句话说，就是这位大师周围的随从人员透着的那股子阿谀奉承。有次，杰姬很愤怒地告诉我说，有位老太太很崇拜大师，拿了杰姬的乐谱，就在谱子上面记录卡萨尔斯在课堂上说的每一个字——从他谈音乐到谈不相干的天气。虽然对环绕卡萨尔斯身上的高大上光环并没什么不满，杰姬就像普利兹所说的那样，"她能看穿其中说教式夸夸其谈的气氛，但不予理睬"。即便卡萨尔斯自认为自己的分量非同一般的举足轻重，本也很自然正当。不过，虽说如此，卡萨尔斯的说教癖好却是源自他对音乐的个人信念，而

---

[1] 雅克·蒂奥（Jacques Thibaud，1880年—1953年）：法国小提琴家。
[2] 阿尔弗雷德·科尔托（Alfred Denis Cortot，1877年—1962年）：出生于瑞士的法国钢琴家、指挥家。
[3] 普拉代（Prades）：法国东比利牛斯省的一个市镇。
[4] 桑德尔·威格（Sándor Végh，1912年—1997年）：匈牙利裔法国小提琴家和指挥家。
[5] 米切斯劳·霍茨佐斯基（Mieczysław Horszowski，1892年—1993年）：波兰裔美国钢琴家。

不是个人虚荣。

1960年8月，卡萨尔斯的大师班专门学习大提琴协奏曲——之前学的两个课程，主要讲解巴赫的组曲和贝多芬奏鸣曲。上课的学员事先就得知哪堂课上要演奏哪首曲子，哪堂课会向外界开放，让人旁听。因而，公开课时，会有多达五十到六十的观众到场来听，大多数学员对此大伤脑筋。

不过，据同为大提琴手的珍妮·沃德—克拉克回忆，杰姬经常挺身而出，进行实打实的演奏。杰姬的少女容颜与她娴熟的琴艺形成强烈反差。"杰姬仍是一个在校女生的模样，短短发，"珍妮回忆说，"她看上去人很淳朴憨拙，穿着打扮也没有一点女人味。"

卡萨尔斯看自己的学员很准，明白该如何因材施教。唯一让他无法忍受的，是那些内心精神世界单调乏味的学员。于是，他对其中一位跟杰姬一样沉静的英国学员失去了耐心，他情绪激动地告诫这位学员："生机，生机，你在哪呢？你啊，这么年轻，怎么拉得像个老人。我八十三了，都比你年轻啊。"

珍妮仍清楚记得，杰姬第一次在卡萨尔斯班上的演奏，拉的是圣桑的协奏曲：

杰姬拉得丰富而且饱满，震惊四座。她的演奏这般美妙、清新，即使时而出现稍许过头的地方，人们也完全能接受。杰姬的母亲为她伴奏。卡萨尔斯只是坐着，微笑地看着杰姬。他说得很少。人们不知卡萨尔斯是想就杰姬的演奏改动些什么，还是在欣赏这种自然洒脱的演奏。杰姬十分擅长转换情绪，而且变幻莫测。虽然她的演奏极具个性，但已具有独特的浪漫诗意特质。[iv]

总的来说，卡萨尔斯说得甚少，他的话往往实在简练。珍妮用这样的字眼总结她的这种体会："只就站在他的面前，你就能感受到他身上和他演奏中的那股子非凡魅力与活力，你就能学到东西。"

其实，杰姬只上了卡萨尔斯的三堂课。毋庸置疑，她同样受到这位传奇人物的个性与惊人的精神气质的感染。不过，她也存在某种质疑——或是"反叛"，杰姬自己后来这么界定——概括了她对卡萨尔斯以及其他重量级师尊的态度，这种态度部分来自她对自己恩师普利兹的维护与忠诚。

杰姬从卡萨尔斯那里学到了多少，这一点无法直接评估。不过，大约四年后，杰姬为罗珀特·迈耶周六儿童音乐会期刊撰文，写了一篇名为《省思》的文章，文中特别提到卡萨尔斯形容圣桑的协奏曲就如"一场暴风雨，其间穿插着巨大的平静与平和"[v]。这么一个看似简单的话语也许并不含什么预示性的启示，不过，很可能一直留存在杰姬的记忆深处，激发她演奏中的诗意联想。

当然，杰姬应该早就知道，十八岁时的卡萨尔斯就演奏圣桑的协奏曲了。实际上，圣桑显然告诉过卡萨尔斯，自己这首大提琴协奏曲的灵感源自贝多芬的《田园》交响乐。第一乐章的开篇寓意一场暴风雨，卡萨尔斯把大提琴的开篇起奏比作一道闪电，也就是他借在第一个音符上击出清晰的弦音（或重音）取得的效果。当D大调的旋律在推进中响起第一乐章主题时，"我们开始看见天际的蓝了"。第二乐章仿佛一个庄稼人在跳舞，再次奏起贝多芬的旋律。[vi]

卡萨尔斯离开采尔马特的前夕，要推出学员结业演奏会，大家推选杰姬演奏圣桑的协奏曲，这事有着预示意味。一位十五岁的学员在上年纪的大师面前进行了充满灵感激发的演奏，很多人视这一幕标志着一种延续，将这位小姑娘与过往的传奇人物连接在了一起。

一回到伦敦，杰姬就履行了自己必要的致谢礼节，写信致谢苏吉亚天才奖信托给予自己的资助。在写于9月17日的信中，杰姬提到自己倾听卡萨尔斯的演奏与教诲所获得的莫大音乐体悟。"我觉得，他所教的东西极大地促进我的感悟，让我清晰了自己对所探讨的协奏曲的个人观点和感受。"她写道。也许，采尔马特的其他一些课程的课堂气氛更能促进师生之间的友好交流。其中，杰姬特别提到桑德尔·威格的课很"震撼人"。她在信中说："（威格）讲到演奏时要彻底放松的必要性。我觉得这很有意思，正好与普利兹老师的一大理论不谋而合。"

杰姬的信继续叙述着自己在采尔马特学习的乐趣——结识这么多外国友人令人兴奋，同新朋友结伴远足，置身在瑞士阿尔卑斯群山上的瑰丽风光之中。"那些山脉旖旎无比，"杰姬赞叹道，"有两次，我们看见阿尔卑

斯光芒四射，令我终生难忘。"[vii]

总之，这个课程让杰姬有机会拓展自己的音乐圈人脉，同时再次确定自己的音乐信念，即普利兹是最适合她的恩师。与普利兹一起，她现在可以盘点自己当前的定位，而后开始新的学年。

不久前，杰姬荣获女王奖，在诸如梅纽因和卡萨尔斯这样的音乐泰斗跟前留下深刻印象，有了杰姬取得的这些成绩，普利兹确信，到了正式启动杰姬音乐演奏生涯的时候了，于是建议杰姬做好准备，来年春天某个时间就该推出她自己的正式伦敦首场独奏演出。

据杰姬教母霍兰德夫人观察，普利兹一直都十分慎重，不想让杰姬过早亮相。普利兹担心大获成功的首演势必导致杰姬用进废退。不过，刚十来岁的杰姬则十分渴望能登台演出。霍兰德夫人回忆说："杰姬一度生我和爱丽斯的气——'为什么我不能给人演奏？'她会问。我绝口不去说她该什么时候开始登台。后来，她刚满十六岁，普利兹认为是时候放手让她走出去了。"[viii]

在杰姬，拉大提琴就是为人们演奏。她热切期待着自己的首次正式公演，没去想太多其中的意味。威格莫尔音乐大厅符合历史悠久这一点，被选为公演地点。公演日期定为1961年3月1日——杰姬十六岁生日刚过五个星期之后。

音乐会的前几个星期，杰姬收到了一把斯特拉迪瓦里大提琴，是她的教母霍兰德夫人送给她的礼物。霍兰德夫人一直出资提供杰姬所用的每一件乐器，甚至还慷慨赞助希拉里，为希拉里买下一把银色的贝姆[①]笛。杰姬第一次去普利兹那儿上课时，普利兹就建议杰姬要有一把更好的琴。这次，霍兰德夫人又出手相助，为杰姬添置了最好的意大利制的著名乐器。杰姬先后拉过一把瓜奈里[②]大提琴（7/8尺寸的），一把罗迦里[③]大提琴，而后是一把1696年制的泰奇乐[④]大提琴。现在，杰姬启动自己公开演奏的职

---

① 贝姆（Theobald Böhm，1794年—1881年）：德国发明家和音乐家，以长笛见长，是西乐长笛的改进者。
② 瓜奈里（The Guarneri）：17至18世纪意大利克雷莫纳地区著名的拨弦乐器制造家族。
③ 罗迦里（the Ruggieri）：17至18世纪意大利克雷莫纳地区著名的拨弦乐器制造家族。
④ 泰奇乐（David Tecchler，1666年—1748年）：德国拨弦乐器制造师。

业生涯在即，普利兹强力推荐她要有一把数一数二的顶级大提琴。

古老的意大利制乐器拥有音质优越，经得起轻拉重拨，并且收放到位的特质，其享有独特的声誉，自有其原因。它们的高价位反映了高层次的需求，绝大多数没有经费津贴资助的年轻器乐手买不起这些名贵乐器，也就被自动筛除。

在苏吉亚信托给予杰姬极大的公众支持与声望的同时，杰姬的私人捐助者也做出低调大度的慷慨捐助。霍兰德夫人回忆自己得到这把斯特拉迪瓦里琴的来由：

我当时在科陶德信托委员会（Courtauld Trust）任职，该信托由我的一位挚友让·科陶德打理，巧的是，他也是我丈夫的亲戚。作曲家霍华德·弗格森[①]也是该委员会成员，我就向委员会提议说，"我认识一个年纪尚小但非常不错的提琴手，她显然天资卓越。她眼下很需要一件适宜的乐器。"他们同意为英国的艺术家设立一项基金，并筹集到两千英镑。临了，找到了一把极不错的斯特拉迪瓦里琴，我就以匿名的方式支付了其中的差额部分。我从没想要自己出风头。这把琴，确实是杰姬当时需要的，她适逢其时地收到了这把琴，可以在她自己威格莫尔大厅的首次公演时用。

这差额，好像超过三千英镑之多。

被叫到伦敦威廉·惠尔父子琴行[②]，让她二选一选一把琴时，杰姬感受到一份童话故事般的惊喜。没人告诉她这两把琴的来历——一把，是瓜奈里大提琴，另一把，是早期的斯特拉迪瓦里大提琴（另一方面，她很清楚她的捐赠人是谁）。杰姬丝毫没犹豫地选了斯特拉大提琴。

杰姬深爱这把宽背带乐器，琴身是有深黑且饱满的坚果色调。1964年，杰姬撰写了一篇名为《省思》的文章，文中这么写到这把琴：

1673年，当斯特拉迪瓦里，这位伟大的乐器制作者时年二十九岁时，他最后触摸了一把这把新大提琴——这把琴注定要漂洋过海许多水

[①] 霍华德·弗格森（Howard Ferguson，1908年—）：北爱尔兰作曲家，长期致力于室内乐创作。
[②] 威廉·惠尔父子琴行（W. E. Hill & Sons，1887年—1992年）：伦敦著名的弦乐器行。

域，并历经许多不同领域的人们之手。

就像许多早期意式乐器一样，这把琴离开斯特拉迪瓦里的作坊，在一座修道院里度过了一些时日……琴身后面有一处而今已填塞了的洞眼证明，这把琴在宗教游行活动中被僧侣用过。穿过这个洞，僧侣缚上了一个环状绳，将绳挂在自己的脖子上：于是，这位僧侣自在地行进在缓慢的游行队伍中，拉着这把搁置在他魁梧前腹上的大提琴。……这把琴何时，又是怎样漂洋过海来到英格兰的，仍裹在神秘之中。1961年，这把大提琴制造出来288年之后，到了我的手中。[ix]

配备了自己这一行最棒的乐器，杰姬蓄势待发，即将走出去，步入这个世界。普利兹比任何人都明白，杰姬的首场小型音乐会这么高调宣传，就意味着出征公众场合的演奏征程开始了——即是对独奏人职业生涯的一种肩负责任的承诺。鉴于此，普利兹给予杰姬一个严肃的告诫，杰姬从一开始就必须有选择地接受音乐演奏会的档期预约，必须留给自己足够的时间进行学习和反思。不过，将这次演奏会的事务交由音乐会经纪人伊比斯和提莱特管理，就这事，也一定让普利兹预见到了，初尝成功的同时，想要利用成功的欲望也蠢蠢欲动，非常强烈。

为了这一重要时刻，爱丽斯将自己二重奏搭档的角色交给了欧内斯特·拉什，一位经验丰富的独奏家和伴奏家。杰姬的演奏安排，与普利兹磋商后选定，并不顾及杰姬尚且年少这一点。节目设置基于这么一个前提，杰姬要凭借演奏不同类型和时期的音乐实现一举成名，为此，严肃认真的音乐认知，要比行家里手的炫耀来得更为贴近预期。杰姬将用亨德尔的《G小调奏鸣曲》开场（斯莱特安排了一个双簧管协奏曲），而后演奏勃拉姆斯的《E小调奏鸣曲》和德彪西的奏鸣曲作为上半场。下半场，演奏巴赫的《C小调无伴奏大提琴组曲》，再以一首较轻松的曲调结束，即德·法雅迷人的《西班牙舞曲》（莫里斯·马雷夏尔的版本）。

1961年3月1日晚，威格莫尔大厅门票销售一空，就连通常关门谢客的地方，当晚也被人挤得满堂堂。杰姬的名气，比她本人要高调得多，提莱特夫人，伦敦元老级音乐经纪人，亲眼见到到场的听众中不乏诸多响当当的人物、各大伦敦交响乐团和音乐社团的代表、BBC的节目制作人和一群音乐评论人。霍兰德夫人，与其他人一道，帮着张罗接待各位友人和音乐家——其中包括罗纳德·史密斯和霍华德·弗格森。伦敦音乐圈内到处谈论一则传闻，说这场首演将不同凡响。

所有我采访到的曾经到场聆听这场首演的人，无不对杰姬当时发自心灵感悟的音乐演奏，和一路下来的欢愉感染与纯净之情记忆犹新。著名作曲家霍华德·费格森的感受颇具代表性："我整个人都惊到了，不光为杰姬令人惊叹的娴熟琴技，更为她与生俱来的音乐细胞，和她的演奏传递给人的那份温馨与纯粹的愉悦。"

同样令人印象深刻的，是杰姬权威主宰式的音乐把控和十足的沉稳镇静。这些特质旋即突显了出来，就在拉起亨德尔奏鸣曲的数个小节时，杰姬的A调琴弦开始出现走音，音调往下降；当时，跟老师普利兹一样，杰姬使用全裸露的羊肠琴弦，这比起包裹过的羊肠弦或金属琴弦更容易跑调和打滑。一开始，杰姬尝试将指板上的左手挪高一点，好弥补音高的下降。不过，意识到这琴弦自己完全松掉了，杰姬当即停下来，走下台，重新置好琴弦。

在如此出师不利的境况下，换作某些音乐人，早就会手足无措起来，而杰姬呢，则利用下台的这么几分钟的空当静静省思一番。据珍妮·沃德—克拉克回忆，"在场的听众都吓坏了，但杰姬丝毫不着慌，沉静地重新开始演奏。她的反应如此自然而然，将全场听众都征服了，于是，音乐会未受磕绊地进行了下去。她留给人的印象就是一个胸有成竹的人。亲眼见一个人径直发自内心地进行演奏，准确表达其所感，干净利落，这种体验确实美妙精彩"。

杰姬的朋友彼得·托马斯记得，对这次首演，他远比杰姬要来得紧张。如今回首往事，他仍会再次说起自己留有那些年的记忆：

登上威格莫尔大厅时，杰姬早已具有全面的音乐素养。也许，在技巧上，今天确实有大提琴家要比杰姬拉得好，不过，我想不出谁能如此自然天成地进行音乐互动——也许罗斯特罗波维奇在他巅峰之时，或是卡萨尔斯在他的全盛年代，可以媲美。对于其他人，在他们与观众之间往往横着一把大提琴；杰姬捕捉音乐很准、很到位，这是堪称名家大师的风范。从这点看,灌录的唱片虽然非常精彩,但再现不了最好之时的她。她的现场音乐会,与听众的沟通交流堪称叹为观止,让所有人如痴如醉。

另一位年轻音乐人,小提琴手何塞·路易斯·加西亚,对杰姬演奏的德·法雅的《西班牙舞曲》印象特别深。"在我,她拉得实在太精彩了,作为西班牙人,我个人认为,非西班牙的人会觉得演奏西班牙音乐太难。按理,我们谈论德国、法国或是英国音乐时,民族性不怎么突出。不过,杰姬能与她拉的任何曲目融为一体,她拉的德·法雅作品简直太棒了"。

有些人稍带批评地表达自己的赞美之词。质疑声——比如,珍妮·沃德-克拉克就杰姬的声音处理——倾向认为处理得十分主观。"她具有非常迷人的歌唱般演奏音质,但有时,我觉得这种音质缺少深刻的内核。你不能称之为肤浅,不过,有着某种我想描述为太过随性的东西"。

很少见,一国的国家媒体齐齐赋予一位初出茅庐的艺术家如此众口一致的好评——乐评人有所保留的意见,主要集中在勃拉姆斯奏鸣曲的外部旋律部分的演奏缺少亮点。尤其是尾声部分出现两种乐器间难以平衡的明显问题,这一问题一再引出不利于大提琴家的逸事趣闻。据说勃拉姆斯自己第一次演奏这首奏鸣曲时,就淹没掉了大提琴家约瑟夫·根斯巴格(Joseph Gansbacher)的琴声。根斯巴格抗议说他都听不见自己了。"那就自认自己走运了吧!"据说勃拉姆斯如是回应,自己任由钢琴恣意狂奏。

另一方面,杜普蕾演奏的巴赫乐曲赢得极高的好评,诠释巴赫音乐称得上是大提琴手的圣地之争。《泰晤士报》乐评人声称,杰姬诠释的《C小调组曲》"凭借乐曲的深度与凭直觉的畅快淋漓,演奏令人热血沸腾,兴奋至极"。《音乐观点》也给出最高的赞誉:"弦音清澈明晰,起承转合明快,引得人由衷钦佩,她呈现的巴赫独奏组曲,绝无仅有的一次,不是枯燥的学究式研习演奏……而是活脱脱的音乐。毫不夸张地说,这么一场演奏强劲地让我们甚至想起全盛时期的卡萨尔斯。"

他马丁·库珀是到场听杰姬首演的乐评人中最有见地的一位,在《每日电讯》报上撰文,点评杜普蕾身上的一些突出特质,特别是她与生俱来的节奏感:"她能一气呵成演奏一段乐句;亨德尔奏鸣曲的结尾部分,拉弦的重心和位置处理都相当出色。在勃拉姆斯《E小调奏鸣曲》的三重奏部分,直觉本能式的散板处理,最是突显出杜普蕾极其擅长整体节奏的把控。"库珀最后总结说:"就是这位小演奏家,她所掌握的技艺毫不妨碍她全身心投入所演奏的任何音乐之中——这正是伟大演奏家必备的一大首要要素。"

i 本书作者的访谈内容,伦敦,1993年6月。

ii 耶胡迪·梅纽因,华尔华斯(编著),《共享一种语言》,同前,第68页。

iii 哈罗德·阿特金斯和彼得·科茨,同前,第130页。

iv 大卫·布鲁姆,《卡萨尔斯和诠释艺术》,加利福尼亚大学出版社,1977年,第4页。

v 这段引用与接下来的所有引用为本书作者的访谈内容,伦敦,1994年。

vi 杜普蕾撰写的《省思》,发表在《新月——听音乐会年轻人的杂志》,第132期,1964年2月。

vii 大卫·布鲁姆,同前,第50—51页。

viii 1960年9月17日写给苏吉亚信托的感谢信,收信人为艺术委员会的泰瑟姆小姐。

ix 这段引用与其他引用来自本书作者的访谈内容,1993年5月。

x 哈瓦·费格森致本书作者的一封信函内容,1994年5月。

xi 本书作者的访谈内容,1995年5月。

xii 本书作者的访谈内容,1995年5月。

xiii 本书作者的访谈内容,1995年5月。

第七章
塞尔莫内塔

为什么意志了然于心的人
须得应对疑虑、信仰与恐惧、
转瞬飞逝的希望，还有索然而至的沮丧呢？

——阿·查·斯温伯恩[1]，《序曲》

杰姬在威格莫尔大厅的首演获得巨大成功，本就是专情苦练大提琴的必然结果。艾米·提莱特凭借自己长期从事音乐会演出活动的管理经验，当下就觉察到杰姬巨大成功背后的独特特质，于是抓住时机，邀杰姬签约艾比斯与提莱特经纪公司[2]。这家公司类似音乐演出的专营机构，当时正处在鼎盛时期。作为伦敦最早创建的音乐演出经纪公司，它几乎掌控了英国全国各大音乐俱乐部巡演的所有业务。提莱特夫人，经纪公司的经理，本身就是伦敦音乐圈内的一位传奇人物，她敏锐意识到，杰姬将会是自己公司旗下签约音乐人中最为耀眼的一颗明星。

在杰姬，首演的一夜成名既令人兴奋又颇让人意外，这份成功也拉开

---

[1] 阿·查·斯温伯恩（Algernon Charles Swinburne，1837年—1909年）：英国诗人、剧作家和文学评论家。

[2] 艾比斯与提莱特公司（Ibbs & Tillett）：1906年创设在伦敦的英国古典音乐音乐家与音乐会经纪公司。

了她生活巨变的大幕。一夜成名，往往危险与诱惑相伴而至。不过，杰姬显然成名心并不重，完全没有许多年轻艺术家身上容易带有的那种爱出风头与好胜劲儿。杰姬生来的质朴与超脱一直未变，也许正因为这一点，她长期都在自家人的保护茧中生活。爱丽斯与德里克在家里苦心熏陶自家孩子处事的平常心态，尽量避开公众关注的目光。

既要保护杰姬，又要鼓励她迈向世界，要达到二者的平衡，这项重任落在爱丽斯身上。爱丽斯不光要处理杰姬每日起居的点点滴滴，而且，很快发现自己着手打理起自家女儿蒸蒸日上的音乐事业来了，家中的其他一切，她已无暇顾及。爱丽斯对杰姬的厚望，缘于她对这个女儿天赋异禀的敏锐洞察。不过，为了充分挖掘女儿的艺术天赋与才智，努力为她营造最好的成长环境，在这方面，爱丽斯可能有些防护过度。用爱丽斯的朋友玛格特·佩西的话说："已十六七岁了，杰姬仍不懂如何日常起居。不懂怎么煮蛋，也不懂缝扣子。什么事都替她打理好了——一家人待她就像太上皇。"玛格特认定希拉里和皮尔斯的成长要正常得多。"我觉得，杰姬和希拉里之间有摩擦，也替希拉里难过，希拉里本是很有才华的音乐家，可所有的聚光灯都照在杰姬身上。想必爱丽斯花在大女儿身上的心思真的不够"。[i]

霍兰德夫人仍记得，姐妹俩之间争强好胜的事不少。有时，杰姬会被希拉里待她些许的不相让弄得眼泪汪汪。不过，普利兹上大提琴课时，偶尔遇上杰姬掉眼泪，抱怨"妈咪"的不是时，也总是相应地安慰杰姬，这么一来，杰姬的不开心常被当作青少年发育期的过渡阶段，没什么异常。如果说希拉里觉得妈妈偏心，愤恨自家"天才妹妹"招人关注的话，那么，杰姬呢，也承认自己嫉妒姐姐不俗的高中学习成绩。[ii]

其实，杰姬正面临着一个更深层的问题，就是她必须调和日常生活的平凡琐碎与外在成功带给人的强劲兴奋感之间的落差。很难让人接受这么一个事实：在与音乐结缘携手之际，杰姬命中注定踏上了一条孤寂的人生路，这条路意味着失去自己接受通识教育的机会，也失去与自己同龄人的相识相伴。

离开皇后学院之后，杰姬的校园生活就此正式画上句号。爱丽斯很清楚，除大提琴曲库中的名曲外，杰姬对其他音乐知识几乎一概不知，杰姬不仅需要继续接受通识教育，还需拓宽自己音乐方面的眼界。爱丽斯去问安东尼·霍普金斯①，愿不愿意收杰姬为徒，指导提高一下杰姬的综合音乐素养。霍普金斯是一位钢琴家、作曲家兼电台播音员。

霍普金斯还是从皇家音乐协会秘书长那儿第一次听说杰姬这个女孩，当时，这位秘书长想说服霍普金斯专门为这位出色的小女生办一场大提琴演奏会。霍普金斯颇有几分不情愿地答应了，不过，了解到杰姬绝非普普通通的邻家女孩子，而是一位货真价实的大天才后，霍普金斯起初的疑虑即刻烟消云散了。

杰姬第一次去霍普金斯位于布鲁克·格林区的家时的情形，霍普金斯依旧记得。"我们坐下来，聊了好一会儿的音乐。我发觉杰姬的所知其实很浅显，一知半解的为多。杰姬是一个天生的音乐诠释者，普利兹史有兴趣教她拉大提琴，而不是向她讲解确切要拉的是一首怎样的曲子。当学生拥有令人瞠目的天赋才华时，为师的更乐于开发其潜质。再说了，为什么大提琴老师就非得要跟他的学生去谈交响乐呢？"

给予辅导之前，霍普金斯出了一道音乐题，意在考一考杰姬。

我演奏了一段贝多芬奏鸣曲的谱子，而后是令我意想不到的惊喜。我对杰姬说，要是她能告诉我接下来的音符是什么的话，我就奖励她一枚半克朗②。没想到，她居然说出来了——降D调（出现在简短的《C小调奏鸣曲Op.10》中——而后推进到降G调）。我觉得她真是相当聪颖。尽管如此，事后，我并不太肯定她之前真没听过这段奏鸣曲，要知道爱丽斯在家教钢琴，不少曲目自然当在她自己家里听过。不过，无论怎样，很显然，杰姬确实有着非凡的直觉洞察力，能直抵音乐内里而去。[iii]

事实上，这段时期，爱丽斯甘愿放弃自己的教学，全身心扑在杰姬音乐事业的起步事务之上。也许让人吃惊的是，为了拓宽杰姬的音乐视野，

---

① 安东尼·霍普金斯（Antony Hopkins，1921年—2014年）：英国作曲家、钢琴家与指挥家，兼作家与广播播音员。

② 克朗（crown）：英国1707年起通用于英格兰和苏格兰的货币单位，它的价值是五先令。

爱丽斯可谓不遗余力，带着杰姬去听各种音乐会，鼓励杰姬多听唱片，甚至上下打理，与杰姬一起练习交响乐曲库中的乐曲。另一方面，太多事务需要爱丽斯投入时间，又指望不上德里克一丁点儿的切实帮助，德里克得起早贪黑地忙自己的工作。

虽然，杰姬退学时，本打算会借家教辅导继续完成通识教育的课业，不过并没有马上进行。直到1960年秋天，杰姬得找一位和蔼可亲的家庭教师之事急迫了起来。合意的人选终于找到了，这人就是琼·克鲁伊德女士，她在皇后学院教六年级的英语和综合课程，同时也做家教辅导，帮助学生准备大学入学考试。结识克鲁伊德女士一家，是由小提琴家西比尔·伊顿介绍的，伊顿早先在自己的音乐工作室安排杰姬举办了一场非正式的演奏会，作为杰姬威格莫尔首演的热身演出。琼和琼的丈夫克鲁伊德勋爵（也叫特雷弗·罗伯茨）都到场听了这场演奏会，深受杰姬惊人的音乐天赋触动。爱丽斯和德里克对克鲁伊德夫妇说到自己一家人对杰姬目前处境的担忧。琼于是答应教杰姬，不过，并非对杰姬进行常规的系统辅导，而是侧重在奠定杰姬成就一位大艺术家所需的音乐素养。

临近十六岁生日时，杰姬开始每周一次去位于卡姆登山广场①顶端的克鲁伊德家上课。琼的女儿，艾莉森·布朗回忆说，杰姬很快就喜欢和信任她的母亲了，琼称得上是一位出色的全能型教师，尤其擅长与人沟通。"虽然原本只是担任家庭教师，但我觉得我母亲很快就成为杰姬极看重的知己了。母亲跟杰姬无所不谈，不过，杰姬觉得自己最需要的是有关生活阅历方面的建议——从走地下通道逛伦敦城，到如何应对青春期的情感困扰等等，这之前，杰姬就连伦敦地下通道都一无所知"。

克鲁伊德一家个个是热情洋溢的音乐爱好者；琼本人非常精通小提琴和中提琴，艾莉森也拉小提琴，虽然拉得不算好，但嗓子特别好，很会唱歌。克鲁伊德勋爵，颇有涵养且博学，是很不错的业余钢琴家，做过哈罗德·克拉克斯顿②的学生。杰姬经常参加克鲁伊德家在大客厅里举办的音

---

① 卡姆登山广场（Campden Hill Square）：位于伦敦西区的诺丁山，肯辛顿和荷兰公园之间的区域。

② 哈罗德·克拉克斯顿（Harold Craxton，1885年—1971年）：英国钢琴家与作曲家。

乐演奏会，大客厅里放着两架施坦威钢琴。

艾莉森回忆：

正是在家里演奏室内音乐时，我头一回听杰姬拉琴——她的活力和动力都让人兴奋不已，尽管我们几个尽力想跟上她，但反而被弄得节奏松散。不过，杰姬最喜欢跟我父亲一起演奏。我父亲是非常不错的室内音乐家，也非常愿意给杰姬伴奏。我父亲对待杰姬，从不当她有多了不起或是有多特殊，杰姬看重的也正是这一点。他们发展成相当自然而且放得开的关系，杰姬会挑逗味十足，而我父亲也会很放肆地取笑杰姬。

杰姬与艾莉森的交情结缘自相互间即刻萌发的好感。艾莉森大杰姬几岁，刚上完剑桥大学。"我对杰姬真是一见如故——她说话和有意拿腔拿调的口吻——还很会模仿人。杰姬想我做她的朋友——她本人不谙世事，不过，我也一样——虽说我比她大。她有着一颗聪颖且强大的心灵，这种美丽的内力让我觉得我在她面前像一个孩子。"

琼鼓励杰姬多读书，介绍她大量的英国文学知识与著作，从莎士比亚时期一直贯穿到19世纪的小说家（杰姬后来自称不懂文学，严格意义上说，她所说并不属实）。不过，最重要的是，琼努力让杰姬建立起自己置身现实世界的信心，这个现实世界让杰姬痛苦地感到茫然不知所措。

克鲁伊德一家不仅让杰姬有了接触新学科和理念的机会，还让她结识到一大群朋友，有老有少。艾莉森记得，杰姬每次初体验时兴奋得很。"我记得，有一次，我父亲的一位朋友，诺埃尔·赫顿爵士，盖伊医院的顾问，邀请杰姬搭坐他的红色跑车跑了一程，杰姬当时高兴极了。驾游的每一分钟，杰姬都珍惜得不得了"。

杰姬完全陶醉在自己全新的自由自在之中，喜欢自己周围的新朋友，与此同时，又忍不住将这些与自己的家人比较，心里便有了些想法。就像艾莉森·布朗所说的那样：

我们越发明白，杰姬在家的生活其实很幽闭，她整个人被自己善意的父母封闭住了。她的家人在人前保持着一种严谨单调的体面。尽管都是蛮可爱的人，但杰姬的父母给人的印象是老实巴交且一本正经的样子。杰姬沉浸在自己直觉感悟与想象的丰富内心深处，生活在自己学琴拉琴的紧张强度之中，她自己的精神境界早就远离了她家人的现实世界。杰姬在这种生活的缝隙间迸发着自身的热力，急需一个释放口。希拉里和皮尔斯似乎在杰姬的生活中无足轻重，他们从没有跟杰姬一起来过我家，杰姬也从没有谈到他们。一整天下来，我很是惊讶，杰姬就这样相对毫发未损地从这么一个拘谨传统的家庭里挣脱了出来。

与此同时，希拉里与科里斯多夫·芬兹①相遇相识了，这让杜普蕾一家面临着更彻底的改变。科里斯多夫（人们通常叫他科夫）的家庭背景远比杜普蕾家来得要有学识得多。科夫原在皇家音乐学院学大提琴，很快发觉自己不是当大提琴家的料。他父亲，杰拉尔德·芬兹（Gerald Finzi），是一位相当不错的作曲家，而且个人兴趣广泛，博学多才，他在自家位于汉普郡②阿什曼思沃斯镇的农场里种起了苹果。杰拉尔德的妻子，乔伊·芬兹（Joy Finzi）是一位雕塑家兼艺术家，跟她丈夫一样，投入大量时间与精力支持英国本土作曲家、艺术家和诗人。带着这样的目的，杰拉尔德创建了一支小型交响乐队，名叫纽伯里弦乐队，成立于1940年。乐队主要由业余爱好者组成，但在推广英国作曲家新作方面一直发挥着积极的作用，着重在英格兰西部的校园和小型场馆内举办各种音乐会，这一做法不同寻常。父亲去世后，科夫继承了阿什曼思沃斯镇的产业，还接棒成为纽伯里弦乐队的指挥。

朋友回忆，科夫是第一个带杜普蕾家两女儿外出下馆子和看电影的人，因为夜里挺晚才送这两个女儿回家，科夫惹得做父母的杜普蕾夫妇皱眉不悦。科夫喜欢取笑德里克和爱丽斯，这对夫妻对外面世界的认知既天真又怯懦，总是掩盖不住地担心大女儿希拉里会被人带坏。

科夫带动希拉里不只限于一个方面，也不只是让希拉里重塑起自己摇摇欲坠的自信心。希拉里在皇家音乐学院的日子并不开心，她的长笛老师无意间毁掉了希拉里的音乐直觉天赋。就在希拉里跨越式提高的同时，她似乎也在丧失本有的天赋根基。皮尔斯的遭遇也相类似，不久前，开始学

---

① 科里斯多夫·芬兹（Christopher "Kiffer" Finzi, 1934年——）：英国管弦乐指挥，希拉里·杜普蕾的丈夫。

② 汉普郡（County of Hampshire，又称Southamptonshire）：英国英格兰东南部的郡。

单簧管，但发觉自己提不起性子吹，也不享受其中。皮尔斯不光讨厌那几位市政厅学院初中音乐老师常拿他跟他出类拔萃的姐姐比来比去，而且觉得自己不受妈妈待见；其实，他学单簧管就是为了想引起爱丽斯的关注。杰姬对她姐姐和弟弟的姐弟之情，常常在她轻松愉快的嬉笑声中明显流露出来，但跟他们两人各自的关系并不一样。杰姬跟希拉里的关系，儿时因共同的爱好总是粘在一起，而对待皮尔斯，杰姬觉得自己有义务保护弟弟，她后来做了很多，一心鼓励皮尔斯从自家家教的局限中走出来。

杰姬完成威格莫尔首演的六个月后，希拉里嫁给了科夫·芬兹，小两口把家安在了阿什曼思沃斯镇恰奇农场。他们先后有了四个儿女，老大，特丽莎，1963年4月上旬出生。希拉里在某种程度上匆匆牺牲掉了自己的音乐才华，离开父母家，自己成家去了，这一点，杰姬看在眼里。与姐姐正相反，杰姬逐渐意识到自己更是一个"现代"女性，可以自由追求自己的音乐生涯，享受摆脱束缚的自在生活。不过，她后来一直都渴望拥有希拉里那样一个自己的家庭。

音乐不只是芬兹小两口重要的家庭活动，更是他们与纽伯里弦乐队紧密联系的纽带，乐队（往好里说）一直坚守着业余音乐爱好的信条。小两口刚结婚不久，科夫就打算邀杰姬到镇上来，在纽伯里乐队里拉琴，以此增加杰姬的交响乐演奏经验；杰姬业已在梅纽因提议下与巴斯节日乐团合作推出过音乐会演奏了。

大提琴家珍妮·沃德-克拉克（Jenny Ward-Clarke）在纽伯里附近长大成人的，打小就认识芬兹家族。纽伯里弦乐队构成她童年音乐教育中的重要部分，做学生时，她就开始在这个交响乐队里拉琴。珍妮回忆杰姬第一次亮相乐队里的兴奋情景。"你能想象有多轰动啊，尤其是那些上了年纪的女乐手——我们私下叫她们'纽伯里老太'。杰姬看似占了很大的空间，琴拉得非常响亮，很是张扬。坐我身边的老太好不兴奋。"

希拉里记得，杰姬的大提琴很快就把乐队的其他部分给摁下了。她不仅琴声拉得很响，还一门心思由着剩下的大提琴部分跟着她的意愿走，浑然不顾指挥的节奏。希拉里还回忆说，当时，杰姬人坐在前排第二大提琴手的位子，却在拉所有标着独奏的大提琴段落，杰姬拉得气势宏大，感染力丰富。全然不谙交响乐的常规套路,杰姬事后挺惊讶地表示,乐段的主谱——显然就是全段独奏——也一路"标注"在那儿。不过,就像希拉里回忆的那样,"在杰姬那儿,独奏就意指'*我*'(她自己)"。iv

经姐夫的引荐,杰姬认识了吉恩·吉布森(Jean Gibson);吉布森辅助各位音乐家探知人的身体意识,帮助音乐家应对因职业习惯或不当习惯引发的各种身体疼痛。科夫的弟弟奈杰尔是吉布森的助理。吉布森先是服务了杰姬一年,而后不久,开始服务杜普蕾全家人。吉布森记得,十六岁的杰姬整个人都置于她母亲爱丽斯的呵护羽翼之下。其实,吉布森觉得杰姬其实并不需要她的辅助,因为杰姬的身体状况和意识生来"柔和",有利于杰姬将自己的体能最大化传输到她的大提琴演奏之中。吉布森印象很深,尽管如此,杰姬还是不止一次抱怨自己右手食指出现莫名且奇怪的感觉。当时,杰姬根本没留意这看似微不足道的不适,多年以后,杰姬猜测这右手的不适应该就是日后那场夺命疾病的早期预兆,那场在黄金岁月将她击垮的疾病。v

在杰姬,接下来的两三年里,"别样"教育的其他内容包括击剑、游泳以及同彼得·托马斯一道去上哲学课(这些课,是她和他在伦敦地下通道里看见打广告的课程,结果发现课程让人失望,也就很快作罢了)。在梅纽因的授意下,杰姬还练起了瑜伽,跟艾扬格练了一段不长的时间,艾扬格是梅纽因自己的瑜伽老师,从浦那①来的一位瑜伽大师。

在各方面拓展视野的努力中,杰姬自己一直处于被动,接受着他人的各种建议,无论是爱丽斯还是梅纽因给出的建议和意见。杰姬主动不起来,这反映出她对自己缺少自信。一直深爱演出的同时,杰姬开始需要承担起成为一名成功艺术家的责任来了,要接受专业经纪人的管理,让自己的绝大部分成为属于公众的商品。

普利兹很早就强烈建议艾比斯和提莱特(她们也是他的演出经纪人),不要"扎堆音乐会",要让杰姬有足够的时间能在这个平台上成长,同时留有时间让她学习别的东西。但是,在杰姬的威格莫尔首演期间,邀

---

① 浦那(Pune):印度第八大城,被看作是马哈拉施特拉邦的文化中心。

约参加国内和海外音乐会的各种联络纷至沓来。于是，他们决定下来，不久的将来，杰姬每季出演的音乐会必须限定在精选出来的12场左右。只接受有质量的演出活动。的确，杰姬接下来的演出档期，其中有很多都是令老音乐人都羡慕不已的音乐会活动。

在爱丽斯，这意味着不得不逐步放弃她自己特别乐于充当的角色，即杰姬的钢琴伴奏角色。（母女间的）这根音乐脐带的牵引是一段缓慢但必要的过程，一路陪伴着杰姬的成长。首演后十五个月里，杰姬继续由妈妈伴奏参加各场音乐会——她们在巴斯、奥克斯特德和切尔滕纳姆演出，还去了荷兰。不过，杰姬也时不时与其他钢琴家合作，比如欧内斯特·拉斯和安东尼·霍普金斯，与此同时，艾比斯与提莱特经纪公司鼓励杰姬与公司旗下的两位钢琴家组成二重奏组合——乔治·马尔科姆①，杰姬1962年开始与他合作；之后，跟史蒂芬·比肖普合作。

也是这个时期，杰姬与梅纽因建立起了密切联系，梅纽因初次听到杰姬拉琴是在女王大奖赛上。之后，因为印象深刻，梅纽因邀请杰姬与他本人、他的钢琴家姐姐埃兹芭（Hephzibah）一起演奏三重奏；国家名胜古迹信托②在奥斯特里公园③推出的首场音乐会时，他还让杰姬上音乐会亮相。梅纽因回忆说，在当时四十不惑的"泰然"心态下，他和姐姐明白，代表新生代的是杰姬，而不再是他们了："……这位激情四射、才华横溢的雏苗很可能感受到了，完全跟我们一样，那种历险与未知交织一处，并融入演奏中感受到的那份纯粹喜悦之中……我们在一起有过美好的时光，一起排练最是不费气力，我们发现彼此语言相通，很有共鸣。"ⅵ

梅纽因担任巴斯国际音乐节④艺术总监期间，邀请杰姬参加1961年的音乐节，进行多场室内音乐的演出，并参加音乐节管弦乐团的演奏活动。

---

① 乔治·马尔科姆（George John Malcolm，1917年—1997年）：英国钢琴家、作曲家、羽管键琴家和指挥家。
② 国家名胜古迹信托（National Trust for Places of Historic Interest or Natural Beauty）：世界上最大的名胜古迹保护组织和慈善团体之一，同时也是全英国会员最多的组织。
③ 奥斯特里公园（Osterley Park）：伦敦西郊的一处庄园建筑群为主的大型公园。
④ 巴斯国际音乐节（The Bath International Music Festival）：1948年创设，每年春末在英格兰西南部的巴斯举办，包括爵士、古典、世界和民间音乐的演奏活动。

小提琴家罗德尼·弗兰德记得自己初见杰姬的情形：

20世纪60年代初，我加入梅纽因组织的巴斯音乐节管弦乐团——一个星光熠熠的管弦乐团，乐团成员在克罗斯女士位于海盖茨①的家中集合彩排。1961年夏天，那次彩排，我第一次见到杰姬——她坐在第二大提琴手的位置上。作为一个年轻小伙，我那时被台上的所有人惊到了。杰姬刚完成她的威格莫尔首演，一举成名。后来，她在音乐节另一场音乐会上演奏，与梅纽因和贾斯珀·卡萨多②同台演奏舒伯特的《C大调五重奏》（含两把大提琴）。听杰姬与梅纽因合作演奏舒伯特，我第一印象是，杰姬与这些最伟大音乐家的合作相当收放自如。也许，也就这样，这场演出并非一场令人难忘的五重奏——其中有些部分我不喜欢。不过，很明显，杰姬是特例，她自己完全脱颖而出。

也是在巴斯，梅纽因的女儿扎米拉和她的钢琴家丈夫傅聪第一次见到杰姬。扎米拉这么回忆杰姬：

迟缓、短发、高个儿；杰姬有些拙、害羞。受她妈妈影响很大，她妈妈很机灵，但占有欲强，对杰姬呵护过度。即便如此，杰姬仍然是一位出色的音乐家，我先生仰慕她，对她钦佩有加。他很喜欢杰姬对音乐直白利落的态度——她是那么自然天成，完全不恃才傲物、自命不凡。并不是说，杰姬看起来并不知道自己拉得有多好或是她像什么——她其实很清楚。但是，这些成分，在她，算不上什么。

梅纽因这么界定过杰姬的演奏特质："她总是传达出一种激情，一种强烈的情感，她跟我所知的少数几位其他艺术家一样，自带一套代谢功能，就仿佛他们的心脏比我们绝大多数凡人的心脏要跳得快似的。"[vii]

梅纽因也是另一项关键引荐的间接推手——将杰姬引荐给阿尔贝托·莱西，莱西这位阿根廷小提琴家先是在布鲁塞尔声望极高的伊丽莎白女王大奖赛上获奖，而后顺理成章成为梅纽因的第一位学生。莱西通过自

---

① 海盖茨（Highgate）：伦敦北郊地区。
② 贾斯珀·卡萨多（Gaspar Cassadó i Moreu，1897年—1966年）：20世纪初西班牙大提琴家和作曲家。

己的意大利裔妻子的关系，在塞尔莫内塔①找到一处理想场所，用来开办室内音乐课程。塞尔莫内塔，一座山顶小镇，山顶尖耸立着一座大城堡，靠近拉蒂纳②，在罗马以南八十公里处。头几年，参加培训的人住在从塞尔莫内塔南向公路端的宁法绿洲酒店里，那里青山绿水。其间的公园，异域风情和珍稀植被丰富；十九世纪末，两位英格兰女士在已荒芜的中世纪时期建造的一座城堡和几处修道士寺院的废墟上设计创建这处公园。一条山溪流经其中，带来清凉的溪水，宁法花园的确，用梅纽因的话说，是"世间一处神奇之地"。[viii]

在这里，莱西邀请有才华的学生和崭露头角的青年音乐人集聚一堂一个月，演奏室内音乐。这些音乐家参加一个小型管弦乐团的演出，莱西担任指挥——是他后来在格施塔德创建卡梅拉塔室内乐团③的先导。

莱西记得，早在1961年，他收到一封德里克寄来的信（毋庸置疑是在爱丽斯授意下写的），询问杰姬能否赴塞尔莫内塔上他的课。于是，1961年6月，杰姬首次来到意大利，在她父亲的陪护下。之后，她来来往往——自己一人——又连续上了三次夏季课程。1963年夏天，爱丽斯和德里克一起赴赛尔莫内塔，与杰姬会合一起度假。莱西回忆说，杰姬跟她父亲在宁法绿洲公园冰冷的溪水中洗浴，洗完后，德里克站在花园中容光焕发，身上裹着古罗马长袍般的浴巾。

在杰姬，每件事都是头一回，都很有趣，不论是她头一回喝雪利酒，还是头一回完整拉完贝多芬的四重奏曲目。她带着最大的热情参加所有的音乐活动。莱西有次问杰姬想不想指挥这个小型管弦乐团："起初，杰姬觉着自己做不来——'可我从没指挥过呀'，她再三说。我只稍稍鼓励，让她接受挑战，她而后离开，真的疯狂研读起自己的乐谱来了。她很享受其中。"[ix]

音乐会分别在宁法花园外面和塞尔莫内塔城堡遗址那儿举办，也在周

---

① 塞尔莫内塔（Sermoneta）：意大利拉蒂纳省的一个市镇。
② 拉蒂纳（Latina）：位于意大利中部拉齐奥大区，拉蒂纳省的首府。
③ 卡梅拉塔室内乐团（Camerata）：小型室内乐团和合唱团，集合了四十到六十位音乐家和唱诗班成员。

围的村庄里推出。其实，古城堡早已多年没向塞尔莫内塔镇上的人们开放了。莱西说服城堡当时的主人，一位与盖塔尼家族[1]联姻的英格兰人，在城堡大大的内院里举办音乐会，鼓励镇上的人家前来欣赏。渐渐地，人们开始来了——买卖人、店主、调酒的、村里的妇女，所有从来没接触过古典音乐的人。莱西记得这些早期先锋音乐会的独特气氛。杰姬被当地人取了绰号，叫作"大个头英国妞"（意大利原语："quella inglese forte"，"forte"在这里指杰姬壮实的体魄和个头），杰姬无可争议成为他们最喜爱的演奏家。这些音乐会也到附近的村庄推出，是音乐家即兴想出来的点子。吹长笛的伊莱恩·谢弗、莱西与杰姬，就是当中在这些即兴场合进行演奏的音乐家。在莱西记忆中，杰姬最是喜欢在村里的比萨店里给人演奏，这些人虽不懂音乐，对演奏没有任何先入为主的观念，但能即刻且热情地欣赏音乐。

莱西记得，杰姬十六岁时的演奏就已经展示出她技艺娴熟的独特特质：

杰姬小的时候，就像一座火山。她的演奏充满张力，色彩全面且丰富，伴有极动人的轻柔音。后来，杰姬可能学会了更多把握分寸与平衡的技巧。不过，那时的她，有着那种非凡的魔力，让人听到了当年小梅纽因演奏时让人们听到的东西。她一直都是在用心灵拉琴，用卡萨尔斯称之为"心之真"（the truth of the heart）的东西拉琴——卡萨尔斯谈过心之真和思之真，但坚持认为这两个"真"中，心之真"更真"。

有趣的是，一方面，绝大多数音乐家记得，杰姬这段时间的演奏可谓经典式的纯净含蓄，音律流畅直接，温暖简洁；另一方面，来自权威至约翰·巴比罗利[2]这样的人物最先提及的一点是，杰姬让人分神的拉琴举止姿态。

巴比罗利虽说是杜普蕾一贯的支持者，但也是严苛的评判人，直言不

---

[1] 盖塔尼家族（Caetani或Gaetani）：意大利贵族，在比萨史和罗马史中占据重要部分，主要通过他们与教皇的密切关系。

[2] 约翰·巴比罗利爵士（Sir John G.B.Barbirolli，1899年—1970年）：英国著名指挥家和大提琴演奏家。

讳地提出他的批评。在1961年7月7日苏吉亚天才奖面试上的笔记中，他写道："第一章，她拉琴的举止喧宾夺主得很，坦率而言，很不愉悦人。不过，第二章有很多不错的特质，特别是在这么小年纪的人身上。德彪西的奏鸣曲——不可否认她在音乐和乐器上的才华，但，真的需要顶级的音乐指导，接下来的两年里，应该说——这两年对她很关键。"[x]

与此同时，指导跟之前一个样，来自普利兹，杰姬只要有可能就每个星期两次地去见普利兹，上他的课。威格莫尔首演后的一年多里，普利兹不仅指导杰姬拓展音乐会曲库中的内容，还给予杰姬适时恰当的建议。这种持续的师徒关系很利于杰姬自身音乐前景的稳步推进。

因为各种原因，杰姬幸运地生活在伦敦，并在伦敦开始自己的职业生涯。她流星划过星空般的音乐生涯，很简单就缘于出现在对的时间和对的地方。20世纪60年代初，伦敦拥有作为欧洲音乐之都这样无与伦比的地位，成为唱片录制产业的世界中心。不远万里来自远至诸如南非和中国这样国度的青年音乐才俊也被吸引到伦敦，而且，20世60年代初，一批来自东欧的流亡音乐家不断涌入。人们或许会说，英国业余音乐传统中的保守成分，加上对音乐的真挚热爱与热情，在一种全新的国际化视野冲击下得到了极大丰富。

而且，伴随着披头士的出现和其他60年代的偶像组合主宰世界流行乐坛，伦敦也是"摇摆60年代"（Swinging Sixties）的世界焦点，影响着人们从穿着时尚到社会议题的方方面面，也影响着人们对性与毒品的态度。当然，在流行音乐方面，无人可及披头士。不过，顶尖的流行音乐团体间常见直接且充满活力的对话交流，与此同时，这些团体能对大量年轻听众发声并起作用，还能利用诸如录音唱片和电视这些新媒体，他们确实在传统舞台上引发了极大的反响。

所有这些因素使英国国内改变了对音乐演奏的态度，一方面，在所有层次的音乐生涯上，更加严谨的专业化越来越明显。迄今，顶尖的英国器乐家一直都是凤毛麟角，尤其是在弦乐演奏家群体间。当然意料之中的是，伦敦大众立即齐齐聚焦杜普蕾，他们明白，杜普蕾穿透人心的沟通能力与出类拔萃的琴艺技巧合二为一，堪称无人可敌。杜普蕾不仅成为英国普通音乐爱好者的最爱，也获得不少挑剔内行专家的拥戴。

汉斯·凯勒（Hanson Keller），一位出色且颇有影响的音乐专题作家兼演说家，在他任职BBC广播电台制片人期间，曾介绍过杜普蕾。凯勒当下慧眼识人，一眼就看出杜普蕾是何等人物——英国最顶级的一位弦乐演奏家。通过凯勒的大力支持与推荐，杜普蕾引起了威廉·格洛克①的注意，时任BBC广播电台第三套节目的主管和逍遥音乐节②的艺术总监，此外，格洛克还担当着达汀顿夏季音乐学校③的董事。凯勒的引荐在BBC广播公司之外也备受尊重——哈伍德勋爵记得，就是紧接着这次邀约，杰姬参加了1962年的爱丁堡音乐节。

20世纪60年代初，BBC广播电台垄断着英国的广播电台产业，独具影响大众音乐品味的地位。当时的BBC实际上也远比今日更财大气粗，是不容小觑的媒体推动力量。第三套节目创建旨在直接转播现场音乐会并推介青年艺术家，以确保青年艺术家的名声传遍全国各地。将杜普蕾的形象打造为国家形象的象征，与网球冠军克里斯汀·杜鲁门④一样，在这方面，BBC起到了部分作用；杜普蕾常常被拿来与杜鲁门相提并论。在令人惊艳的埃尔加协奏曲演奏后，这一切更是如此，杰姬被热捧为致力于英国音乐事业的英国本土青年音乐家。

在汉斯·凯勒的策动下，威格莫尔首演一结束，杰姬受邀进入BBC广播公司的录音工作室。[xi]（凯勒总是不厌其烦谈到一件令他吃惊的当时的事：因为不太肯定自家女儿是否值得这么大的关注，德里克·杜普蕾问过凯勒"你真肯定她确实够棒吗？"）[xii]1962年3月22日，杰姬录制了自己首张电台唱片，与欧内斯特·拉斯特合作，演奏的是亨德尔的奏鸣曲和法雅的作品，也就是她之前在威格莫尔大厅演奏过的曲目，再加

---

① 威廉·格洛克（Sir William Frederick Glock, 1908年——2000年）：英国音乐评论家与音乐经理人。

② 逍遥音乐节（The Proms）：每年一度在英国伦敦举行的世界著名古典音乐节。

③ 达汀顿夏季音乐学校（Dartington International Summer School）：坐落在英国达廷顿中世纪大厅的一所夏季学校，创建于1948年，招收喜爱音乐的音乐学院学生、年青的专业音乐人、业余爱好者等前往学习交流。

④ 克里斯汀·杜鲁门（Christine Truman Janes, 1941年—）：英国著名女网球手。

上门德尔松的《无言歌》①。杰姬的费用定为12几尼②。数月之后，又录制了两次电台广播，由母亲爱丽斯伴奏，附带支付给爱丽斯的费用，正好是杰姬的一半。

在BBC广播电台新排定的《周四之邀音乐会》广播栏目中——每次音乐会演奏一部组曲，每次节目与其他艺术家一起制作，1961年12月到1962年1月，杰姬受邀演奏了巴赫的无伴奏大提琴三部组曲。栏目录制的这些音乐会免费对公众播放，而且是现场直播。

接着，在凯勒的建议下，杜普蕾学会了伊贝尔③愉悦轻快的《大提琴与笛乐协奏曲》，于1962年1月11日在BBC广播室里录制了这首曲子，与迈克尔·克林乐团合作演奏。当月之后，杰姬录制了她"成人"电视首秀，和她母亲一起推出了一小段室内小型演奏会。这段影视录像的节选，经后来克里斯托弗·努本制作杜普蕾纪录片时收录而得以保存。节选内容包括演奏格拉纳多斯④《戈雅画集》中的"间奏曲"和法雅《流行组曲》中的"霍塔舞曲"⑤。

经纪人贝瑟·道格拉斯，经营着（英国）国家名胜古迹信托旗下的音乐会，听了杰姬在BBC电台《相邀音乐会》栏目中演奏的巴赫无伴奏曲目，印象特别深。他想帮助杰姬拓展演奏经验，于是建议杰姬用大键琴演奏一些巴洛克音乐，还让她与大键琴家吉尔·西弗斯（Jill Severs）接触。杰姬与吉尔结识，相处融洽，双方商议好一起出演音乐会。1962年，在国家名胜古迹信托的一处置业场所，道格拉斯安排她们首次同台亮相，推出的节目包括巴赫的一组无伴奏组曲，一些大键琴独奏作品，以及两人合奏维瓦尔第《第E小调奏鸣曲》和巴赫的《D大调古大提琴奏鸣曲》。

---

① 《无言歌》（Lieder ohne Worte）：浪漫乐派作曲家费利克斯·门德尔松所做的8册48首钢琴独奏曲。

② 几尼（Guinea）：英格兰王国以及后来的大英帝国及联合王国在1663年至1813年所发行的货币。

③ 雅克·弗朗索瓦·安东·伊贝尔（Jacques François Antoine Ibert, 1890—1962）：法国作曲家。

④ 潘·格拉纳多斯-坎皮尼亚（P.Granados y Campiña, 1867—1916）：加泰罗尼亚钢琴家和古典音乐作曲家。

⑤ 霍塔（Jota）：一种西班牙舞曲。

最是方便的是，吉尔和丈夫莫里斯·柯克伦正好住在园艺师的木屋里。吉尔记得当时情景，"爱丽斯带杰姬过来，然后留杰姬跟我排练。杰姬仍然保持着特别小的小女孩心态，不太像十几岁的人，好像仍活在自己的世界里"。杰姬与吉尔的音乐结缘很快发展成为与吉尔一家人的真挚友谊。在吉尔家，杰姬接触到了新鲜的成年人乐趣，比如喝雪利酒，坐在莫里斯的MG跑车①里兜风等等。随着岁月推移，杰姬越来越忙，但仍会时不时来芬顿宅邸后面的这处花园木屋，跟吉尔和莫里斯聊一会儿天，或是跟他们的孩子玩耍，用礼物和自己能吹双音符颤音口哨的绝技逗他们玩。

每每杰姬一坐下拉大提琴，整个人的变化总是让吉尔十分震惊。"在稚气未脱又清新脱俗、长着大眼睛的孩子和充满激情的音乐家之间有着一种美妙的身份二分法。只要杰姬将琴弓放置在琴弦上，那一瞬间，奇妙就发生了。这几乎就像杰姬化身为传达她自身以外什么东西的媒质一般。"吉尔说，杰姬对自然世界也有着类似的狂野与激情维系。"有时杰姬会起身，绕着花园瞎跑，像一匹笨笨的马驹——高高个，人瘦长，短短的头发。个头还在长。后来，十八岁左右，她突然就出落成女人模样了。"

杰姬之前从没有跟大键琴合奏过——部分因为存在的偏见，人们倾向认为大提琴适合钢琴，而适合大键琴的是古大提琴（古大提琴，提琴家族中的成员，巴洛克时期比"常见的"大提琴更受青睐）。比如，乔治·马尔科姆②，大键琴家兼钢琴家，就更喜欢在钢琴上与杰姬合奏巴赫的《古大提琴奏鸣曲》，虽然，有一次，很例外的一次，他用大键琴演奏过这些曲目，当时是在威斯敏斯特修道院里。

吉尔辅导杰姬如何把古大提琴奏鸣曲当作三重奏奏鸣曲来听，其中三种声音（两种键盘音和一种大提琴音）均衡交错。普利兹乐得见这种新的合奏组合，亲临了几次她们的排练，鼓励她们，还适时给出建议。

杰姬很快领悟了演奏巴赫古大提琴奏鸣曲时所要表述的发声要点，而不是一味保持演奏的强度。正如吉尔说的，"与大键琴合奏，通过触

---

① MG（Morris Garages）：英国汽车界名人纳菲尔德（Nuffield）子爵创立的品牌车。
② 乔治·马尔科姆（George J. Malcolm，1917年—1997年）：英国钢琴家、作曲家、大键琴家兼指挥家。

点弦音的强弱与音质,运用弦音间的衔接与散板处理段落,获得动态对比的音响效果。即便大键琴的整个音域小而内敛,借共振的释放,仍能够很强劲——再就是,不像钢琴,你不能激越逞强。"[xiii]大键琴的声音,是通过拨动而不是敲击琴弦发出的,确实听起来声响很大,共振靠前。但是,在发出厚重乐音强度方面,弦乐无法媲美钢琴,弦乐手必须做适当调整来适应。

在杰姬,调整并非折中。她总是保持自己表现力方面的强烈活力,同时灵活回应她搭档的演奏。那时,她在裸羊肠弦上拉琴,琴声与大键琴琴声融合一块的混音效果不错。BBC录制过杰姬演奏的第一、第二无伴奏组曲,聆听现存的唱片,仍听得出羊肠弦弦音的醇厚音质——间或些许的锉音和糙声;这些唱片后来灌制成CD碟片再度发行。

从这些唱片来判断,杜普蕾诠释巴赫音乐,更多源自对恒久不变之永恒的一种抽象领悟,而不是基于对组曲本身源于舞蹈这点来认知理解的。在演奏中,杰姬投注一种精神上的高贵气质,超越了此时此地(的限定)。她钟爱鲜明突出的大开大合的琴风和歌唱式兼稳健的琴音,也就牺牲了叙述与运动中所派生的、至关重要的节奏元素。她偏爱缓慢、雄伟的节拍(萨拉班德舞蹈[①]按八分之六拍而不是四分之三拍的韵律)确实超前了当时正流行对巴赫作品所谓"正宗"的演奏诠释。

虽然与新搭档合作很愉快,与吉尔的这段交往仍是杰姬事业发展这一主推力外的一段插曲。到1961年12月,她与彼得·托马斯以及希拉里合作了最后几场音乐会。有一种感觉很肯定,那就是杰姬远胜过她以往的室内音乐搭档,甚至胜过她同代人中最有才华的人。

直至此时,杰姬一直都认为自己拉大提琴就是一件自发的、再自然不过的事而已;她当然绝不接受音乐家的水准可以靠薪酬的多寡和演奏的名气来衡量。杰姬对自己拉琴一事从不势利盘算,总是乐于与作为业余音乐人的友人一道参加私人举办的室内音乐聚会。尽管如此,杰姬自己越来越意识到纯娱乐式音乐演奏与专业付酬演出之间的硬性区别。历经三到四年

---

① 萨拉班德(Sarabande):一种庄严的西班牙舞曲。

的时间，杰姬才确定下自己的心中理想，就是要在这两个界域中进行演奏，与顶级音乐家一同演奏，并与他们分享自己对音乐世界的热情和自然生发的愉悦之情。

ⅰ 本书作者的访谈内容，1993年5月。

ⅱ BBC第三套电台庆祝杰奎琳·杜普蕾四十岁生日的栏目活动，1985年。

ⅲ 本书作者的访谈内容，伦敦，1993年6月。

ⅳ BBC第三套电台庆祝杰奎琳·杜普蕾四十岁生日栏目活动中的访谈内容。

ⅴ 本书作者的电话访谈内容，1994年8月。

ⅵ 耶胡迪·梅纽因，"分享一种语言"，华兹华斯编著，同前，第70页。

ⅶ 致本书作者的传真内容，1994年12月15日。

ⅷ 同前。

ⅸ 这段引用与接下来的所有来自阿·利西与本书作者的一次录音访谈内容，塞尔莫尼塔，1996年6月。

ⅹ 哈罗德·阿金斯和彼得·科茨，同前，第130-131页。遗憾的是，书中没有巴比罗利首次评点的乐曲参考信息。

ⅺ 市政厅音乐与戏剧学校的各位校长起初坚持，所有杜普蕾在BBC公司的唱片录制安排必须知会他们，并严格限制。当杜普蕾与学校的关系于1962年春终止后，这项限制性条款即告无效。

ⅻ 苏珊·布拉德肖（Susan Bradshow）致本书作者的一封信函内容，信写于1994年10月23日。

ⅹⅲ 这段引用与以上引用摘自本书作者的访谈内容，伦敦，1994年6月。

第八章
初试交响

> ……这位艺术家吸引我们自身的那部分并不有赖于智慧：其吸引的是我们内心的天赋而非习得的东西——也因此，更为恒久流长。
>
> ——约瑟夫·康拉德[1]，《"水仙"号上的黑人水手》[2]前言

十七岁的小小年纪，这么年轻就得全力投身专业音乐人的职业生活，对此，杰姬的内心五味杂陈，这很自然。不过，威格莫尔亮相后，杰姬赢得如潮的公众好评和热烈的评论，她事业发展的迅猛势头挡也挡不住。这意味着，杰姬跻身为音乐会艺术家的职业之路展现在眼前，接下来的当务之急，就是推出与管弦乐团合作的个人首场交响乐音乐会。英国各大顶级管弦乐团都想能推出杰奎琳·杜普蕾的伦敦首演，伊比斯与提莱特经纪公司手头一点不缺这方面的提议意向。在艾米·提莱特看来，关键就是要选择恰当的时机和最佳的乐团合作提案。她决定将杰姬的首场交响音乐会交由BBC承办，主要考虑到BBC提供现场电台直播，具有明显优势，能确保覆盖尽可能多的听众群体。

伊比斯与提莱特公司1961年春与BBC交响乐团开始协商。BBC起初提议

---

[1] 约瑟夫·康拉德（Joseph Conrad，1857年—1924年）：波兰裔英国小说家，现代主义小说的先驱。

[2] 《"水仙"号上的黑人水手》：康拉德于1897年创作的长篇小说。

这一年的秋季推出一场伦敦音乐会，但被回绝了，伊比斯与提莱特公司觉得给杰姬准备的时间不充足。不过，和这个乐团合作演出的具体时日敲定了下来，只是要迟几个月，也就是拟于1962年3月21日，在皇家节日音乐大厅①，由鲁道夫·施瓦茨②指挥，杰姬推出埃尔加音乐个人音乐会。BBC内部备忘录备有伦纳德·伊扎克签名的一份备忘，表明BBC找过普利兹，获得了他的支持和建议，打算安排杰姬与一个地区乐团合作，拟在1961年秋天某个具体日子推出一场伦敦郊外音乐会，作为杰姬的预热试演。

选择埃尔加大提琴协奏曲，是一番深思熟虑后的决定——这首协奏曲是杰姬十三岁起就习练的第一首著名协奏曲，而且一直在习练。1959年12月，在皇家阿尔伯特音乐大厅③，杰姬曾与欧内斯特·瑞德④乐团（Ernest Read Senior Orchesetra）演奏过这首曲子。普利兹深知杰姬与这首协奏曲有着密切相连的渊源，也深知杰姬对埃尔加音乐有着惊人的深刻理解。杰姬不仅早已胸有成竹，而且强烈热盼着自己这场在皇家节日音乐大厅推出的音乐会。伦敦音乐圈内也一样热盼着，与此同时，有关她非凡天赋的新闻不断见于报端。

莫纳·托马斯跟自己的家人一起到场听了杰姬这场交响乐首演，仍记得观众席人们翘首以盼的氛围："杰姬走上舞台，人看上去年纪轻轻，谦虚内敛，但是，当她一坐在大提琴后面时，瞬间看上去气势非凡。她伴着音乐摇着晃着，同时，用饱满、高贵且无比温暖的精彩乐音传递给人们她的愉悦之情。"[i]

音乐评论人齐刷刷地被杰姬演奏时不羁自在的愉悦所打动，也对她收放自如的演奏主导能力同样印象深刻。"真是令人难以置信，昨天晚上是她演奏协奏曲的首次亮相，她的表现这般自信，这般全情的身心投入，此

---

① 皇家节日音乐大厅（Royal Festival Hall）：位于英国伦敦的泰晤士河南岸的南岸中心的一座建筑。

② 鲁道夫·施瓦茨（Rudolf Schwarz，1905年—1994年）：犹太裔奥地利出身的指挥家，后入籍英国。

③ 皇家阿尔伯特音乐大厅（Royal Albert Hall）：位于英国伦敦西敏市区骑士桥的一座艺术地标。

④ 欧内斯特·瑞德（Ernest Read，1879年—1965年）：英国指挥家、风琴演奏家和音乐教育家。

间的她整个融入她独奏部分的每一种情绪之中——欢跃、怅惘、善变与高贵",《每日电讯报》的评论这么写道。"的确,若说她的诠释存在瑕疵的话,那就是她的演奏失去了埃尔加作品轻描淡写的低调特色;作品中秋的朦胧暧昧在如此坚定的热忱感染下消失不见了。"

珀西·卡特(Percy Carter)在《每日邮报》上撰文,大赞杰姬的演奏将琴技的把控与深厚的情感表现统一了起来。"在我看来,这首埃尔加晚期乐曲带着某种秋意阑珊的隐喻,由春天里的一位女孩呈现给我们听,着实感动人心"。

听了这场音乐会的人们心生一种叹为观止的惊喜感,深受感染。杰姬参透了埃尔加晚期作品的内在复杂世界,展现出超出她小小年纪的远见卓识与成熟,极为异乎寻常,自此后,人们重新评价埃尔加这首协奏曲,它堪称一首伟大的演奏曲目,与德沃夏克和舒曼的协奏曲齐名,对此,杰姬起到了关键的推动作用。BBC当下就邀请杜普蕾再次演奏埃尔加协奏曲,先是在6月的切斯特[1]音乐节上,而后,8月,在逍遥音乐节上再次演奏。

艾米·提莱特,作为杜普蕾才华的强有力拥戴者,赢得BBC的支持后,开始在新闻媒体方面下功夫。很自然,英国音乐界这颗新星冉冉升起,人们对她的兴趣愈发浓厚起来,各种有关小杰奎琳的电台采访和报刊报道反映了这一点。就在杰姬个人音乐会推出的几天后,《每日快报》发表了一篇长长的人物特写报道,对杰姬进行了刻画,说她把自己拉大提琴外的所有课余时间都投入在文化追求上。读者读到的是,杜普蕾阅读诗歌、传记和经典名著,其中的作家包括——勃朗特三姐妹、简·奥斯汀和特罗洛普。文中这样引用她的话:"我在公园里散步,或是去听音乐会……男朋友?真没有,虽然有几位友人恰巧是男孩子。……我酷爱贝多芬、巴赫、勃拉姆斯;也喜欢近些年的作曲家——我钦佩巴托克[2]——不过,很新的东西,我不喜欢……对流行音乐也一样。我从不听流行音乐……不跳舞。每每出门,就是去剧场或是音乐会,绘画一类很少。"

---

[1] 切斯特(Chester):英国英格兰西北部柴郡的郡治。

[2] 巴托克(Bartók,1881年—1945年):匈牙利作曲家;20世纪与斯特拉文斯基、勋伯格齐名的三大作曲家之一。

就像这位记者的评论一般,"看上去这是执着于追求的人的生活,几乎不与外界接触。她最幸福的时光是在达特穆尔度假,跟父母、十九岁的姐姐和十三岁的弟弟一起'找石头'……她对穿着打扮基本没兴趣。演奏所得的钱都直接打入银行了"。

这么一种完美全能型的神童且恋家的女孩子形象有几分二维平面式的呈现,一定程度上说,也许说到了事实。不过,这么一种描绘主要反映出其他人,尤其是爱丽斯和德里克,想要向外界呈现怎样的杰姬。这种呈现丝毫没有提及杰姬内心世界的丰富,没有吐露半点她内心翻江倒海的成长困惑与各种激情相伴的冲突,也没有着笔她越来越渴望自己羽翼渐丰,期待有朝一日飞出局限自己的成长背景。人们或会挖苦地附带一笔说,好些年里,买衣服成了杰姬喜欢做的事,当从她妈妈给她挑选的"小女生"装扮里摆脱出来后,杰姬的穿衣品味才提升到讲究的层次。

据她朋友和家人回忆,首场独奏音乐会和首场个人专场管弦乐音乐会推出之后,杰姬经历了一段情绪压抑期,具体表现为嗜睡,缺乏生活情趣。毋庸置疑,她需要时间来消化最近这两年里发生的一系列重大事情,而后再做决定,自己到底要不要沿着全职大提琴家的职业道路走下去。杰姬对自己的朋友弗雷迪·比斯顿说:"我不知道自己是不是想走这条道。"[ii]杰姬仍觉得想要尝试其他途径,别的不提,杰姬颇渴望能有更多做回学生的机会。也许,就像我们许多人在那个年龄段一样,杰姬很不确定大提琴家是否就是自己一心想要的自我定位——虽然她巨大的天赋才华这般清晰地指向这么一个未来。不过,至关重要的是,她究竟要不要毕生致力于大提琴演奏的任何选择,都必须是由她自己做出。

在家里,杰姬的父母和朋友往往倾向认为杰姬的困惑与烦恼是青春期的必经阶段。借用老话"最好转移注意力",他们鼓励杰姬接触各类活动,寻找新的导师。普利兹凭直觉认为,杰姬需要时间自我调节情绪和面对自己的困惑。他之前就提醒过杰姬和爱丽斯要当心过度曝光的种种危害。"我记得,杰姬十七岁时,我对她说,'要是看见你收起大提琴,六个月或一年时间不演出。给自己时间思考音乐和学习,放个假,修炼修炼,我没意见;不要只为大提琴而活'"。[iii]

在普利兹看来，艺术家需要主动开放地吸收新事物，扩展自身的生活阅历，即便这个过程涉及某种摒弃与建构的选择。正如彼得·托马斯所说，"教授杰姬的七年间，普利兹传授了很多——他指导杰姬练习了几乎所有大提琴曲目。后来，十七岁左右时，杰姬开始尝试各种各样的变化。杰姬变得越发夸张，失去了这种很好的受训引导。不过，这在所难免——在杰姬，演奏意味着追赶生活。也正是那个时候，普利兹失去了杰姬"。[iv]

事实上，杰姬确实真心听取了普利兹的意见，就在自己临近十七岁生日的前夕，杰姬同意从接下来的秋季音乐会档期中空出来几个月。普利兹和爱丽斯都觉得，让杰姬更多接触了解大提琴以外的世界，这么做挺好的。爱丽斯认为，倘若能跟国际知名的大提琴名家学习，杰姬当会受益多多，这意味着要出国留学。杰姬自己希望能找到这么一位导师，这位导师既能传授她琴艺，又能帮助她克服个人困惑与焦虑。

不过，杰姬再三说她想"学技巧"，这应该是她自己的慎重之辞。其实，杰姬的直觉源自于胸有成竹的自信，这使得她博采众长，善于吸纳并化为己有，或是弃而更张。虽然，当谈及适合自己的技巧时，杰姬很可能没有说明白自己的意思，不过，她并不是从技巧的纯粹机械方面来理解技巧这个概念，而是视技巧为她艺术中不可分割的部分。让她困惑的东西一直以来源自她自身日渐增强的意识，导致她现在质疑起自己拉大提琴的方法来了。她开始认识到，她从来就没有有意识地研习技巧本身，以致现在感到无所依傍。

杰姬找到克里斯托弗·邦廷[①]之前，邦廷就已是一位开发出一套大提琴演奏体系的老师了；邦廷曾师从莫里斯·艾森伯格[②]和卡萨尔斯，而后，非常严谨地形成了自己对技巧的系统理念。据说，邦廷曾称杜普蕾无技巧，不过，这番话很可能反倒引起杰姬的好奇，而不是敌意的反感。一方面，邦廷非常敬重杰姬的才华，喜欢跟杰姬一起工作，另一方面，杰姬发觉自己很难接受邦廷的分析法，与邦廷的接触也就仅限于几

[①] 克里斯托弗·邦廷（Christopher Bunting，1924年—2005年）：英国著名大提琴家。
[②] 莫里斯·艾森伯格（Maurice Eisenberg，1900年—1972年）：出生在英国，长在美国的大提琴家。

堂课的光景。

时间到了1961年12月,在普利兹和米奇斯瓦夫·霍尔绍夫斯基①(杰姬在采尔马特遇见结识)的策动下,杰姬写信给卡萨尔斯,请求给予她来年秋天的私人辅导。不过,卡萨尔斯只执教自己的大师班,多年来都一直拒绝个人辅导。卡萨尔斯因此回绝了杰姬的请求。年届八十六岁高龄,卡萨尔斯早已是在世的音乐传奇,德高望重。他不再担任任何教职,喜欢以示范的方式传达自己深刻的音乐洞见,演奏和指挥活动也仅限于围绕他成立的各种室内音乐节进行。

继而,20世纪60年代初,欧洲的大提琴"场域"由法兰西学派主宰着,这个学派星光熠熠的代表人物包括皮埃尔·富尼埃②、安德烈·那瓦拉③、莫里斯·让德隆④和保罗·托特里耶⑤,他们全都致力于教学与演奏活动。当然,20世纪50年代末,大提琴界还有一位杰出人物,一度对西方观众产生巨大影响,此人就是罗斯托罗波维奇⑥,他与一批诸如大卫·奥伊斯特拉赫⑦和里赫特⑧等苏联演奏家共同努力,对外证明,尽管在斯大林统治下,与西方世界隔绝多年,著名的俄国音乐学派仍然维持着他们自身卓尔不群的品质水平。

事实上,十四岁时,杰姬就通过自己的教父哈伍德伯爵,与罗斯托罗波维奇有过一次接触。当时,在哈伍德伯爵位于伦敦奥玛广场的家中,罗斯托罗波维奇听了杰姬在她妈妈的钢琴伴奏下演奏的德彪西的奏鸣曲,他

---

① 米奇斯瓦夫·霍尔绍夫斯基(Mieczyslaw Horszowski, 1892年—1993年):波兰裔美国钢琴家。
② 皮埃尔·富尼埃(Pierre Fournier, 1906年—1986年):20世纪法国著名的大提琴家,被称为"大提琴贵族"。
③ 安德烈·那瓦拉(André Navarra, 1911年—1988年):法国大提琴大师。
④ 莫里斯·让德隆(Maurice Gendron, 1920年—1990年):法国大提琴家。
⑤ 保罗·托特里耶(Paul Tortelier, 1914年—1990年):法国大提琴家、作曲家。
⑥ 罗斯托罗波维奇(Mstislav Leopoldovich Rostropovich, 1927年—2007年):苏联大提琴家、指挥家。
⑦ 大卫·奥伊斯特拉赫(David Oistrakh, 1908年—1974年):苏联小提琴学派重要代表。
⑧ 里赫特(Sviatoslav Richter, 1915年—1997年):德国血统的乌克兰钢琴家,20世纪最伟大的钢琴家之一。

当场印象深刻;他开始依据自己的学习进度,为杰姬设计了一组逐级提升难度的技巧练习,直到他触到杰姬的潜质极限。这次经历可突显这么一点:在与普利兹学习期间,杰姬其实绕过了为技巧而技巧的学习路子。

不过,杰姬当时并没有拜师罗斯托罗波维奇的打算,实际上,那个年代,少有人可以从西方世界赴苏联求学。除了极个别的例外,两边阵营没有任何求学层次的文化教育交流。更早些时候的其他俄国流派代表人物,比如拉亚·加波索娃[1]和格里高利·皮亚蒂戈尔斯基[2],纷纷于20世纪20年代从俄国移民去了美国。到了60年代初,皮亚蒂戈尔斯基在洛杉矶已获得音乐名师的巨大声誉。在气质和艺术造诣上,皮亚蒂戈尔斯应该是最能促进杰姬的人,不过,她显然没有考虑求教于他。是啊,加利福尼亚就好似莫斯科一样,太远了。

转向保罗·托特里耶,看上去是合乎逻辑的一步,保罗本人在英国就是人所周知的演奏家和名师。那年8月,保罗原计划在达汀顿夏日学校教授大师班课程,这正是杰姬认识保罗的绝好机会。于是,做出决定,让杰姬报名注册上这些课,倘若学习一切顺利的话,1962年秋季,再送杰姬赴巴黎,正式拜师保罗,继续深造。

1962年7月12日,杰姬最后一次为苏吉亚天才信托评委会演奏,并呈递了一份经费资助的申请,用以支持她海外学习六个月。巴比罗利爵士[3]表达了自己的观点,认为杰姬赴巴黎从师保罗·托特里耶学习一段时间当会很受益。在自己的笔记中,巴比罗利这样写道:"跟杰姬聊了聊,欣慰地发现她一如既往地质朴。"[v]

与此同时,杰姬一场接一场地参加英国国内一些最负盛名的夏季音乐节,在切斯特[4]、伦敦市区、切尔滕纳姆[5]和爱丁堡等各地音乐节上演

---

[1] 拉亚·加波索娃(Garbousova,1909年—1997年):苏联大提琴家和教师,后赴美。
[2] 格里高利·皮亚蒂戈尔斯基(Gregor Piatigorsky,1903年—1976年):美籍俄裔大提琴家。
[3] 约翰·巴比罗利爵士(Sir John Barbirolli,1899年—1970年):英国指挥家和大提琴演奏家。
[4] 切斯特(Chester):英国英格兰西北部柴郡的郡治。
[5] 切尔滕纳姆(Cheltenham):英国英格兰格洛斯特郡的自治市镇。

出。她还重返意大利，第二次参加莱西的室内音乐课程，仍在塞尔莫内塔①。杰姬前程似锦的职业生涯中，很重要的新方面涉及一份举足轻重的唱片录制合同。杰姬要再一次感谢梅纽因，梅纽因将她引荐给了彼得·安德里②，EMI唱片公司HMV制作部的负责人。安德里邀杰姬于1962年夏天录制了她的首张演奏会唱片。

7月6日，切尔滕纳姆音乐节上，杰姬最后一次与妈妈爱丽斯同台献技于公众演奏会。她们演奏的曲目包括贝多芬的奏鸣曲（《A大调Op.69》），德彪西和卢布拉③的曲目——最后的曲目专门献给威廉·普利兹和麦姬·普利兹夫妇二人。这场演奏的评价好坏参半，有位乐评人坦言演出的水准参差不齐，当归咎于爱丽斯"不得力的伴奏"。

作曲家亚历山大·哥尔④记得，正是在切尔滕纳姆音乐节，他第一次结识杰姬：

我过去常去并住在我的友人家中，友人酷爱音乐，家非常漂亮，是一位伯明翰实业家和他的太太，住所就在切尔滕纳姆附近。我早就听说过杰姬，汉斯·凯勒之前就向我推荐过杰姬的演奏，我于是听了杰姬录制的BBC广播栏目中的演奏。杰姬参加音乐节期间，普利兹带杰姬来过我友人的住处。尽管拥有天生异禀的艺术才华，杰姬当时真的就只是一个女生模样。人到时，多少让我有些吃惊，我看见有位女士倒立在草坪上。她原来是那类呵护有加母亲，在照看着杰姬。我觉得，杰姬让这些神童监护人和"心灵导师"弄得心感苦闷压抑，这些人担负着一个棘手的难题有待解决，那就是，对待这么一位天赋超群又非常幼稚的女孩，该怎么办。

也正是大概这个时候，吉他演奏家约翰·威廉姆斯⑤结识了杰姬；1962年，他受邀参加杰姬首场百代演奏会的唱片录制（两人演奏了法雅的

---

① 塞尔莫内塔（Sermoneta）：意大利拉蒂纳省的一个市镇。
② 彼得·安德里（Peter Andry，1927年—2010年）：英国资深唱片制片人。
③ 卢布拉（Edmund Rubbra，1901年—1986年）：英国作曲家、钢琴家。
④ 亚力山大·哥尔（Alexander Goehr，1932年—）：德裔英国作曲家。
⑤ 约翰·威廉姆斯（John Williams，1941年—）：当代著名的古典吉他演奏家、作曲家和编曲家。

大提琴和吉他合奏曲《霍塔》舞曲①）。约翰当即欣赏杰姬独特的演奏特质："她不仅仅是乐感美妙，乐感上亦开阔奔放，整个演奏毫无矫饰，完全自然生发，即兴发挥。"不过，就像当时认识杰姬的其他许多人一样，约翰也看到某种两难困境的苗头。"在她身上有着某种'失落'感，仿佛置身在一个让她不太了解自己的世界里。她的亲朋好友中，没有一个能帮她弄明白。"[vi]

在杰姬，部分问题源于这么一个事实：随着艺术造诣的成熟，她已超越了她的家人。不论她的父母和姐弟如何努力尝试，于他们而言，已越来越难理解杰姬非凡创造力的性质。就像约翰指出的那样，"虽然杰姬的母亲本身就是一位不错的音乐人，但是，身为杰姬这一类的音乐家与只是不错的音乐人之间存在着天壤之别。发现自己有一个天才神童且有心成就她，这与懂她、理解她，真就不是一回事"。[vii]

影视制片人克里斯托弗·努本，当时与约翰·威廉姆斯同住一套公寓，仍清晰记得杰姬来公寓找约翰排练的情形："她个头高，修长挺拔，行动起来奕奕生风，带着一股奇妙的活力，不过，我能看到她内在的羞涩。在她真身形象上有着相互矛盾的两种东西——矫健步伐的信心和内里谦逊且害羞的精气神。"努本不止一次说，杰姬演奏中呈现出这种看似相互矛盾的东西，既浑然天成又让人惊奇不断。他清楚认识到，这种矛盾是杰姬的害羞天性与她音乐上的自信两相结合的产物。不过，听过杰姬演奏的人，很少会去揣测羞涩或自我怀疑是杰姬性格的一部分。她总是胸有成竹地演奏。

就在这段时期，杰姬继续巩固着普利兹教给自己的演奏曲目。7月19日，第一届伦敦城市音乐节上，杰姬首次演奏波契里尼的《降B大调协奏曲》（葛鲁兹马赫②的编曲版本），在默钱特·泰勒音乐厅③，与伦敦爱乐乐团和戈登·索恩（Gordon Thorne）合作演出。不过，杰姬的声望蒸蒸日

---

① 霍塔：发源于西班牙东北部阿拉贡地区的舞曲，快速、三拍子，伴奏用吉他和响板，舞蹈疯狂、快速。

② 葛鲁兹马赫（Friedrich Wilhelm Grützmacher, 1832年—1903年）：著名的德国大提琴家。

③ 默钱特·泰勒音乐厅（The Merchant Taylors' Hall）：默钱特·泰勒公司的总部所在地。

上，主要依托自己首场个人管弦乐音乐会上埃尔加大提琴协奏曲的精彩演绎。6月28日，在切斯特大教堂举办的切斯特音乐节开幕式上，杰姬与BBC北方交响乐团（BBC Northern So）合作，再度演奏这首曲目。担当指挥的是阿德里安·博尔特爵士，英国指挥家中最具有同情心的一位，也是致力于埃尔加音乐的推广者。《切斯特观察者》的乐评人宣称，杜普蕾是"这十几年来英国本土最杰出的大提琴家"。这位乐评人对杰姬演奏的娴熟与完美赞不绝口，这样写道，杰姬已"被公认为这首乐曲极为出色的英国诠释者……堪称美轮美奂。"很自然，博尔特作为杰出的切斯特之子，凭借与这位独奏者精彩演奏齐美的精彩指挥也获得赞誉。

不过，杰姬凭借一曲埃尔加深化自己的成功则是在逍遥音乐节上。阿尔伯特音乐厅的舞会音乐会历史悠久，对年轻人有着独特的吸引力。一位年轻的大提琴独奏家，年纪比绝大多数观众都小，引得人们好不好奇，于是，1962年8月14日，杰姬与马尔科姆·萨金特爵士[①]担任指挥的BBC交响乐团合作，推出自己的首场个人管弦乐音乐会，公众对此的期待异常高涨。莫纳·托马斯回忆说：

阿尔伯特音乐厅外排着长队，是我平生见过最长的一条长龙了。我十二岁时起就听说杰姬了，一直记得她是大提琴手，拉的琴声最是扣人心弦——我还听过好几位大师的演奏，比如卡萨尔斯、托特里耶、罗斯托罗波维奇，记忆中，音色温馨高贵，琴弓的触点处理，每一乐句的塑造犹如"灵动的线条"，就像绘画大师的手笔。这时的杰姬美妙绝伦，赢得人们的热爱。之后，我们是唯一几个待在后台休息室里的朋友，非常荣幸。马尔科姆·萨金特进来，热烈祝贺她的演出获得成功。从那时起，杰姬开始有了一大波的"杜普蕾迷"，后来，每每音乐会结束，我们只能排着长龙等着见她。[ⅷ]

杰姬很快就在逍遥音乐节史上赢得了自己的一席之地。应大众的要求，她连续四届重返音乐节，演奏埃尔加协奏曲——每次都与萨金特合作。一贯高傲的萨金特很是欣赏杜普蕾的音乐才华，这当然是对杜普蕾的

[①] 马尔科姆·萨金特（Malcolm Sargent）：英国指挥家、管风琴师、作曲家。

极大褒奖。绰号"闪侠哈里"①,萨金特享有广泛的知名度,深得大众推崇,尤其受众多逍遥节音乐迷的拥戴。这位俊朗倜傥的艺术家爱在自己上衣扣处别上一朵红色康乃馨,就是英式绅士的样板。萨金特尤以指挥合唱演出见长,特别是英国音乐(虽然,他在曲目方面未超越沃恩·威廉斯②和沃尔顿)。萨金特拟在1965年逍遥音乐节上举办自己的七十岁大寿演奏会,坚持请杜普蕾担当他的独奏人,还建议杜普蕾应当录制戴留斯③的协奏曲,足见他对杜普蕾的高度评价。

大提琴作为独奏乐器长期以来从未特别流行过,杰姬取得的成功越发显见的不同凡响。大提琴不如小提琴和钢琴受人们欢迎,部分缘于大提琴曲库中可供演奏的曲目十分有限。第二次世界大战后,得益于广泛的新曲创作出现,而且一批自身充满魅力与音乐个性的乐器天才人物涌现,其中包括卡萨尔斯、托特里耶、罗斯特罗波维奇和杜普蕾等人,大提琴的冷遇开始改观。

暨此,17岁起,杜普蕾从此与埃尔加协奏曲结缘一生,不离不弃。杰姬不仅在英国国内演奏这一曲目,还担当起埃尔加的海外推广大使。杜普蕾最常演奏的就是这首曲目,录制唱片带来巨大成功的也是这首曲目。作曲家杰里米·戴尔·罗伯茨④记得"伦敦举办的好几场音乐会上,她浑身散发着奇妙的公众冲击力——人们几乎停下不听音乐的演奏了,杰姬的埃尔加业已成了某种仪式活动"。[ix]20世纪60年代初,在伦敦充满蓬勃生机的文化氛围中,也许逍遥音乐节这些以古典音乐为特色的音乐会最为直逼60年代中期席卷英国的披头士热的势头。

逍遥音乐会演出活动一结束,杜普蕾就南下赴达汀顿,准备拉琴给托特里耶听。达汀顿夏季学校是威廉·格洛克1948年创立,旨在为英国音乐学生提供高等教育,提供资助并营造机会,让学生结识欧洲最好的音乐

---

① 闪侠哈里(Flash Harry):《乌龙学校》(St. Trinian)系列电影中的虚构人物。
② 拉尔夫·沃恩·威廉斯(Ralph Vaughan Williams, 1872年—1958年):英国作曲家,英国民歌的收集者。
③ 西奥多·戴留斯(Frederick Albert Theodore Delius, 1862年—1934年):德裔英国作曲家。
④ 杰里米·戴尔·罗伯茨(Jeremy Dale Roberts, 1934年—):英国作曲家。

家，让他们接触当代音乐，尤其是欧洲的先锋音乐。

早些年，达汀顿提供的音乐内容相当独到。就像约翰·艾米斯[1]，后来达汀顿夏季学校的校秘书回忆的那样："当时，就没人了解标准室内乐的曲库内容，更不用说当代音乐。比如，海顿的四重奏、舒伯特的钢琴奏鸣曲和四手联奏音乐等作品，绝大多数都是不为人知的领域。通过邀请诸如施纳贝尔[2]、娜迪亚·布朗热[3]和皮埃尔·富尼埃等人前来授课，格洛克为学员打开了新的眼界，使得他们能联系和追随这些海外大师学习。"

就在掌舵BBC音乐部的这段时期，格洛克凭借自己富于想象的规划革新了20世纪60年代英国人的音乐生活，同样，他创办的达汀顿夏季学校不拘一格，观念纷呈。学校成了年龄和文化背景各异的人们进行有益沟通的交流场所，在这里，音乐爱好者和专业人士一并受到欢迎。60年代初，达汀顿处在全盛时期，吸引了英国国内各地的音乐人，他们不仅感受到高层次的灵感激发，同时陶醉在其中轻松的氛围里，古老音乐大厅周边的美丽环境中，公园和德文郡迷人的田园景致间。

一切如常，1962年，夏季学校提供内容丰富且形式多样的课程，为期四周。诸如诺伯特·布拉宁[4]、梅纽因、维拉多·裴勒缪特[5]、保罗·托特里耶、威廉·普利兹、朱利安·布里姆[6]和德·派伊尔[7]都是校内器乐教员，还开设汉斯·凯勒和维尔弗利德·梅勒斯[8]的讲座。作曲方面的师资，包括卢西亚诺·贝里奥（Luciano Berio）、路易吉·诺诺（Luigi

---

[1] 约翰·艾米斯（John Amis，1922年—2013年）：英国播音员、古典音乐乐评人与批评家、音乐管理人、作家。

[2] 阿图尔·施纳贝尔（Artur Schnabell，1882年—1951年）：奥地利古典钢琴家、作曲家和教师。

[3] 娜迪亚·朱·布朗热（Nadia Juliette Boulanger，1887年—1979年）：法国女音乐教育家、作曲家、指挥家。

[4] 诺伯特·布拉宁（Norbert Brainin，1923年—2005年）：阿马德乌斯四重奏弦乐队中的第一小提琴手。

[5] 维拉多·裴勒缪特（Vlado Perlemuter，1904年—2002年）：波兰犹太裔法国钢琴家与教师。

[6] 朱利安·布里姆（Julian Bream，1933年—）：英国古典吉他演奏家和琵琶演奏家。

[7] 德·派伊尔（de Peyer，1926年—）：英国单簧管演奏家和指挥。

[8] 维尔弗利德·梅勒斯（Wilfrid Howard Mellers，1914年—2008年）：英国乐评人、音乐家与作曲家。

Nono）、尼古拉斯·墨（Nicholas Man）和彼得·麦克斯韦-戴维斯（Peter Maxwell-Davies）——先锋音乐的代表人物，他们观察发现，英国作曲的专业编制境况落伍过时。约翰·艾米斯回忆，当年8月，本杰明·布里顿来到学校，要与彼得·皮尔斯（Peter Pears）合作推出演奏会，布里顿想引荐他认识诺诺："布里顿热情洋溢。不过，当我问诺诺：'想见见布里顿吗？'诺诺答道：'不大想见。'"布里顿很肯定"出局"了[xi]。确实，在达汀顿，作曲与演绎艺术很大程度上划分为各自独立的两部分，杜普蕾也是一样，像绝大多数器乐演奏家一样，很可能不甚了解欧洲作曲界前卫先锋派的存在。

初次亮相逍遥音乐节大获成功，杰姬心下喜悦非常，趁着首演的兴致未尽即启程赴达汀顿。杰姬兴奋又有些焦虑地期待着自己与托特里耶的第一次接触。而后，很明显，杰姬在大师班里绝对是一枝独秀。托特里耶自己也被杜普蕾的光芒与热情震住了。他回忆说：

（她是）我见过最热力十足的青年音乐家。一次，我（同欧内斯·勒希合作）举办完一场演奏会，第二天晚上，杰姬问我能否辅助她拉一下布洛赫的《所罗门》。"怎么不能呢？"我答道。"不过，你想什么时候拉？""要不就现在？"她答道。音乐会刚结束，大家用过晚餐，时间也过了半夜。我有些顾虑地说，人都睡觉了。"没关系，"她坚持道，"有间小屋，我们谁都打搅不到。"我觉得深更半夜地授课怪怪的，不过，她那么一个劲儿地恳求，让人不忍回绝。她开始拉起来，我给予指点，就这样，两人饶有兴致地上了整整两个钟头的课，直到凌晨两点半，我们仍在拉琴和探讨《所罗门》。我后来返回巴黎自己家里时，（我太太）莫德跟我说，有天晚上，她梦见我对她不忠。这真是太离奇了，要知道就是她做梦的那天晚上，我在给杰奎琳上课。[xi]

杰姬还拉了另一首曲子给托特里耶听，即德彪西的奏鸣曲，与乔治·马尔科姆合作。杰姬在课上拉琴时表现出十足自信，令马尔科姆印象深刻；她看起来一点不怕这位大师级人物。很自然，班里推选她在对外开放的周五学生音乐会上与马尔科姆合作演奏。这已经让杰姬有别于其他学员了，当时，马尔科姆还在另一场别具一格的二重奏演奏会上亮相，同梅纽因一道演出。

接下来的数年里,马尔科姆与杰姬同台献技好几场达汀顿午夜这类音乐会。马尔科姆清楚记得,有一次,他们演奏巴赫的《G大调大键琴奏鸣曲》:"在音乐厅,我们最后一次排练,杰姬演绎开篇的12/8慢板的节奏非常缓慢、平和。我有些茫然,就停下来问她,'杰姬,你不会在正式演奏时也拉得这么慢吧,你是想……''哦,我会啊,我就打算这么拉呀',她泰然自若地回答我。后来,她真就这么拉,相当完美。一场音乐会上,哪类节奏韵味打动人心,她对这方面吃得很透,深知节奏旋律与音乐厅声响效果及场地氛围的关系。"

逍遥音乐节的一场音乐会上,乔治·马尔科姆听完杰姬演奏的埃尔加协奏曲,再次感受到杰姬对节奏理解有着十足的自信。"萨金特开篇的节奏稍稍快过杰姬想要的节奏。在进入大提琴独奏的第一小节的过程中,她将行进着的音乐旋律拽回到她要的节奏,萨金特只得从了。我觉得萨金特未必喜欢这样。记得演奏结束时,杰姬甚至示意整个乐队起立,这真惹恼了萨金特,要知道,这番举动本该是指挥的特权。萨金特明显表示出气恼了。"

乔治·马尔科姆发觉,杰姬是一位颇理想的二重奏拍档,稳当自信,最为重要的是,与搭档的呼应非常到位。"即便我给的提示比她多,绝大多数的时候,我在服从她的演奏,因为她拉得这般出色,又如此到位"。与此同时,马尔科姆也谈到神童身上常出现的那种失调,就是他们精专于一种技能,个性上则有些稚气未脱的性情。马尔科姆担任威斯敏斯特大教堂合唱乐团音乐总监一职,因而确立了与杰姬的联系。"我们的友谊是那种正值青春,好嬉戏的类型。我待她有些像合唱团里的年轻成员,要是我对她过了分,她就朝我扔坐垫撒气"。

马尔科姆在他们的拍档关系中充当着良师的角色,但从不说教。有一次,就要上台演奏巴赫《D大调大键琴奏鸣曲》了,马尔科姆扭头对杜普蕾说,"你要知道,杰姬,在第一快板乐章部分,我把控节奏,你的部分得听我的"。杜普蕾之前没留意过这方面,这次,她演奏时,就依从了马尔科姆的提议。

她与乔治·马尔科姆的二重奏组从1962年开始，一直持续到1964年，之后，杰姬与斯蒂芬·毕夏普开始了合作。除了达汀顿的两个夏天，杜普蕾和马尔科姆在威斯敏斯特修道院和皇家节日音乐厅也分别演奏过几场重要的演奏会。1965年8月的琉森音乐节①上，他们进行了最后一次合作。

在听过杰姬达汀顿演奏的人们眼中，杰姬坐在大提琴后面，一副完全居家的自在模样。虽然，在各个社交场合，杰姬往往腼腆羞涩，但个人的内心困惑并不显见，人们主要记得她容光焕发、阳光自信的样子。约翰·艾米斯记得：

在达汀顿，每周五的晚上，我们为艺术家和学员举办派对聚会。有次聚会，我见杰姬整个苦不堪言的样子，于是走上前去询问她。"我不喜欢聚会。"她回答说。接着，我问："想拉琴吗？"我身上正好带着一份布洛赫的《所罗门》钢琴谱，原就想跟她一起过一遍，我很中意这首曲子。于是，我们找了一间房间，开始磨合这首曲子。我发觉这是唯一的一次我跟她有了联系。否则的话，我根本不会结识她。她看似跟在达汀顿的其他所有人都认识，人人都喜欢她。

与此同时，杰姬的名气拉开了她与同班学员的距离，他们中很多人挺敬畏她。

尽管如此，在杰姬，很幸运，有了一次机会，向富有同情心且具洞察力的同行，大提琴家琼·狄更斯②，吐露自己的内心困惑；琼当时是皇家苏格兰学院的大提琴教授。在达汀顿的两个夏天，琼都遇上了杰姬，但琼迄今最记忆犹新的是两人头一回交心的情景。

我已经上床准备睡了——凌晨两点了，杰姬来到我的房间。她刚跟乔治·马尔科姆演奏完周五的午夜音乐会——贝多芬《A大调奏鸣曲Op. 69》和勃拉姆斯的《F大调Op. 99》。她问我对她演奏的看法，我就问她是不是真想听我的评点。她答道："想啊，真想。人人都只说我的每首曲子都精彩。"我就坦言我一直不太喜欢她拉高音时的处理方式。她

---

① 琉森音乐节（Lucerne Festival）：欧洲主要的音乐节之一，举办地位于瑞士中部的城市琉森。

② 琼·狄更斯（Joan Dickson，1921年—1994年）：20世纪伟大的大提琴教师。

人好像整个往琴弦上猛扑似的。贝多芬的《A大调奏鸣曲》中，强音的地方听起来非常急促紧逼，在我看来并不适合这首曲子的风格。我告诉她，强音的地方并不是说要尽所能地拉出多大声响来——有时，可以拉得饱满，有时，则可以紧迫，有时，又可以冷峻。在她，强音仿佛就像斗牛时的红布——尽全力冒大险，看自己能拉出多大的声音。我觉得，要是她少用些自己的劲，多利用大提琴的劲，她当能拉出更富有层次的声音。我对她说，"你真的是在用琴来摆脱自己内心的焦躁情绪啊"。接着，我尝试演示给她，如何不必这么用劲过度地去演奏强音，比方，拉强音时，琴弓低置一些，靠近琴桥些就好了。

我点评了其中一首具体的曲子，勃拉姆斯《F大调》，其中的舒缓乐章开篇部分那些拨弦音符。我对杰姬说："它们听起来好不咄咄逼人，仿佛你试图想把C弦线从琴钩上拨断掉似的……""噢，我以为那个启奏得很强势才对。"她说。我于是说："哦，挺有意思。第五小节的地方，你起弓接过演奏旋律，那是整场音乐会最美妙的一个演奏点，满是心酸与痛楚。但要知道，你可是在接手钢琴弹奏出的开头四小节的节奏啊。"杰姬沉默了好一会儿，然后说，"知道吗？想跟你说件你可能会觉得我不专业的事，我根本就没留意钢琴启奏弹的节奏"。我想，她真是胆大实诚的一个人，把这都给说出来了。这让我明白了，普利兹应该没怎么听过杰姬与钢琴的合奏——再就是，没时间在课上什么都谈的。

　　找到琼，杰姬也就找到了能与她一起聊大提琴演奏各种具体问题的一个人，在杰姬，这一定是莫大的安慰。

　　杰姬对我说，她平生第一次，她的一些本能反应——比如移位——出现偶尔的不灵了。这种状况导致她无法演奏贝多芬《A大调奏鸣曲》的开篇部分；只是源于她开始对演奏这部分心生顾忌了。事实上，她这是在成长，在质疑自己的感知能力。她向我抱怨说，"我还小的时候，只要一听某个音符，就准能拉出来，从不会停下来去想怎么做到的问题。可现在，我心里会想——这个音符在哪，我该用手臂和手做什么才能拉准它？于是，就出错了"。

　　琼·狄更斯记得，杰姬音乐才华的原动力在于她非凡惊人的直觉天赋。但，侵扰杰姬的是，她显然缺乏有意识的知识储备来支撑她的直觉天赋。

直觉发源于潜意识层面，但人无法在这个层面拓展，必须在意识层面加以拓展，只是信息在意识层面上不断储备，通过过滤进入潜意识层面。就像我的老师麦纳迪①说过的那样，直觉是音乐家当具备的最关键的东西啊，只要直觉对了，音乐家总能在乐谱中找到证明自己直觉准确的东西。杰姬在她的训练中缺少这类信息的输入。我个人认为，这类知识甚至有必要教授在先，而后运用，这样的话，当小音乐家成长到开始有所畏惧和疑虑的年龄段时——对于我们每个人而言，都会在各不相同的年龄段出现——他们便对音乐与乐曲的发挥方式有了一定的具体认识。

琼赞赏杰姬与生俱来的音乐才华，诗意的表现手法和对散板的自如处理。"不过，当时，她内心有着某种狂野的东西，让她觉得越来越难把控。她早期演奏中的散板很精彩，不过，在我看来，很快就变得夸张起来了"。

虽说两位大提琴家存在年龄差距，但在很多方面，她们是一对一的平等关系。有一次，琼在达汀顿演奏完一场音乐会，交流的情形反转了过来："我请杰姬评点我的演奏，她跟我说，我的左手拉得表达不足，她说，'告诉你吧，每当我放下一根手指，我就会觉得我仿佛在把声音置入琴的指板上。'这对我是一种全新的理念，因为她这一番话，我后来彻底改变了自己的技法。"

达汀顿的经历起到了它的作用，让杰姬发现了一个意气相投的社交环境，在这里，她的所有同伴都是音乐相关的同道中人。她与托特里耶的首次接触也预示着不错的未来前景。

不过，10月份巴黎音乐学院学期开始之前，杰姬仍有一些重要的演出合约要履行。其中第一项就是，9月3日，在爱丁堡音乐节上，参加多位音乐家参与的一场BBC邀请音乐会，这场音乐会上，杰姬演奏了勃拉姆斯的《F大调奏鸣曲Op.99》，与欧内斯特·勒希（Ernest Lush）合作。德斯蒙德·肖-泰勒（Desmond Philip Shawe-Taylor）在《星期日泰晤士报》上撰文，谈到了杰姬"令人失望的消极演奏"，还警告道："这位卓越不凡的孩

---

① 麦纳迪（Enrico Mainardi, 1897年—1976年）意大利大提琴家、作曲家。

子需要留意自己的音质，尤其在较高音域部分；她还需要一根发带什么的，系一系她那一大把金发，这把金发摇来晃去，还伴着贝奇曼①网球女孩式的魅惑，喧宾夺主地侵扰观者的注意力。"

BBC灌制发行的CD唱片中，保留有杰姬演奏的唱片，可作为她对这首音乐的诠释见证。一方面，在响亮的乐句部分，她的琴声边延略带糙音（也许是她当时使用裸羊肠琴弦线的缘故），另一方面，并没有她拉得挣扎的感觉。人们也许看出，也是琼点评到的，第二乐章的开头，杰姬的处理存在拨弦过度的问题。第一乐章火山喷发式的急切迸发极其令人振奋，一路驾驭音乐的同时，推进有度，从不以牺牲作品整体结构为代价。她已具有不可思议的能力，能准确判断每个音符的力度和强度处理来"满足乐句（feed the phrases）"（杰姬后来教学时很喜欢用的口头禅），而且很清楚怎样旋转上行地拉出她的散板旋律。人们大可以列举她拨弦音符的演奏范例，例如，拨弦音引出第二乐章开篇所概括的主题，这一主题同时主导着钢琴相应部分的和弦处理。在一位经验丰富的音乐家的十足把握下，整首奏鸣曲演奏了出来，虽然，在我看来，最后两个乐章比开头两个乐章要逊色些。

尽管如此，比起杰姬后来对这首曲子恢宏宽阔的演绎来，这次演奏逊色甚远，后来的演绎是杰姬与丹尼尔·巴伦博伊姆合作，为EMI录制的唱片曲目。杰姬在声音的精细度、色彩和持续美感方面，以及在敏锐听音造句方面，一直都在不断精进提高，提升巨大，同时，丝毫未减她非凡气韵的推动力，对此，人们唯有惊叹不已。

这场音乐会后的第二天，人仍在爱丁堡，杰姬为BBC电视台的《今晚》节目录制了舒曼《幻想曲集》中的一首。回到伦敦，9月底，杰姬与老师威廉·普利兹一起为BBC电台录制库普兰②和德菲士③创作的大提琴二

---

① 贝奇曼（Sir John Betjeman, 1906年—1984年）：英国诗人、作家和电台播音员。笔下的网球女孩性感妩媚。
② 弗朗索瓦·库普兰（François Couperin, 1668年—1733年）：法国作曲家，羽管键琴音乐家。
③ 德菲士（Willem Defesch, 1687年—1757年左右）：比利时小提琴家、大提琴家、作曲家。

重奏的唱片。库普兰《风尚汇聚》①中的第三首《新音乐会曲》一直保存着，以CD唱片形式发行，这首曲目呈现了师徒二人你迎我和、赏心悦目的精彩演奏，不论是二人对乐器色彩的运用，还是二人一气呵成的诙谐幽默、欢快感人的曲调中，想要听辨出是谁在拉琴，都不那么容易。[xii]

1962年10月下旬，杰姬动身去巴黎之前，再度两次演奏埃尔加协奏曲；先是在挪威的斯塔万格②，在"通往英国"的一次庆典活动中，杰姬作为英国音乐的代表到场参加，而后，在皇家节日音乐厅，与诺曼·德尔·马指挥下的BBC交响乐团合作演出。伦敦的这场音乐会，10月24日推出，为纪念联合国的成立而举办——联合国成立于杰姬出生的那一年——音乐会当天，向全欧洲进行现场直播。

又一次，BBC这场音乐会的录音资料仍保留在案，是埃尔加协奏曲一共五份存档演出资料中的第一份。这份存档录音资料证明，杰姬对埃尔加协奏曲各部分精要的诠释皆已了然于心，可视作她日后与巴比罗利录制EMI唱片的原始蓝本。此间的几年间，杰姬掌握了对音色进行精细处理的技巧，音域范畴的把控更为动态机动，散板的领悟极富想象力。的确，这份录音让我们看到，杰姬充满生机活力的天赋才华和她对技巧手法的自信心，这些也是她在达汀顿时令托特里耶兴奋激动的个人特质所在。

杰姬抵达巴黎，怀揣着极大的学习期望。托特里耶希望杰姬能修完长达七个月的课程，直到来年六月底为止，他原以为杰姬会愿意参加年底久负盛名的超级大奖赛（并获奖）。此外，托特里耶希望杰姬能在学习期间不做任何专业演奏的安排。尽管如此，但这些愿望都不在杰姬自己的计划之中。

1962年夏天，媒体就报道说，杰奎琳·杜普蕾今秋将赴巴黎进行"五个月的学习"。爱丽斯早就在7月上旬写信给BBC广播公司，告知说，从10月起接下来的六个月里，她的女儿无法接受任何演出预约，1963年3月起才能进行预约。实际上，伊比斯与提莱特公司已为杰姬和爱丽斯安排好来年3月进行一次独奏巡演延伸活动。毋庸置疑，爱丽斯不想取消这些档期

---

① 《风尚汇聚》：原文法语名称Les goûts-réunis。

② 斯塔万格（Stavanger）：挪威的一座自治市，罗加兰郡行政中心，位于挪威西南部的斯塔万格半岛上。

安排。伊比斯也已接下了一项12月的演出活动,准备让杰姬在节日音乐厅演奏舒曼的协奏曲。

人们纳闷,为什么,在达汀顿见面的时候,杜普蕾从没有与托特里耶商议这些演出事务。一方面,很显然,有关杰姬已签订的音乐会档期活动安排,爱丽斯和杰姬谁都没有告知托特里耶,也没有向他提及杰姬参加学习的有限时段。在托特里耶一方,他也没有说明巴黎音乐学院的教学体系。杰姬人到巴黎,原以为自己能够接受托特里耶的个别指导,没想到这所音乐学院规定大师班只可专注于器乐教学。托特里耶其实不可以给音乐学院学生上个别指导课。这一切的结果是,自杰姬抵达巴黎时起,很不幸,老师和学生两边就埋下了两大误解,接下来彼此又都从未厘清解决。

i 莫纳·托马斯致本书作者的信函,1995年5月28日。

ii 访谈内容,弥尔顿-凯恩斯(Milton-Keynes),1993年8月。

iii 本书作者的访谈内容,伦敦,1993年6月。

iv 本书作者的访谈内容,伦敦,1995年3月。

v 哈洛德·阿特金斯和彼得·科茨,前引,第131页。

vi 本书作者的访谈内容,1994年6月。

vii 同前

viii 摘自莫纳·托马斯致本书作者的两封信函,1994年12月和1995年5月。

ix 本书作者的访谈内容,1995年12月。

x 本书作者的访谈内容,伦敦,1994年6月。

xi 保罗·托特里耶和大卫·布卢姆,《保罗·托特里耶:自画像》,Heinemann出版社,伦敦,1984年,第213—214页。

xii EMI CDM 7631662,早期BBC唱片,第二卷。

第九章
求学巴黎

当然,人必须精通技巧;与此同时,人一定不要受技巧奴役。

巴勃罗·卡萨尔斯[1]

技巧就是整个人。

——伊戈尔·斯特拉文斯基[2]

  托特里耶是一位有着巨大人格魅力的演奏家,也是一位实力夯实的演奏家,他的实力源自天道酬勤与永无止境的技巧分析,也源自他对大提琴演奏的所有问题持兼容并蓄的开放心态。出生于1914年,托特里耶曾求学巴黎音乐学院,是路易斯·费亚(Louis Feuillard)和热拉尔·黑金格[3]的门生,就是在这所音乐学院期间,十六岁时的他就赢得了令人羡慕的头等大奖。托特里耶并没再正式习练大提琴,而是从师同一所学院的让·加仑[4](Jean Gallon)学习和声和作曲,进一步提升自己的音乐素养,与此同时,他还在小酒馆和咖啡馆里拉琴挣钱。

---

[1] 巴勃罗·卡萨尔斯,《欢乐与悲伤》,阿尔伯特·卡恩(主编),麦克唐纳,伦敦,1970年,第76页。

[2] 伊戈尔·斯特拉文斯基和罗伯特·克拉夫特,《对话斯特拉文斯基》,伦敦,1959年,第36页。

[3] 热拉尔·黑金格(Gérard Hekking,1879年—1942年):法国大提琴家。

[4] 让·加仑(Jean Gallon,1878年—1959年):法国作曲家,合唱指挥家和音乐教育家。

21岁那年，托特里耶成为蒙特卡罗爱乐乐团①的首席大提琴手，两年后，他演奏理查德·施特劳斯的《堂吉诃德》，由作曲家本人指挥——自此，这首曲目就与他结缘，日后一直演奏。"二战"爆发之前，托特里耶赴波士顿拓展自己的管弦乐音乐生涯，在谢尔盖·库塞维兹基②的指挥下演奏，而后接受了他最后一份管弦乐团职位工作，出任（巴黎）音乐学院音乐协会管弦乐团③的领导人，这个协会自法国获得解放后，就在查尔斯·蒙克④担任指挥下，开始推出各项演出活动。

带着这么一叠音乐演奏的丰富阅历，托特里耶走上了全职独奏家的职业生涯，正遇上1945年"二战"结束。当时，托特里耶刚过三十岁；相反，杜普蕾呢，人尚未到三十岁，演奏生涯就业已终结。

托特里耶非常崇拜卡萨尔斯，1950年到1953年这几年的夏天，他都是在逍遥音乐节上度过的，音乐节上，与大师亲密的音乐接触让他受益匪浅。第一年，托特里耶致力于巴赫音乐的演绎，出于对卡萨尔斯的尊重，他答应在节日乐团里担纲演奏。

作为大提琴的创新者，卡萨尔斯对托特里耶的影响，尤为显现在他的左手技法上。之前，大提琴手左手手指全都并拢在一起，一根手指压住弦上音符的时候，会受制于其他手指的影响。卡萨尔斯提倡一种独到的左手技法，使得每根手指宛若钢琴人的手指一般都能独立操作，这么一来，就使得手指更加自如地伸缩和移动，也使得颤音更为多样化呈现。不过，最为重要的是，卡萨尔斯正是通过他的指法新理念革新了大提琴的演奏技法。他设计出左手手指可用力撞击琴弦的指法，使琴弦产生颤动，这样，歌唱的弦音服从于叙述乐句的整体结构。丹尼尔·巴伦博伊姆曾这么形容卡萨尔斯对自己的影响，卡萨尔斯点拨他，要像弦乐演奏人一样去弹钢

---

① 蒙特卡罗爱乐乐团（The Monte-Carlo Orchestra）：法国久负盛名的管弦乐团，创建于1856年。

② 谢尔盖·库塞维兹基（Serge Koussevitzky，1874—1951）：俄裔美籍指挥家，作曲家和低音提琴家。

③ （巴黎）音乐学院音乐协会管弦乐团（The Orchestre de la Société des Concerts du Conservatoire）：创设于1828年，法国19世纪到20世纪音乐生活的中坚力量。

④ 查尔斯·蒙克（Charles Munch，1891—1968）：法国著名的交响乐指挥家和小提琴家。

琴，这反衬出卡萨尔斯在大提琴上采用钢琴指法的方式。[i]

事实上，声音的美从来没有这种美的内在手法来得重要。卡萨尔斯更喜欢充满感染力的修辞表达，而不是美声唱法的唱腔。托特里耶形容卡萨尔斯的音响效果不可思议："它是精神层面的东西——人们从来没觉得卡萨尔斯在拉大提琴；他在演奏音乐。"[ii]

卡萨尔斯认为精确音准的问题就是"意识的事。音符出错，你听出来了，就跟当你做错了事时的感受一个样"。[iii]托特里耶采纳了卡萨尔斯"富于表达的"音准运用手法，依据和声的作用拉升或降低音符。卡萨尔斯的发声指法理论依据于间隔的"重心引力"，意指音阶的第一、第四和第五度作为其他音符所拉到的休止点。[iv]托特里耶形容这个过程既微妙又跃动。不过，托特里耶从来就没必要向杜普蕾解释这番系统理论，杜普蕾凭直觉且浑然天成的发声法本身就极富感染力。

托特里耶也很佩服卡萨尔斯的散板演奏，他称之为"凭借直觉来感悟来自每个方向的音符之间的相对关系：垂直、水平以及对角关系。"[v]总之，人们可以称卡萨尔斯为第一位现代大提琴家，他确定下精湛演奏的标准。在他之前，大提琴手往往为自己的技巧不足寻求宽慰借口，声称要精通大提琴太难。

出任巴黎音乐学院的职位之前，托特里耶和家人于1955年到1956年一年间都住在以色列海法①附近一处难民营②，生活在一个基布兹③合作社里。托特里耶不仅理念上是一位理想主义者，而且在实际生活中也想践行自己的信仰。没有社会差异的社群理念和基布兹合作社的开拓精神很是打动他。他和妻子对犹太人有着深切的亲近感，犹太民族拥有伟大的文化，对音乐有着热烈亲密的感情。

1957年，位于特拉维夫的弗雷德里克·曼恩礼堂的落成，托特里耶

---

① 海法（Haifa）：以色列第三大城市，仅次于西耶路撒冷和特拉维夫。
② 难民营（The Ma'abarot）：20世纪50年代以色列难民安置营地专用名称，1963年全部关闭。
③ 基布兹（Kibbutz）：以色列的一种集体社区，过去主要从事农业生产，现在则从事工业和高科技产业。

被召回，顶替身体不适的皮亚悌哥斯基①参加开幕式。托特里耶演奏了协奏曲中最具犹太色彩的曲目，布洛赫的《所罗门》，有关这首乐曲，托特里耶这么写道"……超越了纯粹的个人信息；乐曲似乎在表达以色列对失落神庙的眷念。这些乐句……从过往中升起，宛若远处传来的哀鸣。"[vi]在开幕式音乐会上，另外两位独奏者和指挥，阿图尔·鲁宾斯坦②、艾萨克·斯特恩③和雷纳德·伯恩斯坦④，不仅吃惊而且有些尴尬地发现，他们当中唯一听懂本-古里安⑤就职演讲的，就是托特里耶，他们当中唯一的这位非犹太人士。托特里耶懂希伯来语，居然懂到能当他们翻译的水平！[vii]

在以后的生活中，杜普蕾说自己基本没受到托特里耶的任何影响。毫无疑问，她起初确实受托特里耶热情洋溢的个性吸引，也被他清澈、明亮的大提琴演奏所打动。也许在当时，杜普蕾并没有意识到，她和托特里耶都有着音乐人对犹太人油然而生的亲近感。当然，在后来的岁月里，杜普蕾更进了一步，在嫁给丹尼尔·巴伦博伊姆的当天，杜普蕾皈依了犹太教，还表示她打算在一个基布兹合作社里养育自己的孩子。

托特里耶后来在欧洲成为一位最富声望的音乐名师。1958年，他被任命为巴黎音乐学院教授，他在这所学院执教十年，因一次与学院董事发生意见不合而离职。而后，他成为德国埃森大学的教授。正是在英国，他通过电视媒介传播他的公众大师班概念；在英国，他的个人魅力和他的抑扬顿挫（说一口带着可爱法国口音的流利英语）让他和大提琴赢得新的观众群体。

托特里耶比他自己的老师走得更远，其中包括费亚和海克金，其实，在发展自己有关大提琴技法方面的理念上，托特里耶也比他的偶像卡萨尔斯走得远。托特里耶的创新特别侧重左手指法的开发，开发了一

---

① 皮亚悌哥斯基（Gregor Piatigorsky，1903年—1976年）：俄裔美籍大提琴家。
② 阿图尔·鲁宾斯坦（Arthur Rubinstein，1887年—1982年）：美籍波兰裔犹太人，著名钢琴演奏家。
③ 艾萨克·斯特恩（Issac Stern，1920年—2001年）：著名美国小提琴家。
④ 雷纳德·伯恩斯坦（Leonard Bernstein，1918年—1990年）：犹太裔美国作曲家、指挥家、音乐讲师和钢琴家。
⑤ 本·古里安（Ben Gurion，1886年—1973年）：以色列政治人物，暨该国第一位以色列总理，执政长达十五年。

种类似钢琴指法的技巧,包括将左手与琴的指板成直角压弹琴弦的技巧,演奏时就当指板是侧转的钢琴键盘。这么一来,小拇指就能在高位弹压琴弦,传统演奏中几乎从没这么尝试过。他还采取了一种更为灵活的大拇指指法,使得大拇指偶尔停放在指板背面(通常情况下,在不演奏时,大拇指停放在琴弦上),还时不时像钢琴指法一样让大拇指在其他手指下移动。

托特里耶另一项创新是,发明了一种钩状长钉或是琴脚,让大提琴的架位高了一些,接近乎水平位的放置。他这么演示琴的放置,琴台和"f"音孔不再朝下,大提琴可以更自如地振动,声音投射更出色。对于胳膊长的大提琴手而言,适应这种新琴位不难——事实上,这简化了高位上的演奏方式,不过,也使得指板起位上的演奏多少有些不顺手。罗斯特洛波维奇,第一次试用托特里耶的这种钩状长钉时,打趣地跟托特里耶说:"你跟我当然用不上起位呵。"打趣归打趣,事实一直是首要的"基底"位置至关重要。当然,托特里耶的托氏脚钉对胳膊短的大提琴手(包括他妻子莫德,莫德本人就是一位优秀的大提琴家)不利。

杜普蕾使用托氏专利琴脚钉好些年。可能原型样钉挺结实的,不过,真正投放市场的托氏琴脚,则由三个零部件组成,并不怎么结实(这种琴脚也是一个让人尴尬的负担,基本与标准尺寸的大提琴琴箱不适配)。吃了苦头,杜普蕾呢,人本就性情刚毅,发觉这琴脚的中间部分——一个空心的木筒——每当她稍稍施力,这琴脚就几乎碎掉。好些年过后,她才最终(如释重负地)重新使用标准金属直脚钉,与此同时,期间几次中途压碎了好些托氏脚钉。在一些照片中,人们都可以瞅见杜普蕾在使用这种托氏脚钉,就是在努本拍摄的电影《杰奎琳》中也能看见。罗斯特罗波维奇采用他自己针对托氏"弯钉"的自制加强版,用金属一次成型制作出来。

正是听闻他这位学生实力了得的各种演绎故事,托特里耶颇期待着杜普蕾来到巴黎。据珍妮·提塔德,托特里耶当时学院里的一位学生回忆:"这个学年开始,托特里耶就跟我们说到了,有一位新来的学生非常出色。我们必须过来听这位学生拉琴——'来听,一定要来听……'"拉斐尔·索默,来自以色列的一位优秀大提琴家,在以色列时就开始跟托特里耶学琴,后来成为托特里耶最得意的门生,也证实托特里耶当时的兴奋之情。"杜普蕾到巴黎时,确实引起了蛮大的动静;她带给这个班不小的骚动"。[ix]

杜普蕾在一户法国人家寄住下来,搭乘地铁到位于马德里街的巴黎音乐学院上课。这是她头一回远离自己的家独自生活学习。尽管耳朵聪敏,人也很擅长模仿,杜普蕾并不是天生学语言的人,她的法语知识一直都很皮毛表面。另外,她很不适应巴黎音乐学院的竞争氛围和学院的教学体制,整个课堂设置似乎就是为了学生要赢得年底的大奖赛。专业人员跟学生一样强烈感觉到这种竞争气氛。要是杜普蕾,作为自己的学生,能参赛久负盛名的"超级大奖赛"的话,毫无疑问,她肯定会赢,若果真如此,托特里耶当然会很高兴。然而,杜普蕾自己对这种象征性的荣誉毫无兴趣。

在巴黎,课堂设置意味着当着观众拉琴演奏。杜普蕾观察到,托特里耶(也许并非有意)常在公开场合羞辱自己的学生,她还觉得这种在众人面前表演的态势令人反感。另一位英国大提琴手,珍妮·沃德-克拉克来巴黎从师托特里耶要早一些,她证实了杜普蕾的这类情绪:

我讨厌音乐学院上课的整个氛围,这里竞争成风。虽然托特里耶确实有些课教得很棒,但也会很刻薄,还打击自己的学生。我二十一岁,比所有法国学生都大,但琴技训练不够好。他们轻轻松松一次过名家名曲,而我呢,音乐上吃力些,马虎不得。到年底,我发觉自己彻底崩溃了。不过,偶尔有几次单独跟托特里耶请教时,我又发现他人很棒。[x]

托特里耶在音乐学院给大师班每周上两次课。他太太,莫德·马丁-托特里耶,担任他的助手,是一位周到、细心且耐心的老师。莫德有时发现自己先生这位激励大师对学生的批评过当,要求过高,于是她身为托太太,就用冷静平和的态度去影响班上学生。

莫德记得与杜普蕾一起演奏乐曲,尤其是贝多芬的《A大调奏鸣曲》,杜普蕾头脑开放,兼容并蓄,这给莫德留下了深刻印象。莫德把杜普蕾比作圣女贞德,因为杜普蕾一头齐整的短金发、雕像般高大个头、身上穿着宽松的大件毛衣,就像一套盔甲(虽然看上去从来没有妨碍她的行动)。[xi]在托太太记忆中,杜普蕾就像瓦格纳作品中的女主角,她仍记得杜普蕾演奏贝多芬的《奏鸣曲Op.102No.2》的开篇，宛若齐格弗里德①现身，手握着剑，这种维京人的形象深深印在她的脑海中。[xii]

在托特里耶而言，教学艺术就是将他的个人风格传授给自己的学生，因此，学生也必须采用他的技巧。"（学生）必须做出选择。倘若他保留他自己的技巧，那就是在保留他自己的风格"，托特里耶表示。[xiii]这种教学准则放在杜普蕾身上，则注定失败，只是因为杜普蕾对音乐风格的理念过于牢固地深深扎根于她自己的强大直觉之中。在杜普蕾，技巧指的是一种将音乐理念传输入声音的创造能力，正因为如此，她拥有丰富的技巧。

托特里耶对乐器技巧操作与音乐功能进行分析和逻辑判断的方法，并不契合杜普蕾对大提琴演奏的理解。拉斐尔·索默记得这种不契合引发了师生二人间的冲突："托特里耶是个要求很高的人，绝大多数的事都必须按他要求的方式去做——弓法、指法和断句。他解释每一点都非常清楚，讲究逻辑，但不鼓励，也不尊重每个个体的思维方式。"托特里耶和杜普蕾之间的冲突就更严重，因为，在一定层面上来说，杜普蕾自己起初设定目标，是要跟着托特里耶研习纯粹的技巧。

索默钦佩杜普蕾凭借自身音乐才华有着解决所有问题的绝妙方式。"我不是说她的技巧无懈可击，或是说，她没有难点。杜普蕾从来就没有像我们那样研习技巧，也不像我们那样为了上课把习练的曲目背下来（包括谢夫契克②，费亚等的作品），以及龙贝格③、达维多夫④、哥特曼⑤的协奏曲。这所法国学院的体系特色与杜普蕾格格不入。"

要是认为什么方面为技巧问题，托特里耶就会提示专注解决这个问题的各种方法。索默回忆："托特里耶会对杜普蕾说，'这里，你的弹奏不是很好，我建议你习练某某的曲子来上下节课。'不过，不知何故，杜普蕾并没

---

① 齐格弗里德（Sigurd Siegfried）：中世纪中古高地德语史诗《尼伯龙根之歌》中的英雄。
② 谢夫契克（Otakar Ševčík，1852年—1934年）：捷克著名小提琴家与音乐教师。
③ 伯恩哈德·龙贝格（Bernhard Heinrich Romberg，1767年—1841年）：德国大提琴家、作曲家。
④ 达维多夫（Karl Yulievich Davydov，1838年—1889年）：俄国大提琴家、作曲家；被称为"大提琴沙皇"。
⑤ 哥特曼（Georg Goltermann，1824年—1898年）：德国大提琴家、指挥家。

有习练某某的曲子,她总是避开托特里耶给定的作业,带上首别的什么曲子的乐谱便来上课了,托特里耶呢,也会全然忘了自己之前交代的话。"

不管初衷有多么想要学技巧,学习期间,杜普蕾却回避掉法国院校作为强项的技巧部分功课,还回避掉要求学生习练的给定曲目,她更喜欢那些伟大浪漫协奏曲中的"真实"音乐。她带到班上来的,是德沃夏克、舒曼、布洛赫《所罗门》和圣桑的那些曲目。

在后来的一次访谈中,杜普蕾回忆说,自己在达汀顿第一次请教托特里耶时,她在手指和关节技巧方面学到了东西。不过,她觉得"在巴黎音乐学院大师班上,就完全不是一回事了。有观众在场,我觉得我没学到什么东西"。[xiv]杜普蕾发现,每每有观众时,她就禁不住进入现场演奏模式,即使观众只不过是其他班来的学生。

到巴黎一个月后,杜普蕾写信给家人,抱怨说,大师班成了她与托特里耶之间的障碍。"要早知道在音乐学院不可能安排个别授课辅导,我就不来学习了。现在,我感觉真的很郁闷凄惨,本以为他是自己的救星,一番下来,反倒正相反。我得跟你们说说这些,我真没法子再闷在自己心里了。"[xv]

实际上,托特里耶也尝试让杜普蕾有所提高,尤其针对杜普蕾的左手技巧,他之前就留意到杜普蕾的中指和无名指把位过松。他将这归咎于杜普蕾左手倾斜的角度不当,坚持让杜普蕾采用将左手垂直放置在指板上的方式。他还建议,杜普蕾应该弃用裸羊肠琴弦,改用钢丝琴弦。这么一来,压弹琴弦时就需要更用劲、更拉紧些。"一首乐曲拉下来后,我的手指很是劳损酸痛",杜普蕾在给她妈妈的另一封信中诉苦道。[xvi]

皇家节日音乐厅的演出活动前夕,杜普蕾跟着托特里耶细细研习了舒曼的协奏曲。托特里耶提示杜普蕾应该学习尾声部分的华彩乐段。其实,乐谱中并没有特定的标注,要求这里必须演奏一段华彩乐段,不过,舒曼在临近尾声标注了一个延音标记,也就是建议处理为华彩乐段。尽管如此,19世纪末至20世纪初期间,添加这么一段华彩乐段成了大提琴演奏的传统,不过,这个传统现今基本摒弃不用了。

索默记得,"杜普蕾真的喜欢托特里耶的华彩乐段演奏。尽管乐段技巧难度巨大,杜普蕾仍拉得非常动听——就是这样,杜普蕾并没有像我们其他人那样系统地去学习乐谱、研习,还有哥特曼的协奏曲"。

11月底,杜普蕾飞回伦敦,用的是BBC出的旅费,于1962年12月2日,在皇家节日音乐厅内,她演奏了舒曼的协奏曲。演奏会上,让·马悌侬①担任指挥,与BBC交响乐团合作演出。这是杜普蕾首次公开演奏大提琴协奏曲中最为神秘莫测的曲目,而且,出于对托特里耶的尊重,她将托特里耶的华彩乐段包含于其中。

又一次,BBC录制这首协奏曲的唱片资料保存了下来。不同于埃尔加协奏曲,在随后几年里,杜普蕾对舒曼大提琴协奏曲的诠释,一直有着长足的提升,而且日臻成熟。在这次演奏中,似乎杜普蕾受到性情冲动的钢琴家阿图尔·施纳贝尔②的格言"安全至下"的引导——有时,她的冒险不成功。自然,她的演奏散发着满满的青春气息,精彩清新,演奏出丰富动听的乐音,虽然基本没有达到较为轻柔的动态境界。数年后,奇妙的诗意与强烈的内在情感,取代了杜普蕾年少诠释中的那份张扬野性。

1962年这一年的所有演出中,杜普蕾演奏最出色的,确实当数托特里耶的这段华彩乐段,堪称技巧上的辉煌之作,充分运用了这首协奏曲中所有的音乐主题,不过,在我脑海中,它过长,结束得也太突然,毁掉了尾声部分精彩的G小调起头部分原本的奇妙魅力。

回家过圣诞节期间,杜普蕾得到爱丽斯的协助,试图说服托特里耶给予她个人辅导,即便这会让她退出音乐学院的课程。新年除夕夜里写的一封信里,爱丽斯解释说,杜普蕾需要最为有效地利用自己的时间向他学习,因为"很有可能,杜普蕾的学习安排优先于她的专业演出活动,也就只有不超过两年的时间"。[xvii]

事实上,托特里耶的意见有时似乎很是自相矛盾。本来要求杜普蕾放弃她所有的音乐会档期安排,但后来,托特里耶又邀杜普蕾顶替他自己3月初在柏林的一场演出,再一次演奏舒曼的协奏曲。爱丽斯告知托特

---

① 让·马悌侬(Jean Francisque-Étienne Martinon,1910年—1976年):法国指挥家与作曲家。

② 阿图尔·施纳贝尔(Artur Schnabel,1882年—1951年):奥地利古典钢琴家、作曲家和音乐教师。

里耶，杜普蕾不得不谢绝他的这个邀请，她之前早已婉拒了这年春季好几场其他协奏曲的演出预约。1月初，杜普蕾回到巴黎，杜普蕾能够面对面跟托特里耶谈这事。就像杜普蕾写给爱丽斯的一封信中所说的那样，托特里耶上完一节课后打电话给她。"他就让我在班上学生面前演奏《所罗门》一事表示道歉。他意识到，就在他让我演奏一首情感类乐曲的那一刻起，我就又开始急迫起来，坏习惯也跟着回来了。他说，我必须至少六个月不进行任何音乐会演出，必须取消舒曼（协奏曲）专场和英格兰西部巡演。他想让我拉巴赫、海顿和各种音阶作品，让我拉的音高不得高过中强音。"[xviii]

事实上，杜普蕾拉的《所罗门》启发人心，非常打动其他学生。索默仍清晰记得杜普蕾的诠释。

拉得棒极了，但又不同于托特里耶。他试图改变她的情绪，解释给她听某些犹太文化特色——虽然，依照她自己的方式，她这首乐曲拉得很'犹太'。他谈到四分音的丰富含义，为什么滑奏处理一定要在这儿，而不是那儿——总是用夯实的理论与和音的基本原理支撑自己的观点。杰姬呢，只是将自己的情绪倾泻而出，而这在他而言，也许有那么点太夸张了。

在他后来电视录制的大师班课堂授课上，托特里耶讲述了自己的滑奏理论。在他看来，如何处理滑动位置体现出演奏者的音乐品味，他将音乐品味与美食品尝原理相提并论。"要是没注意到鱼坏了，或是在喝已开盖的一罐啤酒，你就是没有品味。滑奏也会因品味糟而演奏得太过轻率。"他建议，绝大多数的滑奏要持续到强拍上为止，而且，"歌唱式的转换"应该用作强调音符的方式。多年以后，托特里耶还引用杜普蕾演奏的德沃夏克协奏曲第一乐章中第二主题部分作为他有品位且滑奏技法选择准确的示范曲目。同样地，在较长乐句中使用散板，托特里耶坚持认为节奏的核心必须把持住，由此打造必要的平衡。"你失去这个节奏核心之时，即是任性所致，任性意味着，你爱自己胜过爱音乐。"（人们猜测，托特里耶的确认为杜普蕾的演奏时不时过分任性其中。）

倘若托特里耶对他的一些学生说，"别去想——凭着激情进行演奏",那么,在杜普蕾,这类训话则完全没必要。相反,托特里耶试图扼住杜普蕾演奏中狂放不羁的成分,在杜普蕾思考音乐的方式中导入克制、讲求逻辑和组织的意识。据索默回忆,"两人个性都那么强,难免不起冲突。在应对杜普蕾即兴演奏中的不羁部分,托特里耶采取的方式,在我们看来,有那么些苛刻残酷。我惊讶的是,杰姬竟然隐忍吞下了颇多的非难批评,还一直保持冷静。她那份哲理味的英式幽默对她很有裨益。虽然如此,不过,我知道,一方面她从未在课堂上做出反应,另一方面,她课下很沮丧"。

在给爱丽斯的另一封信中,杜普蕾这样写道:

挺有趣的,上完比尔叔叔(普利兹)的课,我觉得体力透支,而上完托特里耶的课,我觉得脑力透支。我从没见过这样的,他要是确定了某一点,就会如此严厉地逼迫人听从他的,我之前从没这般用功,想要达到什么人的要求。他灵光一闪传递过来的幽默,真是让人渴望的大大慰藉啊!不过,这只是因为我没习惯将注意力投注在这么高而且持续的水平上。……他的信条中就没有怜悯。[xix]

在这个阶段,杜普蕾已克服了最初的羞涩,开始执意要求托特里耶给她个人辅导。虽然他私底下违反音乐学院的规定,托特里耶还是在自己家里给杜普蕾偶尔上过课,不过,个人辅导一事一直都是他们之间存在冲突的方面。

毋庸置疑,站在托特里耶的角度,任何情况下都很难教杜普蕾。在后来的岁月里,托特里耶坦言自己真不懂普利兹如何给杜普蕾上课的!不过,如果说托特里耶发觉杜普蕾莫名其妙地抵制他的话,他也同样很欣赏杜普蕾锁定新理念的惊人速度。20世纪80年代电视录制的一节大师班课堂上,托特里耶记起来,就他针对德沃夏克协奏曲第一乐章某个乐段给出指法建议时,杜普蕾当时即刻地反应。"食指稳健,领引着这段乐段……杜普蕾即刻领悟了这种指法;像鹰一般敏捷,都还不知道我想要她做什么,也不等我演示给她看,她就已经落指到位,掌握了。"[xx]

托特里耶运用自己的技巧分析能力来支撑自己的即兴发挥和自己的丰富想象力。不过,"他的创新精神让他的学生有可能既困惑不解同时又受到激发；尽管他信奉系统琴技的训练，但他的教学前后并不一致。授课时，他不断被脑海中新冒出来的念头打断，倾向从一个想法跳跃到另一个想法，很少就一个观点贯穿始末。他做不来固守一个体系，做不来安德烈·纳瓦拉①那类老师的教法"。就像索默所说：

结果呢，听得懂托特里耶的人寥寥无几。每个星期，他都会带出什么新观点。对那些不愿或没法即刻弄懂他给的每个提示的学生，他没什么耐心。我们人在课堂上，要学会曲子，音符拉到调上，本就不轻松了。还要加上这么一位总管，为我们呈现新视野。无论我们多么想跟上他的探索，我们的乐器功底却实力不足。我们于是回到家，费尽心思地练习，想要把他的新点子吸纳其中，可是，一个星期过后，回到课堂，却只发现他又有了新的发现，之前的想法，他早就忘了，甚至还会问，是哪个白痴要我们专门琢磨这么个'新'想法，敢情，这么一个想法，他自己都不记得了。让人更困惑的事是，就是这位杰姬，拉任何曲目，都显然无所谓什么体系可言。对于其他学员，这着实让人开眼界。

有一位学生，既能跟上托特里耶，吸收快，还完全认同托式演奏风格，他就是阿尔托·诺拉斯②，芬兰大提琴手。在巴黎，他与杰姬相遇，二人难免不被人放在一块儿比较，虽然，从天性而言，二人处理手中大提琴与音乐的想法完全相异。托特里耶记得，这么一种一比高低的劲头，对这两位都很有好处。诺拉斯赢得了年终大奖赛的头奖，自此开始了自己蜚声国际的音乐生涯。

这边，诸如诺拉斯和索默这样的学员完全接受托特里耶的指导，但杰姬呢，却没看出自己对此的需要。无论如何，她从来就不是循规蹈矩的人。她对绝大多数曲库中的曲目该如何演奏早就胸有成竹，了然于心，当然，但凡吸引打动她的新观点，她也都能即刻吸纳，不过，她也会同样很抵制这些观点，始终忠于自己的信念。

---

① 安德烈·纳瓦拉（André-Nicolas Navarra，1911年—1988年）：法国大提琴家和大提琴教师。

② 阿尔托·诺拉斯（Arto Noras，1942年— ）：芬兰大提琴家，芬兰最著名的乐器人，世界顶级大提琴家之一。

索默总结说，杰姬自然天成，这相当侵扰托特里耶："他辛辛苦苦方才打造出自己的技巧。他不是天生的琴手——在这方面，他跟杰姬相反。杜普蕾什么都不缺，音调非同凡响、琴声美妙奇特、音色丰富，而且抒发自然生发，即兴迸发。"

1963年春天，在音乐学院的福莱①音乐厅，托特里耶安排杰姬与学员乐团合作，演奏舒曼的协奏曲。莫德·托特里耶提到过杰姬的"高超"演绎，珍妮·特塔德也记得，杰姬非常精彩地演奏了这首协奏曲，堪称该学年的一大亮点。几天后，杰姬出演托特里耶转给她的一场演出，即3月5日在柏林，与柏林广播交响乐团合作，再次演奏了舒曼的这首协奏曲。

就在这些演奏会之前，个人辅导授课的事又提了出来，杰姬一度请求增加校外个别辅导的课时。据莫德·托特里耶回忆，她家先生最终十分遗憾地拒绝了，因为，他不能被人发现私下违反音乐学院的规定。托特里耶的拒绝直接影响杰姬接着做出的决定，她打算缩短自己在巴黎音乐学院的学习时长，准备打道回府——她当然不在乎要不要拿大奖赛头奖的事了。

虽然如此，不过，杰姬与托特里耶及其家人的关系一直友好，毋庸说，自打他们说好后，在杰姬即将进行的三月底英国西部巡演中，让托特里耶十三岁大的女儿，玛丽亚·德·拉·鲍，将替代爱丽斯担任杜普蕾的钢琴伴奏。不得不放弃自己的伴奏角色，爱丽斯应该挺失望的，她其实一直都在期待这些演出活动，也一直认为这些演出理由正当，可以让杰姬中断在巴黎的学习。也许，爱丽丝同意让位给玛丽亚，作为示好托特里耶的表示。或许，更有可能的是，替换钢琴伴奏是伊比斯与提莱特经纪公司提议的，托特里耶也列在该公司的签约名录上。玛丽亚是很有才华的钢琴人，而且，公众特别有兴趣看到两位年轻女孩的同台演奏。作为对她法国导师的致谢，杰姬准备在演出中加上福莱的《G小调奏鸣曲》，这是她之后再也没有演奏过的一首曲子。伊比斯与提莱特经纪公司人员，雷芮克利小姐，从布里奇沃特发了一份电报给托特里耶夫妇，兴奋地告知她们这次巡演大获成功："杰奎琳气势恢宏且流畅，鲍则人见人爱——一流的钢琴

---

① 福莱（Gabriel Urbain Fauré，1845年—1924年）：法国作曲家、管风琴家、钢琴家与音乐教育家。

手。"（原文法语——译者注）完成这些演出后，杰姬并没有返回巴黎。

多年以后，托特里耶私下向索默坦言，他完全拿杰姬没办法。他意识到，因为杰姬强烈的个性特质，他必须接受杰姬的作为，即便她的作为跟他的想法背道而驰。杰姬呢，在她身上，托特里耶的影响并未呈现出多少长期效应，虽然杰姬承认，她在演奏中吸收了托特里耶有关左手技巧的一些理念，特别是大拇指的指法。自然而然，杰姬为我所用地取用了这些指法技巧。

索默也许说得对，即便托特里耶的技巧建议一个耳朵进，另一个耳朵出，托特里耶仍然是屈指可数、极富强烈个性，能促进杰姬的大提琴家之一。托特里耶个性中散发出的人文气息，对哲学追问的酷爱，以及孜孜不倦的好奇心，在某种程度上，肯定对杜普蕾产生了影响。

后来，杰姬谈及自己在巴黎的经历时，口吻往往非常负面。这种口吻，究竟有多大程度缘于事后回顾的渲染，又有多大程度缘于当时还处在青春期的杰姬自己内心的不安全感，还真不好说。将杰姬当时的不开心归咎于托特里耶，而不提身为师徒的两人本就不和的个性，这么判断，自然有失公允。

无论彼此同样感到有多么失望，不过，回想过往时，托特里耶热情且大方地谈起杜普蕾，说杜普蕾比得上法国非常了不起但英年早逝的小提琴家吉内特·奈芙①。托特里耶从没有邀功说自己教过杰姬什么——很坚决地将这方面功劳归功于普利兹。[xxi]托特里耶很恰当地这么描述杰姬求教于他的那段时日："她这么前来求教，非常有勇气，那时，她早就是一位卓越出色的器乐家了。"[xxii]在托特里耶说，杰姬一直是这么一种呈现，她"脱颖而出，不仅仅因为她的演奏所散发的光芒，更因为她自身散发出来的光芒"。[xxiii]

---

① 奈芙（Ginette Neveu，1919年—1949年）：法国女小提琴家，三十岁时死于飞机失事。

ⅰ 丹尼尔·巴伦博伊姆,《音乐中生活》,Weidenfeld & Nicolson出版社,伦敦,1991年,第105页。

ⅱ 大卫·布鲁姆和保罗·托特里耶,同前,第100页。

ⅲ 大卫·布鲁姆,同上,第102页。

ⅳ 同上。

ⅴ 同上,第101页。

ⅵ 同上,第110页。

ⅶ 亚瑟·鲁宾斯坦,《自传—成熟岁月(Autobiografia-gli anni della maturità)》,Flavia Pagano Editore,那不勒斯,1991年,第545页。

ⅷ 这段和本章后面的所有引用摘自与本书作者的录音访谈内容,都灵,1995年9月。

ⅸ 这段和本章后面的所有引用摘自与本书作者的录音访谈内容,伦敦,1995年12月。

ⅹ 引自于本书作者的录音访谈内容,1994年6月。

ⅺ 摘自莫德·托特里耶写给本书作者的信函内容,1994年7月4日。

ⅻ 摘自BBC电台广播栏目,庆贺杰奎琳·杜普蕾四十岁生日节目。

ⅹⅲ 同ⅱ,第209页。

ⅹⅳ 《留声机》杂志,1969年1月,"杰奎琳·杜普蕾对话艾伦·布里什(Alan Blyth)"。

ⅹⅴ 希拉里·杜普蕾和皮尔斯·杜普蕾,同前,第139页。

ⅹⅵ 同上,第140页。

ⅹⅶ 同上,第140页。

ⅹⅷ 同上,第141页。

ⅹⅸ 同上,第141页。

ⅹⅹ 摘自BBC电视台大师课,录制于皇家北方音乐学院(RNCM),曼彻斯特。

ⅹⅹⅰ BBC电台栏目,庆贺杰奎琳·杜普蕾四十岁生日的栏目内容。

ⅹⅹⅱ 同ⅱ,第214页。

ⅹⅹⅲ 同上,第213页。

第十章
青春困惑

聪明地疑惑；在陌生路上
驻足问路，便不会迷途；
困顿，或是跑错道，则……

——约翰·多恩①,《讽刺诗辑三》

有关自己提早从巴黎打道回府一事，杰姬自己的说法前后并不一致。不过，说到底，发觉在托特里耶那里解决不了自己琴技上的问题，着实令她失望。更不必说托特里耶也无法解开她心底深层次的困惑，即不甚清楚自己究竟要不要终生做一名大提琴家。跟托特里耶学习后，杜普蕾反倒陷入一种抑郁的情绪之中，遭受着自身的信心危机。

回到家，杰姬只履行了有限的几场签约演奏会；显然，她的经纪人希望她利用这一季余下的时间完成学习。她参加的演奏会常常带有半私人聚会性质，比如，她跟自己的友人吉尔·西弗斯一道参加的那些演奏会。抑郁状况导致杰姬演出中不时出现走神的失误。有一次，演奏维瓦尔第的《E小调奏鸣曲》第一乐章时，就发生了莫名其妙的记忆断档，杰姬向听众致歉，而后重新演奏，不过，直到第四次尝试才克服过去，演奏方继续

---

① 约翰·多恩（John Donne，1572年—1631年）：英国詹姆斯一世时期的玄学派诗人。

下去。

杰姬有可能不大愿意参加音乐演奏会的演出，不过，仍很喜欢纯娱乐地拉拉大提琴。她恢复了自己与安东尼·霍普金斯的接触，跟他有过几次见面，原本是想向他讨教学业问题，但很快就让渡为两人间的合奏娱乐。"虽然我的钢琴弹得很一般，不过，杰姬肯定乐在其中，不然的话，她就不会一直继续跟我见面。"霍普金斯回忆说。"我们晚上见面，然后，她拉大提琴，我弹钢琴，一起演奏乐曲，一个乐章接着一个乐章。我记得，凌晨一点，她整个人抱着大提琴，说，'我一个音符都拉不动了，真的筋疲力尽了。'我还有些后劲，很可能我弹琴时投入较少的缘故——拉琴时的肢体晃动也很消耗杰姬的体力！"

霍普金斯回忆，依据那段时日他对杰姬的了解，杰姬常常表现出对音乐的无比热情。有一次，1965年11月，霍普金斯邀杰姬与他一起同诺维奇爱乐乐团合作，演奏舒曼协奏曲，演奏到下半场，杰姬自告奋勇地坐在后排大提琴手的位置上。"我们打算演奏鲍罗丁[①]的《鞑靼人舞曲》[②]，杰姬非常想演奏这首激动人心的曲子，"霍普金斯回忆说，"乐团成员很高兴，精彩演奏舒曼作品后，杰姬愿意加入乐团，与他们同台演奏。这是我仅有的一次带'后置引擎'式大提琴音部的演奏！"

与此同时，霍普金斯还邀杰姬参加一档有关音乐的教学系列栏目，由ITV格拉纳达电视台[③]制作播出。霍普金斯已设计好一种讲座+演奏的教学方式，适合略有些音乐知识的儿童观看；节目中，他用简单的音乐术语解说具体一首乐曲的音乐形式和主要乐器的特性。1963年5月播出了一期贝多芬专题节目，霍普金斯和杰姬在其中演绎了《A大调大提琴奏鸣曲Op.69》，穿插讲解第一乐章节中的几个乐段。最后，他们完整演奏了作品的尾声部分和前面不算长的慢板部分。

[①] 鲍罗丁（Borodin, 1833年—1887年）：俄国作曲家、化学家；著名的"强力集团"成员之一。

[②] 鞑靼人舞曲（Polovtsian Dances）：又称波罗维茨人之舞，鲍罗丁的歌剧《伊戈尔王子》第二幕。

[③] ITV格拉纳达（ITV Granada）：英国独立电视台的一个地区服务的名称，播出范围主要在英格兰西北部。

当然，这些节目的演奏录制环境并不理想；不过，这些影视资料给了我们难能可贵的机会来评判杰姬当时的演奏表现。杰姬穿着非常简单普通的一套衬衫搭圆裙童装，在人前还显得有几分不自在，不过，一拉起大提琴，就截然不同了。接着，杰姬整个人生动活泼起来，头甩着，脸上露出微笑，带着几分奇妙、私密又显欣喜的神情，演奏出来的音乐美妙、庄重，传递给人无限的愉悦与欢乐。

霍普金斯记得，这些小学生根本不懂人会随着音乐产生这么直接的情绪反应。"当时，就有老师批评说，杰姬的身体晃动太过，引得孩子们当场哄笑起来。其实，杰姬演奏中伴着近乎手舞足蹈的肢体语言，正是她最吸引观众的一点。借此，她传递出她整个人奔放洒脱之感，并不受自己琴技的束缚。不过，我想象得出，对于根本不懂大提琴和贝多芬奏鸣曲的那些孩子而言，杰姬的体态看上去难免让人觉得好笑。"[i]

就像霍普金斯注意到的，这点是典型的英式禁忌。杰姬儿时的朋友弗莱德·比斯顿记得，在音乐学院时，她就不得不捍卫杰姬，反驳当时某些人这类不公平且无知的说三道四。弗雷迪很清楚人们这是在侮辱杰姬，但她认为讥笑杰姬演奏时肢体动作太过夸张的那些人，其实既愚蠢亦令人反感，她还很焦虑的是，杰姬根本就不太明白人们在议论她什么。[ii]

不幸的是，当时，年仅十来岁的女孩表现出毫不做作的自然喜悦和激情，这般表现往往受到人们无知的误解。正是部分缘于杰姬这般洒脱不羁的精神活力，才暴露出在音乐会上围绕音乐家的那层僵硬的陈腐氛围。而今，许多大提琴手（尤其是女大提琴手）以随心所欲的体态拉大提琴，这一现象本身就体现了杜普蕾的后世影响。

ITV格拉纳达电视台这档早期与霍普金斯合作的音乐教学录像表明，杰姬已完全掌握了这些乐曲和大提琴的演奏。她的琴音丰富庄重，虽然，拉弓偶尔略有些过力，减弱了琴实际的音质。有时，这点可看作她个人的独特风格，比如，在表现尾声主题的开篇乐段中，她用力将琴弓划离最后的A调空弦，产生出不必要的鼓鼓作响的回声。人们可看出，托特里耶为什么一度想要调教杰姬摒弃她的这种激情演奏方式，这种方式让杰姬演奏时不时紧着琴弦。

在她灵活的左手指法运用中，杰姬别具一格的滑奏已非常显现，虽然还有些许没放开的痕迹。我们能看到，她用无名指向下滑奏半音，产生的效果日后成为杜普蕾标志性的个人特色。她已证明自己的确是一位了不起的技法大师，虽然，跟她后来的演奏相比，仍有些僵硬的地方，但，她的琴弓变化与衔接堪称无缝无隙，拉弓的伸缩布控亦自如流畅，体现了非凡的把握能力和灵活弹性。杰姬能够用不同的技巧获得同样的演奏效果，这显现出技巧本身从来就不是杰姬设定演奏的决定性要素。演奏第一乐章展开的第二主题中，杰姬先采用全弧线拉弓来处理切分音，在演奏重奏部分的相似乐段时，取而代之的是，在弓的触点上做非常小幅度且有限的划动拉出乐音。

就是这同一首贝多芬奏鸣曲，七年后，努本为格拉纳达电视台录制杰姬与巴伦勃依姆合奏的影片；将这段早期拍摄的演奏片段与七年后的片段做一番比较，非常有意思。自然，七年后的演奏有着超出杰姬十八岁时的娴熟与完美技巧。不难看出，尽管在音乐成熟度和乐器掌握上，七年后的杰姬已有长足提升，不过，早在1963年，她就已构思好对这首奏鸣曲的基本诠释。这段早期演奏也让我们难能可贵地一睹仍处于尚未女大十八变的少女时期的杰姬，一头短发，还带着几分婴儿肥。

这段时期，杰姬仍在上琼·克鲁伊德的课，跟自己在伦敦的友人会面。通过琼的女儿艾莉森，杰姬也开始结交新的朋友圈，他们当中很多人并不是音乐中人。其中一位就是乔治·德贝纳姆，他住在杜普蕾家所在的摄政公园的一拐角处。杰姬想学数学，乔治愿意教她。乔治，二十来岁，博览群书且兴趣广泛，性情容易紧张且内向。他发觉杰姬很害羞，但内里好奇心重，非常聪颖。虽然杰姬只初通些很基本的数学知识，但对物理世界天生好奇，想要从科学术语入手掌握更多的物理知识。乔治还发现，因为拿不准自己要不要终身从事音乐职业，杰姬内心正处在彷徨困惑之中，与此同时，音乐家生涯是她家人对她的不二厚望。

在外人看来，杰姬很显然拼命想要摆脱家人的影响和家人所意味的一切。她后悔自己已错过学习别人都懂的东西，甚至没有基础教育的O级和A级成绩，上不了大学，无法接受高等教育。报名伦敦大学的瑜伽课程，是让她得以踏进大学校门的捷径。据艾莉森回忆："从巴黎回来后，杰姬就想放弃一切。我母亲肩负起鼓励杰姬坚持拉琴的重任。面对开启一份职业生涯所意味的各个方面，杰姬忧心忡忡，一心只就想做个普普通通的平凡女孩；但是，人们对她寄予如此厚望。"[iii]在杰姬，最纠结于心的是，她很清楚自己几乎别无选择，但又觉得自己的人生被卡在那儿了，只有当大提琴家一条路可走。

跟德贝纳姆学数学，没多久，就超出了原本只是一教一学的简单想法。艾莉森发现，上课学习成为两人加深相互了解的借口。乔治被杰姬奔放洒脱的天性和轻松嬉戏的幽默感征服了，很快就爱上了他的这位学生。杰姬呢，正值女大十八变的花季，天生的情爱感悟在她的音乐演奏中表现得一览无遗，在真实生活中自然也需要一个释放口。杰姬也喜欢上了乔治，迫不及待地开启了一段青涩初恋。

在艾莉森眼里，乔治为人踏实，沉稳牢靠。"他爱杰姬很深，对她非常好。许多方面，他都乐意支持她，做她的司机，替她搬运她的大提琴。"乔治还是位不错的业余钢琴手，也是一位有感觉的音乐人，杰姬同他一起拉琴弹琴，很是快乐。

乔治相帮的支持一直持续了18个月，再加上琼的鼓励，有助于杰姬逐渐克服内心的困惑，勇于承担起专职音乐人的担当。

1963年夏天，杰姬并不太想进行音乐会演奏活动，不过，室内音乐倒不拒绝。她愿意再次赴塞尔莫内塔，在那里，她结交到同样年轻且志同道合、富有同情心的音乐同行。这一年，塞尔莫内塔室内音乐课程衍生成为一个音乐节，教学活动与外围艺术家对外推出的音乐会紧密结合在一块儿。塞尔莫内塔音乐节①（后来更名为庞廷②音乐节）仍旧一如既往地保持着它轻松简洁的氛围，阿尔贝托·莱西③也依旧是音乐节背后的推动

---

① 塞尔莫内塔音乐节（Festival di Sermoneta）：意大利音乐家雷莉亚·卡塔尼（Lelia Caetani）1963年发起创立，后更名为庞廷国际音乐节。
② 庞廷（Pontino）：意大利庞廷群岛名，位于提雷尼亚海。
③ 阿尔贝托·莱西（Alberto Lysy，1935年—2009年）：乌克兰裔阿根廷著名小提琴家和指挥家。

力。早些年，来塞尔内塔演奏的艺术家当中就有约瑟夫·西格提[1]、梅纽因、卡沙多[2]和马噶洛夫[3]。

那一年，杰姬与才华横溢的阿根廷小提琴家安娜·车玛臣科[4]结下了深厚的友谊。安娜比杰姬小六个月，一度从阿根廷赴欧洲在布鲁塞尔师从亚瑟·葛罗米欧[5]。梅纽因曾建议安娜的母亲，说安娜应先去塞尔莫内塔，在那里，安娜可以跟莱西一同演奏，推出室内音乐，结识很多才华横溢的年轻人——这些人当中，他就提到过杰姬。

安娜不会说英语，她和杰姬用法语交流，安娜记忆中，杰姬就是一个"绝无仅有特例"——纯真与羞涩美妙地混合一体，带着一股子梦幻般的野性和直觉力。

我见到杰姬时，她正经历着有关大提琴的一次心理危机，满怀对艺术的困惑。她总是向他人请教，她该做什么，这该怎么拉才对，这首乐曲应当如何打磨。她虚心倾听每个人的意见，甚至那些演奏远比她逊色的人。不过，最后，她自己拉出的音乐自然天成，打动人心，充满着恰如其分的直觉情感，以至于所有的探讨和解释都给忘得一干二净，所有人最终都采纳她的演奏方法。在她身上就存在着这种奇特的矛盾冲突，不过，一旦她人坐在大提琴后面，演奏开始之时，冲突就没了踪影。此时她推翻了所有人；任何其他人的见解意见都没有机会。她非凡的直觉力真的令人难以置信。

杰姬不止一次告诉安娜，她不想拉琴了，很想去上大学——与乔治交往中，杰姬对数学的兴趣越来越浓了。"杰姬自觉知道的东西太少，内心很不是滋味。她在逐渐脱离自己的家人，想要自己独立出来。"

在杰姬的日常行为中，安娜也发觉这种矛盾冲突的存在，杰姬就是一

---

[1] 约瑟夫·西格提（Joseph Szigeti，1892年—1973年）：匈牙利小提琴演奏家，具有"提琴哲人"的美誉。
[2] 卡沙多（Gospar Cassado，1897年—1966年）：西班牙大提琴家、作曲家。
[3] 马噶洛夫（Nikita Magaloff，1912年—1992年），俄裔瑞士钢琴家。
[4] 安娜·车玛臣科（Ana Chumachenco）：意大利出生的阿根廷小提琴家，乌克兰与德国混血后裔。
[5] 亚瑟·葛罗米欧（Arthur Grumiaux，1921年—1986年）：比利时小提琴家，也精通钢琴。

个羞涩但又有着生活情趣的混合体，对事物怀有好奇心。偶尔，杰姬会不合时宜地突然狂笑一阵，而后沉默不语，害羞起来，看上去不怎么自信，她这种明显的矛盾举止令许多人不明就里。杰姬的意气风发不大像拉丁或南美人的那种外向开朗性情，她周身有着北欧人式的神秘气息，这源自于她丰富的内心世界与精神。

阿尔贝托·莱西的前妻，班尼迪塔·欧瑞，把杰姬比拟作一头精力旺盛的母狮子——具有冒险精神，杰姬的一头金发就宛若母狮子的鬃毛，高挑硬朗的个头，还有动人白皙的肌肤，在炙热太阳下很容易晒红。她浑身上下给人清新有趣的印象。音乐家们常在城堡围墙内踢足球，当杰姬跑在球后面控球时，其他人都不得不赶紧跑开让道。

音乐节的演奏水准颇高，节日气氛非常振奋人心。在阿尔贝托·莱西看来，音乐节上的一大亮点就是他自己与杰姬一起演奏佐尔坦·柯达伊①的《小提琴与大提琴二重奏》。在贾斯珀·卡萨多建议下，莱西第一次接触这首曲子，两人还为柯达伊本人演奏过。阿尔贝托向杰姬一一复述柯达伊向他和卡萨多诠释这首乐曲的点点滴滴。这首二重奏创作出来时，作曲家正处在热恋当中，柯达伊鼓励演奏者尽可能自由奔放地演奏这首音乐。阿尔贝托记得，"杰姬很着迷地听着这些故事，她的想象力也被点燃了。理所当然，她演奏这首二重奏棒极了"。[iv]

班尼迪塔·欧瑞仍记得，在室内音乐的演奏中，杰姬以她的大将之风主宰整个演奏场面，不过，与此同时，杰姬的演奏从不侵扰他人。她总是应和别的音乐家的演奏，同时用她的能量助力加油。[v]安娜，作为杰姬最中意的室内音乐搭档之一，回忆说杰姬的大提琴演奏极具感染力。"杰姬的演奏非常狂野奔放，几近混沌无序，不过，与此同时，她又总是自成章法，这种内在章法完全令人侧目地称奇。她绝对拥有大提琴所有的一切品质，音域与音色皆美妙动人，她可以随心所欲，自由发挥。若说有什么的话，我觉得，这些年来，她失去了某样东西，由于她人开始想得多了，自觉意识也增强了起来。她开始在脑海里过滤自己的直觉反应，我总觉得这

---

① 佐尔坦·柯达伊（Zoltán Kodály，1882年—1967年）：匈牙利作曲家、语言学家、音乐教育家与哲学家。

么做颇可惜。"[vi]

8月初，杰姬与安娜两人跟随阿尔贝托·李西离开塞尔莫内塔赴西西里岛，去参加在陶尔米纳举办的一个夏季音乐节，因为这次相会，两人的友谊更进一步。在陶尔米纳，教员和艺术家中包括卡洛·车基[①]、恩里科·马依纳迪[②]、戈弗雷多·裴特拉[③]、尼基塔·马噶洛夫、雷米·普林西比（Remy Principe）。杰姬应邀演奏室内乐作品，安娜则参加普林西比的大师班课程。她们同居一室；不过，上课过程中，安娜邂逅且爱上了自己后来的丈夫，中提琴家奥斯卡·莱西，安娜的注意力很快就转移了。

小提琴家戴安娜·卡明斯（Diana Cummings），曾与杰姬同在为期不长的阿蒂米斯四重奏乐队里演奏过，这次也来参加陶尔米纳的音乐课程。戴安娜，当时正在罗马跟雷米·普林西比学习小提琴，她这么评价说："杰姬已成名，她的职业生涯在相当高的成功起点上开启了。不过，我们听说她在经历某种危机，甚至想放弃大提琴。她的内心并不开心。"戴安娜注意到，"杰姬总是不大情愿积极向上，不愿与那些'正经的'艺术家待在一块。她跟我们玩在一起，成为我们中的一分子，这倒让她开心了一些。她感到孤立无援，自己还很在意。"在马依纳迪建议下，杰姬接受邀请前往陶尔米纳，人们期待她能与音乐教员和其他受邀的艺术家在一起，不仅一道演奏，而且一起用餐，打成一片。

伴着自己的社交不适感，杰姬很纠结自己的外表。戴安娜记得，杰姬"……曾经走进我们住的房间，房间里有一面大大的衣柜镜子。她总是想要打理自己的头发，她头发正长着呢——但她总感到不满意。她十来岁的年纪，有些笨拙，带着明显的婴儿肥，你自然不会说她漂亮。不过，她的个性很有魅力"。[vii]

弗朗哥·斯卡拉（Franco Scala），跟车基学钢琴的一位学生，在开课

[①] 卡洛·车基（Carlo Zecchi, 1903年—1984年）：意大利作曲家、指挥家、钢琴家和音乐教师。

[②] 恩里科·马依纳迪（Enrico Mainardi, 1897年—1976年）：意大利大提琴家、作曲家。

[③] 戈弗雷多·裴特拉（Goffredo Petrassi, 1904年—2003年）：意大利现代古典音乐作曲家、指挥家和教师。

期间，与杰姬越来越要好，他记得，杰姬对自己的外表很纠结。她希望自己能有许多女孩子天生就有的优雅气质和穿衣品味。另一方面，杰姬身上散发的朝气和活力非常打动弗朗哥。在陶尔米纳小镇下面的海滩上，两人常常谈天说地，一道游泳，在水中嬉戏。

弗朗哥发觉杰姬为人单纯直率。作为同行，杰姬相当乐于助人，懂得如何语气温柔地给人建设性意见。弗朗哥很惊讶，杰姬有着非常了得的音乐视读①能力，他们一起演奏了许多奏鸣曲。有一次，他给她伴奏拉罗的大提琴协奏曲，杰姬提升了这首曲子，把它当作大提琴曲库中的大家名作来演奏，就像钢琴家敬重格里格的协奏曲②一样。[viii]临近要离开之时，杰姬与卡罗·车基搭档举办了一场奏鸣曲音乐会，是当季课程中的一大亮点。车基本人就被杰姬的演奏感动到流下眼泪。

返回伦敦后，杰姬推出了自己第一场专业协奏曲的演出，这场演出早在3月份就定了下来。当年的8月22日，与马尔科姆·萨金特③合作，演奏埃尔加协奏曲，这是杰姬第二次亮相逍遥音乐节。她的演奏得到大众和乐评人各色人等的高度赞誉，萨金特也深深感动到了，径直来到杰姬的休息间，表示说："我指挥过所有伟大的大提琴家，但让我最是无比享受的唯有今晚的演奏。"[ix]

为《卫报》热情洋溢撰写的乐评中，爱德华·格林菲尔德写到杰姬重塑的自信心。"这位十八岁（女孩），以新晋冰球冠军选手那般不事张扬的矫健步调走上舞台，不负众望地一展精湛技艺。我想不出还有哪位英国小艺术家能以这般一模一样的方式一展惊人天赋，她把控主导着延绵起伏的音乐旋律，让数千在场的观众专心致志地聆听着每一单个乐段。"杰姬演奏的慢乐章尤其让他印象深刻：

杜普蕾小姐表达着发自内心的激情，而非来自外在的热力。（稍快的中间部分）速度几乎没有加快，乐章剩下部分的基本尊严保持着，其

---

① 音乐视读（Sight—read）：在无准备情况下，即兴读谱演奏音乐。
② 格里格（Edvard Hagerup Grieg, 1843年—1907年）：挪威作曲家，浪漫主义音乐时期的重要作曲家。
③ 萨金特爵士（Sir Harold Sargent, 1895年—1967年）：英国著名指挥家、风琴演奏家和作曲家。

中标注快板地方仅以更丰富的音调，一个更宽阔的颤音来表达。并不完全遵照埃尔加标注的，但在杜普蕾的处理下，这颤音赋予人一瞬间的全新洞见。这样的地方有数十处之多，只是阿尔伯特音乐厅没能让她的全音（挺奇怪，不是她的半音）出来完整的效果。[x]

这篇乐评中，格林菲尔德首次指出，杜普蕾相当高明地领悟且参透了轻柔拉奏的技巧要领。在杰姬，钢琴有关力度变化的标注包含非常宽泛的情感表达和音响起伏。通过音的强度而非力度，她让甚至最寂静的声音在音乐厅中呢喃发声。她懂得让"细微声"说出话来的重要性，应和着理查德·瓦格纳[①]对歌手的劝谏："大的音符自身出得来，反倒是小音符要留意。"我知道，较之其他任何演奏者，杰姬演奏每一个单个音符都更加投入，她懂得如何运用动态变换和明暗增减来打造一个由音符连接起来的乐句。

倘若要用言辞来描绘音韵是什么，很难，因为声音给每个人的感受各不相同。在我看来，杰姬轻拉慢奏的那些感人心肺、哀婉绝美的乐章，于杰姬自身就有着其独特意味。钢琴家格斯里·路克（Guthrie Luke）记得自己曾经问过杰姬，问她有没有专门学过怎么拉出这般如诉如泣的弱音。"开初时，她只是说，'哦，我从没想过这问题。'不过，之后，她真的很认真地谈到这个问题，她说，普利兹是一个情感强烈的人，是普利兹灌输给她这种能力，而她甚至没意识到。"[xi]

事实上，在特意空出来的秋天，没有什么公开的音乐会活动，杰姬的逍遥音乐节演出是唯一演奏日程。杰姬内心仍跟那些困惑疑虑较着劲，即一位真正艺术家天性中必不可少的困惑。就像她后来的丈夫丹尼尔·巴伦博伊姆一针见血的说法那样，"艺术家越有天赋才华，遭受的困惑就越大。一名音乐家，要在舞台上演出，表达传递自己的艺术，他需要综合所储备的巨大正能量。在演奏会与演奏会之间的间隙时段，他（或她）还必须与他内心驻扎的恶魔一起过活——他的困惑——唯有克服了这些困惑之后，他才能挥洒自如地进行演出"。[xii]

[①] 理查德·瓦格纳（Wilhelm Richard Wagner，1813年—1883年）：德国作曲家。

杰姬也意识到自己成长了，回不去自己的家了。据她的朋友克里斯托弗·努本回忆，杰姬并不期望自己的父母能给她更多的理解。"爱丽斯给予了她那么多，不过，还有别的困难，到她十八岁时，德里克也好，爱丽斯也好，都不得不接受的事实，杰姬已走过了他们的抚养阶段，他们再也帮不上她了。自家女儿巨大的才华一直都让德里克惊讶不已；的确，为人父母的他们都对这个天才女儿充满赞叹。"[xiii]

在音乐造诣上，杰姬早就超越了爱丽斯，除了这方面，杰姬还发现家人的世界自我封闭得令人无奈。他们私底下的家庭用语，在杰姬看来，似乎幼稚得令人难堪，尤其是父亲德里克常常稚声稚气开口说，想要带"suzugazoozles"的"curzuppateseesles"或"cuppoice"，其实就是"一杯加糖的茶"，[xiv]他这种口吻让杰姬受不了。贯穿杰姬的整个童年，爱丽斯的影响至关重要且积极健康，不过，这些影响却是杰姬眼下想要摒弃的。这个时期的后半段，德里克开始对自家女儿施加自己更多的影响。他也对她心怀热望雄心，虽然他往往不太好意思流露自己的这些想法。

德里克作为大都会计师计算机构的主席，在自己的职能范围内，出面为机构9月9日在爱丁堡举行的年会安排了一场私人音乐会。他聘请苏格兰国家交响乐团，由亚历山大·吉布森出任指挥，在亚修音乐厅[1]举办一档演出节目，其中包括由杰姬独奏勃拉姆斯的《第一交响曲》和舒曼的《大提琴协奏曲》。苏格兰大提琴家琼·迪克森（Joan Dickson）记得，爱丽斯打电话给她，询问杰姬能不能在她爱丁堡居住的公寓里练琴等事宜。

每天早上，他们就把杰姬托付给我。杰姬的父亲外出开会。我到那儿的第一天，就安排她住进我空置的房间里，然后，我上楼自己练习。每次我停下来听楼下动静时，却发觉没有丝毫大提琴的琴声。我不由觉得这有些令人费解，于是，下楼，敲门，却发现杰姬有些内疚地坐在那儿，翻看她在屋里找来的一本书。她说："别告诉我的父母，我没在练琴。我对拉琴很生厌了。"我提议我们一起喝杯咖啡休息休息，我想聊一聊我的一名学生，也是杰姬的校友加朋友。这个女孩子原在格拉斯哥的

---

[1] 亚修音乐厅（Usher Hall）：坐落于苏格兰爱丁堡西端洛锡安路，1914年建成。

苏格兰皇家艺术学院跟我学习,后来突然遭受了一次危机,很困惑自己是不是真想从事音乐事业。我就问杰姬有关这个女孩的背景,想知道杰姬的看法。我们聊了好一会,杰姬很是伤感地说:"你可知道,这个女孩蛮幸运的,倘若她真想,她就可以放弃音乐。而我呢,永远放弃不了,太多的人花费了太多的钱在我身上。"这么小的年纪,杰姬就已发觉担在自己身上的担子着实不轻。我记得,她当时想了想,觉得自己中了圈套似的。后来,她病倒了后,我听她又说过类似的话。要不是我早年听她说过这番话,我当时也许会反驳她这么说。xv

杰姬明白自己的整个童年,所有的一切,都是在为她日后成为伟大的大提琴家做铺垫准备,不过,她愤慨的是,她所受的高度专注于音乐特长的教育,其实意味着一种商业投资。人们会推测这么一种物尽其才的理念之于德里克的思维范式而言应当不陌生,相反应是驾轻就熟,他就身处在行政管理与会计管理的现实世界里。不过,这也反映出爱丽斯的野心和自我牺牲背后其实是事出有因的。

艾莉森·布朗也记得,杰姬的家人和善意的人们倾注在杰姬身上的所有努力产生了双刃剑的作用。"一把斯特拉迪瓦里大提琴,无价之宝,作为礼物之于杰姬,一方面自然是一件极好的事,另一方面,这份礼物也是对勇气的一记重拳——它是一份极大的心理压力,要求小杰姬持续不懈地拉出最高水准的大提琴。"

大提琴家马里·威尔士,琼·迪克森的一位学生,回忆起自己与杰姬的初次见面,那是在与苏格兰国家交响乐团一起进行的一次彩排中。"我记得,我走过去跟她说话。虽然我只小杰姬一两岁,她对于我而言却是遥不可及的明星人物。不过,我发觉她为人非常开朗、友善。想要当着她的面拉琴,我觉得很难为情,很尴尬,但她对我却很不错。后来,她让我帮她把琴拿回酒店,这让我倍感自豪。"

那次出行中,德里克显然不是爱丽斯。马里记得,受杰姬友善之举的鼓舞,演奏会后,他前去向杰姬道贺。"不过,让我十分吃惊的是,德里克站在杰姬的休息室门口,像个哨兵似的,拒绝任何人入内。我沮丧极了——把着门不让人进,让人觉得别扭且不友好。德里克看上去很英式派头，正派体面，显得十分缺乏自我表达的能力。杰姬呢，自然是用自身的演奏冲破了这所有紧绷绷的压抑感——她表达的深度超出她家庭背景十万八千里之遥。"[xvi]

这年的秋季，杰姬的危机感涌上心头，同时也能自行决定一些有益于自己的事了。一是她必须从家中搬出来；二是她必须重返自己的音乐职业生涯。就像努本观察到的那样，杰姬非常在意用心，一心想要尽展自己所拥有的天赋才华。"在杰姬，演奏就意味着自己百分之一百的全情投入"。于她，若做不到这般投入，就是一种不诚实的行为，因而，她很担心自己无法自始至终保持这么高的水准进行演奏。[xvii]三年后，在谈及自家女儿这一时期的犹豫不决时，爱丽斯也同意努本的看法："杰姬总是担心自己不够优秀。人们无法想见她所遭受的这些忧虑与痛楚的折磨。"[xviii]

个人生活方面，杰姬做出自己独立出来的决定，正好遇上她父母的生活也有变化的时段。1964年1月，德里克向（英国）会计与工程研究院①递交了自己的辞呈，这意味着他们要搬出属于研究院的波特兰广场公寓。1964年夏天，德里克接受了一份新工作，出任注册会计学生协会秘书长一职。他自己、爱丽斯和皮尔斯一同搬进了哲拉兹·克劳斯社区的一栋独立屋，往返伦敦便利。

1964年新年伊始，杰姬接受奈杰尔·芬兹（基弗的弟弟）的邀约，住进他位于肯辛顿公园路边上的一间公寓。不过，自己一个人居住并不适合杰姬。还算幸运的是，艾莉森·布朗那时刚完成在剑桥的学习，正在找新室友，于是，杰姬与艾莉森一起住在艾莉森位于拉德布罗克林苑（Ladbroke Grove）35号的地下室公寓里。艾莉森记得，"杰姬离开家，在奈杰尔的公寓没住多久，她住在那里不是很满意。在要不要来与我同住的事上，杰姬有些犹豫。不过，最后，我们作为室友一同住了两年多，其实，我们一同住过靠近诺丁山门的两套不同公寓里"。

刚从家搬出来住时，艾莉森觉察杰姬人非常脆弱，情绪很不稳定。"我发觉，在她内心还有着什么尚未解决的深层次冲突，暗藏着什么东

---

① 会计与工程研究院（The Institute of Cost and Works Accountants）：简称ICWA，创建于1919年。

西和巨大的不确定感"。艾莉森，这时在做一位金匠的学徒，便将杰姬介绍进一个大大的朋友圈，想要帮助杰姬获得与人打交道的社交自信。"我带杰姬跟我一块去研习协会（Study Society），我是该协会会员，介绍她结识我那些勤学好思的朋友。那是一个颇有意思的朋友圈，拓宽了杰姬的视野。即便她不参与讨论，她也喜欢旁听观察——她体验着，尝试着。"

不过，这也是一段极为激动且充满探索的人生阶段。在两人一起生活的几年里，艾莉森亲眼目睹杰姬生活中发生的一系列巨变。杰姬开始关注自己的外表打扮了，渐渐从一个个头过高、举止笨拙的少女蜕变成一位楚楚动人的女人，很懂得如何恰如其分展现自己的高个头。"我们初次见面时，杰姬穿着呆板、稚气、单调。不过，她很快就培养出自己华丽的着装品位——她身上开始带有法国沙滩女孩的那种俏皮味，穿着轻薄性感的毛线衫，凸显出她的宽肩和身材。我从不认为她的衣着特别妩媚动人，但都挺有味道，有时还出人意料的夸张。"

艾莉森曾带过自己研习协会的一位朋友，玛德琳·丁克尔，去听杰姬在逍遥音乐会上的演奏。玛德琳，一位才华横溢的平面设计师和书法家，看到杰姬在音乐会上穿着不讨好的圆形礼服裙，不由得吓呆了，这身打扮没有烘托，而是遮盖了杰姬的身材。玛德琳嚷道，"你可不要再穿这些礼服裙了。我给你做好了。"杰姬很高兴，激动地接受了玛德琳的好意。在玛德琳，制作服饰是她艺术天性衍生出来的一种发挥创造。她并没受过服饰制作方面的培训，对服饰制作的方式毫无先入为主的成见。为了给杰姬量身打造演出服装，玛德琳得就着杰姬的身材尺寸剪裁礼服，缝制和收紧紧身胸衣，好撑住杰姬演奏时充满活力的扭动和用劲。玛德琳为杰姬制作了整一个系列非常漂亮的演出礼服。衣料上，选用美丽明亮的生丝绸，很能捕捉住舞台的灯光，而且，就像雕塑家将礼服裙穿在杰姬身上，掩盖住大提琴手不得不双腿敞开的不讨好坐姿。随着时间的推移，杰姬越来越倚重玛德琳的巧手了。不仅很高兴自己拥有专门为她定制的服装穿，而且渐渐看重玛德琳，先是朋友，后成闺蜜，玛德琳成为杜普蕾任何时候相处都倍感轻松的红颜知己。

在杰姬，探索发掘的东西还包括尝试许多新的技巧，常常与最日常的生活事物有关。艾莉森记得，杰姬带着孩子般的快乐烧饭做菜："她之前从没做过，我记得，她很骄傲地写给我菜谱，也就是怎么做相当平常的炖肉一类。"两个女孩子其实彼此并不怎么照面。"我们各自有吃饭的点儿。杰姬倾向吃的东西合理、好做。有天，日子很不好，杰姬在给自己做三明治，我的旧面包刀滑了手。她的手指被切得很深。格斯里·路克吓坏了，立即出门，买回来一把极其夸张的面包刀，跟杰姬说，不打滑的钝刃器具真的要更安全些。"格斯里回忆说，这次事故刚巧就发生在1965年4月，就在杰姬正准备与雅沙·霍伦斯坦[①]合作，演奏德沃夏克协奏曲的几天前。所幸的是，受伤的手指在右手拉弓的手上，伤口打了石膏，她仍进行了演奏，拉得依旧极其棒。

两人一块儿住的开初，杰姬还没有那么繁忙的演奏会日程，没到不堪重负的程度。艾莉森注意到，即便在杰姬开始越来越多演奏会的演奏时，练习大提琴对她来说从来不是迫在眉睫、非做不可的事情。重在作品的质量，而不是数量。"当杰姬着实练习大提琴时，她是那么专心且高强度地练习，这使得她总能事半功倍。"

起先，杰姬仍有充足的时间参加其他活动。她和艾莉森常常一起出去度周末，有时拜访住在北威尔士[②]的克鲁伊德夫妇家，在那里演奏室内音乐。

还有一次，我带杰姬南下赴伯纳德·罗伯逊（Bernard Robertson）的音乐营，这个营始创于20世纪20年代，场地在伯克希尔（Berkshire）的一处野外。这个音乐营成为一年一度的聚会，很快发展为一个精英荟萃的地方。我们参加其中一些合唱活动。杰姬有着不错的原生态歌喉，她的歌声在众人的歌声中很出挑，她一边演奏一边唱，全情投入，心无旁骛。一般的合唱者不过唱出音符，杰姬则赋予音符如此美妙的歌声形式与感染力，要是她觉得应当这样的话，她甚至比指挥还早一些唱到一段

[①] 雅沙·霍伦斯坦（Jascha Horenstein，1898年—1973年）：乌克兰出生的犹太裔美国指挥家。

[②] 北威尔士（North Wales）：威尔士北部地区的非正式称呼。

乐句的最高音。

她们合住公寓的头几个月，很显然，乔治·德贝纳姆常常陪杰姬去赴她的室内音乐会聚会，还备好自己的车，要是杰姬想去哪，就载着她去哪。不过，就像艾莉森观察到的那样：

跟我一起住的这段时间，杰姬在学着了解男人。人们会说，杰姬喜欢测试自己的个人魅力。随着人越来越自信，杰姬变得愈发光彩照人，也愈发明白自己在跟男人打交道方面很有能耐，不过，也会相当富有挑衅味。随着时间的推移，杰姬不得不越发学会盘算掂量。尤其是大约20、21岁时，她有了许多"有关男人的烦恼"，我察觉她人强硬了起来——或是，她人越发成熟明了了——随着她开始面对生活。[xix]

杰姬快速投入地追赶着生活。人独立了，杰姬也迈入自己二十来岁的青春年华，越发信心倍增。意识到自己的女性魅力且女大十八变的同时，她作为音乐家也日臻成熟。就是在这个时候，我们从唱片中认识且深爱的这位音乐家和大提琴家即将呼之欲出了。

[i] 本书作者的访谈内容，伦敦，1994年6月。
[ii] 安娜·威尔逊的访谈内容，1993年8月。
[iii] 本书作者的访谈内容，格拉斯哥，1995年8月。
[iv] 本书作者的访谈内容，塞尔莫内塔，1996年8月。
[v] 本书作者的电话访谈内容，1997年1月。
[vi] 同上。
[vii] 本书作者的访谈内容，伦敦，1995年4月。
[viii] 本书作者的电话访谈内容，1995年。
[ix] 查尔斯·瑞德，《纽约时报》，1967年2月26日。
[x] 《卫报》1963年8月23日。
[xi] 本书作者的访谈内容，伦敦，1995年6月。
[xii] 本书作者的访谈内容，柏林，1993年12月。

xiii 同上。

xiv 希拉里·杜普蕾和皮尔斯·杜普蕾,同前,第126页以下。

xv 本书作者的访谈内容,伦敦,1994年6月。

xvi 本书作者的访谈内容,伦敦,1993年5月。

xvii 本书作者的访谈内容,伦敦,1997年1月。

xviii 大卫·普赖斯-琼斯,"与世界最知名大提琴为伴的女孩",《星期日时报杂志》,1967年6月。

xix 本书作者的访谈内容,格拉斯哥,1995年8月。

第十一章
达维多夫大提琴

不过，上帝对我们少数几个轻声耳语。
其余的人可以推论和致意；这是我们音乐家懂的。
——罗伯特·勃朗宁，《阿布特·沃格勒》

1961年威格莫尔音乐厅首次亮相后，杰姬就没有在伦敦推出别的独奏音乐会。很大程度上，演奏埃尔加协奏曲取得巨大成功，杰姬的名气一路攀升。音乐会演出中断一段时间后，杜普蕾与自己新的二重奏搭档乔治·马尔科姆合作，举办了两场音乐会，这预示杜普蕾演奏生涯即将回归。其中的一场为巴赫音乐专场，1964年1月7日，在威斯敏斯特修道院内举办，三周后就是杰姬19岁的生日。在这场音乐会，杰姬演奏巴赫《C小调无伴奏大提琴组曲》中的第五号作品、《古大提琴奏鸣曲D小调No.2》和《G小调No.3》；马尔科姆为确保整场节目均衡，演奏了巴赫的《英格兰组曲No.1键盘独奏曲》。虽然喜欢大提琴与钢琴的合奏，马尔科姆还是觉得大键琴更适合音乐厅的音响效果和当时的演奏场合。这场音乐会由英国–意大利协会赞助，所得收益将纳入文森特·诺维洛[①]纪念基金会中，用于购买一架新风琴。

[①] 文森特·诺维洛（Vincent Novello，1781年—1861年）：英国作曲家、音乐出版人。

正如《卫报》的爱德华·格林菲尔德点出的那样，人们往往不会选择威斯敏斯特修道院举办大提琴和大键琴的独奏音乐会："关键说到乔治·马尔科姆和杜普蕾的演奏，尽管琴声难以避免不是很大，他俩的演奏仍渗透这座修道院的每一个角落。"格林菲尔德对杰姬演绎的巴赫无伴奏曲目印象深刻，在他看来，这首无伴奏曲目的演奏堪称整场音乐会的高潮。尤其是，他特别提到，杰姬独奏的重磅部分，萨拉班德舞曲，杰姬的演绎极为精湛。正是这部分，巴赫本人将整个表达世界浓缩为几个小节。乐句下沉，组成的旋律线忧伤悲哀，有着极为宽广的音乐深意，就其情感张力而言，不愧是巴赫激情音乐中的悲怆咏叹调。演奏《C小调萨拉班德舞曲》和《第三首G小调古钢琴奏鸣曲》时，杜普蕾巧妙区分曲中各异的微妙情感，异彩纷呈，十分打动格林菲尔德："这两首乐曲，杜普蕾小姐的演绎静谧又激越其间，独奏曲中，她传递出荒凉的悲情，而在第二首乐曲，贯穿着一种向往中带着怅惘的情绪。"[i]

有趣的是，在这篇乐评中，格林菲尔德发觉杜普蕾"演奏巴赫的风格情感强烈，（应当）与她的老师托特里耶的风格非常类似"。这最后一句评点显然刺痛了杰姬，后来兜了好大的一番周折，格林菲尔德从旁人那儿得知，杰姬对他的这一评点颇为不悦。尽管如此，杰姬的不悦并没有影响他本人的看法，几个月后，格林菲尔德点评杰姬9月3日逍遥音乐会上的演奏，仍不予改口地称托特里耶显然对杜普蕾产生了影响："我最近担负起了一项职责，就是要强调（杜普蕾小姐的）演奏与托特里耶的风格类似，杜普蕾上过托特里耶的课。她在英国的老师，人们跟我说，在她的成长过程中起的作用要更为重要。也许确实如此，不过，她在风格上与托特里耶相似这一点，现在比以往任何时候都更加明显，我个人认为，她驾驭埃尔加协奏曲日渐成熟的时段，恰好也是她跟这位法国大师学习的阶段，这应当不只是时间巧合而已。"[ii]

在归纳自己对这场威斯敏斯特修道院独奏音乐会的评价时，格林菲尔德称："这次表现，（杜普蕾的）诠释式判断准确无误，我期待她早日录制这首乐曲的唱片。"人们不禁遗憾的是，EMI公司并没有给予关注。尽管如此，幸运的是，BBC电台第三套节目对这场音乐会进行了现场直播。我自己，作为其中一位听众，就是因为听了这段广播，对大键琴奏鸣曲有了了解，我仍清晰记得，听到这般激情演奏出来的美妙音乐，我的母亲激动不已。令人遗憾的是，BBC当时的录音磁带现已遗失。

2月1日，杰姬第二场伦敦演奏会在皇家节日音乐厅内推出，当时是罗伯特·梅耶几个儿女组织的一场上午音乐会；这场音乐会上，杰姬与伦敦交响乐团合作，由特雷弗·哈维（Trevor Harvey）担任指挥，演奏了圣桑的协奏曲。间隔数月无演出后，杰姬在皇家节日音乐厅推出三场音乐会，这一场是其中的第一场。1964年3月25日，杰姬原计划也是在皇家音乐大厅，与小提琴家埃里希·格伦伯格①合作演奏勃拉姆斯的双提琴协奏曲，但在安塔尔·多拉蒂（Antal Doráti）的要求下，演出被取消；安塔尔是BBC交响乐团的首席指挥，此次的取消原因，我一直没能查清。BBC答应全额付给杰姬报酬，这当然意味着杰姬已准备履行自己的演出合约。

3月17日，杰姬返回节日音乐大厅，为援助青年音乐家中央辅导学校举办一场独奏音乐会，乔治·马尔科姆弹奏钢琴。演出的节目包括巴赫的D大调、贝多芬的A大调和德彪西的奏鸣曲，最后以法雅的《西班牙组曲》结束演出，这些曲目都是杰姬在威格莫尔音乐厅演奏过且大获成功的曲目。

乐评人大卫·凯恩斯利用自己的乐评作为一次机会，想要吸引公众关注英国"陈腐平庸"的音乐教育，进而呼吁为小音乐家营造更好的发展机会。杜普蕾是"孤零零的翘楚"而已，醒目的一个例外，年仅十九岁就单挑节日音乐大厅。"她在任何地方都肯定被视作杰出人物，即便是在莫斯科；不过，在莫斯科，她同样被视作这个音乐教育体制下造就的最高成就体现。"凯恩斯继续控诉这种英式教育体制。"（它）会本能地企图将杜普蕾扼杀在舒舒服服的自我满足与碌碌无为的可怕氛围之中。不过，杰姬肯定会抵抗这种体制。她是一位这般充满活力的演奏家。她演奏的每一句乐句都在表示，身为音乐家，她明白自己方向，但仍一直准备学习各种不同的音乐真谛。她的韵律不错，乐句处理丰满明智，拉弓拨弦义无反顾，收

---

① 埃里希·格伦伯格（Erich Gruenberg, 1924年—）：奥地利裔英国小提琴家和教师。

放亦有度。"

凯恩斯心有担忧,担忧杰姬会为音乐成就带给人的沾沾自喜而自毁掉前程,庆幸的是,他的担忧没有必要。相反,因成功而获人敬仰与接受的同时,杜普蕾从未放松自己丝毫的独立精神、活力与投入。

在节日音乐厅宏大的空间里,声响效果往往不大有利于大提琴的演奏。有关杰姬的演奏表现,凯恩斯认为:"时而,她高昂的劲头超出了她的气力所及——我们感受到某段音阶段落的意味、结构和强烈的意图,或是察觉到一段琶音急速而过,而非确实听见了。"凯恩斯的其他点评还提及以下方面:贝多芬A大调的演奏,缺乏恢宏气势与张力;巴赫的《D大调奏鸣曲》,第二乐章具圆舞曲风的(柔板)演奏稍许认真过了头。凯恩斯认为,杰姬演奏的法雅作品"带着感人的肃穆之情,十分动听,同时又很不着边际"。不过,他称赞杰姬的德彪西奏鸣曲十分精彩,"最顺畅的乐句里住着魔鬼"。杜普蕾的返场曲目是舒伯特的《摇篮曲》,相当别致:"只有拥有罕见天赋与稀有素养的音乐家方能如此演奏这首乐曲。"

奈维尔·卡迪斯(Neville Cardus)早就是杜普蕾的敬仰者了,就这场音乐会写了一篇有些古怪的评论。评点中,他主要论述的是大提琴曲库的曲目太少。比方说,他个人更愿意听到埃尔加协奏曲。总结时,他捎上了自己的一个心愿,希望一年内能实现:"杜普蕾小姐或许应当演奏戴留斯被人遗忘的大提琴协奏曲。这首曲子怎么说都算不上一首杰作。但是,有些乐段仿佛就是为杜普蕾量身创作的,尤其突显杜普蕾的演奏才华,即断句美妙且旋律富有诗意。"[iv]

卡迪斯和其他杜普蕾迷没等多久就盼来了杜普蕾再次演奏这首协奏曲的演出,4月7日,在皇家节日音乐厅,杜普蕾与伦敦爱乐乐团合作,约翰·普理查德[①]担任指挥。这次,乐评人的感觉普遍不那么好了。《泰晤士报》的乐评人,在称赞杜普蕾"几近完美的"技艺的同时,认为这首作品需要"带有某种成熟度的诠释,而这超出了杜普蕾小姐现阶段的水准"。人们或许会说,杰姬和指挥约翰两人显然意气不相投,难怪引来乐

[①] 约翰·普理查德(Sir John Michael Pritchard,1921年—1989年):英国指挥家。

评人的抱怨。

其实，说杜普蕾在这场音乐会上诠释的埃尔加协奏曲缺少成熟味，实在令人难以相信。不过，BBC曾在1962年到1965年间录制过杜普蕾演奏的埃尔加协奏曲唱片，从现存的三张不同时期的唱片看，杜普蕾对这首协奏曲的演绎逐年都在发生质变且越发娴熟精进，这确实是事实。1963年，杰姬与萨金特合作的版本已充分展现这首协奏曲非同凡响的完整风貌。杰姬从来都不关心乐评人说了些什么。她一贯严格要求自己，很清楚自己的演奏是否达到自己的高标准。

不管乐评人有过什么想法，英国公众想要听的正是埃尔加的这首协奏曲。杰姬解释过自己经常演奏埃尔加的个中原因，因为"这是人们经常请求我演奏的作品。我个人喜欢所有人的协奏曲——德沃夏克的、舒曼的、圣桑。它们反应不同的情绪"。与此同时，她还谈到了她自己对音乐诠释者应承担的责任的看法："一个人可以总是把自己与作品的表达联系在一起，不过，人不应该只用音乐来表达自我。表达出音乐作品自身想要说的东西，这一点很重要。"[v]

事实上，1964年整个上半年，杰姬演奏的音乐会屈指可数。仅有的几场也差不多有意安排在伦敦市内。之所以这样，一部分原因是选择的结果，另一部分原因是杰姬的经纪人需要时间安排她的演出日程。赴巴黎学习和紧接下来的不确定阶段之后，一直到1963年的下半年底，杰姬才示意提莱特女士可以安排她的演出活动了。考虑到预约演出日程需要时间，即便不是提前两年的话，也得至少提前一年预约（现今，一流艺术家都得提早四个演出季来安排自己音乐演出的日程），伊比斯与提莱特经纪公司只能将杰姬的演出活动先安排到1964年下半年才启动。除了两场埃尔加协奏曲的演出（一场在4月，一场在8月，即杰姬年年参加的逍遥音乐节上），交响乐演出活动则没在杜普蕾的日程安排中出现，接下来1964年至1965年间的演出季，杰姬与英国绝大多数省级交响乐团合作的演出活动也已预约好了。

1964年6月上旬，杰姬最后一次赴塞尔莫内塔。这一年，杰姬在伦敦有了自己的朋友圈，不怎么喜欢到离家远的地方度过这两个月最好的时光。到达塞尔莫内塔的第二天，她就写信给自己的父母："因为最近见了相当多我真心喜欢的人，这儿的人看起来都假得让我受不了。"她所说的是针对课堂上占绝大多数的那些阿根廷学员，即阿尔贝托·莱西的追随者。虽然与这些阿根廷人这般"如鲠在喉的重逢"并没有什么，杰姬仍发觉他们这些人对生活的态度流于表面："我设法以伪善应对伪善，好玩得就像一场游戏。昨晚，人到了后，我就开始用自己活泼的幽默和即兴发挥（英国人的自卑感）来吸引每个人；听见一个阿根廷人（已婚了的）说'Quelle cretine（意大利语——那些笨蛋）'，来判断开心的效果。尽管如此，当我顿感厌倦，懒得做了时，这种效果就变糟了。"这类正正规规的社交场合还好让位给了轻松的娱乐活动。有次，杰姬装扮成印第安酋长的模样，脸上还涂上了牙膏，大步走向阿尔贝托·莱西那儿，坐在餐桌的首席上，然后，"用自己扮相做掩护，一副自负且不容分说的印第安人装扮蔑视莱西"。[vi]

随着音乐节的推进，杰姬的情绪也好转起来。这次，仍在城堡的室外广场举办了非正式的晚间音乐会，宁静的地中海之夜，夏蝉啁啾，还有萤火虫成群飞舞，音乐家必须好生应付。杰姬的朋友，安娜·车玛臣科和奥斯卡·莱西此时已订婚。打算于1964年7月25日，在塞尔莫内塔的这座城堡里庆祝他们的结合，邀请杰姬和阿尔贝托·莱西担当他们的证婚人。

安娜发觉杰姬生活中起的变化：杰姬在这一年成熟了不少，建立了相当的自信。不过，杰姬也开始想得多了，在安娜看来，这种增强的自觉意识遮蔽了杰姬的原始直觉力，不只在她平时的行为举止当中，也在她的演奏之中。[vii]

在杰姬，音乐会上的演奏包括先演奏二首人们喜爱的舒曼作品：《鳟鱼五重奏 D667》和《C大调四重奏D956》（含两把大提琴）。安娜和奥斯卡两人与杰姬联手演奏，接着，由美国大提琴家丹尼尔·丹博（Daniel Domb）演奏第二大提琴的部分。事后，在BBC的一次采访中，杰姬谈到室内音乐吸引她是什么："大提琴有一项担当，作为演奏组合中负责最低音域的乐器，它要衬托其他乐器的价值。充当这个角色，我引以为豪，私底下非常享受。不过，我记得，有一次，去年，在意大利炽热的太阳光下，演奏《鳟鱼四重奏》时，我突然觉察这低音提琴在我脚下爆发了卡里。我很兴奋，但也非常动摇我的自豪感，感觉自己的位置被侵占了似的。"[viii]

那一年，塞尔莫内塔音乐节有一大亮点，那就是梅纽因现身音乐节的室内音乐会。梅纽因同意在塞尔莫内塔逗留一周，好跟阿尔贝托·莱西在轻松氛围中进行排练，为二人共赴以色列演奏两首勃拉姆斯的弦乐六重奏做准备。梅纽因还带来了另外两位演奏家：中提琴演奏家安斯特·瓦尔费西（Ernst Wallfisch）和大提琴家冉德隆[①]。不过，他们确定下来的是，在塞尔莫内塔，杰姬和奥斯卡·莱西，阿尔贝托·莱西拉中提琴的弟弟，替代两位以色列本土音乐家，这两位音乐家已定下在以色列加入这个核心小组。在塞尔莫内塔演奏了几场勃拉姆斯的六重奏，梅纽因描述这几场演奏的水准："一模一样自然天成、愉悦的音乐演奏，正是所有音乐人的梦想。"[ix]

据梅纽因回忆，正是在圣宁法[②]，杰姬头一回私下向他咨询"右手持续不听使唤的"毛病。当时，梅纽因认为这不过是短暂的不适感罢了，他后来推测"杰姬右胳膊这种恼人的不适感，我觉得，就是噩梦即将降临的最早病兆……"[x]

人一回到伦敦，杰姬就准备在当年的逍遥音乐节第三次演奏埃尔加协奏曲。不过，这次，威廉·格洛克，BBC第三套电台的总管和逍遥音乐节的总监，建议杰姬在同档节目里演奏一首新的协奏曲，这首协奏曲是南非出生的女作曲家派奥·雷尼尔[③]受BBC委托创作的作品。这种演出安排体现了格洛克的新做法，旨在将当代音乐整合纳入大众化的节目之中，以确保听众能接受并喜爱新生作品。听众先听一首颇难懂的新曲子，然后欣赏一首喜闻乐道的经典曲目。这也是格洛克的手法，他在不动声色地瓦解萨金特担任逍遥节音乐会指挥的垄断地位。让更雄心勃勃且更年轻的指挥家担纲指挥萨金特兴趣之外的那些当代曲目。这种思路下，杰姬跟两位指

---

① 冉德隆（Maurice Gendron，1920年—1990年）：法国大提琴家。
② 圣宁法（Santa Ninfa）：意大利特拉帕尼省的一个市镇。
③ 派奥·雷尼尔（Priaulx Rainier，1903年—1986）：南非女作曲家、小提琴家。

挥家合作——跟萨金特合作，演奏埃尔加协奏曲；跟诺曼·德尔·玛尔合作，演奏雷尼尔的曲目。

威廉·格洛克非常支持雷尼尔的音乐。在委托雷尼尔为杜普蕾创作一首大提琴协奏曲一事中，格洛克希望，杰姬凭借自己在逍遥音乐节参与者中所享有的赫赫声望，能确保一大群且主要是年轻人的观众愿意来听那么一些曲子，那么一些被他们常认为，倘若不是完全听不懂的，就是难懂的曲子。

杰姬一直以来很少表示自己对当代音乐的兴趣。这一次之前，她只演奏过一两首20世纪的作品，其中包括巴托克①的《第一狂想曲》和伊贝尔②的《大提琴与管弦乐协奏曲》。通过她的姐夫基弗，杰姬肯定也了解格拉尔德·芬济③和英国作曲家学派。向杰姬引介过年青作曲家杰里米·戴尔-罗伯斯的，也是基弗；杰里米是皇家音乐学院雷尼尔的学生。杰里米记得，爱丽斯当时正在努力拓宽杰姬的视野，于是叫了他去。爱丽斯打量杰里米，看出他会成为自家女儿意气相投且有教养的朋友，爱丽斯让杰里米带杰姬去"看些画"。虽然他们至少确实去过一次泰特美术馆，杰姬与杰里米的友谊却主要集中在彼此对音乐的热爱上。很有可能是杰里米介绍杰姬认识雷尼尔和雷尼尔的音乐，后来，雷尼尔为杰姬创作了这首大提琴曲。杰里米记得，"派奥很是震惊，年纪轻轻的演奏者——还是个女孩——要演奏这首协奏曲，内心有几分疑虑，担心杰姬凸显的个人风格很可能并不适应自己的音乐"。[xi]

尽管杰姬公开说自己对当代音乐兴趣不大，但她演奏新学的当代曲目跟演奏其他经典曲目没有两样，依然用心投入且付诸热情。钢琴家格斯里·路克记得杰姬吃透这首曲子相当快，让他印象深刻。"在熟悉雷尼尔的协奏曲时，我问杰姬需不需要时间来熟悉这首曲子。杰姬轻松地说，'当然不需要，我已有把握'。"对别的人，比如休·马奎尔，杰姬

---

① 巴托克（Bartók Béla Viktor János, 1881年—1945年）：匈牙利作曲家，是20世纪最伟大的作曲家之一。

② 伊贝尔（Jacques François Antoine Ibert, 1890年—1962年）：法国作曲家。

③ 芬济（Gerald Finzi, 1901年—1956年）：英国作曲家。

抱怨过掌握这些音符不容易。不过,她的吸纳天赋相当了得——据丹尼尔·巴伦博伊姆回忆,杰姬第一眼过目就能记下一首乐谱大约百分之七十的内容。

戴尔-罗伯斯记得,杰姬跟雷尼尔进行了几次事前排练,这期间,蒂姆·百特（Tim Baxter）,跟雷尼尔学作曲的另一名学生,负责协奏曲的钢琴部分。不过,就像很多首演常会出现的情形一样,没有时间让管弦乐团全程彩排预演一遍这首新作。据杰里米回忆,"派奥对此有些抱怨。她受不了任何节奏不齐整的演奏。她的音乐节拍快,强劲有力,富有斯特拉文斯基的民族色彩,令人愉悦。就这种节奏感而言,要做到音符准确,很可能并不是杰姬的强项,尽管如此,杰姬总体上演奏得很不错。作品中有一种华丽特质,非常适合杰姬。虽然作品并非杰姬习惯的那种音乐语言,但是,杰姬非凡的直觉力使得她表现得很出色。"

在自己有关这首大提琴协奏曲首演情况的笔记中,雷尼尔这样写道:"在创作供小提琴-大提琴独奏的一首委托曲目中,创作手段受制于乐器的韵律属性和功效。在频繁运用吹奏乐器的独奏下,总谱明亮轻快。弦乐乐器组更多运用于与吹奏乐器组形成对比,而不是彼此结合,乐器的碰撞用于增添音乐结构的清晰度或是延长音乐肌理的共振。"这首乐曲由三个乐章组成,无间歇进行演奏,每个乐章的标题体现该乐章的属性——对话、吟唱、韵律与终曲。

（英国）国家声音档案馆有一盘BBC录制的录音带,生动呈现杜普蕾诠释新生音乐作品的品质。第一乐章中,大提琴担当着一出戏剧中的主角,管弦乐团的角色更像是解说员,而不是对话中一对一的伙伴。在持续轻快的抒情曲中,大提琴的延长乐线运用跳跃的间隔音程,杰姬演奏的持续琴声丰富细腻,处理得相当好。确实,杰姬的演奏特质适宜对话且善用修辞的音乐,而且表现就如一位自信的演说家。在几乎没有伴奏的第二乐章中,歌唱部分则与此相反,杰姬表达出一种悬置的时空感,此间,大提琴狂想曲般的冥想映衬在管弦乐的静态音色设置之中。更加强烈的对比出现在乐章的尾声部分,大提琴跃入华彩乐段之中,同时,管弦乐的合奏插曲不时介入且起伏不定——这预示着第三乐章的开始。杰姬恰好有着这种恰当的原动力来刺激这些异想天开且天马行空的对话，此外，她还突出了结尾第一部分类似诙谐曲的特色。这种氛围最终消解融入尾声部分，让人联想到第二乐章的冥想曲调，而后，整部作品结束在一种缄默的寂静气氛中。

雷尼尔的大提琴协奏曲艰深而且零散。当然了，它不容易让人感觉入耳，第一次听时，显得不甚谐和，虽然乐曲依托和声调性元素创作出来。大提琴常常用到它较为低沉的音域部分，总的说来，在这部分快节拍的音乐中，杰姬必须采用激烈的强音，使大提琴的琴声投射在管弦乐之上。罗斯特罗波维奇曾出色演奏过大提琴与管弦乐协奏曲中一百多首新作品，他认为，一首新曲目的成功，很大程度归功于作曲家编写适合大提琴的管弦乐曲的能力——同时，他特别留意不让大提琴较低乐调与中音乐调被模糊掉，的确，雷尼尔的大提琴协奏曲中，有些尖刺的管弦乐纹理让人想起威廉·沃尔顿①的评价，沃尔顿演奏完雷尼尔节奏强劲的《摄像机交响乐》后，打赌说雷尼尔肯定"穿着刺钢丝内衣呢"。

据杰里米·戴尔-罗伯回忆，"在这部作品中起着真正作用的是杰姬华丽的演奏，尤其是中间的歌唱式乐章。不过，总体上，对于一届逍遥音乐节而言，这是一场不甚流畅的演奏。这场首次公演后，杰姬再也没碰过这首协奏曲，在雷尼尔，这难免让她很不好受"。

不少乐评人针对这场演出准备不充分的地方加以点评，不同于他们，爱德华·格林菲尔德这么写道，尽管雷尼尔的协奏曲在内容上有点不尽如人意，"杜普蕾的演奏几乎说服人们这首作品就是一部杰作。它确实是一首令人生畏的曲目——作曲家跟独奏家一样不必充满女人味地向人致歉……"不过，他希望"不久后，就会有更优美、更有益的协奏曲专门为杜普蕾创作出来，特别是，倘若她能一如既往这么琴艺精湛地投入到演奏之中"。[xii]

这位《每日邮报》乐评人似乎不太认可这部作品的长处，形容它是"紧缩得不容退让的（一部作品）"。还好，"通过杜普蕾小姐和诺曼·德

---

① 威廉·特纳·沃尔顿爵士（Sir William Turner Walton, 1902年—1983年）：英国作曲家、指挥家。

尔·马的华丽渲染,人们感受到某种温柔且富有感染的抒情诗意"。[xiii]

一如既往,让杰姬赢得最高赞誉的,仍是她演绎的埃尔加协奏曲。戴维·凯恩再次注意到,杜普蕾"在持续的旋律线、音色的温暖度和力度方面更多"表现出"良好的意图,而非成就感……"他评价第一乐章中"令人难忘的情绪,饱含消沉、哀婉的无奈与遗憾"。[xiv]不过,格林菲尔德注意到,杜普蕾的诠释透出不断增强的权威意味:"她的静谧感比以往更见增强。她拉弓胳膊的挥动和头部的向后晃动更加镇定威严——让人不时想起奥古斯图斯·约翰画的苏吉亚肖像……若说人们有所保留的话,那就是,杰姬当时想要把琴拉得很响,于是失去了音调的美妙,没能如她所愿。"再一次,留给人持久印象的是,杰姬融入钢琴里的大提琴琴声具有神奇的品质:"这是宁静且抒情的演奏,自然纯净,堪称极致呈现,令听众在每一个音符上徜徉。"[xv]

在这种乐观清晰的注释下,杰姬为1964年至1965年的演出季做着自己的心理准备,这是她作为全职演奏音乐人的首个完整的演出季。有很多激动人心的事情即将发生,其中包括跟伦敦以外管弦乐团合作的演出活动,与斯蒂芬·比肖普的新二重奏组合关系仍在磨合,拟1965年1月录制自己的首张协奏曲唱片,以及1965年5月推出美国首场演出。此外,仿佛是为了回报她对全面国际化的职业生涯的投入,她即将收到一份厚礼,一把世界最有名的大提琴。

尽管已经拥有了一把斯特拉迪瓦里大提琴,杰姬渐渐意识到这把琴的局限。这把琴的音响无法在音乐厅投放出来,近来已有乐评人提到这一点。乐器商和乐器专家查尔斯·比尔,1963年12月第一次遇见杰姬;比尔这么描述这把琴:"可追溯到17世纪70年代的一把早期大型号斯特拉迪瓦里大提琴,内里没有原始商标。这把琴19世纪一度削减了长度,但宽度没变,这把琴大致是蒙氏(蒙塔格纳诺[①])琴的结构比例。不过,这把琴一直很大、很沉。琴身内里到处都有修补,这把琴没有保存完好的乐器那种回响功效。我总是形容这把琴有几分野性,不过,某种意义上,这琴挺配

[①] 多米尼哥·蒙塔格纳诺(Domenico Montagnana,1686年—1750年):意大利威尼斯的小提琴与大提琴制琴大师。

杰姬,杰姬拉琴本身就强劲用力。"[vxi]

在巴黎学习期间,托特里耶就确认了杰姬对这把琴的质疑,发现这把琴的低音导向有些过,顶部琴弦的承载力有限。他建议换一个琴桥,再搭配其他几处改动,或许能改进琴的声音。1962年秋天,杰姬在巴黎,曾写信给爱丽斯:"托特里耶也想调一下A弦,他确定我用劲时并不是我出错。要是这么调整过了,仍调整不了什么的话,可以说这把琴就只能拉到这个份儿上了。"[vxii]托特里耶还建议杰姬应当换用金属琴弦。他肯定羊肠琴弦弦音温暖且各有各的美妙,但同时说到羊肠琴弦影响技巧发挥的弊端。"击弦很成问题:羊肠琴弦无法迅速对琴弓做出反应,往往还很粗糙。此外,羊肠琴弦容易受天气变化的影响,音准易变。羊肠琴弦还柔软,承受不住一定程度之外的琴弓施力,你必须控制好自己用劲的程度。"[vxiii]

即便这把琴重新配置了琴桥、中空的琴柱、弯钩琴脚和金属弦,杰姬仍觉得她的这把斯特拉迪瓦里大提琴改进不够。杰姬抱怨说,要让这把琴发挥到最佳状态,仍很费劲,即便这样,琴声仍然传得不远。

杰姬跟比尔说过,她在寻找一把备用大提琴,说了说她对自己现在这把斯特拉迪瓦里琴的顾虑。"她喜欢这把琴,是喜欢它的铿锵有劲——这琴出行也方便。不过,她不喜欢这把琴在音色调配上的局限——缺少一把斯特拉迪瓦里大提琴在音色色调上本应有的千变万化的能力。"

当时,比尔乐器店里没有合适杰姬的大提琴。"于是,一直到1964年年底,杰姬告诉我,有人想买给她一把非常了得的大提琴,问我是不是知道有这么一把琴的事。很凑巧,'达维多夫'斯特拉迪瓦里大提琴正在纽约出售,于是,我打电话给雷姆伯特·沃利策琴行商,他已收了佣金正准备出售这把琴,我跟他商量,安排将这把琴弄到伦敦,好让杰姬试拉一拉。"

这把琴制作于斯特拉迪瓦里的鼎盛时期,当时,这位克雷莫纳制琴大师先是制作了一把略微小一点的大提琴,并把它当作自己的标准样琴。从17世纪80年代起,原来的那把样琴逐渐被这把大些的克雷莫纳"教堂低音"大提琴所取代。就像比尔说的那样,这把达维多夫琴不仅有着非同一般的来头，还有着非同一般的经历。"有关这把琴的拥有者，我们可以往回追溯到150多年前，一直到这么一个场景：19世纪中叶，威尔霍斯基伯爵[①]用一把瓜奈里大提琴、一定数额的卢比和他马厩里的一匹马作为交换，从艾波山伯爵（Count Apraxin）手里买下这把大提琴。1863年，威尔霍斯基伯爵70大寿时，又将这把琴赠送给了俄罗斯伟大的大提琴家卡尔·达维多夫[②]，达维多夫一直到自己去世前拉的都是这把琴。"

这把琴后来被人带到法国，1900年，易手给了一位富有的业余大提琴手。1928年，再度易手，卖给了赫伯特·施特劳斯（Herbert N. Straus），一位美国商务专员。施特劳斯死后，他的遗孀委托沃利策以她的名义出售这把琴。时至这个阶段，这把大提琴被冠以它最有名望拥有者的名字，被称作"戴维多夫"大提琴，或更准确地叫作"达维多夫"，重音在中间音节上。

比尔记得，当杰姬来到他琴行里，要试这把琴时，普利兹也在场。"杰姬先拉了拉琴，而后，把琴递给普利兹，普利兹也试拉了一下，很是热心。'这是一把很棒的大提琴，是世界上一件真正伟大的乐器。只就一件事，就是这琴把是不是适合你，你必须自己拿主意。'杰姬发觉这琴的反应完全不同于她之前拉过的任何一把别的琴。她非常喜欢体验这把琴发出琴声的方式，发觉这把琴具有适当的柔和强化功能，赋予人难以置信且精致的音色调色板。"

再次，霍兰德夫人就是这位慷慨的捐赠人，与之前一样，她仍坚持自己的这份礼物匿名送出。通过她的几位律师，并在他们的授意下，比尔以杰姬的名义用总价九万英镑的价格买下这把达维多夫琴。霍兰德夫人仍记得，当她将这把琴作为自己最后一份厚礼赠送给杰姬时，她决定告诉杰姬这把琴作为一种投资的价值。"你懂的，亲爱的孩子，这把乐器非常非常名贵。你一定要保管好它，就当它是你的唯一。万一你发生了什么事（真奇怪，我应当这么说），你就拿它卖掉好了。"

自从开始跟管弦乐团合作协奏曲以来，杰姬就不再用裸羊肠琴弦演奏

---

① 威尔霍斯基（Mikhail Vielgorsky，1788年—1856年）：波兰裔俄国作曲家。
② 卡尔·尤利耶维奇·达维多夫（1838年—1889年）：俄国大提琴家、作曲家。

了。接着，托特里耶劝说她改用全金属琴弦，不过，据比尔回忆，得到这把达维多夫琴后，就琴的相关配置，杰姬做了折中的选择。开初，她用裹紧的羊肠处理两根低音琴弦，用金属缠绕的琴弦处理两根高音琴弦——比尔具体说明这四根弦分别为包银的G和C羊肠弦，以及齐整的A和管弦乐弦。直到后来，杰姬才全部转用金属琴弦，选择齐整的管弦乐琴弦，因为这些弦坚硬且耐磨。

对于演奏者而言，一把好的琴弓，几乎跟一件好的乐器一样重要，琴声质量大约百分之三十都取决于琴弓。琴弓的质量要依据弓的平衡以及弓棒的韧性和反应来判断，弓棒通常取材质坚硬但有弹性的巴西木材，即巴西红木制成。据比尔回忆，杰姬喜欢手重的琴弓。

我第一次认识她时，她用希尔琴弓（Hill Bows）拉琴。后来，我给她找了一把真正的极品多德琴弓（Dodd Bow），这把弓，她很是喜爱。她喜欢这把弓胜过她试过的图特斯琴弓（Tourtes）和帕卡德弓。每次我给杰姬看一把弓，问她意见时，杰姬就会立马在琴桥旁边拉一拉，然后将弓弯成一道弧线，所有的弓毛全都定在弦上。有一天，她妈妈带着多德琴弓进来，想要重新理一理弓上的须毛，这弓被车门给卡了一下——弓棒结实得很，居然没有断，不过，有一处弓角弯了。这把弓也就这么报销了。我四处寻找类似这把弓的多德琴弓，后来碰上一把帕洛莫琴弓（Palormo），于是，我把它给了杰姬，在后来的演奏生涯中，杰姬一直都用它。这把弓很重。

为了不让自己的大拇指在琴棒上滑手，杰姬在她琴弓整个把手部位加了一个橡皮管套。比尔记得，加上这层橡皮管套后，这把帕洛莫琴弓重达一百零五克，比尔相信这重量堪称世界纪录了！杰姬应该从没考虑用其他人制作的琴弓，她还买下另一把帕洛莫琴弓作为备用。

配备齐整了，这把达维多夫琴就是一把相当好的演奏利器。从杰姬录制的唱片中，我们能听到这把琴金色饱满的琴声，其情感抒发类似声乐，较轻柔的音域带着美妙的斑斓色彩，较响亮的音域则具有丰富的自然力量。最重要的是，像所有伟大演奏家一样，杜普蕾将自己个人的声音带入到她演奏的任何一件乐器之中。在她的唱片中，有着这方面的实证。不论这些唱片是在录音棚中录制的还是在音乐会现场实况直播下录制,不论用的是斯特拉迪瓦里琴,还是现代乐器,独特的"杜普蕾之声"总是能让人识别出来。虽然如此,1965年到1968年初这段时间所录制的唱片中,杜普蕾差不多都是在用这把达维多夫大提琴演奏,我们能听出这把大提琴的琴声带有分外明亮的光泽,这是一位出类拔萃演奏者与一件无与伦比的乐器珠联璧合产生的美妙效果。

i 《卫报》,1964年1月8日。

ii 《卫报》,1964年9月4日。

iii 《金融时报》,1964年3月18日。

iv 《卫报》,1964年3月18日。

v 《伦敦晚报》,1964年1月。

vi 希拉里·杜普蕾和皮尔斯·杜普蕾,同前,第152-153页。

vii 本书作者电话采访的内容,1997年1月。

viii BBC电台的栏目《每周一名艺术家》,1965年2月。

ix 耶胡迪·梅纽因著,《分享一门语言》,华兹华斯(编著),同前,第70页。

x 同上,和摘自传真给本书作者的信函内容,1994年12月。

xi 本书作者的访谈内容,1995年11月。

xii 《卫报》,1964年9月4日。

xiii 《每日电讯》,1964年9月4日。

xiv 《金融时报》1964年9月4日。

xv 《卫报》,1964年9月4日。

xvi 本书作者的访谈内容,1993年5月。

xvii 希拉里·杜普蕾与皮尔斯·杜普蕾,同前,第138页。

xviii 保罗·托特里耶与大卫·布洛姆,同前,第138页。

第十二章
杜比二人组

噢,青春!它那股冲劲,那种信念,那份想象!

——约瑟夫·康拉德①,《青春》

"湿漉漉的大选之夜似乎给这场充满青春活力的器乐二重奏首次公演不太好的兆头;不过,星期四这天,金史密斯大厅②挤满了观众。来听伦敦市音乐协会举办的音乐会。人们尤其关注其中的两位演奏者,一位是杰奎琳·杜普蕾,另一位是史蒂芬·比肖普;近些年,两人各自都获得了极大的名气,人们对两人的这次携手合作充满好奇,实属自然而然的事。这位大提琴手和这位钢琴人搭档,堪谓珠联璧合,他们的演奏,虽仍有几处片刻迟疑犹豫的时点,但整体上一贯到底且悦耳动听。现在,两人处在这么一个磨合阶段,两人的契合度因而更为引人注目,鲜明的组合特色则仍需时间打造。"[i]

就像《星期日泰晤士报》上的这篇乐评所写的那样,杰姬与史蒂芬·比肖普刚起步的搭档关系,与哈罗德·威尔逊③领导的工党赢得大选

---

① 约瑟夫·康拉德(Joseph Conrad, 1857年—1924年):波兰裔英国小说家。
② 金史密斯大厅(Goldsmiths' Hall):位于伦敦的一级地标建筑。
③ 詹姆士·哈罗德·威尔逊(James Harold Wilson, 1916年—1995年):英国政治家,两任首相。

恰巧在同一天晚上发生，即1964年10月15日。

想要将公司旗下这两颗最耀眼的明日之星组合在一起的头一个人，就是提莱特夫人。史蒂芬·比肖普（而今名叫史蒂芬·科瓦塞维契①），是一位拥有克罗地亚血统的美国人，初来伦敦，想要拜师迈拉·赫斯②深造。史蒂芬比杜普蕾大五岁，1961年在威格莫尔音乐厅举办了自己的首场公演，杜普蕾也在当年推出个人首秀，史蒂芬暨此很快成为他同代人中最令人兴奋的一位钢琴家，也是古典音乐——尤其是贝多芬曲目——的出色诠释者。比肖普早就是一位前途无量的艺术家了，甚至时至今日，他的演奏仍能引发音乐家同行中不是最崇高的敬意就是彻底否定这样的两级观点分歧。

史蒂芬之前听过杰姬的首场独奏会。他回忆说："我感受到所闪现的一种出色才华，整个人都被这种天赋才华吸引住了，迷住了。我真的感觉杰姬的演奏就仿佛她在狂恋着她的大提琴。她在台上看起来很美。"ii

1964年初，在提莱特建议下，杰姬去到史蒂芬的家中，于是，两人一起演奏了一些乐曲，而后当下决定，他们要一起合作演奏。在杰姬，举办二重奏音乐会就是一种放松，这么一来，也让她有了一位志趣相投的同龄人同行，可以与他分享自己身为巡回演奏家在日常生活中遇到的那些习惯性不适和孤独感。

金史密斯音乐厅的公演上，比肖普和杜普蕾演奏了四首奏鸣曲：巴赫的《G小调第三古大提琴奏鸣曲》、贝多芬的《Op.5 No.2》（同一调性），勃拉姆斯的E小调和布里顿③最近创作的作品。《星期日泰晤士报》的评论大赞两位演奏家的能力，较舒缓和较抒情的音乐乐句打造与润色得当，同时觉得，在节奏较快的乐章中，他们有时演奏得不够激越，不够清晰。他们就演奏布里顿奏鸣曲（这首奏鸣曲是这位作曲家于1961年专为罗斯特罗波维奇创作的）的"华丽掠影"获得称道，虽然评论人觉

---

① 史蒂芬·科瓦塞维奇（Stephen Kovacevich，1940年—）：美国钢琴家。
② 迈拉·赫斯（Myra Hess，1890年—1965年）：英国小提琴家，师从朱利恩·伯斯卡尔和奥兰多·摩根。
③ 本杰明·布里顿（Benjamin Britten，1913年—1976年）：英国著名的多产作曲家。

得——其实不奇怪——他们没能效仿出"罗斯特罗波维奇和作曲家赋予这首曲目的那种带着惊喜、睿智且看似不经意的气息"。这篇评论看来,比肖普在二人中表现得更为果敢,虽然,在音量方面,他似乎在自我克制。

爱德华·格林菲尔德,对身为钢琴家的比肖普怀有最高的敬意,(一直尊称他"我最钟爱的一位"),就1965年3月在凯姆登艺术学院①举办的一场二重奏音乐会,他在自己撰文的评论文中表示,有关大提琴与钢琴之间是否相得益彰,他也持保留意见。格林菲尔德回忆,"他们演奏贝多芬的《Op.69》和勃拉姆斯的一首奏鸣曲。整体来说,我有些失望。虽然杰姬不可思议地状态积极,但比肖普似乎整个状态缺少共鸣,他看上去有些过犹不及。我评论这场音乐会时,也是这么说的。正是这篇评论让我结识了史蒂芬,因为他写信给我,说他觉得我评点有失公平"。[iii]

事实上,史蒂芬跟格林菲尔德联系过,解释说,由于爱丽斯·杜普蕾出于好意的干涉,他的演奏没能呈现自己的音乐意图。幕间休息时,爱丽斯来到后台,建议史蒂芬应当关上钢琴盖,因为大提琴声被盖住了。史蒂芬于是照办了,人们想见得到他有些不情愿,而且记得,其结果是史蒂芬觉得自己的演奏被过度压抑住了。

总的来说,比肖普应该是第一个承认,他在达成二重奏之间良好的平衡方面花了时间,因为,跟杰姬合奏之前,他根本没接触过任何室内音乐。无论如何,要实现与大提琴完美的相得益彰,何其难,尤其是这些作品中钢琴部分的分量颇重,还覆盖了大提琴相同的中低音音域部分。

金史密斯音乐厅的这次首场独奏也被用作BBC公司的一场试演;一位制片人代表到场,听过演奏后,有关这个新二重奏组合的合同事宜,简明扼要地批注——"接受"。1965年2月初,他们为BBC首次录制了自己的电台广播专辑——贝多芬的《G小调奏鸣曲Op.5 No.2》和布里顿的奏鸣曲。(他们这次演奏的)贝多芬曲目的第一乐章和布里顿的第二、第四乐章,放在一档为期四周的《本月艺术家》电台系列栏目中的最后一周播出,这段内容也被用来展现杜普蕾的奏鸣曲演奏风格。虽然BBC之后也多次在现

---

① 凯姆登艺术学院(The Camden School for Girls,简称CSG):伦敦北部的一所综合性女子中学。

场音乐会上录制二人的二重奏,不过,似乎只有他们首次电台录音的这段节选还仍然存世。

埃莉诺·沃伦[1],时任BBC制片人,负责他们二人组合的绝大多数演出事宜,据她回忆,BBC有关录音资料的保存规定相当武断,很大程度上依赖于制片人的推荐。"不过,经常是,原始录音还没播出去,别的制片人就有可能为了自己的节目要取用录音的部分内容,于是,他们会清除录音,因为录音已上过别的节目了。基本上,还得考虑节省储存空间——老的带式录像带占用很大的空间,要保存良好花费很大。"

埃莉诺·沃伦并非杜比二重奏组合的坚定崇拜者。比如,她觉得,皇家节日音乐厅举办的两场独奏会中,1966年11月7日的第二场,史蒂芬的钢琴弹得很粗糙,倾向于要压住杰姬的大提琴演奏,"这不是我想保存的演奏,他们合奏的契合不好。"她说。

直播音乐会的现场上,要实现大提琴与钢琴之间相得益彰的合奏十分不易,再加上,节日音乐厅的音响效果(尤其是音乐厅20世纪70年代初期翻新之前)并不利于这种合奏。沃伦的观点反映了她个人的品位,也反映了录制小组的专业难题,录制小组必须保证麦克风良好的声音平衡。当时,许多音乐家到场听了这场演奏会,他们都对这场音乐会有着美好的记忆,否则,他们不会有这种感受。比肖普记得,他和杰姬当时对彼此的合奏感觉非常不错。

前来听二重奏的人当中,不少人对组合中的其中一位已熟悉。据弗拉基米尔·达维多维奇·阿什肯纳齐[2]回忆,"我知道而且很是敬重史蒂芬的演奏,不过从没听说过杰姬的演奏。于是,我去听了他们这个组合推出的一场伦敦独奏音乐会,我被震惊到了,他们这种结合让我打心底里地喜欢。他们演奏了舒曼的《幻想曲》和贝多芬的《A大调奏鸣曲》。这是我第一次听贝多芬的这首曲子,发现曲子真的好美妙。他们相互之间有着某种美妙的活力"。[iv]

作曲家杰里米·戴尔-罗伯特通过杰姬结识了史蒂芬,也被他们二人

---

[1] 埃莉诺·沃伦(Eleanor Warren):英国大提琴家、教师和广播员,室内乐的运营人。
[2] 阿什肯纳齐(Vladimir Ashkenazy):俄罗斯钢琴学派的杰出代表。

的搭档组合所征服：

他们的关系非同一般，既是音乐上的，亦是情感上的。我深爱他们两位，看到他们合奏时相互之间起的化学反应，真是令人称绝。他们是很不同的两类音乐家，在许多方面，二人并不兼容，因为他们运行在非常不同的轨道上。因此，二人之间的音乐融合——或者说碰撞——带给我们非凡的音乐享受——确实，在我看来，是我迄今听过最激动人心的二重奏。

贾斯里·卢克，一位杰姬演奏的长期崇拜者，也喜欢他们二重奏组合散发的活力，虽然他表达了对他们的某些音乐诠释尚有保留意见。1965年5月25日，在河岸街①，法律学会（the Law Society）举办了一场午餐音乐会，他到场去听了。"他们演奏了勃拉姆斯的《E小调奏鸣曲》，这首曲子我不是很喜欢，我个人觉得第一乐章那么慢，最后的乐章又太快，于我不对味。还有，我觉得，就那个音乐厅而言，史蒂芬弹得钢琴声有些太大。"节目单中，另一首曲目是布里顿的奏鸣曲②，这首曲子，据贾斯里回忆，杰姬的母亲很强势地表示不喜欢。杰姬用她新近得到的达维多夫大提琴拉这首曲子，还就这把琴在音乐厅听起来的效果询问贾斯里的意见。"我记得，我跟她说，这把大提琴的低音好极了。不过，我对较高音域的评价挺愚蠢的，说它听起来像一位男高音想要变成女高音似的，杰姬只是大笑起来，并不介意"。

戴尔-罗伯特一直想知道，当时，史蒂芬和杰姬如何协商两人彩排的事宜。"杰姬能在瞬间掌握音乐——领悟一行音乐文本的含义。这很可能就意味着，她只会想到一种形式来演奏音乐，她不会去想——'也许我们可以这么来演绎它'。音乐诠释要通过与搭档共同协作来打造，这种理性的方式对于她而言很可能颇陌生。"

实际上，之前我们提到过BBC电台的系列栏目《本周音乐家》，在这档栏目第四辑的广播中，杰姬介绍了自己处理室内音乐的方法。口头介绍

---

① 河岸街（the Strand）：伦敦西敏市一条街道的名称。
② 迪亚贝利变奏曲（Diabelli Variations）：全称《以安东·迪亚贝利的圆舞曲为主题的三十三首变奏》。

她与比肖普演奏的音乐片段中,她将二重奏描述为"两个艺术家富有创见的结合。看待事物有着两种不同的方式,这两种方式只需要相互契合统一。不过,当它们融合起来时,这种结合非常值得"。

杰姬的话表明,在演奏过程中,每个演奏者先要树立自己的理念,而后塑造彼此兼容和结构化的音乐诠释。史蒂芬记得,总的来说,他跟杰姬一起合奏时很少意见不一致。他们排演的方式包括先通奏一遍一个乐章,而后,解决乐句的措辞和起伏停顿等相关问题。

总的来说,分歧几乎没有。有关节奏,我们仿佛感受到相同的节奏。我们真就达成一种结论,虽然不是当下就达成的,要是出现根本的分歧,比如在节奏速度上,比较好的处理是,其中一个节奏让位给另一个节奏,而不是做折中处理。倘若折中处理,两人都会很悲催;这种方法只就用一个节奏!至少,那个节奏包含有某人确定的信念。这些情况下,我们会说:"好吧,让你来这个节奏,而后,我来下个节奏!"

以参与其中的音乐人之间的彼此信任为前提达成一种音乐诠释,这样,一场演出获得成功。音乐人双方必须假定,彼此都在留心听同样的东西——有助于打造每个乐句的细节处,和构建整个音乐机构的基本因素。确实,音乐家仿佛拥有第六感,凭借第六感,他们识别和确定自己的搭档每个举动的意图和目的。倘若在通奏中,乐句的措辞或合奏过程里觉得什么不满意的话,那么,通常一到两遍地重复演奏这部分章节,让一切自然而然地就绪到位,也就足够了,没必要进行言语探讨。询问任何一位交响乐音乐人,他都会告诉你,言语会浪费时间;指挥家一个富有表现力的手势和清晰的节奏指示,远比口头解释可取得多。

史蒂芬记得这么一件事,当时,杰姬确实有请求他就钢琴部分采纳她的想法,还费了不少口舌解释自己的想法:"一次,我们排练德彪西的奏鸣曲,杰姬请求我花大量时间演奏曲目的开篇部分,为的是达到某种效果。她希望钢琴部分启动主题的初始节奏能非常宽阔,而我却觉得应该更紧凑些,更古典味些。这是唯一一次我记得她在一件事上坚持做我的工作;不过,我记不得我(当时)是接受了,还是她就没再坚持了。"

随着人逐渐成熟,杰姬耳力也练就得极其敏锐,这提升了她的天生直觉。不用口头说出来，她就能非常快地理解和吸纳他人的想法，这给了她相当大的灵活弹性。史蒂芬对杰姬的音乐素养钦佩有加，杰姬呢，在她，也对史蒂芬演奏中所体现的睿智印象深刻（她尤其佩服他演奏的《迪亚贝里变奏曲》，她曾跟我说），并积极响应他音乐演奏中的推动力与驱动力，还有紧致的音乐结构。

1965年到1966年的演出季，二重奏演出占据杰姬的大部分演出日程。伊比斯和提莱特经纪公司意在每个月预订五场演出活动，除非两位音乐人各自的日程有其他工作介入。因此，接下来连着三个演出季，每一季都进行一次音乐俱乐部巡演，史蒂芬和杰姬二人献技二十多场独奏会。虽然绝大多数的演出都在英国，这对二重奏组合也曾前往德国、葡萄牙和美国演出。

在杜比二重奏组合的这段时日里，史蒂芬和杰姬演奏的主流曲目有十余首之多：贝多芬五首奏鸣曲中的三首，勃拉姆斯的两首、巴赫的第二首古大提琴奏鸣曲、德彪西和弗兰克的奏鸣曲，还有舒曼的《幻想曲》。

大提琴的古典保留曲目，当然说来挺有限，史蒂芬回忆说，他们一度想过委托人创作一首新曲目。"布里顿的奏鸣曲是我们演奏过的最现代的作品。我们打算去找哈瓦·费格森[1]，费格森本人很喜爱杰姬的才华，想看看他愿不愿为我们创作些什么。遗憾的是，费格森从没接受过我们的提议，那时的他已不再创作了。就是到今天，我都引以为憾。"

在他早些年，费格森写过一些非常出色的室内音乐，其作品内在的浪漫情致应当与杜普蕾完全契合。费格森通过霍兰德太太已知道杰姬这个人，而且，在霍兰德夫妇位于肯辛顿的家中首次听到杰姬和她母亲合作的演奏。不过，费格森回忆说，有一次，杰姬和史蒂芬到他朋友托尼与桃萝茜·德·纳瓦罗两人位于科茨沃尔德[2]的家中拜访，这次相遇更加深了他对杰姬的了解。在德·纳瓦罗家里，史蒂芬先弹了一场午后独奏会，而后，他与杰姬继续留下来吃晚饭，他们为几位主人演奏了几首曲子。费格

---

[1] 哈瓦·费格森（Howard Ferguson，1870年—1946年）：英国作曲家、音乐学家兼钢琴家。

[2] 科茨沃尔德（Cotswolds）：英格兰之核心地区，充满诗情画意的英国气氛。

森记忆犹新，那次亲密的相会是"在一个永远不会忘记的傍晚，我们聆听巴赫和贝多芬的D大调奏鸣曲"。

后来去到费格森位于汉普斯特得①的家中拜会时，杰姬抱怨说，自己已拉过大提琴保留曲库中几乎所有重要的奏鸣曲和协奏曲。费格森就建议说，她应该通过演奏更多的室内乐来扩大自己的音乐视野，室内乐确实有着无限可能。

上面提到的BBC电台《本周音乐家》栏目中，杰姬做介绍时，谈到了室内乐带给人的无限快感，她介绍说，比起与管弦乐团合作，在小乐队中拉琴更能获得收益，与管弦乐团合作，不可避免排演的时间非常有限。"室内乐中，结交友谊与投入演奏两相结合，"她表示，"只要别的演奏人不发懒的话。"[vi]确实，杰姬愈发喜欢探索室内乐了，不只是挖掘那些保留曲目本身的财富，而且视作与自己友人自在轻松演绎音乐的机会。

在索尔莫纳塔的夏季音乐节中，她已有了首次演奏这种音乐类型的重要经验。不过，在伦敦，一座吸引世界各地音乐家大都市，现在有了常规的可能，能让她在很高的水准上进行非正式的音乐演奏。不只有像比肖普这样的美国人来到伦敦，还有一大批来自东欧的那些才华横溢的音乐家（只就提到钢琴家，就有一些重要人物，阿什肯纳齐、安德烈·柴可夫斯基②、瓦萨里③、彼得·符朗科④和傅聪等人，当时全都住在伦敦）。正如扎米拉·梅纽因（后来嫁给了傅聪）观察到的那样，那个岁月的音乐家似乎没有那么匆忙，演奏的音乐会也少些，视音乐为与友人分享的东西，而不只是在公众平台上追求的一种事业。

通过史蒂芬，杰姬的音乐家朋友圈大大扩展，跟其他人一样，她也是通宵达旦地探讨生活和音乐，听唱片或是演奏室内乐来进行娱乐。总体来说，杰姬一直以来更喜欢演奏音乐，胜过聆听音乐。不过，作为一位出色

---

① 汉普斯特得（Hampstead）：位于英国伦敦的内伦敦卡姆登区，长期以来以知识分子、艺术家和文学家居住区著称。

② 安德烈·柴可夫斯基（Andre Tchaikowsky，1935年—1982年）：波兰钢琴家、作曲家。

③ 瓦萨里（Tamas Vasary，1933年—）：匈牙利裔瑞士钢琴家、指挥家。

④ 彼得·符朗科（Peter Frankl，1935年—）：匈牙利钢琴家。

且乐于助人的同行，杰姬会到场去听友人的音乐会，还懂得如何非常有创建性地给人建议和批评。不过，史蒂芬记得，杰姬很少谈论其他音乐家，例如，她从来没有提过她跟卡萨尔斯和托特里耶学琴的事情。

只有一回，史蒂芬记得，杰姬对另一位弦乐演奏家很是热心："她有一次打电话给我，邀我过去听唱片，海菲兹[①]与萨金特合作演奏布鲁赫[②]的作品《苏格兰幻想曲》和《G小调协奏曲》。杰姬爱上了这张唱片，而且，当下，海菲兹就是一切。她接受不了演奏中的模仿，也无法容忍任何平庸的形式。"

杰姬受益于遇见史蒂芬的友爱精神，他们演奏的音乐会总是有音乐友人到场聆听。1966年11月走访里斯本期间，他们很高兴地在城里遇见一位友人——钢琴家内尔森·弗莱雷[③]。内尔森在他们两人的独奏会上帮着翻琴谱，也许根本没意识到翻琴谱需要慎重裁量的特殊技巧。据斯蒂芬回忆：

内尔森站起身来翻琴谱页时总是有些碍事。我们的胳膊给扰乱了，大家经不住狂笑起来。我们觉得这很好笑，虽然客观上讲可不是什么搞笑的事。我对内尔森轻声耳语，让他下台去，他于是站起身想要下台去，但却发觉自己笑得不行，没法挪动。接着，他索性又坐下来，继续前仰后合地大笑起来。这么一来，我的演奏弄糟了——弹错了一大溜的音符，弹出来的音乐听上去更像是勋伯格的曲风，而不是勃拉姆斯的意味。我转向杰姬，想知道她在想些什么，她却依旧拉着琴，一副悠哉且忘我的样子。

1965年5月，杰姬与BBC电台交响乐团一同赴美演出，期间，她与乐团领队休·马奎尔[④]结下了情深义重的友谊。她开始视休为自己的死党，爱与他分享自己对室内乐的热爱。她和史蒂芬以及马奎尔这位小提琴家合作，一起演奏钢琴三重奏。

[①] 海菲兹（Jascha Heifetz，1901年—1987年）：俄裔美国小提琴家。
[②] 布鲁赫（Max Bruch，1838年—1920年）：德国作曲家。
[③] 内尔森·弗莱雷（Nelson Freire，1944年—）：巴西古典钢琴家。
[④] 休·马奎尔（Andrew Hugh Michael Maguire，1926年—2013年）：爱尔兰小提琴家。

很多音乐演奏是在指挥哈里·布莱希①的家中进行的；布莱希先是作为小提琴手开始自己的音乐生涯，在20世纪30年代，还与普利兹一起组建了一支四重奏乐队。"二战"期间，当他开始当指挥时，他才发现自己真正的事业所在，并在1949年创建伦敦莫扎特演奏家乐团（London Mozart Players），为的是探索海顿和莫扎特的交响乐。出于这个原因，再加上他左手指的触觉神经末梢的毛病恶化，都使得他决定在专业上放弃原来的小提琴演奏。

哈里记得，提莱特女士有一天拨电话给他，说杰姬很渴望能与他合作三重奏：

我于是回答说，我对此深感荣幸，但我不建议这么做，因为我确实不再拉小提琴。尽管如此，杰姬和史蒂芬还是一道来了，接下来的几年，我们经常一起玩音乐。杰姬和史蒂芬是截然不同的音乐家。我钦佩史蒂芬的演奏，他也是我们管弦乐团开设莫扎特纪念大奖的首位获奖者。他对贝多芬的音乐感受真切，也一直跟玛拉·赫斯②关系很近。不过，我对他作为室内乐音乐家的素质不太看好。[vii]

正如休·马奎尔提到的那样，绝大多数钢琴家需要事先看一看乐谱，钢琴部分往往远比弦乐演奏人的独奏部分复杂得多。"史蒂芬非常不错，非常敏锐，不过，他不像杰姬那般放松，杰姬能够人一坐下，琴就拉起来。除了丹尼尔·巴伦博伊姆，我们钢琴人要演奏起来，必须得胸有成竹，借音符掌握要领，还得事先吃透它"。

有一次，史蒂芬和杰姬在布莱希家时，小提琴家亨利克·谢林③正好造访，大家便即兴演奏了起来。布雷希记得，这次相见不是很成功："这几位年轻的艺术家之前从没见过他，对他相当肃穆庄重的举止反应挺糟的。"[viii]

事实上，这一时期，史蒂芬和杰姬两人常常作为独奏者与伦敦莫扎

---

① 哈里·布莱希（Harry Blech）：英国著名小提琴家和指挥家。
② 玛拉·赫斯（Myra Hess, 1890年—1965年）：英国女钢琴家。
③ 亨利克·谢林（Henryk Szeryng, 1918年—1988年）：波兰小提琴家。

特演奏家乐团合作。1965年，杰姬与哈里·布莱希以及这家弦乐团合作了三场节日音乐厅音乐会，演奏了海顿的和舒曼的协奏曲。渐渐地，在国际声誉方面，杰姬越来越超越这家弦乐团的名气，她出场费用一路飙升——1967年5月，她与这家乐团推出最后一场音乐会，演奏海顿和波切里尼[①]的降B大调协奏曲（格吕茨马赫尔[②]改编版）。哈里·布莱希记得这些演出非常特别。"她的演奏有着如此难以置信的动人品质，相当独特。一次，她与我们演奏一首协奏曲时，我发现乐团中有人在哭——我看到这般情形，仅此一次。而且，她影响了整个乐团的音乐成员，令他们个个超常发挥"。

格斯里·卢克记忆犹新，1965年6月23日，在皇家节日音乐厅，杰姬与布莱希第一次合作，演奏海顿的《D大调协奏曲》。这首协奏曲新近才被重新发掘出来，立即被罗斯特洛波维奇相中，宣布自己将在伦敦进行首次演奏。不过，杰姬却比他早了一两个星期。

音乐会之前，格斯里去到后台预祝杰姬演出顺利，但发觉杰姬人有些困惑。

她给我看一份电报，史蒂芬发给她的，上面写着"让海顿爸爸吃虫子"。杰姬问："他这么说究竟什么意思？"我心下不由觉得有趣，认为史蒂芬是在说"让这首曲子复活再生"。因为，要是海顿自己能复活的话，他大概满身爬着虫子吧。杰姬大笑起来，接受了我的这番说法。我记得，我稍后问她："海顿什么时候创作了这首协奏曲？"她居然不知道，也完全不在意。跟她聊这些根本毫无意义。她这首曲子拉得很棒，当然，也丝毫不知道创作这首曲子的来龙去脉。

据史蒂芬回忆，他们两人认真对待每一场演奏，不过，一直也很开放。"每首协奏曲都是鲜活且各不相同，我们都很年轻。杰姬和我很少在演奏后进行切磋。不过，倘若需要，我们会在下次彩排中设定好一些细节上的处理"。杰姬的技巧手法浑然天成且激昂洒脱，这意味着她在音乐中从来都

---

① 路易吉·波切里尼（Luigi Boccherini，1743年—1805年）：意大利作曲家、大提琴家。
② 格吕茨马赫尔（Friedrich Wilhelm Grützmacher，1832年—1903年）：德国著名大提琴家。

不会自我重复。在她，任何一成不变的诠释都带有玩弄味。

形成鲜明对比，杰姬这种洒脱自由的精神和率真稚气的个性，在日常生活中，往往让人放下戒备心。据史蒂芬回忆，杰姬完全不受传统教育和常规社交礼仪的束缚。有一次，就在他们的友谊开始之初，杰姬显露了她有多么的率真朴实。"我当时已经结婚，我太太在餐桌上放了一本弗洛伊德的书。杰姬想要给人一种她很了解这本书的印象，于是说，'哦，弗洛伊德，不就是那个发明原子弹的人嘛？'我简直不敢相信自己的耳朵。后来，她病了，对精神分析了解了很多。我原不知道该不该跟她提这件往事，不过，我后来决定提一提，想必她会喜欢听的。她果真哈哈大笑起来，这之后，我们拿这事玩笑了好几回。"

格斯里·卢克也记得，杰姬为人阳光开朗，相处起来带给人们许多开心事。她很喜欢顽皮的故事，也很会开玩笑。她喜欢引用让·谷克多[①]的话："普通人在一辆公交车上过活一生，艺术家则在一辆跑车上度过。"格斯里买下他第一辆摩托车时，他的朋友都认为他不理智。"不过杰姬并不这么认为——她很喜欢那辆摩托。我载着她开过，我让她戴上头盔。第一次开，我们带她去了邱园（英国皇家植物园）[②]，她之前从没去过；她很喜欢邱园，不过，她更喜欢骑摩托。"

杰姬带格斯里去听斯蒂芬在节日音乐厅的首次演奏。

这是我第一次见到史蒂芬。杰姬跟我说史蒂芬担心人们不知道曲子什么时候结束，于是叫我带头鼓掌。史蒂芬演奏的《迪亚贝利变奏曲》精彩异常。之后，我们到后台，杰姬叫我过去跟史蒂芬的太太说话。我随即问杰姬，史蒂芬太太是不是音乐家，杰姬回答说"不是"。我们是正式介绍认识的，为的是相互聊一聊，我说："我听说你不搞音乐。我肯定这让家庭生活更加和睦。"我的话却引来一阵死寂。杰姬马上把我拉开，跟我耳语："我想你该知道，史蒂芬跟我有那层男女关系。"我可真

---

① 让·谷克多（Jean Maurice Eugène Clément Cocteau, 1889年—1963年）：法国诗人，小说家，剧作家，设计师，编剧，艺术家和导演。

② 邱园（Kew Gardens）：正式名称为皇家植物园（Royal Botanic Gardens, Kew），坐落在英国伦敦三区的西南角。

是搅浑水了。

史蒂芬出身于美国天主教的家庭，人只二十岁时就早早结婚，而且很早就有了几个孩子。当杰姬伴着她活力四射的音乐才华和天生的性格魅力卷入他的生活中时，她就是一股无法抗拒的魔力。杰姬呢，也一样，史蒂芬让她动心，史蒂芬的敏锐头脑和探索精神、现场发挥的音乐才华，和他的活泼，偶尔古怪的幽默感，都大大激发了杰姬。不久，他们便成了情人。

在杰姬，进入一个关系复杂且纠缠不清的成人世界让她十分兴奋，但并非总是一帆风顺。她现在必须从与自己第一位男友，乔治·德贝纳姆，的关系中解脱出来。乔治在她一度迫切需要支持的时点上给了她支持。杰姬感激乔治对她的付出，与此同时，她从来就没有以同等的方式回报乔治对自己的一往情深。当她提出分手时，乔治很难过，也没有掩藏自己的这份难过。也许，平生第一次，杰姬不得不应付直接冲着她发泄的愤怒。不过，在自己女性意识成熟的初期，杰姬更关注要历经的生命险程。杰姬享受自己重新找到的自信，享受自己向众人，尤其是男人施展的巨大魅力。虽然杰姬跟史蒂芬的婚外情是杰姬第一段颇为重要的男女关系，持续了两年间的大部分时间，不过，这并不排除其他暧昧调情之事。

史蒂芬记得，那时，个人自由的观念对杰姬很重要：

她觉得她应该享有跟任何她想要的人谈恋爱的自由，希望我也当如此。那时，我并不十分认同，我也无法做到这么放任自由。不过，杰姬对自己的情感和行为真的是口无遮掩——她很是坦率。这种自由是她有意识形成的人生哲理，这种哲理源自她的才华横溢，源自她对生命与人的强烈挚爱。她不受戒律清规的捆绑，与她正相反，我作为一个前天主教徒，整个人弄得很糟。

史蒂芬定义杰奎琳是他平生遇见过最为慷慨大方的人。她的大方自然流露在她对生活的态度中，这也是她演奏音乐的推动力。

回顾那段时光，杰里米·戴尔-罗伯特斯觉得很独特、生动且奇妙。

对所有年轻音乐家来说，那是一段极为美好的时光。有些逍遥音乐节和音乐会在我脑海里仍然历历在目。杰姬甩头的样子，比如说。我记得，我们演奏拉赫玛尼诺夫①的奏鸣曲一两次光景。就是那个时候，我第一次意识到，杰姬虽然是一位情绪化演奏者，但对自己运用情感效应的能力了然于心且驾驭自如。也许，她必须要有某种情绪抒发，这也就成了她所有音乐关系的潜台词。

杰姬具有将即兴发挥与所知所觉两相结合的能力，这赋予她的演奏愈发振奋激昂。她懂得，就像一位大歌唱家懂得的那样，乐器（或乐音）内在固有的情感特质能成为交流最具说服力的手段。尽管如此，她演奏中带有的这种生理感性部分从未妨碍演奏的完整性。

杰里米记得，杰姬和史蒂芬磨合出了他们自己的术语来描绘他们调动听众反应的能力。

他们曾经说到音乐中的"阴蒂"点位，更像电影配乐人不得不在既定时点上产生效果时所说到的"掐位"。杰姬准确知道如何处理到位，她在时点判断上非常敏锐，这就是她所言"阴蒂"点位的意思。它一方面是指某种放纵狂欢意，另一方面，它也指明确且清晰地知道要在何时压触，从而产生一种非常特定的颤栗。在柴可夫斯基三重奏的唱片中，将重复的C调让渡到华尔兹舞曲时，杰姬的精彩演奏就是其中一例。这其中，杰姬显然很明白如何达到想要的效果。确实，据我所知，还没有哪个演奏者能如此通透明白。

倘若认为杰姬通过声音传递情感的能力仅局限于表达生活和音乐中可触及的快乐，那就错了。她的这种表达源自更深层面所生发的内心深刻情感；无论她的聪颖领悟，还是她的身体亢奋，都没有妨碍她这份最原始的情感冲动。这意味着，杰姬的演奏总是看似新颖自然，有意避开简单艺术性的种种陷阱，譬如，重复意味着再现正统的范式，音乐线只意味着简单地将A点和B点连接起来而已。

人们终将记住杜比二重奏组合，通过EMI唱片形式，他们演奏的贝多芬A大调和D大调奏鸣曲（Op.69和Op.102中的第二首），1965年12月录制。对他们的演奏而言，这是一份恰当的馈赠，正是他们演奏的贝多芬曲目让

---

① 拉赫玛尼诺夫（Sergei Vasilievich Rachmaninoff，1873年—1943年）：俄国作曲家、指挥家及钢琴演奏家。

他们的二重奏组合在当时留下印记。

还没有开始录制二重奏唱片的几个月，他们各自为EMI公司录制了自己的独奏唱片（史蒂芬的一首贝多芬独奏曲；杰姬，两首协奏曲，分别是戴留斯和埃尔加的作品）。他们首张独奏唱碟分别于1965年12月19日和21日在阿比路录音棚①制作。就在临了最后一分钟，他们决定用贝多芬的《D大调奏鸣曲Op.102 No.2》取代原定的《A大调Op.69》。其余的作品包括巴赫的《D大调古大提琴奏鸣曲》，弗兰克的奏鸣曲和舒曼的《幻想曲》。

贝多芬的《D大调奏鸣曲》被乐评人和大众公认为杜比二人组合在自己的节日音乐厅音乐会上的亮点曲目。它也是史蒂芬和杰姬最有把握的乐曲。凭借这首作品，他们询问EMI公司可否录制这首作品，而不是原计划的《G小调奏鸣曲Op.5 No.2》；这一更换要求得到彼得·安德里的批准。据史蒂芬说，录制环节从各个角度说都相当顺利：

我记得，我们带着很积极的心态驱车前往阿比路录音室。虽然我已经为EMI公司录制过一张独奏唱片，我仍然是刚刚接触录音工作。所以，录制唱片就像攀登珠穆朗玛峰一般，我人就是到最后一秒都还在准备之中。我们在音乐会上和最近几天前的演出活动（在哈罗盖特②和汤布里奇③）中多次演奏过这两首奏鸣曲，都演奏得很顺利。录音只会更容易。这意味着我们应当能"稳稳拿下"，我颇期待这一回合作。另一方面，杰姬一点儿都不担心。

英国和美国两边的乐评人都大加赞誉杜比二人组合的首张唱片成绩斐然。在美国，天使唱片公司（EMI公司的美国同行对手）将杜普蕾个人的埃尔加协奏曲与这张贝多芬奏鸣曲同步发行，相关评论常常给协奏曲更多的版面。《纽约时报》评论人霍华德·克莱恩④这么写道，杜普蕾的音乐技巧十分了得，想象力生动活跃，"整个音乐呈现一种至关重要且活

---

① 阿比路录音棚（Abbey Road Studios）：英国唱片公司EMI在1931年11月于伦敦开设的一处录音棚。位于伦敦西敏市圣约翰伍德的阿比路上，故得名。

② 哈罗盖特（Harrogate）：英国英格兰北部的约克郡城镇。

③ 汤布里奇（Tonbridge）：英国肯特郡的一处集市城镇。

④ 霍华德·克莱恩（Howard Klein）：美国电视制作人。

生生的体验，不仅仅是青春激情下的发挥，而且是一种非凡音乐天赋的呈现……绝对肯定的是，杜普蕾是一位世界最伟大的大提琴家——年仅二十二岁而已"。其实，录制这张唱片时，杜普蕾才二十岁。

一份《费城问询报》①中，大卫·韦伯斯特赞扬杜比二人组的"华丽演奏蕴含非同一般的情感深度。（杜普蕾的）演奏奔放广阔，她的技艺无可挑剔。比肖普则是能擦出火花的好搭档。他们就音乐作品的灵魂所持观点一致，演奏时，仿佛演奏本身就令人无比的喜悦"。[ix]

这张唱片历久弥新，经受起了时间的考验，也展示出深刻体悟与青春活力的成功结合。杜普蕾分享了比肖普的古典式优雅，在《D大调奏鸣曲》的舒缓乐章部分，透过一种强烈的内心情感，他们获得他们想要的效果，从不掩饰乐句的简约。这段精彩乐章（卡萨尔斯把它比作一首送葬曲），经他们的演奏，开篇的主题部分类似，D小调的咏叹调透着极度的悲伤演奏，D大调部分的内心表达隐忍肃穆——伴着与之关联而勾起的遥远幸福——极为感人至深。接近尾声的过渡部分带着恰如其分的惊奇之喜与神秘之感，其间，贝多芬，引着我们领略一系列不甚亲近的合奏变调，回到持续音上，再又回到和奏基调之宗，与此同时，哲理上的均衡得以等效回归。人生的整个体验借此生发出来，从悲伤、无助、彻底的绝望，到理性的接受，进而，在尾声的赋格中转化为释怀的喜悦。贝多芬运用复调，就像巴赫在他之前所创作的那样，意欲唤起永恒的价值；这里表达的喜悦是痛苦过后随之而来的那份喜悦。

也许，杜比二人组演奏的《A大调奏鸣曲》就其整体感而言不是那么令人信服，不过，第一乐章的抒情部分和短慢板直至尾声部分都精彩得不可思议。这里，杰姬用她温暖铮亮的大提琴琴声抒发着充满活力的情感，展现出她对音乐的明暗和音色难以置信的直觉感知。她的演奏效果彰显出沉稳与精道，无比打动人心——这儿是收放自如的节奏，那儿是轻微的滑音，还有别处渐起的颤音。借由这些奏鸣曲，杰姬呈现给人们她完美精湛的艺术技巧和她打动人心、带给人惊喜的能力。

---

① 《费城问询报》（The Philadelphia Inquirer）：发行于美国宾夕法尼亚州费城市区的一份每日晨报。

也许，有关杜比二人组的独特之处，杰里米·戴尔-罗伯特斯的界定最为到位：

史蒂芬拥有非常个性化的古典风格，异乎寻常的沉着中激情相见，杰姬的演奏则激越冲动。将贝多芬作品这两方面兼顾呈现非常令人兴奋。史蒂芬的睿智知性和他的热情洋溢在那个时代相当引人侧目，而与杰姬的强势特色逐步合成，成就了一种独一无二的清新怡人之特色。我记得，他们演奏《D大调（Op.102 No.2）》时，最后乐章的赋格部分，两人相互斗妍的竞争意味很是非同寻常，其中，史蒂芬敏锐的切分音节奏，听上去仿佛是在演奏非常好听的爵士乐一般。他们演奏得极其快，使得这段赋格听上去像是在相互挑逗，在彼此挑战。

这张唱片确实捕捉到那种勇猛直前的刺激感，这段赋格执拗地向前一路冲去，就像一位骑手风驰电掣般驶向一处悬崖边缘。它在演奏着，令听者在座位上不由地坐直身，屏住呼吸。

这张贝多芬唱片是杜比二人组第一年取得的巅峰之作，二人的组合后来一度中断，1966年1月，杰姬赴莫斯科，利用自己五个月的假期进行学习，师从罗斯特罗波维奇。杰姬返回伦敦后，接下来的1966年至1967年演出季的档期就拟定了下来。这些演出包括在皇家节日音乐厅里再次举办一场伦敦独奏会，以及1967年初拟赴美演出。EMI公司也在协商，准备安排两位音乐家完成贝多芬交响曲全集以及勃拉姆斯的两首奏鸣曲的唱片录制。

尽管如此，一直到1966年秋天，有关要不要持续杜比二人组的事项上，还有，那件事，也就是二人的私下关系，在史蒂芬也好，杰姬也好，明显都是模棱两可之意。在斯波莱特[1]，杰姬很喜欢与理查德·古德[2]一起演奏，也想过要与傅聪[3]、休·马奎尔组建三重奏组合。不过，1966年12月，与丹尼尔·巴伦博伊姆的邂逅相识，从根本上影响了她的音乐事业

---

[1] 斯波莱特（Spoleto）：意大利翁布里亚大区佩鲁贾省的一座城市，位于亚平宁山脉脚下。

[2] 理查德·古德（Richard Goode，1943年——）：美国古典钢琴家。

[3] 傅聪（Fou Ts'ong，1934年——），生于上海，英国国籍，华裔钢琴家。

和个人生活。巴伦博伊姆即将取代她的其他所有音乐搭档。

1967年5月7日,杰姬在沃姆斯托镇进行了她与史蒂芬的最后一场独奏会。他们共同的好友圈中有几位都到场聆听,杰里米·戴尔-罗伯特斯是其中一位。他记得,一股强烈的伤感之情袭上自己的心头,他很明白,随着杰姬进入到她人生璀璨的新阶段,新的友谊也将占据她,失去杰姬的人,不仅仅是史蒂芬,还有史蒂芬朋友圈中的各位友人。

这之后,史蒂芬和杰姬各自的轨迹在日后的十来年里没有任何交集。后来,杰姬患病足不出户之时,史蒂芬再次与她取得联系。他成为她忠诚的定期访客,他们常常笑谈彼此过往的时光,聊起两人的音乐合作。史蒂芬追忆着:"就我们当时录制的贝多芬作品,杰姬和我都极为引以为傲,尤其是D大调,是我们最喜欢演奏的奏鸣曲。还有,在杰姬人生最后几年里,我去看望她时,我们两人都一致认为,D大调最为独特。时至今日,我珍爱那段舒缓的乐章。我对我自己在《A大调奏鸣曲》的演奏不甚满意,不过,她的演奏无可挑剔。"

史蒂芬总结杰姬的天赋,认为在于杰姬在精神层面极为丰富慷慨:"我遇见过的所有音乐家中,她是最大度慷慨的,也是最'音乐的'。她的表现天赋无与伦比,她使得绝大多数其他弦乐演奏者的演奏仿若在弹钢琴似的。杰姬对待演出的态度是典型的慷慨大度,她形容她的天赋是她自己有幸收到的一份美好礼物,一件她想与自己的朋友一起分享的礼物。"

人们可以为这些时光添上杰里米·戴尔-罗伯特斯的话作为题词:"这所有都是意气风发的青春;现在,留于我们回味的,是段段记忆的芬芳。"

i 《星期日泰晤士报》，1964年10月18日。

ii 本章中这些和之后的引用摘自本书作者的一次录音访谈内容，1993年6月。

iii 本书作者的录音访谈内容，伦敦，1995年12月。

iv 同上。

v 本书作者的录音访谈内容，伦敦，1994年8月。

vi 摘自BBC电台栏目《本周艺术家》，1965年2月。

vii 本书作者的录音访谈内容，1994年6月。

viii H.Blech，《伦敦莫扎特演奏家乐团四十年历程：非年表回忆录》，第42页。

ix 《费城问询报》，1967年2月19日。

第十三章
新的听众

那是伶俐的画眉鸟:它每支曲儿唱两遍,
唯恐你会想它再也唱不回
最初那般不经意的欣喜。

——罗伯特·勃朗宁,《异域思乡》

杜比组合进行二重奏演出的同时,杰姬大提琴独奏生涯的步调也在加快。1965年期间,她演奏了超过十二场音乐会,其中包括与皇家利物浦爱乐乐团及与哈勒管弦乐团的首度合作演出。这两场演出,杰姬演奏的都是埃尔加协奏曲,还与这两家乐团的首席指挥结下深厚交情——查尔斯·格罗夫斯[1]和约翰·巴比罗利。2月9日,杰姬第一次与伦敦爱乐管弦乐团合作,雅舍·霍伦斯坦[2]指挥,在节日音乐厅演奏德沃夏克的协奏曲,临时替换身体不适的莱奥纳德·罗斯[3]。她还在自己演奏曲目中添加了海顿的《C大调协奏曲》,六个月的间隔期间,她与伦敦莫扎特演奏家乐团以及指挥布莱切合作,分别两次演奏这首协奏曲。杰姬跟这家乐团一起在克罗伊

---

[1] 查尔斯·格罗夫斯(Sir Charles Barnard Groves,1915年—1992年):英国指挥家。
[2] 雅舍·霍伦斯坦(Jascha Horenstein,1898年—1973年):俄裔美国指挥家。
[3] 莱奥纳德·罗斯(Leonard Rose,1918年—1984年):美国大提琴家和教师。

登①和伦敦还演奏了舒曼的协奏曲。杜普蕾1965年间的演奏巅峰之作，就是她为EMI公司录制的两张协奏曲唱片（将在下一章中展开介绍）。

杰奎琳·杜普蕾的名望已牢牢印记在英国乐坛之上，与此同时，海外声誉仍少有人知。为此，杰姬需要争取亮相国际巡回演奏会的机会。1965年5月，她受邀在美国，与BBC公司管弦乐团合作，演奏埃尔加协奏曲。管弦乐团在推出自己的首次海外巡演，威廉·格罗克②坚持认为，乐团的演出节目应该代表范围广泛的当代（音乐）成就，部分与英国音乐特色相结合，部分指向对前卫音乐的拥护。这些音乐会拟将分别由匈牙利指挥家安塔尔·多拉蒂③，时任英国广播电台交响乐团首席指挥，和作曲家兼指挥皮埃尔·布雷兹④担任指挥，皮埃尔第二年接替了安塔尔的首席指挥一职。与这些非英籍的人名对应平衡的是，独奏和独唱家都是从英国本土人才中挑选出来的——杰奎琳·杜普蕾、约翰·奥格登⑤，还有黑瑟·哈珀⑥等。

这次赴美演出由著名的美方指挥家胡洛克⑦着手安排，而且局限在纽约州一地演出。在纽约的卡耐基音乐厅⑧，胡洛克安排BBC交响乐团演奏六场20世纪音乐节目（埃尔加大提琴协奏曲和马勒⑨的第四交响乐，跟冈瑟·舒勒⑩与布莱兹的音乐一样，安排适当地包含在内）。

哈罗德·肖，供职于胡洛克在纽约经营的演出经纪公司，1965年4月去过伦敦，就在BBC交响乐团赴美之前。他回忆，艾米·提莱特提过杜普

---

① 克罗伊登（Croydon）：南伦敦的一个镇，位于克罗伊登区内。
② 威廉·格罗克（Sir William Frederick Glock，1908年—2000年）：英国音乐评论人和音乐管理人。
③ 安塔尔·多拉蒂（Antal Dorati，1906年—1988年）：美籍匈牙利指挥家、作曲家。
④ 皮埃尔·布雷兹（Pierre Boulez，1925年— ）：法国作曲家、指挥家、音乐理论家。
⑤ 约翰·奥格登（John Ogdon，1937年—1989年）：英国钢琴家和作曲家。
⑥ 黑瑟·哈珀（Heather Harper，1930年— ）：爱尔兰女高音歌唱家。
⑦ 索尔·胡洛克（Sol Hurok，1888年—1974年）：俄裔美国音乐团指挥和管理人。
⑧ 卡耐基音乐厅（Carnegie Hall）：1891年建成，以卡耐基的名字命名。位于纽约第七大道和57街交界处。
⑨ 古斯塔夫·马勒（Gustav Mahler，1860年—1911年）：奥地利作曲家、指挥家。
⑩ 冈瑟·舒勒（Gunther Alexander Schuller，1925年—2015年）：美国作曲家、指挥家，作家、史学家。

蕾的名字，当时就引起了他的注意。

当时，杰姬正与史蒂芬·比肖普一起演奏，我之前听过一些唱片，认为她极为出色。于是，我决定要带她到胡洛克办公处，将她签了下来。我之前没听过她的任何现场演奏。那次谈话之后没几周，她来到纽约，演奏了埃尔加协奏曲。演出很棒，她当下就取得极大的成功。

我想，胡洛克本人绝不会考虑签下杰姬的。个中原因与杰姬本人无关，而是与胡洛克本人对女性器乐家的成见有关。他总是说——特别针对大提琴家——"为什么你想要一个拉小提琴或大提琴的女人呢？你得明白，她们是要结婚生子的，也就没钱挣的……"这就是胡洛克评论女音乐家时最爱说的一种话了，他还一而再，再而三地这么说。胡洛克是个生意人，把音乐当作一项以生意为第一位的产业来看。i

即将动身赴美国的前六个星期，杰姬与多拉蒂和BBC交响乐团在梅达谷录音棚①的一批受邀观众前，进行了一场热身演奏，期间，杰姬演奏了埃尔加协奏曲。BBC保留下来的录音资料证实，这场演奏很接近杰姬几个月后的演奏诠释，也就是她与巴比罗利合作录制的EMI唱片中的演释版本。不尽相同的地方，主要源于多拉蒂之于埃尔加音乐多少有些勃拉姆斯风格式的处理。多拉蒂喜爱升音启奏、管弦乐纹理缜密，音乐整体结构紧凑，而非巴比罗利所擅长的那样：曲风圆润柔和、节拍自在不羁，节奏处理灵活。杰姬会聪明有效地接受多拉蒂对作品的理解，同时仍不失自己的整体理念。尽管如此，毫无疑问，巴比罗利对埃尔加的感觉让她更觉亲近。

5月9日，杰姬启程赴纽约。与BBC交响乐团在纽约北部演奏两场音乐会后，5月14日，她在卡耐基音乐厅演奏。德克萨斯的大提琴家拉尔夫·科奇鲍姆②事出偶然去听了这场音乐会。他当时还是耶鲁大学的在校生。

我来到纽约，想要找人调一调我的大提琴。看见宣传杰姬音乐会的

---

① 梅达谷录音棚基地（Maida Vale Studios）：BBC集合了七间录音棚的综合建筑，自1946年起使用至今。

② 拉尔夫·科奇鲍姆（Ralph Kirshbaum，1946年——）美国大提琴家、指挥家。

海报，没犹豫，我买了票，走了进去。我之前没听过她拉琴；其实我也从没听过埃尔加协奏曲。从第一个音符起，演奏效果相当令人着迷，尤其是，就自己应当做何反应，我丝毫没有先入为主的成见——我对杰姬的背景一无所知。她的诠释几乎做到了恰如其分的经典，同时，从她那儿迸发出来的朝气呈现出一种完美的平衡，一种在收放自如的音乐形式和内心生发的激情之间营造的平衡。每个部分都是如此和谐悦耳，如此生趣盎然，如此自然流畅，我整个人都被震住了。最触动我的是，贯穿整个演奏始末，乐线极为纯正干净，当然，还有那种美妙的情感触动。真是相当罕见。"[ii]

杰姬的演奏结束后，拉尔夫去到后台向她表示祝贺。"我当时有那么点儿含羞，不知道她会怎么回应一个完全不认识的人的道贺。让我惊喜的是，就她一个人在更衣室内——我猜她在纽约谁都不认识。她非常友好，我们开始交谈起来；我们最后坐在她更衣室的楼梯上，听完了音乐会的整个下半场。"[iii]

纽约的听众以极大的热情接纳杰姬的演奏，给予她热烈且持久的掌声，掌声长达十多分钟。约翰·格鲁安，《纽约先锋论坛报》的评论人，这么写道："已经很久了，发自大提琴如此非凡美妙的音乐，人们必须返回到卡萨尔斯的全盛时期，或是找到像罗斯特罗波维奇一样非同凡响的音乐家才足以进行比较。"他评价杰姬的技巧堪称"绚丽夺目"，赞扬她的音色品质和变化"宛如人的手从天鹅绒到丝绸再到锦缎之间来回抚摸一般"。《纽约时报》评论人雷蒙德·埃里克森很认同格鲁安的评价："杜普蕾小姐与这首协奏曲就仿佛为彼此而生，她的演奏如此充满浪漫主义精神。"埃里克森把杰姬的形象比作"兼有路易斯·卡罗①笔下的爱丽丝与文艺复兴时期绘画中某位天使神韵的一位器乐家"。天使这个类比一直跟着杰姬，这在美国很长一段时间，她也很快成为一段佳话。

正是在这次赴美演出中，杰姬与小提琴家休·马奎尔，BBC交响乐团

---

① 查尔斯·路特维奇·道奇森（英语：Charles Lutwidge Dodgson，1832年1月27—1898年1月14日），笔名路易斯·卡罗（Lewis Carroll），英国作家、数学家、逻辑学家、摄影家，以儿童文学作品《爱丽丝梦游仙境》与其续集《爱丽丝镜中奇遇》而闻名于世。

团长，结下友情。马奎尔记得，在锡拉丘兹①，他看见杰姬独自一人坐在一张早餐桌边；锡拉丘兹是他们音乐演出的第一站。"我走过去，坐在她边上，跟她搭话打趣。我们就那次巡演聊了很多。数年前，她第一次跟我们合作演奏时，我确实被她倾倒了，不过，我当时太害羞了，不敢跟她说话。她非凡的才华和自然流畅的表达，令我惊讶钦佩，需要时间来消化对她的这份敬畏感。" iv

在纽约，华道夫–阿斯多里亚酒店里，举办了一场欢迎会，会上，当着这把琴的前主人赫伯特·N·斯特劳斯的遗孀，以及伦伯特·沃里兹②的面，达维多夫大提琴正式交付给了杰姬，沃里兹是促成这次易手的琴商。其实，杰姬这年年初就已买下这把琴，之后一直都用它演奏。马奎尔记得：

查尔斯·比尔已从伦敦赶过来了。不过，整个事情多少是保密的，就连杰姬也似乎不知道会发生什么。她为这些非常精明、有些自命不凡的观众演奏了巴赫的一段无伴奏曲目，《天鹅》和别的一段轻柔愉悦的小曲。杰姬很调皮，人们能看出，在给这些观众演奏时，她也在打量他们。评断他们的确不过是对音乐没有多深了解的大人物而已，她相当沉着地弹奏那些曲子，但演奏方式却可爱动人。虽然杰姬对拥有这把达维多夫琴很是兴奋，但也能活泼轻松地待它。

杰姬的演奏打动马奎尔的地方，是杰姬有着惊人的音乐领悟。"作为与管弦乐团合作的独奏者进行演奏时，她很明白我作为乐团之首在做什么——明白的程度远远超过我所知道的其他所有人。"杰姬与乐团演奏者之间有着非同一般且直接的沟通，马奎尔在他这方面意识到，这种沟通赋予他们的演奏一种亲密的室内乐演奏特色。据他回忆，"杰姬绝大多数时候不太注意那些指挥。她跟我本人和几位演奏者都相当有默契，这些演奏者包括坐在我旁边的诺曼·尼尔森，和特雷弗·康纳（Trevor Conner）——首席第二小提琴家。当时，BBC交响乐团有着相当出色的演奏班底，全都非常热衷室内乐，杰姬不久也加入我们的聚会当中。我们很

---

① 锡拉丘兹（Syracuse）：美国纽约近郊的一座村庄。
② 伦伯特·沃里兹（Rembert Rudolph Wurlitzer，1904年—1963年）：美国小提琴家。

快就发现彼此是志趣相投的人"。[v]

带着自己对美国满满的印象,杰姬回到英国。她告诉她的朋友,史蒂芬·比肖普和格斯里·卢克在内,纽约让她热血沸腾,她愿意搬去住那儿。尽管如此,不过,格斯里和史蒂芬,同是侨居海外的美国人,十分肯定这股子兴奋劲会逐渐消退。"是,是值得去的好地方,不过,我可不知道,要是真住在那儿了,你会有多喜欢它。"格斯里记得自己这么跟杰姬说来着。[vi]

不过,杰姬的热情真就没那么快地削弱。1967年初,第二次赴美时,杰姬跟《纽约时报》的查理斯·里德说,她在卡耐基音乐厅的首场演出是她迄今推出演奏会中最棒的。"它是一次几乎一切都恰到好处的演奏会。"在她心里,纽约是一座令人叹为观止的城市:"所有那些汽车一英里长,所有那些房屋建筑三英里高,我所有纽约的朋友,卡耐基音乐厅——我对它怀有极大的敬重之情。"[vii]

随着杰姬的卡耐基音乐厅首演赢得极为重要且广受欢迎的成功,哈罗德·肖打电话给在伊比斯与提莱特经纪公司的特里·哈里森,哈里森当时负责打理杰姬在英国以外的海外演出事务。肖向哈里森说:"我就只要预订这个女孩。"接着,很短的时间里就敲定1967年至1968年头几个月杰姬再度赴美巡演的行程。[viii]

1965年,其他海外演出活动前后都挺少——6月11日,在(德国的)埃斯林根,与比肖普一起举办一场二重奏音乐会;在吕贝克,由格尔德·阿尔布雷希特(Gerde Albrecht)指挥,推出一场舒曼协奏曲音乐会(10月4日);8月17日,在琉森音乐节上,与乔治·马尔科姆一起举办的一场独奏会。

伊比斯与提莱特经纪公司认为室内乐音乐节脱离了"职业投入的"轨道(尤其是,倘若操作的话,室内乐演出的酬劳很低)。因此,一份邀请,邀请杰姬在1965年7月意大利的斯波莱托举办"两个世界音乐节"①上进行演奏,通过直接与杰姬协商后拟定下来。不同于塞尔莫内塔的音乐

---

① "两个世界音乐节":意大利语为The Festival dei Due Mondi,英语为Festival of the Two Worlds。

节，通过与一系列业主的合作，已带有些英国味，并由阿根廷人莱西担纲指挥，斯波莱托的音乐节则由美国人经营，运作规模远远超过前者。意大利裔美国作曲家吉安·卡洛·梅诺蒂①于1958年创立这个音乐节。歌剧表演和管弦乐音乐会一直是梅诺蒂在斯波莱托的首推项目，当将室内乐元素添加进来时，他委托钢琴家查尔斯·沃兹沃思②进行运作。许多来自茱莉亚学院及其他地方的美国音乐专业生受招，应聘参加乐团演奏，沃兹沃思也从美国带来相当拔尖的年轻才子一起演奏室内乐。

正是听了杰姬录制于一次电台演奏的埃尔加协奏曲的磁带，沃兹沃思发出邀请，邀请杰姬赴斯波莱托住上一两个星期。据他回忆，"我对她非凡的演奏印象十分深刻。我只是犹豫，此举很可能是一次冒险，这么厉害的演奏家恐怕适应不了室内乐亲密无间的风格"。

沃兹沃思将音乐家分成几个小组，给出演奏曲目单，让他们开始努力练习，准备参加在卡奥·米利索歌剧院③推出的音乐会上进行演奏。在如何组成各位音乐家的最佳搭档方面，沃兹沃思有着不可思议的天赋。他早就确定让理查德·古德，一位还只有十来岁的美国小钢琴家，与杰姬搭档，组成一个令人振奋的二重奏组合。

尽管如此，在初次亮相斯波莱托时，即抵达后的第二天，杰姬演奏了无人伴奏的巴赫作品，当时没有充足的时间排演任何室内乐曲目。沃兹沃思记得，音乐节总导演梅诺蒂和托马斯·修比斯④，时任音乐节管弦乐团指挥，两人都责备他的节目安排不力。"他们惊恐地嚷道，'太糟了，没有比满堂坐着听一位无名小辈拉一首巴赫组曲要来得更糟了！'杰姬登上舞台，穿着一条田园风格的飘逸长裙，但仍无法打消他们二人的疑虑，不过，就在她起弓触弦的那一刻，显然，这是一位天才在演奏。我记得，托马斯·修比斯转过身，一脸惊奇地望着我。"

---

① 吉安·卡洛·梅诺蒂（Gian Carlo Menotti，1911年—2007年）：意大利裔美国作曲家、歌剧台本作家。
② 查尔斯·沃兹沃思（Charles Wadsworth）：美国古典音乐钢琴家。
③ 卡奥·米利索歌剧院（The Teatro Caio Melisso）：意大利斯波莱托的一座歌剧院，大约始建于1667年。
④ 托马斯·修比斯（Thomas Schippers，1930年—1977年）：美国指挥家。

在来斯波莱托之前，理查德·古德就听说过杰姬的名字，但并不知道杰姬在英国有多么受人们拥戴。虽然听说会有值得期待的惊喜，不过，理查德没料到自己得到这么一种第一印象：一位金发女孩，神态稳健，样貌健康，大步流星走上台来，站稳在舞台上。"紧接着，她仿佛很牢靠地扎下根去支起自己的大提琴——周身散发着类似愉悦的气息。她忘我且充满自信地奏起这首C大调组曲。毫无疑问，这既是她的声音，也是巴赫的声音。情感上，彻底地自在洒脱，十分美妙。"[ix]古德之前就定期参加万宝路音乐节①，还经常参加卡萨尔斯的大师班。他觉得杰姬演奏的巴赫作品，尽管很多方面确实相当不同，但体现了不少卡萨尔斯风格。后来，令他颇吃惊的是，他获知杰姬并不知道卡萨尔斯著名的巴赫音乐唱片。

古德与杰姬合作的第一首演奏曲目是贝多芬的《D大调奏鸣曲Op.102 No.2》，这首曲目与其他演奏的曲目至今仍存留在意大利电台（RAI）②的录音带档案中。沃兹沃思发现他们搭档的二重奏非常令人满意："古德有着与深刻音乐理性相结合的强烈乐感，能够与人的日常生活关联起来。他，跟杰姬一样，看重人的境遇，关乎与他人的情感连接，与此同时，又理智地保持着扎实的功底。"

他们演奏的贝多芬《D大调奏鸣曲》，体现了他们二人合奏的品质，他们两人的个性气质两相结合所散发的魅力令人惊讶。古德掌握和弦和复调音乐结构娴熟，让他在杰姬戏剧化长乐线下营造出一副架构，其间，潮起潮落，听上去无拘无束、自然流畅。古德的演奏有着一股螺旋式弹簧般的灵动稳健劲，一旦需要，即刻就能释放出来——比如，第一乐章的尾声部分，倒数第二小节十六分音符渐强高潮令人惊艳，音乐收尾华丽。在慢板乐章部分，演奏者起奏时就带出哀伤苦闷之情，似乎伴着虔诚的祈告——类似Stabat Mater Dolorosa（拉丁文：《圣母悼歌》——译者注）③。随着音

---

① 万宝路音乐节（The Marlboro Music School and Festival）：佛蒙特州万宝路镇每年夏季七周古典音乐精训与技艺切磋的音乐艺术节，始于20世纪50年代。

② 意大利广播电视公司（RAI）：意大利国家特许新闻机构，成立于1954年，旗下拥有多家电视广播公司。

③ 《圣母悼歌》（拉丁文：Stabat Mater Dolorosa，或简写为Stabat Mater）：13世纪天主教会称颂马利亚（耶稣的母亲）的一首歌。

乐戏剧情节的展开，杰姬旋律线的情绪起伏急剧增强，激起古德惊涛骇浪般的响应。杰姬的琴声在慢板乐章的D大调部分最是诱人，其间，时不时，内心情感似乎强烈到几乎令声线窒息的境地。他们处理赋格部分的节奏舒缓慢行，比杰姬与比肖普一起录制过的演绎要慢些，但并没有牺牲掉尾声部分最终积聚起来的兴奋感。

接下来的两场音乐会，杰姬演奏贝多芬其他更多的作品。7月14日，杰姬和理查德·古德，再加上迈克尔·特里[1]，来自瓜奈里弦乐四重奏的中提琴演奏家，一起演奏《降E大调三重奏Op.70 No.2》（特里，小提琴和大提琴皆精通，自然在这场演奏中拉小提琴）。他们三人对贝多芬这首独特三重奏的演绎，虽然呈现的视域在成熟度上远不及四年半后，由巴伦博伊姆-祖克曼-杜普蕾组合录制的唱片演绎版，但仍不失美妙。在第一乐章导入的一开始，杰姬就营造出一种神秘感，接下来的快板部分，她将表现力与优雅意味结合一处。杰姬能用她天生的音色才华感染她的搭档，并对这首作品不同情绪的每一处暗示给予响应。这些富有特色的杜普蕾手法——往往出人意料，在这里，一个指法滑动饶有意味，颤音运用含蓄到位，琴弓触弦的演绎方式千变万化——造就出美妙的音色调色板。有时，琴弓触在弦粗糙的一边，这时，人会听到琴弦上发出一个"啪的"琴声，或是和弦中稍带些锉磨的击弦声，就像第二乐章变奏部分中那样。这场演奏的显著特色是它的热情与活力，其中，是杰姬在起着驱动力的作用。

第二天，杰姬演奏《A大调奏鸣曲Op.69》，这次，她的搭档是另一位年轻的美国钢琴家劳伦斯·史密斯[2]。他们的出色演绎令人愉悦，其品质丝毫不逊于几个月后杰姬与比肖普录制的唱片版本。史密斯这场演奏，虽然表现的灵活弹性不甚完美，但合奏直觉响应出色，触感轻柔。他们诠释的诙谐曲部分，处理确实很快，是一幅转瞬而逝且超验的图景，焦急地奋力向前，但没有一冲过头。尾声部分也处理得快到作品的极限，史密斯听上去明亮闪耀，杰姬则生气勃勃，带大家风范。不过，在抒情乐章部分，

---

[1] 迈克尔·特里（Michael Tree，1934年——）：美国小提琴家。
[2] 劳伦斯·史密斯（Lawrence Leighton Smith，1936年—2013年）：美国指挥家和钢琴家。

特别是慢板部分，杰姬拉出的长音富有空间感，使得你不由得屏息静待每一个音符。

沃兹沃思记得，"杰姬在斯波莱托很舒心；与理查德·古德结下了不错的友谊，一切都相当闲适温暖；她整个人悠闲轻松。她完全依从我的安排，虽然日程安排得非常紧，每天都有几场不同的演奏。我们所有的空暇时间都是在这座可爱的意大利山顶城镇里吃吃喝喝中打发的"。

杰姬初次结识阿诺德·斯坦哈特[①]，瓜纳里四重奏组合中的第一小提琴手，是在一次惬意的意式午餐会上。斯坦哈特记得，"查理·沃兹沃思已经替她做了很棒的造势。我心下想会遇见某位有些耍大牌的人物，某个星光熠熠、华丽、都市味浓重的人物——显然，杰姬不是这样的人。相反，她就像个女生，带着甜美、憨憨的微笑，穿着一条非常普通的夏季长裙。她有着一种让人不设防的单纯，这一点令我吃惊不小。她完全未受名声影响，也一直没有因为个人成功而改变什么"。

斯坦哈特记得他们在一起发生过的趣事。"杰姬人很有趣，低调，幽默，她的幽默不是那种让人联想到什么聚光灯下人物的幽默。她颇喜欢模仿我的口音：'告诉我，阿诺德，是时候你该这么着了吧？'她会这么说，故作无辜状。她会聊她父亲的'德罗特'，一台类似履带式拖拉机的农用机。我跟其他音乐人，绝大多数都是城里人，无从知道那是什么东西。她继续说呀说着这台'德罗特'，完全没啥用的话题，我们其他几个谁都说不上什么。"

杰姬接二连三把她刚拿到手的达维多夫大提琴忘在餐馆或公共场所，每当这种事情一发生，更热闹（也让人多少担心的）事也就跟着来了，她总是不得不打道回去，把大提琴给找回来。再就是，有个女人迷恋梅诺蒂，对他展开追求，可梅诺蒂不情愿，这局面很滑稽，引得各位音乐家大笑一场。据斯坦哈特回忆，梅诺蒂的这位爱慕者穿着打扮凄苦、显眼——卡拉丝[②]式装扮———直徘徊等待着自己那个心有不愿的猎物。

绝大多数时候，杰姬都有理查德·古德陪着，她跟他"好友上了"

---

① 阿诺德·斯坦哈特（Arnold Steinhardt，1937年—）：美国小提琴家。
② 卡拉丝（Maria Callas，1923年—1977年）：美国籍希腊女高音歌唱家。

（用斯坦哈特的话说），之后，在伦敦，他们仍继续保持着亲密的友谊。斯坦哈特，跟沃兹沃思一样，对杰姬台下和台上的形象反差着迷。"她看起来是个甜美、端庄的挤奶女孩，但是，大提琴一在手，她人就像着了魔。"他很高兴受邀请与杰姬和汤米·施普斯（Tom Shippers）合作，一起演奏门德尔松的《D小调三重奏》。尤其是，1958年，斯坦哈特在卡耐基音乐厅举办自己首次演奏会时，施普斯，这位才华横溢的年轻指挥家，指挥过他与纽约爱乐乐团的合作演奏，曲目是维尼亚夫斯基[1]的《第二协奏曲》。

斯坦哈特之前没想到施普斯还是一位钢琴家——

不过，当我们开始彩排时，我是既震惊又窘迫，彩排证实汤米·施普斯没法再弹钢琴了。他是个很炫耀的弹奏者，音乐会上，他弹错的地方一把一把的。令人尴尬，虽然演出也有些不错的地方。特别是，我一直难忘其中一幕的记忆，非常有代表性的杰姬风格。尾奏之前，终曲部分，音乐最后从D小调转为D大调。杰姬和我之前聊过该如何处理，但后来在音乐会上，神奇的事情发生了，杰姬不再看着乐谱，而是朝我笑颜一展，带着全情的喜悦和知心之意看着我，仿佛在说，"这会儿，在意这招呵，是不是很美妙！这会儿我们正在演奏这有趣的音乐呢"。想到这一幕，至今仍让我眼里含泪。那是一种热情，一种人年轻时拥有的热情，一种你若是杰姬便拥有的热情——杰姬从没有失去过这种热情。与她一同演奏，真是一件令人激动战栗的事啊。

就在同一场音乐会上，7月18日，杰姬和理查德·古德演奏了舒曼的《幻想曲Op.73》，沃兹沃思称赞说，他们的演奏是他平生听过最为令人震撼的一场。"理查德和杰姬彼此间的交流如此深切——你当称它作彼此间恰到好处的化学反应。他们在演奏中运用的手法富有一等一的朝气与活力。"据古德回忆，他与杰姬的这次以及后来所有的合作演奏都是临场上的即兴发挥，这本就是难免的，演出日程过紧，很难在各场音乐会之间预留任何时间进行彩排练习。在他们演绎舒曼作品的演奏中，古德

---

[1] 亨里克·维尼亚夫斯基（Henryk Wieniawski，1835年—1880年）：波兰作曲家、小提琴家。

感觉自己"受到来自杰姬的一股电流,这电流时不时汹涌起伏,一路推着他前行"。[x]

这场音乐演奏有录制下来,门德尔松的三重奏和舒曼几首作品的录音带证实了以上引用到的几位音乐家的评点(门德尔松的三重奏,很凑巧,确实有它精彩的部分,施普斯,虽然不算一位精准的钢琴家,对门德尔松的曲目的直觉反应绝对到位)。《幻想曲》,则证实体现出演绎手法柔和、亲密,尤其在第一首曲子中,演奏者抓住了那种代表舒曼音乐特色的内化精神。并不是说,舒曼音乐外向活泼的一面就缺失了,尤其是第三首曲子中,杰姬激越快乐地领引着旋律推进,冒着奏过头的危险。古德在音乐中一路驾驭,直到尾奏时,需要对舒曼标注出加速而后再加速做出响应,古德的演奏爆发了起来,与杰姬炽烈的音律交相辉映。听众伴着他们的狂野热情甚至唱出了声——得知没有再来一曲的返场演奏时,这些观众纷纷失望不已地交头接耳起来。

一直以来,有个传统,这个音乐节的最后一场室内乐必须演奏舒伯特的《C大调弦乐五重奏D956》(带两把大提琴)。那年,沃兹沃思请杰姬担纲第二大提琴角色,与瓜奈里四重奏组合一起演奏这首曲子。在沃兹沃思看来,他们的演奏富有独特的美感,之前之后都没有其他人与之齐美。沃兹沃思称,杰姬就是这次合奏最引人入胜的魅力所在,他本人也完全被杰姬在第二乐章部分"了得的"先声夺人所深深折服:"他们的演奏中,其他几位都没有她的那种感染力。尤其是第二乐章的中间部分,杰姬赋予这部分的活力尤为惊艳——她使得三连音符的突然插入,伴着一种不祥与威胁迫近之感,恰如其分地与平静的其他外在部分形成鲜明对比。"[xi](公平地说,应添上这么一点,在大约两个小节的空间里,就在这个中间部分的开头,杰姬确实有些迷失——这表明,当演奏像这场演奏感染力这般强劲时,失误是次要的。)

在意大利广播电视公司(RAI)的录音带上,我们能听到这么一场演奏,这场演奏具有瓜奈里四重奏组合的音乐特色:酷、雅、悦耳。第二乐章,占有了其应有的地位,是这首作品的核心部分,但是,在接下来的几个乐章中,这几位音乐家的专注力仿佛接续中断。我们会发现,在这首五重奏的谐谑曲和最后乐章部分,他们对舒伯特所创作的最棘手、最难把握的几个部分的处理不是那么令人称奇,合奏出现几处不经意的凌乱瑕疵,音调也失准。这也是刚出道的瓜奈里四重奏组合首次演奏这首曲子,在斯波莱托排演几无的境况下,他们还是达到了惊人的高水准。

在斯坦哈特看来,他们这次演出最难忘的,是杰姬演奏时那份彻彻底底的狂放不羁:

杰姬完全放得开,当然,她的演奏也是无懈可击的。就绝大多数完美的演奏家而言,他们对完美的专注,受制于必须计算和明确每个音符的心思。这么一来,就得为之付出代价——演奏持重有余,却兴奋不足。杰姬的热情恰好处在有几分要过未过的险境边上,不过,这看似的有些过,过得令人信服,让你不得不接受它。杰姬演奏的这种特质适用于独奏曲目,也适用于室内乐。她很明白自己周围在发生什么,知道怎么融入,怎么自然而然地散发个人魅力。[xii]

正如斯坦哈特所言,杰姬的个人风格让人回想到20世纪初那些伟大演奏家的风范。"在我们这个时代,要找到具有鲜明个人特色的伟大艺术家,不容易,眼下,如此多的人演奏得'完美极了',但都是千人一面的表与里。杰姬对音乐纹理的直觉意识极高,同时,她的滑音和延音运用让人不由得追忆上一个时代的美好。"

理查德·古德认为,正是杰姬与音乐的完全认同让她的演奏富有如此打动人心的感染力。还没有与杰姬同台全程演奏埃尔加的《大提琴协奏曲》时,他从没听过这首作品。"我被这首曲子震惊到了,也被杰姬演奏中压倒式的凄美哀婉之情惊到了,尤其是慢乐章部分。"通过他与杰姬的音乐接触,古德进一步理解了杰姬对生活和艺术富有创意的回应。古德察觉到,他所看到杰姬的日常行为,他所听到杰姬倾注在大提琴上的情感,这些之中存在着一种冲突:"我对杰姬的主要印象是,作为一个人,她的喜悦;身为一名音乐家,她的巨大悲怆与强烈哀伤。"

离开斯波莱托只一个月后,这些悲怆与哀伤特质,在杰姬与巴比罗利合作录制的埃尔加协奏曲唱片中尤显突出。这一时期,认识她的每个人都注意到她闪耀的个性魅力,却少有人意识到,仍有些时候,杰姬在与抑郁症抗争。1965年9月,哈切克医生,杜普蕾家的家庭医生,介绍杰姬去看内科医生理查德·贝利斯爵士[①]。杰姬一直患有头疼、恶心和复发性膀胱炎等病症,还曾短暂失去对大提琴的所有兴趣。贝利斯写信告知哈切克医生,除了膀胱炎外,他没发现任何器官机能疾病,不过,他说到杰姬感到抑郁倦怠,感叹杰姬四年来就没度过假。倘若杰姬一直处在这种状态中的话,贝利斯写道,"那么,她很有可能神经崩溃"。他建议哈切克医生跟杰姬的经纪人谈一谈,确定下来,倘若杰姬的日程许可,应尽快安排她放个假,休息休息。[xiii]1966年年初,杰姬确实从演奏生涯的重压下释放了出来,九个月的释放时间。前往莫斯科学习,当然可称作一种改变,但很难称得上是休息。

于是,我们看见,这整个一年的国际演出活动中,杜普蕾存在跟不上这种演出节奏的诸多问题。理查德·贝利斯的警示后来证明具有预见性。

---

i 本书作者的访谈内容,纽约,1994年2月。

ii 本书作者的访谈内容,伦敦,1995年11月。

iii 本书作者的访谈内容,伦敦,1995年12月。

iv 本书作者的访谈内容,奥尔德堡,1995年6月

v 与休·马奎尔的访谈内容,奥尔德堡,1995年6月。

vi 本书作者的访谈内容,伦敦,1995年12月。

vii 《纽约时报》,1967年2月26日,星期二。

viii 特里·哈里森与本书作者的访谈内容,1993年5月。

ix 摘自传真给本书作者的信函内容,1997年11月。

x 同上。

---

① 理查德·贝利斯爵士(Sir Richard Ian Samuel Bayliss,1917年—2006年):英国著名的内分泌专家。

xi 电话访谈内容, 1996年6月。

xii 这段引用与之前所有的引用摘自本书作者的访谈内容, 米兰, 1997年1月。

xiii 理查德·贝利斯爵士的信函内容, 1965年9月23日, 摘自雷恩·塞尔比医生的医学笔记。

第十四章
唱片事业

音乐就在空中——随心取之不尽。

——爱德华·埃尔加爵士

1965年，杰姬正式开始唱片录制事业。不过，杰姬与EMI公司的接触可回溯到1962年，当时，彼得·安德里，后来出任HMV[①]品牌唱片的负责人，邀请杰姬灌制她的首张盘式唱片。安德里记得，他第一次听到杰奎琳·杜普蕾的名字是从梅纽因那儿："有一天，耶胡迪·梅纽因打电话给我说，'你一定要听一听这位女孩拉的琴，她棒极了。'耶胡迪·梅纽因很少这么赞扬一个人的。当天下午，我就去到梅纽因位于海格特（Highgate）的家中。他们几位正在宽大的音乐室里排练三重奏——耶胡迪·梅纽因、赫弗齐芭·梅纽因和杰奎琳·杜普蕾。耶胡迪·梅纽因说的就是这位女孩，她甩着头发，琴拉得好极了。我当下就觉得必须灌制她的唱片。"[i]

在安德里的动议下，EMI与提莱特夫人取得联系，签下了首份合同，拟于1962年7月录制杰姬的首张唱片。

那时，EMI公司旗下有两大业务类型——HMV品牌唱片和哥伦比亚品

[①] HMV：英文全称His Master's Voice的缩写名，即"大师之声"品牌唱片。

牌唱片。HMV品牌的业务下分为两大艺术家类型：国际型和本土型，由安德里一人负责。哥伦比亚品牌，则由沃尔特·莱格打理，莱格录制了不少简中翘楚的唱片，其中包括伊丽莎白·舒瓦兹科普夫[1]、奥托·克伦佩勒[2]和冯·卡拉扬[3]等音乐家的唱片。苏维·拉吉·格鲁布，曾做过莱格的助理四年，他仍记得，"当时乱糟糟的。制片人往往自己发现挖掘两边市场。每个人操办自己签下的艺术家。我替哥伦比亚品牌工作，不过，有时，也灌制梅洛斯组合乐团[4]的唱片，而这个乐团被划为HMV品牌旗下的本土艺术家"。[ii]

此外，同一首乐曲通常也都立在两大类的目录下灌制。安德里记得，在选曲的商讨会上，常常充满十足竞争的火药味："我不得不先行离开会议室，好让莱格去谈他的计划，他总担心我会偷听，抢掉他选定的曲目。在这种局面下，大卫·比克内尔身为国际艺术家业务部的总经理，往往尽可能地充当其中的调解员。"

美国的姐妹公司，天使唱片公司，虽然隶属EMI，但也拥有一定程度的自主权，于是，混乱局面更加复杂。在流行音乐部分，比如，同样隶属EMI的美国派拉蒙公司，20世纪60年代早期就率先拒绝发行EMI旗下最畅销的专辑，也就是英国组合甲壳虫乐队的专辑。

EMI公司在HMV品牌下运作着一连串英国本土艺术家，皆被认为在英国国内市场看好，其中包括珍妮·贝克（当时新挖掘出来的新星）、海瑟·哈珀（Heather Harper）、葛瑞内特·埃文斯（Geraint Evans）、杰拉尔德·摩尔（Gerald Moore）和奥斯安·伊利斯（Osian Ellis）。年轻的杰奎琳·杜普蕾一开始也签为HMV品牌下的本土艺术家。

这番景象直到沃尔特·莱格于1964年去任后方有所改变，莱格去任

---

[1] 奥尔加·伊丽莎白·弗里德里克·舒瓦兹科普夫（Olga M. Elisabeth Frederike Schwarzkopf，1915年—2006年）：德裔英国女高音歌唱家。

[2] 奥托·克伦佩勒（Otto Klemperer，1885年—1973年）：犹太裔德国指挥家、作曲家，晚年获得以色列国籍。

[3] 赫伯特·冯·卡拉扬（Herbert von Karajan，1908年—1989年）：奥地利指挥家、键盘乐器演奏家和导演。

[4] 梅洛斯组合乐团（The Melos Ensemble）：始于1950年，伦敦一群音乐家组合成立的乐团，采用弦乐器、管乐器等混合乐器演奏室内乐。

后，HMV品牌和哥伦比亚品牌各自签约的艺术家进行了一次有效的整合。古典风格的艺术家开始与EMI公司签约，而不是与留声机唱片公司（Gramophone Company，贴哥伦比亚品牌）签约。在EMI公司的管理层级体制中，安德里的职位得到了巩固，1969年，他接手大卫·比克内尔的职位，担纲国际艺术家业务部的负责人。他其中一项大业绩就是劝说卡拉扬重返EMI公司。

录音室内录制唱片，与现场演奏会完全两回事，对像杜普蕾这样的演奏者而言更是如此；杜普蕾的艺术激发源自于那种想与听众进行交流与互动的强烈需求。确实，杰姬之前录制过一两张BBC的录音室唱片，因而，知道唱片录制涉及的流程。录音室唱片是在封闭、只有音响设备的枯燥环境下灌录出来的，外部声响不会造成干扰。艺术家接触的几个人仅限于制片人和音响机械师。因此，制片人的作用很重要：对艺术家的音乐意念给予支持并产生共鸣的同时，制片人必须对艺术家的演奏保持客观的评判。

杰姬的首张唱片采用的是密纹唱片（EP）制式。这类唱片直径七英寸，中等长度，采用的是每分钟45转，而不是33转制式，发行这些唱片的目的，就是向公众推荐新艺术家。HMV贴牌的密纹唱片一贯都广受欢迎，销售不错。EMI公司决定，杰姬首次灌制的独奏曲，必须与中提琴演奏家赫伯特·唐斯（Herbert Downes）的演奏曲捆绑在一起发行，唱片的两面分别是两位艺术家演奏的音乐小品选集。

杰姬选择的音乐小品，不同寻常的是，可供她选择的曲目并没有那么多，不过，其中用到的伴奏者和器乐则各式各样。这就意味着录音室的工作得花上三个整天。1962年7月15日早上，杰姬录制了布鲁赫的《希伯来祷歌》和门德尔松的《无言歌》，由杰拉尔德·摩尔（钢琴）伴奏。当天的下午场，杰姬灌制了节选自巴赫《托卡塔C大调》的慢板乐章，罗伊·杰森（Roy Jesson）担纲风琴伴奏，以及巴赫《D大调中提琴及大键琴奏鸣曲》中第二乐章的快板部分，罗纳德·金洛克（Ronald Kinloch）担纲大键琴伴奏。1962年7月16日，杰姬与杰拉德·摩尔二度合作中，杰姬灌制了冯·帕拉迪斯[①]的《西西里舞曲》、亨德尔《G小调奏鸣曲》（斯莱特改编版）的萨拉邦德舞曲和慢板乐章和舒曼《幻想曲》的第一和第三乐章（另一次录制安排在1962年9月，再次灌制了舒曼的《幻想曲》，这次是整首乐曲）。

7月21日，杰姬再次来到录音工作室，这次与吉他手约翰·威廉姆斯（John Williams）以及竖琴演奏家奥茜安·艾利斯合作，在吉他伴奏下，杰姬灌制了德·法雅《流行曲》中的《霍塔舞曲》；在竖琴伴奏下，灌制了圣桑的《动物狂欢节》中的"天鹅"片段。1963年，单声道的密纹唱片发行，不过，出于唱片容量的限制，这张唱片并没有收录杰姬之前已灌制的所有曲目（冯·帕拉迪斯、门德尔松以及舒曼等人的乐曲一并拿掉了）。

在录音室里录制唱片的工作并不轻松，杰姬后来就向杰弗里·艾伦·布莱思[②]坦言，"我17岁，（录音）似乎对我而言与音乐演奏完全相反"。[iii]的确，17岁的杜普蕾证明自己就是这样一位艺术家，拥有卓越琴艺与真正音乐才华，但没有丝毫早慧神童自以为是的做作行迹。事实上，在后来的唱片中，杰姬更深层地展现自己音乐演奏中所特有的生气勃勃与自由奔放。也许，从这些早期唱片的演奏中，人们能听察出杰姬当时带有几分束缚感，表明她在麦克风前的局促感，这种感觉，杰姬之后——克服了。

比如，1962年里，杰姬诠释布鲁赫依据犹太赎罪祷告创作的《希伯来祷歌》时，演奏的整体效果优美，但动感不足，且色彩贫乏，尤其缺少美妙且富有感染力的滑音演奏，而滑音演奏是杜普蕾后来的个人演奏标识。几年后，杰姬说到过自己早期的演绎青涩，有些太过直接——"那是'非犹太式的'版本，"杰姬这么界定。不过，杰姬依然喜欢自己当时的演绎。在努本的纪录片里，播放了一段电视剪辑片段，这个片段节选自这首曲子的现场演奏（摄于1965年，BBC电视演播室内，当时，巴比罗利担

[①] 冯·帕拉迪斯（von Paradies，1759年—1824年）：奥地利女音乐家和作曲家。
[②] 杰弗里·艾伦·布莱思（Geoffrey Alan Blyth，1929年—2007年）：英国音乐评论家、作家、音乐史学家。

纲指挥，与哈勒交响乐团的合作演出），其中，杰姬的演奏表达了更为宽广的内心情感维度，同时，器乐演奏更加沉稳，且更富色彩。遗憾的是，这次演奏版本的电视母带好像已不复存在了。

杰姬的密纹唱片发行后，乐评人关注到她不同凡响的杰出才华。爱德华·格林菲尔德在为《留声机》杂志撰写的乐评中就说，依据在这张唱片中的演奏水准来看，杜普蕾堪称一位顶尖艺术家。

1962年，在节日音乐厅和逍遥音乐节数场音乐会上，杰姬演奏的埃尔加协奏曲皆取得巨大成功，很显然，杰姬对这首曲目的诠释值得录制下来；遇到的问题只有一个，J.K.R.惠特尔，EMI公司古典音乐市场部的经理，禁不住想到，（当年）年龄相仿的耶胡迪·梅纽因就因演奏埃尔加小提琴协奏曲所获成功，于是将这两位音乐人进行了一番比较。在跨部门会议的纪要中，有关称作"埃尔加二度营销"的事项下，惠特尔提到了其中不同寻常的一点巧合："我们1934年就运作过一次——男孩梅纽因演奏了一首激动人心的小提琴协奏曲。现在，这位女孩，杰奎琳·杜普蕾用大提琴来演奏这首协奏曲。有关她的述评，读起来很像耶胡迪当年获得的那些述评……要是她能像在节日音乐节上那样演奏进行录音演奏的话，我们手头上应该有大约七千张唱片的销量估算。"惠特尔一心想让这个估算听起来令人振奋；人们恐会在想，惠特尔是否想象得到，发行三十年后，再看杜普蕾与约翰·巴比罗利演奏的这首埃尔加协奏曲唱片，其销量已高达二十五万张了。

事实上，彼得·安德里、金洛克·安德森与提莱特夫人并没有马上催促杰姬灌制埃尔加协奏曲。杰姬本人也不甚着急。这份等待，显然让杰姬赢得了时间，使得她的诠释日臻成熟且愈发自信。从杰姬首次在伦敦演奏这首协奏曲到灌制这首曲目的唱片，这之间，历经三年光阴，在深度和技巧娴熟程度上，杰姬对这首乐曲的理解都获得了巨大的提升。当然，杰姬对自己手中乐器的把控也愈发自如有度。

不过，令乐评人和杜普蕾迷们感到困惑的是，杰姬的首张协奏曲唱片录的并不是埃尔加的协奏曲。事实上，这张唱片录制的是一首相对不为人知的曲目，同时也是杰姬很偶然且不得已情况下学会的曲目——即弗雷德里克·戴留斯的《大提琴协奏曲》，这是一首与另一位女大提琴家碧翠丝·哈里逊[①]颇有渊源的作品。这首乐曲首次亮相世界是在维也纳，由大提琴家塞尔日·巴吉安斯基（Serge Alexandre Barjansky）演奏，不过，戴留斯坚持让哈里逊于1923年7月23日在皇后音乐厅进行英国境内的首次演奏——哈里逊也是演奏戴留斯其他两首乐曲的第一人，分别是《大提琴奏鸣曲》和《小提琴与大提琴二重奏协奏曲》。哈里逊去世后，这首大提琴协奏曲随即也沉寂了，直到杜普蕾为灌制唱片重又拾起。

这张唱片是受戴留斯基金会委托录制的，基金会邀请马尔库姆·萨金特担纲指挥，要求录制戴留斯之前从未录制过的数首作品（《日出前的歌》和《辞别曲》是唱片上的另两首乐曲）。萨金特提名杜普蕾担纲《大提琴协奏曲》中的大提琴独奏。选择皇家爱乐管弦乐团很适当，这家乐团因为与托马斯·比切姆爵士[②]的关系，演奏戴留斯音乐的传统由来已久。

1962年，在布拉德福德庆贺戴留斯一百周年纪念庆典上，杰姬首次接触弗雷德里克·戴留斯的音乐。当时，杰姬与欧内斯特·勒什（Ernest Lush）合作演奏了《1917年大提琴奏鸣曲》。杰姬显然是这首动人乐曲富有说服力的拥戴者。《泰晤士报》的乐评人赞誉道："恐怕唯有这位作曲家的死敌才不会被杜普蕾铿锵有力的演绎打动心扉吧。"

尽管如此，不过，较之戴留斯的奏鸣曲而言，这首《大提琴协奏曲》的分量很重，也因为如此，这就要求演奏人更加专注投入演奏。史蒂芬·比肖普记得，在并没有看或参考管弦乐或是钢琴部分的乐谱的情形下，杰姬拿下了这首曲子。这让人不禁猜测，杰姬很可能仅凭研习这首曲子中的大提琴乐谱部分就步入录音室进行演奏录制了。萨金特之前写过信给杰姬，建议录音前大家碰碰面商议一下这首乐曲的演奏[iv]，可以想见的是，杰姬应当至少在他们碰面中，伴着钢琴的伴奏拉过一遍这首协奏曲。

---

① 碧翠丝·哈里逊（Beatrice Harrison，1892年—1965年）：英国活跃于20世纪前50年的大提琴家。

② 托马斯·比切姆爵士（Sir Thomas Beecham，1879年—1961年）：英国指挥家，诸多英国乐团的创始人，包括新交响乐团（1906），伦敦爱乐乐团（1932）和皇家爱乐乐团（1947）。

尽管如此,就像丹尼尔·巴伦博伊姆强调的那样,杰姬的直觉天赋非常好,能够即刻被音乐同化,还能过目一次即参透一首乐曲的内核精要,并对自己周围的管弦乐格局了然于心。在戴留斯这首《大提琴演奏曲》中,大提琴几乎在一条完整的狂想曲乐谱线上一路拉到底,也许就这么一份单一乐谱已提供杰姬充分的演奏提示吧。

位于修道院路[①]的一号录音棚预订下来,将于1965年1月12日至14日用于录制这首协奏曲。作为《留声机》杂志和美国《高保真杂志》乐评人,爱德华·格林菲尔德获准观摩录音工作过程:"录音头一天的事,我清晰记得,当天,我头一回见到杰姬。还好的是,萨金特在整个录音过程中风趣幽默。我问杰姬,听到自己演奏的回放,她自我感觉如何。萨金特很烦我,觉得我这么问挺无礼,但我自觉问得自有道理。有幸的是,杰姬完全不介意,这就是她本色的自我。人们真就会即刻爱上她这个人。"

格林菲尔德记得,自己对尾声部分稍微感到失望,不过,人们不能指责杰姬的演奏:"萨金特之于杰姬并不是最默契,抑或最感染人的指挥家,之于戴留斯也同样。在我看来,这首大提琴协奏曲是戴留斯最伟大的音乐之一;乐曲主题精彩绝伦,尽管协奏曲带有狂想曲风格,但作品结构非常紧凑。"

当然,戴留斯的音乐结构并不是戴留斯创作最显著的特征。偶尔听过的人较容易倾向埃尔加的评价,埃尔加评价这首作品"不时带有几分触摸不到的意味,但总体上非常美妙"。不过,这首《大提琴协奏曲》其中美妙的蜿蜒延伸,在杜普蕾的演绎下,拥有了一种溪水涓涓缓流的内置逻辑,这逻辑,虽然迂回婉转,但沿着其水道从源头一路流向大海。

当人们发现杰姬对戴留斯的《大提琴协奏曲》的感情其实非常矛盾,不免感到吃惊。钢琴家兼播音员杰里米·斯普曼(Jeremy Siepmann),杰姬这一时期的一位朋友,他记得,杰姬"录制前和录制后会即刻大谈特谈地批评这首曲子"。[vi]不管怎样,作为一名真正的音乐专业人士,杰姬给予这首曲子自己全部的投入。乐曲的狂想曲特质十分适合杰姬,在让人想到

[①] 修道院路(Abbey Road):全球摇滚乐的地标。

海菲兹的演奏曲风的同时，杰姬达到了技巧零差错的水准，音质惊人的美妙，尤其是高音域部分。

碧翠丝·哈里逊就戴留斯这首协奏曲曾这么写道："必须在丰富的音乐想象力激发下获得灵感，艺术家方能诠释这首乐曲。"[Ⅷ]杜普蕾就仿佛践行了这一说法。哈里逊自己对这首作品的诠释也从不打折。三十年来，格拉德·摩尔仍清晰记得哈里逊演奏的情形："她在自己的琴上歌唱，有着无懈可击的直觉判断，准确把握乐曲的纹理结构，明白何处该放缓，哪里应该再度收紧，哪里要蓄积张力以达到高潮。"[Ⅷ]摩尔赞扬哈里逊演奏中所具有的这些品质，同样适用于杜普蕾音乐固有的特性，也是杜普蕾诠释这首协奏曲的特色所在。

受戴留斯信托委托录制的这张唱片于八月初发行，获得了各方的最高赞誉，杜普蕾对《大提琴协奏曲》的诠释部分被音乐评论人专门单挑出来加以点评。在《留声机》杂志中，人们的褒奖在两方面非常一致："杜普蕾小姐诠释的《大提琴协奏曲》温暖，富有表现力，同时，皇家爱乐乐团与马尔库姆爵士辅助杜普蕾独奏旋律的管弦乐部分亦极其美妙，令人陶醉。"[ix]

与戴留斯协奏曲唱片的发行巧合的是，EMI宣传部发布了一条重要但有几分冗长的报刊评述，称"长久以来，EMI与天使唱片公司就已决定，要让杜普蕾无与伦比演奏的这首埃尔加乐曲永恒于世，明智的商榷推迟了冲动者的行事，为的是要等到这一天，能找到一位独一无二的指挥，这位指挥必须与埃尔加协奏曲有过独特的关联渊源，方能与杜普蕾联袂进行演奏"。[x]

杰姬能与约翰·巴比罗利合作录制唱片，的确是幸运的；巴比罗利这位指挥，在自己拉大提琴时期，就是这首乐曲首奏乐团中的演奏成员，此外，1923年，巴比罗利作为大提琴独奏者又再度演奏这首乐曲（巴比罗利声称这次演奏是这首曲子的第二次录制，不过，碧翠丝·哈里逊则在1923年前就演奏和录制过一次）。

埃尔加1918年11月开始创作这首大提琴协奏曲，于第二年的八月完成。第一次世界大战时期，惨烈的战争屠杀曾将埃尔加抛入最深的内心绝望之中，整个人无法创作任何有意义的音乐作品。不过，1918年初，他的抑郁让渡给了自己密集的活跃创作，当时，埃尔加退隐在自己位于苏塞克斯郡布林克维尔斯的宅第中，闭门创作了一系列精彩的室内音乐——《弦乐四重奏》《小提琴奏鸣曲》和《钢琴五重奏》。《大提琴协奏曲》是埃尔加这一时期创作的最后一首乐曲，常常被比喻为一首战争安魂曲，不过，迈克尔·肯尼迪在他撰写的《埃尔加的肖像》一书中阐释道："在这里，这首安魂曲为一种生活方式的毁灭安魂的意味，要浓厚过为弗兰德战场上的死者安魂的意味。以自己艺术家的视角，埃尔加视1918年宣告了一种文明的终结。"[xi]埃尔加自己形容这首《大提琴协奏曲》表达了"一个人的生活态度"。这种说法也许与埃尔加要用自己的艺术战胜恐怖与灾难的自我决心有关。这首《大提琴协奏曲》的音乐中，埃尔加试图在追忆昔胜过今的美好中寻求慰藉，使得当下现实的所有一切皆显得愈发凄凉哀伤。于是，虽然有较为轻快的乐章，这首协奏曲，用肯尼迪的话说，就是"个人忧伤与苦难的音乐表达"。埃尔加完成乐曲创作后，在自己的曲目目录中写道："FINIS R.I.P."（拉丁语：FINIS Requiescat In Pace，死亡愿灵安息——译者注）；他这几个题字承载了重要的意义，这首《大提琴协奏曲》后来成为埃尔加最后一部重要作品，接着，埃尔加步入自己的迟暮之年，他的音乐也沉寂了下去。

首次演奏是1919年10月，这首乐曲完成数个月后。埃尔加将这次首演委托给了自己的大提琴家朋友费利克斯·萨蒙德（Feilix Salmond）和指挥家阿尔伯特·科茨（Albert Coastes）。不过，这场演奏被证明是英国音乐史上最令人难堪的一场演出，演出中，科茨在行事上完全不重视埃尔加的作品，借口说要宣传亚历山大·尼古拉耶维奇·斯克里亚宾（Alexander Scriabin）的《销魂诗》（Poème de L'Extase）。巴比罗利提及那场演出是一次"彻彻底底的灾难"："可怜的老埃尔加，他失望极了！全是那个老混蛋科茨的错。压缩了排练埃尔加乐曲的绝大多数时间，去搞什么斯克里亚宾的垃圾乐曲。真是令人愤慨……埃尔加仍坚持下来了，只是在给萨蒙德面子。"[xii]在萨蒙德，这整个经历太扫兴，埃尔加从此再也没有公开演奏这首乐曲。

这次惨败后，埃尔加邀请碧翠丝·哈里逊专门学拉这首乐曲，好进行唱片录制；1919年，他担任指挥，由哈里逊演奏了这首协奏曲的删减版，适应音频唱片的容量。后来，1928年，哈里逊录制了整首协奏曲，仍是为EMI公司录制，并由埃尔加本人指挥。这张唱片版本有着其历史价值，人们能从中推测，埃尔加属意且标注在乐谱上的节拍与力度是怎样的。

接下来，另一张重要唱片是1945年卡萨尔斯在阿德里安·鲍尔特爵士[①]指挥下演奏录制的。在英格兰，卡萨尔斯"二战"前与"二战"后都曾演奏过这首协奏曲；一开始，英国乐评人只抱怨说外国人无法"抓住埃尔加音乐的音调"。不过，当卡萨尔斯前来录制唱片时，这些乐评人又变了口气。例如，《泰晤士报》赞扬卡萨尔斯能够呈现"埃尔加式的感怀之情，而这，没有几位艺术家领悟得到"（不过，问及卡萨尔斯"二战"前与"二战"后两场演奏有何区别时，鲍尔特则说丝毫没有）。[xiii]

这首乐曲的其他唱片灌制于其间的过渡期，不过，没有一张能媲美杜普蕾与巴比罗利合作录制的1965年唱片版本。巴比罗利有着充分的资格来诠释埃尔加。其他在世的英国本土指挥家（其中，鲍尔特或许例外）就没有谁能说自己与埃尔加音乐有着这般紧密的关联。除了自己演奏这首《大提琴协奏曲》外，巴比罗利还与各类知名大提琴独奏家合作，指挥这首协奏曲，其中包括巴布罗·卡萨尔斯、安德烈·纳瓦拉[②]和阿玛丽里丝·弗莱明[③]。

在任苏吉亚天才奖评审一职期间，巴比罗利早在自杰姬十岁起就密切关注着杰姬的成长。注意到杰姬进步神速令人称奇的同时，巴比罗利也耐心等待杰姬成长为成熟艺术家的日子，大约十年之后，他这才邀请杰姬合作演出。颇有深意的是，拟定于1965年4月7日他们二人首次合作演奏的就是埃尔加《大提琴协奏曲》，哈勒管弦乐团给予伴奏。他们的演出获得

---

① 阿德里安·鲍尔特爵士（Sir Adrian Boult，1889—1983年）：英国指挥家，1930年成立BBC交响乐团，并出任首席指挥。

② 安德烈·纳瓦拉（André-Nicolas Navarra，1911—1988年）：法国大提琴家和大提琴教师。

③ 阿玛丽里丝·弗莱明（Amaryllis Marie-Louise Fleming，1925年—1999年）：英国女大提琴演奏家和教师。

了公众和乐评人士等诸多人的交口称赞。目睹一位老音乐家沉浸在埃尔加经典音乐中，带着强烈的共鸣应和着这么一位年轻音乐人所传递的艺术灵感，这一幕感动人心。杜普蕾和巴比罗利理当进而录制埃尔加协奏曲的唱片，这仿佛就是水到渠成的命中注定。

在巴比罗利的关照下，杰姬成了出入哈勒乐团的常客，此外，还作为巴比罗利的独奏人与伦敦交响乐团以及BBC交响乐团合作演出。与BBC交响乐团，他们1965年9月电视录制了布鲁赫的《神之曲》。杰姬与巴比罗利关系不同一般，很大程度建立在彼此尊重的基础之上。不过，他们两人关系密切还有另一个重要因素，即在杰姬合作过的指挥家中，巴比罗利是唯一一位被杰姬尊为老师的指挥家。

据哈勒乐团总经理克莱弗·斯马特（Clive Smart）回忆：

杰姬与JB（巴比罗利）交情非常好，巴比罗利懂杰姬想要达到的任何方面。演奏前，JB会在钢琴排练时跟他的独奏者探讨一下演奏的乐曲，不过，通常基本不碰钢琴。JB的诠释非常突显个人色彩，他喜欢在演奏当时随音乐的感觉而动。但对各部分也都仔细琢磨过，胸有成竹了。巴比罗利每次演奏同一首乐曲都常常变化不少，尽管如此，其基本的音乐理念则不变。他对杰姬的演奏有着心灵感应般的共鸣，作为一名会变通的伴奏人，他可以与音乐相交融。这在埃尔加协奏曲中非常重要，演奏中，杰姬完全自行其是。当然，JB完全浸淫在埃尔加的音乐世界中，对这首《大提琴协奏曲》有着非常个人化的情感。就埃尔加音乐的整体效果而言，巴比罗利的节拍处理很不固定，但是，无论他运用多少自由节拍，却也总是准确到位。[xiv]

巴比罗利的遗孀伊芙琳·罗斯威尔注意到，约翰爵士（巴比罗利）最是敬重杰姬的音乐才华，深信不疑地认定杰姬远比她的实际年龄来得成熟很多：

不过，我觉得，约翰对杰姬诠释埃尔加确实有着极大的影响，虽然也许是在整体而言，而非具体细节方面。约翰促进杰姬提升自己的音乐智慧，尝试给予她多一些的内心宁静，阻挡她一个劲地用进废退。约翰常常在这方面提醒杰姬，约翰也觉得杰姬自身的性情气质有时会导致杰姬承受太大压力。在埃尔加乐曲上,他们仿佛在节拍和乐曲的总体感受上达成了共识。有时,约翰也会给出具体的建议,杰姬往往都会努力配合。杰姬这么欣然接受自己的建议,约翰对此很是感动——杰姬要是自己一心想渐次的话,人会很固执,但是,她从不会跟约翰固执。杰姬手里有一把最棒的大提琴,可以对任何事自行其是。录制完埃尔加,我记得约翰说,杰姬注定会非常了不起,约翰觉得杰姬展现了真正天才的一面。[xv]

克莱弗·斯马特记得,对哈勒乐团来说,没受邀与杜普蕾和巴比罗利合作录制埃尔加乐曲唱片,可谓极大的遗憾。"完全出于经济原因。EMI公司与巴比罗利签订了一份排他性的独家代理合同,再加上他们不中意曼彻斯特任何一家音乐厅,瞧不上弥尔顿音乐厅这座经常用来录音的浸教会旧教堂,也看不起自由贸易大厅。签下伦敦交响乐团,比起承担哈勒乐团赴伦敦的路费和过夜费,要来得便宜。"[xvi] 虽然巴比罗利与伦敦交响乐团有着不错的合作关系,但达不到他与自家哈勒乐团各位音乐家之间所形成的那种自如变通的灵活发挥以及相互间的默契。

在EMI公司内部,这张唱片被视作一起重大的艺术事件,并被寄予大卖的厚望。伊比斯和提莱特公司为杜普蕾争取到一份享有小笔版税比例且现金预付的合同。杜普蕾之前录制的EMI只享有固定费用收益。

唱片的录制场次预订于8月19日到21日之间在金思威音乐厅进行。爱德华·格林菲尔德再次现场聆听了演奏:

> 我参加了上午的录制,他们录制了开头两个乐章。巴比罗利状态不错,但,因为一些内部争执,乐团的情绪不是最好的状态,不过,与杰姬毫无瓜葛。他们录制了第一乐章,诙谐曲部分几乎是一次过,录完诙谐曲时,伦敦交响乐团完全忘掉他们的坏情绪,自发爆发起了掌声,这在录音场中极为罕见。这是在向杰姬表达极大的敬意。在午餐休憩期间,走出音乐厅时,我无意间撞见了杰姬,她正在穿自己厚厚的旧式夹克。我问杰姬她这是要去哪。"哦,去隔壁医药师那儿。"杰姬说。"我头很疼。"真是很不寻常,没一个人照看她,关照她是不是需要些什么,或是问她要不要休息。杰姬跟我说,他们上午都没派车去接她,她只得走出来,自己叫了一辆出租车。不过,尽管身体不适,头还疼着,杰姬

仍能够传达（乐曲的）神奇魅力。我觉得她的演奏非常出色，与我第二天到场参加某位首席女高音的录音现场形成了鲜明对比。天啊，就因为大中午买不到一瓶苏格兰威士忌，这位女高音好一通大脾气呀（那个年头，许可经营时间以外，所有酒类专营店都关门了）。杰姬，恰好相反，完全听其自然，根本没提什么要求。[xvii]

显然，不少观众一起到现场来听最后一场的演奏录制。在一封贺信中，EMI公司的营销经理人向杰姬提到："公司员工真的不时到现场观摩录音过程，不过，我还从没见过像你与约翰爵士合作录制这首乐曲的那天那样的情形。我们这儿的古典音乐部几乎一个人都没了，全都待在金思威音乐厅的后排那儿呢。"[xviii]

随着时间推移，录音完毕。杰姬一定意识到自己的演奏非常一般。不过，据说，数月后，第一次聆听制作完成的唱片时，杰姬突然哭了起来，说："这完全不是我想要的呀。"

1965年12月，唱片发行了，音乐评论人一致称赞。就像格林菲尔德指出的那样，杰姬富有感染力的个人风格如此强大，根本没有可能用常规挑剔的鉴赏指标来评判杰姬的演奏。

杰姬演奏得确实远比埃尔加设想的更加洒脱自由，还从这首乐曲挖掘出其之前所不曾呈现出的某种更强烈且充满张力的东西。诸如杰罗尔德·诺斯罗普·摩尔这样专门研究埃尔加的音乐人，则贬抑杰姬的演奏，尤其是后来情感更为奔放的费城管弦乐团唱片盘本，原因是，摩尔纯粹从埃尔加的角度来审视这张唱片。不过，我觉得，（演奏的）交流感和杰姬对这首音乐的直觉悟性将乐曲提升到了另一个层面。到EMI录制唱片之时，杰姬演奏埃尔加乐曲已无数次了，早就吃透了这首乐曲。[xix]

不过，不时被指责对埃尔加的诠释过度的音乐家不只是杰姬一个人。就像丹尼尔·巴伦博伊姆所说的那样：

在巴比罗利的一生中，英国人经常批判（巴比罗利的）音乐个性，特别是他的埃尔加演奏。他们认为巴比罗利太情绪化，觉得他自由发挥太多。不过，我觉得，巴比罗利赋予埃尔加的音乐一个以往都缺少的维度，即某种神经紧张感，就这点，他与马勒一样……埃尔加一些更宏大的作品中，几乎都有几分敏感过头的特质，有时，为了满足人们约定俗成地视埃尔加为一位十全十美的英国绅士，这种过度敏感牺牲掉了。[xx]

绝大多数音乐家一致认为，杜普蕾1965年的版本为埃尔加的《大提琴协奏曲》确立了全新的诠释标杆。杰姬展现出一种神奇的能力，能与深秋的惆怅和乐曲的悲怆产生共鸣，就仿佛她深谙乐曲在作曲家心中谱写的历程似的。暨此，她似乎完美地捕捉住了埃尔加持续变换的各种情绪：庄重的抗争、躁动的心绪、怀旧中的遗憾、孤寂与顺从情愫，等等。

正是杜普蕾无论在音乐会还是唱片录制中不遗余力地演奏埃尔加协奏曲，才最终让这首乐曲走出英国，获得了作为一首重要演出曲目的全球知名度。在许多地方，杰姬都是当地演奏这首乐曲的首推第一人，她总是基于自己对它的悟性毫无保留地进行演奏，视之为一首音乐杰作。1968年，作为感谢她在推广这首乐曲所起的作用的一种象征，出版埃尔加音乐的出版社，Novellos出版社，专门赠送给杰姬一份这首协奏曲的乐谱，这份乐谱用蓝色皮革加烫金字体装订而成。

杰姬1965年录制的第三张EMI唱片，则是与史蒂芬·比肖普合作录制的。金洛克·安德森曾到场听过他们1964年10月推出的首场二重奏演奏会，当下就拿定主意，要录制这对新人组合的唱片。有利的是，比肖普当时已被EMI公司签下了。意识到杜比组合起步的曲目仅限于他们当时演奏的四首奏鸣曲，安德森提议录制一张勃拉姆斯–贝多芬的音乐唱片。在推广这方面，有一层担心，就是担心杜普蕾，因为她个人极好的公众形象，"会盖过史蒂芬·比肖普"。不过，这并没有影响公司要录制杜比二重奏组合的决定，当然，这层担心被视作相关条件和推广程度的权衡因素加以考量。

每张唱片录制之前，EMI就已做好销售与成本的估算。较之比肖普，杜普蕾的职业生涯看上去攀升得要快。在拟定销售估算时，EMI市场营销分析师预计最多销售出五千五百张唱片（如果标注为流行音乐会的古典曲目系列的话），按EMI公司古典音乐市场营销部经理J.K.R.惠特尔的话说，这就意味着"……录音棚费用势必扼杀掉这个唱片项目"。[xxi]不过，惠特尔看出，从长计议来看，EMI值得在这两位艺术家身上投资，因为他们很可能成为"未来伟大的音乐家"。

大卫·比克内尔，作为总经理，则认为，通过EMI公司国际部扶持"这位激励人心的青年才俊"这件事上，自家的公司做得不甚到位。他在一份备忘录中这样写道："倘若我们需要大提琴家的话，最伟大的就在我们旗下且等着我们启用，所以，这两位的成败系于他们在英伦的名气，倘若我们负担不起出资打造他们的话，那也就没啥合同好签的了。"[xxii]

大提琴家是一种一次性商品，这种观点很常见。国会唱片公司，即EMI的姐妹公司，也表示，对再推广一位大提琴家是否明智吃不准："……大提琴手在唱片业和演奏会巡演中销量一直出奇的不好。尽管如此，不过，杜普蕾料不准会是一个例外。"[xxiii]

倘若比克内尔最初将杜比二重奏组合市场定位为"国内本土"艺术家的话，那么，杜比二人快速攀升的音乐事业（包括他们各自的个人发展和作为二重奏组合的共同发展）证明，在一年时间内，在EMI官僚机构的内部机制中，杜比组合应当晋级为"国际"艺术家的地位。他们签的是版税共享式合同。

他们的唱片在第十二章中已作评述，不过，这里补充说的是，就在这张唱片还没发行面世之时，有关继续录制杜比组合的唱片计划就已经在运作了。日子定在1967年5月，计划要录制勃拉姆斯的两首奏鸣曲；考虑到杰姬度假赴莫斯科学习，再加上她因患淋巴腺热暂时不拉大提琴的那段时日，录制日期没办法更早做出安排。

事实上，后面发生的事走了另一条路径。1966年12月，杰姬邂逅丹尼尔·巴伦博伊姆，丹尼尔很快就成为杰姬首选的唱片录制搭档，兼具指挥或钢琴演奏双重身份。不过，还没发生二人的这次邂逅之前，杰姬就已不想继续束缚自己，不再想仅限于与比肖普搭档演奏二重奏。1966年秋，她就跟彼得·安德里说，想要跟钢琴家傅聪录制肖邦和弗兰克的奏鸣曲。1966年商议的其他唱片项目包括一张《勃拉姆斯双重协奏曲》（杰姬希望与休·马奎尔合作录制），和一项确实履行了的录制计划，与梅纽因合作录制舒伯特《C大调五重奏》。这些具体计划都落空了，他们皆被杰姬生活中翻开的另一篇章所取代。

ⅰ 本书作者的访谈内容，伦敦，1995年11月。

ⅱ 安娜·威尔逊的访谈内容，1993年9月。

ⅲ 《留声机》杂志，1969年1月。

ⅳ 写于1964年11月30日的信件内容。

ⅴ 本书作者的访谈内容，伦敦，1995年11月。

ⅵ 为EMI CD盒《寻找回的杰奎琳·杜普蕾（Les introuvables de Jacqueline du Pré）》撰写的文章内容。

ⅶ 玛格丽特·坎贝尔，《伟大的大提琴家》，Victor Gollance出版社，伦敦，1988年，第208页。

ⅷ 同上。

ⅸ 《留声机》由F.A.撰写的乐评，1965年8月。

ⅹ EMI公关部的"目击者报告"。

ⅺ 迈克·肯尼迪，《埃尔加的肖像》，Clarendon 出版社，牛津，1993年，第283页。

ⅻ 同上。

ⅹⅲ 罗伯特·巴尔多科，《帕布罗·卡萨尔斯》，Victor Gollancz，伦敦，1992年，第171-172页。

ⅹⅸ 本书作者的电话访谈内容，1996年8月。

ⅹⅴ 本书作者的访谈内容，伦敦，1993年5月。

ⅹⅵ 本书作者的访谈内容，1996年5月。

ⅹⅶ 本书作者的访谈内容，1995年11月。

ⅹⅷ J.K.R.惠特尔写给杰奎琳·杜普蕾的信件内容，1965年12月。

ⅹⅸ 本书作者的访谈内容，1995年11月。

ⅹⅹ 丹尼尔·巴伦博伊姆，同前，第65—66页。

ⅹⅹⅰ J.K.R.惠特尔签署的EMI公司内部纪要，1964年10月16日。

ⅹⅹⅱ EMI公司内部纪要，1964年10月26日。

ⅹⅹⅲ Capitol Records备忘录，1966年4月29日。

第十五章
在莫斯科

……因为，在寻找一位极具影响力的导师中，他们寻找的不是辞藻，不是信息：他们在寻找一个榜样，一颗炽热的心，一双成就伟大的手。

——莱纳·玛利亚·里尔克①,《致奥古斯特·罗丹的信》作于1902年8月1日

1965年秋，杰姬成为接受英国文化协会②新近设立的交流奖学金第一人，这份奖学金资助英国的音乐专业学生赴苏联学习。相关互惠条款规定，苏联派送理工科研究生赴英国学习，对应交换英国人文学科方面的学生赴苏联求学。英国文化协会坚持要在赴苏联各大艺术学院的"艺术类"学生中安排一或两位音乐家前往。在英国这一方，通过颁发给杰奎琳·杜普蕾这第一笔奖学金（作为一种奖赏，而不是通过常规的面试遴选机制做出的选择），以确保这一文化交流协议以高起点姿态开始进行。

鉴于杰姬和指定给她的老师罗斯特罗波维奇在1965年最后几个月的演

---

① 莱纳·玛利亚·里尔克（Rainer Maria Rilke, 1875年—1926年）：德国诗人与文学家，对19世纪末的诗歌体裁和风格以及欧洲颓废派文学都有深厚的影响。

② 英国文化协会（British Council）：1934年成立，致力于促进英国文化、教育、国际关系的国际拓展与交流。

奏活动日程都很紧，双方商定，杰姬可以在该学期的中期启动使用这笔奖学金。实际上，伊比斯和提莱特公司不得不取消或推迟杰姬1966年头九个月的所有演出安排，推测杰姬在该年1月到9月间都会在莫斯科学习。

罗斯特罗波维奇第一次听杰姬拉琴那会儿，杰姬14岁。作为一道正式手续，动身赴莫斯科的数个月前，杰姬专门在罗斯特罗波维奇跟前进行了一次"面试"演奏。在理查德·古德的伴奏下，杰姬演奏了布洛克的《希伯来祷歌》和贝多芬的《D大调奏鸣曲Op.102 No.2》。这次面试在杰里米·斯普曼的家中进行，杰里米记得，罗斯特罗波维奇不仅对杰姬的演奏印象深刻，对理查德启奏贝多芬奏鸣曲的头几段小节时表现出的活力和自信也深感震惊，以致他人几乎从坐的椅子上跳了起来。[i]

若追溯自己的"大提琴"世系，罗斯特罗波维奇可以一直往前追溯到卡尔·达维多夫，达维多夫的得意门生亚历山大·维尔兹比沃里奇[①]指导教授过罗斯特罗波维奇的两位老师，罗斯特罗波维奇的父亲利奥波德（Leopold）和他的舅舅桑缪·古祖卢波夫（Semyon Kozolupov）。罗斯特罗波维奇经常再三称，他的父亲，大提琴家兼钢琴家，是比他本人更出色的演奏家。罗斯特罗波维奇儿时起就跟自己的父亲学拉大提琴。父亲利奥波德不仅给儿子打下了大提琴坚实的基础，还鼓励儿子作曲创作。罗斯特罗波维奇也继承了父亲出色的钢琴技艺，父子二人一道研读了许多音乐文献。

因父亲利奥波德早逝，十六岁的罗斯特罗波维奇（遵循父亲临终遗愿）入学莫斯科音乐学院，成为他舅舅桑缪·古祖卢波夫的学生。这层关系从来就没轻松过，罗斯特罗波维奇因此坚持认为，他之所以成为音乐家，更多的是受益于自己在音乐学院的两位作曲专业恩师，舍巴林[②]和肖斯塔科维奇[③]。十九岁那年，罗斯特罗波维奇赢得了梦寐以求的优秀毕业生金奖。之前的那一年，他获得了演奏全能大赛大提琴组的头奖，当时，

---

① 亚历山大·维尔兹比沃里奇（Aleksandr Verzhbilovich，1850年—1911年）：波兰裔俄国古典大提琴家。

② 舍巴林（Shebalin，1902年—1963年）：苏联作曲家、音乐教育家，风格传统深沉，师从过米亚斯科夫斯基。

③ 肖斯塔科维奇（Shostakovich，1906年—1975年）：苏联时期的知名作曲家。

罗斯特罗波维奇的舅舅企图阻止罗斯特罗波维奇获奖,但肖斯塔科维奇,时任评委会主席,没让这位舅舅的阻挠得逞。这些奖项使得罗斯特罗波维奇在自己祖国的音乐生涯得到了保证,不过,仍不得已等到20世纪50年代中叶过后,随着斯大林的去世,苏联摆脱了自己的孤立状态,罗斯特罗波维奇才得以有机会赴海外演出。

罗斯特罗波维奇意识到,对外推广自己选定的大提琴这类乐器非常重要,为此,他从来只拉动人的艺术作品和标准曲目。身为演奏人的早期,他的足迹遍及全苏联,为之前从未听过现场古典乐曲的人们演奏,搭江船或爱斯基摩犬拉的雪橇去到这个国家最与世隔绝的偏远角落。

不过,罗斯特罗波维奇内心明白,自己一生真正的使命是要为大提琴创作新的曲目。充满动力的他开始了自己的使命,不仅委托苏联最受欢迎的作曲家(包括普罗柯菲耶夫和肖斯塔科维奇)创作作品,还恳请世界各地的作曲家创作新的曲目。在西方,率先回应罗斯特罗波维奇杰出天赋与热情的几位音乐家当中包括本杰明·布里顿,布里顿为罗斯特罗波维奇创作了一系列新曲目。凭借自己的热情、感染人心的信心和非凡的记忆力,罗斯特罗波维奇一直是新作品最理想的首奏首选。

1963年至1964年演出季期间,罗斯特罗波维奇在莫斯科和圣彼得堡进行了一次巡演,演奏了四十余首大提琴协奏曲,涵盖了从巴洛克时期到当今新作的全部曲目。1966年,在伦敦,他以精简版的方式再次进行了这么一种马拉松式的协奏曲演奏,而后,1967年,在纽约,他又进一步精简为一次为期两周的巡演。

二十岁出头,罗斯特罗波维奇就开始在莫斯科音乐学院执教,不久,晋升为莫斯科音乐学院和圣彼得堡音乐学院大提琴专业教研组的主任。除这些成就外,他也是一名优秀的钢琴家,经常为他的妻子,女高音家卡丽娜·维许涅芙丝卡雅的演唱会伴奏。他近年来也开始从事指挥,自20世纪60年代末起,他越来越多的时间投入到指挥事业之中。

罗斯特罗波维奇的大展手脚,再加上他坚守的艺术素养标准以及精湛技巧,成就了他在国内外赢得巨大声望。他还将这些品质带入自己的课堂,成为众多学生敬仰追随的导师。

其实，1966年的头六个月里，罗斯特罗波维奇一心扑在教学上，为的是准备苏联国内的顶尖音乐学生要参加的柴可夫斯基大奖赛，这场赛事将在1966年6月启动。除了离开几天进行短暂巡演外，整整五个月，他都在莫斯科驻扎。

为参加柴可夫斯基大奖赛做准备的工作二月初就在莫斯科展开了，苏联国内各地通过一系列严苛层层预赛选拔出参赛学生。选拔赛中的前五名获奖选手将获得代表苏联参加柴可夫斯基大奖赛的机会。其中三位来自罗斯特罗波维奇的班级，年纪最小的是十八岁的米沙·麦斯基[1]，当时住在圣彼得堡。

正是在这场大奖赛热的背景下，1966年1月底，一个凛冽寒冷的冬日下午，杰姬人抵莫斯科——在她21岁生日的几天前。在机场，英国文化交流协会的代表前来接机，送她入住音乐学院位于马来亚格鲁金丝卡雅街的一家旅社里，杰姬就在那儿住了下来。

我本人六个月前就早已从英国来到莫斯科，在罗斯特罗波维奇的班上学习，也一样住在那家旅社里。其实，在前一年的夏天，我就在英国匆匆见过杰姬。后来，得知杰姬会赴苏来莫斯科学习，我的前任老师安娜·夏特尔沃思（Anna Shuttleworth）之前带我去大贝德文教堂听过一场演奏会，演奏会上，杰姬与纽伯里弦乐演奏者一起演奏了鲁布拉[2]的《独白》和莱顿[3]的《格雷斯之春》。我依旧清晰记得，那天下午，杰姬走出教堂，阳光洒在她金发上的情形。

罗斯特罗波维奇曾叫我照顾人在莫斯科的杰姬。我记得很清楚，杰姬给我很深印象的是，尽管一路旅程疲惫，但人一到，她首先想要做的，是走进自己的房间，而后，开始拉起自己的大提琴。我稍后明白过来，这举动源自安全感的需要，在这么陌生的异国他乡，做自己最熟悉的事情，这让杰姬获得自己的安全感。当然，那天晚上，她并不是想要在做什么正儿

---

[1] 米沙·麦斯基（Mischa Maisky）：俄罗斯当代大提琴家，受到过罗斯特罗波维奇和皮亚蒂戈尔斯基的指导。

[2] 鲁布拉（Edmund Rubbra，1901年—1986年）：英国作曲家。

[3] 莱顿（Kenneth Leighton，1929年—1988年）：英国作曲家和钢琴家。

八经的练琴功课。

很快，杰姬恢复了过来，于是，我们结伴四处走走看看，去罗斯特罗波维奇位于莫斯科市中心的公寓那儿见他。罗斯特罗波维奇问杰姬她想向他学什么。我记得，杰姬直截了当答道"学技巧"，罗斯特罗波维奇听后好像有几分吃惊。他建议说，既然是这样的话，杰姬大可以看看针对器乐练习的曲目，接着，他又交代我帮杰姬找些这方面的乐曲。花了好几个小时，我终于找到一大堆19世纪那些大提琴泰斗创作的名曲和协奏曲乐谱，这些泰斗包括罗姆伯格①、波佩尔②、达维多夫和古德曼③。当时，我往往并不知道杰姬到底有没有看这些乐谱。一年后，我的猜测得到了确认，透过杰姬的音乐，我发现，这些霸气的乐谱原封未动在那儿，绝大多数乐谱依旧一页不少。当然，在莫斯科时，杰姬也从来没有演奏过这些曲目中的任何一首。

这次头一回见面中，罗斯特罗波维奇还建议杰姬应该拿下普罗柯菲耶夫的《交响协奏曲Op.125》，这个建议很合杰姬的心意，她当即答应下来。这首曲子，其实是依据1938年创作的《大提琴协奏曲Op.58》进行的再创作，于1951年至1952年间完成——部分内容与罗斯特罗波维奇合作完成——罗斯特罗波维奇既是这首乐曲专门为之创作的对象，也是乐曲的首奏第一人。在创作期间，这首乐曲被认为技巧难度极高，以致多年以来，罗斯特罗波维奇都是唯一能演奏它的音乐人。不过，到了20世纪60年代，几位年轻的苏联演奏家掌握了这首曲子，尤其是娜塔莉亚·古特曼④。

杰姬到莫斯科时，恰好遇上苏联学制在放为期两周的寒假；莫斯科音乐学院从1月25日到2月7日全校放假。许多学生（包括我自己）回家过这短短的寒假。我拜托杰姬关照一下住在旅社的几位留学生，其中包括大提

---

① 罗姆伯格（Bernhard Heinrich Romberg，1767年—1841年）：德国大提琴家和作曲家。
② 波佩尔（David Popper，1843年—1913年）：犹太血统的捷克大提琴家、作曲家。
③ 古德曼（Georg Eduard Goltermann，1824年—1898年）：德国大提琴家和作曲家。
④ 娜塔莉亚·古特曼（Natalia Grigoryevna Gutman，1942年—）：苏联大提琴家，也是罗斯特罗波维奇的学生。

琴家戴维·盖林加斯①,他也是罗斯特罗波维奇的学生,杰姬用磕磕巴巴的德语跟戴维交谈。戴维借给杰姬用他自己的普罗柯菲耶夫《交响协奏曲Op.125》的乐谱,杰姬则要拉奥芬巴赫②和库普林③共同创作的二重奏,两位年轻人一起演奏,这让戴维很高兴。

自然而然,在这家青年旅社这么一个小型的、说英语的留学生社群中,杰姬即刻找到了慰藉。这个小团体,来自东欧卫星国、越南和古巴的学生在人数上占据大多数。不过,一群人中,学作曲的有两位墨西哥人、一位巴西人,学钢琴的有一位南斯拉夫人和一位挪威人,还有一位澳大利亚人学小提琴,再加上我。在入住的第一周,杰姬就跟罗西奥·桑兹(Rocio Sanz),一位学作曲的、大约26岁、瘦高个的墨西哥人,交上了朋友,罗西奥主动帮助杰姬适应俄罗斯式的青年旅舍生活。

这些留学生发觉,在苏联最难适应的是应付俄式饮食习惯,特别是新鲜食物和水果现成买不到。留学生往往是,要么在非常简易的食堂应付着吃些东西,要么自己煮些能在苏联物品稀疏的商店里买的东西下肚。杰姬就曾经一口气买下旅社食堂所有的橙子,引得旁人个个好不惊奇——在苏联学生而言,橙子就是一种奢侈品,单个售价很贵。

有关自己对这段留学生生活的初次印象,杰姬给自己的朋友玛德琳·丁可尔的信中写道,"这座音乐名校的气氛真不出所料——相当认真、严谨、勤勉,且绝对专业,对于这些青年才俊而言,真可谓适者生存的地方(见到了什么叫人才济济啊)。我不常去校区(去音乐学院),认识的人不多,不过,我住的旅社那儿,真就不缺可做朋友的人,他们是我日后离开莫斯科仍想继续深交的人啦"。[ii]

这座五层楼高的黄砖墙旅社——1964年刚落成——每间客房住两名学生,依照苏联本国的标准,再没有比这奢侈的了。每间客房真的都非常宽敞,配有大大的双层框架式窗户,简单配套的家具包括可用作床铺的长沙

---

① 戴维·盖林加斯(David Geringas, 1946年—):立陶宛大提琴家。
② 雅克·奥芬巴赫(Jacques Offenbach, 1819年—1880年):德国出生的法国作曲家。
③ 库普林(François Couperin, 1668年—1733年):法国著名的音乐家族库普兰家族成员,巴洛克时期著名作曲家、羽管键琴音乐家。

发，两把椅子和一张桌。入门处，有两个放衣物和食物用的壁橱；冬天时，学生把食物简简单单地挂在窗外，把这窗外直接当作临时冰箱用了。留学生衣橱里的东西，跟苏联学生衣橱里的东西，二者之间的差距常常让人难堪且难过。在杰姬身上，更是如此，杰姬来莫斯科时就带上了好几箱的衣服，包括玛德琳为她裁剪、演出专用的金色晚礼服，这些衣物在苏联人看来简直就像是来自仙境的东西。

每间客房都架有一架竖式钢琴，地下室里还有其他练习设施。在楼下的客房里，最刻苦勤奋的音乐生早晨六点半就开始自己一天的学习。对此，杰姬描述道，"小号声混杂交错，钢琴声四处零落响起，还有练歌的人刺耳的扯嗓练声"[iii]，人若想要睡觉可真不容易。不过，又不得不拖着疲惫的身子去到楼底层冲澡，聊以安慰的话，楼底层那儿一直都供应热水。对于女生而言，最大的烦心事是，空气冰冷且干燥，还有偷窥者偷看女生洗浴。就是窗户上的缝用硬纸板封死了，死心不改的偷窥者仍会从外面在硬纸板上钻个洞眼，直到被激怒的看门人将其赶跑。旅社的院落展现给学生的是底层现实生活的图景——路过的酒鬼常常在这处露天空地里随处拉撒。

其中一位看门人，汤娅大妈，她的工作包括汇报学生的出入情况，对我们很友善。她看上去四十来岁，人很见老，牙齿都掉光了，尽管如此，她的性格却很好，答应帮我们拖地板和洗衣服，钱收得也不多（杰姬离开莫斯科时，很多自己冬天穿的衣服都送给了汤娅大妈，汤娅大妈很高兴）。多年以后，当"Tyotya Tonya"（俄语：汤娅大妈——译者注）得知杰姬去世了，她恳请一位英国学生替她在杰姬的墓前敬献上一束玫瑰。

杰姬的室友是一位文静女孩，名叫塔尼亚杰姬，杰姬这么谈到她，"一位来自柳博芙[①]的钢琴手，人娇小丰满，别的都不吃，只吃通心粉、面包和土豆。我们彼此基本不怎么打照面，即便是碰上聊天也非常有限。"[iv]这种缺少交流的状况是因为——至少起初的时候——杰姬不懂俄语。不过，她去上了音乐学院为外国留学生开设的俄语必修课程，在

---

① 柳博芙（Lyubov）：源自斯拉夫的女性用名，意思是"爱"。

杰姬住的五个月里，她真的掌握了足以生存的俄语。刚到苏联时，杰姬懂的俄语就限于那么四个字母的字和古怪的句子，除了听起来吓人外，根本不实用。总之，人被扔进莫斯科，身处留学生活的困境之中，对杰姬来说，应当是令她眼花缭乱的一次人生经历，不必说当时的苏联社会环境非常封闭，与此同时，外国人也是引起苏联人既怀疑又极为好奇的对象。

在莫斯科的头两到三周的时间里，杰姬前往罗斯特罗波维奇位于莫斯科市中心的公寓，在那里接受罗斯特罗波维奇的个人辅导。之后，罗斯特罗波维奇既在音乐学院的课堂上教她，也在家私下给她上课，这是很适合杰姬的折中方式。姆斯蒂斯拉夫·列奥波尔多维奇——是罗斯特罗波维奇为苏联学生所知的名字，让杰姬直接称呼他的小名斯拉夫。在现实层面上，这省去了外国人称呼罗斯特罗波维奇姓名时遇到的发音麻烦，要知道，换了苏联学生用这么随意的方式称呼年长的老师，绝对是让人不可想象的。

求教之初，斯拉夫就跟杰姬说，他打算在她学习的这五个月里给她上五十堂课。实际上，这是不可能实现的目标，虽然斯拉夫确实安排出自己大量的时间好给杰姬上课，但是，他们临了还是砍掉了至少三十堂课。

罗斯特罗波维奇在课堂上首次介绍杰姬的那天，堪称莫斯科音乐学院里发生的一件难忘的事。作为最有魅力的老师，这位老师的课堂经常座无虚席。他自己带的学生（一共十六名）都期望一天里尽可能多地到堂上课，即便自己不用演奏。不过，学院其他专业学生和学院外的音乐家也会申请许可，专程前来听课。时不时，旁听的人中会出现诸如大卫·奥伊斯特拉赫[1]和杰纳迪·罗杰斯特文斯基[2]这样声名赫赫的艺术家身影。

翘首以盼的一群人早已聚集一堂了，准备听这位新来乍到的英国女生拉琴。因为与外部世界所发生的事隔绝已久，苏联人对杰姬的国际名声一无所知。总体而言，他们根本瞧不上西方世界的音乐训练方式，他们遇到

---

[1] 大卫·奥伊斯特拉赫（David Oistrakh，1908年—1974年）：犹太裔苏联小提琴家。
[2] 杰纳迪·罗杰斯特文斯基（Gennady N. Rozhdestvensky，1931年— ）：苏联指挥家。

过的几个来自西欧，包括我自己在内的学生，但都没改变这一成见。于是，当杰姬琴声一响起（她带到自己第一堂课上的是普罗科菲耶夫的《交响协奏曲》），即刻引发好一番轰动。口碑闪电般地传开了，有位出类拔萃的大提琴家兼杰出天才来这里了。

当然，这个班级的综合演奏水平相当高，许多罗斯特罗波维奇当时的学生后来都有了成功的演奏事业；他们当中包括娜塔莉亚·谷特曼、卡林尼·乔治亚（Karine Georgian）、维多利亚·雅格林（Victoria Yagling）、塔玛拉·嘎巴拉斯韦利（Tamara Gabaroshvili）、塔吉亚娜·仁门尼科瓦（Tatyana Remeinikova）和戴维·盖林加斯。谷特曼和乔治亚是其中的两位，发现且指出杰姬演奏中尤其非同凡响的一大独特特质——也就是，杰姬彻底的自由天性，既见于她的演奏中，也见于她的日常行为举止中。杰姬就是一位如此自然生发的自然之子，充满爱意深情、落落大方又生机勃勃，这是不言自明的事实。不过，当时的苏联人，在严守纪律的体制中接受教育，被灌输的是国家责任感，即你的工作只有为国争光方有价值；对于这些苏联人而言，杰姬就仿佛来自另一个星球。她的演奏散发着这般阳光灿烂的光芒，不过，她的演奏背后并没有任何费劲或纪律约束的明显迹象，而是大量倾注的愉悦与活力。

据说那个年代的莫斯科音乐学院适合培养学生赢得国际大奖，这几乎是众所周知的事实。若自己名下没有收获一项奖项名次的话，那么，没有一位苏联音乐人会想要开启自己的音乐生涯（或者，因为这一点，也不会想要出行海外）。在杰姬这么一位早已经置身国际音乐界事业高峰阶段的人来说，这种非赢不可的竞赛野心包含令人悲伤的东西。她不喜欢这种压力对学生音乐态度产生的影响。

不仅凭借她非凡的天赋，而且凭借她的背景和个性，杰姬之于其他学生可谓鹤立鸡群，真的不足为奇。罗斯特罗波维奇与杰姬彼此间你来我往的灵感激发，在课堂上营造出一种磁场氛围，传统意义的师生关系可谓荡然无存。很快，杰姬所上的课具有两个对等人物之间一对一的对话特征，也因此成为罗斯特罗波维奇授课的重头戏。

总的来说，杰姬挺喜欢课堂演奏这部分，明白自己在罗斯特罗波维奇私人家中会获得令自己更为心悦诚服的指教机会。很自然，罗斯特罗波维奇偶尔会在挤得满满的课堂上卖弄噱头，有时候，还拿学生的开销嘲笑一番。我们全都十分敬畏他敏锐的耳朵和利落的口齿，明白我们唯有尽最大的努力才能侥幸过关。总之，他试图提升，而不是摧残学生的自信心——不过，他有时会毫不留情地考验学生的信心。

罗斯特罗波维奇的教学反映出他个性激昂、精力充沛，头脑机敏跳跃。我们全都着迷于杰姬即刻吸收消化罗斯特罗波维奇见解的能力，她这般本事迷倒了我们所有人。罗斯特罗波维奇的要求十分严苛，当学生反应慢了时，他会不耐烦的——然而，我们绝大多数人还是需要时间来消化新理念或是技巧提示。不过，杰姬即刻的回应毫不包含任何妥协意味，而且一直保持着个人的身份认同。

总的来说，较之教授乐器演奏技巧，罗斯特罗波维奇更有兴趣传播自己对音乐的洞见和自身对艺术表现的看法。他甚少带着自己的大提琴出现在课堂上，但更喜欢用钢琴进行示范。他表示，让自己的学生效仿自己是错误的。人们总是期望，在专业音乐学校进行一段严格培训后，所有学生都应该精通给定的乐器。

尽管如此，效仿是课堂教学体制中颇见效且必不可少的方面，它要求所有学生学习掌握某一给定曲目自己老师的演绎"版本"。因此，初始的学习过程意味着从一开始就吸收罗斯特罗波维奇的弓法和指法。事实上，班级助理斯蒂芬·科里安诺夫（Stephen Kalyanov），和班上的钢琴伴奏，来自达吉斯坦的一位小个头、模样狰狞但心地温暖的黑头发女士，阿扎·玛尕米多弗纳·阿闽塔瓦（Aza Magamedovna Amintaeva），都狂热坚持罗斯特罗波维奇式的演绎"版本"（速度和力度，以及指法和弓法等方面），而且，就这一点，他们虔诚得不得了。

阿扎很喜欢杰姬，时刻准备好，随叫随到地参加排练活动。罗斯特罗波维奇喜欢拿阿扎开玩笑，称她"奥义萨"——斯大林名字的爱称，即约瑟夫，留意到阿扎的侧面轮廓和带些胡须的模样让她不可思议地神似斯大林。

尽管如此，不过，罗斯特罗波维奇根本不希望杰姬像他那些学生一样复制他的弓法和指法。他常常就弓法和指法给出意见，或是鼓励杰姬尽量少用琴弓，避免空弦或滑音，在另一根琴弦上拉某一特定段落，等等。在杰姬，即刻调整这些器乐上的演奏细节（或者，若是她愿意，就切换回自己原先的演奏方式），易如反掌，不在话下。总的来说，罗斯特罗波维奇旨在帮助杰姬最为见效地驾驭和运用自身巨大的能量。他设法改进杰姬在拉弓中时而出现的不足，尝试消除杰姬中速跳弓时和起奏时偶尔出现的粗糙感。

罗斯特罗波维奇借鉴关联的概念和意象组成的丰富世界，用以告知音乐中营造氛围（尤其是在音乐响起之前，就要将琴弓放置琴弦之际营造氛围）的重要性。不过，他仍然坚持认为，演绎绝不能忽略整个音乐结构和形式。他三番五次要求杰姬牺牲掉某个特别美妙的片段（诸如迷人的滑音，或是放纵的自由节奏）从而成就乐曲的整体感。

杰姬自己曾说，为卡萨尔斯拉琴时，自己凭直觉就懂卡萨尔斯想要乐曲如何推进，都不必等他纠正就按"他的方式"进行演奏。杰姬尝试自己上罗斯特罗波维奇的课时也用上这套思路，但不那么灵了。也许，罗斯特罗波维奇，作为艺术家，比起卡萨尔斯要来得难以琢磨些。的确，罗斯特罗波维奇的教学，根植于他原创的想象力之中，有着直觉触发、启迪心灵的一面。

米迦·麦斯基，第二年来到这个班上课的一名学生，依然坚持认为，罗斯特罗波维奇身为教师比起他身为演奏家更为激发人的灵感。当时，正值青春且敏感的十八岁的麦斯基在那个年代对一切都狂热不已。他崇拜罗斯特罗波维奇，也倾倒于杰姬。

麦斯基记得，罗斯特罗波维奇运用近乎催眠的魔力散发出自己巨大的个性魅力。"不可避免地，杰姬当时受到罗斯特罗波维奇的影响。不管自己的哪位学生可能有着多么强烈的个性，罗斯特罗波维奇的个性都远强劲过他/她。杰姬呢，当然，即便其他学生的个性集合起来，也比不上她一个人来得更个性，不过，杰姬也折服于罗斯特罗波维奇的魔力了。最终，由于有着极其强大的个性天赋，杰姬还是得以做回自己。"[v]

杰姬的演奏这般自如流畅，难以置信地深深打动了麦斯基：

听她演奏，你感觉不到乐器的存在——音乐从她那儿直接且自然地流淌出来。人们或会说，某某大提琴家的技巧胜过杰姬的技巧——他们能拉得更干脆、更快——但他们中，谁都没有杰姬那种自然天成的感染力。我坚信，技巧与精湛技艺是两码事。技艺出自技巧，但超越于技巧之上，毫无疑问，杰姬拥有精湛的技艺。在她的身上，有着势不可挡的活力——这几乎令人生畏——这种活力弥补了她可能缺失的其他一切。杰姬有着其独树一帜的技巧实力，让人不由得想起比如霍洛维茨①或海菲兹身上有的那种技艺精髓。

麦斯基记得，在罗斯特罗维奇公寓里，大家上过一堂很特别的课，当时，杰姬拉了柴可夫斯基的《洛可可主题变奏曲》。"我仍会在眼前浮现这样的场景，罗斯特罗波维奇向杰姬演示他处理装饰乐段抛弓时的优雅手法——下拉弓，带着美妙的渐弱音。"罗斯特罗波维奇真的用大提琴来演示具体手法的次数少之甚少，这是其中一次。当然，杰姬能再现他的手法，她能够重现任何人演示给她的任何技巧。

在那堂课上，我跟往常一样担当翻译，我记得，罗斯特罗波维奇指导杰姬在较快的变奏曲中掌握更多的跳弓拉奏的技巧，敦促她在富有感染力的慢速变奏曲中运用柔和且冷静的音色。演奏柴可夫斯基音乐时若不动脑筋地"轻易流露情感"，错把柴氏音乐中的情感误当作感官的享受，罗斯特罗波维奇对此无法容忍。在罗斯特罗波维奇，柴可夫斯基的音乐罕有表达直观的美，而是一种对失去世界的追忆怀旧之情，或是对无望之幸福的一种向往与追寻。情感的克制和深沉的世间领悟是理解诠释柴可夫斯基的先觉条件。

很自然，杰姬应当最能接受罗斯特罗波维奇就曲目方面的教授——这些曲目，之于罗斯特罗波维奇，都有着极为紧密的关联，分别是——柴可夫斯基、肖斯塔科维奇、布里顿和普罗科菲耶夫的作品。非同寻常的是，杰姬采纳罗斯特罗波维奇的建议来处理自己的音乐演奏——这种接纳，在杰姬，只是时而为普利兹做过，但从来没有为托特里耶或是卡

---

① 霍洛维茨（Vladimir Samoylovich Horowitz, 1903年—1989年）：俄裔美籍钢琴家。

萨尔斯而做过。比如，演奏布里顿《大提琴奏鸣曲》中，杰姬做了自己用的批示语，作为第一乐章《对话》的演奏警句："非真实欲望与人本身现实之间的争斗。"这对应了罗斯特罗波维奇的理解，即布里顿具有敏感且脆弱的特质，以及布里顿同性恋倾向与他期望获得正常家庭生活给予的温暖与安全感之间形成的冲突——的确，较之柴可夫斯基痛苦的内心世界，也并非相去十万八千里这么远。杰姬在第一乐章写下的另一段批示语则关注具体的技巧效果。罗斯特罗波维奇要求起奏时要沉静——当钢琴弹奏起来响应大提琴时，大提琴的琴弓应在暂停中保持静止不动，营造出一种凝神屏气的戏剧式期待气氛，一种呼吸着的沉寂。在活跃的部分，他要求杰姬不要用力太过，以免压制住琴声，要在钢琴伴奏音型2之前的切分颤音跨弦中保持绝对的清澈流动感。在第二乐章诙谐曲—拨弦乐段部分，则要求乐句要更加性格化——杰姬在开始的几个小节上标注了"易怒""厌烦"等词汇。

四月里，在罗斯特罗波维奇的家中和课堂上，杰姬演奏了肖斯塔科维奇专为罗斯特罗波维奇创作的第一首协奏曲。虽然，在这首曲子于1960年首次发表时，杰姬就已经掌握了，但，在莫斯科才开始研究它。很凑巧，就在该月里，肖斯塔科维奇正忙着编写自己的《第二首大提琴协奏曲》，并计划五个月后，由罗斯特罗波维奇首次演奏它，罗斯特罗波维奇特意跟杰姬分享了这个秘密。

在第一首《肖斯塔科维奇协奏曲》中，杰姬在自己乐谱上标注了一些有关技巧方面的细节记号，"采用紧凑的拉弓、触弦有力——避免尖锐，勿'强迫'"，等等。她的其他笔记要点侧重音乐氛围方面，比如，第二乐章起奏部分标记着"带有内在的强烈情感——勿乱了乐句"。而且，就在那个乐章点明主题的开场表述中营造适当的意象，杰姬这样写道——"一个女人只是简简单单地织着东西、唱着歌，不带悲伤的情感"。又一次，罗斯特罗波维奇坚持要杰姬克制自己的情感表达，只是随着音乐的递进提升情感的强度。接近华彩乐段开始的拨奏和琴弦部分被比喻为"闹钟的钟鸣"，等等。最后乐章的尾声部分，杰姬用数字标注了最后反复出现的G弦的重复次数，作为辅助以便记下最后两页的乐谱内容。

杰姬跟罗斯特罗波维奇习得了很多的曲目。不过，随着时光推移，她越来越多地花时间"回顾温习"学过的曲目，而不是去学新作品。结果，她确实学到的有限的几首新乐曲是普罗科菲耶夫创作的——《交响协奏曲》、奏鸣曲、《灰姑娘》中的慢板部分，此外，她还开始学习《六角风琴①Op.132》。

也许，因为结识普罗科菲耶夫的遗孀莉娜·伊凡诺芙娜（作曲家的第一任妻子）和他儿子奥列格，杰姬对普罗科菲耶夫兴趣更浓了。杰姬结识这母子俩事出有因，杰姬当时替自己的朋友，卡米拉·格瑞，一位英籍艺术史学家充当信使。卡米拉曾赴苏联数次，为自己撰写有关苏联20世纪初期艺术史的一本书做文献研究。早在自己第一次赴苏联时，卡米拉就结识了奥列格·普罗科菲耶夫，而后，1963年，两人决定结婚。因为那个年代苏联当局采取典型的敌对立场，签发给卡米拉再次入境苏联的签证被拒签，夫妇两人的重逢计划一直持续受挫。奥列格也不得擅自离开苏联。夫妇二人只得两地分居长达六年之久，与此同时，往返伦敦和莫斯科的"信使"时不时为夫妇俩传递消息和问候，借此帮助二人维系着彼此的夫妻关系。

奥列格仍记得他第一次见杰姬的情形，他把杰姬比作鲁本斯笔下一位美丽的弗兰德花季少女。奥列格法语极棒，英语也不错，很乐于时不时充当杰姬观光莫斯科的导游。杰姬十分兴奋，特别是去到莫斯科郊外的科罗缅斯克，参观那里的数座美丽教堂，教堂处处风景如画，俯瞰着冰雪覆盖着的莫斯科河。一个放晴但寒冷的冬日，杰姬和奥列格乘有轨电车到科罗缅斯克旅游。杰姬散着自己飘逸的长金发（在老一代人看来，披散的长发是风尘女子的标签），眼睛湛蓝，个头高大，穿着显然"进口的"、不太像冬装的衣服，自然引来不少人侧目（和众老妇人的牢骚）。杰姬张口往外蹦出一两个自己知之有限的俄语词时，奥列格真被吓到了，全是四个字母的脏字眼——尽管如此，电车上，早就满腹好奇的那些老妇人禁不住更加惊讶不已！[vi]

---

① 六角风琴（Concertina）：类似风琴的六角形乐器。

奥列格，就像许多其他苏联人一样，对杰姬早是一位相当了不起的音乐家一事，一直毫不知情，直到杰姬临别前夕举办的音乐会上，奥列格才听见杰姬的演奏。奥列格的妈妈，莉娜·伊凡诺芙娜，是一位好攒集与名流人士关系的女人，虽然压根不知道自己就在跟一位名流打交道，但是，她还真就很喜欢杰姬。

对于杰姬而言，虽然音乐学院的规章制度看起来有些残酷，不过，在青年旅舍内外，还是有着许多有趣开心的派对活动可以参加。罗斯特罗波维奇本人就邀请全班学生在他自家公寓里派对过一两回，有一回，开完莫斯科大提琴俱乐部的一次会议，大家上他家聚会，出于某种原因，放了一部意大利影片（《意大利式离婚》①）。吃的东西不少，伏特加频频交错，敬酒庆贺不断——尤其是杰姬，多次举杯。罗斯特罗波维奇在这类场合可谓多面手，说故事，讲笑话，劝慰说教，还坐在钢琴上弹奏探戈舞曲，为我们助兴。于是，大家跳起舞来，其间，杰姬特别擅长即兴表演。她这么热情洋溢去信给自己的朋友玛德琳·丁可儿：

伏尔加真是一种美妙极了的酒！我渐渐爱上喝它了，还学会怎么真正在行地品味它——第一步，吸气；第二步，整杯伏特加酒一口干下（当然啦，头要夸张地往后仰）；第三步，呼气，接着，最后吸气，伴着异国情调的气味在体内和体外上下旋转！嗯！俄国人在派对一类活动上很是热闹，放得开，聚会上敬酒不计其数，每个人都起身，自我表达一番，一加仑一加仑的伏特加酒，直喝得不醉不散。我去参加过两次盛大的晚宴，宴会上，罗斯特罗波维奇致辞，一番正式、庄重且热情向我表示欢迎的话语。我甚至被这么一番欢迎弄得不知所措，只能答道，我很感谢罗斯特罗波维奇的此番热情接待，非常敬仰爱戴他，也非常感谢有这么珍贵的五个月向他学习的机会。[vii]

这封信里，杰姬向玛德琳写到自己埋头苦练的一些事："不过，我十分敬重且越来越热爱的这位老师安排我频繁的训练，我深受鼓舞。他给了我一些受益匪浅的讲授，还花费他自己绝大多数时间来去除我演奏中存在

---

① 《意大利式离婚》（Divorce Italian Style）：拍摄于1961年的一部意大利讽刺喜剧影片。

的毛病,也就是我由来已久,带些神经质的表达方式和过度夸张的临场发挥。这真让人感到欣慰!"

类似的情感在给格斯里·卢克的信中也有表露:

确实,无论如何,我的老师大大促进了我,他本人音乐才华的根基,感觉上跟我自己的十分相似,在我最薄弱的方面给予我支持,这非常有帮助。罗斯特罗波维奇是一位善于激发人的老师,也是观点相当明确的老师,既让人感动也让人振奋。他讨厌我演奏中带着的某种神经质毛病,这毛病也一直很困扰我;在我们深入研读各首曲目的过程中,他巧妙地(帮我)克服了(感谢主啊!)。至于舒曼《协奏曲》最后乐章的速度,我同意你说的,我过往都拉得太快。我想,你下次听我拉这首曲子时,就会发现我已有了改变。[viii]

信中最后一句提的是格斯里早些时候的一次点评,不久前,与莫扎特演奏乐团合作的一场伦敦音乐会上,杰姬处理舒曼《协奏曲》的最后乐章时拉得很活泼,就像快板处理下的旋律似的,为此,格斯里质疑这么拉未必符合作曲家的本意。

事实上,罗斯特罗波维奇专门教授杰姬这首舒曼协奏曲的课,算得上是其中最让人入迷的一堂课。杰姬演奏这首乐曲优美感人,充满无限诗意和内心情感。不过,在罗斯特罗波维奇的告诫下,杰姬将自己的情感表达纳入更为紧缩的结构之中。完成这首协奏曲的学习后,罗斯特罗波维奇无比兴奋地表示:"这是我迄今听过最完美的舒曼音乐;杰姬森科(Jackusenka,罗斯特罗波维奇对杰姬的俄语爱称),倘若你拉成别个样子的话,我可是要去烧你家屋子呵!"

罗斯特罗波维奇的妻子,卡丽娜·维许涅芙丝卡雅[①],通常很少对丈夫的学生感兴趣。不过,有一次卡丽娜坚持称,她一定要去听杰姬演奏巴赫的《第三首无伴奏组曲》。这么位女性能如此彻底精通大提琴这么"男性化"的乐器,至少这一点非常打动卡丽娜。有了杰姬这位鼓舞人心的榜样,卡丽娜甚至改变了自己原来的抵触,让他们九岁的女儿奥尔加也学起

[①] 卡丽娜·维许涅芙丝卡雅(Galina Pavlovna Vishnevskaya,1926年—2012年):俄国歌剧女高音。

了大提琴。

的确，杰姬充分利用了自己在苏联的这段时日，虽然也很想家，思念家人和她音乐圈的朋友。有一次，她对娜塔莎·谷特曼说，她理解不了苏联音乐家为什么鲜有坐下来纯娱乐地玩音乐。娜塔莎听取了她的评价，还当作一种挑战，当下就邀请杰姬去自己的公寓玩上一个通宵的室内乐，在公寓里，除了别的，她们就演奏音乐，库普兰的二重奏和舒伯特的《双大提琴五重奏》（事实上，事后，因为这种亲密接触外国人的大胆之举，娜塔莎受到她各位任课老师的斥责）。

到了3月底，罗斯特罗波维奇去了瑞士一周。让我感到高兴的是，罗斯特罗波维奇问杰姬，在他外出的一周里，愿不愿意跟我一道练习拉罗的协奏曲；我本人会受益于罗斯特罗波维奇称之为杰姬的"西班牙人气质"！我不久即写信回家，描述杰姬如何帮助我良多，我结尾写道："她能做了不起的老师——很启发人。"我的信继续提到我们那一天的计划："今晚，杰姬和我要去见娜塔莎·谷特曼，她会给我们两张里赫特[①]的音乐会入场券，这场音乐会，里赫特将与鲍罗定四重奏团（Borodin Quartet）[②]一起演奏（显然是肖斯塔科维奇的五重奏曲目）。杰姬和我先马上把我们的信拿到大使馆，然后走路去音乐学院（大约四十分钟），要开一场让人生厌的会议，专门向我们灌输些有关苏共第二十三次党代会的事情，之后，临了，我们去听里赫特的音乐会。"[ix] 我猜测，无论是杰姬还是我都对有关二十三次党代会说了些什么不甚上心；这算是音乐学院当局的有限几次尝试中的一次，他们试图想要训导我们这些西方留学生。

我们挺幸运的，灌输政治思想是苏联学生在学习和生活中逃脱不了的部分。不过，在苏联，思想灌输不一定只局限于政治方面；显然它也包括对音乐的态度方面。斯维亚托斯拉夫·里赫特是所有苏联音乐家中无可争议的偶像，胆敢批评里赫特音乐的人就属异端分子。杰姬本人质

[①] 斯维亚托斯拉夫·里赫特（Sviatoslav Teofilovich Richter，1915年—1997年）：德裔乌克兰钢琴家。

[②] 鲍罗定弦乐四重奏团（Borodin Quartet）：1945年在苏联的莫斯科成立的弦乐四重奏。

疑任何形式的偶像崇拜，不过，她也一直思想开放，去听过好几场里赫特的音乐会。

没有演出压力的学生生活，轻松且有规律，杰姬置身其中很是放松，她开始享受生活不那么需要认真严谨的一面。我们会一起逛莫斯科城，参观教堂和博物馆，经常一道出游的，还有艾莉丝·沃顿，来自澳大利亚的小提琴手，以及丽芙·格拉瑟，来自挪威的钢琴家。夏天，有一次，我们从希姆基莫斯科河车站出发，乘坐气垫船出行，游过纵横交错的河流和运河，去往瑰丽的桦树和松树林区。我们跟同行的英国大使馆工作的一对年轻夫妇，罗德里克和吉尔·布雷斯韦特成了朋友——罗德里克的父亲沃里克和兄弟尼克都是指挥家。这对夫妇常常邀请我们一起用餐，当我们厌了嘈杂的旅舍生活时，就让我们把他们的公寓当作庇护所。杰姬拥有模仿人使坏、逗人开心的鬼才，我们上课和学习之余都发生过一大堆有趣和开心的事。

当等待多时的莫斯科之春来临时，这春的气息也带来人精神和季节上的变化。3月底，杰姬写信给玛德琳·丁可儿，"这就意味着，数月的冰与雪正在心不甘、情不愿地融化为褐色的大水流和大水坑。水从排水沟里漫过，漫到人脖子以下，与严寒随行的明媚阳光和湛蓝湛蓝的天空，让位给了这犹豫不决的季节所呈现的灰白色。每个人都在等待，渴望第一眼的嫩绿初发，从那时起，这春天就不回头了，莫斯科，在它浓密树木和林荫大道映衬下，会是一座非常美丽的城市"。[x]

一个月后，杰姬写信给格斯里·卢克，不清楚这春天该不是与夏天混作了一团。"很难相信，整个冬天冻结起来的白茫茫、沉闷且空荡荡的一切，现在皆忙碌了起来，变热、变绿、晒黑，伴着新的生机喧闹而至。在冬天，莫斯科就是一座寂静的城池，雪起到了隔音效果，不过，夏天，这整座城就回荡着街道上玩耍孩童的哭喊声，回荡着通常充斥都市里的嘈杂声，震耳欲聋。从冬到春的两季之间的变化，真的来得太突然，而且，不过，因为没了我们习惯过的复活节，我们许多人正患着春倦症呢！"[xi]

去圣彼得堡的一次旅程中，我们的春倦症到达了顶点，"我的梦想之地"，杰姬这么称赞圣彼得堡。想让这次出行作为一次真正的假期，在罗斯特罗波维奇的建议下，杰姬没带上自己的大提琴。我们搭乘"红箭头"列车出行了一整夜。让杰姬感到好笑的是，她发现自己要跟一位健壮、直率的红军将军共用一个包厢——在苏联，订的卧铺并不根据性别去安排，我们住在欧洲酒店，过街对面就是辉煌的爱乐乐团音乐厅，我们花了三天阳光灿烂的日子观光旅游了一番。一天下午，乘坐一艘气垫船去到夏宫，在公园的花园里散步，之前看过了莫斯科各处森林里的松树和桦树，在这里，美丽的橡树和山毛榉让我们想起了心爱的旧英国来了。

有关这整个美妙的体验，杰姬向玛德琳·丁可儿去信分享道：

今天，在圣彼得堡度过三天极乐的日子后，我回来了。我觉得这是我最完美的假期了。这个假期，观赏了最棒的画家和建筑师的杰作，还在夏宫那儿巨大的喷泉花园里散步，采摘野花，在春天柔和的阳光下（一场奇妙的雷阵雨夜之后）；在大概是世界最美的音乐厅里，聆听世界最伟大两位音乐家的音乐。你能想象我人陶醉其中的样子吗？噢，我的上帝，这闻名遐迩的冬宫（Hermitage），它好美，而且宏伟壮观。我一间一间展厅地徜徉其中，伦勃朗的画作，炫目的水晶吊灯，巨大的水晶和奇石制的花瓶，法国印象派画作，宽阔霸气的楼梯，全白色的餐厅，复杂图案内镶木头的地板，大大的窗户，望得见涅瓦河畔的风景，涅瓦河上挤满了漂浮着的、裂开了的巨大冰块，各种大理石柱，用奇石镶嵌出各种复杂花儿、鸟儿、几何图案的桌子，高耸壮丽的彩绘天顶，靓丽的陶器，还有……还有……不过，于我，所有这一切之上的是伦伯朗的那些画。我原来并不知道它们在那儿，当那些画作的冲击力和情感涌入我的内心时，我禁不住站在那里，潸然泪下。[xii]

涅瓦河里裂开的冰块是圣彼得堡独特气候现象所致——河上游绵绵数英里，解冻的寒冬与葱郁的盛夏两相碰撞，拉多加湖上的冰终于裂开缝了。参观彼得保罗要塞①时，我们饶有兴致看到，在要塞墙根处，沿着载冰的涅瓦河岸，苏联的老百姓穿着单调内衣，闲散地浸泡在阳光里。

罗斯特罗波维奇去圣彼得堡，为的是与圣彼得堡大提琴俱乐部一起推

---

① 彼得保罗要塞（Petropavlovskaya Krepost）：俄罗斯圣彼得堡的一座古城堡，建于1706至1740年。

出一场音乐会。杰姬和我参加了几次排练，排练中这个大提琴乐队过了一遍重要的几首曲目，其中包括卡尔·达维多夫的《圣歌》。杰姬钟爱集结百强的大提琴齐奏声，而且，作为以达维多夫命名的斯特拉迪瓦大提琴的拥有者，能在达维多夫生活演出过的城市聆听他本人的音乐，杰姬心下尤其欣喜。事实上，杰姬随身带到苏联的是她的另一把斯特拉迪瓦大提琴，听从人们的劝谏，她把达维多夫大提琴留在家中。心中有层顾忌，担心苏联政府很可能声称这把大提琴是苏联的国宝，虽然早在1917年俄国大革命之前，这把琴在完全合法的情况下被人带出了这个国家。不过，霍兰德夫人和查尔斯·比尔两人都建议杰姬避免冒险。

排练中，值得回忆的一个片段是，罗斯特罗波维奇建议杰姬再细过一遍萨尔马诺夫①的《凯旋颂》中负责定音鼓的演奏。杰姬欣然答应，"试了一试"身手。我们到访的最后一天晚上，大提琴俱乐部的音乐会在美丽的圣彼得堡爱乐音乐大厅举办。音乐会的上半场，由圣彼得堡各位大提琴家与学生演奏数首二重奏曲目，下半场，大提琴乐队演奏了萨尔马诺夫、格卢别夫②和格拉祖诺夫③的作品（按要求，还加上了竖琴、双贝斯和小号的合奏），最后，以卡萨尔斯的《萨达尼亚舞曲》结束整场演出。倒数第二首曲目，是维拉–罗伯斯④的《巴西的巴赫风格》第五部，原是为八把大提琴与独唱女高音而谱写的作品。杰姬提及的"两位世界最伟大的音乐家"，当然指的是罗斯特罗波维奇和他的妻子卡丽娜·维许涅芙丝卡雅，卡丽娜在《巴西的巴赫风格》曲目中演绎大提琴独奏和女高音独唱两部分（不过是在一百把大提琴，而不是原乐谱中给定的八把大提琴的伴奏下）。杰姬，坐在音乐厅一侧的前排看台座位上，稍微抓住罗斯特罗波维

---

① 萨尔马诺夫（Vadim Nikolayevich Salmanov，1912年—1978年）：苏联作曲家。
② 格卢别夫（Evgeny Kirillovich Golubev，1910年—1988年）：苏联作曲家。
③ 格拉祖诺夫（Glazunov，1865年—1936年）：苏联作曲家、音乐教育家和指挥家，后定居巴黎。
④ 维拉-罗伯斯（Heitor Villa-Lobos，1887年—1959年）：巴西古典乐作曲家，也是著名的指挥家和大提琴家。

奇的目光，使得大师出现片刻间的走神。罗斯特罗波维奇在与歌唱家的同一音线上稍有磕绊——几乎难以察觉出，不过，足以惹得维许涅芙丝卡雅投来的怒目一瞪。

回到莫斯科，杰姬继续上着课，不过，随着柴可夫斯基大赛迫近，课程强度渐减。罗斯特罗波维奇几次邀请我们去阿拉格维餐厅，一家非常棒的格鲁吉亚风格餐厅，在那儿，他款待我们品尝了鱼子酱和伏特加酒。后来，5月份，罗斯特罗波维奇带我们作为他的客人去柴可夫斯基音乐厅聆听了布里顿《战争安魂曲》的莫斯科首演。我给自己家人去信中写到这场演出："这首作品深深打动着苏联人。康德拉辛[①]指挥，维许涅芙丝卡雅独唱，棒极了……音乐会后，我们走路回家时，罗斯特罗波维奇跟我们说，英国观众欣赏布里顿不够，布里顿应该得到更多的爱戴和尊敬，布里顿是我们拥有、甚至一度拥有的唯一一个音乐天才……再就是……在拥有诸如穆索尔斯基，肖斯塔科维奇，普罗科菲耶夫这些音乐天才的这个国度，布里顿远比在英国得到人们更深的理解与爱戴。"[xiii]我想，这个观点，很显然，带着罗斯特罗波维奇式的气魄风格和为人性情！

不过，杰姬对布里顿的音乐从来都用心不够，把握他的大提琴交响曲也努力不足，虽然罗斯特罗波维奇和其他人都敦促她应当用心努力去做。人在莫斯科的时候，杰姬确实习练了布里顿的《大提琴独奏第一组曲》（作品创作于前一年），我仍记得，杰姬欣喜地发现这首组曲的赋格主题与巴赫《平均律键盘曲集》[②]第一卷中《C大调赋格》惊人相似。

柴可夫斯基大赛5月31日开始时，该上的课就停了。大提琴赛事与小提琴手的赛事平行进行。6月1日至17日，由罗斯特罗波维奇和奥依斯特拉赫[③]分别带领两个评委组进行评判。大提琴组评委阵容非凡：皮亚蒂戈尔

[①] 康德拉辛（Kondrashin,1914年—1981年）：苏联指挥家。
[②] 《平均律键盘曲集》（Well Tempered Clavier）：巴赫为键盘独奏乐器于1722年—1742年间创作的音乐。
[③] 奥伊斯特拉赫（1908年—1974年）：犹太裔苏联小提琴家。

斯基[1]、富尼耶[2]、卡萨多[3]、萨德罗[4]、皮考夫[5]、哈恰图良[6]、夏弗朗[7]等名家都在列。1966年的大提琴赛总体水平高得出奇，只有不到50名大提琴手参加比赛，包括来自美国的一支强大队伍。签到的参赛选手中，包括皮亚蒂戈尔斯基的学生史蒂芬·凯茨（Steven Kates）、莱利·莱瑟（Larry Lesser）和纳撒尼尔·罗森（Nathaniel Rosen）、乔·克罗斯尼克（Joel Krosnick）[8]，托特里耶的学生阿尔托·诺拉斯（Arto Noras）和拉斐尔·索默（Raphael Sommer），卡萨多的学生约翰·格利斯基（Johann Goritsy），弗洛里安·基特（Florian Kitt）和马可·达钺（Marco Scano），富尼耶的学生罗科·菲利皮尼（Rocco Filippini）和安田垦（Ken Yasuda）。苏联参赛队里有塔马拉·加巴什维利（Tamara Gabarashivili）、卡琳·格鲁吉亚（Karine Georgian）、玛琳娜·柴可夫斯基（Marina Tchaikovskaya）、米沙·麦斯基（Mischa Maisky）[9]和伊利诺拉·泰斯狄莱斯（Eleanora Testelets）。斯坦芬·波波夫[10]代表保加尼亚参赛。

杰姬已表示不参加比赛，不过，她是一位观察者，对整个赛事活动充满好奇。她之前就认识其中几位评委和一些参赛选手，是在她赴斯波莱托等地的国际音乐节等各种活动中认识的。我们不仅到场观看了大提琴海选，还去听了小提琴选手最后一轮与乐团的合作演奏的决赛（我记得，杰姬当时非常欣赏维克托·特列季亚科夫（Viktor Tretyakov）对柴可夫斯基协奏曲令人振奋的渲染演绎，也更加欣赏奥列格·卡根（Oleg Kagan）对西贝柳斯和柴可夫斯基协奏曲的精彩演绎）。

---

[1] 皮亚蒂戈尔斯基（Gregor Piatigorsky，1903年—1976年）：俄裔美籍大提琴家。
[2] 富尼耶（Pierre Fournier，1906年—1986年）：法国大提琴家。
[3] 卡萨多（Gaspar Cassadó，1897年—1966年）：西班牙大提琴家和作曲家。
[4] 萨德罗（Miloš Sádlo，1912年—2003年）：车臣大提琴家。
[5] 皮考夫（Panayot Pipkov，1871年—1942年）：保加利亚作曲家。
[6] 哈恰图良（Khachaturian，1903年—1978年）：苏联亚美尼亚族作曲家。
[7] 夏弗朗（Daniel Shafran）：苏联大提琴大师。
[8] 乔·克罗斯尼克（Joel Krosnick，1941年—）：美国独奏家、大提琴家、演奏家和室内音乐家。
[9] 米沙·麦斯基（Mischa Maisky，1948年—）：拉托维亚出生的以色列大提琴家。
[10] 斯坦芬·波波夫（Stefan Popov，1940年—）：拥有保加利亚与英国国籍的大提琴家。

不过，虽然杰姬看待这次大赛的心情颇为五味杂陈，既反感又着迷于赛事的紧张气氛和不可避免的耍手段作为。大赛结束后，参赛选手和评委准备打道回府，罗斯特罗波维奇特意安排杰姬于6月19日推出一场公益演奏会。罗斯特罗波维奇认为，杰姬至少应该为苏联观众演奏一场，方能让她离开莫斯科返回英国。在音乐学院的音乐大厅里举办的年终毕业演奏会上，他组织了一个学生乐团为杰姬伴奏。他们商议要演奏海顿的《C大调协奏曲》，罗斯特罗波维奇亲自操刀指挥。碰巧，卡琳·格鲁吉亚，柴可夫斯基大赛的获胜者，在大赛决赛阶段就出色绝伦地演绎过这首曲目。格鲁吉亚记得，她看见杰姬就在临近音乐会开始之前，起身离开了一会儿，大步走了一长段路，像似想摆脱自己的内心紧张。在卡琳看来，见到杰姬感到紧张，还蛮让人吃惊的。[xiv]

毕业季的音乐演奏会，据罗德里克·布雷思韦特（Roderic Braithwaite）回忆，像是没完没了的，音乐学院的毕业生排着队一个接一个演奏他们毕业课程中学到的大量作品。长号学员、声乐学员和钢琴学员与小提琴学员、长笛学员和双贝斯学员穿插着演奏。到最后一个节目的时候——杰姬与罗斯特罗波维奇同台演出——观众几乎都已经听迷糊，精疲力竭了。不过，就在进入海顿协奏曲的仅仅几秒钟内，整个音乐厅一下子被他们二人的非凡音乐所传递的纯粹能量震住了。

许多莫斯科人只是在这次场合中才第一次听到杰姬的演奏，不过，至今仍记忆犹新，就仿佛那场演奏就发生在昨天似的。也许，先是听过头天晚上的柴可夫斯基大赛的大提琴决赛，再来听这般全然不同的高品质大提琴演奏，这场演奏听上去更是卓尔不群。许多人听得热泪盈眶，还有人听得一动不动坐在座席上。罗斯特罗波维奇激发伴奏的学生乐团发挥到他们的极致。他与杰姬之间有着某种默契的心电感应。对于那些到场的人而言，这真是终生难忘的时刻。

米沙·麦斯基认为，杰姬的演奏特质在于她与大提琴之间浑然天成的融合和她别具一格的乐音："一位大提琴家真正伟大时，就仿佛在杰姬的状态下，声音并非发自大提琴，也并非发自头脑，而是发自更高境界的东西——即心灵或灵魂——这心灵与大提琴珠联璧合。就如同我们每个人有着各自不同的指纹一样，每一位伟大的大提琴家都有着独具一格的声音。"

不过，在一些俄罗斯的音乐家看来，杰姬演奏中的狂野不羁元素几乎令人心中存疑，还有她"动物式"的本能举止。杰姬的大幅度体态动作和甩头发，都有悖于他们有关个人艺术素养的理念，他们视自律与举止风度的适度把控为必要素养。就像米沙·麦斯基所理解的那样，杰姬在演奏中非常冒险激进的境界；不过，无论她冒什么险，天生的音乐品味却总是让她化险为夷，"她可以精致细腻，也可以狂野不羁。她在糟趣味的边缘线上走钢丝。倘若你尝试模仿她的这种演奏，你的演奏会很可能听起来粗俗。但是，因为拥有催眠人的个性魅力，杰姬有效地在允许与不允许之间画下这么一条细线。她总是安全着陆在正确的一边——相当绝无仅有"。

杰姬的两次海外求学都是很混杂的体验与阅历过程。有关两位老师，她在不同的阶段对不同人说了非常不同的话，她自己把这些不同的表述归结为自己对跟着托特里耶和跟着罗斯特罗波维奇学习的自我困惑认知。安娜·恰马先科（Ana Chumachenko），杰姬当时的一位密友，回忆说，杰姬跟她说过她敬仰托特里耶，虽然不喜欢他的大师培训班。同样的，杰姬还向她坦言，说罗斯特罗波维奇待她不太好，不让她参加柴可夫斯基大赛，但是她自己很想参加。[xv]不过，这最后一番话完全脱离事实本身；罗斯特罗波维奇经常表达自己的遗憾，杰姬在大赛之前和之后都不想参赛。他太太卡丽娜的反应则是，认为杰姬需要一个奖项的想法本身就荒唐——"她需要这么一个奖项做什么？她已拥有作为艺术家的一切。她要那区区2500卢比做什么呢——买套娃（苏联娃娃）不成？"他们每个人都很清楚，就职业生涯而言，杰姬注定会到达事业的顶峰。

小提琴家休·马奎尔回忆，尽管如此，杰姬从莫斯科回来后，对罗斯特罗波维奇的教学评价却相当积极正面，他也注意到杰姬所受到的影响。[xvi]马奎尔的苏西记得，杰姬跟她说，她会一直记住罗斯特罗波维奇的课。她不太愉快的是，总觉得自己被人观察着……绝大多数外国人在莫斯科都察觉到存在这个问题。

另一位小提琴家友人，阿诺德·斯坦哈特（Arnold Steinhardt），记得，从莫斯科回来后，杰姬就直接进行演出了，从这些演奏中，他能清晰感受到罗斯特罗波维奇对杰姬的影响，但也是他不喜欢听到的——这些演奏就仿佛是杰姬在否定自身的音乐个性，而接纳起她老师的风格来了。虽然非常钦佩罗斯特罗波维奇的艺术造诣，斯坦哈特仍认为，罗斯特罗波维奇的风格并不适合杰姬，当杰姬这种"不适当的、有害的模仿"阶段过去后，斯坦哈特方才松了口气。[xvii]

总之，杰姬对自己说的话很小心谨慎，不过，她向大多数人很清楚地表示，她从罗斯特罗波维奇的教学中学到的，远比从托特里耶那儿学到的多得多。杰姬保持着一种正面积极的幽默感来看待世界顶级大提琴家之间的等级划分。私底下，她会恶作剧式地模仿她的这两位大师级老师来逗自己的朋友开心。随着时光推移，杰姬经常强调普利兹的影响对她最为重要；普利兹不只有效地教给了她日后成为大提琴手的基础，而且造就她成为一名音乐人。一方面，这一点是不言自明的事实，另一方面，她在出版物上反复声明这一点，这一做法或可解读为杰姬不大承认自己另两位更为著名的老师对自己的影响。当从一些友人那里听到杰姬接受媒体报道的访谈内容后，本杰明·布里顿成为深为罗斯特罗波维奇抱不平的其中一位。在他听来，杰姬的话忘恩负义而且不忠实，要是说还不算真正怠慢的话。

不幸的是，新闻记者错误报道或读者错误领悟另一个人的言辞和看法，这类事总是发生得太过容易。虽然如此，不过，杰姬对托特里耶和罗斯特罗波维奇两人教学的说法，在大卫·普赖斯·琼斯看来，其实一直都与杰姬私下所说的一致："他们两位都教得那么有声有色——他们就是宽荧幕立体电影。"[xviii]

最终，随着时光与杰姬生活的方向将杰姬更远地带离这段岁月，杰姬不免否定地回首打量自己这段莫斯科时光。在我看来，反思式的判断涂染了杰姬的记忆颜色；在她逗留的时间里，显然有很多她很享受的快乐，她对罗斯特罗波维奇怀有极大的敬意。在艺术上，罗斯特罗波维奇让自己与杰姬携手演绎音乐，这本身就是他与自己其他任何学生没有做过的。杰姬抽出时间学习，为的是克服自己的困惑与难点，她视罗斯特罗波维奇为一位练达的导师。从罗斯特罗波维奇的角度看，他给了杰姬在他认为是正确的引导。他从来就没有忽视杰姬的身份，一直都敬佩杰姬非凡的天赋，即在音乐表达中，通过自己的内耳直接将音乐转译为声音，根本不受任何乐器的干扰。就在杰姬的莫斯科学习快结束之际，罗斯特罗波维奇称赞杰姬独具一格的天赋才华。有一次，课后，我们在他家吃午饭，他认真提到杰姬作为大提琴家和音乐家应该起到的作用。"上一代人中，有许多比我出色的大提琴家，"他说，"不过，只有你，杰姬森科，是下一代人中能拉得比我好的人啊。"他督促杰姬，要在普及大提琴和为大提琴创作更多曲目方面，继续他的努力。

最终，尽管如此，不过，丹尼尔·巴伦博伊姆，才是杰姬音乐道路上的那颗北极星，他也给予杰姬作为艺术家必要的参照框架。在音乐和情感上，力图能完全与丹尼尔认同的过程中，杰姬尽她所能地在靠近想要寻找到一处安全的艺术"营垒"。站在这个角度，杰姬再次评估自己过往的努力与成就，在我看来，正是凭借这一判断标准，她才在后来以批判式的眼光评价自己的巴黎岁月与莫斯科时光。

  i 本书作者的访谈内容，牛津，1995年12月。
  ii 杰奎琳·杜普蕾写给玛德琳·丁可儿的信件，1966年3月26日。
  iii 杜普蕾写给丁可儿的明信片，邮寄日1966年4月25日。
  iv 杜普蕾给丁可儿的信件，1966年3月26日。
  v 本书作者的访谈内容，都灵，1994年。
  vi 本书作者的访谈内容，1966年8月。
  vii 杜普蕾写给丁可儿的信件，1966年3月26日。
  viii 杜普蕾写给卢克的信件，1966年4月20日。
  ix 本书作者写给自己父母的信件，1966年3月31日。
  x 杜普蕾写给丁可儿的信件，1966年3月26日。

xi 杜普蕾写给卢克的信件，1966年4月20日。

xii 杜普蕾写给丁可儿的信件，1966年5月10日。

xiii 杜普蕾写给父母的信件，1966年5月1日。

xiv 本书作者的访谈内容，1966年5月。

xv 本书作者的访谈内容，1997年9月。

xvi 本书作者的访谈内容，爱丁堡，1995年6月。

xvii 本书作者的访谈内容，米兰，1997年1月。

xviii 周末文章，《电讯报》杂志，1976年6月。

第十六章
新的方向

> 噢！那么一个他——我愿意整日里静坐倾听的人儿，——他的才华见于他拨动琴弦之间，这般触动我心，——他用他的快乐、他的希望激发我，撩动我藏于心最深的琴弦。
>
> —劳伦斯·斯特恩[1]，《项狄传》

正是人在莫斯科的这段时间，杰姬终于接纳了自己和自己的职业生涯。最终，她始悟到自己欠母亲爱丽斯一份感谢，于是，她写给爱丽斯一封感人的感谢信。"仅借这么一条简短的私下留言，想跟你说一声，我，最终，终于！下决心做一名大提琴家了。你懂的，多年来，我潜意识中一直纠结要不要当大提琴家……"杰姬觉得这是罗斯特罗波维奇的功劳，帮助她接受了自己的事业命运。"罗（斯特罗波维奇）这么肯定我的天赋，我无法告诉你，这真是莫大的解脱，终于决定下来自己最想要的是什么。主要是有您对我怀抱的热望和您对我拉琴的信任一路支撑我坚持至今，义无反顾。暨此，向你表达我一生一世的'感激'，您老大不小的女儿。"[i]

回到英格兰，杰姬在父母位于格拉茨·克洛斯[2]的家中住下，还去看

---

[1] 劳伦斯·斯特恩（Laurence Sterne，1713年—1768年）：英国感伤主义小说家，著有《项狄传》等作品。
[2] 格拉茨·克洛斯（Gerrards Cross）：位于英格兰白金汉郡南巴克斯区的一座教区小镇。

望了姐姐，与伦敦的友人见面聊天。她需要时间休整，消化自己在莫斯科的五个月的经历。杰姬之前在一封写给姐夫芬兹的信里已表示，自己不大愿意重返一个专业大提琴手的严谨生活："我想起临近的演奏会工作，令我诚惶诚恐。"[ii]不过，除了七月赴斯波莱托音乐节继续演奏室内乐外，杰姬直到9月都没有任何专业演出的日程。

6月最后一天，杰姬跟提莱特以及彼得·安德里在EMI公司会晤了几次，商议下一季的计划。在6月30日写给提莱特夫人的一封信中，彼得·安德里谈到，有关几个唱片录制提案，与杰姬进行了富有成果的商谈。杰姬已同意10月份录制博凯里尼①和海顿的曲目，安德里因此计划着找合适的室内乐团和指挥合作。纳入接下来一季的其他演出计划也确定了下来，分别是：完成贝多芬巡演；与比肖普录制两首勃拉姆斯的奏鸣曲；与梅纽因录制舒伯特的《C大调五重奏》；与新爱乐乐团合作录制布洛赫的《所罗门》和舒曼的协奏曲（在同一张唱片上）。当时，很希望巴比罗利能担任指挥。[iii]

从杰姬个人建议的其他曲目中，我们能窥探出罗斯特罗波维奇（对她的）影响：把肖斯塔科维奇和普罗科菲耶夫的奏鸣曲结合起来演奏，以及对肖斯塔科维奇的《第一协奏曲》和普罗科菲耶夫的协奏曲组合为一次管弦乐唱片录制。她还跟安德里说，她想要录制普罗科菲耶夫的《交响协奏曲》，虽然最早的日程安排也要放在下一季演奏季之后。同样地，杰姬非常想在未来某个时候能录制勃拉姆斯的《二重奏协奏曲》，不过，当时并没有提要找哪一位小提琴独奏家搭档。

比起第一趟的斯波莱托之旅，杰姬的第二趟时间不长，不过，她打点了多场演奏。她再次跟理查德·古德搭档；这次，二人的核心曲目是勃拉姆斯的作品，主要为《E小调奏鸣曲Op.38》和《C大调三重奏Op.87》。三重奏中，年青的美国小提琴家詹姆斯·布兹威尔加入其中，据沃斯沃兹回忆，布兹威尔当时被公认为崭露头角的音乐骄子。

7月10日音乐会现场录制的《Op.87》三重奏的电台录音资料中，人们

---

① 博凯里尼（Luigi Rodolfo Boccherini，1743年—1805年）：意大利作曲家，大提琴家。

能听到：在杰姬外向灵动的性情挑动中，古德的严谨固若磐石，力求抗衡，两人这种珠联璧合的交相乐动，生动营造出富有戏剧变化和激情的整体效果。杰姬的大提琴与布兹威尔的小提琴之间交融统一，在采用八度音齐奏表现主题上——勃拉姆斯非常青睐的一种手法——和乐器间的乐句衔接上，堪称无懈可击。整首乐曲中，三位演奏者充分抓住勃拉姆斯音乐情感丰富多变的特点——无论是第一乐章旋律线的大开大合，还是第二乐章变奏部分难以捉摸且阴郁的忧郁愁绪。变奏部分中，较为沉静的音乐演绎彼此对话亲密，与豪迈傲然的部分对比精彩。这里，正是杰姬用她精致的音乐调色板渲染出眷念与厌世，痛楚与留恋的迷离氛围。接下来的谐谑曲部分，三位演奏者抓住了其超凡入圣但又阴幽之特色，将音乐展现为勃拉姆斯版的一首幽灵式《瞬间影幻》[1]。在统一音色与重复十六分音符主题的弓法处理上，两位弦乐家体现了良好的合奏素养。之后，同一主题在大提琴重复的低音C调音域增添了一种胁迫、略带怪诞的音质感，伴着钢琴向下琶音的应和，在这里，杰姬让自己的大提琴听上去宛若一种不祥的鼓点。当三重合奏在一种美好的颤鸣声中迸发而出时，音乐方从隐晦的声响世界中解脱出来。尾声部分，三位演奏者巧妙地将勃拉姆斯雄伟外向的性情与他较为优雅轻快的音乐平衡得恰到好处。他们在旋律以及青春朝气上极为契合，成就了这么一次奇妙且扣人心弦的演奏。

7月13日（由意大利国家电视台录音），在一场中午场演奏会中推出勃拉姆斯的《E小调大提琴奏鸣曲》，古德的古典技法突显它的优势，很符合这首勃拉姆斯借回看巴洛克音乐和古典范式寻求灵感的曲目。杰姬则随性情所至地发挥，以致出现几处对古德井然有致的演奏补偿过度，本意想使音乐充分舒展，但用力过猛地拉出几近越过大提琴限度的琴声。在赋予歌唱式长乐句朗读般的感知触动中，杰姬使得音乐极其紧迫地言说起来，仿佛超越了声音与言辞之间的边界。每个音符皆赋予全身心的投入演奏，凭借对渐弱乐句与渐慢乐句之间互动关系的感悟，杰姬的乐句分解达到了收放自如的完美。整个推进部分，不断积累，直至F小调疾风暴雨似的

---

[1] 普罗高菲夫钢琴作品《瞬间幻影Op.22》（Visions Fugitives Op.22）

高潮，古德一直把控着驾驭音乐的紧张度与平稳的节奏，适度遏制杰姬的激情倾泻。真正恢宏的时刻出现在乐章尾声，杰姬用她最为绚丽灿烂的琴声对乐句进行一长段时间的精彩演绎，欢欣鼓舞的E大调音律一路激荡高昂，驱走之前阴郁愁绪的所有记忆。第二乐章的演奏，细腻柔情之间，烘托出十八世纪小步舞曲的那种氛围。三重奏部分，演奏慢下来很多，三位演奏者成功地在乐曲节奏的框架之中演绎乐句或快或慢、或缓或急的起伏波澜。在尾声部分开篇时，古德以坚定的心态落指琴上，对复调结构把握充分，与此同时，杰姬则诉诸抒情浪漫的情节部分更多。她与他之间，共同创造出一幅怡人的统一图景。

在意大利国家电视台，杜普蕾-古德组合保存下来的另一首演奏曲目是巴赫的《D大调古大提琴奏鸣曲》（Gamba Sonata）。这几段快乐乐章的演绎充满旋律韵味与灿烂朝气，与中间的慢板部分浪漫式表达形成鲜明对比，演奏中，杰姬流畅自在的旋律在古德从容推进的低沉颤音映衬下吟唱出来。接近尾声快板部分结束之时，杰姬出现稍许的记忆遗漏，但她借D调上重复了一遍十六分音符，而不是按部就班乐谱上原来的相继乐段，巧妙掩饰了过去。这是一时走神所致的失误——在杰姬身上，很少出现这类失误。不过，即便她因这处失手而稍有些紧张起来，她也根本没有表露出来；她自信且朝气蓬勃的表现令这类失误无关大碍。

1966年音乐节上的那次演奏，在查尔斯·沃德沃斯（Charles Wadworth）记忆中最是清晰可见，演奏的曲目是贝多芬的《G调弦乐三重奏 Op.9》，7月12日推出。沃德沃斯觉得，杰姬就是其他两位演奏者，詹姆斯·布兹威尔和中提琴手沃尔特·特兰普勒（Walter Trampler）之间的催化剂。[iv]确实，留存下来的电台录音资料证明，杰姬拥有室内音乐家的卓越品质，尤其是她对低音线的精彩演绎。甚至只是用一个重复拨动的低颤音，杰姬也能打造出引擎来驱动音乐并赋予其特色——这点反映出普利兹对低音线多重功能的理解。这个组合似乎被外在弦乐（布兹威尔和杜普蕾）独奏式的精湛技艺主导着，不过，中提琴的中间琴音夹楔于其间，维持必要的平衡。沃尔特·特兰普勒在室内乐上积攒的演奏功底与杰姬的直觉型音乐素养彼此很匹配，二人之间的演奏真正达到了你中有我，我中有你的交融境界。布兹威尔的演奏偶尔有些激进棱角，到了尾声部分，他的演奏显得生硬、突兀且快速，不甚悦耳。杰姬则一丝不苟地配合他的精彩之处，还在伴奏的各个角色中一直透出细腻、美妙与韵律十足的轻快之感。

压轴部分，布兹威尔以急板节奏开篇，使得整个乐章带着一种游走刀刃之上的兴奋之感，一直起伏搏动不止，直至结束。杰姬的八分音符伴奏部分有力推进且跳动不止，乐律优雅，提示我们音乐就应该受直觉与激情高昂的心灵支配。短促的尾声部分以惊心动魄的急速弦声猛地奏出，使得听众不禁担忧这几位音乐家会不会拉岔调了。不过，恰相反，三位演奏家紧凑推进音乐直至曲终，临陡峭深渊之际胜利收官。

在斯波莱托，杰姬再次本我演奏，沃兹沃思回忆说，杰姬在那儿的演奏就是一次心灵启迪。紧接着来到斯波莱托的，是可与杰姬比拟的演奏天才平夏斯·祖克曼。不过，1967年，杰姬没再去音乐节，而祖克曼则首次前往，又过了一年，杰姬才与这位她未来的三重奏搭档相遇。

回到伦敦，杰姬回到自己跟艾莉森·布朗合租的公寓里，位于拉德布鲁克–格罗夫（Ladbroke Grove）路尾警察局对面。在莫斯科没有室内乐演奏可玩，杰姬真心高兴回来与各位音乐家友人重新联络起来，当中包括休·马奎尔。杰姬一度经常骑自行车上马奎尔位于威尔斯顿–格林（Willesden Green）的独立屋，有关那辆自行车，休仍记得，好像是"一辆挺有意思的十八寸小型女式自行车"。ᵛ整段路大概两英里的骑行，是上山的路。杰姬爱来他们这栋大独立屋，而且待的时间越来越长，她很享受苏茜（休那时的太太）营造的家庭氛围和他们的五个孩子。苏茜是一位温馨的母亲形象，也立马喜欢上了杰姬；几个孩子，照休的话说，"很迷杰姬，把她当作一位仙女教母"。杰姬很宠爱这几个孩子，常给他们惊喜和送礼物，还吹着她迷人的口哨声逗他们（她甚至能吹双音符的颤音）。还真是的，马奎尔六岁的女儿瑞秋因为杰姬也学起了大提琴。

就是这么一户人家，既有家庭温暖又可以持续不断玩音乐，和他们在一起，杰姬显然自在得像在自己家里一般。接着，似乎很自然而然地，有天夜里，玩室内音乐玩得很晚了，杰姬就留了下来过夜了。这时，马奎尔夫妇俩觉得杰姬不妨可以搬来与他们一家人同住，建议一提，杰姬就爽快接受下来。在与马奎尔一家人住在一块的这段时间，一直到8月中旬，杰姬患了一场腺热病，也称作肝炎，或按正确的医学术语，即传染性单核细胞增多症。

苏茜细心照看杰姬三周，她记得，杰姬当时是在医生命令下才卧床休息。"她的热烧来来回回——忽上忽下不见好。她要觉得不太舒服，倘若不让她拉琴，就会令她感到非常沮丧。我记得，有一次，我一上楼就听见她在拉琴——发现她人躺在床上，而大提琴就放在她身上。"[vi]

杰姬生病期间，爱丽斯常过来，收取和带来杰姬换洗的衣物——从杰姬第一次离开家时起，爱丽斯就承担起了这项任务。人们或许想要说，杰姬在巴黎学习期间，随身衣物都是邮寄回家中换洗的，甚至杰姬结婚时，爱丽斯仍继续帮着打理各类家务琐事，假借这么一个合理借口好与女儿保持联系。现在，生病了，杰姬却把话说得很明白，她不回家接受照料。爱丽斯自然难过、生气。在马奎尔夫妇看来，显然，杰姬很爱自己的母亲，也很感谢母亲对自己的影响。不过，据苏茜回忆：

> 杰姬早已在刻意断开自己跟家里人各方面的联系。她显然已超越了她的父母。尽管如此，爱丽斯却紧抓不放，想要处处帮上忙。她非常用心，但发现已很难跟自己的女儿说到一处。德里克本就孤僻。自家人中，杰姬最深爱的是自家的外婆。她很动情地提到过她的外婆，对我说外婆在她生命中最重要。据杰姬说，她的外婆通灵，笃信自己数百年前有过前生，后来淹死了。杰姬也非常依恋自己的姐姐希拉里，还受到姐夫基弗相当大的影响。

德里克和爱丽斯只得自行安于将他们置于杰姬生活的间隙间。尽管如此，他们仍让人们察觉到他们的存在，他们充当着杰姬的顾问角色，不只在日常琐事上，而且在杰姬的商演事务上也插手打理。彼得·安德里在7月写过一封信，问这时已年满21岁的杰姬，EMI公司付给她的提成费用还要不要继续寄给她的父亲。有关杰姬家人介入杰姬的财务事务方面，从安德里与提莱特夫人之间往来的信函中可得到进一步的证实。11月22日，爱丽斯陪同杰姬一同赴会，跟安德里商议杰姬与EMI的新合同事宜。爱丽斯想知道，杰姬从埃尔加协奏曲中所获的提成比，为什么比签订给知名艺术家的通常提成数额要低不少，实际上，比她从与比肖普录制的双重奏唱片中拿到的共享提成还少。

这种情形下，杰姬不同意在EMI公司提供的合同上签字，于是，安德里心下不安地去信给提莱特，阐述说，他认为"这道合同手续，并不是要让杰姬感到受到限制，而是想给她信心，这家公司会竭尽所能全力支持她的职业生涯"。他辩解说，提成比例不高其实"事出有因：一是交响乐录制比独奏昂贵；二是杰姬在与世界知名的约翰·巴比罗利爵士搭档；三是作品尚有版权。"他还补充道，"所有费用款项始终是一个可商谈解决的问题"。[vii]代表杰姬提出这些问题，为接下来几个月后重新商议她跟EMI公司的合同铺平了道路。

临近8月底，爱丽斯和德里克担心，杰姬没那么快完全康复。通过与她的医生咨询后，他们决定杰姬必须入院进行全面体检。就苏茜推测，"事后，我现在猜想，可能从那时起，杰姬女士就开始很长时间与肝炎抗争，我常常觉得她从来没有完全康复过来"。入院十天后，9月3日，杰姬出院。爱丽斯安排杰姬与玛丽·梅一道赴法国住上一些日子。梅，爱丽斯学生时代的室友，在土伦港有一栋独立屋。虽然叮嘱杰姬要养精蓄锐，但杰姬还是带上了自己的大提琴，并开始练琴。她也抗拒不了在地中海海水中泡澡的诱惑，有次，甚至在土伦港的水手和渔民的众目睽睽之下洗浴。回程途中，杰姬先是同父母短暂待了一阵子，然后返回伦敦（和马奎尔夫妇的家），准备商洽她10月份的活动安排，绝大部分的日程都是与比肖普合作的二重奏演奏会。尽管如此，杰姬仍感到人太累，无法公演，于是取消了11月初之前的大部分音乐会活动。

马奎尔一家人很是欢迎杰姬重新融入他们的生活，杰姬也是完全在家的自在感觉。休记得，"当时，我家里充满非常欢快的气氛，演奏室内乐，孩子去上舞蹈课，对音乐有着浓厚的兴趣，我进进出出各种交响乐队，想要时时让杰姬开心。在她康复期间，我常想阻止她练琴，当然，我们也经常一起拉琴，好让她的手指保持一定的活动"。杰姬好像从来就不需要大量练习，不过，据苏茜观察，"当着手拉琴时，杰姬往往投入非常大的强度和气力，不到一会儿，她就会练得汗湿衣衫，大汗淋漓。也许正是这个缘故，她一年四季都穿夏装"。

苏茜发觉杰姬"非常敏锐，凭直觉判断人"。苏茜回忆："她从不坐定用早餐，而是常常站在餐桌边自己往嘴里塞吐司片，还总是说着话，吃着东西。整个过程快活自在。"苏茜被自家孩子要这要那和她可爱的外加有些不可靠的老公弄得不堪重负，杰姬都看在眼里，还看出苏茜在越来越放低自己任家人蹂躏。杰姬于是鼓动苏茜带上她去狂购物，宠宠自己。"我记得，跟她去哈罗兹（Harrods）的那次购物，她唆使我买下一件很贵的大衣，这大衣，要不是她在，我绝对不会买的。当时，她自己挑了一件十分惹眼的祖母绿披风，披上身后很出效果。她就像一阵旋风，带着爽朗的笑声，头发和绿披风齐齐扬在风中，大阔步地走在街上。人们停下脚步看她，往后站让她走过。"苏茜说，更甚的是，杰姬很享受自己撩起人群骚动；她喜欢接受男人的关注，享受求爱的乐趣。"理查德·古德之前常来我家拉琴，他跟她拉了很多曲子。古德显然深深对杰姬动心了。史蒂芬·比肖普那几个月里则不大在场"。

杰姬身边从来不乏爱慕者，在与她合作过的人看来，比如休和傅聪两位，统统都被她演绎的音乐深深打动，她的音乐就是她性格中必不可少的组成部分。最近这两年，就像埃里森·布朗关注到的那样，杰姬已在体悟自己跟男人交往的方式，这种探知体现在她充满活力与积极的身心体验。

这年秋天，杰姬跟休与钢琴家安东尼·霍普金斯（Antony Hopkins）一起，共同推出了数场三重奏的演奏。其中的一场安排在一家音乐俱乐部，这家俱乐部位于卡尔凡兹（the Chalfonts），爱丽斯出面促成的，就在杜普蕾家人位于白金汉郡（Buckinghamshire）的住处附近。休还记得：

托尼和我开着他的跑车到了那里——当他沿环行线开始加速时，就好像他在蒙斯公路赛车会上驾驶一般，我是觉得极为令人生畏的。我们一到，杰姬立马跳进车里——"嗨，托尼，载我兜一圈呵。"她说。于是，他们开出去兜了一圈令人毛骨悚然的疾速飞驶。我们还在北安普顿演奏了一场——一处叫作卡耐基音乐厅的地方，很有趣。这些音乐会都是由一位可敬的先生，乔尔·伯吉斯（Joel Burgess）组织的，他推出周日演奏会，方便像我这种身陷交响乐队里，又时常想出来走走、来番自我表达的人推出个人演出。

据霍普金斯回忆，在北安普顿的音乐会活动是一件开心事，他们演奏过贝多芬的《三重奏Op.1 No.1》、莫扎特的《E大调三重奏》和勃拉姆斯的一首大提琴奏鸣曲。"杰姬仍然没有大明星架子，相当开心，纯属好玩地演奏室内乐。"休记得，杰姬喜欢用另类弓法出人意料地惊喜他一下。"拉出来的效果往往自成其章法。例如，在贝多芬曲目的尾声，她把第二主题的三个首音符拉得往下沉，下沉，再下沉，效果极棒。"

倘若说杰姬与史蒂芬的关系日渐转淡，而两人的二重奏却持续大受欢迎。杰姬与史蒂芬在11月和12月间一共演奏了八到九场音乐会，其中包括第二场皇家节日音乐厅的演奏会，以及都柏林和葡萄牙的演出活动。不过，杰姬的心却放在一份新的尝试中去了，她意欲与傅聪和休·马奎尔组成三重奏组合。

中国钢琴家傅聪出生于上海，赢得埃内斯库钢琴大赛后赴波兰学习。学业完成后，赢得肖邦钢琴大赛第二名［玛尔塔·阿赫里奇（Martha Argeric）获得第一名］后，傅聪选择留在西方，而不是回中国。在伦敦，他遇见了耶胡迪·梅纽因的女儿扎米拉（Zamira）。

傅聪印象中，1961年，巴斯音乐节上，他头一回听杰姬的演奏，杰姬与耶胡迪·梅纽因和卡萨多一同演奏舒伯特的五重奏。

我第一次跟她说话就是在同一场音乐会上，杰姬跟她母亲一起来听我弹奏莫扎特的协奏曲。而后，有一天，在耶胡迪的工作室，我听到杰姬早期录制的一首埃尔加乐曲，很可能是某次逍遥音乐会上的广播重发，当然，我跟其他所有人一样被彻底征服了。后来，随着时间推移，我听说她患了肝炎。之后不久，我在BBC的梅达谷（Maida Vale）演播室录制唱片，当我正要离开时，碰巧遇见了杰姬。她朝气勃勃地冲我笑了笑，我们并没有交谈。再后来，很快，休电话我说，杰姬想要跟我一起进行三重奏。我很是高兴——这是给予我的莫大赞赏啊。就在当天傍晚，杰姬来到我们位于堪菲尔德花苑区（Canfield Gardens）的家中，与休还有她的父亲一道来的，她父亲帮她拿着大提琴。我们坐下，一起

演奏了好多首三重奏乐曲，非常好玩。这之后，我们常常见面，很快就决定组成一个专业三重奏组合。viii

傅聪回忆，两人一开始只是简单过一遍曲目。"我们可能会就某个乐段连续演奏七八遍。真到热身预演时，杰姬很少用言语——她只是拉琴，彼此的默契交流轻松自然。杰姬会给出某个实用的小建议，比如'这儿不要走得那么前面'或是达到这种效果的方面。不过，切实的音乐信息全都在那儿，我们不需讨论诠释什么的。"

另一方面，苏茜·马奎尔记得"三位演奏者之间，对该如何进行演绎有过大量讨论。杰姬与休的交情很不错（虽然休的演奏逊于杰姬）。他们两人多多少少不及傅聪来得健谈，傅聪是三人中最积极的交谈者。杰姬爱把所有话搁一边去，只是说'好啊，我们开始吧'。休注意到杰姬不看谱的，对音乐也没什么学术方面的兴趣——音乐就应该完全自然而然流露"。

休和傅聪两人绝对钦佩杰姬。傅聪与杰姬一样有着对音乐的想象天赋和充满情感张力的表现手段。据傅聪回忆，"我的天性某种程度上跟杰姬太相似——有时，当我们一起演奏时，这种相似有些过头了"。傅聪深爱杰姬演奏中流露的那份自由和那种富有说服力的表达，仍记得有过这么一个突出的例子，在演奏莫扎特的《C大调三重奏》中，杰姬拉出美妙琴声的手法独树一帜。

休分享着杰姬的敏感直觉力。他非常欣赏她对大提琴的驾驭能力。

她处理乐器和音乐的方式完全不同于当时的各位大提琴家——比如，托特里耶和富尼埃。我觉得她的演奏也不是很像比尔·普利兹。不是学生拉得像老师风格的那种，不是梅纽因拉得像（他的老师）埃内斯库[①]那样，梅纽因录制的巴赫《双重奏协奏曲》唱片里，就很难分辨出是两人中的谁在拉。人们很少谈到杰姬的高超技巧，但这方面值得关注。在她极为原始的手法中，我认为，仿佛她倒回去好几代人。倘若想拉滑音或延音，在她，真的是信手拈来。她也不是一位创新者——这方

---

① 乔治·埃内斯库（George Enescu，1881年—1955年）：罗马尼亚作曲家、指挥家、小提琴家、钢琴家。

面，罗斯特罗波维奇堪称具未来影响力的一代大提琴家。

那年秋天，杰姬也与梅纽因重新联系上了。梅纽因邀杰姬参加名为"梅纽因夫妇的家中音乐鉴赏"（The Menuhins at Home）的两档电视节目，10月下旬录制。用一间工作室模拟成梅纽因夫妇位于海杰特（Highgate）独立屋中的音乐间，他们［与罗伯特·马塞特尔（Robert Masters）、厄恩斯特·沃尔费茨（Ernst Wallfisch）和莫里斯·金德伦 Maurice Gendron］一起演奏了舒伯特《C大调五重奏D956》第二乐章，而后［与梅纽因和钢琴家路易斯·肯特纳（Louis Kentner）］演奏了勃拉姆斯《C大调三重奏Op.87》中的一个乐章。两档节目在几位音乐家围着钢琴歌唱的歌声中结束——这么一种结尾设置，据克里斯托弗·努本回忆，大多数人（包括杰姬）都觉得有些尴尬。[ix]

为杰姬已拟好相关计划，她将与梅纽因一道在1967年6月份的巴斯音乐节上亮相，之后，他们转赴美国巡演（跟着音乐节乐团），最后在蒙特利尔世界博览会上演奏。11月，与EMI进行商议，确定下来与梅纽因合作录制舒伯特五重奏的具体日期，即1967年1月20日至22日三天。双方还达成了进一步的合作承诺，拟于4月17日至24日，与丹尼尔·巴伦博伊姆和英格兰室内交响乐团（ECO）合作，录制海顿的《C大调协奏曲》和博凯里尼的《降B大调协奏曲》唱片。此外，签订5月9日至15日期间，跟比肖普合作录制数个时段，用以继续录制全套贝多芬奏鸣曲和勃拉姆斯两首奏鸣曲的唱片。

11月5日，杰姬与萨金特在利物浦（同皇家利物浦爱乐交响乐团合作）演奏埃尔加协奏曲，12月1日再次与萨金特合作，在阿尔伯特音乐厅演奏戴留斯的协奏曲。据休·马奎尔回忆，她取消了很多演出档期。起初，是因为腺热病，理由正当。不过，时不时，她对音乐会会有些淘气不上心的做法，就像是她不想因音乐会而令自己烦心，甚至有点像临了最后一分钟突然不去参加派对那般的任性随意。有一次，她居然"忘掉了"自己在伯明翰要与伯明翰交响乐团（CBSO）、指挥雨果·林格诺尔德（Hugo Rignold）有约的日期。她没到场参加12月8日下午的排演，惹得伯明翰交响乐团从经理到乐队成员错愕不止，此事被《晚间邮报》报道了出来——

"为了夜场交响音乐会，经历了全天疯狂的寻找，想要及时联系上杰姬，未果后，收到了一份来自杜普蕾小姐的电报，上面写着：'最是深深的抱歉。完全记错日期。以为是周六'。"[x]

只不过一周之前，杰姬就确定自己无法应付在阿尔伯特音乐厅的演奏会上复兴戴留斯协奏曲的担子。她从1966年2月起就一直拖延至今，合情合理的托词是，自己要抽时间赴苏联学习。尽管非常成功地录制了这首曲目，杰姬一直都没能克服自己内心对公开演奏戴留斯这首曲子的犹豫不决之感。不过，杰姬并没有推脱掉整场阿尔伯特音乐厅的演出，加上自己新近患上的腺热病为理由，杰姬询问萨金特，她可不可以将戴留斯的协奏曲换成埃尔加的。这最后一刻的调换大大激怒了翘首以盼多时的那些戴留斯迷的情绪。

这些事件表明，杰姬对待正儿八经的音乐会职业生涯总是带着一股子不大以为是的劲，就像是她有那么几分在嘲笑围绕音乐职业领域领军人物周围的那类冠冕堂皇之气。音乐演奏在杰姬就是在愉悦自我，并不是要证明什么。并不是说杰姬没有志向——事实上，她为自己与世界顶尖乐团和指挥家结缘合作深感自豪。不过，她也明显想听任自己年轻且无拘无束的心灵放飞，享受音乐作为自己生活的一部分。总而言之，杰姬很喜欢为人们演奏，无论是在大大的音乐厅中，还是在友人家亲密的氛围里。

随着秋日流转，杰姬在傅聪和扎米拉家中玩音乐的时间越来越频繁。据扎米拉说：

我们的家就是一处国际聚会根据地，家里没有什么很英式的东西。我们常常傍晚聚在一起，演奏音乐，或是出门去，也许去听一场音乐会，或是去看场电影——或者，只是坐着，聊聊天。聊了很多别人的演奏——这演奏如何精彩啦，为什么这儿或那儿不该这么演奏等。这些分享会持续整个晚上——我真不知我们怎么熬过来的。虽然傅聪工作起来非常勤奋努力，但总能找出时间会朋友。我有个自己的小孩，发觉带孩子不容易。感觉疲惫很正常，要不你凌晨三点都还有兴致玩七字母填词游戏！杰姬就像我一样——没那么强的耐力。[xi]

扎米拉保存着一本相册，相册说明当时出出进进他们家的那些有趣人物真的不少。相册还包含了不少知名人士的签名，像塔马斯·瓦萨里（TamasVasary）、伊洛娜·卡波斯（Ilona Kabos）、阿斯肯纳齐（Vladimir Ashkenazy）、迈克尔·布洛克（Michel Blok）、安德烈·柴可夫斯基（Andre Tchaikovsky）等钢琴家，约翰·威廉姆斯和乔治·哈里森这样的吉他家，以及其他像桑卡尔（Ravi Shankar）、让-路易斯·巴罗（Jean-Louis Barrault）、让·科克托（Jean Cocteau）、马塞尔·马素（Marcel Marceau）等名流。

常去傅聪和扎米拉夫妇家的，还有一位人物，就是丹尼尔·巴伦博伊姆。这位阿根廷出身的年青以色列钢琴家当时主要居住在伦敦，在伦敦，他一度被誉为最有天赋的一位神童，眼下，作为钢琴家的他正在打造自己相当成功的"成年"职业生涯。此外，他不久前还开始了自己的专业指挥尝试，与英国室内交响乐团已建立起非常重要的联系。就像傅聪说的那样，"在我的所有同人中，丹尼尔是我最钦佩的一位。当时，我跟他亲密无间，我们之前几乎天天探讨音乐。虽说他属于德国音乐传统出身，非常强调音乐结构与建构并重，不过，我发现丹尼尔令人难以置信地头脑开放——开放得达到了极其不寻常的程度。丹尼尔拥有绝对的安全感，这使得他为人相当灵活，也意味着他总能理解不同的观点。"

扎米拉，1963年通过傅聪结识丹尼尔，她发觉丹尼尔泰然自若的社交能力与他十足把握的艺术素养堪称等量齐观：

有些人觉得他强大的自信太过了；不过，我觉得丹尼尔并非过于自负，相反，我觉得他为人非常积极外向，精力尤其充沛。身后总跟着许许多多的男朋友和女朋友，常常出外就餐和通宵达旦地聊天。他长得很帅，绝对迷人，许多女人仿佛整个人被他电倒了。丹尼尔则总是保持清醒且活泼——他好像从不与人上床——但性情非常轻松随和。要是明天他得录制演奏的话，他真就会聊上今晚一整晚，换了是别的钢琴家，一准疯了似的练个不停。显然，丹尼尔不需要像别的音乐家那样进行大量练习，但他同样一丝不苟，毫不马虎。再就是，他做朋友慷慨大方，总能传递给别人自己积极乐观的态度。

近来几个月里，丹尼尔·巴伦博伊姆和杰奎琳·杜普蕾曾有过一次短暂的相遇相识。不过，这会子，两个人同时患上了腺热，这再次引起丹尼尔对杰姬心生好奇。当丹尼尔向朋友抱怨自己生病的感受时，他们皆淡然回应他："噢，你感到不好受的话，那你真该去瞅瞅杰奎琳。"他的好奇心完全被唤起来，于是以专业演出为借口向伊比斯与提莱特公司那儿要到杰姬的电话（已定下来，来年4月，两人将合作为EMI录制博凯里尼和海顿的协奏曲）。于是，两个年轻人第一次谈的话题是，比较两人生病症状的各种现象。

傅聪呢，与此同时，逢人便提杰姬和她难以置信的精彩演奏。"每次见到丹尼尔，我就会跟他说，'你刚刚听说这个女孩吧，一定要会会她'。"傅聪对12月底的一天傍晚，丹尼尔和杰姬两人见面的情形记忆犹新："丹尼尔走进屋，我们刚奏完一段，杰姬正在一张长沙发上休息。我想她的病根已落下了。每每一拉琴，她就投入巨大的精力与热情，拉完后，人也就会虚脱了。"

据苏茜·马奎尔回忆，"杰姬见到丹尼尔的那天傍晚，休跟我也在傅聪家——两人之间真的是一见倾心。要是说杰姬仍带着腺热病的病后反应，丹尼尔呢，则刚刚痊愈，看起来就没受影响，浑身上下充满朝气"。

扎米拉记得，那个傍晚就像"一次心电感应，开启了我们又一轮无穷无尽的聚会相守。杰姬先到我们家，带着她的大提琴。丹尼尔走进来时，看了杰姬一眼，颇刺激人地说，'嘿，你看上去哪像是大提琴家呀'"。

用杰姬自己的话描述彼此这次见面，杰姬爱说自己天生羞于拿话激将人，再加上意识到自己因"在莫斯科吃了很多土豆"有些发福的样子，所以压根没拿话去反驳这个"黑黑的、活蹦乱跳的人"——她的反击只是径直取出自己的大提琴，拉了起来。"都没说句晚上好，我们就演奏起勃拉姆斯的曲子来了。"她这般三言两语地总结了两人的初次相识。[xii]

傅聪记忆中的这事则有些不同。"就着丹尼尔说的话，杰姬径直取出自己的大提琴，拉起来，说，'来，傅聪，我们开始吧。'我们演奏了弗兰克的奏鸣曲，彼此在表达上当仁不让地竞相发挥——但觉一个接一个的大高潮不断。这之后，丹尼尔和她开始演奏，事情就是这样。"

拿扎米拉的话说："那个晚上真可谓就是杰姬和丹尼尔两人的晚上，

我们在不在场都无所谓。他们一演奏起来，就持续了大约四个小时。别的什么话都没说，他们用他们自己的语言相互述说着。之后，我跟傅聪说'这不同寻常呵，是不？'傅聪很可能感到有些吃惊，虽然他没承认，他本就是极为大方的人。不过，他已意识到，自己跟杰姬一起合奏的时日要到头了。"

丹尼尔和杰姬显然都按捺不住对对方的好感，那天晚上起，只要有时间，两人就黏在一起。杰姬在朋友面前丝毫不隐瞒，自己深陷爱河之中，丹尼尔呢，本就特别务实，很确定杰姬对他而言非同一般，在个人情感和作为音乐家两方面皆是。

1966年，杰姬还须履行一场演奏——12月30日，在玫瑰山（Rosehill）的塞克剧院（Seckers Theatre），与史蒂芬·比肖普联手推出的一场小型音乐会。回到伦敦，元旦除夕夜，在傅聪家庆贺，到场的EMI制作人苏维·格鲁布第一次听到杰姬的演奏（与丹尼尔合奏），当场"囊下"她，要制作她接下来的唱片，他的评价是，迄今还没有人在磁带上听到她美妙的琴声。让格鲁布吃惊的是，虽然狂欢持续到凌晨，元旦当天，丹尼尔却仍是精神饱满地出现在EMI公司修道院路录制工作室里，开始自己当天的唱片录制工作。[xiii]

一天后，杰姬随BBC交响乐团和巴比罗利赴东欧巡演（休·马奎尔，作为团长一起随行）。新的一年就这样在欣喜的音符中奏响了起来，这一年将给这对才华横溢的年轻恋人带来一连串旋风式的音乐活动，浓情蜜意的个人幸福，还有炽热紧张的奇遇乐趣。

i 引自希拉里·杜普蕾和皮尔斯·杜普蕾著书中的信函内容，同前，第179页。
ii 同上，第178页。
iii EMI档案中的笔记和信函内容。
iv 本书作者的电话访谈内容，1966年6月。

ⅴ 本引用与后面的引用摘自本书作者的访谈内容,奥尔德堡,1994年6月。

ⅵ 本引用与后面的引用摘自本书作者电话访谈的内容,1994年8月。

ⅶ EMI档案中1966年11月信函内容。

ⅷ 本引用与后面的引用摘自本书作者的访谈内容,伦敦,1995年6月。

ⅸ 本书作者的访谈内容,伦敦,1997年1月1日。

ⅹ 《伯明翰晚间邮报》,1966年12月9日。

ⅺ 本引用与后面的引用摘自本书作者的访谈内容,伦敦,1993年6月。

ⅻ BBC电台录制的访谈资料。引自献礼杰奎琳·杜普蕾四十岁生日的栏目内容。

ⅹⅲ 苏维·格鲁布,《录制中的天才》(A Genius On Record),沃斯沃兹编著,同前,第96页,和安娜·威尔逊的访谈内容,1993年9月。

第十七章
脚下世界

艺术无法理解，只能体会。

——威廉·富特文格勒①，《笔记》②

杰姬1967的第一场音乐会于1月3日，在布拉格推出，她与约翰·巴比罗利爵士、BBC交响乐团合作演奏了埃尔加协奏曲。BBC第三套节目对音乐会进行现场直播，面向英国国内听众。借着BBC现存的录音磁带，我们得以了解这种现场录制许可的价值，它使得一场现场演奏的记录不同于录音棚里的录制。这种情形下，演奏中激发出的音乐想象力生动鲜活，很好地弥补了演奏中出现的失误与不足。特别是在慢乐章部分，杜普蕾与巴比罗利收放自如，令人心醉神迷；其间，借由设置悬念的艺术手法，最弱音乐段的演奏细腻静谧至极。自由节奏富有弹性，时间仿佛都静止在那儿了，与此同时，我们屏住呼吸等待着必将来临的一挥而就。然而，乐章的逻辑仍在起伏转承，毫无任何中断。这么一种程式的另一边，则出现了几处粗糙的合奏，尤其是在第二乐章，巴比罗利顺着他的大提琴独奏家的旋律进行指挥时似乎节奏慢了些。

布拉格音乐会之后，乐团和几位独奏家乘火车赴华沙，过国界时，安

---

① 威廉·富特文格勒（Wilhelm Furtwängler，1886年—1954年）：德国指挥家，作曲家。
② 《笔记》：汇集富特文格勒1924年—1954年间笔记而编辑出的一本书，1989年出版。

东尼·菲利普斯（Antony Philips），他们的巡演经理人，不得不暂时落在后面。菲利普斯之前从布拉格酒店拿好了乐团成员的一百二十来本护照，自己的却不在里面。过国界边检时，才发现他的证件没有，菲利普斯因而被拒准入。看着一位英国绅士孤零零、茫然无助地站在站台上，巴比罗利心下一阵触动，火车开动时，体贴地从车窗扔给菲利普斯一瓶白兰地。

在波兰，轮到了另外两位音乐家——女高音独唱家海瑟·哈珀和钢琴家约翰·奥顿——与乐团合作演出。两天后，这些音乐家抵达莫斯科。休·马奎尔记得，他们发现莫斯科天寒地冻的，甚至冻得死人。零下二十摄氏度的气温，寒风吹得人流眼泪，泪滴甚至冻在了睫毛上——在户外时，杰姬两眼周围就仿佛挂满了"冰碴子"。[i]

来自西方的艺术家和乐团在苏联极为稀罕难得，除了英国歌剧巡演（由本杰明·布里顿指挥自己的作品）和（英国）国家青年管弦乐团之前已到访苏联外，BBC交响乐团是来自英国访问苏联的首个交响乐团。他们来访的主要招徕力来自由皮埃尔·布莱兹担纲指挥的创新节目内容。莫斯科和圣彼得堡的音乐人，因受社会主义–现实主义教条的灌输，所接受的是，要持最大的怀疑态度看待新维也纳乐派[①]和战后欧洲先锋派（音乐——译者注）[②]——这种灌输，很自然，只得来适得其反的影响，反过来刺激了人们对这类音乐的极大好奇。在与BBC交响乐团合作的三场莫斯科音乐会上，布莱兹指挥由勋伯格、德彪西、斯特拉文斯基、舍恩伯格、韦伯恩创作的曲目，和他自己的作品《荣誉》。在圣彼得堡，原定为九十分钟的一场演出（布莱兹还指挥了巴托克[③]的《神奇的满大人》组曲），整场音乐会实际进行了将近一百八十分钟，因为观众兴奋不已，喝彩持续不断，一直高声疾呼，一再要求返场加演。

---

① 新维也纳乐派（The New Viennese School）：勋伯格开创的西方现代表现主义音乐流派。

② 战后欧洲先锋派（Post-war European Avant-Garde）：采用极端不同于传统的表现手法、目的和技巧的音乐家及其作品，特指施托克豪森、布莱兹等人的音乐，"二战"后形成了所谓的"先锋派技巧"，包括整体序列、电子、偶然音乐等。

③ 巴托克（Bartók Béla Viktor János，1881年—1945年）：匈牙利作曲家，匈牙利现代音乐的领袖人物。

1月7日，莫斯科音乐学院绚丽的音乐大厅里，杜普蕾和巴比罗利合作演奏埃尔加协奏曲。他们也受到苏联观众非常热情的回应，不过，他们演奏的乐曲少了些"新奇"的吸引力。人们也不了解埃尔加音乐真正的价值，此外，在苏联观众，埃尔加音乐其实跟韦伯恩的曲子一样听来陌生，而对这些观众产生巨大冲击力的，是杰姬的动情演奏和直触人心的音乐感染力。

除了埃尔加协奏曲外，杰姬还与钢琴家璐姆·沃尔特合作，1月12日，在莫斯科的柴可夫斯基音乐厅举办了一场小型音乐会，演奏的作品包括贝多芬的《D大调奏鸣曲》和勃拉姆斯的《F大调奏鸣曲》。观众于是有节奏鼓掌，一次次要求返场，杰姬于是演奏了《天鹅》（取自圣桑的《动物狂欢节》），作为自己的加演曲目。再次，杜普蕾留给更为广泛的"一般"大众深刻的印象，这些观众其实经常光顾柴可夫斯基音乐厅，但当中很多人之前从来没有听说过杜普蕾。

安东尼·菲利普斯记得，整个巡演过程中，杰姬很是神采飞扬。临离开圣彼得堡火车站时，在BBC交响乐团成员的煽动下，杰姬竟然用斯拉夫古字母写了几个粗俗的英语单词和语句，然后，让一位毫无戒备的列车警卫大声读这些明显的秽语胡言。杰姬颇擅长搞这类恶作剧，同时又不失个人魅力与纯真，也不真的冒犯任何人。

所有人都看在眼里，杰姬抑制不住自己内心的爱火——据菲利普斯回忆，她嘴里啥人啥事都不提，只提巴伦博伊姆。[ii]她人在"铁幕"[①]之时，电话费一大笔，方让这对情侣头一回发觉，要维系巡演在身的两位音乐家的关系相当昂贵！真的，杰姬，地理常识少之又少，也不大懂时区的划分，她从来不去想从世界各地打电话给朋友的资费问题，也自然从不会打消要打电话的念头，有时，最是深更半夜的午夜时分，她仍电话过去，将他们吵醒。

回伦敦的途中，杰姬获准先休息一两个星期，而后动身赴美国巡演。

[①] 铁幕（Iron Curtain）：冷战时期将欧洲分为两个受不同政治影响区域的界线。当时，铁幕以东的东欧属于苏联（共产主义）的势力范围，以西的西欧则属于美国（自由主义）的势力范围。

正是这段时间，杰姬搬入丹尼尔的住处，进到丹尼尔的音乐与人际轨道。尽管一直保持自身的个性，杰姬也心悦诚服地接受丹尼尔的影响，似乎期望以某种方式抛却掉她自己的成长背景。丹尼尔发现杰姬基本上绝口不谈自己的家庭教育。见到杰姬家人时，丹尼尔察觉，某种程度上，比起杰姬跟爱丽斯，反倒是他跟爱丽斯（在"钢琴店"之类事情方面）更有得聊些。"她跟她的父母蛮亲近，但保持距离。他们之间不再有多少共同之处了。"丹尼尔回忆说。[iii]

除了演奏音乐，杰姬最精彩又让人吃惊的是，她完全不在意生活的物质方面。正如丹尼尔所说的，"职业概念对她什么都不是。我遇到她之前，从哈罗德·肖，杰姬在纽约的美国代理人，那里稍微听说过她。肖当时正遇上麻烦，杰姬显然不太想赴美国巡演，于是，就问我能否尝试做做杰姬的工作。我说'可我不认识她，好吧，我想，我就试试再说'"。[iv]

尽管如此，第一次见面时，丹尼尔就被杰姬强烈的个性深深打动。

她身上有着法国人称作 la force de la nature（法语：大自然的力量——译者注）。就音乐而言，她很活。她完全生活在音乐里，就是说，演奏音乐是她了解她自身，而不是身外之物的一种途径，这点非常明显。音乐不是她的大部分——她是音乐的一部分。她的音乐知识绝大多数源自本能直觉，而不是得自经验知识。不过，她无须知道什么形式化的定义，因为她对音乐中的一切都有着超高敏锐力，从调式转换和声变化到音乐结构与形式，都是如此。

巴伦博伊姆表示，杰姬有时期许自己能进行解析地了解更多东西，不过，实际上，杰姬二十一岁时，丹尼尔结识杰姬，当时，她的音乐拓展已经达到了非常高的水准，具备了普利兹称之为"无穷无尽的音乐拓展与发展能力"。

除了迷恋杰姬的音乐个性，丹尼尔也被杰姬日常生活中的诚实正直所征服，他形容杰姬是"我见过的人中最真实的人儿"。杰姬灿烂的个性光芒也体现在她的表达中，据克里斯托弗·努本回忆，倘若脸上没挂着最甜美的迷人微笑的话，杰姬看着丹尼尔或他时，永远绽放着灿烂的迷人微笑。不久后，丹尼尔和她的好朋友就叫她"笑眯眯"。

当丹尼尔介绍杰姬给自己的父母时，丹尼尔当面对自己的母亲阿伊达表明，杰姬对他而言非同一般。阿伊达，一位温暖、聪慧且外向的女性，把杰姬当作自家大家庭的成员一样来接待，很快两人相处亲密。丹尼尔的父亲，恩里克·巴伦博伊姆，本身就是一位优秀教师和出色的音乐家。从儿子五岁起就教儿子音乐，实际上，恩里克也是自己儿子唯一的钢琴老师。恩里克和阿伊达夫妇对音乐和外部世界所持的世界主义观念，与杰姬父母的人生信条有着鲜明对比。1952年，儿子十岁那年，他们从阿根廷移民到以色列，注重培养儿子既具有拉丁美洲的文化背景又懂得传承犹太文化。他们一直是热诚的犹太复国主义者，犹太复国是他们的政治理想，与此同时，恩里克和阿伊达的音乐导向则完全是欧洲式的。他们坚持他们音乐早熟的儿子必须正常上学，同时，尽可能只在假期时，让他专心于他的音乐演奏活动。

作为有着宽阔文化视野的人，恩里克·巴伦博伊姆传授丹尼尔广泛的音乐知识，并十分强调理解透德国伟大音乐传统至关重要。他鼓励丹尼尔开始音乐指挥事业，并以同样的热诚继续自己的钢琴学习，还让儿子早早与埃德温·费舍尔和威廉·富特文格勒这样的杰出人物接触，丹尼尔一直感谢这两位音乐家的巨大影响。此外，恩里克安排丹尼尔先是在萨尔斯堡跟着伊戈尔·鲍里索维奇·马克维奇（Igor Markevitch）学习，接着赴巴黎拜师娜迪亚·布朗热①，后来又赴罗马和锡耶纳②向卡洛·泽奇③求教。

因此，与杰姬形成反差，丹尼尔早早拥有音乐以外非常好的综合知识，懂得分析思考，同时，业已形成对世界非常强的现实认知。丹尼尔还成为了一位非常优秀的语言学家，二十岁时，已经流利掌握七种语言。音乐上，他在他那一代人中相当出类拔萃，不仅因为他拥有巨大的音乐天赋，而且在于他具有对一切音乐类别保持开放的理解能力，将传统意识与向前看的态度合二为一。拥有音乐"业务"如何运营的务实意识，丹尼尔

---

① 娜迪亚·布朗热（Nadia Juliette Boulanger, 1887年—1979年）：法国女音乐教育家、作曲家、指挥家。

② 锡耶纳（Siena）：位于意大利中部距佛罗伦萨南部大约50公里的南托斯卡纳州。

③ 卡洛·泽奇（Carlo Zecchi, 1903年—1984年）：意大利钢琴家、音乐教师和指挥家。

业已形成诠释者角色的视野,这远远超出他同时代人的界域。非凡的记忆力和天生的好奇心赋予他非常广阔的第一手音乐知识——让他的同事同人多少觉得令人生畏。

虽然杰姬可能没有与丹尼尔一样擅长表达和外在的自信,但,当大提琴在手时,她完全胜任。拉琴时,杰姬见谱即奏,即刻把握音乐的能力极为出色,堪与丹尼尔媲美。丹尼尔后来夸奖她说,他自己从她身上学到的最多。每每准备交响乐乐谱时,丹尼尔往往都向杰姬讨教各种意见,如何获得声响和音色的各种效果啦,弦乐部分的弓法与指法等方面。

丹尼尔年届六十岁中旬时,曾遭遇自己音乐生涯的一段"贫乏"时期,不过,杰姬认识他时,丹尼尔是大受欢迎的钢琴家,而且,凭借与英国室内管弦乐团(ECO)的特殊交情,正开始尝试日后获得成功的指挥生涯。1月下旬,重要的契机不请自来了,一场演奏临近最后一刻,丹尼尔受邀顶替身体不适的同事,担纲指挥新爱乐乐团演奏莫扎特的《安魂曲》。丹尼尔最亲密的朋友和知己,指挥家祖宾·梅塔,恰巧人在伦敦:"我跟着去观摩这次合唱彩排,看见杰姬坐在那里。丹尼尔在电话里已跟我提到她,大谈她惊人的音乐才华。不过,我并不知道两人关系那么特殊了。于是,我看着丹尼尔,说,'啊哈,看来,你这是有情况了呵'。他立马承认了。"[v]

就像丹尼尔描述的那样,"我们的生活是如此旋风式忙碌着,全都是音乐"。不只是舞台上的音乐。每当两人有空闲时间,就演奏室内乐,有时在休·马奎尔家中,有时在傅聪位于切尔西①区夏纳步道上的新独立屋里。傅聪记得:"我们搬进来之前,我让人把一台钢琴抬下楼摆在大大的书房里,书房音响效果很好。我们曾经经常下楼在书房里自娱自乐,通宵达旦地演奏。书房没装暖气,相当冻人。后来,我们搬进来后,就在书房举办音乐派对。那时候,杰姬就只认丹尼尔做她的钢琴搭档。"[vi]

休·马奎尔尤其记得有一回,这对恋人来到他家演奏室内乐:

丹尼尔跟我说,他在等某位友人来。我们坐下随便弹奏些曲子,这

---

① 切尔西(Chelsea):伦敦自治城市,为文艺界人士聚居地。

时一辆出租车停在屋外,门铃响了。我前去开门,看见一位很漂亮的女孩提着一个小提琴箱。我说,"进来吧"。她则说她要等她家先生。接着,从出租车里出来了一位瘸着腿的人,走路很费劲。我们把他让进屋里,而后,我上楼去取东西,突然间就听见响起了美妙的小提琴声,心想一定是那位美女在拉琴。却不是,当然是她家先生——伊扎克·帕尔曼[①]。他们演奏了门德尔松的《C小调三重奏》——这是我第一次见到他,完全被他的演奏震到了。[vii]

1月底,在北汉普顿恰巧也命名为卡耐基的音乐厅里,杰姬和丹尼尔携手举办了他们两人的第一场小型音乐会,演奏的是勃拉姆斯的两首奏鸣曲(其实,勃拉姆斯的《E小调奏鸣曲》是他们两人在傅聪家联手演奏的第一首曲子)。休·马奎尔记得,他们从伦敦一路坐出租车赶过来,到得很迟,引得组办方焦虑了好一阵子。

巴伦博伊姆之前确实从来没有跟大提琴家一起公开演奏过,不过,通过他频繁的室内乐"即兴"演奏,他对这种二重奏完全熟悉。丹尼尔还是通过杰姬得知埃尔加这位伟大的作曲家;之前,他的了解仅限于埃尔加的《谜变奏曲》。因为杰姬对这首大提琴协奏曲技压群芳的激情演绎,丹尼尔才逐渐热爱并演奏埃尔加音乐。

较之丹尼尔,杰姬的音乐综合知识少之甚少,不过,因为有着异乎寻常的音乐反应和灵敏度,她能够即时吸收她听到的音乐。丹尼尔回忆:"我们认识之后几个星期里,我给杰姬(放)一张选自《特里斯坦与伊索尔德》[②]中的'序曲'和'爱之死'两段音乐的唱片。杰姬此前从没听过瓦格纳音乐的半个音符,不过,每当她第一次听到什么,这东西即刻就能化为她自己的东西。无论我展示给她什么,或是她听到什么,仿佛都会触动她内在已有的东西。"[viii]

杰姬浪漫恋情的新闻不久就传遍了伦敦音乐界。在1967年1月6日写下的一条备忘录里,彼得·安德里告诫自家EMI公司里的同人要严格保密"杜普蕾—比肖普二人组的情况"——他本该说"杜普蕾—巴伦博伊姆"

---

① 伊扎克·帕尔曼(Itzhak Perlman):以色列著名小提琴家。
② 《特里斯坦与伊索尔德》(Tristan und Isolde):瓦格纳作品。

的任何信息。似乎人人明白杰姬并不太看重自己跟史蒂芬的合作事项,眼下,她跟丹尼尔约会交往了。

杰姬跟EMI唱片公司签订录音合同的事,则更迫切。与安德里会晤商议合同事宜时,杰姬让丹尼尔陪在场。制片人苏维·格鲁布记得,这次会晤中,杰姬不停地拍摄安德里的办公室,致歉地说她必须"请教一位朋友"[ix]。据丹尼尔观察,杰姬觉得自己完全不会打理实际事务。"她对自己的合同没有丝毫兴趣——这点,她完全没有装。譬如,她弄不懂外币,常常不知道意大利的一万里拉跟一千万里拉有什么不同。她根本不关心这些实务。不过,我觉得,她已经取得了一定程度的国际地位,应该能让她争取到更好的合同。"

安德里后来回忆,自己跟任何人磋商都没有这么困难过,因为,一旦杰姬下了决心(毋庸置疑,在这种情形下,坚决采纳丹尼尔的意见),什么都无法改变她一丝半点。就是以这么一种有些非正统的方式,杰姬最终达成了一份自己满意的合同,于是,2月3日,安德里书面通知提莱特夫人,在提高提成的前提下,一份两年的独家委托合同签订了下来。合同包括一条外借条款,倘若EMI公司无法承诺在六个月期间着手由杰姬提出的一项录制项目,准许杜普蕾在合同期间的第二年与别的公司合作录制唱片。[x]

当时,EMI唱片公司并没有立刻接受杰姬提出的所有要求,尽管也从没有一口回绝。比如,当杰姬表示想要与休·马奎尔合作录制勃拉姆斯的《双重奏协奏曲》时,EMI就给她稍施压力,劝阻她自己挑选独奏人。EMI唱片公司无疑更乐于签约一位"巨星",最好是耶胡迪·梅纽因,或是他们签约名册上的其他某位小提琴家。同时,原定1月份与梅纽因合作录制舒伯特《五重奏》的工作项目因故推迟了。

大西洋的另一端,天使唱片公司(也被正式称作国会唱片公司①),即EMI唱片公司的美国同行,已发行杰姬的《埃尔加协奏曲》和《贝多芬奏鸣曲》等唱片,以配合杰姬即将履行的为期两个月的赴美巡演,并

---

① 国会唱片公司(Capitol Records):隶属国会音乐集团(Capitol Music Group),环球音乐集团持有的美国音乐厂牌。

开始了他们的宣传攻势。1月24日,国会唱片公司的市场营销主管通知他的伦敦同行:"我们的杜普蕾造势活动正在进行中;就两张唱碟的评价非常棒,我希望……应该(尽快)有一些利于市场运作成功的故事可说说的。"这封信尾有一段这样的附言:"最新头条新闻!胡洛克告诉我们,杜普蕾巡演中与比肖普合作的部分小型音乐会突然被取消了:恋情传闻!胡洛克在寻找一位伴奏人呢!就是最出色的市场营销机会也料不到这般事态发展啊!"[xi]

就提及的这件事,杰姬和史蒂芬在3月份推出了他们原计划的一场小型音乐会,还加上分别在安阿伯①、匹兹堡、韦恩堡②和纽约进行的四场演奏会。杰姬于2月1日离开伦敦,首先于2月4日,在俄亥俄州,同哥伦比亚管弦乐团合作一场演奏会,开启了自己这一趟艰苦的巡演。接着,她前往俄克拉荷马州,赶场2月9日的一场管弦乐演奏会,她在弗雷泽·哈里森指挥下演奏布洛赫的《所罗门》和埃尔加《协奏曲》,给她的观众带来巨大震撼。

十五年之后,杰姬收到一位乐迷的信,一位曾听了这场音乐会的"俄州"学子写的。回忆当年"在俄克拉荷马这么一个到处牛羊与石油的乡下地方"的演奏会场景,他向她坦陈道:

不仅仅是您的音乐天赋营造了这份神奇。您出现在舞台上,看上去就像一位波提切利笔下的天使,您长长的金发散发着红色光线迸发出的炽热火花,您饱满的乐器鲜艳得犹如维米尔的绘画,您身姿的举动就像一支克制又充满激情的舞蹈——也许就是,在埃斯库罗斯或是欧里庇德斯喜剧表演中,那些古希腊舞者舞动的那种舞蹈……你俘虏了我们,用你的天赋催眠了我们——通过将您的美丽、活力和可爱愉悦的青春齐齐散发,使得您的这份天赋愈发搅动人心的实在真实——……您让我们这般兴奋震颤。你交与我们有关音乐与人的灵魂交流的方式,我们会终生铭记。[xii]

容我加一句,这封信带给杰姬莫大的喜悦,生病期间,她常将信拿出

---

① 安阿伯(Ann Arbor):密歇根州的一座小城市。
② 韦恩堡(Fort Wayne):美国印第安纳州东北部的一座城市。

来读——伴着咯咯的笑声，又不无骄傲地——读给她的友人听。

俄克拉荷马之后，杰姬飞往达拉斯，进行2月11日和13日的演奏会，与达拉斯交响乐团和唐纳德·乔治（Donald Johanos）合作演奏埃尔加协奏曲。因先期的宣传造势，人们翘首以盼杰姬的出场——她亦不负众望地完美表现。《达拉斯晨报》大赞杜普蕾的音乐戏剧感强，技艺精湛。"她的演奏极富波澜起伏的强烈张力与深情爱意，她的大提琴架在她身旁就仿若她的一部分。观之一如听之一般引人入胜，她头高抬着，身姿随音乐摇摆……"被迷住了的乐评人这么写道。另一篇刊登在《达拉斯泰晤士先驱报》上的乐评褒奖狂热，尤金·路易斯（Eugene Lewis）写道："最是瞬间动人心魄的独到，就是杜普蕾之声的伟大。当持弓之臂穿梭于琴弦间时，她拉奏出每一个琴声飘荡至音乐厅的每一处角落，于角落深处暗自燃烧着。"

离开德克萨斯州，杰姬又辗转去往洛杉矶，作为大提琴独奏家，她与洛杉矶爱乐乐团合作四场演奏会，演奏海顿的《C大调协奏曲》。当时演奏会上的指挥，劳伦斯·福斯特（Lawrence Foster）[①]回忆："在杰姬抵达之前，丹尼尔打电话给我说，'要好好款待好这位独奏家，还得特别恭敬呵——她对我可是顶顶重要啊'。就是那个时候，我就强烈预感到他们二人关系不一般了。"福斯特记忆中，那几场音乐会真是一段美好的经历。

"整个管弦乐团都对她着了迷，观众和乐评人也都是如此。我当时还是个年轻人，没什么经验的指挥。不过，我的确一直都是不错的配合人，但我必须特别留意和警觉地跟着杰姬的演奏，左手要保持灵活弹性。杰姬的演奏相当即兴式自然生发，自然生发这个词的极致含义就是即兴发挥，但又有着自身的内在逻辑。"[xiii]

音乐演奏家的生活常常是一种孤独的生活，而且，在个别城市，周围没有一个朋友，音乐独奏人往往只能与自己的音乐行头相守。杰姬一直都不喜欢独自出外用餐，更喜欢点客房用餐服务，这样，她可以读读报，看看电视或休息休息，拿出自己的吉祥物做伴，一只叫作"威廉博士"（名字取自一位虚构的音乐老师）考拉玩具熊，让无名无姓的酒店客房有了一

[①] 劳伦斯·福斯特（Lawrence Foster，1941年—）：罗马尼亚裔美国指挥家。

份家的舒适感。绝大多数时候,杰姬确实没有精力和好奇心去打量她抵达的这些城市。到访越是短暂,她就越需要时间为演奏会保存体力。通常在较大的美国城市待的时间长些,演奏会也会重复好几场,她就有赖自己演奏的合作友人和音乐家做伴和娱乐。通常,她更可能在时装店里消磨时光,而不是去博物馆参观。

在洛杉矶,她幸运地找到了一位情投意合的伴友,拉里·福斯特,拉里察觉杰姬很希望有人陪:"那一周,我带着她四处逛洛杉矶,发觉她为人单纯、直率、很友善。"

洛杉矶之行结束后,杰姬返往美国东部,在与路易斯·莱恩[①]和著名的克利夫兰交响乐团合作推出的演出中,将埃尔加协奏曲引入克利夫兰。她被赞誉为一位才华横溢且感动人心的大提琴家,《克利夫兰新闻报》的乐评人这样写道,杜普蕾演奏埃尔加的音乐,就仿佛这音乐是专门为她而创作的。他很是欣赏,不过也有点儿被杰姬迷人的外表和演奏时不寻常的举止扰乱心神。"很可能,不寻常的举止,在以后几年,当她发觉这些举止并非必要时就会减少。我倒不是提意见,要是这些姿态举止有助于她的音乐发挥,那就由着它去好了。"

《诚实商人报》[②]上,罗伯特·芬则表达了自己对埃尔加协奏曲诠释上的一点失望,尽管他把这点失望主要归咎于指挥方面。"演奏给人的印象是,比不上巴比罗利新唱片中所给予人的那种强烈意味。"

正是在克利夫兰的一场演奏会上,祖宾·梅塔头一回亲耳听到杰姬的演奏,他当下就十分钦佩。他评价说,"女人通常乐音轻柔——她们全都是莫扎特音乐行家。这个女孩的演奏就像五个男人在拉大提琴。整个乐团就没有一个小节能盖过她的乐音。真是了得"。[xiv]

伴着身后一连串的大获成功,杰姬到了纽约这座城市,3月2日至6日的四场演奏会上,她与纽约爱乐乐团和莱奥纳德·伯恩斯坦[③]合作,

---

① 路易斯·莱恩(Louis Lanem,1923年—):美国指挥家。
② 《诚实商人报》(The Plain Dealer):美国俄亥俄州克里夫兰的一家主流报纸。
③ 伯恩斯坦(Leonard Bernstein,1918年—1990年):犹太裔美国作曲家、指挥家、作家、音乐讲师和钢琴家。

初次亮相纽约。巧的是，罗斯特罗波维奇也在纽约，与伦敦交响乐团在卡耐基音乐厅进行了一次马拉松式的循环演奏活动，集合了三十首大提琴协奏曲。

新闻媒体自然大显身手，同时撰写有关这两位卓越大提琴家的报道，据《新闻周刊》的一篇文章报道，两位大提琴家都提到了对方："当然，就只是看到他都极好的。他是那样地引人入胜之极……"杰姬如此界定罗斯特罗维奇这位老师。反过来，这位俄国大师评价说："指导她很是舒心。我为她的成功感到高兴。她显然才华横溢。"

尽管相互赞美，师生之间的关系却已起了变化。也是在这篇文章中，杰姬强调说自己现在已不再上课了："我觉得我现在想要完完全全有赖我自己。"据巴伦博伊姆回忆："每当她被拿来与斯拉瓦（罗斯特罗波维奇）比较，杰姬往往大为不悦，我觉得，罗斯特罗波维奇也一样——这种刺激烦恼，双方都有。他们之间的相似性其实非常表面。其他大提琴家更被压下去了，甚至像托特里耶这样外向的人，托特里耶本人更是'堂吉诃德式'的外向性情。一方面，斯拉瓦与杰姬这方面是一样的——另一方面，他们俩都是绝对纯粹的禀性。不过，这也是我认为彼此相似性终结之处。比如，杰姬当然对声音有着非常不同的见解。"

摄影师拍摄下了斯拉瓦·罗斯特罗波维奇与杰姬重逢的照片，一次，两人在苏联茶舍讲笑话和彼此拥抱，这家茶舍是位于卡耐基音乐厅附近拐角处的一家餐馆，音乐家们经常光顾。后来，杰姬告诉我，罗斯特罗波维奇听说了她的恋情传闻，想要"了解全过程"——还错把祖宾·梅塔当成她的男朋友了，祖宾当时正好跟杰姬一块坐在桌边（罗斯特罗波维奇甚至还称祖宾"阿波罗"，夸奖他魅力十足的帅气模样）。

上面提到《新闻周刊》的乐评文章强调说，杰姬音乐界的友谊对杰姬极为重要，文中引用杰姬的话说："我属于一群年青音乐人团体，我们一起分享音乐创作的精神。非常棒，我们就是一个部落，人员包括阿什肯纳齐、约翰·威廉姆斯、伊扎克·帕尔曼、傅聪、史蒂芬·比肖普和丹尼尔·巴伦博伊姆……我们一直在一起，参加彼此的演奏会，从不错过我们自己玩音乐的机会。音乐之外，见这些朋友在我生活中也是最重

要的事情。"[xv]

同一次采访中，杰姬不认为作为女人与作为音乐人之间存在冲突，明确表达了自己的观点。"我没发现作为女人局限了我的演奏，技法上也好，各个方面也罢。我可能没有男人那样来得有事业野心，但我的投入毫不逊色。我非常看重自己的个人生活，会限定自己的旅行次数。我也会结婚，生孩子。不过，我永远也不会放弃自己作为大提琴人的职业生涯。"[xvi]

无疑，巴伦博伊姆这个人，和他充满活力的个性，一并发出的磁力超越了杰姬所热衷的这个音乐部落。在这番公开言论背后，人们察觉得到，杰姬真正的幸福归根到底在于"归属于"一群志趣相投的人。尽管她提及的这些音乐家个个有着蜚声国际的名望光圈，在杰姬，这份"部落"之情不久就与她对犹太人的认同感统一了起来，犹太人这个族群，在杰姬栖身的这个音乐世界里，似乎垄断着所有音乐才华与智慧，而且，他们仿佛丝毫不抑制自己给予的温暖与喜怒哀乐愁的情绪。在杰姬，成为丹尼尔世界的一部分，就宛若一艘船终于驶进一处久久寻觅的港湾一样。

实际上，赴美巡演的绝大多数时间里，她与他两地分隔。两人一直保持日常电话联系，与此同时，杰姬也暴露出自己根本没有什么地理方位感。例如，她会从达拉斯打电话给人在瑞士的丹尼尔，称自己动身去洛杉矶之前有两天假——她要不要飞去见他一起度个周末？丹尼尔一下子就明白了——在前协和式飞机的那个年代——杰姬这两天假每一分钟都得坐在飞机上。

杰姬赴美巡演最轰动的一天，无疑是安排她与莱奥纳德·伯恩斯坦和纽约爱乐乐团合作演奏舒曼协奏曲的那一天。纽约人在思量，杰姬，有着华丽传递音乐的非凡天赋，会不会是"目空一切的莱尼"呢？（这一疑问顺理成章成了《纽约时报》乐评人哈洛德·勋伯格评价这场演奏会的副标题）。勋伯格，纽约乐评界的首席评论员，据说手握艺术家职业生涯生杀大权的魔力。他的评论给杰姬的成功戳上了喝彩的印章，他肯定地说，不论杰姬的演奏存在怎样的瑕疵或扰人分神的姿态举止，这些在如此分量的天赋才华面前被证明统统无伤大雅。

最近几年来，音乐界的每个人都在谈论年青的英国大提琴家，杰奎琳·杜普蕾,她今年二十一岁。杰姬是一位如此才华横溢的女孩,人们争着赠送她数把斯特拉迪瓦里大提琴……她出来了,高个,金发,自信,一袭红长袍,留心听着简短的介绍,而后,启奏舒曼音乐。非常精致:这音调,抒情的手法,沉稳的指法和运弓。而且,一系列手势和姿态动作,将她整个人与大提琴融合一体……杜普蕾小姐是一位有着现代气息的大提琴家。她的演奏气韵十足,充满张力,浪漫主义风格拿捏适度,琴弦上的滑音处理不带浪漫式的矫揉造作(从一个音符到另一个音符的滑动),颤音快速宽阔。……她的诠释确实存在几处不甚准确的地方,尽管舒曼的这首曲子公认是一首不容易整合一体的协奏曲。慢乐章部分,一如杜普蕾小姐和伯恩斯坦构思的那样,不够自然,起伏亦简单。有些许拖延,甚至有点小掩饰。这里,锦上添花有些过。在尾声部分,也有几处,音乐进程听起来松散,加上杜普蕾的演奏,像她不知道如何将眼前的片段与接下来的乐段衔接起来似的。

勋伯格收笔时点出了杰姬惊人天赋所拥有的独特特质。"杜普蕾小姐,就像当今所有青年器乐人一样,音色与技巧十分了得;此外,她还拥有罕见的能力,即传递音乐的能力。人们就她演奏某个具体曲目,这方面或者那方面也许持有保留意见,但对她的个性和与天生具有的音乐灵敏度则全面给予肯定。"

《纽约邮报》的哈里特·约翰森同样对杰姬擅长沟通的独特演奏刮目相看。"她的演奏带着一种力度,远远不仅限于物理上的力度,而是具有一种直接交流与专注投入的能力,堪称非凡天才身上的神秘感。"约翰森之前就注意到罗斯特罗波维奇几天前在卡耐基音乐厅演奏过肖斯塔科维奇编排的舒曼协奏曲,而杰姬演奏了舒曼的原版协奏曲。有关罗斯特罗波维奇是杰姬数位导师中的一位,约翰森则观察发现"谁都无法真正教授杜普蕾小姐如何演奏,因为,她的演奏有着对音乐情感与智慧的充分理解,在她起弓拉弦的瞬间,演奏即刻变得熠熠生辉,光彩照人"。这篇评论继续描绘着杰姬的演奏,"狂热、紧张间或其中,夸张,猛烈的击琴拉弓、头与肩挥动左右,但见流畅传神"。

威廉·本德在《世界新闻报》抛出这么一个问题,即这般强烈情感是

否足以合理解释演奏品质受损当属正当:

人们在想的是,她克制的程度和她分寸感的实质她完全无保留。她演奏这首舒曼乐曲,就仿佛它是世上仅存的最后一首协奏曲似的。每次击弦,皆猛烈激越,飞砂走石出自己丰富饱满的声音,伴着宽阔如英吉利海峡般的颤音。她用激情判断乐句的长短与起伏,恐怕连卡萨尔斯都无法与之比肩。演奏的毛病则在于她的激情远远超出作品设定的需要,她的蓬勃活力带出任何音乐都不需要的诸多嗡嗡声、剐蹭声和喀喇声。显然,她对手边这首曲子判断存在偏差。这点在如此年轻的人身上倒也情有可原。她对自己技艺的局限也判断不当,这是她应该注意的方面。

这些不同的评价,某种程度上,成为日后美国国内人们对杜普蕾的评判标准——她被标注为一位激动人心、深邃且极具感染力的艺术家,其过度用情与过度用力常常有损技巧上的完美,导致她的音乐有做作之嫌,而且肢体动作扰人分神。所幸的是,喜欢杰姬的大众有较大的雅量照单接受且用心关注着她的艺术技艺;就像在自己的国家一样,杰姬不久也同样受到北美观众的爱戴。

有幸聆听一遍现存的她与伯恩斯坦合作演奏舒曼协奏曲的磁带,我能听出这些批评中有些,当然不是全部,是言之有据的。第一乐章,建构在对节拍以及节拍间相互关系的有机理解之上展开。杜普蕾展现出抒情、沉思(在此主题上)以及强烈的情感,但从不强行推动情节的发展。听者感到伯恩斯坦帮着打造乐曲富有哲理的诗化意境,伴随着转入管弦乐合奏中的挣扎意味,同时,独奏者传递出一位维特式(少年)英雄的话语言辞,充满疑惑与探问,而不是坚定与果断。勋伯格认为第二乐章出现拖延的部分,我则欣赏各位艺术家在不夸大自由节奏下对节拍所做的精彩延展。杜普蕾的大提琴琴色五彩斑斓,热情从未减损,最为本质地触到了这首乐曲的内在音乐精神与闪耀的光芒。收尾部分也许遗憾在缺乏音乐形态的呈现,在这部分,伯恩斯坦基本没有赋予音乐相关的方向。不过,在符点八分音符和十六分音符的主题上,杰姬成功地进行丰富多元的击弦(在强弱和长短两方面)处理。由于这个乐章没有标注"大提琴手用"的注释——例如,这段琶音处理的过渡部分,有很多地方都标明归钢琴人处理——想要避开某种生硬糙音或是强迫感（尤其在最后一句上），对任何大提琴家而言，都非常困难。

　　管弦乐团部分的录制粗略，挺悲催的，当然，要评判这么一份录音资料不易，不过，有几段，管弦乐合奏给人但觉不充分的印象（偶尔，听起来完全草率马虎）。不过，这些缺憾作为一场现场音乐演奏的组成部分，还是可以接受的。较为重要的价值在于，就是在这么一份录制不足的录音资料中，传出来杜普蕾美妙的优质琴音和她音乐演奏中带有的那种不可思议的精神——这精神绝对经得住任何吹毛求疵式品头论足。

　　从纽约出发，杰姬继续前往加拿大，先是在温尼伯参加数场管弦乐音乐会，而后赴多伦多，3月14日和15日，她与小泽征尔和多伦多交响乐团合作，演奏圣桑的协奏曲。在加拿大，人们一再翘首热盼她的首场演出，就像《环球邮报》的约翰·科拉格兰德注意到的那样：

　　先行的广告宣传告知说，人们想到她，就必须想到帕布罗·卡萨尔斯和罗斯特罗波维奇的水准，虽然很难理解这么一种比较的意义所在。在我来说，仿佛说的是，杜普蕾小姐自己就独树一帜，卓尔不群。

　　这并不是说，她所有的听众都会视她的演奏为终极演绎，或者，甚至堪称完美无憾，因为她是一位激情型表演家，至少倾向于，不算作牺牲的话，忽略不计较精致的细节部分。

　　这位评论人质疑圣桑这首大提琴协奏曲是否适合用来传递如此"剧烈的情感动荡"，尤其是第一乐章"一股子炽热激情，集合了几近所有狂欢的部分，这激情的分量见于体态中，亦如见于音乐中……令听众感到精疲力竭，它也一定令演奏者自身感到同样的精疲力竭"。不过，他评价说，杰姬具有"就是在最轻松的时候"也能让听众融入的卓越能力。

　　3月份的最后十天，杰姬全都投入到与史蒂芬·比肖普合作的小型音乐会之中，穿插其中是，26日，在蒙特利尔演奏一次埃尔加协奏曲。而后，3月31日，杰姬在纽约推出她在北美的最后一场演奏会，与比肖普合作，演奏勃拉姆斯和贝多芬的奏鸣曲。胡洛克纽约办公室和天使唱片公司一致认为，这次整个巡演取得了空前未有的成功。

　　回到伦敦，4月5日，杜普蕾在皇家节日音乐厅推出自己与丹尼尔·巴伦博伊姆合作的首场演奏会，与英国室内管弦乐团携手，为皇家爱乐协会演奏海顿的《C大调协奏曲》（丹尼尔还演奏了莫扎特的《D小调协奏曲》，直接键盘弹奏，还指挥了海顿的《交响乐No.95作品》和莫扎特的《哈夫纳交响曲》）。大卫·普莱斯-琼斯，当时要为《周末电讯杂志》撰写人物专访，4月期间在不同场合采访杰姬，询问她声音中稍带有的外国腔调怎么回事，还问这腔调是不是跟她的名字有关。"这腔调，她说，是从自己现在经常见的某些阿根廷人那儿捡来的。"很快，普莱斯-琼斯明白过来，"这些阿根廷人证实就是巴伦博伊姆一家人，丹尼尔是她的未婚夫，这仍然是个秘密。"

4月5日，普莱斯-琼斯前去听节日音乐厅的小型音乐会，注意到，杰姬举止行为随性休闲，这是她与巴伦博伊姆交往后形成的一大新"作风"——虽然这种作风从没有妨碍他们认真严肃地演奏音乐。"贯穿整首海顿协奏曲，都非常泰然自若，杰奎琳向友人投以微笑，向拉里·福斯特打了个招呼，福斯特最近在洛杉矶刚指挥过她演奏这首乐曲，这场小型音乐会一结束，丹尼尔上前拥抱他。"

在杰姬，这场演奏会将成为她与英国室内管弦乐团日后愉快合作的开端，与这个乐团，她之前只合作过一次。不同的是，过去两年间，丹尼尔就与这家乐团交往紧密，人在键盘乐器区域进行指挥和演奏。确实，作为这家乐团的"东家和经理"，中提琴演奏家昆汀·巴拉尔迪（Quintin Ballardie）记得，是丹尼尔追随瑞士钢琴家，埃德温·费雪（Edwin Fischer）的指挥示范，将从键盘乐器区进行指挥的方式引入英国。

这家管弦乐团没有首席指挥，因而，指挥的工作现在由三位音乐家轮流担当——本杰明·布里顿、雷蒙德·莱帕德（Raymond Leppard）和丹尼尔·巴伦博伊姆。不久，杰姬也渐渐认英国室内管弦乐团为自己心仪的乐团，由一群朋友组成，跟他们相处，杰姬喜欢专业人之间的亲密关系。跟乐团里的几位音乐家［诸如西索·阿罗诺维茨（Cecil Aronowitz）、约翰·汤尼尔（John Tunnell）和何塞·路易斯·加西亚（Jose Luis Garcia）］，杰姬喜欢演奏纯粹娱乐形式的室内乐，另一方面，英国室内弦乐乐团的一些成员也一直都是杰姬的亲密好友，直至她生命临终之时。

昆汀·巴拉尔迪记得，杰姬首次与英国室内管弦乐团合作的情形。"那是在她与丹尼尔刚刚邂逅后不久，当她们一起演奏时，就是这么一种令人难以置信的情感爆发。她的演奏是那种已不再新潮或流行的演奏类型，演奏得十分精致，拥有生机勃勃的能量。我觉得她这样的演奏如今也不会有了，整个音乐文化的氛围环境已经起了变化。那是一段十分令人激动的时光。"[xv]或者，另一位英国室内管弦乐成员，大提琴家阿妮塔·拉什科（Anita Lasker）这么说："杰姬的演奏就仿佛她并不在演奏音乐，而是她在神情恍惚中进行表演。一切都发生得如此自然而然。"[xvi]

这种自发式即兴发挥特质也被《泰晤士报》评论人琼·齐赛尔注意到了。在一篇文章中，齐赛尔狂赞杜普蕾与巴伦博伊姆合作演奏的海顿音乐，断言称这场演奏将永远"不可磨灭地戳印"在观众的记忆中。"就像每一首乐曲都是当场创作演奏出来似的，而不是第一万次的再度演奏。"显然，演奏者喜悦的情感极富感染力。至少在灿烂明朗如海顿《C大调大提琴协奏曲》这样的曲目中。"于每个小节之中，在激荡鸣响的韵律之间，清朗抒情的音色里和以热切想象空间为特色的每一处小细节内。激情振奋的结尾部分中，杜普蕾小姐的演奏流露着满满的幸福，击弦和运弓出现的几处短暂粗糙之处，也被一连串精致、缜密且意味深长的十六分音符抵消掉了，这要在别的人手中，很可能仅仅作为过渡段呈现。演奏中，再次出现独奏者与乐团之间分句处理协调一致，令人欣喜。"[xvii]

节日音乐厅的演奏会结束后，丹尼尔飞往柏林参加音乐会演出，杰姬随行前往，享受"五天休息假"。4月11日傍晚，她直接从柏林飞往曼彻斯特，参加与哈勒管弦乐团和巴比罗利合作的几场演奏会，演奏埃尔加协奏曲。约翰爵士第一次见杰姬时，杰姬还是小女孩，而后，杰姬走过了一段漫长的路。得知她与丹尼尔订婚的消息，巴比罗利夫妇很是高兴，二人的订婚现在已是公开的秘密了。巴比罗利夫妇很喜爱且敬重丹尼尔，丹尼尔之前作为独奏者定期与约翰爵士和哈勒乐团合作演出。

威尼斯的一场演奏会结束后，丹尼尔返程飞往曼彻斯特，与杰姬短暂重逢，还听了杰姬跟巴比罗利合作的演奏。第二天，丹尼尔返往伦敦，与此同时，杰姬继续在谢菲尔德与哈勒乐团合作，再次推出同样曲目的一场音乐会。当天下午，她偶遇自己的父母，他们正跟他们的朋友，玛戈特和杰克·佩西夫妇在一起。

这种晕眩的步调继续着，这天之后，杰姬前往布莱顿与丹尼尔会合，伊恩·亨特爵士同年刚在布莱顿创设一个新的音乐节活动，丹尼尔到场演出。两天后，4月17日，杰姬和丹尼尔在EMI唱片公司的录音棚里录制海顿的《C大调协奏曲》和博凯里尼的《降B大调协奏曲》（格吕茨马赫尔的编排版）。整个录制进行得相当顺利，他们于是取消原计划安排在接下来一周额外增加的一次录制工作日程。据昆汀·巴拉尔迪回忆，"杰姬在录音棚里的表现仿佛与在演奏音乐厅里的现场展现毫无不同。她同样投入地演奏，不管录制的红灯是亮着的还是关了。"[xviii]

苏维·格鲁布是这次录制项目的制片人，他描述说，在协调平衡独奏大提琴与室内管弦乐团之间演奏中遇到过各种困难，他们相互间是如何一起努力加以克服的。"在人数上，每组弦乐组以至少六比一的比率多过独奏大提琴，木管乐器都具备更强劲的承载力，大提琴的音域则处在管弦乐重炮队中最猛烈的乐器之中：喇叭、长号、巴松管和定音鼓。"[xix]

大提琴手还有另一点不利因素——大提琴手坐着，而小提琴手，站着，举起的小提琴在坐着的乐团成员的水平线之上，因而获得承载力。格鲁布于是将杜普蕾安排在大约九英寸高的讲坛台上，以抬高她，并与乐团分离开来，解决了这个问题。接着，要为独奏大提琴找到与对应乐队的理想位置，先是从传统的音乐会座次布置着手，大提琴手在乐队的前面，在指挥的左边，背对着乐队。格鲁布说：

（杰姬）听上去非常棒，但各种乐器漏出的声响……进了她的麦克风，导致音效模糊。我将杰姬做了个一百八十度的转向，面对着乐队。这次听起来仿佛她和英国室内管弦乐团，不是在两间独立的房间里，而是在两个不同的城镇上似的。于是，我们试旁边位置，面对着指挥等等啦，直到最后，很是巧合……我发现了最佳的位置。我让杰姬垂直坐在乐队的中央，面对着指挥，其他演奏者坐成大致马蹄形围着杰姬。指挥能伸出自己的手，触到她，而后，在想，她这么近距离，会不会限制指挥的活动，我于是问："丹尼尔，她是不是太近了？"他的回答真是干脆：

"她，在我呀，再怎么近都算不上近呵！"[xx]

格鲁布对杰姬毫无抱怨的耐心印象很深。她总是像在演奏会的音乐厅一样的现场演奏，全情投入。"她绝没有这么一种态度：'噢，好吧，要是什么地方出错了的话，我们总可以重来一遍嘛。'这正是为什么杰姬留声机唱片上的演奏即时发挥极强，充满生命力"。格鲁布记得，有一次，他们处理好了平衡的问题，录制过程进展得非常顺利，虽然在某个阶段出来了一次意外拉升。"她没告诉任何人的情况下无恶意地换了自己的琴弓，导致我们全都分了心，想要弄清楚究竟造成大提琴突然令人费解的发生了变化，但没意识到换了把琴弓这个缘故……这次录制，我制作她的第一张唱片，堪称格调风格演绎的完美范例——海顿音乐的古典风范和博凯里尼音乐的浪漫情致。"[xxi]

几次录制过程，都有音乐界友人到场观摩。拉里·福斯特和伊扎克·帕尔曼就在其中。就像普莱斯–琼斯在他的采访中记录的那样，人们精神高涨，有十五位友人簇拥着杰姬和丹尼尔去到圣·约翰森林餐厅庆贺——名正言顺，因为他们两人即将结婚的"秘密"现在已是众人皆知的消息了。巴伦博伊姆告诉记者，他们的婚礼将在9月举行，是二人享有五天假的最早日子。不过，普莱斯–琼斯点评道："眼下，他们的生活安排必须将他们交予机场、舞台、酒店组成的世界，也许，再加上钢琴–大提琴二重奏演奏。朋友取笑杰姬，说她的'犹太性'成就了她通过她的大提琴进行自我的敏感投射。她打算改信犹太教，不过，她对犹太教所知有限，仅限于诸如'oi,oi,mamele'的哭喊声，和跟着丹尼尔去过一趟犹太人集会。"[xxii]

《泰晤士报》的一位记者采访杰姬，问及她打算改教之事。杰姬的回答很坚定。"我就没犹豫过。我觉得这对孩子比较好。我自己出身的家庭是新教徒，不过，我对新教从来没有什么特别强烈的感情。"

对于经纪公司和唱片公司而言，两位明星艺术家之间的婚礼钟声是一件有着利用价值的事情。4月14日，天使唱片公司的约翰·科文尼兴奋地写给EMI公司的彼得·安德里一封信，汇报说，祖宾·梅塔报料给他有关这桩即将到来的婚姻。"当然啦，他们两人都是EMI公司独家代理的艺家，这可是这家全球宣传工厂用得上的。他们结婚后，他们将发行的首张美国音乐专辑就是11月录制的海顿-博凯里尼协奏曲。接下来，我们可以突出他们婚后的第一张唱片，以及其他事项等等。想一想，倘若是丹尼尔将要迎娶美国的杰奎琳，这新闻该会有多劲爆啊！！"xxiii（这里，杰奎琳这个人名，当然指的是杰奎琳·肯尼迪。）

丹尼尔对外宣布，自己即将举行的婚礼，迎娶的是英国的杰奎琳之后，这对年青的"金童玉女"就不断映入公众的眼帘。在接下来的十二个月里，美国和英国国内大量杂志和报纸刊登有关他们的文章，这些文章在推广巴伦博伊姆和杜普蕾两人的形象，即两人作为成功的体现不只是在于他们出类拔萃的天赋才华，而且在于他们的青春活力与自信心。他们的才华常常与上一个世纪最是才华横溢的一对音乐伉俪相提并论，即罗伯特和克拉拉·舒曼夫妇（不过，人们不禁想知道，且深刻思考这对夫妇共同生活从开始到结束所经受的命运沉浮）。

公开场合，巴伦博伊姆坚持说："我们的个人关系与我们的职业关系必须相对独立……——这是我们的生活得以过下去的唯一方式。"不过，现实中，他与杰姬的音乐关系如此密切，不可避免地，他们被越来越多地推上同一个舞台——观众也大声要求听他们两人在一起的演奏。拿巴伦博伊姆来说，他精力充沛，记忆力强，活力持久，能兼顾"额外"的室内乐活动，不影响自己继续作为一名指挥拓宽自己的职业领域和演奏极为丰富的一系列钢琴曲目。杰姬乐于接受有更多室内乐演奏机会。大提琴独奏的曲目相对有限，因而，她视室内乐如自己的生命血液。

4月份最后十天，两位艺术家的日程很紧。4月23日，布莱顿音乐节上，杰姬与丹尼尔，携手英国室内管弦乐团，合作演奏博凯里尼协奏曲。四天后，在同一座城市里，与比肖普合作演奏了一场二重奏小型音乐会。她还与哈勒乐团在布拉德福德完成了自己的一次小型巡演，于4月21日再次演奏埃尔加协奏曲。接着，30号这天，她与雨果·里格诺尔德（Hugo Rignold）携手伯明翰交响乐团（CBSO），在位于伯明翰城外塞利·奥克区（Selly Oak）的爱德华国王学校，演奏肖斯塔科维奇的《第一首大提琴协奏曲》。BBC仍保存着这场音乐会的一份录音资料，见证了杰姬唯一一次公开演奏这首曲子的表现。杰姬表示过，自己不是很喜欢演奏这首曲子，当时，她还向普莱斯-琼斯坦言，这曲子太像份苦差事，是她不想演奏的。确实，这首肖斯塔科维奇协奏曲要求独奏者具有巨大的持久力，尤其是长长的第三乐章华彩乐段的独奏部分和极端苛刻的尾声部分。不论喜欢不喜欢它，她没得选择，只能坚持到这场演奏会结束，之前还发生了一件尴尬事，就在早先的五个月前，她竟然"忘记"日期，那天本应该在伯明翰，与里格诺尔德携手伯明翰交响乐团合作募捐系列演出中的一场。

也许她模棱两可对待肖斯塔科维奇的这首协奏曲，大概事出有因，杰姬很清楚这首协奏曲与它的提献者罗斯特罗波维奇不可改变的关系。就在一个月前的一次访谈中，杰姬谈到难以完成这位苏联大师委托给她的任务——继续他旨在推广大提琴新曲目的努力。"我当然想。但问题是，我能吗？女人呢无法像男人那样演奏——女人没有相应的体力和精力。女性的手自身存在局限。罗斯特罗波维奇的手不同寻常，他的手能做任何事。"

杰姬对大多数当代音乐往往不甚上心，在她接受普莱斯-琼斯的访谈中，她有些歉意地提到这一点。"我一点都不喜欢这首音乐，它相当难听，还需要大量指法运用。"在准备她的肖斯塔科维奇音乐时，杰姬对普莱斯-琼斯说。实际上，这次伯明翰之夜就是杰姬诠释这首作品的唯一一次公开演出。人们感到遗憾，杰姬没有再次演奏或录制这首曲子，因为，不论她怎样抱怨这首曲子技巧难度大，她仍展示出对技巧的娴熟掌握。一方面，BBC电台的磁带证实，她赋予这场演奏朝气蓬勃的能量，另一方面，演奏也显现了它的不足，最明显的几处不精确的走音，责任在乐团方面。在杰姬的演奏部分，人们很可能会说，杜普蕾并非一直都领悟到藏在肖斯塔科维奇音乐背后的尖锐讽刺意味，另外，在某些地方，她采用过于外向的表达，没能传递慢乐章中忧郁中沉思与内心苦闷的情绪。

5月初的几天，杰姬与史蒂芬·比肖普一起完成另外三场事先安排的小型音乐会，也是她与比肖普合作的最后演出。丹尼尔·巴伦博伊姆到场听了在牛津的那场音乐会，史蒂芬记得，他们之后开心地吃了一顿晚餐。不过，在沃尔瑟姆斯托镇市政厅，他们最后一场音乐会结束，有些伦敦音乐家就此觉得杜比组合已到了一个时代的终结，自此，杰姬彻底切断了自己与先前朋友圈的联系，成为由巴伦博伊姆主导的，乘坐喷气式飞机穿梭世界这群人中的成员。

几天后，5月12日，杰姬与钢琴家傅聪举办了一场小型音乐会，之前说好的数场演奏会中的一场——之外，还有与马奎尔合作的几场三重奏演奏会。据傅聪回忆：

当丹尼尔出现时，我们所有的计划就都土崩瓦解了。临了，我跟杰姬合作的唯一一场演奏会，是之前早就安排好在剑桥举办的一场。我已选好演奏曲目——计划在下半场演奏德彪西和弗兰克的奏鸣曲，上半场演奏雅纳切克的《童话》和肖邦的奏鸣曲。不过，我们排演时，杰姬显然忍受不了雅纳切克的这首曲子。在我看来，雅纳切克带有一种原始狂野的特质，多少有些像穆索尔斯基。人们告诉我，我很是盛气凌人，也许这就是为什么，当我不停地对杰姬说这首曲子很棒时，杰姬则越发沉默不语。之后，丹尼尔把我叫到一旁——"但她受不了这首曲子——她完全被你弄迷糊了"。杰姬有着她叛逆的一面，加上我奔放的热情，我真的吓住她了。临了，我们演奏了其他三首奏鸣曲，取消了雅纳切克的曲子——整场演出很长。肖邦的奏鸣曲几乎要了我的命——非常难，是三首中最难的，再加上丹尼尔在我边上替我翻乐谱，曲子仿佛加倍难了。德彪西和弗兰克的奏鸣曲一路演奏都很顺利。虽然，我记得，丹尼尔当时说到弗兰克的曲子："你怎么能让两个人每个小节都有高潮呢？"我有些情绪，认为这话过分了。后来，有提议我们三人组与巴比罗利合作演奏贝多芬的三重奏协奏曲，不过，休和我都退出了。

傅聪是一位大度的同人，他也意识到，就只是在他家里听非正式的演奏，杰姬与丹尼尔的二重奏有着相当不同寻常的成分。

我所认识的其他音乐家，没有一位像丹尼尔那样游刃有余地将音乐结构置于完全控制之中。与此同时，作为音乐家，他一点不乏热情。因此，他演奏贝多芬或是勃拉姆斯时，乐曲架构稳若磐石，让杰姬一路洋溢自己流畅自然的热情。她是如此了不起的音乐家，她对话且回应着丹尼尔。在这方面，杰姬与丹尼尔的天性相互补充，彼此平衡的程度远好过我与杰姬之间的平衡。处理音乐乐句和形式上,杰姬有着非常好的自然平衡意识——这种激情仿佛都快要溢出来了,不过,又总是仍在音乐的形式之中洋溢着。

杰姬这种即刻关联方式让扎米拉感到震惊。"你作为听众完全融入其中,她是如此沉浸在她的音乐之中。"[xxiv]扎米拉将杰姬的感染力与美丽比作前拉斐尔时期画中女性肖像那样。同样,傅聪也注意到杰姬性格中带有某种原始力度。

她身上充满十足的人间烟火。她食欲过度,从吃上获得生理快感!如狼似虎地扑向吃的东西……还有,她走起路大步流星,浑身上下都是活力迸发的表现。真是这般奇特的结合——看上去如此纯真又实打实的接地气。丹尼尔过去常取笑杰姬对实务方面的事明显无知且不上心。"奥斯陆在哪里?"他会问她。"在德国吗?"她会这么答——她似乎什么都不知道……不过她不介意被这么调侃。还有,与此同时,她的内心相当丰富;这团火和这般性情真实令人不可思议。[xxv]

5月中,杰姬与哈里·布莱希携手伦敦莫扎特演奏家乐团,再次在皇家节日音乐大厅演奏海顿的《C大调协奏曲》和博凯里尼的《降B大调协奏曲》。在《泰晤士报》的一次专访中,斯坦利·萨迪这么贬抑杜普蕾演绎海顿的方式:"这是一次超级棒的大提琴演奏展示,罗斯特罗波维奇风格强劲……唯一的毛病是这首协奏曲听起来不再像一首真正的音乐作品……完全不是严肃认真的诠释;这首音乐几乎没有发挥出来,被当作了玩物罢了。"萨迪较为欣赏杰姬对波切里尼乐曲的响应,与此同时,又把这首格吕茨马赫尔根据博凯里尼音乐创作的伪作品称作"伦敦莫扎特演奏家乐团档案上的一个污点"。

5月18日,节日音乐厅演奏会之后,杰姬赴柏林,要与小泽征尔携手柏林电台管弦乐团,演奏三场舒曼协奏曲。返回伦敦,她发觉自己的未婚夫正对以色列国内的政治形势心事重重。就像巴伦博伊姆说的那样:"1967年春天,以色列的生死存亡处在危急关头,纳赛尔已关闭了蒂朗海峡,人们都根本无须作什么先知就意识到战争已迫近……一想到要远离自己家人或是爱乐乐团里我的同人和朋友,我就受不了。我决定回家。我搭上最后一班常规商务飞机……杰奎琳坚持要与我一道同行。"[xxvi]考虑到杰姬的安全，丹尼尔起初劝杰姬不要去。"我认为这一趟挺危险的。5月底，时局看起来仍旧不好，我们不知道结局会怎样。"不过，杰姬下定决心要站在丹尼尔这边，无论旦夕祸福，她都要与他分担。带着固执的坚持和百分之二百对眼下任何重大事情的担当——不论是一件音乐作品还是她深爱的这个男人——大概没什么能阻挡住她的。

[i] 本书作者的访谈内容，奥尔德堡，1994年6月。

[ii] 本书作者的电话访谈内容，1996年5月。

[iii] 本引用和后面所有引用（除非另注说明）摘自本书作者的访谈，柏林，1993年12月；伦敦，1994年6月；巴黎，1995年4月。

[iv] 本书作者的访谈内容，都灵，1994年。

[v] 本书作者的访谈内容，1993年6月。

[vi] 本书作者的访谈内容，奥尔德堡，1995年6月。

[vii] 丹尼尔·巴伦博伊姆，《音乐一生》(A Life in Music)，第78页。

[viii] 安娜·威尔逊的访谈内容，伦敦，1993年9月。

[ix] EMI档案资料——蒙EMI公司提供。

[x] EMI档案资料。

[xi] 拉里·泰勒写给杰奎琳·杜普蕾的信函内容，1980年。

[xii] 本书作者的电话访谈内容，1997年1月。

[xiii] 《新闻周刊》，1967年3月13日。

[xiv] 同上。

[xv] 本书作者的访谈内容，伦敦，1994年6月。

[xvi] 同上。

[xvii] 《泰晤士报》，1967年4月6日。

[xviii] 本书作者的访谈内容，巴斯，1993年5月。

ⅹⅰⅹ 苏维·格鲁布,同前,第96页。

ⅹⅹ 同前,第96,97页。

ⅹⅹⅰ 同上。

ⅹⅹⅱ 《周末电讯杂志》,1967年6月。

ⅹⅹⅲ EMI档案。

ⅹⅹⅳ 本书作者的访谈内容,伦敦,1993年6月。

ⅹⅹⅴ 同上。

ⅹⅹⅵ 丹尼尔·巴伦博伊姆,同前,第109页。

第十八章
爱情至圣

何为爱情？不是从此以后；
而是当下的欢乐拥有当下的欢笑；
接下来的事依然未为可知。

——威廉莎士比亚，《第十二夜》

  1967年5月28日晚上，杰姬与丹尼尔乘坐一架飞机从希思罗机场飞往特拉维夫市。他们29日一大早抵达，看见整座城市灯火辉煌，几乎没有战争迫在眉睫的迹象。尽管如此，最初印象实为假象，以色列已全民动员备战，只一个星期后，战争爆发，6月5日这天。

  为了赶往以色列，杜普蕾和巴伦博伊姆两人临行前一分钟时取消了原计划赴欧洲的演出活动。杰姬这么快销声匿迹了，都来不及解释自己为何仓促离开。她旋即发了一份报平安的电报给自己的母亲，几天后，拨通朋友安东尼·霍普金斯的电话，就临时取消自己与他原定7月5日和6日在诺维音乐节上的演出活动致歉（霍普金斯记得，杰姬讲述自己和丹尼尔为以色列部队演出的情形时，整个人很是愉快）。

  此外，杰姬只得推迟赴德国与布伦瑞克管弦乐团合作的两场演奏会，之外，也无法承诺兑现预定在巴斯音乐节的演出活动（她原计划要演奏海顿的《D大调协奏曲》，并与傅聪合作一场小型音乐会）。在杰姬，与丹尼尔共进退毋庸置疑是正确的，根本不加考虑她自己的事业，尽管她并不喜欢行令人失望之事。不过，在（英国）国内，她突然取消之举被视为十分令人气愤的行径，就好像她冲动行事，未免幼稚莽撞，只图自己的冒险刺激。提莱特太太笃信"专业演出档期"极为严肃神圣，于是公开称"杰奎琳就是个没规矩的女孩"。耶胡迪·梅纽因，巴斯音乐节的艺术总监，毫不掩饰自己的不悦。杰姬缺席这次音乐节，就意味着她与他这次携手巴斯音乐节管弦乐团合作的演奏会泡了汤，随即便也取消了他们与她原定6月底和7月份的所有演出活动，他们原本已排好了日程，准备赴北美和蒙特利尔世界博览会演出。

也许，当得知巴伦博伊姆和杜普蕾居然在以色列举办音乐会，人们就更加愤怒了。丹尼尔和杰姬一抵达以色列，便立即向以色列爱乐乐团表示他们愿意效力，5月29日当天晚上，他们在特拉维夫推出了他们的首场音乐会，丹尼尔演奏了贝多芬的《C小调钢琴协奏曲》，还首次担纲指挥这家乐团为杰姬拉的舒曼协奏曲伴奏。"虽然这场音乐会有一先天因素，它是一场典型的临时组织的即兴演出（两位独奏家当天早上才抵达以色列），整场音乐会的效果却是一次激动人心的体验，"《以色列邮报》的乐评人这么写道："……杜普蕾小姐，一位出类拔萃的大提琴家，对舒曼这首经典之作的处理十分精妙，音色融合，技艺精湛刺激……还有一份惊喜，那就是丹尼尔·巴伦博伊姆首次亮相担当舒曼协奏曲的指挥。从他的指挥伴奏来看，他的指挥打磨精细。管弦乐间奏曲部分的处理鲜明生动且热情洋溢，人们预感到他的指挥家生涯将与他成绩斐然的钢琴家生涯一样绚烂夺目。"[i]

接下来的三天，他们又在海法市推出同样曲目内容的音乐会，这次由塞尔玖·卡米席欧纳（Sergiu Comissiona）担纲指挥以色列爱乐管弦乐团（由于安息日晚上不得举办任何音乐会，6月2日因故暂停一天）。6月3日，他们在特拉维夫市的曼恩礼堂演出，第二天，在贝尔谢尔，与卡米西欧纳，携手以色列爱乐乐团演奏两场，这两场是第一次为军方演奏。巴伦博伊姆解释说，贝尔谢巴位于特拉维夫和后来成为埃及边境之间的中间位置。"当天晚上，开车回特拉维夫，看见坦克朝反方向行驶在路上时，我们意识到自己离战争多么得近了。"[ii]塞尔玖·卡米席欧纳回忆说,尽管七月开初时局紧张,人们仍然蜂拥进这些音乐会,他们中许多人已经军装在身。参加演出的男音乐家属于四十六岁以下不适合应征入伍的男性,人数非常少。卡米席欧纳记得感到"在街上自觉窘迫……似乎只有孩童和残废人没上战场啦"。[iii]

与此同时,丹尼尔最亲密的朋友祖宾·梅塔也动身离开波多黎各前往特拉维夫来了。要飞来特拉维夫并不容易,不过,在以色列驻罗马的大使帮助下,梅塔得以搭乘一架埃拉勒以色列航空公司(EI AL)的飞机,这架飞机事实上在运输军火弹药,不是客机。6月5日早些时候,梅塔抵达,与丹尼尔形成鲜明对比,梅塔眼前看到的整座城市处于灯火管制期间——这场战争已经开始。以色列爱乐管弦乐团的一位代表穿着睡衣裤前来迎接他,然后径直带他入住以色列爱乐乐团宾馆。据梅塔回忆,"我被带到楼下的床铺睡觉。我们人全都在这处地窖里,地窖被用来作为防空洞避难处——卡米席欧纳夫妇,还没完婚的巴伦博伊姆夫妇,还有丹尼尔的父母,阿伊达和恩里克。"梅塔说,"这番警惕没啥必要的,开战第一天,一大早的数个小时,以色列就消灭了埃及的空军部队,从一开始就成功地先发制人取得胜利了。"

尽管如此,不过,谁都没有睡意,这一晚就在笑声中度过。据梅塔说,"可怜的卡米席欧纳就是我们取乐的头号靶子。他起身去取一杯水时,我跳上床跟他太太睡在一起。房间黑漆漆的,等他回来,这可怜的家伙被整得茫然失措。战火中,国家局势紧张,受此影响,我们就玩这个幼稚的恶作剧来维持一些日常生活的感受"。[iv]

随着以色列取胜的趋势越来越明显,日常的平静让渡给了人们高昂情绪与欣喜的宣泄。人们拟好计划,准备在属于以色列控制下,失而复得的耶路撒冷进行庆贺活动。庆贺氛围洋溢于空中,就像丹尼尔所说的,"战争一结束,受当时一片欣欣然气氛的感染,我们当即决定结婚。再加上,在耶路撒冷结婚具有象征意义"。[v]

在以色列,不存在世俗婚姻,就只有进行一次宗教仪式的婚礼。存在一大障碍必须排除,就是要让杰姬转信犹太教一事即刻生效。从他们相识之初开始，杰姬就对丹尼尔说她想成为犹太人。"我们原想要以犹太教仪式在伦敦举行婚礼。杰姬已学了一点犹太教教义，常规情形下，她应当再学多一些。不过，因为战争和她本人的缘故，再加上她之前的事，计划没能实现。她本该接受犹太拉比团的考试，但几位拉比就考试一事网开了一面。"[vi]

杰奎琳后来的朋友和教长阿尔伯特·弗里德兰德拉比察觉到，犹太社群中有些成员抱有一种情绪，认为杰姬成为一名犹太人太快太容易了。弗里德兰德拉比解释说："这对于许多犹太人而言非常自然——尤其是传统的犹太人——瞧不起杰姬这么一种转教皈依过程：第一天转教皈依，第二天就结婚——在所有犹太法典哈拉卡①面前。她怎么就能自称是犹太人了呢？"[vii]

不过，反驳这番言辞的，是证明更有力的那些方面。作为一位不拘泥常规的犹太人，弗里德兰德拉比觉得，在这些情况下，是不大可能去衡量哪些标准使得一次转教皈依更有效：

丹尼尔·巴伦博伊姆和杰奎琳来到以色列，为军队演出。他们充满热情，他们打算结婚，杰奎琳已经转信犹太教——一天内！这是她所想的。这是本·古立昂②所想的。通常，成为犹太人需要多年的学习——但是，在以色列，拉比团自身就是一种法律。就一天，包括在犹太教法庭前洗礼和考试。因为这件事的发生，各位拉比不由得大吃一惊："每个人洗礼仪式后要等数个月方能结婚，"他们说，"这就是一种罪孽。"不过，据说，聪颖的丹尼尔，依据他对《犹太法典》的了解，这么表述："哪一项罪更深些呢，直接结婚，还是直接生活在一起？"于是，他们结婚了。[viii]

在接到提前数天的通知下，忙于操办婚礼和杰姬转教之事，尽管如此，两位年轻的音乐家仍然每天晚上推出一场庆祝音乐会。第一场"胜利"主题音乐会，6月10日星期六，在耶路撒冷的国际会议中心举办。由祖宾·梅塔指挥，丹尼尔演奏了贝多芬的《皇帝》协奏曲，杰姬演奏了舒

---

① 哈拉卡（希伯来语：הכלה）：是犹太教口传律法的统称。
② 本·古立昂（Ben Gurion）：以色列第一任总理，以色列复国的主要人物。

曼的大提琴协奏曲。这场音乐会是为扎哈尔①举办的,整场演出献给国防军。据梅塔回忆,"至少一半的观众穿着卡其色,很能为人们理解,整个排山倒海的情绪宣泄场面,虽然我得承认,这不是以色列爱乐乐团最成功的音乐展现。"[ix]律师Y.拜尼斯科(Y. Beinisch)说,当时,人们兴致确实高,尽管战争中有人牺牲:"去听一场音乐会,就像一个人一生中的一次重头戏——尤其是浸淫在这么一种存在感的精神和氛围之中时。"[x]

胜利音乐会重复了好几场:第二天晚上在耶路撒冷,6月12日在海法,6月13日和14日,在特拉维夫(最后一场,是以色列爱乐乐团专门为丹尼尔和杰姬举办的告别音乐会)。

接着,星期四,6月15日,他们在耶路撒冷举办婚礼的日子。杰姬当周星期一就打电话给她的母亲,问星期四能否来参加婚礼。爱丽斯后来写道:"这一趟,一路都并非那么容易,因为战事,没有常规的航班可飞。无论怎样,(杰姬的)爸爸、弟弟和我转机三次后最终到达时,已经是婚礼当天了。"[xi]

到场参加婚礼的其他朋友当中——很恰巧——有约翰爵士和夫人,还有珍妮·贝克夫人,也都是刚刚抵达以色列,将与以色列爱乐乐团合作演出。

珍妮·贝克夫人记得:"选择这样的时点结婚,真让人难以置信,整个氛围仿佛充满惊喜与喜悦。每个角楼都情绪高涨;耶路撒冷再次成为统一的城市,所罗门神庙的哭墙之前就已被发掘出来。人人都松了一口气,感受到幸福;狭窄的古街道上似乎人潮涌动,川流不息,街道中央就是这对容光焕发的金童玉女。他们幸福喜悦是那般纯粹,确实是人们从未见过的景象。正是如此的幸福喜悦给人留下最深刻的印象。"[xii]

婚礼计划依据严格的正统教规仪式举行,其中包括正统犹太教的浸礼仪式,即为新娘洗净化浴。祖宾·梅塔鞍前马后做"车夫",就是想让自己更紧密地参与其中。

作为婚礼唯一有车的嘉宾,我得开着我借来的车,载着主要的嘉宾

---

① 扎哈尔(Zahal):以色列的国防部队,1948年建立。

到处走。我本就决定要参加这场婚礼的,虽然丹尼尔说,要是他们知道我不是犹太人的话,拉比是不会让我作婚礼见证人的,甚至不会坐进我的车里。于是,丹尼尔打了一个幌子。他对那位主持婚礼的拉比说,我是最近迁居过来的波斯犹太人,叫摩西·科恩。当时,我一个希伯来字都不认得,不过,绝大多数的波斯犹太人也不说这门古老的语言。我们接了一位年迈的拉比,载着他和杰姬去浸礼池那儿。我们静静坐在等候室里,其他有几位拉比聚集在等候室外廊道上,丹尼尔突然出人意料地异常激动起来,开始冲着那几位拉比嚷起来。他人这般愤怒,理由完全正当,因为他发现这几位拉比集中关注的什么了,他们正在往杰姬赤身裸体站着的那间屋子里偷看。

秩序恢复后,我们全都坐上轿车,我就朝现今的耶路撒冷音乐中心开去。地址正好在后来的"无人区"的边界上,这片地段一度将这座城市一分为二。在一间小房子里,就在大风车的下面,丹尼尔和杰姬结婚了,婚礼仪式上,某位"摩西·科恩"举着撑彩棚的其中一根支柱,这对新婚夫妇就站在这顶彩棚下。[xiii]

在杜普蕾的家人,这整场婚礼肯定让他们感到仿佛云里雾里的:"这更像是旧约中的一幕。屋子中央摆放了一张大桌子,男人围着桌子坐着。女人,照例,必须围着房间的四周坐在后面。这是让人陶醉而且十分传统的一场结婚仪式,孩子和鸡四周闲逛着,房子的前门朝大街敞开着。"[xiv]

杰姬自己向新闻记者莫林·克利夫详细叙述了整个仪式过程:

我走进转教服务中心。我必须洗了个日常的澡,洗了头发和指甲,而后,光着身子,我必须整个人浸泡在一个迷你型的泳槽里。有位拉比念着希伯来祷告词,他给我取了一个希伯来名字,Shulamith(莎乐美)。接着,我头发滴着水走出来,匆匆出发去举办婚礼。是在一位拉比的小房子里。我们准备了酒和干果,非常充满异国情调。我们走出屋外,进了庭院,周围全是孩子围着,在彩棚之下,他们主持了我们的婚礼。我想,当人们结婚时,想的都是一样誓言,无论说哪种语言。接着,我得喝下一个杯子里的酒,然后,丹尼尔得把杯子彻底压碎。之后,拉比的妻子领着我们,带我们进到一间小房间里,然后把门锁了。[xv]

这种让两个人结合为夫妻的传统形式具有纯粹的象征意义,丹尼尔和杰姬很快就从房间里放了出来,然后,在耶路撒冷大卫国王酒店内庆贺婚礼,嘉宾包括以色列最重要的政要——本·古立昂,特迪·科勒克[①]和达扬将军[②]。祖宾·梅塔、珍妮·贝克和约翰爵士以及夫人代表国际音乐圈的好友。实际上,据梅塔回忆,餐桌上人们的谈论集中围绕富有鲜明政治寓意的话题:以色列爱乐乐团将安排组织一次赴美国和加拿大的亲善募款巡演。梅塔和巴伦博伊姆夫妇都同意义务参加,同时鼓励同行照他们一样这么做。

特拉维夫的那天晚上,巴比罗利指挥,珍妮·贝克担任另一位大提琴独奏,奉献了一首贝多芬的《第九交响乐》(原计划演奏的威尔第《安魂曲》被认为不适宜当时的情形,于是,用贝多芬包含令人鼓舞的《欢乐颂》的这首欢庆作品取而代之)。之后,巴比罗利夫妇,珍妮·贝克和乐团里许多其他音乐家按时到场参加正在进行中的当晚婚宴,婚宴在爱乐乐团宾馆举行。约翰爵士向新婚夫妇敬酒,本·古立昂是座上客。据巴比罗利夫人观察,"这是一次很棒的婚宴聚会,我们不仅在庆贺巴伦博伊姆夫妇的婚礼,而且在庆贺和平再次来到以色列这片动荡之地,因而尤其盛况空前!"[xvi]这对新人与两位德高望重的嘉宾——本·古立昂,以色列国创立之父,和约翰·巴比罗利,杰姬十一岁起的音乐灵魂导师——留影纪念。

据丹尼尔回忆,本·古立昂不是特别热爱音乐,不过,他非常敬仰杰姬的音乐。"一位英国女孩这么做有着非同一般的重要意义,一个外邦人,于1967年来到处在战争中的以色列。她在以色列就是一种象征,本·古立昂非常清楚这一点。"[xvii]

在弗雷德兰德拉比看来,杰姬转教皈依犹太教,这一行为超越了纯粹的象征意义;这也是杰姬与自己的新家庭及其音乐友人身份认同的一种外在表达:"杰奎琳并没有真的订立信仰契约,但与丹尼尔、阿伊达(她爱戴的好婆婆)、平夏斯·祖克曼、伊扎克·帕尔曼,以及整个以色列,订

---

① 特迪·科勒克(Teddy Kollek, 1911年—2007年):以色列政治人物。
② 摩西·达扬(Moshe Dayan, 1915年—1981年):以色列政治家和军事家。

立了契约。这样的契约当然也算数。"[xviii]弗莱德兰德强调说，在他所属的进步犹太人圈里，杰姬的转信犹太教是确确实实的信仰转变。"这并不是说，杰姬就此成为一个时时警醒且观察敏锐的犹太人了。不过，成为犹太社群和以色列的一员，杰姬觉得相当自在，当然，她也给予了很多帮助，尤其是在六日战争①期间，通过自己奉献给这个国家的东西。"[xix]

也许，这一切不止于此。我记得杰姬告诉我，犹太教给予她一种空间感，而且，较之基督教，上帝的概念更加抽象。犹太教传授一种理想主义，这种理想主义关乎我们人的存在，并建立在日常基础之上讲求的公平与爱，这些都是杰姬看重的品质。

杰姬回到伦敦，向自己的友人宣布自己已转教一事时，事情并不总是很顺利。大提琴家安妮塔·拉斯克记得，杰姬飘然而至，来参加与英国室内乐团的排演，而后，她对我说，"我现在也是犹太人了。"安妮塔，曾经在那场大屠杀浩劫中失去了许多亲人，自己也在奥斯威辛被关押过，禁不住尖锐地说："试着做个生来就是的犹太人吧。"杰姬很快就明白了这话里有话的意思，安妮塔后来成为杰姬热爱且敬重的朋友，几乎就是一位母亲形象。

她自己的父母，爱丽斯和德里克无疑很高兴看到杰姬光鲜亮丽的幸福，不过，据丹尼尔回忆，对1967年6月速战速决所发生的诸多事情，以及带来的终生影响，爱丽斯和德里克没有发表过任何看法。"杰姬的父母对杰姬转教和婚礼的事绝口不做任何评价——不过，他们任何程度上都不是随便评价的人。"

尽管如此，不过，杰姬4月宣布自己订婚大事和将转信犹太教的消息后，一些被误导了的朋友，甚至还有完全陌生的人，不断寄给爱丽斯和德里克一封封令人不快的信件，谴责他们的女儿离经叛道。据皮尔斯说，爱丽斯和德里克根本不懂犹太教是什么教，只得叫来他们当地教区的牧师启蒙一下。[xx]因为施行基督教教义，比起种族方面的顾虑，这对父母对杰姬转教的宗教含义更加感到不安。事实上，他们的大女儿希拉里就嫁给了一

---

① 六日战争：1967年埃及、叙利亚、约旦和以色列之间的战争。

个带犹太血统的人——基弗,他的父亲,杰拉尔德·芬兹,就是意大利-犹太血统。

巴伦博伊姆夫妇在马贝拉①度过五天婚假,在那里,他们是阿图尔·鲁宾斯坦②的客人,之后,离开以色列。鲁宾斯坦这位伟大的钢琴家对丹尼尔而言就是父亲一般的人物,丹尼尔不仅极为敬佩鲁宾斯坦的艺术技巧和音乐才能,更是对他非同一般的个性着迷。鲁宾斯坦听过丹尼尔儿时的演奏,常常给予丹尼尔最大的鼓励。最近几个月,他听了杰姬的唱片,也一样印象深刻。丹尼尔记得,当"他邀请我们俩去他在西班牙的家中时……他总是让我们演奏音乐给他听——他很喜欢听杰姬演奏——无数次,我们一大早起来演奏"。[xxi]鲁宾斯坦像朋友一般招待这对年轻夫妇,丹尼尔和杰姬开始觉得"几乎就像家人一般亲密"。

短暂的蜜月之后,巴伦博伊姆夫妇俩回到英国,去面对人们就他们"不职业"行为的抱怨与批评,也就是,之前,他们临了最后一分钟取消音乐会赴以色列之事。丹尼尔留意到,不到一个月的时间里,公众舆论就已发生巨变:"1967年6月战争结束,一个星期或十天后,我回到欧洲,这时,人们不再谈论犹太人不被看好,而是必须好生相待。突然间,发生在"二战"中那些骇人听闻的事件仿佛已被人们忘却,先是掩饰,而后,出现越来越多指向犹太帝国主义的影射。我再次意识到,我们遗忘得有多么快啊。就几天工夫,这个世界就忘了,是阿拉伯人挑起了这场他们随即就输掉了的战争。"[xxii]

当时,与梅纽因的音乐友情是牺牲掉的其中一段音乐友谊。巴伦博伊姆记得"耶胡迪非常生我们的气。无论如何,他都同情阿拉伯一边。"[xxiii]结果,挺遗憾的是,杰姬与梅纽因之后再没有了音乐上的联系,他们原计划合作演奏和录制舒伯特的五重奏和勃拉姆斯的双重奏协奏曲也取消了。尽管如此,不过,后来,他们二人私交上彼此和解了。梅纽因很理解杰姬此举背后的那份冲动:"她是如此迷恋丹尼尔,再加上,当时,沉浸在对以色列如痴如醉的兴奋之中,1967年6月,她和丹尼尔人必选要到以色

---

① 马贝拉(Marbella):西班牙南部安达卢西亚自治区马拉加省的一座旅游城市。
② 阿图尔·鲁宾斯坦(Arthur Rubinstein,1887年—1982年):波兰钢琴家。

列。这事发生了,就跟坠入爱河一样在所难免啊。"[xxiv]杰姬后来患病那些年里,据丹尼尔说,梅纽因夫妇给予杰姬极大的支持和善意。

6月底,巴伦博伊姆夫妇前往爱丁堡音乐节,去听斯维亚托斯拉夫·里赫特[①]演奏莫扎特的《钢琴协奏曲K595》,由本杰明·布里顿指挥。丹尼尔记得,当他们见到布里顿时,"布里顿极其不友好,很可能部分原因是我们境况中的政治因素,再就是,也因为他认为取消既定演出之事非常不专业——杰姬之前取消了这次音乐节上的一场演奏会。"[xxv]

因为已放弃与巴斯音乐节乐团一同赴北美的巡演活动,杰姬整个7月份都闲了下来——除了在伊丽莎白女王音乐厅,参加了一场慈善音乐会,她与丹尼尔一道演奏勃拉姆斯的《E小调奏鸣曲》。7月底,巴伦博伊姆夫妇动身赴美国,加入以色列爱乐乐团中,进行早在他们婚礼午宴上倡议的"胜利"筹款巡演活动。这次巡演受到美国犹太裔音乐家的大力支持,还有诸如伯恩斯坦、海菲兹、皮亚蒂戈尔斯基和威廉·斯坦伯格[②]名流加入梅塔、巴伦博伊姆和杜普蕾等一行人之中,与以色列爱乐乐团合作,推出了数场音乐会,无偿支持以色列急救基金。暨此,7月30日,杰姬在纽约的爱乐音乐厅演奏舒曼的协奏曲,由梅塔指挥,而后,8月2日和3日,在丹尼尔指挥棒下,杰姬再次演奏舒曼的同一首协奏曲。

祖宾·梅塔记得,那些时日,杰姬整个人洋溢着幸福;她人就仿佛飘浮在云端之上。当她下凡来时,梅塔从来不太确定,每每他与丹尼尔讨论时,杰姬都听懂了什么:

她在某些方面接受的教育非常有限,我们不知道,就我们的谈话,她究竟懂了什么,又有哪些她不懂的。丹尼尔接受过常规的学校教育,我也是——这是身为具有音乐天赋的孩童的父母应当切实注意的方面。比如,杰姬呢,就根本不懂距离的概念——诸如纽约离西雅图有多远,从纽约到西雅图要多久等这些问题,她一概不知,不过,她非常聪颖,从来不表露自己听懂了谈话中的哪部分——她就那么笑眯眯的,对我们

---

① 里赫特(SviatoslavTeofilovich Richter, 1915年—1997年):苏联钢琴家,生于乌克兰。

② 威廉·斯坦伯格(William Steinberg, 1899年—1978年):德裔美国指挥家。

每个人说"上帝保佑你"。她整个就是不食人间烟火。[xxvi]

另一方面,在梅塔看来,杰姬拥有非常不错的平衡感,这在有才华的年青艺术家身上颇不寻常。"她对自己大提琴的投入,远没有对她自己的生活和家庭来得多。她对丹尼尔也是绝无迟疑地绝对自我奉献。是丹尼尔不得不哄着杰姬练习和学习新的曲目。对当今的创新抱有好奇心,或是急着想学习新东西,这些都不是杰姬的音乐天性。"

杰姬很喜欢与祖宾一起演奏,觉得他是一位极合她心意的音乐家,祖宾具有认同他的独奏者的灵活性与能力。他对音乐扎实且感悟深刻的理解补充了杰姬的理解,在这个意义上,杰姬视祖宾为理想的演奏搭档。这边,杰姬越来越把祖宾当作自己弟弟一样来爱,另一边,祖宾与丹尼尔之间亦有着亲密的兄弟友情,这是杰姬无法培养出来的。祖宾举了一个让杰姬(还不只是她)完全蒙在鼓里的一件事情。

丹尼尔8月份要去匹兹堡演奏一场音乐会,斯坦伯格担任指挥。这之前,一位记者被派往纽约采访丹尼尔。他来到艾塞克斯酒店,我们全都住在这家酒店。我碰巧在丹尼尔和杰姬的客房里,这时门铃响了,我打开门,看见这位记者站在门口。他向我打招呼,"噢,巴伦博伊姆先生——真高兴见到你!"这可是我的引子呵——我怎会错失这么一个机会呢。于是,我说,"请进!"丹尼尔和杰姬正在另一间房间里,我大声叫道。"祖宾,我用下你的客厅呵,成不?杰姬,你不来坐我边上吗?"而后,丹尼尔进来,坐在我对面(我宁愿他别这么个坐法),接着,我冒充丹尼尔接受了整个采访!杰姬根本不知道状况(她不习惯我们的小恶作剧),不过,她一直没吭声。我继续用手搂着她,吻她的面颊,丹尼尔变得越来越光火。记者说,"你才去以色列支持六日战争。"我大赞"祖宾"说:"是的,不过,我是以色列人,这原本就是天经地义的事。不过,是祖宾先生——这位非以色列人——体现了真正的勇气和慷慨大度,他人也在那里,冒着危险,取消了自己所有的演出计划。"这位记者离开纽约回匹兹堡时都不知道他真正采访的人是谁。当丹尼尔在匹兹堡登台弹钢琴时,这人一定吓了一大跳。

8月中旬不到,杰姬按时返回英国,准备接下来的演出活动。8月15

日，她在逍遥音乐节上演奏舒曼的协奏曲，博尔特爵士①担当指挥，这之后，她与丹尼尔一道在哈罗盖特艺术节②上推出了一场小型音乐会。9月份用作唱片录制时段，9月中旬演奏季一开始，杰姬就投入到欧洲巡演的紧张日程中了——许多演出活动都是与管弦乐队合作的独奏节目，这意味着她要离开丹尼尔一段时日。

不过，由于夫妻二人的音乐合作确实非常成功，杰姬签约的经纪公司正着手尽可能多地安排她与丹尼尔携手演出的日程，许多都是围绕各类音乐节进行预约，诸如布莱顿音乐节和爱丁堡音乐节。再就是，巴伦博伊姆近期也已与约翰·丹尼森③，皇家节日音乐厅主管，进入合作磋商阶段，准备于1968年，在伦敦的南岸综合设施上，创建一个夏季音乐节活动，因为新落成的伊丽莎白女王音乐厅，除了常规演奏季外，都被闲置着，新音乐节的启动正好可以利用这座音乐厅。到下一演奏季为止，夫妻两人的日程安排得很妥帖，彼此分开都不超过两到三天之隔。

事实上，杰姬有着强烈的意愿，想要限定自己演出活动的数量，挑选演奏的日期也非常谨慎。我们翻看一下经纪公司名下艺术家的每日记录本，就可证实这点，记录本上记录着杰姬表示过自己喜欢的指挥家和曲目，以及她会限定某些时段不做任何演出安排，以便与丹尼尔在一起。人们注意到，1967年夏天起，杰姬所有小型音乐会的钢琴伴奏人，只就巴伦博伊姆一人，再就是，在她与英国各个地区管弦乐团预订演出的事项上，也呈现出很大的区别对待。杰姬告诉特里·哈里森，要把伯明翰交响乐团和伯恩茅斯交响乐团列入"黑名单"，她不太喜欢与这两家乐团合作演奏。

正是1967年夏天，克里斯托弗·努本酝酿出了一个拍摄计划，要为BBC电视台的《精选》节目拍摄一部杰姬的纪录片，杰姬很是热情，十分支持努本的想法，影片于8月和9月间拍摄。

---

① 博尔特爵士（Sir Adrian Cedric Boult，1889年—1983年）：英国指挥家。
② 哈罗盖特艺术节（Harrogate International Festivals）：英格兰北部约克郡最悠久的艺术节。
③ 约翰·丹尼森（John L. Denison，1911年—2006年）：英国极具影响力的音乐管理人。

努本制作音乐家的纪录片颇具良好的资质条件。南非出生，努本在律师与音乐家两方面皆受过卓越的训练，他不只是精通技艺的吉他手那么简单。在一家投资银行工作一段时间后，他作为音响制作人加入BBC广播电台。在第三套电台工作的同时，努本录制过一档致力推荐锡耶纳的奇吉阿那学院①的音乐课程，因而结识了巴伦博伊姆。从电台转到电视，这当然是自然而然的一步；努本作为第一批广播媒体人，意识到电视应用于古典音乐推广的巨大潜力，他的这种事业转向更是如此。1965年，他制作了自己的影片《双重奏》，供BBC电视部门广播，影片有关两位钢琴家，弗拉基米尔·阿什肯纳吉和丹尼尔·巴伦博伊姆的故事——有关音乐家的"个人"纪录片系列中的第一部，成功取得了巨大的公众关注。

20世纪50年代末，电视开始作为将古典音乐带给更多观众的途径；在跨越流行音乐与古典音乐之隔方面，以及在刺激音乐"盲"的兴趣方面，莱奥纳德·伯恩斯坦，一位虔诚于音乐普及的信徒，运作得特别成功。作为纽约爱乐管弦乐团的音乐主管，伯恩斯坦觉得招徕新观众是自己的职责所在，他在电视上播出教育节目，其中部分设计旨在鼓励人们离开这（电视）"箱子"前的扶手椅，来到音乐厅亲耳聆听现场音乐。形成鲜明对比的是，钢琴家戈伦·古尔德则将电视用作传递音乐知识和录制经典音乐的激进方式，但并不向大众口味让步。在他看来，唱片录制应该取代音乐厅里的现场音乐。

努本有着不同追求，要将活生生的现场音乐创作传播给广大的大众，并希望揭示有关"高高在上伟大艺术家"的种种神话，这是努本的兴趣所在。他演示说明，经典音乐的现场演奏能传播给更为广泛范围的人们，认为在普及经典音乐方面，这种现场直播的电视广播而今完全能与电台广播相竞争。据努本回忆，杰姬和丹尼尔就属于明白电视发展的巨大潜力，并懂得电视具有赢得大量观众的能力的第一批音乐家：

那时，我们都感到电视是一种新的传播媒介——作为年轻人，这是我们探索事物的一种天性。现在，电视往往被视作开创职业生涯的一种

---

① 奇吉阿那学院：意大利语全称Accademia Musicale Chigiana，创建于1932年。

手段，它能一个月就孵化出一个新的神童，然后轻而易举地淘汰他们。当时，我们自己根本不懂电视的威力程度。我们就知道它是个好东西，因为我们有兴趣要将音乐带给更为广泛的人们。不过，我们没有意识到，电视会使丹尼尔和杰姬，虽然人不到二十五岁，就与四十五岁的鲁宾斯坦、海菲兹和塞戈维亚一样声名远扬了。

开初，许多人都没怎么把努本的努力当一回事。"你为什么要浪费时间拍自制影片呢？"人们常常这么问努本。不过，努本意识到，是时候将自己的想法付诸实践了，不仅仅限于摄像机的发明为纪录片制作打开了各种新的可能。"轻便、无噪声的16毫米摄像机，之前本就是为拍摄电视新闻节目而研发出来的——记者能将摄像机扛在肩头，在大街上采访政治要员。当录制音乐时，这些老的摄像机用不了，除非将它们放进隔音罩里。它们会发出类似机关枪的噪声，被转录到声道上，破坏了整场演奏。"

尽管如此，不过，"隔音罩"这种容量巨大的笼子，用犀牛钢制作的，很重，还难操作，须要两个男人才能搬动，至少三十分钟才能安置好；现在，努本可以在一米开外的地方用新的摄像机录制拍摄对象，而且不带扰人的噪声。"我拍摄杰姬的纪录片，从她坐在一列火车上开始——这让我可以创建一个打量这位音乐家的亲密视角，将之前从未公开过的音乐家生活的一面展示出来。"就像努本所了解的那样，杰姬在摄影机前坦然自若，像吉他手一样漫不经心拉着自己的大提琴，以此作为影片的开头，努本希望激起观众的兴趣。他想确定，年青的观众不会因为误以为这是一部他们看不懂的"艺术"电影而打退堂鼓不去观看它。

看过影片首映后，评论人爱德华·格林菲尔德在他对影片的影评中说，直接用杰奎琳为片名似乎颇有几分新的"波普"风格：

人们几能听见较保守的音乐爱好人发出的愤怒鼻息声，禁不住按捺住观看BBC一台节目的习惯，转而观看有关大提琴家杰奎琳·杜普蕾的剧情片。鼻息音继续着，毋庸置疑，这时，第一个镜头开始，女主人公并不在音乐厅里，而是在一节晃动着的列车车厢里，她愉快地抚弄拨动着自己珍贵的斯特拉迪瓦里大提琴，仿佛它就是一把爵士贝斯似的，还在唱一首法国流行歌曲。不过，接着，很快，期望得到了满足，这位兴

高采烈的女孩替换为在圣·桑协奏曲中激越心灵的伟大音乐家。[xxvii]

努本很清楚自己为什么要拍一部杰姬的纪录片。"她能让我深刻且强烈地感受音乐,而其他音乐家很少能做到这点。她的演奏带给我们适应世事皆憾之无奈中有关生命意义的额外维度,某种无法用语言描述的东西。就是通过观看这个电视'盒子',通过观看杰姬这样一种交流层次的人,面对着艺术和古典音乐,足以参透我们社会中如此大行其道的一切错误教育、偏见与压抑。"

努本的第二部杰姬的影片,《纪念杰奎琳·杜普蕾》,于1995年首映,没有采用第一部《杰奎琳》的内容。例如,杰姬在他们位于蒙塔古北街(Upper Montagu Street)的地下室公寓里,为丹尼尔和祖宾·梅塔用钢琴弹奏一首德里希·库劳[①]的奏鸣曲。努本记得,这情景发生得多么自然而然啊——在巴伦博伊姆的引导推动下。梅塔刚好走进来,丹尼尔朝杰姬喊道:"笑眯眯,来,让祖宾看看你怎么弹钢琴的。"努本顺势而为,抓拍了这一幕,当时,杰姬丝毫没意识到努本不光是在摆放摄像机,准备进行随后的采访。巧的是,她周围的人也大多不知道她的钢琴技艺;威廉·普利兹,1995年观看这部新影片时对努本说:"我一点都不知道她钢琴弹得这么棒啊。"

只在这第二部影片中出现的另一处"即兴"一幕,则是事先设置的——在杰姬的女装裁剪师玛德琳·丁克尔位于哈姆斯密的公寓里,杰姬与玛德琳会面交谈。丁克尔记得,她把家交给摄制组的技术人员和拍摄人员,电源插座出了问题,于是就拉了一条电线连接在街道的电源干线上。人为地营造一次"意外"相遇的场景,杰姬被安排在门外等候,直到设备安置好。不过,拍摄过程证明杰姬是一位不错的女演员——感人的惊喜神情,一路冲进门里,给玛德琳一个热情的拥抱。

音乐片段的拍摄是在8月底和9月不同情形下进行的。在普利兹家中,拍摄下杰姬最是轻松自如地与自己的老师一起演奏库普兰和奥芬巴赫创作的大提琴双重奏,在普利兹的房间里。这里,努本抓住了家中演奏音乐的

---

① 弗瑞德里希·库劳(Friedrich Kuhlau):德国著名的长笛、钢琴演奏家、作曲家、教育家。

精神内核，亲密，充满欢笑与乐趣。杰姬一言一行释放出来的朝气活力跃然银幕之上，在音乐的把握上，似乎过了些。虽然她的乐器风格与普利兹明显不急不慢的悠闲演奏风格形成了巨大的强烈对比，不过，人们能够感受到他们两人的基本音乐表现手法可谓志趣相投——突出证明，杰姬确实很多方面受益于自己的老师。

努本还获准在EMI公司的录音棚里拍摄巴伦博伊姆和杜普蕾录制勃拉姆斯《F大调奏鸣曲》唱片的演奏现场。人们能感受到录音棚里轻松的氛围，在苏维·格鲁布亲临现场的帮助下。人们打破常规地安排两位音乐家面对面看着对方，杜普蕾被抬升在一个平台上，尽享所有人的目光注视。不过，红灯一亮，他们开始演奏时，我们看到一瞬间的变化，即他们所有的注意力都聚焦在音乐演奏之上。这部影片仿佛捕捉住，在将音乐理念转化为产生音响的必要身体行为过程中，音乐家们的真实形象。

想要将杰姬演绎圣·桑和埃尔加大提琴协奏曲的演奏呈现在电视上，同时为努本的纪录片提供素材，BBC电视台特意在他们位于伍德巷的录音棚里为受邀的观众安排了一场音乐会。预约下新爱乐管弦乐团与丹尼尔·巴伦博伊姆为杰姬伴奏。这次拍摄下来的埃尔加协奏曲演奏增添了视频维度，具有持久的音乐价值，较之杰姬任何一张音频唱片，这段视频更让人感受到身为器乐家的杰姬身上那份彻底的自由洒脱与独创魅力。

也许，更令人称绝的一个发现是，这次埃尔加曲目的音乐会演奏，整个录制过程一气呵成，没有一处音符重新来过。努本说：

进行了一次排演，过了一遍这首乐曲，好让摄像机事先有个准备。而后，演奏会——我们调动六部摄像机录制和拍摄。我"现场"进行剪辑，指的是，在真正演奏进行过程中，我会在某个特定小节处说"从二号摄像机转到一号摄像机进入"等。一天下来，我们就有了一条完整的声道胶片，并带着这些切换镜头的画面，而且，之后什么都不能再改动。这种即兴的镜头切换方式，内在风险很大，因为，无论你的素材多么好，一部影片要通过镜头切换决定成败——它们是影片的生命线。而今，我会尝试用六段画面来制作这样的影片，在剪辑室里，你能编辑得更好，只要你承担得起这笔费用的话。

不过，某种方式上，杰姬激发了我，我是在一种直觉下进行工作的。我们如何预知她什么时候在哪部摄影机上看上去角度最佳，什么时候会扬眉头，什么时候头会往后仰，什么时候她转过来，什么时候眼神瞥过来，什么时候她会露出微笑等等？

有意思的是，在埃尔加协奏曲演奏中，杰姬显得相对恬静，与有关她演奏时举止幅度很大、精力旺盛的大量描述相反。努本说，"杰姬在影片里，比在现场音乐会上身体动作要少，不过，确实是因为你差不多一直都在看特写镜头，或是中景特写镜头，在电影里，很少采用整体全身视角进行拍摄——你看不到整个全景。再就是，如果你某个特定时点进入镜头获得特定的影像，当音乐、声响和画面皆相关联时，一个动作也许会增添点什么，但不足以分散你的注意力。"

努本记得，他的朋友和导师安德烈斯·塞戈维亚（Andres Segovia）尝试劝他要跟杰姬注意动作要少些。"当然啦，我什么都没说。在塞戈维亚，演奏时，他坚决做到一动不动，而且，比如，不喜欢鲁宾斯坦的华丽风范，说'不是我喜欢的。'杰姬的动作都有着深层次的关联，不只是跟音乐相联系，跟她试图要表达的东西同样相联系，完全是自然天成的动作，从没有干扰我。我当时想，那些称她的动作令他们分神的人，显然说明他们自己认知较浅。"（塞戈维亚不是唯一持这种保留意见的音乐家，赫伯特·冯·卡拉扬，据说，不喜欢杰姬放纵的性情和精力过旺的身体动作，称这是他从不签约杰姬的理由。）[xxviii]

努本的纪录片《杰奎琳》成为一部有关音乐与音乐家的影片，一部最长盛不衰的成功影片。杰姬患上多发性硬化症后，努本于1982年更新了原来的影片版本，拍摄了一些新内容，体现杰姬虽然人在轮椅上，但仍通过教学和编辑埃尔加协奏曲的乐谱参与音乐活动。尤其是对于大提琴家，这部影片提供了一个令人陶醉的机会，能够观看杜普蕾的演奏过程，观摩她在指法和弓法运用方面的技艺特点。例如，其他大提琴家很少有像杰姬那样，在埃尔加第二乐章中采用如此巧妙且把控适度的跳弓技法（使弓杆弹跳起来）进行演奏。不过，看到她不落俗套，不按教学套路处理拉弓的范式（相对远距离地朝向音位向上拉弓），让人确信可以使用别的替换技巧进行处理。

当然，不只是专业音乐家从观看演奏中的杰姬受益。努本成功地将杰姬隐藏在自己音乐演奏中的个性和精神转化为常人即可理解消化的东西。"将这些方面搬上屏幕供逾五千万人的终端观众观看，这些人中很多人一生从未去听过一场音乐会，拥有这样的机会——给了我这一生真正的目标感。"

许多人称赞这版埃尔加协奏曲的影片是迄今拍摄现场演奏的最佳影片。大提琴家林·哈勒尔（Lynn Harrel）指出，这部影片比音频唱片更准确，因为你看见真实情景——而且，要编辑一段人为的完美音乐，通过转换镜头和粘贴胶带（或是今天通过数字化编辑），这种可能性较少。耶胡迪·梅纽因曾经表示："我认为杰姬会对后人产生很大影响，即便仅凭这部令人难以置信的动人影片，这部记录她演奏埃尔加协奏曲，丹尼尔担纲指挥的影片。这是我所知最成功的音乐影片。"[xxix]

确实，这部影片杰姬独树一帜的特质，即音乐表达上洋溢着愉快的自然生发与意义深远的艺术张力。演奏中她的一些影像有着言语无法言表达的巨大魅力。努本尤其突出演奏最后乐章尾声部分时，杰姬灼热的面容，就像心在燃烧的肖像一般。这里，杜普蕾的面部表情仿佛就是埃尔加音乐悲剧的一幅视觉化身，呈现出一种由来已久的内在心灵智慧，这种智慧无法源自经验知识或世俗经验。

影像的魅力如此不同凡响，影片放映后，一些"普通"观众禁不住给《广播时报》去信表达自己的感受。其中有一封，是住在埃克赛特①的琼·戴维斯太太写的，信上写道："看着（杜普蕾）脸上这般浑然忘我地沉浸于音乐的美妙之中，目睹她与自己丈夫一起分享音乐演奏的奇妙时充满浓浓喜悦与彼此融为一体的那些瞬间，真是难以形容的令人动容。"

BBC一台1967年10月8日这天，在OMNIBUS栏目中首次播出这部影片，音乐评论人，也一样，唯齐齐赞扬这部影片。《卫报》的爱德华·格林菲尔德称，这部影片是"我在电视上迄今看到的，有关一位音乐家最生

---

① 埃克塞特（Exeter）：英国英格兰西南部的一座城市。

动的人物肖像呈现"[xxx],《每日电讯报》的评论人表达了感激之情,"杜普蕾是少数几位公众人物之一,据我对她个人方面的所知,其公众角色使得他人倍感活着真好"[xxxi]——众多看过和欣赏过这部影片的人也都有如此同感。值得注意的是,努本给这部影片增添了一道人文色彩,杰姬这般明显地深爱着她的"罗密欧",同样外向且出类拔萃的丹尼尔·巴伦博伊姆,这位评论人继续谈到自己的一层担忧:"他们两人现在关系的电伏热能和音乐才华,在这部影片中,看起来是如此过度铺呈,仿佛在暗示,他们肯定会人在中途燃尽自己,这是那种无法持久的东西。在尽可能将它保存下来这方面,努本先生也许就是这么做的。"

i 《AIDOM音乐日记》,1967年6月20日。
ii 丹尼尔·巴伦博伊姆,同前,第109页。
iii 《贝尔法斯特电讯报》,1967年6月14日。
iv 祖宾·梅塔,《乐趣与欢笑》,沃斯沃兹编,同前,第88页。
v 丹尼尔·巴伦博伊姆接受本书作者访谈的内容,巴黎,1995年4月。
vi 同上。
vii 本书作者的访谈内容,伦敦,1994年6月。
viii 阿尔伯特·弗莱德兰德拉比,《一缕金线》(A Thread of Gold),第77页。
ix 祖宾·梅塔,同前,第89—90页。
x Y.Beinisch写给泰迪·科莱克(Teddy Kollek)的信函内容。蒙泰迪·科莱克的友情提供。
xi 德里克·杜普蕾夫人,《为大提琴而生》,沃斯沃兹编著,同前,第30页。
xii 珍妮·贝克夫人,《丘比特之箭》,沃斯沃兹编著,同前,第73,74页。
xiii 祖宾·梅塔,同前,第88—90页。
xiv 德里克·杜普蕾夫人,同前,第30页。
xv 莫林·克里夫,《纽约时报杂志》,1969年3月16日。
xvi 伊芙琳·巴比罗利,《伊芙琳:与爱》,沃斯沃兹编著,同前,第50页。

ⅹⅶ 丹尼尔·巴伦博伊姆,同前,第78页。

ⅹⅷ 阿尔伯特·弗莱德兰德拉比,同前,第78页。

ⅹⅸ 本书作者的访谈内容,1994年6月。

ⅹⅹ 希拉里·杜普蕾和皮尔斯·杜普蕾,同前,第195—196页。

ⅹⅹⅰ 丹尼尔·巴伦博伊姆,同前,第44页。

ⅹⅹⅱ 同上,第112—113页。

ⅹⅹⅲ 本书作者的交谈内容,柏林,1993年12月。

ⅹⅹⅳ 传真给本书作者的信函内容,1994年12月。

ⅹⅹⅴ 本书作者的交谈内容,柏林,1943年12月。

ⅹⅹⅵ 本引用与后面的引用摘自本书作者的访谈内容,都灵,1994年2月。

ⅹⅹⅶ 《卫报》,1967年12月9日。

ⅹⅹⅷ 奥托玛·波维茨基(Ottomar Borwitzky)写给本书作者的信函内容,1994年7月11日。

ⅹⅹⅸ 传真致本书作者的信函内容,1994年12月。

ⅹⅹⅹ 《卫报》,1967年12月9日。

ⅹⅹⅹⅰ 《每日电讯报》,1967年12月9日。

第十九章
完美三重奏

> 就像豌豆，音乐不能听装。听装的音乐失其味、其香、其生命。
>
> ——谢尔盖·切利比达奇[①]

祖宾·梅塔一度将杰姬的职业生涯比作彗星瞬间划过天空的历程，带着惊人的炽热———一切太匆匆——照亮我们的生活。[i] 她这颗彗星在自己嫁给巴伦博伊姆后的两三年间闪耀得最是璀璨夺目，她环游世界（往往与丈夫一道），将自己的艺术带给世界各地的人们，在自己的唱片中留下她的价值。

EMI公司起初将公司的录音棚预订下来，供杜普蕾、马奎尔和朱利尼于9月20日至22日合作录制勃拉姆斯的《双重奏协奏曲》，在他们推出节日音乐大厅演奏会之前。不过，8月1日，彼得·安德里的助手写信给杰姬解释说"朱利尼大师非常遗憾（那几日）不大可能到伦敦来"[ii]。这就意味着修道院路一号的录音棚转而留给了她和巴伦博伊姆用。于是，9月21日，杰姬和丹尼尔开始录制两首勃拉姆斯大提琴奏鸣曲,《作品Op.38》和《作品Op.99》。克里斯托弗·努本拍摄了这天唱片录制活动的部分内容，在《杰奎琳》影片中，他节选了他们夫妻两人合作的《F大调奏鸣

[①] *谢尔盖·切利比达奇*（Sergiu Celibidache, 1912年—1996年）：罗马尼亚指挥家、作曲家和教师。

曲》第一和第二乐章的部分乐段。我们得以一瞥他们工作的场景，丹尼尔和杰姬在第一乐章最后几个小节的部分修订了一两处合奏问题，微笑或大笑着相视而望，彼此爱意尽在不言中。

第二天，杰姬不舒服，退出了录制工作，她需要休整准备自己临近的勃拉姆斯双重奏演出。录音棚于是交由巴伦博伊姆和葛凡斯·裴耶①录制勃拉姆斯的《大单簧管奏鸣曲》。西尔维亚·勺思孔姆（Sylvia Southcombe），当时嫁给了裴耶，记得，"很神奇，葛凡斯和丹尼尔一走进录音棚，就立刻演奏录制起来。尽管他们之前聊过音乐，但我觉得他们之前没在一起排演或演奏过。而后，我们出去吃饭，就这样我跟杰姬和丹尼尔成了朋友。"事实上，这些勃拉姆斯大提琴奏鸣曲直到数月后才录制完毕。整首《E小调奏鸣曲》和《F大调奏鸣曲》前面两个乐章录制于1968年5月20日，《F大调奏鸣曲》完成于8月18日。

勃拉姆斯奏鸣曲唱片中有许多非常惊艳的亮点，所有一切让这一页页枯燥无味的乐谱鲜活了起来。巴伦博伊姆和杜普蕾确实呈现给我们勃拉姆斯音乐的一种享受，怦然心动又鲜活，伴着血脉流动的搏动。苏维·格鲁布评价道，"这些演奏散发着热切的自发性即兴发挥；杜普蕾和巴伦博伊姆仍在彼此探寻的阶段，这反映在他们对这些曲目的演奏过程中"。[iii]

巴伦博伊姆夫妇抓住勃拉姆斯在这两首奏鸣曲中的不同方面，两首曲目创作时段间隔二十年（分别是1866年和1886年）。E小调奏鸣曲是一首自觉"回首"的曲子，仿佛要追逐贝多芬留下的《Op.102奏鸣曲》（创作于四十一年前）韵味。不过，这种影响的追溯，实际上超出了贝多芬奏鸣曲形式和对位创作法的时期，一直追溯到更早的先辈创作，优美的"十八世纪"小步舞曲和第三乐章的赋格就是明证，这些部分，主题来自巴赫《赋格的艺术》中的第十三类对位法。

比较起来，疾风暴雨式的第二大提琴奏鸣曲（用独特的勃拉姆斯式F大调/小调为基调创作，采用长音节移至远距离的升F大调音调上）是作曲家最为简约建构的一首曲目。它延伸了约定俗成的大提琴规范化编曲的惯

---

① 葛凡斯·裴耶（Gervase de Peyer，1926年—）：英国单簧管演奏家和指挥家。

例，运用颤音模仿管弦乐的纹理，大胆且有效地运用大提琴较明亮的高音域（在确定的双重奏协奏曲中，预设大提琴的主导角色）。勃拉姆斯的同代人，评论人爱德华·汉斯力克[①]第一次听见这首乐曲时说，这首乐曲被一种激情支配着，这股激情"火热至极"，时而大胆挑战，时而痛苦哀鸣！尽管慢板部分壮丽的主题旋律长久萦绕，尾声部分的开放主题近乎童稚无邪，汉斯力克仍认为，"悲怆依然是贯穿整个乐曲起决定作用的心理主线。"[iv]

在这两首乐曲中，杜普蕾都极好地捕捉住了乐曲悲怆兼具激情的特质。不过，无论她在自己的演奏中倾注多深的情感，她的音乐表达总是自然流畅，构成整体结构的完整。巴伦博伊姆确立乐曲的框架，给予灵活发挥同时保持力度。例如，在E小调奏鸣曲的阐述中，拍速的自然演变将音乐推进至第二主题较快的速度上，而后，减慢到尾声部分较松缓的节奏。纯粹主义者或会批评说，乐谱中并没有标注这些拍子的起伏波动；不过，这些节奏变化已经成为演奏惯例，逻辑上源自奏鸣曲本身具有构成对比的内置特性。

乐句要有空间感，对勃拉姆斯至关重要，它要求有机统一的节奏中得有跌宕起伏，借一种比例感实现节奏关系上被布努诺·瓦尔特[②]称作的"明显连续性"（这是巴伦博伊姆敬佩与效仿富尔特文格勒诠释版中的东西，此中，相互关联的主题和节拍的微妙变化构成内在逻辑，赋予每个乐章有机发展的自我呈现）。一边能够维持舒缓的节奏，另一边，杜普蕾和巴伦博伊姆赋予较快乐章部分非凡的气韵生动，这并不是因为他们选择了特别快的速度。相反，他们让每个较短的音符担负力度与强度的发挥，同时赋予潜在节拍一种有方向的紧迫感，从而达到这种效果。

杰姬的抒情方式，通过细微的清晰发音，甚至在最为连奏的乐段，都一直保持着一种富有表情的表达特质。在这首E小调奏鸣曲中，她展示了

[①] 爱德华·汉斯力克（Eduard Hanslick, 1825年—1904年）：奥地利美学家音乐评论家。

[②] 布努诺·瓦尔特（Bruno Walter, 1876年—1962年）：美籍德国犹太裔指挥家，钢琴家和作曲家。

自己音乐调色板的值域——开篇主题中的黑暗与阴沉，次主题的英雄气概式渲染，以及尾声部分主题中的明亮与暖色调。她最是感人至深的抒情表达莫过于在《F大调奏鸣曲》慢乐章中的呈现。同样，她赋予这首乐曲第一乐章华丽修辞的开头部分令人称绝的流畅感。杰姬对细节的注重，显现在开篇主题十六音符升调拍（UP-BEATS）上极微妙的差异处理，依据乐句的方向，时而会冲动前冲，时而会稍许若有所思地流连徘徊。

这两首乐曲中，勃拉姆斯视大提琴与钢琴为一对一的搭档关系来配置自己的音乐素材。不过，杜普蕾的唱片制作人苏维·格鲁布这么记了一笔，"你找不到比钢琴与大提琴还要不搭的两件乐器了；大提琴的整个音域包含在钢琴最有力且最响亮音区的盘口之内，因而，当要求两件乐器响亮奏起时，钢琴手必须特别留意不要抢了大提琴的部分。勃拉姆斯，当然，就钢琴部分而言并没有丝毫让步，这部分同一首钢琴协奏曲中的钢琴部分一样，厚重饱满。"[v]

不过，格鲁布发现，在平衡杜普蕾的大提琴方面，无须让步，例如，不必采用过于突出地"用扩音器放大她演奏部分"的手段。杰姬的琴声足够大，其张力与力度的发挥从不以强度为代价，稳住她自己的演奏毫不费劲。另外，巴伦博伊姆对乐器平衡特性有着准确到位的理解，这也促进了杰姬的发挥。

丹尼尔常常再三强调，钢琴家必须是一位梦幻大师，让人们忘却钢琴的内在缺陷，用费卢西奥·布索尼[①]的话说，"它的声音无常，半音化无情"。但凡钢琴，不论是好是坏，毕竟是一架机械制作的乐器。正是借着弹奏出来的错觉钢琴家克服钢琴的冲击特性，创作出持续不断的连奏、色调与肌理印象。此外，钢琴平均律定音（Tempered tuning）体系体现通用的"准确"效果，与此同时，它需要平衡其传统和弦系统内置的各种张力与引力。像巴伦博伊姆这样的伟大钢琴家不仅掌控室内乐的音乐结构，还运用透明的音乐质感和谨慎的表达手法（基于对和谐泛音的理解）营造更加"富有表现力音调"的错觉，而这种表现力音调对于歌唱者和弦乐演奏

---

① 费卢西奥·布索尼（Ferruccio Busoni，1866年—1924年）：意大利钢琴家，作曲家。

人而言很自然。

格鲁布,作为制作人,觉得录制过程中常见问题少到不能再少,杰姬非常明白自己的音乐意图,丹尼尔的演奏又一贯分寸拿捏十分到位,辅助大提琴,而不是淹没它。"他们两人音乐素养极高,彼此心领神会,令我吃惊,彼此默契自如地调整音量以突出主旋律线。"[vi]

格鲁布记得,杰姬在录制过程中任劳任怨且通情达理,很清楚录音棚里的所有人都在为她工作。"她从不抱怨,她想要熟悉所有过程。录制结束后,她会再次过来,在音控室里十分专注地倾听,总是给出非常到位的建议。"[vii]丹尼尔说,"杰姬觉得录制工作不吃力,她不太在意外部工作的条件与环境。对唱片的编辑处理也没啥兴趣,但很在意声音效果,以及音乐的平衡是否到位。"[viii]

从向彼得·安德里提请的次数来看,显然,杰姬很期望自己不只是现场演奏,而且能灌制勃拉姆斯的二重奏协奏曲——她个人喜爱的曲目之一。9月24日,新爱乐乐团当季的开幕式音乐会上,杰姬与休·马奎尔合作,第一次公开演奏这首乐曲,卡洛·马利亚·朱里尼①担任指挥。有关这场音乐会的评价各异。哈尔伍德勋爵,时任新爱乐乐团的总经理,记得这场演奏会"不算成功",暗示独奏人之间不是很合拍。[ix]

尽管如此,休·马奎尔记得这场音乐会令人鼓舞:

我非常紧张,不过,演奏一开始,一切就好了。我必须说,我一生中头一回演奏得这么精彩,是杰姬提升了我。她演奏时,她的大提琴华丽纯粹。我们排演这首乐曲很多次。谈到弓法和指法,杰姬影响我很大。例如,她使得我在第二乐章开篇主题中不按以往常用的方式拉升G弦。她觉得,横过琴弦会让这一乐段的处理和音色效果更佳,还说服我她的这种方式是对的。[x]

让克里斯托弗·努本记忆犹新的是,这场音乐会堪称是杜普蕾最棒的一个演奏版本:

听见杰姬与休演奏勃拉姆斯这首二重奏时,我都感动得不行了。我

---

① 卡洛·马利亚·朱里尼(Carlo Maria Giulini,1914年—2005年):意大利指挥家。

后来坐回去，竟说不出话来，泪水滚落我的脸颊。杰姬说："猫仔，猫仔，你这是为什么一直哭啊？"我跟跄着走了出去。"因为你的演奏呀。"我永远忘不了我说这番话时她脸上的表情——她懂我想说的是什么。她多少意识到自己的影响力和演奏出来的效果，只是它是一种对人无法解释的感悟。[xi]

大概十天后，10月3日，杰姬再次现身节日音乐大厅，与同一家乐团和诺曼·德尔梅[①]合作演奏埃尔加协奏曲，据哈尔伍德勋爵回忆（与勃拉姆斯的二重奏比较），这场音乐会就像"会让人做梦似的"。[xii]两天前，杰姬原计划安排在皇家阿尔伯特音乐厅与耶胡迪·梅纽因演奏同一首乐曲，为了赞助梅纽因新开张的音乐学校。不过，由于她与梅纽因关系暂时恶化，她的位置被莫里斯·詹德隆[②]替代。

接下来的演出日程让杰姬前往爱丁堡和格拉斯哥[③]，在这两地，她与亚历山大·吉布森[④]和苏格兰国家管弦乐团（The SNO）合作，演奏德沃夏克的协奏曲（分别为10月6日和10月12日）。杰姬与吉布森关系不错（四年前，两人在爱丁堡一次私人音乐会上首度合作），杰姬喜欢吉布森私下机智活泼的苏格兰味，和他舞台上给人的温暖与乐感。事实上，这两场音乐会是杰姬与苏格兰国家管弦乐团一起赴奥地利和德国进行两周巡演的热身合作演出，为期两周的奥德巡演，杰姬与珍妮·贝克轮流担当独奏人（作为英国青年才俊中顶尖人物的代表）。杰姬演奏了德沃夏克、舒曼和埃尔加的协奏曲，其中，在维也纳美丽的金色大厅，杰姬带着舒曼的乐曲进行了自己的首演。

巡演中途，她飞回伦敦，在节日音乐厅演奏同一首乐曲，由丹尼尔担当指挥英国室内乐团。《泰晤士报》的乐评人，莫斯克·卡尼尔（Mosco Carner），描述杰姬的演奏"流畅且热情似火，完全与这首乐曲的精神相

[①] 诺曼·德尔梅（Norman Del Mar，1919年—1994年）：英国指挥、圆号演奏家和传记作家。
[②] 莫里斯·詹德隆（Maurice Gendron，1920年—1990年）：法国大提琴家、教员。
[③] 格拉斯哥（Glasgow）：苏格兰第一大城市与第一大商港，英国第三大城市。
[④] 亚历山大·吉布森（Alexander Gibson，1926年—1995年）：苏格兰裔英国指挥家和歌剧管理人。

一致"。杰姬深情呼应着舒曼的诗意浪漫主义,并一直保持着必要的即兴发挥"……更不必说她的音调充满活力且柔和,乐句处理完美无瑕"。他认为,演奏结束时,丹尼尔在台上给杰姬的那个吻"不足矣"。[xiii]

从意大利出发,杰姬直接赴瑞典,与瑞典电台管弦乐团和谢尔盖·切利比达奇①合作,在维斯特罗斯②和斯德哥尔摩演奏了两场德沃夏克协奏曲。丹尼尔,到场了11月24日进行的第一场音乐会,他记忆中,这是杰姬最出色的一次演奏。"她确实与切利比达奇非常融洽。切利比达奇坚持要杰姬早些到好一起排练。他们进行了一次钢琴排练,而后与乐团排练了三到四次。我在格拉斯哥听了他们第一场音乐会,非常棒。"

留存下来的一盘录音磁带中[xiv],人们确实听到最顶级的音乐演奏,对这首备受人们喜爱的浪漫协奏曲,杜普蕾无疑投入自己全部心血进行诠释。她的演奏伴着深深的情感和持续不懈的精神,与切利比达奇产生共鸣,切利比达奇的管弦乐伴奏在不间断的声音强度上配合着杜普蕾的演奏。切利比达奇特别在意和弦的配置运筹,在他的指挥下,乐团有着丰富的音乐调色板和纹理织体,与大提琴的独奏混合交织,但又完全透明,使得大提琴突出其中。杰姬拉的琴声音格外大声、相当集中时,并不是说切利比达奇就必须相当程度地抑制乐团的演奏。

非常偶然,杰姬高度情绪化的方法驱使琴声超出了她大提琴的极限。于是,第一乐章呈示部的最后部分,英勇上行的三连音琶音趋向逼迫感,接着最后低音降B调在转入D大调的和弦处理之前投入极大的活力与压力,以致音符几乎失真。确实,此音符的延音处理一路气势汹汹,直至逼近断裂点。整体来说,这首音乐充满美妙的光亮感与巨大的空间感,没有依赖慢节拍的,而是通过感染力的分量营造的。事实上,第一乐章的节拍速度大部分与杰姬和巴伦博伊姆录制EMI唱片时的相当,虽然,为了符合现场演奏的要求(音乐厅的空间和音响必须考虑在内),节拍速度倾向于速度的下限。

另一方面,慢乐章的节奏,较之与巴伦博伊姆录制EMI唱片时的节

---

① 谢尔盖·切利比达奇(Sergiu Celibidache,1912年—1996年):罗马尼亚指挥家。
② 维斯特罗斯(Vasteras):瑞典东南部,西曼兰省的首府。

奏，要来得更悠闲。演奏重点放在弹性和对比上，而唱片录制中，出于整体音乐效果的考虑，两位音乐家更关注保持统一的节拍速度。因此，瑞典广播电台管弦乐团在演奏中，通过较快、较赶的节拍速度达成G小调部分的戏剧化效果，与此同时，华彩乐段后，再现部部分，基本的乐动慢下来，慢到所标注的"速度I"（TEMPO I）之下。这里，以中提琴和大提琴悸动的心跳脉搏为背景，杰姬将这句长长歌唱式乐线中每一盎司的情感压榨出来。

在最后乐章，杜普蕾的基本节奏只是比EMI唱片中慢些许，同时，在稍慢的部分（大提琴与单簧管的对话中），杰姬和切利比达奇更是放慢了许多。不过，杜普蕾总是将这些速度的跌宕起伏转化为有利于音乐结构的有机成分。乐句，若在逊色些的人手中听上去当会缓慢放纵，但在杰姬的手中，则充满表达的张力，自然流畅，杰姬性情中带有的动力赋予这段较快音乐相当的感染力和刺激感。

就在这首乐曲的演奏过程中，杰姬琴声之华丽丰富令人吃惊，而且，终乐章尾声部分的最后几个小节最是哀婉伤怀。在这个尾声部分，通过变换自己的音乐素材，德沃夏克旨在有意识地营造一种怀旧情绪——面对失落，追忆往昔。伟大的诠释者显示，这种效果可以用不止一种方式来达到。从高音B调上的颤音开始，一路拉下来，杜普蕾的琴声洋溢着温暖与情感，并一带而过地回应第一乐章的开篇主题。依照作曲家在旋律下降的最后部分标出的强音符号，杰姬激发出直面悲哀的真挚情感，而不是受人青睐的那种因痛苦而陷入沉思的尊贵氛围，比如，罗斯特罗波维奇的演绎，就是运用精妙冷静的弱音来演奏这一乐段。

杰姬接下来的演出安排是在11月底的慕尼黑，她与慕尼黑爱乐乐团和约翰·普里查德[①]合作演奏埃尔加协奏曲。12月份的头十天，她请假，陪同丹尼尔赴美国，再返回伦敦参加12月12日庆祝约翰·巴比罗利指挥伦敦交响乐团四十周年音乐会。节目单中包括海顿和埃尔加的音乐作品，是他四十年前指挥的一场演出节目内容的重现，在巴比罗利的要求下，杰姬担

[①] 约翰·普里查德（Sir John Michael Pritchard，1921年—1989年）：英国指挥家。

当他指挥海顿《D大调协奏曲》中的独奏人。一直以来，这首令人愉悦的乐曲被音乐评论家认为尚存含糊的地方，直到最近，就作品的真伪仍存质疑（音乐史学家将该乐曲作品归为安东尼·卡夫①的创作）。也许因为这个缘故，《泰晤士报》乐评人用有些居高临下的语调写道："（杜普蕾）音调甜美、风格迷人、性情内敛，本就怡人有味，于这首协奏曲很是合情合理，这首乐曲绝不是海顿杰出或强劲的的力作。她最后柔板段落的演奏精湛完美。遗憾的是，倘若处理方式更坚定的话，同样的话也适合用来评价最后慢板部分的开篇处理。"[xv]

我们几乎都可以自己来判断这番评价是否公平，因为第二天，杜普蕾与巴比罗利这首曲目的唱片就在EMI唱片公司的修道院路二号录播室里录制了。《泰晤士报》有关第二乐章精致造句方面（这部分整体上声音灿烂绚丽，尤其不同寻常）的评论，我发觉，杰姬演奏回旋曲终曲的开篇主题部分，带着一份漫不经心的自在态度和好心情。她不急不躁地速度（舒适的6/8拍）用以展示海顿音乐中洛可可式的优雅，而不是强调卡萨尔斯所青睐的质朴特色。这里，尤为特别的是，杰姬选择的节奏与当今风行的节奏大相径庭——比如，马友友与英国室内乐团录制的唱片中，尾声在接近两倍的速度下演奏。不过，在我看来，杰姬的方式相当流畅、富有说服力，不受流行偏好的支配，也不受专家设定的教条影响，这些专家就节奏有过"真实的"演奏记录。

杰姬特意要求苏维·格鲁布负责这几次EMI公司的录制工作，这首先引起金洛克·安德森的不满；杰姬1965年三张唱片的制作过程中，安德森都一直与杰姬一起工作，他还常常被派去与巴比罗利工作。11月29日，安德森写给杰姬一封温馨谦恭的信，提出应该由他负责她的这些录制工作，希望杰姬不会反对。[xvi]不过，虽然敬重安德森的音乐素养和他的绅士风度，杰姬最终仍选择格鲁布，不仅仅因为格鲁布耳力出色，而且他为人温暖，会鼓励人。倘若因这个或那个什么原因，格鲁布无法指挥引导她的唱片录制工作的话，杰姬就会很不舒坦。

---

① 安东尼·卡夫（Antonín Kraft，1752年—1820年）：车臣大提琴家和作曲家。

巴比罗利呢，看起来，对这类事不甚介意。任何时候，他都完全与杰姬的诠释保持一致。据他的遗孀伊芙琳说，巴比罗利指挥时冲动到嘴上还念念有词，这表示他赞同认可杰姬——他这是"乐得忘乎所以了！"伊芙琳觉得有责任批评巴比罗利在录制过程中嘴里不应该哼唱的，对她的批评，巴比罗利愤愤不平地反驳道："噢，我没有，我没在唱——曲子这么高，我哪会唱啊！""你在低八度的地方唱了！"伊芙琳纠正他。[xvii]如果人们很仔细听这首协奏曲的唱片母带的话，就会听见——很轻微——巴比罗利跟着杰姬大提琴哼唱的声音。

不过，人们会理解他。杰姬对海顿音乐的表达具有不可抗拒的魅力，她极为老练地处理乐曲内涵中的质朴单纯（例如乐曲中显见的"天真无邪"主题）。在运用大提琴的感染力和大提琴技巧方面，海顿领先于他所在的时代，比如，非常有效地运用大提琴高音域区。在杜普蕾手中，这首精雕细作的阿拉伯式过渡段，从没有失去其轻柔如歌般的品质——精湛技艺之于整体表达总是起到辅助的作用。

一完成海顿音乐的唱片录制，杰姬就回到美国，与丹尼尔在费城会合，丹尼尔正与尤金·奥曼迪[①]合作演奏贝多芬的《国王》协奏曲。12月19日，在纽约，丹尼尔与费城管弦乐团推出最后一场音乐会。据丹尼尔回忆：

那天晚上，音乐厅挤满了小提琴家——奥伊斯特拉赫（Oistrakh）[②]，斯特恩（Stern）[③]，里奇（Ricci）[④]，米尔斯坦（Milstein）[⑤]全在那儿。奥曼迪很是冷嘲热讽地对我说，"钢琴家不来听你演奏，这是为什么？"艾萨克·斯特恩带平夏斯·祖克曼来到后台——他是一个只有十九岁的孩子（我当时二十五岁，在那个伟大的时

[①] 尤金·奥曼迪（Eugene Ormandy，1899年—1985年）：出生于匈牙利的美国指挥家和小提琴手。

[②] 奥伊斯特拉赫（David Oistrakh，1908年—1974年）：犹太裔苏联小提琴家。

[③] 艾萨克·斯特恩（Issac Stern，1920年—2001年）：著名乌克兰裔美国小提琴家。

[④] 鲁杰罗·里奇（Ruggiero Ricci，1918年—2012年）：美国小提琴家，以演奏帕格尼尼作品著称。

[⑤] 内森·米尔斯坦（Nathan Milstein，1904年—1992年）：俄裔美国小提琴家，有小提琴贵族之称。

代，人们只把十九岁的人当小孩子来看）。当下，平夏斯当着所有人的面大声说："我想跟你一起弹奏。"我甚至都不知道他姓甚名谁。我记得一阵哄堂大笑后，奥伊斯特拉赫一时没明白祖克曼说了什么，只好等艾萨克翻译给他听——而后，他也放声大笑起来。第二天傍晚，杰姬和我就要启程前往以色列。不过，我们说："好，明天来我们的酒店，带上乐谱和乐谱架。"[xviii]

祖克曼对整件事记忆犹新。数年前，他在以色列很短暂地遇见过巴伦博伊姆，还从查尔斯·沃斯沃兹和阿诺德·斯坦因哈特那儿听说过杰姬的名字。"她早我两年在斯波莱托待过。斯坦因哈特提到这位金发女孩，说她拉琴宛如一匹野生种马般狂野，演奏舒伯特五重奏中第二大提琴时，几乎能把大提琴扯成两半。同时，沃斯沃兹跟我说过，要是我们能凑一块演奏，那当是天作之合。"[xix]

第二天早上，祖克曼如期而至，出现在艾塞克斯宾馆，与他的太太一起来的（当时，他与长笛演奏家尤金尼亚，即吉妮·里奇已结婚）。当即，丹尼尔和杰姬坐下来，与祖克曼一起演奏了起来。"我们尽可能多地演奏着——就着我带在身边的乐谱。从一开始，就非常契合——就像左右手般的默契。于我，就仿佛我们只是刚开始演奏，而且根本停不下来了——就这样开启了一段四到五年旋风般的合作关系。"吉妮记得，演奏完贝多芬一首三重奏的第一乐章后，他们停了下来，彼此目光相视，不由得迸发出快乐的欢笑声。真不需要任何言语来阐述何为不证自明——那就是，他们绝对是完美的三重奏组合。

一首好的钢琴三重奏的成功有赖于几个重要元素——钢琴人要具有领引和打造音乐架构的能力，在这个框架中，小提琴手和大提琴手作为一个单位运行，采用共同方式并达成彼此的相互理解。这回初次见面相当振奋人心，其原因在于，照丹尼尔的话说，"从一开始，两位弦乐家之间就有一种即时移情作用。于是一拍即合……"[xx]祖克曼是一位能领悟杰姬内心的音乐家。祖克曼虽然在茱莉亚音乐学院，跟着加拉米[①]接受过一段严格

[①] 伊凡·加拉米（Ivan A.Galamian，1903年—1981年）：伊朗出生的美国小提琴教师。

的正规训练,但他丰富的直觉天赋与杰姬的才华相似,他的演奏也带着同样的朝气勃勃、活力和自发性。平夏克记得:

> 整个就是一段精彩无比的过程。当你还那么小,就与这样的人物一起演奏,非常不同寻常,因为你内心尚没有背负随岁月而至的"超重"包袱。我是说,人到那个阶段,你形成的习性,所学所意识的知识,还有之前来自频繁音乐演奏得来的纯粹经验,那种历经无数次后的纯粹体悟。但同时,它是那么清新。我十岁起就演奏过三重奏、奏鸣曲、四重奏等,我懂曲库中的曲目,我懂这些曲谱。但是,跟他们这样的两人一起演奏,简直令人难以置信——从来不会要问该做什么的问题,只要关注怎么去做——那儿稍微增加一点或减少一点。我们从来不用写下什么——从来不在弓法上花费时间——从来不谈节奏问题——一次又一次演奏中,一切自然而然变化调整着,然后出来的效果很棒——正适合。[xxi]

当这一天结束时,很清楚,他们要组成一个三人组。当晚,杰姬和丹尼尔在飞往以色列的飞机上,就在讨论何时推出他们三人组的首度合作演出。考虑到他们那之前约了伊扎克·帕尔曼在南岸音乐节(South Bank Festival)上合作演奏室内乐,因此,这件事还真需要从长计议。

在以色列,丹尼尔和杰姬受到老朋友迎接英雄般的接待,毕竟是"回家"来了。但,这可不是什么度假,就在两周的时间里,他们与以色列爱乐乐团进行了预订全满的两档系列演出,共演奏十三场音乐会。丹尼尔担当这所有十三场音乐会的指挥,杰姬则将埃尔加协奏曲介绍给以色列的听众,还演奏了海顿的《C大调协奏曲》。

两人一回到伦敦,杰姬接着履行已安排好的在伦敦市内和周边的数场演出活动(与丹尼尔在市政厅推出的一场小型音乐会,在磨坊山[①]携手英国室内乐团演奏的一场音乐会。)1968年1月底到4月间,杰姬穿梭在北美和英国之间。日程安排越来越满,杰姬想要调整自己的音乐会次数,希望多花工夫做好她的"巴伦博伊姆太太"。于是,第一次到访费城时,她只出演了三场音乐会——与马泽尔[②]和费城爱乐乐团合作在2月16日和17日

---

① 磨坊山(Mill Hill):位于伦敦市中心西北约16公里处的郊区。
② 洛林·马泽尔(Lorin Maazel, 1930年—2014年):指挥家,中提琴家,作曲家。

演奏舒曼的协奏曲，2月20日，在巴尔的摩①又重演了一场。而后，飞回伦敦，度过2月份的最后一周，便再次启程赴北美。

3月3日和4日，杰姬首次在温哥华演奏，带来了她第一次公开演奏的斯特劳斯的《堂吉诃德》。按计划，杰姬接着要赴火奴鲁鲁岛，推出3月10日和12日两场音乐会，不过，她临到最后一分钟取消了这次行程，缘由未详明。尽管如此，不过，3月18日和20日，她履行了与丹佛交响乐团的演出计划。接着，中断自己的北美巡演，离开五天，回到英格兰，与巴伦博伊姆和哈勒管弦乐团合作演出。在利兹，三场音乐会上，杰姬再次演奏舒曼的协奏曲。

回到美国，3月28日和30日，杰姬携手底特律交响乐团，演奏埃尔加协奏曲，紧接着，4月1日和2日，在普林斯顿，而后5日，在纽约，演出票销售一空的卡耐基音乐厅里，与丹尼尔联手举办几场小型音乐会。《纽约时报》评论这场小型音乐会时，对杰姬的高超技艺大加赞誉："她弓法技巧……堪称灵活兼具悟性的典范，也是她之所以了不起之处。"不过，乐评人不满意贝多芬前半部分出现的平衡不足（《魔笛》变奏曲中的一段），和《A大调奏鸣曲》中，钢琴声似乎压过大提琴；他认为勃拉姆斯《F大调奏鸣曲》的平衡较好，这里"……他们真的达到了近似的音乐统一"[xxii]从给予演奏者的掌声欢呼声中，可以肯定，是他们的音乐演奏给观众留下更为深刻印象。接下来的几年里，除了伦敦，杰姬和丹尼尔经常前往纽约演奏，远多过其他城市。

就像所有这些演出之旅还不够多，杰姬还身负额外的重压，答应扩展自己的演奏曲库，还准备与新爱乐乐团合作，录制理查德·斯特劳斯的交响诗《堂吉诃德》。德高望重的高龄指挥家奥托·克伦佩勒博士②将担纲乐团指挥。去年，在一场小型音乐会上丹尼尔与皮埃尔·布莱兹合作演奏伯格的《室内乐》（原德语：Kammerkonzert——译者注）时，杰姬第一次见到克伦佩勒。克伦佩勒，对布莱兹和巴伦博伊姆两人都非常敬佩，就

---

① 巴尔的摩（Baltimore）：毗邻华盛顿的都市。
② 奥托·克伦佩勒（Otto Klemperer，1885年—1973年）：犹太裔德国指挥家、作曲家，20世纪伟大的指挥家。

让杰姬（也许是试探她）过去替巴伦博伊姆翻乐谱。据丹尼尔回忆，"她轻松地照做无误了，虽然她不喜欢这首乐曲。"[xxiii]

另一次，丹尼尔与克伦佩乐勒录制贝多芬钢琴协奏曲，杰姬来到现场。中间休息时，克伦佩勒想要试试杰姬的耳力，看看是不是真跟人们告诉他的那样异常敏锐。苏维·格鲁布回忆说："他坐在钢琴边，弹了一段与其说是和弦，不如说是各种音符古怪组合起来的音乐。'杜普蕾小姐，我弹的是什么音符？'他存心问，杰姬连想都没想就答道，'A，B，升C，升D，F.'而克伦佩勒自己还得低头看琴键，来核对杰姬答的，全对了，他不无钦佩地说：'对！'——他意味深长地喊出这么一个单音字，胜过一通滔滔不绝的赞美之词。"[xxiv]

与约定俗成的方式相反，克伦佩勒总是喜欢先录制唱片，而后举办现场音乐会，觉得演奏者在现场演奏之前经过麦克风仔细审听大有裨益。杜普蕾参加的第一次排演是在4月7日，位于修道院路三号的录音棚里，杜普蕾必须前来参加第一次排练（两天前，克伦佩勒本人就已经就管弦乐的演奏部分进行了彩排）。

虽然克伦佩勒早期与马勒以及理查德·斯特劳斯有联系，但他绝不是无条件地支持他们的音乐。这位指挥的女儿，洛蒂·克伦佩勒，记得，她父亲对《堂吉诃德》一曲评价不高，"他实际上不想指挥这首曲子，不过，经EMI公司和巴伦博伊姆劝说才接下来（他只就三十年前指挥过一次这首乐曲）。"新爱乐乐团的第一中提琴手，赫伯特·唐斯（Herbert Downes）担当重要的独奏部分的演奏，彰显堂吉诃德身上忠贞不贰的乡绅个性，据传唐斯这么说过，"克伦佩勒不喜欢（杜普蕾）演奏的方式……你知道她过去如何不加控制地晃动身体……我们进行过一次录制，进展顺利。她一个音符都没落，事实上，她演奏得非常棒，不过，我觉得克伦佩勒并不高兴。"[xxv]

洛蒂·克伦佩勒否定了这种说法，称父亲之后的退出与杜普蕾的演奏丝毫没有关系。

我父亲对她——作为音乐家——评价最高——就像他对丹尼尔·巴伦博伊姆的评价一样。他们是朋友，我们经常聚在一起。根本的原因是，他不喜欢斯特劳斯这首曲子……2月9日起,我们都在伦敦,我父亲手头的日程安排非常紧……到了4月,他人已精疲力竭,4月7日,[xxvi]现场录制《堂吉诃德》期间,他在一次回放过程中打了两个盹,说感觉不舒服。于是,我们取消了录制工作和音乐会演出。马克·布伦瑞克①,美国作曲家,也是一位好朋友,碰巧在场,他和我两人都一致认为,倘若是这首曲子的音乐更好些的话,我父亲就不会这么疲劳不堪了。"[xxvii]

4月11日,节日音乐大厅举行的音乐会临近,但指挥一职仍没落实,新爱乐乐团于是邀巴伦博伊姆顶替。因为不太熟悉这首乐曲,而且,还要在同场音乐会弹钢琴,丹尼尔回绝了这项邀请。在这个节骨眼上,乐团转向另一位知名的八旬高龄指挥,阿德里安·鲍尔特爵士②,鲍尔特同意担纲。由于场地已被预订出去,节日音乐厅也用不了,4月9日,星期二,鲍尔特在EMI公司的录音棚里彩排《堂吉诃德》。在无人知晓的情况下,音响工程师克里斯托弗·帕克打开麦克风,录下了整场彩排实况——录音棚里不间断的演奏现场。

出于各种原因,为杜普蕾录制《堂吉诃德》唱片的项目接着就被放弃了。从4月7日和9日现场制作和彩排中录制的这些磁带被人遗忘了逾二十年之久,在EMI唱片公司仓储架上积满灰尘。当被再发现时,都不知道是否符合商业发行的标准。当然,倘若有机会再次在录音棚里录制这首作品,我们没准能听到管弦乐和独奏部分更为精细且精准的演奏。作为这张最近发行的CD唱碟的制片人,安德鲁·基纳记过一笔,"从各种杂音判断——铅笔落地声,甚至某点上的谈话声——鲍尔特很可能是在录音指示灯关掉时起棒指挥,而后很可能只是一时心血来潮又打开了录音机。"[xxviii]鉴于杜普蕾不可能为一次"微不足道"的彩排就放低自己的标准,她投入这首音乐的情形都在这次连续演奏中捕捉录制了下来。据基纳说,"整个演奏的张力明确无误且独特"。

克伦佩勒的突然退出,很可能一度让EMI公司非常被动,因为签下新爱乐乐团的合作时间仅有四天,而在这四天之内要完成《堂吉诃德》的彩

---

① 马克·布伦瑞克(Mark Brunswick,1902年—1971年):美国作曲家。
② 阿德里安·鲍尔特(Sir Adrian Boult,1889年—1983年):英国指挥家。

排和录制工作。巴伦博伊姆和杜普蕾于是同意在出状况的当天，4月8日，星期一，用这间"黑漆漆的"录音棚演奏舒曼的大提琴协奏曲，挽回残局。这首曲子的录制原已计划好，作为他们当年春末发行的唱片，加上圣桑的大提琴协奏曲和福莱①的《挽歌》。同时，彼德·安德里之前建议，杰姬与以色列爱乐乐团录制第二张唱片，曲目包括布洛赫的《所罗门》、《希伯来祷歌》和拉罗协奏曲。[xxix]

杰姬虽然想利用这个时间录制舒曼音乐，为EMI公司效力，但发觉自己这么全身心浸入堂吉诃德这个梦幻人物的戏剧情节中，如果即刻调适自己的情绪进入舒曼内在私密的表达世界，实在不容易。要理解戏剧情节，确实是解读斯特劳斯所有交响诗的基本要素，这代表着他告别了他的前辈们的美学体系。早期的古典主义和浪漫主义作曲家意在他们的作品更具情感表达，而不是音画叙事，就像贝多芬对自己《田园交响曲》作品的评价那样。在他的交响诗中，斯特劳斯通过管弦乐对他音乐主题的生动传递，在《堂吉诃德》中就获得了某种有声电影的效果，其间，我们几乎能视觉化这位主人公的言行举止，感受到他的各种情绪。

斯特劳斯并不是第一位想要用悲伤的情绪来描绘塞万提斯笔下骑士的种种冒险经历的人，不过，他用完全崭新的手法进行了这样的描述，即在复合主题上设计各种变奏曲的形式。在不厌其详的管弦乐前奏部分，作曲家呈现所有音乐主题，贯穿其中展现的是堂吉诃德和他的仆人桑科·潘萨性格特征，而后，用每一段变奏曲来描绘他想象中的每一段冒险。大提琴独奏，时而，在一把小提琴的独奏协奏下，代表着这位英雄人物，并充当整个故事中活跃的主人公。在乐曲中担当一个舞台角色的这部分音乐，对相当多伟大大提琴家而言有着难以抵挡的魅力，他们中的许多人声称自己的演绎版本是最终的版本。这种理念当然确保需要巨大投入的演出，而结果出来令人惊讶，诠释解读多种多样。

杰姬对堂吉诃德的诠释，体现出她对这位侠义骑士的性格和故事背后的情感非常认同。那些到场听过她在节日音乐厅的音乐会的人记得，杰姬

---

① 福莱（Gabriel Urbain Fauré，1845年—1924年）：法国作曲家、管风琴家、钢琴家以及音乐教育家。

的演奏异乎寻常地激烈紧张,乐评人不必赞许回应的方面。《卫报》的雨果·科尔,在称赞杰姬气定神闲与热情洋溢的同时,认为她保留了太多自己的个性特色:"人们宁愿独奏者展现少一些张力,少一些涉入其中,这其实不常见;不过,又怎么在堂吉诃德最疯狂的狂想中展露这么一种轻松自如——这种安适自在,使得一个人能适应围绕自己各种幻觉的这个世界?"在他看来,这场演奏"既不够流畅自如,也不够透明,不足以从无关紧要中理清紧要的东西来。结果,我们过分意识到这首乐曲的复杂性,意识到作品的情节属性,意识到其中包含的作曲与演奏技巧的多重性,而堂吉诃德脑子里疯狂、统一的逻辑,我们却从没被引着透过上千的表面音乐符号深入进去。"xxx

威廉·曼在《泰晤士报》上撰文,在称赞巴伦博伊姆和杜普蕾在音乐会上所贡献的独奏激发人的灵感的同时,佯装惊愕地写道:

这个女堂吉诃德,仿佛一个稀奇古怪的概念——不过,只是一个短小间隔而已:杜普蕾小姐一进入她大幅度拉奏进程中,这位大提琴独奏家的性感表现……就变得完全不相干了。她给了我们一幅拉曼查①男人的肖像画,这个人醒目、热诚、精悍,尤其是第三段变奏曲部分,表情丰富,这里,堂吉诃德在玫瑰色的升F大调中尽显理想的骑士风范,在尾声部分,他躺下死去时,深深的遗憾跃上心头——杜普蕾小姐用沉重的颤音暗示颤抖抽泣,渲染最后下沉的滑奏音色,令人心惊亦极感人。xxxi

1996年EMI公司发行的CD唱碟中,我们有幸拥有杜普蕾对这首乐曲的演绎版本,与此同时,我们应该记住,这张唱片是在指挥或独奏者不知情和许可情况下录制的。倘若它被看作一场录制的演出,管弦乐诠释部分中一些小合奏问题和未加工痕迹很明显。人们不知道,杜普蕾自己会想多大程度上改动或修正这次演奏呢?不过,缺少更好的一个版本,这张唱片真实地记录下杜普蕾与鲍尔特合作中的演奏手法;总的来说,《堂吉诃德》受这位指挥家视野的主导要多过这些非常充实的独奏呈现。

---

① 拉曼查(La Mancha):西班牙中南部的高原地区。

尽管如此,不过,与一些最佳的演绎版本相较,鲍尔特与杜普蕾的诠释确实站得住脚。他们的表现方式与罗斯特罗波维奇与冯·卡拉扬以及柏林爱乐乐团的表现方式形成十分鲜明的对比,后者的演绎助长出对这首作品几近生硬的一种哲学概念。鲍尔特指挥下的管弦乐听起来有几分粗糙,较之卡拉扬柔和丰富的管弦乐纹理而言,卡拉扬的演绎是思路清晰的范式。与卡拉扬相反,鲍尔特倾向于专注叙述体的故事本身,塑造主人公鲜活的个性特征。很自然,这位指挥家的方式影响了两位大提琴独奏家的诠释。罗斯特罗波维奇的堂吉诃德是一位梦想家,不愿抛却自己想要进行冒险、波折不断的疯狂幻想。杜普蕾的堂吉诃德则热忱加热情,在他苦煎熬状态下被迫冲动行事。在两段大提琴独奏的展示段中,这些差异显现得最为明显——第五段和第十段(以及最后部分)变奏曲。第五段变奏曲中(描写堂吉诃德正式成为骑士之前孤独守夜的情景),杜普蕾的独白充满巨大的感伤:一个被强烈痛苦与燃烧着的激情消耗着的人的肖像。与之对比鲜明的是,罗斯特罗波维奇一开始就将意图放在故事的语境上——唤起一种夜间的神秘氛围,在这种氛围中,堂吉诃德冥思苦想中的幻觉不受干扰地任意漫游,他勾画的杜尔西妮亚形象逡巡徘徊在远方,远到遥不可及的程度。两位大提琴家诠释概念的不同,也见于最后那段变奏曲部分。当核心主题最后一次用缓慢且留恋的D大调进行表述时,罗斯特罗波维奇把它当作描绘一位临终人幽然回顾自己一生的道具。与他的诠释形成反差,杜普蕾的版本则投入夕阳西沉散发的热力,意味深长,展现一个满怀深深遗憾行将离世之人的画面。

傅聪记得,听完杰姬在温哥华的演奏,他与杰姬聊到过斯特劳斯《堂吉诃德》乐曲中这些特色的部分。傅聪不赞同杰姬过度激情化地演奏最后一段变奏曲,建议演绎一个少些尘世味的堂吉诃德,即使没有涅槃坐化,也至少已带着佛学意味面对临近的死亡,坦然接受。不过,让杰姬从自己对塞万提斯笔下英雄进行的性格描述中抽离开自己的情感与情绪,这不符合杰姬自身的天性(至少在二十三岁这个年龄时)。

杜普蕾只演奏过《堂吉诃德》一两次;虽然她没有时间提升自己对这部作品的理解,但在保留下来的这张唱片中,她赋予堂吉诃德这个人物引人注目的热情或许堪称无与伦比。在这个意义上，杰姬的诠释，与皮亚蒂戈尔斯基携手波士顿交响乐团及查尔斯·蒙奇①录制的唱片中的解读有着共同点。而且，也有着托特里耶与鲁道夫·肯普②合作时对这部作品高度个人化呈现背后所隐藏着的冲动意味。

斯特劳斯自己从来没有明确自己是倾向独奏大提琴家以协奏曲风格演奏独奏部分（坐在乐团前面），还是倾向乐团首席大提琴手在弦乐区的前面演奏它（作曲家本人在这两种情况下都指挥过）。托斯卡尼尼③的权威诠释，弗兰克·米勒④担当独奏大提琴手从乐团不同的行列进行演奏，是第二种方式的成功范例。

在杰姬，很显然，与鲍尔特的携手合作是愉快的。她十分敬重鲍尔特个人的音乐素养和务实的智慧。鲍尔特总是告诉自己的学生，在配合独奏人的过程中，指挥必须重视演奏者的要求与想法，因为独奏者在音乐上研究作品花的时间必定比指挥多得多。倘若说，鲍尔特真的让自己的想法适应杰姬的话，那么，人们大可以认为，他们二人对《堂吉诃德》的诠释是共同理解与尊重达到的成果。

在后来的岁月中，杰姬喜欢详细讲述自己数年前与阿德里安·鲍尔特爵士合作的一场演出，其间，她出现了一次记忆小失误。演出后，她向他致歉，鲍尔特毫不犹豫地说，"没关系，亲爱的，没有人冲着挑错听音乐。"她将这件事记在了自己从70年代中期一直保存的一本记事本中，描述说，鲍尔特的回答是"我迄今听到最有人情味和最有建设性的一大见解了"。

如果说不在自己控制下的情况使杰姬不得不放弃为EMI公司录制《堂吉诃德》的项目，那么，不让当月另一张唱片发行的，正是杰姬自己。据苏维·格鲁布回忆：

一安排好杰姬录制舒曼协奏曲的工作，我就因严重的心脏病住院治

---

① 查尔斯·蒙奇（Charles Munch，1891年—1968年）：法国交响乐指挥家和小提琴家。
② 鲁道夫·肯普（Rudolf Kempe，1910年—1976年）：德国指挥家。
③ 托斯卡尼尼（Arturo Toscanini，1867年—1957年）：意大利指挥家，其指挥艺术在世界上有着极大的影响。
④ 弗兰克·米勒（Frank Miller，1912年—1986年）：美国大提琴家。

疗。她很不愿意进行录制，但乐团已经预约下来。唱片而后进行了剪辑和整合。到了五月初，我已出院，恢复了工作。有一天，杰姬与丹尼尔一同来了。她想跟我说什么，但很不好意思开口。丹尼尔敦促她说出来："说啊，笑眯眯，说出来——你在跟苏维·格鲁布说话呢"。原来她不满意自己的舒曼音乐唱片。她从没说个中原因。我说，"嗯，要是你不满意，那我们就得再录制一遍。"

作为一家最知名的唱片公司，EMI公司乐于尊重旗下顶级国际艺术家的意愿，即使取消与管弦乐团的合约涉及大笔费用支出，与此同时，重新录制的成本也很高。不过没有人怀疑杰姬按严格的专业标准做出判断的信用，以及她为录制唱片所做出的高度准备工作，所以，很难拒绝她的请求。巴伦博伊姆和格鲁布都完全支持杰姬行使自己这件事上的否决权。彼德·安德里于4月录制期间接替格鲁布的工作，也同意重新录制的决定。

5月11日，杰姬和丹尼尔回到修道院路录音棚，携手新爱乐乐团再次录制舒曼大提琴协奏曲。结果，这张唱片是杰姬最富灵感的一个诠释版本。

1850年舒曼创作这首大提琴协奏曲时，不稳定的精神状态让舒曼陷入极度痛苦。克拉拉·舒曼描写过自己丈夫在疯人院里的悲惨境况，舒曼修改着新创作的这首大提琴协奏曲的乐谱，解释说他希望这首乐曲能让他摆脱那些无休止的幻听折磨。虽然丝毫没有失去舒曼富有创造力表达个性的两大本质特点：既内敛温存，又冲动热情，尤其是第一乐章的音乐满是黑暗的恐惧。杰姬抓住这首音乐的灵魂，编织出狂想曲式的长乐线，此起彼伏地交织着沉思、激情与诗意温柔的表达。她与巴伦博伊姆采用从容不迫的节奏，在一种含蓄的统一形式中获得宽广且自由的出色感受。杰姬的演奏声音极为动听，充满激情且意味深长，从爆发式的强音到最是充满向往的渐弱轻奏，展现整个活力四射的音色谱系，个人风格突显。慢乐章的演奏明亮紧凑，抓住了舒曼曲风的核心特质，将内在体悟转化为心灵悸动的音乐表达。相比之下，尾声部分的演奏，充满活力，热情简约，常常会影响演奏效果的过渡段不带丝毫的粗糙感。

杰姬的这首舒曼协奏曲EMI唱片与她现场音乐会上的演奏不同，这或许属实(就我们从现存的电台录音磁带上来判断),这种不同在于唱片演奏少了些冲动的激情与即兴发挥,表现手法更具哲理。不过,这张唱片经得起反复聆听,堪称不朽之作,整个音乐想象力的建构相当完整且富有条理。不再拉大提琴很久以来,这张唱片就一直是杰姬最珍爱的一张,直至她生命终结。虽然疾病中断的那些年里,杰姬思考音乐很多,但,她从来没有一次提过,倘若当下演奏的话,她会拉得有所不同。实际上,她相当珍视自己二十三岁时铺陈的这番诠释,使得人们不由得想知道,在杰姬凭直觉与备受折磨且病痛缠身中的舒曼产生认同而进行这些情感的宣泄中,是不是存在某种预兆,预示着杰姬日后也会遭受疾病摧残而不得不承受的那些伤痛与痛楚折磨。

这张唱片的第二面,录的是圣·桑的第一大提琴协奏曲。杰姬和丹尼尔早在1967年9月就携手新爱乐乐团为BBC电视频道录制过一次,5月14日,与同一家乐团在节日音乐大厅再次演奏。虽然这张唱片原计划安排在1968年春季月里录制,预定的档期很有可能改用为重新录制舒曼的协奏曲。为巴伦博伊姆夫妇与新爱乐乐团安排的档期一直拖到9月。录制结果,无疑是这首最为经典的均衡作品的一次优雅演绎,在激情、活力与曼妙的轻盈间平衡得相当漂亮。后来的岁月中,杰姬会提示自己的学生注意形式的重要性,表达在形式中建构并内置于音乐之中。"太过沉迷于表达会歪曲音乐结构。"她提示说。[xxxii]杜普蕾的演奏表明,在不失自己一丝一毫激情投入的情况下,她能抗拒过度表达圣·桑音乐的诱惑。

这张与巴伦博伊姆一起重新录制的管弦乐唱片与杜普蕾同约翰·巴比罗利爵士合作录制的第二张协奏曲唱片合并发行上市。第二张协奏曲唱片,是海顿《D大调协奏曲》的"填充"之作,出自奥地利作曲家马蒂亚斯·乔治·孟恩[①]少有人知的一首协奏曲。为了1968年9月的录制,杰姬专门研习了这首曲子。伊芙琳·巴比罗利记得,杰姬患着"讨人厌"的感冒来到修道院路的录音棚:"约翰事后说,他觉得这场感冒反倒成了一件好事,它让杰姬冷静下来。"孟恩的协奏曲,虽说不是那么鼓舞人心,但

---

① 孟恩(Mathias Georg Monn,1717年—1750年):奥地利风琴家、作曲家。

却是反映从晚期巴洛克风格到早期古典主义风格期间的一首过渡曲风的优秀范例。它带有缅怀亨德尔和孟恩同时代的巴赫风格的特色。虽然人们会把这首G小调协奏曲视作海顿大提琴协奏曲的前身,但孟恩德作品并不自夸有着我们在海顿两首协奏曲中发现的表达范畴和乐器大家的创作。虽然如此,不过,举例来说,阿诺德·勋伯格就很是被这首协奏曲打动,为它写了大提琴部分,而后还依据孟恩一首键盘协奏曲的免费抄本创作了一首大提琴协奏曲。

巴比罗利和杜普蕾令人信服地推崇孟恩音乐。他们为外部乐章选择了有规则的节奏,赋予音乐一种空灵与尊严,而没有变得沉闷。慢乐章为作品创建了表现力优美的核心部分。杰姬从没有失去节奏上的轻快,这是演奏这首乐曲至关重要的关键所在,此外,她的乐段表述清晰且具说服力。倘若在音乐会上演奏这首曲子,杰姬很可能会因孟恩的协奏曲赢得大众青睐。除了仅有一次与纽伯里弦乐乐队合作演奏过,它是她仅限于录音棚里演奏过的曲子。

与此同时,1968年7月,杰姬因与巴伦博伊姆录制海顿的C大调和波切里尼的《降B大调协奏曲》的唱片,杰姬被授予久负盛名的查尔斯·克劳兹学院①的"唱片大奖"②。现在,完成1967—1968季的三张唱片录制后,接下来是杰姬唱片录制事业中一段充分的休整期,由于与EMI公司冒出来的一桩合同纠纷事情,所有计划都搁置了下来。事后来看,人们会说,这是极大的荒废,在之后的职业生涯中,杜普蕾只返回EMI录音棚两次,一次是1970年,录制德沃夏克的协奏曲,而后是1971年,与巴伦博伊姆一起录制肖邦和弗兰克的奏鸣曲。杰姬所有的其他唱片都源自电台现场转播的音乐会演出。每场音乐会演奏的独特之处是现场的瞬时性。艺术家坚持要为特定观众传递直接的真实感,其诠释也受到主观和客观因素的影响,比如指挥与乐团之间的关系,音乐厅的音响效果,等等。因此,录制下来的

---

① 查尔斯·克劳兹学院(The Académie Charles—Cros):创建于1947年,法国协调政府文化政策决策人与音乐及唱片产业专业人士之间联系与事务的一个组织机构。

② "唱片大奖"(法语:The Grand Prix du Disque):首席法国音乐唱片奖,1948年创设。

现场演奏当然没有录音棚唱片作为永久性记录资料所固有的那种氛围。

更为大的遗憾在于，杜普蕾是少数几位艺术家中的一位，他们成功凭借音乐唱片进行几乎与音乐厅现场演奏一样的音乐表达。当麦克风架在跟前时，杰姬确实从没有变更自己演奏的基本方式。也许正是她在唱片中捕捉住了那种非常直接的表现力，才使得她的影响经久不衰。的确，因为受到杰姬的现场演奏与唱片的启发，今天的许多大提琴家开始自己的音乐职业生涯。亚历山大·贝利（Alexander Bailey），十二岁时听到杰姬演奏的海顿《C大调协奏曲》，从此爱上大提琴而立马放弃了小提琴，随后，自己到场聆听杰姬在伦敦推出的每一场音乐会，只要有可能必坐在前排。史蒂芬·依瑟利斯①还是小男孩时，从自己第一任老师那儿得到杰姬演奏的埃尔加协奏曲唱片，不出所料，这张唱片给了他巨大的激励。

美国大提琴家马友友就是从唱片中开始了解杰姬的演奏，他仍记得，"我十七八岁才开始听这些唱片，当时，被迷得神魂颠倒……她的演奏有着让你震惊的魔力。有些艺术家的唱片完美到几近枯燥乏味。而杰姬有着这么一种吸引力……她演奏的蓬勃活力和质感是如此令人激动不已，她似乎就是这么一位自然生发又具强烈感染力的演奏家。她的这种特质使得一张唱片的每一首演奏都是一种音乐体验。"[xxxiii]

与上一代伟大的演奏家，诸如富特文格勒②、施纳贝尔③和胡伯曼（Huberman）④等人一样，杰姬自然生发的精神永存于唱片中。她当时无意要让自己的诠释流芳百世，也许正因为此，她的音乐演奏永久鲜活，引人入胜。

---

① 史蒂芬·依瑟利斯（StevenIsserlis, 1958年—）：英国大提琴家。
② 富特文格勒（Wilhelm Furtwängler, 1886—1954年）：德国指挥家，作曲家。
③ 施纳贝尔（Artur Schnabel, 1882年—1951年）：奥地利古典钢琴家、作曲家和教师。
④ 胡伯曼（Bronisław Huberman, 1882年—1947年）：犹太裔波兰小提琴家。

ⅰ 在纪念杰奎琳·杜普蕾的感恩音乐会上的发言,威斯敏斯特音乐大厅,伦敦,1988年1月。

ⅱ EMI公司档案资料。

ⅲ 苏维·格鲁布,同前,第97,98页。

ⅳ 爱德华·汉斯力克(Eduard Hanslick),《音乐和文学批评与现代歌剧的诠释》(Musikalische und Literarische Kritiken und Schilderungen der Modernen Oper),柏林,1899年,第1949—56页。

ⅴ 苏维·格鲁布,同前,第97,98页。

ⅵ 同上。

ⅶ 安娜·威尔逊的访谈内容,伦敦,1993年9月。

ⅷ 本书作者的访谈内容,巴黎,1995年4月。

ⅸ 哈尔伍德勋爵,《我的教女》,沃斯沃兹主编,同前,第33页。

ⅹ 本书作者的访谈内容,奥尔德堡,1994年6月。

ⅺ 克里斯托弗·努本接受本书作者访谈的内容,伦敦,1997年1月。

ⅻ 哈尔伍德勋爵,同前,第33页。

ⅹⅲ 《泰晤士报》,1967年10月21日。

ⅹⅳ 由瑞典广播电台友好提供,仅限于研究。鉴于切利比达克有关商用唱片的总否决权,每个乐章的开头被剪掉。

ⅹⅴ 《泰晤士报》,1967年12月13日。

ⅹⅵ EMI档案资料。

ⅹⅶ 本书作者的访谈内容,伦敦,1993年6月。

ⅹⅷ 本书作者的访谈内容,巴黎,1995年4月。

ⅹⅸ 本书作者的访谈内容,都灵,1993年9月。

ⅹⅹ 本书作者的访谈内容,巴黎,1995年4月。

ⅹⅹⅰ 本书作者的访谈内容,都灵,1993年9月。

ⅹⅹⅱ 《纽约时报》,1968年4月7日。

ⅹⅹⅲ 本书作者的访谈内容,柏林,1993年12月。

xxiv 苏维·格鲁布,同前,第98页。

xxv 塔里·波特(Tully Porter),《重新发现的堂吉诃德》,Strad Mag,1995年12月。

xxvi 洛特·科伦贝勒(Lotte Klemperer)给的日期是7日,与安德鲁·基纳就EMI CD唱片的评论文中引用的日期6日相反。

xxvii 致本书作者的信函,1996年3月27日。

xxviii 就EMI CD C5 55528 2 1995 唱片做的笔记。

xxix 1967年12月22日写的信函(EMI档案)。

xxx 《卫报》,1968年4月13日。

xxxi 《泰晤士报》,1968年4月13日。

xxxii 取材自BBC电台栏目《愉悦相伴》(With Great Pleasure),1980年。

xxxiii 传真给本书作者的信函内容,1994年5月5日。

第二十章
欢乐音乐季

有一种不在节奏中演奏的艺术,一种必须去学习,必须去感受的艺术。

——帕布罗·卡萨尔斯[1]

自1961年正式首演以来,杰姬的演出事务都由伊比丝与提莱特音乐演出经纪公司打理。他们的管理作风是老派的,艺术家与经理之间的关系往往变得拘泥刻板。依照今天的标准看,在一种也许过分论资排辈的氛围中,存在这么一种倾向,即廉价推销年纪轻的小字辈艺术家。

伊比丝与提莱特经纪公司很少系统地提升旗下艺术家的职业发展,还在公司几个办公成员中分摊推销每位单个艺术家的责任。比如,杰姬的事务就一度交由至少四到五个人并行打理:莱瑞奎丽小姐和贝利·波尔负责英国国内音乐俱乐部演出的档期安排,马丁·坎普贝尔-怀特负责BBC的合同档期,提莱特太太自己负责她认为重中之重的活动——各种英国音乐节(包括逍遥音乐节),同时,两名新招入她办公室的工作人员,特里·哈里森和贾斯珀·帕罗特负责与海外机构协调的业务,以及直接订制艺术家海外演出的档期。

---

[1] 源自大卫·布拉姆,《卡萨尔斯与诠释艺术》。

杰姬对自己职业生涯的事务方面无甚兴趣,她很少质疑事务方面的安排。在60年代中期到晚期,大提琴家通常不会要求高额出场费——不高,至少是这样,直到像杜普蕾和罗斯特罗波维奇这样极具超凡魅力的人物出现。罗斯特罗波维奇,自1974离开苏联后,就学会按市场需求确定自己的市场价值,会按古典音乐领域中音乐家可开到的最高出场费来提出自己的费用要求。

杰姬遇见丹尼尔后,在她的职业生活管理方面,事情开始变化。欣赏杰姬受人青睐的吸引力,和她作为艺术家的境界,巴伦博伊姆坚持她应该拿到可拿到的最高出场费。结婚后,对这么一对职业活动相当紧密的夫妇来说,共用一个经纪机构似乎是合情合理的一步。由于丹尼尔多元音乐活动很复杂,这一步并不是那么容易达成。

在英国,巴伦博伊姆的事务交由哈罗德·霍尔德事务所打理,美国方面,交由索尔·胡洛克事务所打理。不过,丹尼尔刚开始自己的指挥生涯,他必须寻找其他解决途径,因为他的经纪公司只想独家代理他钢琴演出的业务。例如,索尔·胡洛克坚持认为,丹尼尔应该专注自己的钢琴事业,拒绝考虑丹尼尔同时作为指挥家的职业发展。巴伦博伊姆丝毫也没有因人们显而易见不看好自己的能力而感到气馁,决定自己打理自己作为指挥家在美国的演出事务。其他地方,他也不借助任何中介,而是直接与各家管弦乐团建立联系。

丹尼尔承认,"当时,我自己并不确定要不要因喜欢指挥就放弃钢琴,或是反过来,与我一起工作的许多人也不清楚我如何做得到二者兼顾。……我抵抗着这种相当狭隘的思路,我想保有自己的选择自由"。[i] 不过,有一个人自始至终对丹尼尔做任何事都充满百分之百的信任,这个人就是杰姬,她了解丹尼尔有多么的多才多艺,看重他最大化统筹自己这些才艺的能力。

丹尼尔决定,要是请特里·哈里森打理他(以及杰姬)英国以外,不含美国的海外演出事务的话,就能减轻他自己身上的一些压力;美国方面,巴伦博伊姆与杰姬两人都交由哈罗德·肖打理。特里,伊比丝与提莱特经纪公司的成员,负责协调杰姬档期日程,并负责与相关机构的沟通和联系事务。

事实上，对于艾米·提莱特经营杰姬演出事务的方式，早就有一些不满的声音。提莱特会代自己旗下艺术家做相当武断的决定。彼得·戴蒙德，1966年从乔治·哈尔伍德勋爵手中接管爱丁堡音乐节的管理事务，仍记得一件具体的事情。他从自己友人汉斯·科勒口中第一次听说杜普蕾和巴伦博伊姆，汉斯·科勒直截了当告诉他说，这两位——各自——都是下一代中冉冉升起、最引人关注的艺术家。戴蒙德记得：

> 我之前从没听过杰姬的演奏，不过，汉斯·科勒提及杰姬的那些话，足以让我向杰姬发出邀请。当时，由我负责第一届爱丁堡音乐节的运作，我有心想预订她来参加，但这一愿望没达成——不过，丹尼尔为我特意举办过一场小型音乐会。艾米·提莱特对我说杰姬没有空。我于是请求杰姬参加1967年的音乐节，但艾米对此也不确定。她不愿给我任何承诺，这惹恼了我。后来，与丹尼尔聊时，我才发现杰姬对我的邀请一无所知，因为艾米根本没有转告她。自然，杰姬很不高兴。我就直接联系丹尼尔安排他与杰姬参加1968年的爱丁堡音乐节。这次轮到艾米·提莱特不开心了，人们早就知道她对自己旗下的艺术家有些不厚道，就是对爱丁堡音乐节也是如此。[ii]

对自己和杰姬自主参加音乐会的日程真的心知肚明的一个人，很可能就只有丹尼尔自己了，凭借他对后勤事务（以及音乐）不可思议的好记忆，他总能找出解决途径让夫妇两人有尽可能多的时间在一起。不过，他们的生活以旋风般的步调运转着，辗转在音乐会、排练和录制唱片的工作之间，需要规划好时间，将自家的各种需要和自己职业上的各种事务理清头绪。在丹尼尔，很快就很明了了，他们需要找外援来处理他们日渐频繁的对外联络。

去年，巴伦博伊姆夫妇租下位于上蒙塔古广场27号的一套地下室公寓，带两居室。尽管公寓空间狭窄（杰姬坦言有时不得已在洗浴间里练琴），对他们而言，这里便是二人在伦敦驻足时真正的家了。杰姬天性是爱居家的人，她开始喜欢烹饪了，在自家公寓款待各方朋友。埃莉诺·沃伦，就住在附近的拐角处，她记得，要是在当地肉店遇见杰姬，杰姬会建议她该买哪块肉。埃莉诺吃惊地发现，杰姬还有木工的潜质，不过，就限于敲锤子搭书架的活。

从开始一起过日子起，巴伦博伊姆夫妇就证明有着组建挚友的核心轴的号召力。音乐会后，他们经常拉上朋友去餐馆聚餐，享受美食和开心畅谈。在这个核心朋友圈里，找到一个人来帮他们打点他们演出统筹事务，也是顺理成章的一步。克里斯托弗·努本（朋友叫他"猫咪"）将自己未来的太太，戴安娜·贝凯（昵称普吉缇），介绍给巴伦博伊姆夫妇两人。害羞且幽默，还惹人爱，戴安娜很快成为杰姬最要好的知心女友。戴安娜具有优秀的秘书才干，得力地为巴伦博伊姆夫妇处理日常文书工作，直到她的其他事务（在英国室内乐团任职和积极辅助努本的影视项目）使得她无法继续下去为止。在这个阶段，西尔维娅·肖司康波（当时正跟葛凡斯·裴耶[①]闹离婚呢）作为业余秘书接手了戴安娜的工作。1973年起，疾病导致杰姬退出音乐演出平台后，西尔维娅成为杰姬身边很重要的人物——担当着杰姬的文书，还负责处理杰姬的信件来往，帮助协调这个家庭的日常运转。

西尔维娅仍记得，自己接手时，所有日常事务都乱得一塌糊涂。

他们没有一位总经理，都是丹尼尔自己亲力亲为、颇有效率地操办每一件事。他收着来自经纪人和唱片公司的所有信件，有待分类处理。我接手时没有什么秘书技能，不会速写，也不懂各国语言。不过，我还是处理了这一大堆的文书，接着，丹尼尔开始口授信函内容，我会用潦草的普通缩写记下来，字迹在外人眼里根本认不出来。不过，丹尼尔是那般难以置信地有天赋——让我很吃惊，他看一眼就能看懂我记下的东西。不只是音乐专业方面的事务需要理清头绪，他们两人在家庭开销方面也是一团糟。最后，丹尼尔找来哈罗德·霍尔特事务所的Rixie（即戴安娜·瑞克斯），这就解决了他们专业事务接洽的问题。慢慢地，就由我专门负责他们家庭方面的事务。后来，他们搬到北边的汉普斯特德，由我处理信函的往来，以及，在他们外出时，维持这个家的运转——确

[①] 葛凡斯·裴耶（Gervase Alan de Peyer，1926年——）：英国单簧管演奏家和指挥。

保煤气没有断了供应等等事项。ⁱⁱⁱ

  丹尼尔与哈罗德·霍尔特音乐演出经纪公司的关系可追溯到1956年，那年，丹尼尔推出自己伦敦站的首场演出。伊恩·亨特，时任霍尔特经纪公司的主管，记得，这很可能是丹尼尔一生中唯一一次接受一家经纪公司的试听面试。亨特当即就看出丹尼尔才华出众，于是，开始负责促进巴伦博伊姆早年在英国的音乐事业发展的工作。戴安娜·瑞克斯1966年加入哈罗德·霍尔特公司，她之前就在爱丁堡音乐节组委会为乔治·海伍德工作，有着管理音乐界各项事务的丰富经验。伊恩·亨特不久就指派她打理巴伦博伊姆在英国的各项演出事务。

  丹尼尔和杰姬两人很快就发现这位能干的"Rixie"很合心意，Rixie是他们给戴安娜取得昵称，戴安娜做事高效、诙谐幽默且沉着，综合素质高，使得经纪人与艺术家之间形成简单且友好的关系。于是，他们决定下来，1968年一开始，杜普蕾就脱离伊比丝与提莱特经纪公司，不过，预订下来的音乐会演出活动与履行这些预约计划之间有着时间上的出入。虽然，从1969年7月起，杰姬正式将自己的事务转到哈罗德·霍尔特的公司，她许多已签约的演出档期仍一直由伊比丝有效地打理着，直至1970年年底为止。到哈罗德·霍尔特公司开始签约她的演出活动的时候，杰姬的职业生涯已因健康原因令人担忧起来。这意味着，在杰姬剩下的最后三年演奏生涯期间，戴安娜·瑞克斯不得不取消事先的预订，所花时间几乎与预订时花的时间一样多。

  哈罗德·霍尔特公司的管理一直受到它的主管，伊恩·亨特的个性主宰；伊恩是内心愿景远比一般演出经纪人大得多的一位人物。他真正的兴趣在于要为艺术家和音乐不断创造新机会，此外，他还负责创设一些最为成功的音乐节。他人还年轻时，音乐节这个概念当时仍很新、让人振奋，他做鲁道夫·宾①的助理，取得了不凡的业绩；鲁道夫·宾是爱丁堡音乐

---

① 鲁道夫·宾（Rudolf Bing, 1902年—1997年）：奥地利出生的英国歌剧承办人。

节的创办人。战争爆发前，欧洲只就有萨尔兹堡①、拜罗伊特②和琉森③这几个具有国际水准的音乐节。1946年设立，爱丁堡音乐节不久就与在欧洲大陆的先行者一样颇具规模。

1949年，宾离开爱丁堡赴纽约大都会艺术博物馆任职，伊恩·亨特接任音乐节总经理一职，直至1955年。伊恩自己开创的第一个音乐节是1948年的巴斯音乐节，当时，因其充满先锋开拓精神而为世人瞩目。亨特相继创立多个音乐节：1962年创设伦敦城市音乐节（那时，杰姬还是伦敦市政厅学院的一名学生，也到场演奏过），1967年，布莱顿音乐节，1973年，香港音乐节。就像他坦言的那样，"我很喜欢让事情启动起来，而后转交他人推动。"[iv]

从一开始，亨特就决定让巴伦博伊姆尽可能充分地参与到布莱顿音乐节的事务之中，认为他绝对是他那一代人中最精力旺盛且引人关注的艺术家。再者，亨特决定将这个新音乐节办成一个锐意进取的企业，力图紧跟60年代的创新精神。据作曲家亚历山大·戈尔④回忆，"亨特的抱负就是创建一个潮流涌进的音乐节，其中包含所有超现实的、过火的各种概念。一方面，为了让大众开心，他预约梅纽因和巴伦博伊姆的演奏节目，即古典音乐的精华展现。不过，亨特也想将这片海染红，制造事件的发生，那些疯狂年代之本质的事件。"怀揣这么一个目标在心，亨特于1967年首届音乐节期间开设了一个论坛，作为推动激进思潮的交流平台。戈尔就是其中受邀参加的一位成员。据戈尔说，"所有探讨引发非常热烈的气氛。不过，因为我本人与伊恩·亨特关系很好，他看到拉我一起工作的可能。找一笔钱委托我为杰姬和丹尼尔一起演奏专门创作一首曲子，就出自亨特的想法。"[v]

第二届布莱顿音乐节主打的主题是"艺术新面貌"（A New Look at the Arts），特指"年青的艺术家"。邀请英国最才华横溢的一位作曲家（仍

---

① 萨尔兹堡（Salzburg）：位于奥地利中部，音乐神童莫扎特的故乡。
② 拜罗伊特（Bayreuth）：德国巴伐利亚州一座城市。
③ 琉森（Lucerne）：位于瑞士中部的一座都市。
④ 亚历山大·戈尔（Alexander Goehr，1932年——）：英国作曲家和学人。

很年轻，三十五岁）专门为英国最出色的年青弦乐演奏家创作一曲，当然要突出青春气息，并凸显新生代的兴起。

20世纪50年代末，戈尔就已开始赢得名声，当时，与来自皇家曼彻斯特音乐学院的同学——约翰·奥格登（John Orgon）、彼得·麦克维尔·戴维斯（Peter Maxwell Davies）和哈里森·珀忒斯特尔（Harrison Birtwistle）——一道，跻身年轻下一代作曲家队伍中的最前沿。这个松散组织起来的作曲小组，被称为曼彻斯特乐派，主要因旨在摈弃传统的作曲研习方式而走到一块。他们的音乐吸收新维也纳乐派和激进先锋艺术的许多理念，不受任何固定的编曲程式所束缚。甚至这些曼彻斯特乐派的作曲家开始分道扬镳后，这个称号依然跟着他们一段时间，也许这标签用起来着实方便之故。

在巴黎跟奥利弗·梅西安继续学习作曲一段时候后，戈尔回到伦敦，为BBC工作，担任电台制片人，用以辅助自己的作曲生涯。随着作为作曲家的名声越来越大，戈尔继续在音乐学术界开创自己辉煌的事业，先是成为利兹大学的音乐教授，而后，在剑桥等各所大学执教。

桑迪初次见到丹尼尔时，还是丹尼尔与杰姬尚未结婚的数年前。据他回忆，"我们很合得来。丹尼尔对当代音乐知之甚少，他喜欢跟我聊，我告诉他种种他不知道的东西。"[vi]

戈尔视这次委托他创作出《大提琴与管弦乐浪漫曲》的工作为"一段长期私交的具体外化"。他非常明白，为杰姬创作一首曲子，他必须考虑她最出色擅长的方面和她最享受的音乐演奏类型。让自己的风格适应一份委托创作的特色，在戈尔多少是一种挑战，丝毫不涉及任何折中妥协之事。据他回忆，"我那时想写的音乐类型与杰姬想要演奏的之间存在差距，远比换做今天要来得大很多——比如，我现在已接受较长乐句的概念。意识到她熟悉乐曲的指法方面胜过结构方面，我写了一首朗诵似的曲子，类似一种歌剧咏叹调。"戈尔创作完这首曲子后，即刻写下了一段解释创作过程的说明，在这段说明中，戈尔更直接明了地展现自己的创作意图：

一首浪漫曲就是一首器乐咏叹调，我打算用这种编曲形式，而不是更为常规的协奏曲形式,常规方式给我们这个时代的作曲家提出了具体且几乎解决不来的难题。虽然有其他类型的乐章,我的创作是在一整个持续的乐章中进行的,比如只用于管弦乐队的一段诙谐曲,而后一段慢板——是一段大提琴华彩乐段,只用大提琴、贝斯和竖琴伴奏——都包含在内了。开篇旋律,二十六小节,形成整个创作的基本素材。它通过各式各样的方式展开,而后,以浓重的装饰方式回到作曲的最后部分,这种装饰方式受到一些肖邦《小夜曲》中的装饰部分影响。[vii]

在心里,戈尔想要为杜普蕾创作一首装饰华丽的典范之作:"基本上,大提琴一旦开始演奏,它便永不停歇。在这种情形下,我觉得没有必要创作一种对话式组合类型,组合类型中,独奏者和管弦乐的关系复杂。"

事实上,《浪漫曲》这个曲名似乎确实令乐评人困惑,他们期待从戈尔那儿听到结构上更简洁和紧缩的东西。就像《观察家报》的斯坦芬·沃尔什写到的那样,"也许这让人意外的曲名,是源自戈尔对杜普蕾小姐演奏风格的认同。曲名当然没有充分呈现戈尔所写的这首曲子,乐曲本身很长且严密,若可能,较之它可能相关的近期室内乐,篇幅短些。"[viii]

戈尔于1968年2月完成作品的乐谱,而后,杰姬在繁重日程活动间隙花了两个月的时间来掌握它。西尔维娅·肖司康伯记得,杰姬经常是消极待命的学生。

1968年4月中旬,我陪同葛凡斯·裴耶、杰姬,还有丹尼尔赴纽约。在最后一分钟时,丹尼尔临时顶替伊斯特凡·克尔提斯①担纲指挥洛杉矶交响乐团(当时葛凡斯是这家乐团里的第一单簧管手)。这是丹尼尔第一次重大的管弦乐团指挥演出,洛杉矶交响乐团的那些男生作难他。杰姬在那次出访中没有演出,不过,她随身带着自己的大提琴,她得练习桑迪·戈尔的新作。不过,她似乎练习的劲头不是太大。丹尼尔常督促她,"笑眯眯,今天这会儿别忘了拉一下戈尔的曲子。""噢,好的。"她会茫然地答应。她总是抗拒任何压力。我们只在纽约四天,几乎

---

① 伊斯特凡·克尔提斯(Istvan Kertesz,1929年—):著名匈牙利指挥家。

没时间上床睡觉。整晚熬通宵，聊音乐，演奏音乐，我们各个浑身洋溢着年青旺盛的精力。

事实上，这些音乐会证明就是丹尼尔在美国的指挥处女秀，它们的成功也实证了丹尼尔担当"交响乐"指挥的实力，这对美国许多家交响乐团的经理的影响重大且积极。杰姬知道，自己的支持在这个时候对丹尼尔最为重要。她毫不犹豫就答应了另一次横跨大西洋的疲劳之旅（数个月里，她的第三回了），就是为了跟丹尼尔在一起。学新曲目的绝大多数艺术家会认为，这种额外的投入无异于鲁莽从事，会干扰自己习练的进度。

杰姬的习练方式多少有些非正统，就像她后来跟阿兰·布莱斯解释所说的："我突击习练（这首新作），而后，让一切飞扬起来。我喜欢营造巨大的冲击力，不喜欢一开始就一个小节接着一个小节地细节处理。然后，我回到地面，较为仔细地审视它，或是，也许你会说，从混沌中，我再把各个细部一点点整合起来。"[ix]

戈尔德的《浪漫曲》于4月28日在布莱顿音乐节上首次演奏。这首乐曲确实运用了杰姬的想象力和她的指法，发挥出了戏剧效果，抒情的歌唱与摩擦冲突并存。也就是，在开场白中就已显现是一首了不起的演奏作品；就开场白，戴斯蒙德·肖-泰勒（Desmond Shawe-Taylor）这么描述："……让独奏者演奏的一段延展且内生的美妙音乐，充满激情，在我耳际强烈地萦绕着满满的怀旧之情，淡色调的D小调调式，虽然这位作曲家告诉我们，作品是依据一段十二音符乐句创作而成。"也许，最初将埃尔加大提琴协奏曲激发出的精神注入肖-泰勒心中的，也正是杜普蕾的魔力。尽管如此，不过，随着乐曲的展开，这种关联消退，整个氛围变换为一种"……延续的争斗，（同时）在管弦乐剧烈尖锐的推力面前，顽强激烈的独奏人拒绝退让，两方都沉溺在反复且强劲的相互交战之中，营造出持续的一小节接着一小节的音乐效果，时不时仿如在鞭打一匹不甚情愿的马的屁股"。这位乐评人界定这首《浪漫曲》是"一首难啃的曲子"，不过，虽如此，他还是总结道，这首曲子很可能会排在戈尔最佳作品之列。[x]

将杜普蕾的音乐诠释个性囊括其中的这点上，戈尔取得了成功，并得到了《泰晤士报》的威廉·曼的确认。不论这谱子有多么错综复杂，威廉·曼称，"……当杜普蕾小姐在那儿演奏起独奏部分时，这里实际上就是一幕精心制作的适当场景，在这一幕中，杰姬独到的艺术品质仿佛被作曲家完全捕捉住了——尽你喜欢的——刻画出来"。

戈尔当然承认，创作这首曲子时，他脑子里想着杰姬的特质，他记得杰姬演奏这首曲子非常引人瞩目。"就像一位伟大的演员在慷慨陈词——奥利维尔式的表演。不过，因为这首《浪漫曲》是一首华丽演说式的曲子，杰姬又以修辞艺术见长，所以，恰到好处。"戈尔觉得，杰姬的诠释受到巴伦博伊姆对这首乐曲表情的理解和他对细节的意识的影响。"丹尼尔是非常自然生发且开放的人，他能够即刻将这部分表情示意解释给杰姬听。我觉得作为一场演出，它成功了。别的人随后可能给出更精准的演奏；不过，杰姬的演奏确实没有丝毫模仿。她只演奏过这首《浪漫曲》一两次，很可能是没有人请她演奏这首曲子的缘故，因为那些人'购买'作为商品的杰姬，但不想'购买'我吧。他们想听她演奏埃尔加或是德沃夏克。"

这次布莱顿首秀后，杰姬唯一一次再演奏这首曲子是当年的10月22日，在伦敦的皇家节日音乐厅。这场音乐会上，再度由巴伦博伊姆指挥新爱乐乐团演奏，BBC广播公司进行了现场录音（这场演奏于1993年制作成一张商业CD唱碟发行——显然是带有凹版标签的盗版唱片）。

尽管杰姬公开表达过不喜欢绝大多数的现代音乐，巴伦博伊姆记得，她喜欢演奏戈尔的作品。"她与声音本身有着天然的情感和感官联系，完全独立于作品的演奏之外。在一个C大调音阶里，比如，只是C，E和G调构成主三和弦，就已经迷住她了。你得试着想象，她活在一个不是靠寻常空气，而是靠声音进行呼吸的世界里。"

回到伦敦，杰姬5月份绝大多数时间都投入在录制工作中。除了为EMI公司重新录制舒曼的大提琴协奏曲，并继续她的勃拉姆斯奏鸣曲外，杰姬、丹尼尔与单簧管演奏家葛凡斯·裴耶搭档为BBC一套勃拉姆斯专题电视栏目献演。他们为现场观众演奏了勃拉姆斯的大提琴奏鸣曲和《单簧管奏鸣曲》，以及《三重奏Op.114》。到了5月底，在里斯本，巴伦博伊姆夫妇举办了两场小型音乐会，将普罗科菲耶夫的奏鸣曲包括在节目单中——他们唯一一次演奏这首乐曲。每每回顾这场音乐会，他们会开玩笑地说，到了尾声部分，他们居然都迷糊了，音乐似乎来回绕了一圈子，而且，一处错误的调整会让人身陷诸多麻烦。很有可能出现了一次短暂的走神，不过，绝大多数观众都没注意到。

6月初，回到伦敦，丹尼尔和杰姬一同与到访的以色列爱乐乐团会合。6月3日，杰姬携手以色列爱乐乐团和巴伦博伊姆，为BBC电视栏目录制布鲁赫的《希伯来祷歌》，第二天，她在节日音乐厅演奏舒曼的协奏曲，梅塔担任指挥——这场音乐会由BBC第三套电台进行现场转播。现存的广播磁带证实，这场演奏由现场兴奋气氛主宰着，其间的热烈情绪有时几近险象环生地放纵。偶尔，精力过盛的情形下，杰姬将弓从弦上猛地划开，发出一声走样的突出声。不过，这种兴奋之情成就了一场动人心魄的演奏。

就在几个星期前，杰姬为EMI公司录制完她演奏这首协奏曲的"终极"版本，一次诗意浓郁且结构完整的精彩诠释。这次现场演奏展现了她身为艺术家不同维度的艺术境界，证明她对一首作品的理念绝不是固定不变和静止的。事实上，"终极"诠释的说法，在她，则格格不入。在一次电台采访中，杰姬谈到每场音乐会如何各自不同，观众的不同如何影响艺术家等等。"观众由不同的人组成，也就从来都不一样——这提供了一种本质的东西——观众给艺术家的反馈。"她的交流理念明确包括给与取两方面。

在杰姬，灵活且摸黑冒险的能力是她艺术天性的组成部分。演奏充满激情，这表现在杰姬与以色列爱乐乐团的合作之中，诱导每一位在场的观众心甘情愿地让音乐带着走。不过，这并非所有人都爱。

在对这场音乐会的乐评中，著名学者和批评家史丹利·赛迪[1]——有时，遭他严苛批评的受害人称他为"施虐狂博士"——承认杜普蕾演奏得非常美妙：

……声音华丽，畅怀应对每一段乐句。不过，也是灾难式的自我放

---

[1] 史丹利·塞迪（Stanley Sadie）：英国音乐家。

纵：没有基本节奏脉动，没有让自由节奏发挥重要性的音乐框架。每当管弦乐合奏时，因为这几秒钟的音乐愉悦，我发现自己舒了一口气，这时，旋律不像温吞的橡皮泥了。也许，更有表现力的音乐才更能够顶住这么无休止的狂想曲；这首讨人喜爱的曲子被弄得皱巴巴。杜普蕾小姐的演奏是一位天才音乐家的演奏，但全面的音乐素养也包含理智与情感上的自律。

在我看来，赛迪抨击杜普蕾缺乏节奏和情感自律这点太过严苛。这次演奏也许不是杰姬较为精细的一次，但仍算得上是结构明晰并赋予音乐表达其所有价值的一次演奏。杰姬遵照标注着"nicht zu schnell"（德语：不太快——译者注）的第一乐章节奏的同时，是梅塔——遵循着一种悠久的演奏传统——在将音乐推进到合奏部分。想到托斯卡尼尼[①]的明言tradizione è tradimento（意大利语：传统即背叛——译者注），人们会说，演奏传统其实处处潜伏着陷阱。鉴于大提琴主要起修辞色彩的作用与管弦乐合奏的戏剧化功能之间构成鲜明对比的这一特性，节奏上某种灵活的弹性处理（只要是与整体统一相关）完全正当合理。有关音乐即时节奏上的主观性，舒曼这么表达过自己的观点："你知道我有多不喜欢争论节奏问题，在我而言，乐章内在节奏才最是唯一显著的特点。因此，比起热血的诠释者演奏最为缓慢的慢板来，冷漠的演奏者演奏节奏较快的慢板，往往听起来更加无精打采。"[xi]

乐评人注意到，杰姬的演奏存在稍许令人不安的成分，个中缘故很可能出在她的那把达维多夫大提琴身上。这把琴对天气变化非常敏感，还对用力的施压反应很差。像杜普蕾这样的演奏者，感到自己的乐器发不出必要的音质或音量，就会很容易采用加以补充的用力来解决。拉斯特拉迪瓦里琴时，这种施压拉出的音量常常带有幻觉感，只存在于耳根下；在现实中，这种琴声传向听众时被扼制和削弱。就像马友友，这把大提琴现在的拥有者，所说的，"杰姬无拘无束的深沉意境与这把达维多夫琴相悖。你不得不巧妙地哄着这把琴。你越是击它，它越是不怎么回来。"[xii]

[①] 托斯卡尼尼（Arturo Toscanini，1867年—1957年）：意大利指挥家。他的指挥艺术在世界上有着极大的影响。

查尔斯·比尔觉得杰姬变得不再迷恋这把达维多夫琴了，部分原因是她不打算将就这把琴的要求来拉它，部分原因是因为丹尼尔不喜欢这把琴（虽然巴伦博伊姆自己不承认这点，推说，是杰姬的不舒服才影响了他对这把乐器的看法）。比尔推测，在舞台上，在指挥或钢琴手的耳根底，这把琴给人相对小的力度和投射的错觉，由于达维多夫（实际上跟绝大多数斯特拉迪瓦里大提琴一样）通过一个狭窄的通道传输它的声音，向音乐厅内辐射出去。[xiii]

因为这个缘故，杰姬6月中旬无可奈何地拨通比尔的电话，跟他说这把达维多夫琴拉不了了。据比尔回忆，"她问我，'你还有什么我能借用的琴吗？我明天要在斯卡拉歌剧院①演出。'我恰巧库房里有一把弗朗西斯科·格弗瑞勒②制的大提琴，可以借给她。她觉得这把琴具备她需要的绝大多数品质，此外，它比达维多夫琴经得起旅途折腾。杰姬发现她用弓更用劲地压弦，也仍能出琴声。于是，她向我们买下了它。她与这把格弗瑞勒大提琴的缘分一直持续到七十年代末。"[xiv]

再次，人们一定会强调说，不论在任何一把大提琴上演奏，杰姬都有着专属自己的独特琴音。那一季，杰姬录制了两张密纹唱片，里面分别是两两搭配的协奏曲原始合集——一张舒曼搭配圣桑，另一张海顿的D大调搭配G.M.孟恩——我不知道，听过这张唱片的人，有多少听出这两两搭配的唱片中，每两首协奏曲都是在不同场合演奏的，拉的也是不同的大提琴（舒曼和海顿的作品，杰姬仍旧拉的是达维多夫琴）。

配备了格弗瑞勒大提琴，杰姬启程去了米兰，将于6月17日和18日演奏德沃夏克的协奏曲，由祖宾·梅塔指挥斯卡拉爱乐乐团。吉妮·祖克曼，前往壮丽的斯卡拉歌剧院聆听了这几场音乐会，记忆中都是不同寻常的场景，杰姬沉浸于音乐的欣喜若狂情绪，带动起全场观众的情绪，营造出令人难忘的氛围。她的诠释华丽宏伟，她的演奏还呈现出额外的维度——既是感官触动，亦是引人陶醉——渲染出一种激昂兴奋的气场。在

---

① 斯卡拉大剧院（La Scala）：位于意大利米兰，世界最著名的歌剧院之一。
② 弗朗西斯科·格弗瑞勒（Francesco Goffriller，1692年—1750年）：意大利提琴制造家。

杰姬看来，有些人觉得杰姬的演奏"自我放纵"，主要是他们本人无法应付杰姬音乐演奏中的这种生理呈现，对于这些人，这种呈现仿佛就是直截了当的威胁与挑衅。[xv]不过，在意大利，直截了当的交流不会像在盎格鲁·撒克逊伦理中那样引起这类猜疑。杰姬在米兰听众和乐评人那儿获得了轰动性的成功，因而，当场就有了重返米兰的念头。

6月底，巴伦博伊姆夫妇与英国室内乐团一同乘船穿越大西洋。这一次是这家乐团首度美国巡演，巩固了巴伦博伊姆与这家乐团蒸蒸日上的关系。他们取消了其中的六场音乐会，绝大多数是西岸的演出，举办了的四场（7月5、9、11和12日）都在纽约林肯中心进行。身为独奏人的杰姬奉献的是海顿的两首协奏曲。她的两次纽约亮相都赢得了高度的赞扬。例如，杰姬"春风拂面般轻松驾驭"这首《D大调协奏曲》众所周知棘手之处的方式，就迷住了《纽约时报》的艾伦·休斯，"她的演奏悠闲轻松，使得她的音乐表达效果最是优美，也最是自然。"

离开纽约，这对夫妇前往洛杉矶，7月18日，杰姬在洛杉矶的好莱坞露天剧院演奏圣桑的《A小调协奏曲》。杰姬总是很热情地回应这类演出活动，觉得人数众多，年轻观众为主，这是一种鼓舞。丹尼尔指挥洛杉矶交响乐团，他和杰姬与这家乐团关系紧密，尤其是祖宾·梅塔，作为该乐团的音乐总监，完全信任他们的才华，更不必说他们之间深交的朋友关系。

返回伦敦之前，巴伦博伊姆夫妇在加拉加斯短暂逗留，7月27日举办了一场小型音乐会。回到欧洲，随着音乐节开始全面展开，他们马不停蹄的演出日程继续着。杰姬最负盛名的夏季亮相是在萨尔兹堡音乐节上，8月4日，她与柏林爱乐乐团、祖宾·梅塔合作演奏德沃夏克的协奏曲。彼德·安德里记得，这场演出堪称杰姬最华丽和最感官兴奋的一次演奏，许多人觉得令人振奋且鼓舞人心。不过，对于其他人，比如柏林爱乐乐团的首席大提琴手波维特茨基，杰姬的演奏有些过头之嫌，表面的兴奋感主宰了音乐。波维特茨基并非心存偏见这么说，总体上，他本人敬佩杰姬激情演奏的风格，她磅礴、高贵且震颤丰富的琴音，和她投入演奏中的巨大能量。

祖宾·梅塔也一直认为，没有哪位大提琴家拉出的音调比黄金时期的杰姬来得更宽阔、更华丽。她的大提琴能穿越一支管弦乐队的声响，甚至丰富如柏林爱乐乐团一般的声音动力库。梅塔记得，莱奥纳多·伯恩斯坦也参加了这次萨尔兹堡音乐节，后来佯装恐惧地对他大声嚷道"你从没举你的左手啊"——即指挥让管弦乐队缓慢下来，好让独奏过去。考虑到德沃夏克这首协奏曲是出了名地有好几处难平衡把控，这番话着实是对杰姬极大的赞誉。

也许更令人吃惊的是——让梅塔同样清新扑面的，是——杰姬的自然流畅和她在演奏过程中（音乐上和乐器上）转换的能力。"现在，少有乐器家敢在萨尔兹堡音乐节的音乐会上，坐在柏林爱乐乐团面前，突然在诠释中引进稍许的变化。许多人都是一天苦练八小时，力求在特定的日子里准确完美地演奏一首协奏曲。而杰姬却拥有这样的天赋、掌控力、想象力，外加上对观众的吸引力。"[xvi]

回到英国，杰姬和丹尼尔短暂去了一趟他们早先在达汀顿夏季学校的落脚处，于8月6日举办了一场小型音乐会。在他们最后几次到访那儿的几年间（每次都是两人分别去的），他们已经跨越了区分崭露头角的青年艺术家与名家之间的分界线。

身处风口浪尖，他们回到伦敦，为的是巴伦博伊姆构思的南岸音乐节将于8月10日开幕。自从节日音乐厅用于夏季芭蕾演出季后，只有星期天能空下来供音乐演出用，这个新的音乐节则集中在伊丽莎白音乐厅展开，活动主打室内乐特色。丹尼尔，凭借自己多方位的才华，证实自己是一位理想的艺术总监。他具有组织能力的天赋，知道使得节目活动具有吸引力且有趣的是什么，将新生事物与耳熟能详的事物结合起来，让各式各样的作品与作曲家之间进行意想不到的联系，并确保诠释的品质。采用英国室内乐团作为驻地的管弦乐团（乐团中许多成员也在小的室内乐团中演奏），巴伦博伊姆自己，作为钢琴家和指挥家，充当他召集一处的各位演奏者身后的驱动力和激励源。1968年到1970年，巴伦博伊姆担任艺术总监的三届南岸音乐节，其主题和曲目的选择都显现出他的折中主义做派。

巴伦博伊姆蒸蒸日上的事业，去年时就已势不可挡，他已成为伦敦音乐界一股重要且突出的力量。去年的演出季,丹尼尔循环演奏了一遍完整的贝多芬奏鸣曲,迷倒了他的观众,他还开启了一项新的指挥方式,在与英国室内乐团合作时,人在钢琴键盘边,一边弹奏,一边指挥所有莫扎特的钢琴协奏曲和成熟时期的交响乐。所有这些乐曲,和其他曲目,由EMI唱片公司进行同步的灌录工作。与此同时,巴伦博伊姆展现出自己是一位交响乐指挥家的实力,尤其是奥地利-德国经典音乐方面的指挥家。在南岸音乐节上,巴伦博伊姆还得以展示自己另一方面的才华——即天生的室内乐音乐演奏家的天赋。室内乐中,他将音乐的洋溢表现与敏锐的整合优势合二为一,其间,他作为指挥家的权威对他增色不少。

1968年音乐节的开幕式音乐会,重点演奏舒伯特的室内乐作品,给了巴伦博伊姆充足的空间呈现他自己的这些才华与品质。上半场包括《降B大调钢琴三重奏Op.99》,丹尼尔和杰姬加上伊扎克·帕尔曼三人合作演奏。下半场单独奉献的是《鳟鱼》五重奏,这三位音乐家,再加上其他两位乐团知名成员,中提琴演奏手塞西尔·阿罗诺维茨[1]和双贝斯低音提琴手阿德里安·比尔斯[2]联手演奏。

《音乐与音乐家》杂志的杰弗里·克兰克肖,一方面欢呼这场音乐会是这届音乐节的一幕华丽开场,另一方面,质疑钢琴三重奏中的平衡问题,感觉大提琴太过强势:"当然,杜普蕾小姐的音色总体上极好,但,就纯粹音乐而言,这不足以抵消她在较为疾速的节奏中精力过剩,特别是在第一乐章中的发挥。"第二乐章大提琴的起奏精彩绝伦,这位乐评人肯定说,"在美妙抒情的宁静中亮了起来,舒伯特概念中纯粹的沉痛伤感之情魔法般地传递了出来。"

有关《鳟鱼》五重奏,主导推动的是巴伦博伊姆。"人们经常听到这首乐曲的演奏带有某种恍惚的不连贯:这次演奏则没有。诙谐曲部分,尤为特别,有着巨大的推动力。时不时,钢琴演奏清澈纯粹如潺潺流水般,

---

[1] 塞西尔·阿罗诺维茨(Cecil Aronowitz,1916年—1978年):英国中提琴家,梅洛斯合唱团创始成员。

[2] 阿德里安·比尔斯(Adrian Beers,1916年—2004年):英国双贝斯低音提琴家,梅洛斯合唱团创始成员。

带给人舒伯特式优美旋律的心灵启示。"这位乐评人认为，杜普蕾在五重奏中越发放松，发挥自如——"我希望她能将这种品质带到以后许多的室内乐演奏中去，我很肯定，她和她的丈夫准备好了，为我们带来这些室内乐演奏。"[xvii]

一年后，丹尼尔、伊扎克和杰姬，这次加上平夏斯·祖克曼和祖宾·梅塔，在南岸音乐节上再次演奏了这首《鳟鱼》，克里斯托弗·努本的纪录片为我们保留下了这场演出。这次演奏，不仅品质极其好，而且展现给我们音乐演奏既有轻松且不拘小节的一面，又有完全旺盛精力的一面。当与志趣相投的音乐家演奏自己喜爱的音乐时，很难想象杰姬会缺少这些品质。

8月17日，这次第一届南岸音乐节上，杰姬参加的另一场音乐会，是勃拉姆斯专题的室内音乐。这里，她与巴伦博伊姆、单簧管演奏家葛凡斯·裴耶合作，演奏了他们5月份为BBC电视台录制过的那些曲目——《F大调大提琴奏鸣曲Op.99》《单簧管奏鸣曲Op.120 No.2》和《单簧管三重奏》《大提琴和钢琴Op.114》。《泰晤士报》乐评人，马克斯·哈里森，对三重奏的印象尤其深刻，这首曲子"……演奏得最令人满意……杰奎琳·杜普蕾和葛凡斯·裴耶在柔板部分表现出最佳的灵敏度，第一乐章中高度压缩的推进部分，绝对没有出现像这首曲子常听起来枯燥无味的那种危险"。

再次，杰姬"精力过旺"的这一点侵扰着乐评人对她演奏的《F大调大提琴奏鸣曲》的评价："杜普蕾小姐带着太过无情的强度击琴；一切都那么用劲加以强调——节拍也如此不整齐——亦没有进行不同对比的空间，而就这首乐曲，也许堪称勃拉姆斯交响乐中最精炼简洁的作品而言，这种不同对比度必不可少。"[xviii]

三天后，巴伦博伊姆和杜普蕾，加上伊扎克·帕尔曼推出了一场钢琴三重奏的演奏，包含贝多芬的《卡卡杜变奏曲》，勃拉姆斯的《C大调三重奏Op.87》和门德尔松的《D小调三重奏》。听了这场音乐会的人们都记得，演奏非常棒。不过，他们三人的组合，几个月前还看似坚守着的组合承诺，却注定没走远。丹尼尔和杰姬对祖克曼的音乐有着即时的移情反应，这是他们选择祖克曼作为他们1968年夏季后的三重奏恒定搭档的决定因素。幸运的是，这些音乐家中不存在竞争意识，相反，却有着彼此敬佩之情，一同分享快乐与友谊的意识。因此，巴伦博伊姆觉得在未来有着大量其他机会与帕尔曼演奏室内乐（而且，至今确实达成了）。就如他们自己所意想到的那样，人们称赞这个才华横溢（主要是以色列）音乐家组成的严密团体为"巴伦博伊姆部落"，或是"以色列小集团"。

与此同时，1968年夏天发生的世界大事对许多人的生活产生了持久的影响。8月8日，当苏联军队入侵捷克斯洛伐克时，公众舆论与国际媒体（尤其是英国媒体）强烈反应，抗议这种对一国领土的侵犯，并寻找各种渠道表达与受压迫的捷克斯洛伐克人民团结一致的决心。

在伦敦，有关入侵的新闻报道后的当晚，罗斯特罗波维奇原本有安排，将与一家到访的苏联管弦乐团携手在逍遥音乐节上演奏德沃夏克的大提琴协奏曲。这位苏联大提琴家，一直对捷克人民怀有深厚的情感，而在这种情形下，不无遗憾地改在阿尔伯塔音乐节进行演奏，所有曲目中，德沃夏克的协奏曲与捷克国家主义的愿望关联密切。罗斯特罗波维奇当时就说，要是被观众嘘下舞台，他一点都不感到吃惊。（尽管音乐厅外有示威游行的口头抗议），不过，英国大众仅仅有些许的片刻犹豫，而后，为大师如此精彩的奉献爆发出热烈的掌声，体现一种表示音乐必须战胜政治的姿态。

到访的苏联艺术家——莫斯科爱乐乐团，大卫·奥伊斯特拉赫，斯维亚托斯拉夫·里赫特和罗斯特罗波维奇——继续前往爱丁堡音乐节，在那里，更大规模反对苏联干涉捷克事务的示威游行聚集在各大音乐厅门外，偶尔会在音乐厅里——当里赫特和罗斯特罗波维奇举办一场贝多芬小型音乐会时，观众席中有两个人在音乐会进行当中跑了起来，高声叫嚷"卡萨尔斯万岁"。

南岸音乐节一结束，杰姬和丹尼尔也即刻北上爱丁堡，在那里进行演出，各自与管弦乐团合作，而后携手在利斯市政厅举办的一场小型奏鸣曲音乐会上演奏。巴伦博伊姆夫妇忍痛表达了他们个人对罗斯特罗波维奇的支持，还去他下榻的酒店看望他（让这位苏联大提琴家不禁悲喜交加的一件往事，丹尼尔提到几个月前自己在纽约的一次马拉松式循环演出时，显然有意口误，故意把德语词Ziklus——循环说成Zirkus——马戏）。

8月26日，在厄舍音乐厅，杰姬又与伦敦交响乐团、伊斯特凡·克尔特斯[①]合作，演奏德沃夏克协奏曲。这是一次光芒四射且极为情绪化的演奏，在第一乐章的时候，杰姬就拉断了一根弦。人在爱丁堡期间，巴伦博伊姆接受了一项提议，将于9月初的头几天，在阿尔伯特音乐厅进行一场电视直播的联合国援助捷克斯洛伐克音乐会。丹尼尔将指挥伦敦交响乐团，杰姬也将再次演奏德沃夏克的协奏曲。

这对夫妇台下台上忙碌着，还在爱丁堡的乔治亚新城租了一栋独立屋，宾朋满座，络绎不绝。平基和吉妮·祖克曼，以及丹尼尔的父母同住在这栋屋子里，丹尼尔的母亲阿伊达常常需要做很多饭菜。他们每分钟的空闲都会用来玩音乐，尤其是与祖克曼一起演奏三重奏。要是空下来一到两个小时的话，杰姬一定冲出门，在环绕爱丁堡的山林间散步（我记得，那天，利斯市政厅的小型音乐会结束后的情形，她带上我，迈着很快的步调登上亚瑟王座山的山顶）。

几个月前，杰姬就一心想要与丹尼尔加上八个友人到赫布里底群岛的某个岛上度假。期望追随门德尔松的足迹，他们希望去参观位于马尔（Mull）西岸外，斯塔法小岛上的芬格尔岩洞。事实上，他们去了马尔岛，只有祖克曼夫妇同行。他们乘一架私人飞机飞往小岛，抵达后，发现他们预订的酒店已被烧毁。幸好，他们发现了一处舒适的农舍，提供床和早餐。丹尼尔和平基踢足球、骑马（至少，据传，他们顶多就是各自骑上了一匹马）。晚上，在偶然结识的一位意气相投的陌生人家中，他们一起听音乐。杰姬拉着吉妮散很久的步，走遍了一座座紫色的山丛，眼睛谨慎寻找着"好运兆的"白石楠叶。令她失望的是，恶劣的天气使得他们去不成芬格尔岩洞，岩洞只能在大海平静时乘船靠近。吉妮对杰姬巨大精力和享受高地空旷自由景观的极大喜悦印象深刻。尽管如此，不过，丹尼尔很多时候在打电话，安排组织捷克音乐会的事务，杰姬非常失望，这次额

[①] 伊斯特凡·克尔特斯（István Kertész, 1929年—1973年）：著名匈牙利指挥家。

外的演出活动无疑意味着他们必须缩短他们的假期时长。

洽谈中的音乐会将在9月2日伦敦的艾尔伯特音乐厅内举办,并已高调对外宣传。这天一大早,巴伦博伊姆还在他们位于孟塔北街的地下室公寓中睡着,就突然被一阵急迫的电话铃声叫醒。一位匿名的陌生人对他说,"倘若你今天胆敢登台演出,我们就射杀你。"巴伦博伊姆回忆说,他很严正地对待这一恐吓,但不会被它吓倒。丹尼尔希望能保护好杰姬,就决定不把这事告诉她,而是通告了以色列大使馆,要求在音乐厅部署特别的安全警卫。后来,他向记者承认,起初,在他指挥的时候,他得抗拒自己想往后看的念头,不过,当沉浸在音乐中时,他就不再担心了。

音乐厅挤满了人。据《每日电讯报》报道,除了音乐厅内满满的七千人到场聆听外,音乐厅外滞留了逾千没有票的观众,他们用自己的晶体管收音机收听着音乐会的演奏。"整个氛围充满来电的情绪反应……当这位指挥家抬起他的指挥棒,转身,而后说,'你将听到的这场音乐演奏,为一个十分勇敢的国度所做的十分勇敢的战斗而奏'时,泪水在一千张面容上滚落。"xix

的确,来自世界各地的友好祝福纷纷涌来,巴伦博伊姆朗读了其中一些。不过,他强调说,这次音乐会不应看作是一种抗议——所以听众不必持有相同的观点,他们中有些人曾在苏联大使馆门前积极示威游行。相反,他说,这场音乐会是为了一个正义的理由(帮助捷克的学子)而举办。演员约翰·克莱蒙特又朗读了一些适当的感人来函,而后进入主要的音乐演奏部分——德沃夏克的协奏曲和贝多芬《英雄交响曲》。

在《泰晤士报》的乐评人,琼·奇赛尔(Joen Chissell)看来,这首德沃夏克的大提琴协奏曲确实是这次活动的高潮,对听众的述说,比言语来得更有说服力。

杜普蕾小姐给予我们堪称她一生中的一次最出色的演奏——激情澎湃地感受着,但,每分钟的细节处又尽在掌握之中,一首壮丽且回味无穷的歌篇。当一根琴弦啪的一声断了,尾声开始,曲子瞬间中断了,但时间不太长。不过,最让人享受的,是作为一个整体的这个演奏非常完整统一:乐团是一等一的完美搭档,叙述、渲染,每一转折处上的释

放。从伦敦交响乐团这方面来说,有太多可圈可点的个人贡献,难以一一罗列。ⅩⅩ

这场音乐会在电台和电视台同步现场转播。当年,杰姬起身离开舞台数分钟,去换琴弦时,给BBC的解说员留下了一个填充的空档。即兴发挥的解说员于是"闲话"了起来,告诉听众,就在几个星期前,苏联艺术家罗斯特罗波维奇也在同一个音乐厅演奏了同一首乐曲,不过,此刻,幸运的是,杜普蕾小姐正在"驱散他在阿尔贝特音乐厅里的幽灵"。可巧的是,罗斯特罗波维奇正在看现场转播,不由得被这番并非存心的解说激怒了。几个月后,在自己的莫斯科教室里教授这首德沃夏克协奏曲时,他委婉地表达了他不喜欢杰姬演奏中过于情绪化的部分。很意外,他要求他的学生拉向上八度,转为B大调第二主题的再现部(第266小节)绝对按节奏来。"我自己过去在这里进行一些渐慢的处理,"他解释说,"不过,当听到杰姬最近的伦敦演奏,这个小节拉得如此可怕的漫长且持久,使得我就想按它的节奏来处理。"

不过,这首德沃夏克协奏曲,杰姬的激情过度演绎版却长久地留在许多人的心里,作为最辉煌的音乐演奏和奉献大爱的表达。当真,那天傍晚,观众席中一位特殊的观众,一位捷克女士,名叫奥尔加·雷赫曼(Olga Rejman),当场感动得热泪盈眶。1974年,杰姬的病诊断后,丹尼尔非常渴望找到帮助的时候,奥尔加出乎人们意料地走进他们的生活,作为最为重要的支持力量。那年,丹尼尔,在小提琴家罗德尼·弗伦德(Rodney Friend)的陪伴下,在一家餐厅吃晚饭,奥尔加正好就在这家餐厅工作。丹尼尔开口对奥尔加说话时,奥尔加认出了丹尼尔,于是走近他,表达自己对他的音乐的感谢之情,以及她对杰姬病情的伤感。感觉到奥尔加同情中的温暖之意,丹尼尔,突然涌现有股冲动,就问奥尔加愿不愿意去他们家,为第二天晚上的客人做一顿晚饭。她去了,接着,作为巴伦博伊姆夫妇深爱的管家一待就待了六年。很肯定的是,她对丹尼尔和杰姬这份深情厚谊的种子就是在阿尔伯特音乐会上播散下来的。

ⅰ 丹尼尔·巴伦博伊姆,同前,第100页。
ⅱ 本书作者的访谈内容,伦敦,1994年6月。
ⅲ 本书作者的访谈内容,伦敦,1994年11月。
ⅳ 本书作者的访谈内容,1994年11月。
ⅴ 本书作者的访谈内容,剑桥,1995年6月。
ⅵ 同上。
ⅶ 《广播时报》(Radio Times),1968年5月。
ⅷ 《观察家报》(Observer),1968年5月5日。
ⅸ 《留声机杂志》,1969年1月。
ⅹ 《星期日泰晤士报》,1968年5月5日
ⅺ 布鲁姆(Blum),同前,第91页。
ⅻ 致本书作者的传真信函内容,1994年4月。
xⅲ 本书作者的访谈内容,伦敦,1993年5月。
xⅳ 同上。
xⅴ 本书作者的电话访谈内容,1996年11月。
xⅵ 祖宾·梅塔,同前,第91页。
xⅶ 《音乐与音乐家》,1968年10月。
xⅷ 《泰晤士报》,1969年9月6日。
xⅸ 《每日电讯报》,1968年9月6日。
xx 《泰晤士报》,1968年9月2日。

第二十一章
属于世界

评论者所起的适当作用，即是将艺术家创造出来的叙述保存下来。
　　　　　　　　　　——D.H.劳伦斯①，《美国经典文学研究》

在杰姬，1968年至1969年，新的秋季演出季延续着持续的模式，演出活动在英国、斯堪的纳维亚半岛、德国、美国和加拿大之间辗转。这些演出活动的水准反映出，名声越来越大的她可以只选择那些久负盛名的演出活动。她的主要曲目锁定为三大浪漫主义风格的协奏曲——舒曼、德沃夏克、埃尔加的作品，再加上海顿的两首经典协奏曲。偶尔，她也拉一些其他曲目，不过，这一季的曲单中没有新曲子。杰姬因为不需要过多精力用于习练，她也真心不希望自己的演出太过频繁，好留出特定的时段专注于做自己私人的事，她经常预留出时间，就是为了要与丹尼尔同进同出。就像她在一家报刊的访谈中所提的那样，"要是我们俩都在美国的话，比方，头一个星期，丹尼尔演出，我陪他，而后，第二个星期，我演出，就是他陪我了。一般情况下，一个月下来，我们分开的日子从没超过两天。"ⁱ

他们的日程安排，首尾衔接得相当紧密，因为筹划周密谨慎，尤其是

---

① D.H.劳伦斯（D.H. Lawrence，1885年—1930年）：20世纪最具争议性的英国作家。

因为巴伦博伊姆出色的组织才华。愈来愈频繁,丹尼尔担当杰姬的贴身参谋,不仅帮她安排她的演出日程,而且帮她选择曲目。中介机构往往发现自己在跟丹尼尔来谈杰姬的演出业务。大体上,杰姬乐得自己这样的被动角色。她的选择——她自己决定档期时——首先想的是要和自家先生一起演出或是在他附近演出这个愿望,如果无法跟他一起演出的话,则根据自己对具体指挥家的个人喜好而定。

其实,这一季和接下来的一季,巴伦博伊姆都携手美国最负盛名的几家管弦乐团,推出自己与他们合作的指挥处女秀,绝大多数乐团最在意且最喜出望外的是,杰姬会在丹尼尔的节目单中作为大提琴独奏人出现。随着自己对指挥生涯越来越多的投入,胜过了他作为独奏钢琴家的职责,丹尼尔基本没多少空余时间与杰姬在小型音乐会上一起演奏。实际情况是,不只是他们的合作机会有限,两位明星艺术家相加的出场费使许多音乐协会望而却步,不敢请巴伦博伊姆-杜普蕾夫妻档举办他们的二重奏音乐会。尽管如此,不过,作为对他们二人的稀有价值的弥补,他们二人组在平台上的任何亮相都洋溢着真正意义的节庆欢乐意味,受到人们热切追捧。

1968年中期,丹尼尔想要与南非出生的钢琴家拉玛尔·克朗逊[1]签约,打算让他在丹尼尔脱不开身的这段时期担当杰姬的钢琴伴奏。克朗逊,一位依靠自身实力说话的优秀钢琴家,拥有作为一名室内音乐家的丰富经验,而且,这些年来,他为许多大提琴家伴奏过,皮埃尔·富尼埃[2]、札拉·奈尔索娃[3]和艾玛瑞里斯·弗朗明[4]等都在其中。克朗逊记得,丹尼尔发出邀约,让他在音乐上"保驾护航"杰姬,这着实让克朗逊自己吃惊不小,于是很是爽快地答应了。在杰姬人生最后一段演奏生涯期

---

[1] 拉玛尔·克朗逊(John Lamar Crowson, 1926年—1998年):美国钢琴演奏家和室内乐音乐家。

[2] 皮埃尔·富尼埃(Pierre Fournier, 1906年—1986年):法国大提琴家,素有"大提琴家中的贵族"美誉。

[3] 札拉·奈尔索娃(Zara Nelsova, 1918年—2002年):出生加拿大的俄裔美籍女大提琴家。

[4] 艾玛瑞里斯·弗朗明(Amaryllis Marie-Louise Fleming, 1925年—1999年):英国大提琴演奏家与教师。

间,这位新的"替代"搭档从1968年秋季开始断断续续维持着。

在伯明翰,9月22日,杰姬与新爱乐乐团合作演奏了埃尔加协奏曲,暨此,她展开了这个秋季的演出活动。紧随这场演奏,是与英国室内管弦乐团一起进行的一次巡演,在奇切斯特①、伯恩茅斯②、彼得伯勒③和克利索普斯④等地演奏舒曼的协奏曲。9月底,前往贝尔法斯特的途中,杰姬邂逅了自己儿时的伙伴,大提琴家温妮费德·比斯顿,比斯顿当时是厄舍管弦乐团的成员。她记得,杰姬诠释的海顿《C大调协奏曲》充满活力且热情洋溢,不过,更为重要的是,她发现杰姬一如既往地开朗、友善,完全没被自己的名气熏染宠坏。

10月,音乐会让杰姬飞往往斯堪的纳维亚半岛,与奥斯陆的几家当地乐团(和当地指挥家)合作,音乐厅座无虚席,聆听她的演奏。她(在奥斯陆和卑尔根)演奏了舒曼的协奏曲和(在哥本哈根演奏了)海顿的《C大调协奏曲》,受到媒体和公众一致赞誉。的确,据《奥斯陆日报》报道,奥斯陆的观众对杰姬不只是报以雷鸣般的掌声,还给予她"如潮水般"的热烈喝彩。同一家报纸亦赞叹说,杰姬的大提琴演奏充满光彩夺目且令人怦然心动的灵性,称赞她"激情燃烧般的音乐张力"。另一份奥斯陆的报纸,《晨报》原以为舒曼的作品不过"相当乏味的一首曲子",但是,杜普蕾的演奏堪称这首乐曲最理想的呈现,她本人也给奥斯陆的观众留下了持久的深刻印象。

月底回到伦敦,杰姬在皇家节日音乐厅内再次演奏戈尔的《浪漫曲》,仍然由巴伦博伊姆担纲指挥,与新爱乐乐团合作演奏。几天后,她与伦敦交响乐团在节日音乐厅演奏圣桑的《A小调协奏曲》和布洛赫的《所罗门》,由安德烈·普列文⑤担当指挥。大提琴家桑迪·贝勒(Sandy Bailey)在音乐会上,对杰姬的演奏印象相当深,三十年后,仍记忆犹新:

---

① 奇切斯特(Chichester):英国英格兰南部城市。
② 伯恩茅斯(Bournemouth):英国南都度假胜地。
③ 彼得伯勒(Peterborough):位于英国剑桥郡的一座城市。
④ 克利索普斯(Cleethorpes):英格兰东北部东北林肯郡小镇。
⑤ 安德烈·普列文(André Previn, 1929年—):犹太裔美国指挥家、钢琴演奏家、作曲家。

"我当时到场的是星期天下午重复的那一场。杰姬演奏《所罗门》牢牢记在我的脑海,我之前从没听过有谁拉得如此平和安宁。她甚至还能让乐团演奏得比她还要平和安宁。我当时很年轻,没啥经验,完全不懂什么发声控制,根本没有意识到她的琴声甚至传到音乐厅很后面的地方。"

《泰晤士报》更加老道的乐评人也赞扬杜普蕾的良好状态,注意到她一直将自己的表达游刃于一个平衡安宁的音乐框架中,"圣桑的《大提琴协奏曲》得到杰奎琳·杜普蕾明智且深情的渲染造势:她恰当地意识到这首曲子的情感不是白热化的那种,没有把它撕碎捣细。舒曼风格的插段尤其感性优美。布洛赫的《所罗门》,副标题是'一首希伯来狂想曲',给了她更多机会就即刻随着自己的内心进行自由狂想式且超感染人的演奏,虽然,再次,在这里,她并没有让自己的情感失控。"[ii]

11月初,杰姬没说明具体什么"意外"原因的情况下,取消了赴海牙与当地乐团合作的演出活动,不过,一个星期后,她人恢复过来,乐意与巴伦博伊姆一道赴柏林履行一项演出活动,为德国电视二台演奏勃拉姆斯的《F大调奏鸣曲》。杰姬起弓,触到琴弦——从弓顶端处将琴弓向下一拉,奏出一个十六音符的弱拍,而后,琴弓整个向上拉出强劲的F调强拍——非常激烈急迫,使得摄像机不得不向后移,以便拍全她幅度大且阔的拉弓手势与整体姿态。整个演奏一直持续着,从头到尾都显得精神饱满、精力充沛,尽管也许稍有些不甚准确之处,尤其是钢琴部分。

接下来的一个星期,杰姬启程前往美国,与拉玛尔·克朗逊同行。11月17日抵达,从第二天起,就开启了一共八场小型音乐会的巡演,主要集中在东岸城市,比如费城和巴尔的摩,虽然12月初,他们还到了中西部。

克朗逊初次结识杰姬,是在1964年的达汀顿暑期学校里。比尔·普利兹之前就联系过他,建议他应该与自己最有才华的学生一起合作,不过,克朗逊当时婉拒了这一建议,他那时正准备搬回南非。不过,在达汀顿时,他与杰姬一起演奏过音乐,有过他"令人振奋的首次体验",二人演奏的是贝多芬的《大公》三重奏。杰姬与他们当中的另一位搭档,一位年青的法国大提琴手,都是即兴发挥式的演奏。不过,其中的灵感和推动力皆来自杰姬的音乐感染力和个性魅力。拉玛尔记得,这两位"孩子"真的是在考验他的技艺,他之前从没如此快节奏地演奏尾声部分的急板乐段。

四年后的此时,杰姬和拉玛尔迅速找到彼此一道演奏的共同手段,相应地做出必要的调整。彩排诸如此类,主要致力于纠正合奏或平衡中的一些小问题。拉玛尔这么界定这种努力,"我们各自的理念表达在音乐声中,而不是靠言语。每一场音乐会都是一次历险——没有任何重样的演奏(而且都是恰当的)。我们会对彼此的表达做出回应——并非总是在音调音色上。演奏贝多芬《G小调奏鸣曲[Op.5 No.2]》最后乐章的第二小节当中,我做出渐弱处理时杰姬往往咯咯笑出声来"。彼此的敬重允许各自多样化的观念表达,同时,和着个人的信息一直在那儿,他们之间的默契就着各自个性化的感染力而大放异彩。或者,就像拉玛尔简洁到位地如下表述一样:"杰姬自发式即兴发挥着,热情洋溢,抵消了我自己或许太过学究讲究的演绎做派。"

此外,丹尼尔也经常帮着计划他们的演出节目。除了以贝多芬的奏鸣曲(他们演奏了第二、第三和第四首)、勃拉姆斯的和弗兰克的奏鸣曲为主干的曲目库外,巴伦博伊姆还建议将拉赫曼尼诺夫、肖斯塔科维奇和布里顿的大提琴奏鸣曲——巴伦博伊姆自己不演奏的曲目——包括进去。拉玛尔记得,杰姬在彩排中第一次接触拉赫曼尼诺夫奏鸣曲的情形。"第一乐章,有一处大提琴接入的难点。她没有失手,我当下赞不绝口。而后,她坦言相告——她之前叫我太太(负责翻乐谱)给她提示!"(事实上,杰姬肯定有拉过这首乐曲,比如,与她的作曲家友人杰里米·戴尔-罗伯特一起做过功课。)

不久,杰姬与拉玛尔就在台前幕后建立起非常好的融洽关系,他们之间的关系亦是相互取乐玩笑又充满深情厚意的那种。拉玛尔,就像巴伦博伊姆圈子里其他密友那样,叫杰姬"笑眯眯",反过来,杰姬封他叫"神父"。显然,对自己封给他这么一个权威家长式的绰号,杰姬心下得意,还带着自嘲式的幽默,欣然接受拉玛尔类似替她擦鞋的这类父爱般举动。拉玛尔坦言,他就像一位"父亲",非常喜欢杰姬:"作为一位老音乐人,她这份对生活的热情一直未中断地激励着我,这份热情就是她音乐风格中最核心的一部分。我从不把她仅仅当作一位大提琴家——她是一位音乐创作家。她的生活就是音乐。在我们的音乐关系中，从来没有出现年青与成熟对抗的矛盾，她让我焕发出青春气息，同时，我希望我没有令她感到苍老。我们旗鼓相当地演绎音乐作品。"[iii]

至少和丹尼尔同在一个大陆上，夫妇两人得以频繁地聚首，丹尼尔听了杰姬与拉玛尔合作的几场音乐会。克里斯托弗·努本也偶尔经常到场，义务担当"车夫"。拉玛尔尤其清晰地记得，有一天深夜，在一处高速公路站点的咖啡店这么一个不大可能的场所，他们几人重逢，当时，他、克里斯朵弗、丹尼尔（穿着"泰迪熊"大衣）和杰姬（"穿着毛皮大衣、短裙和长筒靴，就像她刚从《时尚》杂志封面上走下来似的"）约了吉他演奏家约翰·威廉姆斯和他迷人的女友一起："我一直记得，望着我们这群仿佛来自外星球的人，那些卡车司机流露的面部表情。"[iv]

12月4日，在爱荷华城，杰姬与拉玛尔推出最后一场小型音乐会，之后，继续赴俄克拉荷马州，进行12月8日和10日的音乐会，携手俄克拉荷马城市管弦乐团，由吉·弗雷泽·哈里森①指挥，演奏德沃夏克的协奏曲。这次演出，加入她一起演奏的，不仅有丹尼尔，还有她的好友，祖克曼夫妇（祖克曼与沃斯沃兹当时也在该市举办一场小型音乐会）。正是在这里，在俄克拉荷马城的一家酒店的客房里，吉妮记得，杰姬第一次抱怨感到虚弱与疲惫。虽然没有什么迹象能断定是某种具体疾病的征兆，但杰姬自己感到手没了力气，甚至打不开自己大提琴的琴盒或是关上窗户。不过，一旦演奏起来，她的展现没有一丝一毫气力与投入的减弱。

沃斯沃兹记得，音乐会后的招待会上，当巴伦博伊姆（此次仅以伴侣身份到场）被其中一位主持人故作傲慢地问道："还有你，杜普蕾先生，你也在音乐界里吗？"[v]这时，朋友们一阵欢闹声。在美国，参加这样的招待会几乎是艺术家的职责义务，艺术家必须意识到，美国的音乐会的生存很大程度上依赖于当地富豪的私人赞助。一方面，这些派对聚会极好地展现了美国人的热情待客，另一方面，有时，对艺术家而言，也会是少不了的折磨。克朗逊记得，有一次，特别尴尬，当主持人——一业余大提琴-

---

① 吉·弗雷泽·哈里森（Guy Fraser Harrison，1894年—1986年）：英国著名指挥家。

钢琴二人组的成员——坚持要求杰姬必须跟这个组合中的钢琴手，拉玛尔，则跟大提琴手分别演奏——就在他们的音乐会刚结束之后。当场，丹尼尔尤其明显地气愤不已，几乎控制不住都要爆发了。

接下来的演出让她启程赶往洛杉矶，12月12、13和15日，与祖宾·梅塔和洛杉矶爱乐乐团合作，演奏埃尔加协奏曲。杰姬很喜欢自己与梅塔的音乐合作关系，无须怎么劝说，她就留在洛杉矶，而后去往相对近的圣地亚哥，尽享12月19日和20日的演出活动。梅塔早就预定好了，杰姬这场音乐会后，紧接着就是丹尼尔的独奏音乐会，这样，三位好朋友能有多些时间在一起。

埃尔加的《大提琴协奏曲》，在美国观众心中，仍被视为稀世珍品，杰姬投入的演奏使得乐评人想知道，为什么这么优秀的作品被大提琴家明显忽视了这么久？这些大提琴家的标准曲目本来就不多。《加利福尼亚犹太之声》报的亨利·L.罗斯视杜普蕾是"目前为止，在公众面前，最令人振奋且极具独特个性的一位器乐演奏家。她演奏的张力——最强烈的情感，与最悠闲自在的内省力交织其间——令人震惊。"不过，罗斯也是觉得杰姬演奏姿态矫枉过正的乐评人之一。"带着试图超越自己生理极限和器乐常规物理极限的狂热，在乐句末端的音调上，她诉诸于摩擦琴弓来施压，而且，指法的滑动多有些不雅且'熟练过头'的不当失误。不过，当杰姬望向指挥，双眸中闪过一道迷人且魔鬼般的欣喜目光之时，当她在自己的大提琴上最大化发自肺腑的感染力之际，看着她本身就是一种享受。"

杰姬在这首音乐中洒脱不羁的欢乐，是完完全全地真诚流露，同样，她的手势体态也是自然而然，全无心机。较之追求一场百分之一百"干净"、乐器技巧无懈可击的演奏而言，杰姬更感兴趣的是传递音乐背后的精神与情感。乐评人可能对她演奏的独到个性有所抱怨，但观众却往往欣赏且喜欢这样一种看得见的欢愉展示，观看她甩头和各种身体晃动，这些举止与她的音乐表达如此自然地联合在一起。

祖宾发觉，杰姬音乐演奏中这种显见的身体愉悦，在她与大自然交融中也一样展现强烈。祖宾在洛杉矶城外的一处山腰有一块地，有一次，他带杰姬上到这处山边一壮观的观景台。他记得,当杰姬冲出观景台,像"一匹年轻的野马"[vi]——头扎进草丛里,在这美丽的景致中,她喜悦非常。杰姬再三在访谈中坦言,大自然与音乐,对她有着同样强劲的影响:"我热爱世间存在的那些实体的东西,让你乏味的那种,渴望与更为无穷尽的东西保持联系。当走在一处很美的地方,我有着与我演奏时有的一样的感觉,而且感觉很好。演奏提升人超越自身进入一种极度兴奋的平面中,你在其中感到无拘无束,很是快乐——就像喝醉了似的。"[vii]

杰姬不得不学会接受,她对大自然的这份热情是她无法与丹尼尔分享的。一方面,杰姬热恋"雨和雨相关的一切,却是丹尼尔忍受不来的",另一方面,丹尼尔依然是不折不扣的阳光爱人。而炎热则是杰姬忍受不了的。不过,杰姬积极阳光的个性,和她自然之子的魅力,如铁石般不仅吸引着丹尼尔,也打动着所有敬仰她艺术造诣的人们。

结果,巴伦博伊姆夫妇弃阳光灿烂的加利福尼亚,取英伦灰蒙蒙的冬雨,那个冬天,圣诞演出季几场音乐会后,他们返回伦敦家中,短暂休整。接下来一年的安排特别忙碌,夫妇两人将巡游世界,带着他们的音乐远行到澳大利亚。尽管如此,不过,杰姬1969年日程中显然空缺的是没有任何唱片录制计划。她与EMI公司为期两年的合同于1月份到期,虽然EMI唱片公司急于想在原来独家代理的基础上续签彼此的合同,但双方都发现彼此对条款存在争议。最绊脚的障碍来自EMI公司的要求,即除了音频唱片的独家代理权外,EMI还必须拥有制作杰姬参与的任何音乐影片的独家代理权,无论是电视制作、影片发行,还是录像片的市场推广。这后面的一点,当然,是新近冒出来的问题,因为录像片刚刚出现一两年而已,因而"这种魔盒"(或是"EVR"——电子录像片——录像片正确的指代术语)仍须向大众进行市场推广。虽然EMI公司一直计划进军EVR领域,但音乐录音带的市场的潜力不容忽视,EMI清楚必须坚持合约权利,借视频和音频媒介利用签约旗下的艺术家盈利。

最先认识到摄制音乐演出影像的重大意义且意识超前的第一人,是冯·卡拉扬,他很快就拿定相应策略,拍摄自己与柏林爱乐乐团合作的绝大多数唱片演奏(常常身兼数职,指挥、编辑、总监和制片人集于一身)。冯·卡拉扬，与绝大多数音乐片导演对比鲜明，对将音乐演奏当作即兴发挥的演出过程进行拍摄没有兴趣，而是借"模拟"他自己和乐团的演奏的巧妙之法，让摄像机回放先前的音频唱片。

巴伦博伊姆和杜普蕾对如此自恋的做法不感兴趣，相反坚信影像的沟通魅力，可作为将演奏的现场元素传递给广大受众的一种媒介。他们的朋友克里斯朵弗·努本，在为BBC电视台制作的影片《二重奏协奏曲》和《杰奎琳》中，就非常成功地再现了他们音乐演奏中的盎然生气与临场发挥风范。努本于是向巴伦博伊姆夫妇推荐其他合作项目，当属自然而然的一步，确实，他们接下来的合作——致力拍摄一部音乐片，反映舒伯特《鳟鱼》五重奏的平时排练和一场正规音乐会演奏的过程——将是同类影片中最成功的一部。

就录像带影像权一事，巴伦博伊姆夫妇不想受制于EMI公司，这其中缘故，一部分也是受到努本打算离开BBC做自由职业者的想法影响。努本早就觉得，委身于一个体制内，个人工作总难免不受非难苛评，对人的限制也很大，而且，他明白，从一家大型机构转到另一家，其实都是受制于人，毫无益处，看见他的朋友委身诸如EMI这类规模的体制化公司也是如此。当时，BBC代表着对EMI这类大型唱片公司构成的真正威胁，因为BBC自己的电台与电视台档案库庞大得很，有着海量的音频与视频的录制产品可供利用，进行商业投放。对于外围公司与其旗下的艺术家拍摄的任何音乐类型影片，EMI公司都视为是对其公司产权的侵犯，因为，已录制在留声机上的音乐曲目被复制的可能性非常大，这根本无法避免。实际上，就术语"独家代理权"应不应该适用于艺术家在影像拍摄与音频录制两种不同媒介，这本身就是一种争议。两位艺术家担心，要是仍留在这家公司，接受影像录制与唱片灌录的限制要求，就势必失去极为重要的(自主)选择权。努本这么提示自己的朋友，恰恰是在这个视频领域，导演的选择对最终产品产生巨大影响，个中原因很简单，影片是通过剪接打造出来的。鉴于录音或声道内容相对而言是固定的实体材质，影片的视觉部分则可以采用无数种方式进行剪辑制作。此外，还有其他因素影响着音乐影片的结果，尤其是制作它们所需的巨大成本支出。

因此，杰姬唱片合同的洽谈磋商一直继续着，1969年头九个月都过去了，终于到了非得解决不可的时候，10月8日，EMI召集了一次会议，专门讨论录像带相关条款。彼德·安德里代表EMI公司方，巴伦博伊姆夫妇坚持要让他们的律师路易斯·考茨和（擅长协商的）克里斯朵弗·努本也到场参加。这次会谈没有解决任何具体问题，哪一方都不愿让步，再次合同的相关条款难以达成一致。临了，作为临时权宜之计，路易斯·考茨建议暂时将合同中的录像带条款设为"待定"议项，延至双方达成一致意见之时再确定。这就让录制音频的其他唱片项目得以继续。时至当时，形势确实存在一定的紧迫感，需要找到某种折中的解决途径，要知道原来拟录制贝多芬钢琴三重奏（与祖克曼合作）的项目就近在眼前了。

与此同时，1969年的圣诞休整后，杰姬又开始了演出，在哥德堡、斯德哥尔摩和鹿特丹进行音乐会演奏。而后赴瑞士，与丹尼尔和英国室内乐团会合数天后，杰姬又动身去往汉诺威，1月24日，由欧根·约胡姆[①]指挥，演奏舒曼的协奏曲。月底，巴伦博伊姆夫妇再度聚首罗马，在圣塞西莉亚学院的赞助下举办了两场音乐会。

在罗马，杰姬遇见了克罗伊登高中岁月时的一位学友，帕泰诺佩·比昂，比昂听了杰姬的舒曼协奏曲后，到后台去问候杰姬。比昂继承父业，也成为一名精神病学家，当时嫁给了一位意大利音乐家，住在罗马。她对自己的一种感觉感到不安，那就是巴伦博伊姆夫妇周围的亲朋好友不只是排斥像她这样的外人，而且，似乎很少关注杰姬本人，把杰姬更像是一件装点门庭的经典装饰物。第二天，在杰姬下榻的罗马大酒店，比昂见到了杰姬，发现她人很疲惫且情绪低落。比昂回忆说，"给我的印象是，这种婚姻生活并不怎么好，尽管杰姬试图想表明一切都很好很棒——不过，人们还是能从各种迹象中觉察杰姬正感到困扰。我记得，当时杰姬跟我说，她想有自己的孩子，还准备把他们放在以色列培养，以及以色列集体公社令她激动不已。这点，事实上，早就是促使杰姬改信犹太教的一个原因"。

[①] 欧根·约胡姆（Eugen Jochum，1902年—1987年）：德国著名指挥家。

感觉不被巴伦博伊姆的圈子接受，或是察觉就连杰姬本人也时而身处其外，被人"居高临下口吻地相待"，在杰姬以往朋友当中，比昂并不是唯一的一位。艾莉森·布朗，与杰姬保持终身友谊的发小，看到杰姬社交活动中某种不得已的两边周旋，也心感不安。莫斯科求学期间相识的外交官朋友，罗伯茨和吉尔·布雷斯韦特夫妇，正好也在罗马就职，他们发现杰姬人变得生疏了些，也世故了些，整个笼罩在丹尼尔国际范的影响之中；杰姬最明显的一个变化，就是莫名带上了"美国东岸"口音。

其实，时间和地点都对的时候，丹尼尔喜欢与人交往，总是热情接待不同背景的人们。不过，他依自己的主张行事，会转瞬间面露厌倦之情。很自然，因为这种善变灵活的天性，丹尼尔不喜欢浪费时间。当然了，人们会说，对于一位艺术家期望在自己艺术的生活中获得最大成功，自我为中心往往是不可或缺的必要前提。虽然丹尼尔的积极自信会被旁人解读为傲慢自负，甚至是奥林匹亚式的唯我独尊，但他的做派不过反映出他全身心专注于自己的专业领域，需要最大化地充分利用自己的精力与时间，从而能达成自己多方面设立的事业目标。由于他们的生活受到公众如此强烈的关注，丹尼尔也许比杰姬更快地认识到，两人都应该利用隐私的制约保护好两人共同生活中的核心情感，这非常有必要且重要。

尽管如此，不过，当两人一起巡演时，杰姬常常要自己想出办法，花时间见见朋友、散步和逛街买东西，丹尼尔则忙着与他担纲指挥的乐团一起彩排或是准备管弦乐乐谱等事宜，这个过程涵盖分析流程，以及诸如弓法标注、解决管弦乐的平衡与音色方面等难点等点点滴滴的实务工作。就像巴伦博伊姆强调的那样，"指挥（不像器乐家那样）与音乐没有直接的物理接触，操纵音乐是掌握不易，又由于指挥（不像器乐家那样）与音乐没有直接的物理接触，所以就尤为困难了。"不过，一位指挥家必须到场参与自己的首次排练，为自己"组织管弦乐团的声音"的工作做好充分准备。

事实上，丹尼尔经常向杰姬寻求弦乐演奏技巧方面的意见。据小提琴家罗德尼·弗兰德说，只是借着观察杰姬，丹尼尔也学到了很多。"通过杰姬，丹尼尔非常快就对弓法有了令人难以置信的感觉。他对琴弓自然配置的理解，每根弦的音色感觉，对某些指法表达的感知，所有这些都有着杰姬的影响。"

杰姬的影响还延伸到音乐诠释方面。许多音乐家，首位且首先的，就是丹尼尔，对杰姬的直觉判断绝对深信不疑。比起大多数其他的演奏大家，杰姬看起来对一首乐曲的原创意图要更为接近。傅聪记得，自己在演奏一首肖邦钢琴曲时遇到了问题。"问杰姬好了。"丹尼尔建议道，傅聪于是真就开口问杰姬，都不知道具体是哪首曲子的情况下，杰姬对这首曲子就有着如此的直觉反应，以致她能指出傅聪的问题，并帮他解决了。多明戈，则是另一位，杰姬对歌剧的反应所表现出来的洞察力就让他十分震惊。一次，在录制柏辽兹的《浮士德的天谴》时，就唱降A调时是轻柔处理还是中强音处理好些呢？多明戈拿不准，在丹尼尔的建议下，他便问杰姬。当时，杰姬建议轻柔版，解释说"……任何为戏剧效果牺牲音乐表现力的做法，她绝对不能接受。"[viii]

不过，巴伦博伊姆给予提醒，反对把杜普蕾视作一位完全直觉型的艺术家，认为这是一种过于简单化的观点："直觉缺少理性一面，是不完整的，同样，理性缺少直觉，那就不存在艺术家了！不过，杰姬极为聪慧，随着岁月流逝，杰姬凭借历练获得了很多意识层面的知识。"

开启自己指挥事业之初，丹尼尔就得战胜当时流行一时对他的偏见，认为他是一位钢琴家，并不是自动许可情况下拿起指挥棒的。在这方面，比起那些尚未正式入行的年青指挥，不像他，已是一位才华横溢的器乐家，丹尼尔有更多方面要向人们证明自己。巴伦博伊姆的指挥乐团也几乎与他自己对着干，而且，当时，其中很可能就有那么一些人，他们没能意识到，在达成自己成为一名指挥的使命一事上，丹尼尔有多么严肃以待。

1968-1969年的演出季，巴伦博伊姆头一回将自己一半的演出活动投入到自己担纲客座指挥的重任中去，担纲美国和欧洲一些顶尖交响乐团的指挥。起初，有些评论人非常看轻丹尼尔的付出，因为这个原因，丹尼尔必须展现足够沉着的毅力来反驳这些人的轻蔑态度。幸运的是，许多知名音乐家（杰姬也在其中）以及几位德高望重的乐团经理人和音乐管理者都对丹尼尔充满坚定的信心，再加上大众对丹尼尔的喜爱，这些都有助于丹尼尔战胜当时遭受到的种种质疑。

当然，罗马的乐评人就是些最为粗鲁，且很可能最不合格的人了。1月29日，首场音乐会，与圣塞西莉亚管弦乐团合作的一场交响乐演出活动，活动结束后，当地的一位乐评人甚至称巴伦博伊姆的指挥不过是"投机取巧"之举，很是明显地意指，丹尼尔在借重自己妻子的名声打造自己在指挥界的职业生涯。另一方面，《人民》报则称赞丹尼尔在指挥贝多芬《第八交响乐》和柴可夫斯基的《第四交响乐》时思路清晰，大幅度的线性手势平稳妥帖，指挥节奏有活力。不过，另一份媒体，《团结》报则认为丹尼尔的诠释流于表面，报刊乐评人还质疑这对夫妇接下来的二重奏音乐会是"伪-大提琴音乐"（提到舒曼的《幻想曲》和弗兰克的奏鸣曲，这两首乐曲的原乐谱创作的特定乐器都不是大提琴），质问圣塞西莉亚学院为何要接受这么一次演出，这些艺术家要到何时才会较为严肃地对待音乐。杜普蕾演奏的舒曼协奏曲也引发批评声，被认为发挥太过紧张，"身体动作"太过，只是第二乐章有几处动人、美妙且明朗的片段闪过。另一份罗马报刊，《时光报》如是评价：巴伦博伊姆同时作为一位优秀钢琴家和杜普蕾的丈夫，这样的"资质条件"不足以让他本人成为一位不错的指挥。

整体上，就杜普蕾演奏的舒曼协奏曲、在贝多芬《G小调奏鸣曲》小型音乐会上的演奏，以及舒曼作品与弗兰克作品的演奏，乐评人对她的赞赏要来得大方些。乐评人克拉多·阿兹里颇陶醉于杰姬一头"梅丽桑德[①]"般的金发和整个"德彪西式"的倩影，也同样陶醉于杰姬在舒曼协奏曲中的发挥，她的演奏呈现出德彪西式的轻柔层次与柔和色调。

大众比这些媒体绅士要来得更有鉴赏力，由衷赞赏这对夫妇的天赋才华，高声要求返场再来一曲——他们赢得两次返场加演的回报。理解且欣赏巴伦博伊姆在罗马小型音乐会中精彩指挥的一位音乐家是伟大的男中音歌唱家迪特里希·菲舍尔-迪斯考[②]，他之后写了一封感人肺腑的感谢信

[①] 梅丽桑德（Mélisande）：法国作曲家德彪西创作的五幕歌剧《佩利亚斯与梅丽桑德》中的女主人公。

[②] 迪特里希·菲舍尔-迪斯考（Dietrich Fischer-Dieskau, 1925年—2012年）：德国男中音兼指挥家、画家。

给巴伦博伊姆夫妇。这次首次接触为费舍尔-迪斯考日后与巴伦博伊姆的长期音乐合作以及本可能与杜普蕾的合作铺陈了道路,只是很不幸,疾病来袭,杰姬无法按原计划在1973年秋季担当菲舍尔-迪斯考的独奏人,当时,这位歌唱家刚开始自己的指挥事业。

接下来的音乐会,杰姬赴柏林进行,2月5日和6日,在爱乐乐团音乐厅,与柏林爱乐乐团和祖宾·梅塔合作,再次演奏德沃夏克的协奏曲。到了2月中旬,杰姬重返美国,开始自己这个月在明尼阿波利斯市[1]的巡演。她与明尼阿波利斯管弦乐团合作,由斯克洛瓦切夫斯基[2]担纲指挥,再次演奏埃尔加协奏曲,将这首乐曲介绍到美国另一座城市。接着,她马不停蹄启程赴芝加哥,并与丹尼尔在芝加哥聚首,丹尼尔当时正与芝加哥交响乐团合作,由皮埃尔·布莱兹指挥,在巴托克[3]的《第一钢琴协奏曲》演奏中担纲钢琴独奏人。2月28日,轮到杰姬与这家伟大乐团合作演出,布莱兹担任指挥(事实上,这是她与他们的首次演出)。这场演出包含三大部分,上半场为海顿和舒曼的作品,用以满足到场观众中喜欢经典的人,而后进入较为刺激兴奋的下半场,专门演奏布莱兹自己的作品《重重皱褶/弦乐曲集》和贝尔赫[4]的《三首管弦乐曲》。布列兹记得,杰姬演奏的舒曼协奏曲是一次"异常外向的表演——并不是她将任何外向的东西都施加于作品,而是她将作品内在的浪漫主义色彩呈现了出来。我觉得,这首曲子能激发不同的表现手法。杰姬将它演奏得热烈外向,没有问题;当然啦,她的演奏充满巨大的能量和向外的感染力。在我,与她产生共鸣易如反掌。她的演奏源自直觉,不过,她的直觉是那种自有其逻辑的直觉判断。"[ix]

丹尼尔记得,这次合作是两个截然不同音乐起点你来我往的一次有趣

---

[1] 明尼阿波利斯(Minneapolis):美国明尼苏达州南部城市。

[2] 斯克洛瓦切夫斯基(Stanislaw Skrowaczewski,1923年—):波兰裔美国古典音乐指挥家和作曲家。

[3] 巴托克·贝拉·维克托·亚诺什(Bartók Béla Viktor János,1881年—1945年):匈牙利著名作曲家。

[4] 贝尔赫(Alban Maria Johannes Berg,1885年—1935年):奥地利作曲家,第二维也纳乐派代表人物。

尝试——布莱兹讲求精确且重理智概念,而杰姬重感性且凭直觉理念。从他人的视角看,他们二人彼此尊重,仅用非常少的时间做必要的调整就能相得益彰。

不过,芝加哥的乐评人不见得被他们的一致性诠释所打动。在《论坛报》上,托马斯·威利斯在称赞杰姬惊人的天赋才华之外,也提到手法上的不协调:

杜普蕾小姐始终力求合拍。每一个音符都说服力满满。生理与音乐两方面皆彻底投入。……当不演奏时,她常常对管弦乐的交流做出反应。有时,这种反应类似冒失。昨晚,她似乎在催促第一小提琴和大提琴"进入其中,并打了起来"。这情形,你很可能会起疑,出乎布莱兹先生的想法。布莱兹谨记这首乐曲微妙的平衡之处和舒曼对位的对话与伴奏所做的明确区分,布莱兹一直保持不强的音乐活力与节奏强度。结果是,杜普蕾小姐充沛有力的手法变成了对影出招。

《每日新闻报》的乐评人发现,杜普蕾一些逼迫大提琴的干扰例证,尤其是在顶端弦上,虽然,一直到第二乐章,杰姬人都很放松,演奏得不错。很奇怪,考虑到杰姬之前在芝加哥附近只演奏过一次(去年夏天在拉维尼亚,与英国室内乐团合作演出),这位乐评人表达了自己的希望,"这次目睹杜普蕾小姐以往的精湛实力,表明她的信心恢复了。"更富有启迪意味的评论来自(1969年2月28日)《星期天泰晤士报》的卡瑟琳·莫纳,她这么写道,杜普蕾绚丽且狂放歌唱般的演奏令她想到"洛特·莱曼在(舒曼的)《妇女的爱情与生活》中采用十分迷人的方式挑逗韵律的情形"。

离开芝加哥,巴伦博伊姆夫妇动身前往纽约,3月2日,他们要在纽约的爱乐音乐厅举办一场小型音乐会,演奏勃拉姆斯的《E小调奏鸣曲》、舒曼的《幻想曲》和弗兰克的奏鸣曲。多纳尔·赫纳汉[①],在《纽约时报》就这场音乐会撰写的乐评中,评价了他们这次对音乐进行自然生发式即兴再创作的水准。比起炫耀千篇一律先入为主的"青铜铸造"式演奏模

[①] 多纳尔·赫纳汉(1921年—2012年):美国音乐评论家和记者。

式,将乐谱呈现为"他们生动、充满气息的个性延伸"则难得多,他如是点评——先入为主的模式是人们在音乐厅里通常听见的东西。他形容他们的演奏极具个人特色,有时甚至"独到",但"音乐上总是十分吸引人"。勃拉姆斯的《E小调奏鸣曲》给这一晚的音乐演奏定下了诠释基调,突显"如梦似幻般、非常即兴发挥的风格"。作为一处异议,这位乐评人质疑杜普蕾几处明显的滑音,这些滑音扰乱了大提琴的连奏乐线。不过,他对巴伦博伊姆大加赞扬,形容丹尼尔在室内乐演奏部分就像"一位敢于不独断的艺术大师"。

第二天,巴伦博伊姆飞往多伦多,推出自己在多伦多的首次指挥演出。杰姬,作为他手下的独奏者,于3月4日和5日演奏埃尔加大提琴协奏曲,受到公众和媒体的热烈欢迎。乐评人对巴伦博伊姆指挥表现的反应总的来说则小心谨慎些。约翰·科拉格兰德写道:"(埃尔加的)协奏曲很可能就是为杜普蕾小姐而创作的,开头的大提琴宣叙调,虽然短促,却足以让观众了解大提琴家的诠释魅力与精湛技艺。"他继续道:"巴伦博伊姆的伴奏非常出色,显然值得赞赏,听过这场演出中纯粹的管弦乐部分后,人们倾向调整自己对他的贡献的热情"——这些部分,即是门德尔松的《吕伊·布拉斯》前奏曲和贝多芬的《英雄交响曲》。另一方面,威廉·利特勒认为,巴伦博伊姆的指挥突飞猛进。鉴于大概是去年,与以色列爱乐乐团合作的音乐会上,巴伦博伊姆"指挥得就像在自个儿碗汤里找到根指挥棒的钢琴家"(a pianist who had found a baton in his soup)。不过,他注意到:

巴伦博伊姆夫妇作为表演音乐家越来越强大。他们有天赋,才华横溢……就是到近来,我一直坚信杜普蕾是更稳扎稳打的那个。巴伦博伊姆往往表现得像开有一个无限支票账号的花花公子,狂妄地想做一切,但对任何事不得要领。此刻,我没那么坚信了。杜普蕾仍然越来越急迫、越来越深刻地感染着人们。……而巴伦博伊姆开始分享自己妻子的能力,获得成长。他给予我们贝多芬《第三交响曲》一种演绎版本,较之他一年半之前与以色列爱乐乐团合作胡乱倒腾贝多芬《第七交响曲》的那个版本,这个版本要更为深刻透彻,二者差距可达十万八千里之遥。

收尾时，利特勒总结道，"杜普蕾业已成为一位日臻完善的艺术家，并非她在台上的体态可能暗示的那样"，他还特别称赞她美妙的弱音演奏和打动人心的大提琴琴声。

一个星期后，杰姬回到英国——她第一场演出就是与利物浦爱乐乐团和阿德里安·博尔特爵士合作，演奏海顿的《D大调协奏曲》，紧接着，在曼彻斯特城内或附近地区，与丹尼尔和哈勒乐团举办多场音乐会。

巴伦博伊姆与哈勒乐团的交情由来已久，现在，丹尼尔开始定期指挥这家乐团，双方的关系进一步增强。丹尼尔特别喜欢这家乐团演奏音乐的实力。"所有在巴比罗利身上我极为尊崇和钦佩的品质，在这家乐团身上都显而易见。"x

克莱夫·斯马特，哈勒乐团的经理发觉，丹尼尔视与乐团的合作为学习技巧和尝试曲目的机会："乐团认为巴伦博伊姆是一位伟大的音乐家，不过，在那时，是一位不错但称不上伟大的指挥。尽管如此，比起那些拥有更多技巧和经验的人，丹尼尔要强得多。"确实，自巴比罗利1970年去世后，哈勒乐团想到第一个替代他担任音乐总监的人就是巴伦博伊姆，不过，巴伦博伊姆谢绝了这份提议，自觉自己尚不能胜任，还没有准备好担负起这份责任。克莱夫·斯马特记得，"丹尼尔工作时，总是喜欢有杰姬在自己身旁——他通常每次过来两个星期。自然啦，他喜欢定下杰姬为独奏人，但大提琴有限的曲目往往妨碍他达成这种想法。"当然，无论是作为个人还是作为组合，他们两人，曼彻斯特的观众都特别青睐。

结果，这十一天里，巴伦博伊姆指挥的九场音乐会中，杰姬只在最后一场中参加演奏。据丹尼尔回忆，那是3月下旬，杰姬受到某种奇怪且难以捉摸的症状折磨，后来明白应该是多发性硬化症的早期先兆。一天早上，杰姬醒来，麻木感侵袭身体一侧。当时，对这种麻木找不到缘由来解释，就被当作心理影响所引发，或许罪魁是音乐演出的紧张感。不过，几天后，这种症状如同来时的神秘一般去得也神秘，杰姬又能继续她的音乐演出了。3月30日，她完成与哈勒乐团最后一场演出活动，演奏圣桑的协奏曲，再次由丹尼尔指挥。

第二天，回到伦敦，为庆祝当年7月杰拉德·摩尔[①]七十大寿将要发行的一张唱片，丹尼尔和杰姬分别贡献了自己的演奏。杰姬很热情地回应苏维·格拉布的提议，由EMI公司聚集各位顶级艺术家参与，举办一场现场录音演出，与这位德高望重的钢琴演奏家一起演奏。艾德华·格林菲尔德在《高保真》杂志这么报道："紧凑的录音日程延长了，以适应各位艺术家的时间，他们包括维多利亚·德·洛斯·安赫莱斯[②]、耶胡迪·梅纽因、珍妮·贝克、尼克莱·盖达[③]，和杰瓦斯·德·派尔。EMI第一录音棚日程登记满满的，就像忙碌的壁球场……为的是在7月期限到时这张唱片已就绪。"

格拉布称4月1日，最后一次录制档，也是他以往录音演出中最愉快的一次录制档，格林菲尔德是参与其中的一位，他这么写到当时愉快轻松的氛围：

杰奎琳演奏福莱[④]的《悲歌》——这位年轻大提琴家的感怀之选，《悲歌》一曲就是她与管弦乐合奏的第一首曲子，当时，她还是市政厅学校的在校生。……录音重放中，听到一音符处，杰姬面部抽搐了一下。"它听起来像一辆赛车——"她这么点评说，做了个赛车的生动模仿和几乎辨别不出的大提琴哀怨声。自家太太在这种突然情绪"给予"达到高潮时，丹尼尔·巴伦博伊姆不禁哈哈大笑起来，表示赞赏，这种高潮标志着杰姬最出色的演奏。

摩尔很少与杰姬一起演奏，不过，对杰姬的艺术才华最是钦佩，声称"她感染每一个与她签约的人"。他记得，发现巴伦博伊姆是第一次听福莱的《悲歌》时，自己很是吃惊[xi]（这也许弥补了丹尼尔的一次吃惊，他一度发现杰姬居然对柴可夫斯基的《第一钢琴协奏曲》一无所知——想到她人还去过莫斯科，到过1966年柴可夫斯基大奖赛的现场，

[①] 杰拉德·摩尔（Gerald Moore，1899年—1987年）：英国古典音乐钢琴家。
[②] 维多利亚·德·洛斯·安赫莱斯（Victoria de los Ángeles，1923年—2005年）：西班牙歌剧女高音演唱家。
[③] 尼克莱·盖达（Nicolai Harry Gustav Gedda，1925年）：著名瑞典男高音歌唱家。
[④] 福莱（Gabriel Urbain Fauré，1845年—1924年）：法国作曲家、管风琴家、钢琴家以及音乐教育家。

就更加吃惊了）。

　　作为这份生日大礼一个恰当的收尾，友人建议摩尔应该录制最后一曲（德沃夏克的《G小调斯拉夫舞曲》），与丹尼尔双人合奏的钢琴二重奏。杰姬完成自己的部分后，这一建议立马付诸实施。格林菲尔德解释说"巴伦博伊姆只开出一项条件：任何二重奏演奏中，摩尔必须为第一钢琴人，他为副手，这样，仅此一次，问心无愧的伴奏人可以拿调……首次全曲排练到最后时，巴伦博伊姆抓住了他一直久等的机会。最后和弦的地方，在笑声中爆发，丹尼尔扭头看着自己的搭档，甩给摩尔他自己出了名的摩尔式问话'我太大声了吗？'"[xii]

　　来到录音棚时，丹尼尔已与英国室内乐团进行了六个小时的排练，不过，让摩尔诧异的是，丹尼尔没有一点疲惫的样子，仍然精力充沛地演奏和开着玩笑。这么一天就是丹尼尔旋风般的活动节奏的典型写照。

　　第二天，在出发进行全球巡演的前夕，节日音乐厅的一次演出活动中，丹尼尔指挥英国室内乐团与杰姬演奏海顿的《D大调协奏曲》。《金融时报》的评论人对杰姬炉火纯青的演奏很是欣喜，承认之前误判杰姬演奏的激情与强度很可能会"渗透和模糊掉海顿作品的全貌"。[xiii]

　　杰姬已决定这次巡演就当作一次度假，她很高兴能一路"兜风地"和丹尼尔在一起。直到5月中旬巡演的最后一周，她才与英国室内乐团再度合作，举办音乐会。

　　在美国巡演途中举办几场音乐会之后，这些音乐家于4月10日抵达澳大利亚。巴伦博伊姆夫妇一抵达悉尼就举办了一场媒体见面会。杰姬表示不打算进行演出，令澳大利亚新闻记者既好奇又失望。杰姬解释说，她是来度假，想要游游泳。人们注意到，即便如此，她依然随身带着自己的Gofriller大提琴——拼写错误，而且毫无疑问，音同"大猩猩（Gorilla）"——虽然她声称自己基本不练琴。

　　正是在澳大利亚这段时间，杰姬出现了其他一些健康小问题。乐团的联合领导人，贾西亚（Jose Luis Garcia）和他的太太，大提琴家乔·马尔霍兰（Jo Milholland），记得这些问题是如何开始的。"我们有一天放假，在一起，傍晚时，我们受邀一道参加一个聚会。一整天，杰姬开始失声，到了去参加聚会时,她几乎说不出话了。要是你过一两天声音又恢复的话,这类事算是再正常不过了。我们仍有三周时间要巡演,但到结束,杰姬仍没恢复自己的声音,似乎很不寻常。"

这次看似微不足道的不适,是那些无数细微症状中的又一种,就症状本身而言,却是够良性的。只是回想起来,它可能源自多发性硬化症,一种出了名早期阶段很难诊断出来的疾病,往往隐藏在常被误判为无关紧要的日常不适症状中。据贾西亚说,"并不是身体疲劳和虚弱,杰姬只当这次喉炎是个讨厌事而已,继续正常过着日子。"英国室内乐团的奎因·比拉迪(Quin Ballardie)也注意到,巡演过程中,杰姬身上还发生过不太对头的其他事:"开始出现一种奇怪的身体摇晃症状。我们很担心——就像她喝下三大杯杜松子酒拌奎宁水,人喝醉了一般;不过,她并没喝。事实上,杰姬几乎不怎么喝酒,也从不过量。有一次,她从一家音乐厅的前厅楼梯上滑倒,摔得很重——我不得不扶她起来。她认为自己只是被地毯绊倒了,感到吃惊胜过心烦。

在澳大利亚期间,杰姬就三次不同的身体不适向医生问诊。她的喉炎,与此同时,没有得到任何规范的治疗。她请教的医生中有一位,没有打消杰姬的疑虑或是追踪这毛病的根源,而是草率地将她的不适当作"青春期异常"来打发,令杰姬相当恼火。

尽管如此,到他们途经以色列返回欧洲时,杰姬已恢复元气。5月12日和13日,她在佛罗伦萨演奏两场海顿的《C大调协奏曲》,之后,14日,又在米兰演奏一场,作为她对英国室内乐团世界巡演的贡献。回到伦敦,随着她的迷你假期到此结束,杰姬以几乎狂热的步伐重新开始自己的音乐演出活动。身体健康问题被置之脑后,她又重新进入繁忙状态。只是在后来的回顾中,医生方看到这段身体不适的情节,紧跟着一段较长时间的缓解期,指示出典型的早期多发性硬化症的先兆模式。

ⅰ 《每日电讯报》（澳大利亚），1969年4月11日。

ⅱ 《泰晤士报》，1968年11月1日。

ⅲ 拉马尔·克劳森致本书作者的信函内容，1994年6月21日。

ⅳ 同上。

ⅴ （电话）采访查尔斯·沃斯沃兹的内容，1996年6月。

ⅵ 本书作者的访谈内容，都灵，1994年1月。

ⅶ 莫林·克里夫，"三角恋：丹尼尔和杰奎琳·巴伦博伊姆与大提琴"，《纽约时代杂志》，1968年3月16日。

ⅷ 普拉西多·多明戈，《乐感先导》，沃斯沃兹（编著）书中，同前，第82页。

ⅸ 本书作者的访谈内容，伦敦，1993年6月。

ⅹ 《论坛报》，1969年2月28日。

ⅺ 杰拉德·摩尔，《告别音乐会——细品回忆录》，企鹅出版社，伦敦，1979年，第109页。

ⅻ 爱德华·格林菲尔德，"幕后故事"，《高传真杂志》，1969年7月。

xiii G.W.，《金融时报》，1969年4月3日。

第二十二章
《鳟鱼五重奏》

自由是恣意专断的反面,混乱的敌人。

——海因里希·涅高兹①,《钢琴演奏艺术》

一回到英国,巴伦博伊姆夫妇立即开始音乐节演出季的工作。时至第三届,他们更多地参与这一届布莱顿音乐节,5月17日,杰姬与英国室内乐团合作,演奏海顿《C大调协奏曲》。第二天,她与祖克曼演奏勃拉姆斯的《二重奏协奏曲》。巴伦博伊姆,在此次音乐节上担任新爱乐乐团的指挥,据他回忆,两位演奏者之间奇妙的共鸣使得这首乐曲的诠释富有创意,启迪人心。他一直很遗憾,两位演奏家演奏版本多种多样,却没有任何版本的唱片存世,能例证他们诠释这首乐曲的独到韵味。

接下来的这一天,5月19日星期一,杰姬和丹尼尔回到伦敦,推出计划中两场贝多芬大提琴专题音乐会中的第一场,由五首奏鸣曲和三套变奏曲组成,地点在节日音乐厅。据《卫报》的爱德华·格林菲尔德观察,整个伦敦音乐界都来听这组套曲系列演奏,他充满热情地写道,"我不知道而今还有什么别的二重奏能用这般透彻、含蓄的音乐充满整个节日音乐厅。含蓄,但,在这两位年轻演奏者的手中,又有着强烈的感染力……倘

---

① 海因里希·涅高兹(Heinrich Gustavovich Neuhaus,1888年—1964年):苏联钢琴家。

若你只是倾听，不看演奏者的话，你会下结论，认为他们当是经年成熟且音乐老道之人。"

这场二重奏用一场贝多芬早年的《F大调奏鸣曲Op.5 No.1》开启此次套曲演奏。《泰晤士报》的琼·西塞尔这么写道：

演奏没超过十二个小节的乐段，就展露出我们所来听的这场音乐演奏的性质——处处完美无缺，平衡恰到好处，音乐响应超灵敏。在这首乐曲中，钢琴家如狮王般盘踞演奏的绝大部分，不过，凭借快速的指法、纯正透明的音色与音乐纹理，巴伦博伊姆先生绝不让大提琴听起来只若过客。杜普蕾小姐，凭借她赋予任何音符生命与个性的方式，也从没有如过客般经过而已。在尾声部分的几个高潮，杜普蕾宛若雌老虎一般为巴伦博伊姆伴奏着，尽管没什么主题表达。

开头的《大提琴奏鸣曲Op.5No.1》和《No.2》，在平衡方面，给演奏者造成相当大的困难。贝多芬的这首乐曲是为了他自己与皮埃尔·杜波特[①]，普鲁士宫廷大提琴师合作而创作的，创作于1796年皮埃尔造访柏林期间。毫无疑问，渴望炫耀自己的钢琴技巧，贝多芬特意构思谱写了这些用于钢琴与大提琴二重奏的奏鸣曲。塞西尔认为，巴伦博伊姆和杜普蕾战胜了第一首《F大调奏鸣曲》中固有的难点，就这些难点，尼古拉斯·肯扬（为《每日电讯报》撰稿）则深信几乎不可能："尽管丹尼尔显然很注意，但仍有几个地方，钢琴渐增的声响淹没了大提琴的乐音。"

对第一场音乐会中演奏的两首奏鸣曲（《C大调Op.102》和《A大调Op.69》）的评价，乐评人继续各执一词。一方面，塞西尔强调"……这两位年青艺术家灵活的反应与冲劲十足的才华，最是适合这首较有朝气的音乐"，另一方面，肯扬坚持认为，《C大调Op.102》这首乐曲"……是演奏家当晚发挥最棒的演奏"。

贝多芬音乐的评论人常常惋惜这些大提琴奏鸣曲缺少慢乐章，以便让大提琴歌唱般的特质发挥到极致。格林菲尔德观察到，杜普蕾和巴伦博伊姆在处理早期的《G小调奏鸣曲》序曲部分中弥补了这些疏漏。

[①] 皮埃尔·杜波特（Jean-Pierre Duport，1741年—1818年）：18至19世纪普鲁士宫廷大提琴家。

"《Op.5No.2》开始部分舒缓的柔板,演绎得非常缓慢,有着贝多芬早期作品中相当少有的厚重感与深度。"不过,在《金融时报》乐评人马克斯·哈里森看来,开始乐章同样部分的缓慢度极为令人不快:"在这么一种送葬式慢板中,这段长长的柔板序曲(展开),令余下部分就这么令人不安地拉长了,深沉忧郁的乐线大大丧失了其必要的连贯性,几乎散架。幸运的是,处理符点十六音符乐章部分,两位演奏家速度加快到较为现实的节奏。"哈里森对他们最后演绎的《D大调奏鸣曲Op.102No.2》,也不太认可,"杜普蕾小姐给了我们一段相当令人不安的混合音乐,平淡俗套(第一乐章的快板)与鼓舞人的强度(精彩的柔板……)好坏参半。"终了他有几分鄙夷口吻地总结道,"不幸的是,一位伟大的音乐家不仅仅只是演绎一首奏鸣曲单个乐章极为美妙的人"。

不过,巴伦博伊姆—杜普蕾二人组对这首奏鸣曲的演绎,尤其是核心的柔板部分,博得格林菲尔德的颂扬"真棒,当艺术家清净冥想之际,'在抑扬顿挫之间'演奏,让人们在他们充分扩展的音乐中欣赏到贝多芬的丰富情感。"塞西尔很呼应这些评价:"杜普蕾小姐克制到位的颤音发挥,加倍增添这首音乐娓娓道来的魅力。慢乐章渐入尾声的部分,赋格主题渐次呈现,都处理得相当漂亮。"

乐评人仿佛一致认同,巴伦博伊姆和杜普蕾对三组变奏曲的诠释尤其成功,这三组变奏曲,相较于奏鸣曲,也许看似不起眼,只不过"充数"应付之作。不过,贝多芬对此有着不同于奏鸣曲的创作意图。这三首大提琴变奏曲(其中两首主题取自莫扎特的《魔笛》,第三首是亨德尔的《犹太·麦卡白》),最迷人处在于贝多芬借助自己的感知对音调进行处理和偶尔做出改动的方式。在这方面,一个明显的例子是他赋予莫扎特的《女孩还是女人》[1]相应的主题变化,将第二部分原来的三连符颤音转变为散点的颤音/半颤音节奏,完全改变了曲子的着重点,塑造出更见棱角的音域模式。显然,贝多芬需要这一手段来达到音乐的统一效果,不过,这也使得贝多芬本人风格与莫扎特魔幻般的钟琴[2]世界撇清关系。

---

[1] 《女孩还是女人》(德语:Ein Mädchen oder Weibchen):《魔笛》第五场中的曲目。
[2] 钟琴(glockenspiel):一种有固定音高的打击乐器,能如一般的乐器般奏出旋律。

十三岁的亚历山大·贝勒都坐在两场音乐会的观众席中,他从没落过杰姬在伦敦举办的每一场音乐会。

我记得,在节日音乐厅听杰姬与巴伦博伊姆的贝多芬套曲。和往常一样,我坐在前排(称作B排,因为没有A排)。丹尼尔很有个人魅力且气势宏大,尽管如此,领引和主导这场演出的人是杰姬。看起来,丹尼尔的全部注意力就是想确立与杰姬的联系与响应,同时,杰姬很满足于让丹尼尔跟着她走。出来的效果是,两人采用非常不一样的方式进行演奏,但产生出非常强劲的效果。

据贝勒回忆,这许多场音乐会,几场是在南岸音乐节上推出,其中,最引人注目的是观众们的反应。"肃静和专注得令人难以置信,你甚至听得见绣花针落地的声响。杰姬的出场非常震撼,即便演奏像《升华之夜》[1]这样的室内乐时,她也总是以激动人心的方式进行交流。"

贝勒,英国当下首屈一指的一位大提琴家,坦诚地说道:"当时,我整个人对杰姬迷得不行,是她的追星族。我曾经在学校黑板上用硕大的字母书写杰姬的名字,一度遭到校方斥责。"同样,大提琴家斯坦芬·伊赛尔[2]记得,他拉小提琴的姊妹瑞秋,在自己卧室里挂满丹尼尔和杰姬的照片。他们这般热烈的反应,充分表明丹尼尔和杰姬这一对诠释型音乐家引起人们无比兴奋的情形,他们的演奏将青春、活力和艺术才华结合在一起,这种魅力令人难以抗拒。

这一系列的贝多芬套曲是在为明年纪念贝多芬诞生两百周年庆而准备;丹尼尔和杰姬不仅在接下来的十八个星期中多次演奏这些奏鸣曲和变奏曲,还和祖克曼计划演奏和录制钢琴三重奏方面的所有作品。此外,巴伦博伊姆已准备在伦敦和纽约重复这次涵盖贝多芬三十二首钢琴奏鸣曲的套曲演奏。实际上,到了1970年,他已完成为EMI唱片公司录制贝多芬所有钢琴奏鸣曲和(与奥托·克伦佩勒合作)协奏曲的项目。

巴伦博伊姆还就贝多芬狂欢音乐活动构思了一个项目,准备将自己对贝多芬的见解介绍给更广泛的观众。1969年夏季几个月中,他准备了一套

---

[1] 《升华之夜》(Verklarte Nacht):新维也纳乐派作曲家勋伯格早年作品。
[2] 斯坦芬·伊赛尔(Steven Isserlis,1958年—):英国大提琴家。

十三集有关贝多芬的电视系列节目，将于次年在格拉纳达电视台播出。克里斯托弗·努本，现为自由职业者，执导了这些节目的摄制，系列节目中，丹尼尔不仅演奏贝多芬一些开创性作品，还对这些作品——讲解。选出的这些作品中包括《A大调大提琴奏鸣曲Op.69》，这是杰姬和丹尼尔在摄制棚中录制的。努本摄制的版本展现给我们音乐表演艺术严肃的一面，摄像机没有捕捉到笑容和后台玩笑话，这些有助于赋予努本的音乐纪录片增长见识与快乐的内在意义。

6月的第一个星期，杰姬和丹尼尔再次踏上旅途。受邀在波多黎各音乐节上演奏，这次音乐节由年届九十三岁的卡萨尔斯担任总监。当年，这位德高望重的大提琴家在这届音乐节上的一场室内音乐会上与梅纽因合作，进行自己身为大提琴家的最后一场演出。两年前，在一场舒曼作品专场音乐会上，他指挥皮亚蒂戈尔斯基的演奏，而今，此次音乐节上，他更愿意将音乐节管弦乐团的指挥棒交给他人，于是，在圣胡安，指挥杰姬演奏埃尔加协奏曲的是巴伦博伊姆。尽管杰姬的演绎版本也许大不同于卡萨尔斯自己对埃尔加这首杰作的见解，但卡萨尔斯千真万确被杰姬的诠释完全征服了。在《纽约时报》自己的乐评中，亨利·雷蒙特这么谈杰姬个人的巨大成功，"杜普蕾小姐……被人们长久地起立鼓掌唤回舞台六次。音乐会结束后，在后台，卡萨尔斯拥抱了杜普蕾和巴伦博伊姆这两位音乐家，他坐在安置于舞台一翼的高背椅上聆听全场演奏。'我总是说，拥有这样一种性情，你怎么会是英国人呵，'他对笑容满面的杜普蕾小姐说，'当然啦，这一定来自你父亲那边的法国祖先。真美妙。每个音符都各就其位，每处强调都恰到好处。'"[i]

六月份的下半旬，巴伦博伊姆夫妇赴特拉维夫，在以色列音乐节上参加一场音乐会，纪念以色列取得六天战争胜利的两周年。祖宾·梅塔与以色列爱乐乐团也加入其中，邀集一处的艺术家们重现1967年举办的那场胜利音乐会盛况。在凯萨利亚美丽的罗马圆形剧场里，杰姬演奏布洛赫的《所罗门（希伯来狂想曲）》，巴伦博伊姆演奏勃拉姆斯的《第二钢琴协奏曲》，该剧院除了引以为傲的出色音响外，还有着最为情景交融的场景。男高音歌唱家普拉西多·多明戈去听了这场音乐会。虽然之前就久闻杰姬的大名，多明戈承认，自己事先对要听到的演奏并没有多少心理准备："就在她开始演奏的那一刹那，我发觉自己被她催眠了。片刻间，我就意识到这技艺十分了得，专注力与力度齐齐集结一处，使得她的大提琴发出我从未听见过的大提琴琴声，美妙如歌。"[ii]数年后，在伦敦，多明戈告诉杰姬，大提琴是他钟爱的乐器，他喜欢在连奏的段落中模仿大提琴的琴声（通常，这种情形恰好倒过来——大提琴手想要模仿伟大的歌唱家）。杰姬将这番逻辑结论视为多明戈的赞赏，当下建议多明戈应该学拉大提琴——她还答应教他，真给他上过几节课。

回到伦敦，7月3日，杰姬与劳伦斯·福斯特以及皇家爱乐乐团合作，演奏舒曼的协奏曲。7月10日，她与拉马尔·克劳森一道参加切尔滕纳姆①音乐节推出的一场小型名人音乐会，与海因茨·霍林格②（双簧管演奏家和凭借自身能力颇为著名的作曲家）和他太太，竖琴家厄休拉一起分担。作曲家约翰·曼德尔（John Manduell），当时切尔滕纳姆音乐节的总监，生出一些激进的节目编排想法，不过，对于这场具体的音乐会，他回忆说是"一个严重的错误"。并没有依照音乐会两个独立的上下半场界定每组二重奏和他们非常不同的演奏曲目，相反，他决定安排成"四重三明治式"的节目类型。据他回忆：

有趣的是，有的观众专程来听杰奎琳·杜普蕾演奏的贝多芬和德彪西，觉得海因茨·霍林格极端现代性的东西非常闹心，于是，真就是，他们当中有些人非常气恼在切尔滕纳姆地区发生了几桩非常有趣的事，其中有一桩，我记得尤其充满戏剧性，因为下半场时，接下来的十五分钟，喜好经典的观众在离席走出音乐厅，恰在这个时点上，正好碰上了另一半喜欢新颖挑战现代性音乐的观众，他们从对街的酒吧赶回来，准备继续听施托克豪森③的刚健音乐。[iii]

有趣的是，人们会注意到，在这种品位喜好的冲撞中，杜普蕾这边传

---

① 切尔滕纳姆（Cheltenham）：英国英格兰西南部的城市。
② 海因茨·霍林格（Heinz Holliger，1939年—）：瑞士双簧管演奏家，作曲家和指挥家。
③ 施托克豪森（Karlheinz Stockhausen，1928年—2007年）：德国作曲家，20世纪中期现代派音乐主要创新者。

统音乐的追随者能对付着听布里顿的《大提琴奏鸣曲》，只要不是与施托克豪森的作品放在一起。这位先锋音乐人在摒弃布里顿的同时，却将作曲家安德烈·若利韦①（比布里顿小八岁）归入自己的阵营。斯坦利·塞迪，为《泰晤士报》撰文报道说，两边观众各占一半，嘲笑与鼓掌赞赏掺和一处的情形，只有称赞杜普蕾和克劳森两人的功劳："她/他们完美地抓住了布里顿奏鸣曲的色彩，转瞬即逝又朦胧虚无；此外，贝多芬《G小调奏鸣曲》的演奏，克劳森先生钢琴演奏把控睿智且富有韵律，带动除了杜普蕾小姐的最佳发挥。我尤其欣赏尾声部分的处理，音调准确到位、慎重又劲道十足的欢快，很是从容不迫。"[iv]

7月25日，杰姬在逍遥音乐节上演奏德沃夏克的《大提琴协奏曲》，由查尔斯·格罗夫斯爵士②担纲指挥皇家利物浦爱乐乐团。杰姬对格罗夫斯爵士有着深情厚谊，格罗夫斯爵士是英国音乐界一位家长式人物，曾致力推进更具开创性的演奏曲库和更高水准引入英国各个省级管弦乐团中。虽然，作为指挥家，他未必才华横溢或魅力十足，但，作为音乐家的正直和生来谦逊的天性使他成为英国音乐界一位最佳伴奏和最受爱戴的人物。

这次逍遥音乐节上的演奏（后来证明，这是杰姬在这个独一无二的英国音乐节上的绝唱）现存的电台磁带资料表明，在格罗夫斯多少有些呆板但一直带有音乐感的指挥下，当时的杰姬状态极佳。皇家利物浦爱乐乐团犯了许多英国省级乐团常犯的毛病，合奏部分边缘粗糙，音调也有些含糊不清，不过，他们的长处在于对德沃夏克的音乐有共鸣且喜爱有加。杰姬的琴声极具个性且饱满，对这首乐曲的渲染深切且深刻，听上去仿佛渗透阿尔伯特音乐厅海绵状的整个空间。偶尔，激越的演奏引发一些瑕疵冒出——某处弦音走样的急升，或是某处刺耳的击弦声——出现在某段旋律中。在她的演奏中，人们能窥见杰姬难以释怀地执着于音量的处理，这一方面，在她余下不多的演奏时日里，伴随着日渐消殆的体力，变得愈发执着。有时，她不得不为之付出代价，使得音色品质遭受损害。

她演奏风格中的某些特质，她对乐段的延伸与恣意的滑音，有时，自

---

① 安德烈·若利韦（André Jolivet, 1905年—1974年）：法国20世纪著名作曲家。
② 查尔斯·格罗夫斯（Sir Charles Barnard Groves, 1915年—1992年）：英国指挥家。

由节奏（弹性速度）的处理偏夸张，这些往往被人认为风格做作、令人不安。对某些乐评人而言，这些特质掩隐掉了音乐信息的品质。我们很难获知，随着疾病逐渐侵蚀她的体能，杰姬音乐个性中的这些变化究竟有多少是缘于她的初心，即意在弥补自己渐渐消减的控制力。或者，就像杰里米·希普曼（Jeremy Siepmann）猜测的那样，杰姬作为演奏家的潜意识正被一种日渐增强的意识叠加了起来，以致她"施予音乐某种准分析式的想象"。希普曼推测，早年的杰姬就仿佛是完全凭自然生发式直觉反应传递音乐信息的一个媒介，但，在她演奏生涯的最后几年里，"这个媒介开始被操纵者角色所替换"。[v]

这场演奏德沃夏克的音乐会上，另一些杜普蕾的特质——各式各样出神入化的滑音与延音——收到奇特的效果，与她魔幻般的弱音演奏一样，用琴弓的华丽震颤、歌唱般的温暖感与连奏加以着色渲染。不过，当需要绘制阴森或冰凉音色时，她亦有勇气一并摒弃颤音。这次演奏中，有几段激动人心的对话片段，格罗夫斯未加任何约束地让他的管乐独奏人与杰姬这位大提琴独奏者一同"狂想"的自由。

空间宽广是这次诠释的关键词，这儿，我们又一次听见展现杰姬天赋异禀的地方，延音的处理和时间的悬置，或是乐句尾的美妙ައฉัน。她对乐曲轮廓的直觉领悟反映在对和弦变化的响应之中。就是在一个长时间悬置的音符上，她甚至也能变换音色，提示或预期有效的融洽变化与调整。

在这场音乐会的唱片中，人们总能感觉到杰姬就是在为当时的现场演奏，完全不在意麦克风的存在。在最后的尾声部分，独奏和管弦乐部分的音准都失准了，部分原因无疑归结于音乐厅非常热，人员又过于拥挤，要维持弦乐和管乐两类乐器协调一致困难重重。不过，在杰姬这一边，似乎不是左手手指放错弦位的缘故，而更像是琴弓施力过大，导致走调。

这次逍遥音乐节后，杰姬和丹尼尔在美国度过8月份的头十天，8月3日，她在唐格尔伍德[①]演奏埃尔加协奏曲，是杰姬和丹尼尔两人首次与波士顿交响乐团合作的演出。8月7日，她/他们与费城管弦乐团在该乐团夏

---

① 唐格尔伍德（Tanglewood）：美国马萨诸塞州西部城市；波士顿交响乐团的大本营。

季音乐节所在地，萨拉托加·斯普林斯，演奏圣桑的协奏曲。回家之前，他们又飞往加利福尼亚，在好莱坞露天剧场，不同音乐会上，丹尼尔和杰姬各自作为独奏者与祖宾·梅塔和洛杉矶爱乐乐团合作。

回到欧洲，他们飞赴卢塞恩夏季音乐节，8月18日，杰姬与英国室内乐团合作，演奏海顿的《D大调协奏曲》——丹尼尔再次担纲指挥。小提琴家罗兰德·弗兰德和他的太太辛西娅恰好也在音乐节上。据辛西娅回忆，"几天的时间，我就了解了杰姬。她累得不行，我很震惊，我们那时都那么年轻。她演奏得绝对漂亮，可演奏完后，人疲倦得不行，我们只好直接送她回酒店，都没等音乐会结束"。

踏着如此紧张的演出步伐，更不必说前几周连轴转的飞行旅程，杰姬感到累也不足为怪。不过，她的疲惫不是那种补上几天觉就能消乏的疲惫。疲劳倦怠感，就自身而言，很少会让人想到是一种疾病的征兆——有时，它只会看起来像让那些想要逃脱讨厌义务的便利借口。由于音乐演奏艺术家不得不履行之前早就约定的演出合约，要是杰姬有时觉得这些演出繁重麻烦的话，也并不令人吃惊。感到体力充沛的时日里，杰姬仍旧全身心享受音乐演奏的过程，音乐演奏即是她前程似锦的音乐生涯的核心所在。不过，别的日子里，遭到一种莫名疲乏感的侵扰，人感到虚弱头晕，要她在观众和乐团前起身都很是艰难。连她本人都无从解释这种状况的来由，更别说向他人证实什么了。事实上，她后来明白过来，这种疲劳感就是多发性硬化症最常见的一大症状。不过，在早期初发阶段，这种难以捉摸的不祥疾病迹象来得快，去得也快，来时莫名其妙，去时也莫名其妙，它们造成的影响很容易让人掉以轻心。

确实，这个夏天的这个阶段，杰姬虽然感到累，但人在伦敦时，几乎没有让她能喘息一下的空隙。她和丹尼尔一头扎进第二届南岸音乐节中，这一届音乐节，与去年的一届一样，由巴伦博伊姆担当艺术总监并已筹划好。今年，建立在古典与浪漫风格作品的基础之上，巴伦博伊姆推动这两类音乐向20世纪迈进——着重突出勋伯格和新维也纳乐派——同时回望巴洛克时期——推出巴赫、亨德尔和库伯兰的乐曲。巴伦博伊姆决定致力于新维也纳乐派的室内音乐，这一决定缘于他个人的品位和兴趣，也当作预备另个一周年庆演奏会的手段——1970年将举办纪念安东·韦伯恩[①]诞辰音乐会。这一年为期十天的南岸音乐节更添一层新维度,将大师培训班和研讨会包含在内,巴伦博伊姆也抽时间参与其中,同时,还指挥英国室内乐团和演奏室内音乐。

杰姬,也一样,忙于演奏——她参与了不少于六场音乐会的演奏。她不打算让自己陷入丹尼尔的组织事务之中,在有些人看来,杰姬的被动看起来无异于不感兴趣或缺少支持。不过,丹尼尔对此有不同看法。

杰姬确实对音乐会的筹划或是帮我出主意这些方面没兴趣,不过,她用演奏做出贡献,还乐于学习许多新作品,尤其是1969年这届音乐节期间。这方面上,她就像孩子一样温顺——"你会学《升华之夜》……?""会呀。""你想拉这首还是那首?""好。"她没有说"不",我觉得,不管是更好还是更糟,她都绝对信任我的艺术判断,遵从我的建议。她完全不爱动脑筋,没有求知欲。

丹尼尔能激励杰姬掌握新的曲目,尤其是室内乐方面的乐曲,室内乐曲目的学习过程因其他音乐家到场而生动快活。人们猜想,凭借即时吸纳的能力,杰姬在彩排中掌握绝大多数的作品。她确实钟爱与丹尼尔及友人一起进行音乐演奏的每一分钟,在努本的音乐纪录片中,我们明显看到,在彩排舒伯特的《鳟鱼》五重奏和演奏《幽灵》三部曲前的"后台"热场排练的时候,他们人人高度兴奋、充满乐趣。人们应当附带提一下,屏幕上的杰姬丝毫没有当年她在其他场合抱怨过的那种疲惫神情。

8月22日,这届音乐节的首场室内乐演奏会,由巴伦博伊姆夫妇与葛凡斯·裴耶一同演奏,他们的演奏堪称通过节目编排塑造其内在魅力的一场音乐会典范。演奏会上下两个半场各安排两首较短的曲子,重点突出贝多芬和勃拉姆斯二人单簧管三重奏作品的演绎。通过两次演奏舒曼的《幻想曲Op.73》——上半场,为单簧管和钢琴合奏的原始版本,下半场,为大提琴版本,形成对镜比照的架构。取自新维也纳乐派的另外两首乐曲的

[①] 安东·韦伯恩(Anton Friedrich Wilhelm von Webern,1883年—1945年):奥地利作曲家。

演绎，组成整场演出其余的部分——上半场，贝尔格①的《为单簧管与钢琴而作的四首Op.5》，下半场，韦伯恩为大提琴而作的《三首小曲》。

英国室内乐团再次处于音乐演奏的中心。据奎恩·巴拉迪回忆，"那时与巴伦博伊姆一起进行精彩演奏，他们在一起度过了美好时光。巴伦博伊姆三重奏组和他们团队中的第四位音乐家，伊扎克·帕尔曼，所散发的慷慨品格深深打动了我们所有人，给予了我们很独特的东西。"

这家乐团的共同带头人加西亚举列举了一次勋伯格六重奏《升华之夜》的演出来说明他们这种可贵品质：

平基和我负责小提琴，彼得·席德洛夫②和塞西尔·阿罗诺维茨负责中提琴，杰姬和比尔·普利兹，大提琴——的确盛况空前。杰姬喜欢演奏这首作品——是她十分中意的音乐。事实上，她之前听过乐团演绎版本，我们与丹尼尔经常演奏它，因而，杰姬对这首作品的里里外外都了如指掌。很可能仅仅是在听了几次这首曲子的过程中，她就内化为自己的东西。一方面，她似乎从没花时间专研乐谱，另一方面，但凡演奏过的协奏曲，她都知道，甚至能唱出来其中的管弦乐部分。在排练中，她的贡献一如所有人的投入，尤其是擅长解决音调与音色、运用（或不用）颤音处理等方面的一位大师。她的建议非常到位、恰当，因为她的耳力简直太不可思议，平衡感好得不得了，还能即刻鉴别出哪件乐器的声音太大或哪一件不够亮。她各种弓法灵活通融，总是乐于尝试各种建议。在这些排练中，我们都感到一视同仁的平等相待，可以自由表达自己的意见，且一直和谐相处。平基是一位很出色的领头人，从不过于自负。

据伊扎克·帕尔曼回忆，室内乐是他们生活中不可或缺的部分，无论何时何地遇见，他们都会玩上一把。因此，把他们私底下的演奏扩展到公开的音乐会上，分享他们的兴趣与兴致，这令人觉得完全自然而然。巴伦博伊姆，当然，是所有演奏的领军人物。"丹尼尔既是发起人，也是编排出色节目的策划人，他让我们尝试我们从没想到过的方面进行

---

① 贝尔格（Alban Maria Johannes Berg，1885年—1935年）：奥地利作曲家。
② 彼得·席德洛夫（Peter Schidlof，1922年—1987年）：奥地利裔英国中提琴家。

演绎。'这么样如何，那么样可否？'他喜欢给你建议，当然，他现在仍然这么做。这就让类似《鳟鱼》音乐影片在这届音乐节的环境中轻松地拍摄了出来。"

克里斯托弗·努本拍摄了一部演奏舒伯特《钢琴五重奏D667》的影片，即《鳟鱼》音乐纪录片，至少，他人恰巧在对的时间出现在对的地方。音乐会开始前的一个星期里，努本就对演奏人员进行了一些非正式拍摄，安排数台摄像机在排练场中进行偷拍。我们看到这么一些场景：祖宾·梅塔与他新任妻子南希抵达希思罗机场，还有他的低音提琴（当装在琴箱里的这件硕大乐器从机场行李运输带上颠簸而出，送达行李大厅时，真是令人焦虑的时刻）；帕尔曼与自己的家人在汉普斯特德的一处花园里闲庭信步；祖克曼在查尔斯·比尔琴行位于沃德街上的店里试了试一把中提琴等等。这些摄像机保留下排练现场的欢笑声，证实了这些音乐家们敏锐且力求精益求精的品格。排练现场第一个镜头即是巴伦博伊姆对启奏和弦部分令人错愕的反应："太难听了。"他做了个鬼脸，提出帕尔曼应当拉得更舒展些。一听到，即刻就做到，帕尔曼继续推进，轻松自如地演奏起来，展现出他们多年合作演奏的那份亲密感。

这看上去印证了祖克曼对这一点的看法："我们之前全去过那儿。"一群人中有两位指挥，于是，有关指挥家个人如何引导演奏者，有过不少调侃取乐的事儿。不过，巴伦博伊姆和梅塔都保持低姿态，让帕尔曼自称为领头人。他时不时被祖克曼抢镜，祖克曼一度模仿卡萨尔斯的爆发式强拍音。就是临登台的最后几分钟，这类笑话还在继续，这几位演奏家彼此交换乐器；帕尔曼在大提琴上拉起了一段《野蜂飞舞》（The Flight of Bumble-Bee），他的活力掩饰去了音符的近似，不管怎样，他传递出的整体效果无比精湛。杰姬像拿大提琴那样竖直拿着帕尔曼的小提琴，拉了门德尔松《小提琴协奏曲》开头几个小节，很是悦耳。丹尼尔，也是玩闹中一等一的玩家，不得不发号施令，督促这些演奏家准备登台亮相——毕竟，他是这场演出的艺术总监。演奏开始，这些演奏家当下变身为严肃认真的音乐家，真是奇妙。有幸的是，他们的严肃认真从来没有影响他们年轻的活力与快乐，他们演奏的，本就是焕发青春朝气的音乐，创作这首曲子时，舒伯特自己也才二十一岁。

当时，没有一位参与者想到这部纪录片有着什么特殊的重要意义，也没意识到影片日后会取得巨大的成功。相反，在他们，一边，努本拍摄他们的音乐演奏过程，另一边，他们和努本分享着彼此的快乐。据帕尔曼说，一方面，杰姬在"玩闹"中不比别的人参与得少，另一方面，她的音乐演奏无论任何情况都保持着十分的完整性。"我永远忘不了《鳟鱼》一曲中大提琴一两处小主题片段。听别人拉——无论他们演奏得多么不错——在我，都不对味，只因为杰姬演绎得如此不可思议的出色。她音乐演奏的要义是她从演奏中所获得的纯粹的愉悦。"这是一种会传染的愉悦，是反应她的演奏与她的个性之间完全契合的愉悦。

在帕尔曼，杰姬富有感染的技艺表达特质和她对滑音的偏爱本身就是她个性的表达。"有时，要是她拉了一个尤其明显的滑音，就会让我觉得我想滑动少些——人就像在一场游戏中做出反应。"正如帕尔曼注意到的，杰姬的内在冲动与她音乐演奏的信念有着千丝万缕的联系。"她的技巧源自她的内耳，不是什么外部强加的东西。要是什么东西并非她直接自然想到的话，就很可能让外界的人觉得技巧缺失。偶尔，杰姬自己可能感觉必须习练五分钟，为的是克服某个技巧瑕疵。不过，在我回忆，她会所有事都做，而且都是完全不权衡的方式。不过，她对弓和手指的摆位十分有把握。"

《鳟鱼》这部影片获得前所未有的成功，如今，首映近三十年后，影片仍然是迄今拍摄的最受青睐的一部音乐纪录片经典。人们或问，这部影片中什么东西这般独特？努本自己在介绍这部影片的说明书中回答了这个问题。"首先，而且首要的是它拍摄于五位年轻音乐家在形成特殊音乐伙伴关系和确立个人友谊关系的时间段。其次，它拍摄于他们正向世界明星身份转型的阶段。确实，这部影片促进了他们的转型，加快了他们转型的速度。"就像努本指出的那样，这几位音乐家属于电视陪伴长大的一代人，镜头前不怯场。演奏的卓越品质即是不证自明的例证，不过，它的拍摄手法令观众产生自己置身于这场音乐演奏活动之中的参与感。凭借强有力捕捉到自然生发的愉悦精神，影片大获成功，努本本人当然劳苦功高。

也许，人们唯一遗憾的是，努本没有继续拍摄音乐会的下半场——演奏勋伯格的《月光小丑》，梅塔继续执棒指挥。他的小乐队里，祖克曼拉小提琴和中提琴，杰姬拉大提琴，理查德·阿德尼①吹长笛和短笛，裴耶吹单簧管（不过，他将低音单簧管的低音部分交由斯坦芬·特里尔担当），丹尼尔弹钢琴。女高音家简·曼宁（Jane Manning），这场演出中的代言人（或sangsprächerin——德语——译者注）记得，对这首作品，杰姬拥有必要的戏剧性张力的完美品质。

有一次，大提琴家詹尼·沃德-克拉克（Jenny Ward-Clarke）代杰姬进行《月光小丑》的一次排练。沃德-克拉克对这首乐曲了如指掌（她本就是《月光小丑》演奏乐队中一位原始成员，当时，这支乐队就是为演奏这首特殊的作品和其他类似当代音乐而专门组建的），她发现，至少在排练中，这群演奏者优先考虑事项中排在首位的并不是准确性。

在这届音乐节中，杰姬还演奏了勋伯格的另一首作品，《第二弦乐四重奏》，其中，帕尔曼为第一小提琴，肯·西利托（Ken Sillito）和塞西尔·阿罗诺维茨分别为第二小提琴和中提琴。第三和第四乐章增添的女高音部分由希瑟·哈珀（Heather Harper）演唱。所有这些，就像帕尔曼指出的那样，"……是丹尼尔拿的主意，好家伙，很难啊。我们长时间地排练，我甚至诅咒起丹尼尔来了。不过，我们排练得不错，尽管有时候，各种滋味就感觉就像我们都晕眩了"。

指挥家拉里·福斯特（Larry Foster），好几场这类音乐会都在场，人们看见他在《鳟鱼》演出中替丹尼尔翻乐谱。他记得，杰姬拉《月光小丑》和其他乐曲毫无问题，在任何当代音乐组合里，她都能轻松自如地不输任何人。鉴于杰姬与大提琴核心曲目联系极深，这似乎令人惊讶，又由于她往往声称自己对当代音乐不感兴趣，这就更令人吃惊了。据祖克曼回忆，"杰姬的能力令人惊奇，能不费吹灰之力演奏任何类型的音乐。不过，别忘了，她在与一个比同代人了解音乐多得多的人生活在一起。丹尼尔可以坐在他的钢琴边，演奏任何东西，不带一点差错。"在他看来，丹

---

① 理查德·阿德尼（Richard Gilford Adeney，1920年—2010年）：英国长笛演奏家。

尼尔自觉的经验知识和分析手段之间存在巨大的落差，而杰姬对音乐即时性地直观把握，看起来绕过了这种有意识地过程。

在杰姬，其魅力是巨大的。人们在争论音乐想象力还是音乐结构更重要时，我发觉，随着自己年龄的增长，这个问题没有答案。我可以坐在乐谱旁，仔细解释这首作品为何应像这样演奏，但，我过后问自己，为什么每个人就一定要分析音乐呢，要是这音乐并未激起你任何情绪波动——某种高涨或低落的情绪——或是赋予你某种关联，引起某种回忆，或是刺激某种未来思绪，你就不应该对它进行分析——放弃好了。有关杰姬，我记忆最深的是，她所有音乐演奏品质是如此完完全全凝聚于一体。

这届音乐节上，杰姬演奏的其他作品包括巴赫的《无伴奏大提琴第二组曲》、贝多芬的《G大调弦乐三重奏Op.9》（与祖克曼和辛德勒合作），和伊贝尔①的《大提琴和管乐器协奏曲》，都是七年前她为BBC电台录制过的唱片曲目。这一年，杰姬与自己的老师威廉·普利兹两次搭档——第一场音乐会上，共同演奏费希②的二重奏，第二场，8月31日，一起演奏亨德尔的《双大提琴协奏曲》——由隆基尼（Ronchini）根据一首原为双小提琴协奏曲进行编排的版本。

BBC早期录制的一张库普兰二重奏唱片，以及，更为重要的，在克里斯托弗·努本摄制的杰姬两部音乐纪录片，都为我们保留下见证普利兹这位德高望重的音乐名师与他的得意门生两人的高超技艺与音容笑貌的真实凭据。即便他们在演绎奥芬巴赫的小品音乐时，人们也能品味到师徒二人彼此共同分享的热情和彼此投入音乐的能力，即便是难以称作一流但极具个性的音乐。例如，有一次，他们演绎一篇慢乐章，充满几乎过度伤感的情绪渲染。"这首音乐令我们越来越慢。我们会慢慢停下来，"杰姬急切地说，说不出地欢喜在心。"那好吧，试试快两倍地拉——只就是好玩呵，"普利兹回应她说——于是他们真的就快两倍地拉起来，将甜蜜且敏感的东西转化为翩翩起舞的优雅。

---

① 伊贝尔（Jacques François Antoine Ibert，1890年—1962年）：法国作曲家。
② 费希（Willem de Fesch，1687年—1761年）：荷兰低音提琴演奏家和作曲家。

杰姬最与众不同又最为可爱的一大品质，是她与别的音乐家沟通与互动的能力。观看她与普利兹之间的互动尤其令人感动，即便，时至今日，杰姬音乐演奏上的洒脱手法早已远远超越自己这位老师的影响。同样的，这种音乐互动跟丹尼尔与平基搭档尤为默契。在拍摄的《鳟鱼》五重奏的演奏中，甚至演绎简单的伴奏音型时，祖克曼和杜普蕾之间这种切实的深度默契，十分引人注目。

　　南岸音乐节即将结束时，巴伦博伊姆在伦敦的声望达到一个新的高峰。不足为奇的是，爱德华·格林菲尔德将那些年的伦敦音乐生活划分为两大类，还真是不足为奇——巴伦博伊姆在场的音乐会，和巴伦博伊姆不在场的音乐会。伦敦的管弦乐音乐家之间的玩笑话封他"音乐先生"（Mr Music）的绰号，体现出勉强赞美掺杂讽刺意味的典型英式幽默。更为一针见血的是，这么一个调侃意味的绰号意味着，人们真心欣赏丹尼尔覆盖面极宽的各种创意活动、他的正能量和他巨大天赋的艺术品质。

i 《纽约时报》，1969年6月8日。

ii 普拉西多·多明戈，同前，第79页。

iii 1945年—1994年切尔滕纳姆音乐节：约翰·曼德尔爵士回忆录（取自1982年的一次电台采访内容）。

iv 《泰晤士报》，1969年7月11日。

v 为CD专辑《杰奎琳·杜普蕾典藏精品》（*Les Introuvables de Jacqueline du Pré*），EMI CZS 5 68132 2。

第二十三章
贝多芬盛典

理智、随心所欲、从容不迫地行事，与循规蹈矩之间有着天壤之别。我们演奏音乐时，这个过程是被动的，也是主动的，有着同等丰富的创造性。

——耶胡迪·梅纽因[①]

有时很难想起，杰奎琳·杜普蕾位居国际一线的整个音乐生涯仅仅六年的跨度，她与巴伦博伊姆（在音乐演出和唱片两方面）在一起时的成就压缩起来四年光景不到。不过，在这寥寥几年里，杜普蕾不仅深深印记在普通大众心中，而且持久影响着她接触过的音乐家，榜样般激励着下一代的年青大提琴手。

1969年—1970年演出季，其中，与平夏斯·祖克曼合作的三场音乐会，和勃拉姆斯二重奏的一些演出活动，为她的档期添加了额外的维度。不然的话，她的绝大多数档期，都是在和丹尼尔一道演出，丹尼尔不是担当指挥，就是出任钢琴伴奏的角色。

忙碌紧张的南岸音乐节后，巴伦博伊姆夫妇只享受了几天的休息，就继续他们的音乐演出，前往哥本哈根，开始为期两个星期的演奏之旅，丹

[①] 罗宾·丹尼尔斯（Robin Daniels），《对话耶胡迪·梅纽因》，Futura出版社，伦敦，1980。

尼尔已签约担纲指挥丹曼电台管弦乐团。杰姬作为独奏人与他一同亮相，于9月10日和11日演奏埃尔加协奏曲，接着，祖克曼旋即加入他们，一起演奏贝多芬所有的钢琴三重奏。这段时间，杰姬和丹尼尔两次穿梭在瑞典境内———次去哥德堡举办一场小型二重奏演奏会，一次去马尔默，演奏一首协奏曲。

依照行程，他们下一站前往泽西岛，有点不同常规线路的一处演出地点。9月24日，丹尼尔和杰姬在圣·赫利尔举办了一场二重奏小型音乐会，圣·赫利尔是杜普蕾家的祖籍地。杰姬十二岁那年最后一次在泽西岛度假。如今，她受到热烈欢迎，被视作征服世界的一位英雄一般。

离开泽西岛，夫妇二人马不停蹄赶往德国，9月26日，他们演奏贝多芬《魔笛》的两组变奏曲和勃拉姆斯的两首大提琴奏鸣曲。归途前夕，9月28日和29日，杰姬在布鲁塞尔履行了两场预订好了的演奏会；而后，他们返回英国，10月初，又举办了一场小型音乐会。紧接着，10月16日，在曼彻斯特，杰姬履行一场事先约定的管弦乐演奏，演奏中，她与祖克曼、哈勒管弦乐团合作，演奏勃拉姆斯的《二重奏》，巴伦博伊姆担纲指挥。三天后，在皇家阿尔伯特音乐厅，杰姬与新爱乐乐团携手，演奏埃尔加协奏曲，由约翰·普里查德[①]代替身体不适的巴伦博伊姆担任指挥。《泰晤士报》乐评人对替换巴伦博伊姆表达了失望，尤其是丹尼尔原计划首次指挥埃尔加的《吉隆修士之梦》，不过，杜普蕾对这首协奏曲的"精彩演绎，充满依依不舍之情"可算一种弥补了。

10月份的最后几天，在德国和那不勒斯，杰姬又完成了好几场小型音乐会的演出，而后，杰姬重新与哈勒管弦乐团合作，11月4日和6日，分别在考文垂[②]和曼彻斯特，由莫里斯·韩德福德（Mauric Handford）担任指挥，演奏德沃夏克的协奏曲。

接着，遵循前几年的模式，巴伦博伊姆夫妇动身赴北美，进行六个星期的出访。杰姬深受北美观众的追捧，绝对毫无疑问，不过，就是这段时间，她开始收到许多不怎么有好感的评论。人们不得不问是不是什么客观

---

① 约翰·普里查德（Sir John Michael Pritchard，1921年—1989年）：英国指挥家。
② 考文垂（Coventry）：英国英格兰中部城市。

原因所致，或是杰姬旋转式上升的好评如潮已触到极限点。身处成功巅峰的艺术家往往容易受人们的再度评价，此外，在摧毁自己一度助力打造出来的东西中，乐评人转变为心甘情愿的共谋，这种转变实在太容易了。

尽管如此，在一场音乐会仅存的录音资料依然可查的情况下，人们无法忽视那些独立乐评人一再观察到的方面，即杜普蕾拉得过度用力，音准方面也存在问题。在这个秋天，杰姬似乎并不总是处在自己最佳发挥状态。

11月16日，在纽约的卡耐基音乐厅，巴伦博伊姆-祖克曼-杜普蕾三人组合推出他们美国站的首场演出，这次巡演随即拉开序幕。这场首演后，杰姬赶赴蒙特利尔，11月18日和19日，在祖宾·梅塔的指挥下演奏德沃夏克的协奏曲。23日，在纽约大都会艺术博物馆，她和丹尼尔举办一场小型音乐会，节目单中不乏让人耳目一新的内容，其中包括韦伯恩的三首小曲和舒曼的大提琴民歌式作品。

《纽约时报》的哈罗德·勋伯格，与他不以为然称之为的"崇拜的人群"形成鲜明对比，无意褒奖这场演奏。勋伯格发觉他们的节目编排有意思的同时，对演奏的质量提出质疑，批评杜普蕾勉强的音调，高位音准也存在失真问题。他称，声音的美感被牺牲掉了，"在力求获得一种戏剧化和音量效果中，杰姬的这种力求既超出了她执弓臂所及的范围，也不符合她个人性情，人们有此猜测。杰姬的演奏存在太多弓木碰琴身，而不是弓弦触琴弦的地方了——她大幅度地猛地拉弓，结果带出嗡嗡嗡、嘎嘎嘎，着实嘈杂难听的声音。"确实，贝多芬的《F大调奏鸣曲》中，为了营造宏大效果，杰姬太过用力，勋伯格不明其中究竟："这首音乐并不是那种了不得的呈现。"他这么提示他的读者。

勋伯格承认，巴伦博伊姆演奏贝多芬作品"非常具有权威性"，同时，对巴伦博伊姆在肖邦奏鸣曲中的钢琴发挥给予双刃剑式意味的恭维。一方面，巴伦博伊姆演奏出"一道令人惊讶的盛宴……他弹奏整首音乐，尽可能少地踏板，几乎没有任何颜色，几乎没有一处一丁点的位移。这么轻松的解决方式，令人印象深刻，甚至令人敬畏。但，他弹的并不是肖邦。"这位乐评人最后称。勋伯格喜欢杜普蕾在肖邦奏鸣曲中（尤其是广板乐章部分)那种自然而然的抒情韵味,称赞她延伸歌唱式长乐句的能力。虽说得够勉强,勋伯格仍承认韦伯恩的小曲作品演奏得相当不错,仿若"怡人"的舒曼作品一般。

这场小型音乐会后,巴伦博伊姆夫妇兼程赶赴芝加哥,在芝加哥,杰姬再次演奏德沃夏克的协奏曲。她作为独奏者参加乔治·索尔蒂爵士[①]履新芝加哥交响乐团总监的首场音乐会。三场演出分别于11月27、28、29日推出,据巴伦博伊姆回忆,都不是杰姬最令人满意的演奏经历,部分原因在于她不认同索尔蒂的音乐处理手法。"杰姬觉得,他太死板,过于感情用事,近乎冷酷无情。我记得他们对这首协奏曲的尾声部分有过争论。索尔蒂试图将音乐置于一种架构之中,但杰姬不想。"乐评人就这场演出,对待索尔蒂远比对待杜普蕾来得更有善意。《每日新闻报》上,伯纳德·雅克布森(Bernard Jacobson)不无困惑地写道,"四五年前,杰奎琳·杜普蕾,也就二十四岁,是一位世界伟大的大提琴家。自那以后,她的演奏就出现令人难过且困惑的状况。星期四晚上,她演奏德沃夏克协奏曲时,柔板部分有美妙之处,外部乐章(outer movements)间歇得还好。不过,也有发挥太过走调的地方,音乐轮廓被过于夸张地扭曲了。"

在另一篇作者不详的乐评中,评论人指责杰姬,在追求奔放的音色过程,试图"对抗自然法则":"杰奎琳·杜普蕾寻求高大上的表现力,导致自己一再陷入华而不实的虚饰之中,太多部分表现得不庄重。简言之,她的音色弱——维克多·艾泰(Victor Aitay)在最后乐章强有力的小提琴同奏确定了这一事实。"(虽然人们会指出,独奏大提琴应该从属于独奏小提琴的乐线。)

《太阳时报》的托马斯·威利斯,他的鉴赏来得正面些。他认为,杰姬的个人特色很大程度受益于罗斯特罗波维奇,她有着罗斯特罗波维奇一样"直言不讳的表现力和冲劲。不过,年纪二十四岁,杜普蕾小姐需要自己的时间(成长)——时不时有那么几分过度——发挥她自己的想法。"威利斯赞赏杰姬的技巧控制和音色运用,他总结道,"无论任何年龄阶段

[①] 乔治·索尔蒂爵士(Sir Georg Solti,1912年—1997年):匈牙利裔英国指挥家。

的演奏家很少能让听众这么全神贯注于其中，即便当杰姬拉过延音线的极限落入了俗套时也不例外。"

印入人们脑海中抹不去的，正是杜普蕾深深吸引与牵动观众的感染能力。她在舞台上的张扬个性，加上一头飘扬的金发，身穿一袭华丽流动的时尚丝绸，姿态摇摆着——所有这些一起构成她舞台表现的部分，她的舞台表现洒脱但从不做作，惹人注目。音乐表达的交流更为强劲，源自音乐演奏中看得见的外在欢乐与强烈的内在专注力，一种拒绝肤浅的内外结合。

正是在这个时候，巴伦博伊姆夫妇与芝加哥交响乐团开始磋商有关录制德沃夏克大提琴协奏曲唱片的事项。这首作品在杰姬已录制的唱片曲目中缺位，异常扎眼，它显然是她下一张唱片的选定曲目。EMI公司最终接受请求，打破它一直在伦敦录制协奏曲唱片的规矩，公司原规矩是因为伦敦的录音棚费用和聘请最好的伦敦本地管弦乐团的成本这两项，相对在美国同等情况下，总开销要低不少。录制档期拟定为1970年11月份，也正好是巴伦博伊姆夫妇预订下参与芝加哥交响乐团来年演出季的时段。挺讽刺的是，就在准备好投入到德沃夏克音乐录制工作之中时，出于完全不同的原因，杰姬开始渐渐觉得此事成问题。她想要将这首作品演绎为具有交响乐构成的雄伟建构，但她不再有支撑这一设想的纯精力与体力。当时，尽管如此，生理疲惫这些不适看起来只是暂时的，完全相信它们会消失的。

离开芝加哥，杰姬往西飞赴波特兰，赶一场协奏曲的演奏，与此同时，丹尼尔直接飞往洛杉矶，与洛杉矶交响乐团合作，进行为期三个星期的演出活动。杰姬接下来的几场音乐会都在夏威夷，她对火奴鲁鲁交响乐团有着一项未完成的义务在身，1968年春天，她曾取消了与这家乐团的演出活动。这一次，12月7日和9日，她演奏了两首协奏曲——布洛赫的《所罗门》和柴可夫斯基的《洛可可》变奏曲。柴氏的这首作品是杰姬回避演奏曲目单中的一首，她觉得其中某些乐段很不对劲。凭借精彩的透明式管弦乐编排，《洛可可》变奏曲代表着大提琴家最爱演奏的一类乐谱，也因为这样，它的难点与海顿《D大调协奏曲》中的那些难点没什么大的不同。不过，杰姬从来都不觉得海顿的音乐棘手，所有听过杰姬演奏《洛可可》协奏曲的人都能证实，杰姬具有将金丝银线般的精细与恰如其分的强烈感染力结合起来的精湛技艺与能力。

离开夏威夷，杰姬返回洛杉矶，12月17日和21日，在丹尼尔指挥下，与洛杉矶交响乐团携手，进行了四场舒曼协奏曲的演奏。洛杉矶的乐评人与在纽约和芝加哥的同行形成鲜明对比，他们的评价满是赞誉。他们发现杜普蕾大大减少了自己舞台上的摇晃举止，自她首次亮相洛杉矶以来，她获得了更深的音乐见解。沃尔特·阿伦写道，杰姬的演出"……展现出不带虚假悲哀或装腔作势的情节。音色柔滑，十分专注。诠释低调朴素，沉静浪漫，加有几分精简。"[i] 奥林·霍华德注意到独奏者与指挥之间欢愉的默契合作，两人并没有借自身婚姻关系而"滥用这种浪漫意味"："杜普蕾小姐可爱、轻快的劲，与巴伦博伊姆严肃、活泼的活力管控得当，丝毫不矫揉造作，志在圆满完成一场热情洋溢且光彩照人的演奏。"这位乐评人发现，就演绎这首远非舒曼最成功作品而言，杜普蕾是一位了不起的佼佼者："是的，在杜普蕾令人陶醉、无懈可击的音乐推动下，这首作品展开来，富有叹为观止的说服力。"[ii]

返回伦敦，经纪公司的日志上提到的一段"假期"，指的就是，巴伦博伊姆夫妇用当月的最后一个星期与祖克曼一起准备，将为EMI公司录制全套贝多芬三重奏唱片。在修道院路的录音棚，他们的首次录制工作安排在12月29日和30日。这一年最后几天的日子里，他们仍然找出时间，与英国室内乐乐团合作，在伊丽莎白女王音乐厅彩排和举办了一场新年音乐会。这一次，杜普蕾献演的曲目定为德沃夏克的两首乐曲，《回旋曲》和《寂静的森林》，为了这次演出，她专门习练了这两首作品。展望未来，这两首作品本打算作为一组不错的曲目组合，纳入她计划好的德沃夏克协奏曲唱片之中。大提琴家桑迪·贝利去听了这场新年音乐会，对杜普蕾的演奏记忆犹新："杰姬起奏《寂静的森林》的方式，就像大脑图案一样一直萦绕在我脑海中。就在临演奏前，人们感受到她内心饱含着令人难以置信、盘绕聚集的能量，接着，一个非常、非常平稳、轻柔、稍许示意的弱拍，同时又内含极大的劲道，而后，乐音旋即响起（就在琴弓那个点的位置由一个上弓带出），这乐音如此柔和、温暖、舒缓，亦紧致、强烈。十分引人入胜。"

实际上，这种在一个乐音中看似自相矛盾的结合是杰姬非常熟悉并会加以运用来达到一种独特效果。在埃尔加协奏曲的最后乐章，尾声结束的地方有一段乐句（标注慢板的慢乐章主题最后一次追忆），对杰姬有着非同一般的意义——她把这段乐句比拟为一滴泪珠儿。"极为内化，十分强烈，很是激越澎湃，也非常华丽，与此同时，又相当轻柔，"杰姬曾在BBC电台的一次访谈中这么解释，"要在这么一层感觉上进行演绎，那就是你必须清楚意识到你拉的音乐类型，确切懂得如何实现，这不容易。"

在新年音乐会上，不过，还有烟花和娱乐，前段部分，由祖克曼演奏维尼亚夫斯基[①]的《波兰舞曲》，而音乐会更有意思的部分留给了巴伦博伊姆，通过演奏、演绎和模拟弗朗西斯·沙格兰[②]的《为指挥与管弦乐创作的协奏曲》（一首1958年受杰拉德·奥夫南[③]的委托而创作的作品）。这场音乐会在海顿的《道别》交响乐中结束，伴随这首乐曲著名的尾声部分，各位音乐家一位接一位地偷跑下台（在此情况下，急着离场去庆贺，而不是抗议）。

贝多芬钢琴三重奏唱片的录制，元旦当天仍继续开工，于1月3日完成，一共安排了八段录制时段（通常每次持续三个小时），意味着每次完成一张唱片一面的录制内容（整套唱片含四张LP唱片碟）。这种安排在跨公司间的合作项目中难得一见，让祖克曼从他与CBS（美国哥伦比亚广播公司——译者注）刚签下的独家代理合同中解脱了出来，得以加入巴伦博伊姆和杜普蕾，一起为EMI录制的这套唱片。作为交换，杜普蕾和巴伦博伊姆计划从排他性条款中解脱出来，与费城管弦乐团合作，为CBS公司（在现场音乐会上）录制埃尔加协奏曲，巴伦博伊姆还计划为CBS公司担任指挥，与担纲独奏的祖克曼合作，录制莫扎特的小提琴协奏曲唱片。

钢琴三重奏有非常精彩的曲目库，不过，并不太容易进行唱片组合。

[①] 亨里克·维尼亚夫斯基（Henryk Wieniawski，1835年—1880年）：犹太裔波兰作曲家、小提琴家。

[②] 弗朗西斯·沙格兰（Francis Chagrin，1905年—1972年）：电影音乐与管弦乐作曲家与指挥家。

[③] 杰拉德·奥夫南（Gerard Huffnung，1925年—1959年）：德国艺术家与音乐家。

汉斯·凯勒[①]写过所有钢琴与弦乐专场室内乐中的各种内在纹理结构以及其中存在的问题，指出两大类不同的乐音不易合成："你要么减弱声音对比，要么不做处理。如果不做处理，那么，你必须让各种对比具有纹理质感，放弃混音合成，并让各种异构的音效相互调剂。"[iii]不过，一首钢琴三重奏，远不限于钢琴与大型弦乐队之间的各种组合，允许这种构成各个不同的组成部分保持它们各自独立的音乐特色。

巴伦博伊姆一贯主张，钢琴三重奏组合必须，理想的话，由三位懂室内乐的独奏人组成。当然，祖克曼、杜普蕾和巴伦博伊姆不仅在奔放热情方面，而且在揭示音乐内在表达的能力方面，都十分匹配，尽管如此，他们都各自有着传奇色彩的舞台个性。两位弦乐演奏家从击弦的统一到声音的理解等各个方面都有着那种独特的默契关系，最微妙的手势或眼神都能引起即刻的响应。巴伦博伊姆享受自己在当中所扮演的权威角色，同时还拥有指挥家倾听和伴奏能力。

据钢琴家查尔斯·沃德斯沃斯观察，祖克曼，加入已组成的巴伦博伊姆–杜普蕾二人组的这位新来者，充当着他们这个三人组合的催化剂。沃德斯沃斯注意到，平基的直觉式方法令他即刻与杰姬联系在一起，不过，他有些敬畏丹尼尔了得的多元天赋。相比较下来，巴伦博伊姆保有一种奥林匹斯威武式的超然，这很可能造成较平庸的人感到压抑，但，它有助于训练弦乐演奏家和控制他们较为狂放不羁的一面。[iv]当然，丹尼尔的整体把控使得他能待人宽容且灵活，从不强硬地将自己的理念施加于人。

当然，他们演奏中的灵活，在节拍上最显见，虽然节拍的调整与整体音乐结构相关联。在巴伦博伊姆的观念里，"虽然节拍有助于塑造音乐的外在形式，但节拍不做表达，它只是你可以放进内容的箱子，在这个箱子里，乐句的处理和发音的清晰做着表达。也就是说，节拍、音量和清晰度各种不同因素相辅相成，其情形与和弦、旋律和节奏之间的并列关系一样"。这就是两位弦乐演奏家凭直觉体悟到的方面。就像丹尼尔指出的那样，"杰姬置身智慧型创意艺术家之列，他们寻找到音符之间与和弦之中

---

① 汉斯·凯勒（Hans Keller，1919年—1985年）：奥地利出生的英国音乐家、音乐学家和音乐评论家。

的各种关系，这种发现领引她提升某些部分。她的反应绝对不只是对着印刷的音符做出恣意、本能、执拗的反应，而是一种对作曲家组合的编码富有创意想象的反应。凭借这种性质的各种关联，杰姬这位艺术家创作出不同程度的强调点、不同程度的依傍、推进或牵引"。

丹尼尔强调，杰姬即便很少表达自己的观点，她懂得音乐创作的这些过程："杰姬对这些东西有着了不起的直觉感应。杰姬似乎并不是那么自觉地深思熟虑过这些过程，也并不是我们探讨过这些作品。不过，倘若你在排练当中经常提到什么的话，她会相当快地吸收它，快到你都无须把话说完。杰姬无法知识化自己的本能直觉，但对理智的和理性的思想有着非凡的直觉领悟力。"

在所难免的是，在钢琴三重奏组合中，比其他两位演奏人把控音乐结构方面更多的，是钢琴人。尽管如此，两位弦乐演奏人紧密一致的方法必不可少，在祖克曼和在杜普蕾的音乐演奏中，有着一份心照不宣的默契，他们共同分享彼此的直觉天赋和巨大的音乐能量，而且，最为重要的是，分享对乐音和音色极富想象力的感知能力。确实，巴伦博伊姆–祖克曼–杜普蕾的三人组合有着具备一个杰出三人组合需要的所有必要条件，此外，尽管他们的组合存在短暂，我们有幸的是，他们三人组合的珍贵唱片（且不说演奏的一场柴可夫斯基三重奏作品音乐会）包含了曲目库中最核心的作品——贝多芬三重奏和变奏曲。

爱德华·格林菲尔德，对巴伦博伊姆夫妇与年轻的祖克曼都非常着迷，有一次，再次获得特许，前往他们录制贝多芬三重奏的演奏现场。1月2日早上，他到现场时，三位音乐家正在商议他们接下来该录什么。事实上，他们之前的那场，精彩的《降B大调三重奏Op.97》已"摄制完了"一半。他们这三人组合即兴发挥自然而然，在麦克风前的表现毫无顾忌，令格林菲尔德很是惊奇：

"我们演奏《大公三重奏》，"他们说，就像孩子准备享用一番款待一般，《大公三重奏》就是这份款待。先是谐谑曲部分（他们往往在前一轮录制中已从头到尾演奏过一遍了），接下来，为第一乐章录制下一两段作为最小的修补，而后——完成最后的"添加"，之后，大概十秒钟内——整首乐曲最关键的考验来了：缓慢且漫长的变奏乐章和尾声部分。这部分，他们一气呵成，而且，正是这种首次涌动的强度聚集将呈现在完成的唱片上。再一次，大量"插入添加"可忽略不计，当另一位音乐友人，单簧管演奏家裴耶打算造访一下时，导致唯一一次大的中断。巴伦博伊姆弹了一段勃拉姆斯的《降E大调单簧管奏鸣曲》钢琴版本欢迎裴耶的到来，引得裴耶想要在单簧管试试看，会不会更精彩。

其实，据格林菲尔德观察，在回放《大公三重奏》中，怀疑慢乐章部分存在节拍出入问题的人，是裴耶。

庄严的柔板变奏曲过后，主要的行板部分没有能准确修复，当我表示这里有些施纳贝尔的小戏法①时，（裴耶）并不信服。巴伦博伊姆意识到的是——而且，他不仅得到他同行两位演奏家的支持，还得到了苏维·格鲁布的支持——逐渐而不是突然地修复行板部分非常关键，尤其对于他们三人组合一心想要达到的那种演奏水准而言：一次自然流畅且专注的演奏，精彩到仿佛在音乐厅现场聆听一般的效果，不过，倘若在录音棚中实现的话，这种效果甚至加倍不同凡响。

总之，这种专注，在《幽灵三重奏（Op.70 No.1）》的慢乐章中甚至更为惊人，演奏者成功地保持着一种极缓慢的速度，没有任何看似表面上的平静。尤其是弦乐演奏人有着在钢琴旋律中变换音色的惊人能力，从极弱部分靠近指板无声、无颤音的演奏，到紧张坚毅的强音，实现从轻声呢喃到极度痛苦的哭泣一系列的情感表达。并不是巴伦博伊姆手中可供调配的音乐调色板不足；他在钢琴上能同样再现大量管弦乐的乐音，偶尔还模仿整个低音提琴的演奏部分（这首曲子中一个重要因素，低音线主要交由钢琴的左手边处理），或是在他的表达中变换出木管乐器的纹理。别的有几次，丹尼尔仿佛添加第三条弦乐独奏线，融入小提琴与大提琴之中。

正是这一核心乐章最为精彩地展现出巴-杜-祖三重奏组合偏好慢节拍、音乐强度与旷阔感的演绎。在以往一些"杰出"三重奏组合对这首

---

① 阿图尔·施纳贝尔（Artur Schnabel，1882年—1951年）：奥地利古典钢琴家、作曲家和教师。

作品的演奏中，人们或能看出，较之布什[①]三重奏组合对《幽灵》这篇缓慢乐章的诠释，巴-杜-祖组合正相反，布什组合的演奏比巴-杜-祖组合的短了3.5分钟（9分30秒对应13分钟）。这里，鲁道夫·塞尔金[②]迫切想驱动音乐推进，意味着，达成目标，而不是探索过程，是其演奏的控制力所在。这并不是说，一种手段就一定比另一种手段来得更为有效——两种演绎版本的任何一种，起作用的是演奏者对其诠释理念的全身心投入。

也许，最让巴-杜-祖三重奏组合充分展现其戏剧表达之特色的，是《幽灵三重奏》这首乐曲，同时，他们的《降E大调三重奏Op.70No.2》演绎半杯则展现出他们能力的另一面。在这首作品中，贝多芬的主调不在传递《英雄交响曲》或是《第五钢琴协奏曲》那种英雄气概与胜利凯旋精神，取而代之的是一种深刻的哲学沉思意味，演奏者将他们的目光投向贝多芬晚期四重奏作品的世界。第一乐章中，大提琴的开篇乐句宁静中带有克制，就渲染出这种留恋的沉思情绪。三位演奏者毫厘不差地抓住慢板变奏曲那份从容不迫的魅力和幽默感，和谐谑曲部分隐藏其中的舒伯特式抒情韵味，其中的反思精神超越此时此地的此间。这一特点与尾声部分之慷慨激昂特色令人钦佩地并置不悖，在尾声部分，杜普蕾的发挥尤为本我，特别是主题再现时气势恢宏的大提琴独奏部分（第312小节处起），这里，杰姬凭借自己高超技艺欢畅愉快地演奏着，圆满发挥至举足轻重的两段降B大调乐句，而过渡到钢琴部分。

杜普蕾和祖克曼一起演奏时，两人几乎从不将弓法标注到各自的演奏乐谱上，相当了得。确实，他们罕有的一两次标注，这些弓法往往是巴伦博伊姆的提示。祖克曼列举了一次具体事例："我记得，我们准备演奏《幽灵三重奏》开头部分时丹尼尔说的话。'试着上弓启奏呵。'我觉得大多数人会问为什么——不过我说为什么不呢？倘若你有这种灵活弹性的话，它就会让你无往而不利。"不过，据他回忆，"有时，演奏中，杰姬和我要是演奏到某个标注弓法的地方，我们俩就正好反过来拉了——这完全凭直觉来，我们绝对没有商量或是计划过这么做。"祖克曼承认，"他开

[①] 布什（Adolf Georg Wilhelm，1891年—1952年）：德裔瑞士小提琴家、指挥与作曲家。
[②] 鲁道夫·塞尔金（Rudolf Serkin，1903年—1991年）：捷克裔美籍钢琴家。

始更乐于采用上弓拉法而不是下弓拉法,这主要是受杰姬的影响——你权衡起来会很难;鉴于上弓拉法起始自然,乐音在弓弦触碰之时轻松响起。"其实,两位演奏家还很擅于运用不同的弓法达到相同的效果,即便这么做往往有悖人们的惯常思维。这次摄制下来的演奏中,《幽灵》第二乐章的开篇,就是存在争议的一例——杰姬用下弓拉法启奏开篇的和弦主题,而祖克曼用上弓拉法对应。

祖克曼记得,音准——也是弦乐演奏中的难点——在他和杜普蕾,则没有任何问题:

杰姬就音符的摆位有着十分把握感;她听和弦而不是调音上的音准。与钢琴合奏时,弦乐演奏者需要运用和弦音准带出泛音,这能给予钢琴一种持续的力量。钢琴人通过恰当弹奏出音乐并富有感染力地运用踩踏板来加以促进。当然,丹尼尔对这吃得很透,不过,那时,我才刚刚接触到这些理念。尽管如此,仍非常了得,因为同丹尼尔和杰姬在一起,我从来不必考虑音准——于我们,这方面易如反掌,而且通常都不成问题。

如此自然且显然不加思索的一种方法,很可能让人以为这个三重奏组合并不适合演绎贝多芬最深刻的那些理念。的确,就像格林菲尔德观察到的那样,"玩闹、恶作剧、失控的笑点发作——这些是巴-杜-祖三人组的一些标志。"不过,祖克曼评价得到位,如此精神饱满的劲头只是一枚硬币的反面,即音乐感受中对应于音乐强度和严肃性的另一面。"在欢快的音乐演奏和我们生活的闲暇之间有着这么一种难以置信的鲜明对比——这么一种完全不同的个性。我认为绝大多数演奏者都有着这种双重性——毕竟,我们所有人身上都有着乳臭未干的动物本性。艺术家可以天真、孩子气得不得了,但又有储存相当多深刻信息纳入一场演出之中,将之传递给他人。杰姬就是身处这种明显自相矛盾中的翘楚。"[v]

格林菲尔德回忆起1月2日,这个重大日子,唱片录制完后的工作段,《大公三重奏》已经完成,整首《幽灵》录制得不错,动听的单个乐章的那首三重奏、《降B大调(WoO39)》中的快板以及《卡卡杜变奏曲Op.121》也录得不错:

第二天早上,我到时,就发现他们正准备听录制的回放。七个小时专心致志的录制工作后,《卡卡杜》的演奏难免疲惫之作,我心想,特别是在隔天心平气和的晨光里重新听一遍的时候。欢快的气氛仍明白无误地呈现在舒缓的长序曲中,这部分处理得非常有分量且有张力。接着,随着祖克曼最是自信活泼的琴声,《卡卡杜》活泼的主题呈现出来,这首作品是贝多芬取材文泽尔·穆勒①被人遗忘已久的歌剧《布拉格姐妹》②创作。对祖克曼纯粹恣意妄为的乐句处理,我笑出了声。心起疑惑,祖克曼转过身问:"在笑什么?"要是回答说我被音乐挠到痒处,这样子的演奏往往惹得我大笑起来的话,恐怕很难让人信服。[vi]

他们三人组的音乐演奏引得人微笑,或是让人想要笑出声来,这类事发生得不少——有这么一例,《C小调三重奏》小步舞曲的C大调三重奏部分,大提琴的主题演奏美妙动人之际,钢琴弹奏出涟漪下行的音阶,增强音与精妙的程度拿捏恰到好处——不过,就像是一位出色的叙述者,丹尼尔每次都巧妙区分不同音阶。

格林菲尔德观察到的这种高昂劲,当时的确是真实存在的。祖克曼记得,"我们演奏《卡卡杜》变奏曲时,到了小提琴和大提琴变奏曲部分,我记得,丹尼尔绕着录音棚里的四壁踩着脚走着——他真的是在跳舞。三次试录后,我们不得不问他,'你能别跳了,好好坐下不。'"

先期的贝多芬《Op.I》三重奏集合,毫无疑问受益于三位演奏者的青春活力。三重奏音乐演奏得充满动态活力与能量,亦富有歌唱般的抒情意韵。《降E大调三重奏》和《G大调三重奏》的最后乐章,诙谐幽默色彩充分体现其中,《C小调三重奏》中狂飙运动式戏剧效果名副其实,体现充分——与莫扎特和贝多芬音乐世界中与悲剧关联的关键所在。此外,《G大调三重奏》中表情丰富的广板乐章,演绎得十分精彩,富有深刻的感染力,就是贝多芬成熟、巅峰状态创作的音乐。三位演奏家还出色演绎了较少为人知的《降E大调变奏曲Op.44》,这首简降E大调小三重奏,以及两段快板小乐章(《WoO39》和《Hess48》)。

---

① 文泽尔·穆勒(Wenzel Müller, 1767年—1835年):奥地利作曲家和指挥家。
② 《布拉格姐妹》:歌剧原德文名称Die Schwestern von Prag——译者注。

不过，巴-杜-组三重奏组合真正的成就在于，他们对贝多芬最具挑战性的晚期几首三重奏（《Op.70》No.1与No.2和《Op.97》）的诠释式演绎方案，他们的这些演绎都经得起与所有其他"出色演绎"媲美。例如，《大公三重奏》，在"二战"前，音乐史上就有两个最著名的组合演奏录制过——科尔托-蒂博-卡萨尔斯（Cortot-Thibaud-Casals）三重奏组合和鲁宾斯坦-海菲兹-费尔曼（Rubinstein-Heifetz-Feuerman）三重奏组合。实际上，巴伦博伊姆-祖克曼-杜普蕾组合，相对年轻很多的年龄，就在唱片中记载下他们的诠释解读，不过，年龄丝毫没有减损他们感知音乐的深度。他们的演奏一直值得人们探讨，他们对这些伟大名作的表述经过了深思熟虑，而且具有启发性。

埃莉诺·沃伦，当时在场，为BBC录制他们三人的演奏，她本人是狂热的巴-杜-祖三人组合迷。她这么定义他们在音乐大厅中卓越的演奏品质："他们的演奏就仿佛他们是第一次进行演奏，不可思议地自然生发，即兴发挥——好像没有事先排练过，我这么说，意在赞美。"

当然，巴-杜-祖三重奏组合在这些贝多芬音乐唱片中保留下来的显然经住了时间的考验。杰姬的贡献从头到尾出神入化，精彩至极，展现出她巅峰状态下的演奏风采。确实，倘若允许将这部分从整体中分离开来的话，人们会说，这些唱片中大提琴的演奏，堪称杜普蕾最杰出的一大成就。

贝多芬三重奏唱片录制完成后，贝多芬音乐仍是当月余下的时间里的日程内容。第二次，巴伦博伊姆连续演奏了全套贝多芬三十二首钢琴奏鸣曲，在伦敦，伊丽莎白女王音乐厅，五场音乐会上。这趟马拉松演奏一结束，他便着手一套巴托克音乐的循环演奏，在曼彻斯特，与哈勒管弦乐团合作。

与此同时，杰姬一月份都和拉马尔·克劳森演奏小型音乐会，分别在格拉斯哥、克罗伊登和威尔士，还在海牙举办音乐会，23日和24日，与海牙交响乐团，在杨·威廉·凡·奥特罗①的指挥下演奏舒曼的协奏曲。2月伊始，巴伦博伊姆夫妇就返回北美，在多伦多的梅西剧院举办一场贝多

---

① 杨·威廉·凡·奥特罗（Jan Willem van Otterloo，1907年—1978年）：荷兰指挥家、大提琴家和作曲家。

芬小型音乐会，开启他们的巡演。接着，杰姬再与克劳森推出数场小型音乐会，2月18、20、21日，携手旧金山交响乐团和小泽征尔，演奏海顿的《C大调协奏曲》——之前一个星期，丹尼尔担当这个乐团的独奏人。

3月4日，杰姬演奏了两首协奏曲——海顿的《C大调》和德沃夏克的作品——在纽约卡耐基音乐厅，与费城管弦乐团合作，由尤金·奥曼迪指挥。丹尼尔回忆，这些演出是杰姬特别愉快的演出，她对奥曼迪的音乐理解和活力完全有共鸣，也很敬重这家乐团顶尖级的演奏水准，弦乐之丰富至"回味无穷"，她喜欢这么来形容。

形成鲜明对比，她与克劳迪奥·阿巴多[①]一直只限于正式的音乐合作关系，3月5日至10日期间，在林肯中心，与纽约交响乐团，阿巴多指挥了杰姬的四场圣桑《A小调协奏曲》演出。尽管如此，他们的联袂亮相受到乐评人的热烈致敬。阿兰·休斯下笔写道，杜普蕾和阿巴多"一起赋予圣桑这首《A小调大提琴协奏曲》异常活泼且优雅的演绎。……杜普蕾小姐放缓她的气力与活力拿捏有度地对应这首音乐非英雄气概的情愫，阿巴多则令这家精简了的乐团成为这次独奏—合奏关系中完美的演出搭档。"[vii]

哈里特·约翰逊如痴如醉地写到杜普蕾的诠释。她觉得，杜普蕾演奏的独特魅力在于她具有在音乐中传递她按捺不住的喜悦，演奏时"宛若她在征服一座山的千峰万岭"一般。约翰逊总结道："就杜普蕾小姐而言，她的艺术不可思议，人们无法只谈她的艺术技巧，或是绚丽的音色，或是任何一个单独的方面。她令一切在这首音乐的戏剧呈现中达到高潮。她的姿态也非常戏剧化，就仿佛她按捺不住自己的艺术激情和无尽的爱似的。一切都适合她和她的风格。一切加起来成就了这首音乐的辉煌。"[viii]

离开纽约，杰姬飞回英格兰。3月15日，她参加了一场"特殊的"慈善音乐会，与哈勒管弦乐团有关，由巴伦博伊姆动议，帮助哈勒音乐协会筹集资金，用于修缮协会的排练室，这些排练室在一座维多利亚风格的礼拜会教堂内，教堂已年久失修。这场音乐会主打祖克曼演奏布洛赫的《第一首小提琴协奏曲》，杰姬则再次演奏埃尔加协奏曲，演绎得精彩绝伦，

[①] 克劳迪奥·阿巴多（Claudio Abbado，1933年—2014年）：意大利指挥家。

带给曼彻斯特那些迷恋她的乐迷莫大的快乐。

就像所有伟大艺术家一样，杰姬经常受邀为慈善一类活动献演，经常在自己的日程中纳入一到两场慈善音乐会演出活动。此外，她力图满足自己各类老朋友的请求，她之前曾承诺西比尔·伊顿（Sybil Eaton）为援助乡村音乐学校演奏，后来无法兑现，她对此感到难过。杰姬确实履行的一项演出是对吉姆·埃德[①]的承诺，埃德近期将自己独具特色的20世纪绘画藏品捐给了剑桥大学，演奏在他的家宅腹地茶壶苑内进行。

过去岁月里曾为西比尔·埃德演奏过，杰姬眼下答应为启动茶壶苑扩建工程举办一场开幕式音乐会。埃德宣称的目标旨在"培养各种作为最重要的一种生活表现形式的艺术"，这个目的也许看起来是一项雄心勃勃的事业；不过，埃德在茶壶苑成功地营造出一种生活氛围，人们不仅前来造访他和观赏他的收藏，而且还会受鼓励用手去触摸雕塑或是体验坐着进入沉思。他甚至给出机会，让大学本科学生借阅他所收藏的一些画作。在十分亲合的陈设背景下，聆听一流音乐家演奏音乐，则是达成埃德理念所必要的额外维度。

据戴安娜·里克斯回忆，这么一场慈善音乐会的组织工作，远比起安排十场专业演出活动费力得多。埃德就是一个典型的强迫症，对每一处细节都过度焦虑，从最后一杯咖啡到设备变动等等。由于威尔士王子、市议会议员和剑桥大学权威人士都将一一悉数到场出席，相关协议甚为复杂烦琐。不过，5月5日，尽管之前种种焦虑不安不断，开幕式音乐会终究如期举办，巴伦博伊姆和杜普蕾演奏了勃拉姆斯和弗兰克的奏鸣曲。

4月份，杰姬与丹尼尔都在忙于小型音乐会的演奏，在伯明翰、温莎、慕尼黑和斯德哥尔摩各地演出，5月份，大部分时间都投入到三重奏的演出活动之中。为了布莱顿音乐节5月9、10、16日在穹形音乐场所[②]举办三场音乐会，演奏他们全套贝多芬钢琴三重奏巡演做准备，这个月早些

[①] 吉姆·埃德（Jim Ede，真实姓名Harold Stanley Ede，1895年—1990年）：英国艺术收藏家和艺术家的朋友。

[②] 布莱顿穹形音乐中心（The Brighton Dome）：英国布莱顿的一处综合性艺术场所，内含音乐厅、剧场和玉米交易所等。

时候，巴伦博伊姆-祖克曼-杜普蕾三人组合进行了几场"尝试性"音乐会。克里斯托弗·努本清晰地记得，他在牛津市政大厅听了这些热身预演中的一场，他们演奏了《幽灵》和《大公》两首作品。"这是我头一回听《幽灵》，我完全惊呆了。我之前并不知道这首曲子，我一直记得，它比较为人知的《大公》一曲更加了不得的精彩。后来，我在布莱顿又听他们演奏了一回《幽灵》，尽管在我看来，这是一次精彩的演奏，但这次并没有我头一回听的那场演奏来得那般特别了——也许是因为种种客观原因吧，比如音响方面。"

几天后，努本接着有安排，准备拍摄塞戈维亚①，塞戈维亚当时已人在英国，也在布莱顿音乐节上进行演奏。

为了拍摄，我事先预定下伦敦市内的史密斯广场圣约翰堂音乐厅②，好在5月14日星期四进行拍摄。不过，索尔·胡洛克拦下这个项目，迫使塞戈维亚退出了。突然间，我发觉自己手中有间空着的音乐厅，所有的技术人员和灯光师都准备好了。我打电话给人在布莱顿的丹尼尔，说，"听着，周四你们做什么？"他答道，"空着呢，没啥事。"我说动他们巴-杜-祖三人组合赶过来。于是，他们从布莱顿搭最早的火车赶过来，在圣约翰堂，我拍摄下他们演奏的《幽灵》，然后，当晚，他们又搭最后一趟火车赶回布莱顿。

据努本回忆，他们演奏这首乐曲，采用了与之前两场音乐会演奏时相同的渲染张力。"我们谁都没有把这次录制构思成一次室内录制过程。在杰姬、平基和丹尼尔而言，他们就是赶回伦敦为猫咪我救场，塞戈维亚的离开让我陷入这么一个困境。演奏开始前，有很多玩闹乐事——部分呈现在我拍摄祖克曼的影片中。事实上，从当时的视角看，这次发挥反倒比在后来拍摄《鳟鱼》的那场来得要更洒脱、更即兴自然。"

在拍摄的这次演奏中，我们看见他们的演奏全情投入、严肃认真，同时就像努本强调的那样，保有着自由奔放且激越的特质，即他们巴-杜-

---

① 安德烈斯·塞戈维亚（Andrés Segovia，1893年—1987年）：西班牙古典吉他演奏家。
② 史密斯广场圣约翰堂（St John's Smith Square）：英国伦敦西敏市位于史密斯广场中心的一座旧教堂。

祖三人组合音乐演奏的特色。

就在这天前，巴伦博伊姆在布莱顿指挥利物浦爱乐乐团，由亚瑟·鲁宾斯坦担任他的独奏人，演奏勃拉姆斯的《第二钢琴曲》。伊恩·亨特记得，音乐会后，在海边的WHEELER'S餐厅，大家一起品尝美味大餐，巴伦博伊姆和鲁宾斯坦竞相说着故事和笑话直到夜深。毋庸置疑，那次拍摄演奏的过程中，丹尼尔的精力一直都相当饱满。回到布莱顿，他们三人组合最终完成巡演，巴伦博伊姆指挥新爱乐乐团演奏了一全套贝多芬的曲目，包括《合唱幻想曲》（当中，阿尔弗雷德·布伦德尔[①]负责钢琴独奏）和《第九交响曲》。

接下来，6月份，巴-杜-祖三人组合在巴黎继续推出多场贝多芬专场音乐会，不过，在头一周，巴伦博伊姆夫妇于6月11、12和13日在米兰的斯卡拉剧院，与斯卡拉爱乐乐团合作，演奏曲目先有舒曼的《大提琴协奏曲》，而后是布鲁克纳[②]的《第七交响乐》。

在巴黎，巴伦博伊姆夫妇再次与祖克曼会合，推出两场贝多芬三重奏专场音乐会。一位新近结识的友人是巴伦博伊姆在伦敦的新任全科医生，莱恩·塞尔比（Len Selby）医生，塞尔比去了他们6月15日推出的音乐会——杰姬与丹尼尔结婚三周年的当天。塞尔比医生回忆，"临近音乐会时，我去看了我的病人玛琳·黛德丽[③]，我对玛琳说，'你不妨来听这场音乐会吧？'我记得她回答说，她很想去，但需要四十八个小时化好装才出得门。这是一场精彩的音乐会，结束后，我们去了横笛吹奏家米歇尔·德波斯特[④]的家——那儿有四位横笛吹奏家，他们整个通宵地演奏着音乐。

一如既往，夏天的这几个月都投入到各种音乐节的年度循环活动中。6月的最后一个星期，杰姬和丹尼尔在冰岛，作为参加弗拉基米尔（沃

[①] 阿尔弗雷德·布伦德尔（Alfred Brendel，1931年—）：奥地利钢琴家。
[②] 安东·布鲁克纳（Anton Bruckner，1824年—1896年）：奥地利作曲家，管风琴演奏家和音乐教育家。
[③] 玛琳·黛德丽（Marlene Dietrich，1901年—1992年）：德裔美国演员兼歌手。
[④] 米歇尔·德波斯特（Michel Debost，1934年—）：法国横笛演奏家。

瓦）·达维多维奇·阿什肯纳齐①的嘉宾，参加他在雷克雅未克②新创设的音乐节活动。巴伦博伊姆夫妇演奏了一场小型音乐会，阿什肯纳齐觉得非常动听愉悦。"他们的组合演奏很棒，我尤其记得他们演奏的勃拉姆斯《E小调奏鸣曲》非常美妙。"正是在这里，杰姬与弗拉基米尔为他们将在南岸音乐节上一起演奏的一场音乐会进行了第一次热身彩排。沃瓦记得，之后，杰姬跟他说，"看来问题不大，我们就像在一起演奏了好多年了的搭档"——一位音乐家能给予另一位音乐家的最大赞誉。

正是在冰岛，美国银行家和音乐爱好人詹姆斯（吉姆）·沃尔芬森③和他的太太伊莱恩第一次遇见巴伦博伊姆夫妇。这位银行家与阿什肯纳齐早就相识，并通过他结识了许多音乐家。沃尔芬森当时在伦敦工作，通过帮助年轻的经纪人特里·哈里森和贾斯珀·帕罗特成立自己的经纪公司，1969年，启动了他首次赞助音乐的行动；这两位年轻的经纪人因一些尖锐分歧已离开伊比斯与提莱特经纪公司。

吉姆和伊莱恩记得，巴伦博伊姆夫妇在伦敦的贝多芬专场小型音乐会令他们相当兴奋激动，眼下，他们很高兴在一种轻松的环境下见到巴伦博伊姆夫妇。虽然丹尼尔是这个密切的音乐家圈子里的核心动力，不过，他们察觉真正的核心动力是杰姬，凭借她的正直和博爱胸襟，杰姬在这个群体中含蓄发挥的权威影响更大。

7月初，回到伦敦，在自己的音乐生涯中，杰姬第一次致力于推出巴赫的无伴奏组曲小型音乐会，这组无伴奏组曲是——大提琴家膜拜的圣地。虽然在与钢琴组合的小型音乐会中经常纳入一两首巴赫组曲的演奏，杰姬之前一直没有鼓起勇气推出整场的无伴奏音乐演奏会。毕竟，演奏一种弦乐独奏需要的专注投入完全不同于其他演奏，在观众层面亦然，这种倾听单一一种声音的亲密体验意味着一种不同的参与类型。

---

① 弗拉基米尔·达维多维奇·阿什肯纳齐（Vladimir Ashkenazy，1937年—）：俄国钢琴家、指挥家。

② 雷克雅未克（Reykjavík）：位于法赫萨湾南部，斯堪的纳维亚北欧岛国冰岛的首都，亦是冰岛最大的城市。

③ 詹姆斯·大卫·沃尔芬森（James David Wolfensohn，1933年—）：澳洲裔美国人，律师、投资银行家与经济学家，曾任世界银行集团第九任行长。

伦敦城市音乐节在位于霍本①的圣基教堂举办开幕式音乐会,伊恩·亨特爵士邀请杰姬演奏三首巴赫无伴奏组曲。7月5日,音乐会的前一天,杰姬在伯里·圣·埃德蒙兹大教堂(The Cathedral of Bury St. Edmunds)进行了热身预演。她演奏了第一、二和五组曲,不过,她并没有按创作时间的顺序依次演奏,而是选择用明亮的G大调间隔两首小调调式组曲。这场音乐会是伯里·圣·埃德蒙兹音乐节的组成部分,当年由布里斯托尔侯爵夫人(The Marchioness of Bristol)运作;这场音乐会的收入捐给马尔科姆·萨金特儿童癌症基金。我记得,当晚,在位于北蒙塔古街的公寓,我们见到杰姬,她已从大教堂回到自己家中。她显然很累了,但她仍模仿那位在轿车上陪同她的教堂要员的举止,还调皮地描述音乐会后有些乏味沉闷的晚宴,逗我们开心。

显然,到第二天,她体力恢复了过来,因为,据那些去听音乐会的人们回忆,她在圣墓教堂举办的音乐会非同凡响。当演奏浪漫色彩曲库中这首较为外向的作品时,杰姬独特的交流表达能力自是不证自明,不过,她也很懂如何吸引她的听众步入独奏中巴赫强烈的个人世界里。就像伊恩·亨特指出的那样,"当然,她音色美妙,乐音非常独特。虽然你无法把歌唱者比喻为弦乐演奏者,但杰姬有着凯瑟琳·费里尔②声音中的那种音质,以一种独特的方式打动你。"[ix]

接着渐渐成为一年一度的惯例之后,巴伦博伊姆夫妇赴以色列度过7月份余下的日子,两人一道在那儿的音乐节上,一起演奏贝多芬的大提琴奏鸣曲和变奏曲。在以色列,夫妇二人总是劳逸结合。当然啦,丹尼尔(他的日程一贯远比杰姬繁忙)很享受地中海炎热的阳光,而杰姬有抱怨,担心地中海的炎热对她的大提琴和她白皙的皮肤造成不良影响。不过,这个国家的美丽,尤其是耶路撒冷这座城市的魅力,又总是深深打动她的心。

7月底,夫妇两人回到伦敦,着手筹备第三届南岸音乐节。在开幕式记者招待会上,巴伦博伊姆宣布,他打算卸任音乐节艺术总监一职了。已

---

① 霍本(Holborn):中伦敦的一个地区。
② 凯瑟琳·费里尔(Kathleen Mary Ferrier,1912年—1953年):英国女低音演唱家。

将南岸音乐节成功推向世界，丹尼尔乐于让别的人接棒，这样，他便有时间追求自己的其他爱好，尤其是歌剧（他计划1972年在爱丁堡音乐节上推出自己首场歌剧指挥的演出）。

开幕式音乐会，于8月2日星期日，在皇家节日音乐大厅内，主推巴伦博伊姆-祖克曼-杰姬三重奏组合演奏贝多芬最著名的两首三重奏——《幽灵》和《大公》。《泰晤士报》的马克斯·哈里森批评三位音乐家把这首作品整个拉反了方向。演奏听起来就仿佛他们这个三重奏组合"没花什么时间对作品达成共识。个人在乐器技艺上取得的成就是开端，而不是终点……人们不禁感到，我们所听到的，不过是从头到尾驾轻就熟的娴熟演奏罢了，并非一番深思熟虑后的演奏成果，而深思熟本是这首珍贵音乐理当有的礼遇。"

英国室内乐团的奎因·巴拉迪，在南岸音乐节上听了他们三重奏组合的所有演奏，对这种无准备的即兴音乐创作特色有着截然不同的看法：

平基、杰姬和丹尼尔三人，是真正的室内乐三重奏组合，如此即兴发挥，又是如此一等一势均力敌的搭档。他们似乎没怎么排练就正式演奏了，不过，他们演奏起来时，是爆炸式的发挥。我从没听过其他任何一个组合与观众有着这般强烈的交流。临开始前，他们走上舞台时营造出这么一种氛围，你甚至听得见针落地的声响。他们集中体现的演奏风格而今不复存在；现今，偏冷静知性的演奏之风风靡。不过，这并不意味着他们的演奏流于表面，或是不加思考；其演奏激情倾注，非常感人肺腑。[x]

两天后，在伊丽莎白女皇音乐厅，杰姬参加一场巴赫专场演出，同祖克曼合作演奏改编自《键盘练习曲》中四首的二重奏，同大键琴师拉斐尔·普亚纳[①]合作演奏《D大调大键琴奏鸣曲》。这首奏鸣曲，在乐评人斯蒂芬·沃尔什看来，是当晚最精彩的演奏："杜普蕾小姐奉献了一场大胆全面的演奏，非常棒的控制，她的演奏仿佛她的搭档添加了一个维度，猛然间呈现出新的活力与参与感。"[xi]

---

① 拉斐尔·普亚纳（Rafael Antonio Lazaro Puyana Michelsen，1931年—2003年）：哥伦比亚大键琴演奏家。

接下来的星期天，仍在节日音乐厅，巴-祖-杜三人组合演奏贝多芬的《三重奏协奏曲》，由祖宾·梅塔执棒指挥英国室内乐团。8月12日，回到这个较小的音乐厅，巴伦博伊姆应公众要求做出让步，当晚又编排了一场室内乐演奏会，（男中音）迪特里希·费舍-迪斯考①也参与其中。室内乐演奏会上，这位男中音演唱贝多芬改编的苏格兰和爱尔兰歌曲（Op.108中的五首，以及Op.255与Op.233中的两首），巴-祖-杜三人组合为他伴奏。余下的节目包括贝多芬的《降E大调三重奏（Op.70 No.2）》，和四首韦伯恩②的歌曲。克里斯托弗·努本热心地想要拍摄下这场演奏会，但费舍-迪斯考不同意在音乐厅内出现任何摄像机。努本至今追悔莫及，他无法摄制下这些贝多芬改编的民谣，这场演出（正如他预感的那样）有着相当高的水准与品质，倘若有一部记录下它的影片，一定能赛过《鳟鱼》的成功。费舍-迪斯考的音乐张力和他的表达感染力得到祖克曼、杜普蕾和巴伦博伊姆三人伴奏的即刻响应。据努本对此事的解读，这位男中音之所以回绝，根本原因就是，即便最伟大的艺术家，也会有怯场紧张的顾虑；费舍-迪斯考，除了需要不受干扰地专注于演出外，回绝拍摄也是他身为诠释者所表示出的谦逊姿态。[xii]

两天后，8月4日，杰姬与弗拉基米尔·达维多维奇·阿什肯纳齐合作，举办了一场二重奏小型音乐会。两个星期之前，他们在冰岛排练过相应的节目内容，包括贝多芬奏、肖斯塔科维奇和弗兰克创作的奏鸣曲。据博瓦回忆，"这场音乐会，一切都进展得非常顺利，虽然我记得，丹尼尔和他父亲恩里克之后来到后台，跟我说，贝多芬的《F大调（Op.5 No.1）》中，我演奏得太大声了。不过，这之后，随着我的音量调下来，一切顺畅了。这次，唉，是我与杰姬合作的唯一一场音乐会，在我，感觉好极了。"[xiii]

在斯坦芬·沃尔什看来，弗兰克的奏鸣曲是当天晚上的亮点。"杜普蕾，一直都是一位擅长的法国音乐作品的杰出音乐家，赋予这首奏鸣曲一

---

① 迪特里希·费舍-迪斯考（Dietrich Fischer-Dieskau，1925年—2012年）：德国男中音、指挥家、画家、音乐作家和评论家；被公认为当代最重要的男中音之一。

② 韦伯恩（Anton Friedrich Wilhelm von Webern，1883年—1945年）：奥地利作曲家。

种乐线的张力与温暖感，罕有小提琴家能与她齐肩的，阿什肯纳齐也处在最佳发挥状态，这场音乐会中，这首曲子最是令人愉快、舒畅。"

谈到他们演奏的贝多芬音乐，这位乐评人就没那么慷慨大赞了："杜普蕾小姐，线性张力发挥十分丰富，但纯粹知性的活力却不足，出现一些凌乱、过度的乐句处理……阿什肯纳齐阳刚强劲的弹奏主导这首音乐过多。"在他们对肖斯塔科维奇奏鸣曲的演绎中，发觉有许多值得称赞的地方，沃尔什于是总结道："这些演绎的一大特色是两位演奏者间的那份默契，人们原本会以为他们二人的性情当是反差鲜明的那种"。xiv

当然，阿什肯纳齐和杜普蕾皆是全身心投入自己艺术演奏活动之中的人，因而很是合得来。据沃瓦（Vova）回忆，"杰姬这般真诚通透地对待音乐，真心真意到世间罕有的境地。她的演奏，不含丝毫做作或炫耀的成分。"实际上，至少还安排了一次音乐会，准备让杜普蕾-阿什肯纳齐组合于1973年秋天赴纽约的亨特学院①进行演出，原计划准备演奏拉赫玛尼诺夫的奏鸣曲，并预期在1974年6月份为迪卡唱片公司②录制这首作品的唱片。

8月15日，南岸音乐节最后一场音乐会交由瓜奈里弦乐四重奏团演奏，平基和杰姬也参与其中，共同演奏柴可夫斯基的六重奏《佛罗伦萨的回忆》。马克斯·哈里森在《泰晤士报》上将这首作品形容为"作曲家本人最满意的室内乐音乐，尤其是对乐器有着高度技巧运用的要求。额外的弦乐起到恰如其分的角色作用，绝不会模糊四重奏风格为主导的音乐纹理。"他认为这场演奏堪称"精彩出色"，但对瓜纳里弦乐四重奏团上半场的演奏则较多微词。xv

这一年，杰姬选择不参加在北美的任何音乐节；另一方面，丹尼尔想要履行自己对费城管弦乐团的承诺，于是飞赴萨拉托加温泉夏季音乐节。最近，杰姬又开始感到莫名其妙的疲乏——远比旅途或高强度音乐会日程造成的劳累来得更甚。更糟的是，她常常受到失眠困扰，无法靠睡眠来恢复精力。作为明星的魅力逐渐消失，她如此醉心的音乐演奏也渐渐变成体力消耗

---

① 亨特学院（Hunter College）：纽约市立大学系统中的一所四年制学院，成立于1870年。
② 迪卡唱片公司（Decca Records）：1929年创设在英国成立的唱片公司，古典音乐唱片品牌之一。

日增的苦差事。于是，虽然手边有几天的空闲假日，杰姬并没有像以往那样陪在丹尼尔身边，而是打算去姐姐在法国的山庄那儿，与姐姐希拉里一家人一起度假。探望自己的三个小侄女和侄子，享受自在的家庭氛围、简简单单的法式乡村烹饪和未受破坏的乡野景致，杰姬每每都特别快乐。

到了8月底，她与丹尼尔又回到爱丁堡音乐节，于8月25日和26日推出两场贝多芬大提琴和钢琴作品专场的小型音乐会。有幸的是，这两场音乐会，BBC广播公司均录制了下来。当杰姬的疾病让在录音棚内录制全套贝多芬曲目的计划落空后，EMI公司从BBC那儿获得许可，出版发行了这些录制保留下来的演奏内容，使得我们可以了解到杜普蕾对这些重要作品的诠释风貌。

埃利诺·沃伦是音乐会上BBC广播电台的制片人，他记得，当时，杰姬在演奏中出现了一些夸张的瞬间，令她心下好不紧张。埃利诺极为钦佩丹尼尔非凡实力的音乐才华，她说："我们在录制时，丹尼尔建议我不要建议杰姬别的什么方式也许会更好。'别管它，'他说，'她一定会按她自己的方式处理。有什么需要变化的话，你可以事后跟我说。'丹尼尔认为，杰姬整个天赋才华就在于她的自发性。他能够影响她的同时，他明白最好是不予干涉。正如他指出的那样，无论如何，杰姬每一次都会演绎得不同于之前。"

眼下，随着杰姬因疲乏人变得日渐憔悴不堪，她需要集合自己全部的身心精力进行公开演奏，还往往觉得任何建议和意见都令她心烦。丹尼尔看到她身上叛逆的一面。倘若有人建议她应该弱化一下自己的"个人风格"的话，她很可能在音乐演出中更加流露出胜利的喜悦之情，断然再现这种风格式的处理。苏维·格鲁布记得，在爱丁堡的一场音乐会上，真就发生过这样的事。

的确，听了这场爱丁堡贝多芬专场小型音乐会的人仍记得，两位演奏人之间的默契如此有趣、愉快，他们看上去在享受一系列"彼此心照不宣的私密玩笑"，有时令观众觉得自己在偷听一场私下聊天似的。不过，就像格拉尔德·摩尔评点的那样，杰姬的演奏完全没有半点矫情做作："杰姬只是彻底沉迷在音乐之中，不由自主地积极投入其中。我几乎写下'强烈的专注力'一词来形容，却看见，在大提琴和钢琴激发灵感的对答响应间，丹尼尔和杰姬当众彼此互动，或相视一笑，或陶醉一瞥。"[xvi]

彼得·戴蒙德，时任爱丁堡音乐节总监，依然清晰记着杰姬与丹尼尔的那场音乐演出："我之前听过她与其他钢琴家、指挥的演奏，但，每每与丹尼尔一起演出时，她的演奏产生如此大的变化，让我震惊。这在两人都有不错的反应。"有关杰姬演奏中某些发挥正确与否，乐评人往往各有争辩，界定这类发挥属于个人风格的呈现，或是根本误解了音乐文本。不过，戴蒙德认为这些评点都不恰当。

她属于那么一类艺术家，在这类艺术家中，一位专业音乐家，在这些问题上有资格做判断的人，很可能会说，她做的许多地方都不对。不过，在她手中，这些地方听起来完全正确。我对德·萨巴塔①的指挥和斯拉瓦·罗斯特罗波维奇的演奏有着同样的反应。丝毫不差地复制他们的演奏则会很糟。有关这类艺术家的演奏的那些是是非非完全无关紧要，因为他们就是独树一帜的音乐家，拥有压倒一切的信服力。我认为，杰姬演奏的自发性极为令人印象深刻。与丹尼尔的个人特色组合在一起，他们的二重奏演绎，音乐对话超凡脱俗，给与取极为精妙。[xvii]

众多支持戴蒙德观点的音乐家中，大提琴家琼·迪克逊②是其中一位，琼十六岁起就了解杰姬的演奏。琼确信丹尼尔对身为音乐家的杰姬所起的有益影响。不过，据戴蒙德观察，杜普蕾和巴伦博伊姆两人演绎音乐的方式并不适合所有人的品位。大卫·哈珀在（8月28日）《苏格兰人》上撰文，发觉杜普蕾往往逼迫乐音，琴弓施力过猛，以致琴弦难以支撑。第二天，在同家报纸上，康拉德·威尔逊对杜普蕾的演绎几乎不屑一顾，称她的演绎"好听、得体、灵敏，但并不引人入胜"。他发现，较之她的搭档，杜普蕾的演绎来得"更坚定、更悠闲，也少些任性"，与此同时，整体上，巴杜二人的演奏给人的印象流于表面。他抱怨说，基本不见"自燃反应"与激情；1968年音乐节，在利斯市政厅的小型音乐会，正是这种"自燃"与激情让他们的演奏务必振奋人心。

---

① 德·萨巴塔（Victor de Sabata，1892年—1967年）：意大利指挥家和作曲家。
② 琼·迪克逊（Joan Dickson，1921年—1994年）：英国著名的大提琴家和教师。

实际上，如同聆听杜-巴演绎的这些唱片的人能看出的那样，这些贝多芬音乐会演奏取自1970年爱丁堡音乐节，在这次循环的套曲演奏中，呈现出不同的处理手法。他们的一些诠释仿佛要争取一个理想化的概念，另一些诠释给人一时兴起塑造而成的印象。这种即兴自发性在他们《G小调奏鸣曲（Op.5 No.2）》的演绎中尤为明显，尤其在回旋曲尾声部分，演绎凸显高度个性化特色。

这部分乐章本身引得人们对其基本速度诸多不同的见解。某些演奏者赋予这段2/4节拍快板明亮的音质，使之有效转化为节奏划一（One-in-the-Bar）的急板演奏；录制下来最快的一场演奏是米沙·麦斯基[1]和玛尔塔·阿赫里奇[2]的版本，而罗斯特罗波维奇和里赫特[3]二人也有非常快的诠释版本，前者的演绎几乎就像对后者演绎的一次漫画式处理版本。杜普蕾和巴伦博伊姆的版本则采用另一极端手法处理这部分，他们的诠释与帕布罗·卡萨尔斯的诠释更有共同之处，尤其是卡萨尔斯在佩皮尼昂[4]1951年音乐节一场现场音乐会上与鲁道夫·塞尔金[5]合作录制下来的唱片中的诠释。鉴于当时的卡萨尔斯已年近75岁，他的演奏更偏沉思凝重些，缺少杜-巴组合所散发的青春活力。不过，这两位年青音乐家在乐段衔接与乐句处理上跟卡萨尔斯的手法一致。麦斯基-阿赫里奇演绎的《G小调》尾声部分用时7分33秒，卡萨尔斯-塞尔金组合将他们的演奏版本延长至10分22秒。杜-巴组合则在一段适度、自在的9分19秒的时长间进行演绎，让这段音乐渗透混合一体的各种意味，既有装饰音上的即兴发挥，透着讽刺意味、幽默、优雅，又有晃动跺脚式的乡野元素。他们成功地使得这段音乐听起来既轻快又自在，通过清晰的衔接以及给予较弱音符足够分量，持续这种二合一节拍（Two-in-a-bar）的情绪。

杰姬对节拍没有一成不变的观点；当然，在某些场合，她自己演奏这部分要快些——不过，那是在对不同主观因素的响应中的反应，而且，更

---

[1] 米沙·麦斯基（Mischa Maisky，1948年—）：拉脱维亚出生的以色列大提琴家。
[2] 玛尔塔·阿赫里奇（Martha Argerich，1941年—）：阿根廷钢琴家。
[3] 里赫特（Sviatoslav Teofilovich Richter，1915年—1997年）：德裔乌克兰钢琴家。
[4] 佩皮尼昂（Perrignan）：法国南部城市。
[5] 鲁道夫·塞尔金（Rudolf Serkin，1903年—1991年）：波希米亚裔美籍钢琴家。

重要的是，对不同钢琴演奏类型的不同响应。

以最受欢迎的《A大调大提琴奏鸣曲》为例，我们有幸听到杜-巴组合的两个诠释版本——一是格拉纳达电视台（1969年努本执导拍摄的）录音棚内演奏版本，一是爱丁堡音乐节的音乐会现场演奏版本。两场录制下来，他们演绎的基本手法相似，不过，最显见的差异包括节拍上速度不同，音乐厅的现场演奏版本倾向慢一些。在现场演奏中，比如，杜普蕾和巴伦博伊姆赋予诙谐曲更慎重、更深思熟虑的特色，尽管如此，挺奇怪的是，音乐棚里的演奏似乎从头到尾都要更加活泼锐气十足。总的来说，杜普蕾的才华素养很适合这首作品，从抒情的开篇到不长的柔板尾声皆演绎得感动人心的美妙。不过，她同样也能豪迈英勇或诙谐幽默，依恋不舍或跌宕起伏。

在第一乐章，杜-巴二重奏组合回避掉呈示部的再现，而在演奏《D大调奏鸣曲（Op.102 No.2）》中，他们则不做回避。巴伦博伊姆这么解释道：

> 我对有无必要进行再现并无拘泥的成见。每场演出得取决于演出自身的优点长处，在我，关键在于音乐的建构和比例构成。我要看，通过再现，我能否为音乐呈现或音乐推进营造新的维度。除非我找到这种理由，否则我不做再现。在贝多芬《A大调大提琴奏鸣曲》的开篇部分，停顿和再启，还有延长音，激荡起这段音乐的内在动力。因而，再现这种激荡只会调低这段音乐具有的心理热度——你便丧失了音乐的张力，还有令人惊喜的成分。确实，在再现部，贝多芬就扩展了这种想法，并不是准确无误地再现它。尽管如此，在尾声部分，这种再现对于建构起这部分音乐则至关重要。

在这段拍摄下来的录制资料中，巴伦博伊姆在口头介绍中，解释了他自己对《A大调奏鸣曲》的一些看法。贝多芬在这首乐谱的赠阅本上题写下拉丁文"Inter Lacrima et Luctus"（拉丁文：泪与哀悼间——译者注），引起人们对这首作品的内容以及其创作背后的生平由来种种猜测。不过，正如丹尼尔指出的那样，这首奏鸣曲中并没有什么见泪含悲的东西，这是贝多芬最见自信且最为光彩夺目的中期作品之一。"贝多芬的天才洞见，深入人类存在的内里深处……即便他自己不曾承受这般苦难，他仍也能写出悲怆的音乐，他也创作他最是快乐幸福的音乐篇章，因为他懂得人类的渴望。"当然，在这首《A大调奏鸣曲》中，杜普蕾和巴伦博伊姆抓住了阿卡迪亚田园式喜悦的精神所在，这份喜悦精神渗透在《田园交响乐》之中，即这首奏鸣曲的前身。

在爱丁堡音乐节的音乐会唱片或录影带中，杜普蕾和巴伦博伊姆最后两首奏鸣曲（Op.102 No.1和No.2）的演奏也许稍有些逊色，其间，快乐章部分的张力倾向懈怠松散。不过，在较舒缓的乐章部分，尤其是《D大调奏鸣曲》的慢板部分演绎精彩，丰富的情绪渲染细腻丰富，杜-巴二人深入参透这部分演奏的实质核心，仿佛将这首音乐的渲染延展至其极限，随着乐曲的演进，从狂热的冥想祈祷，进而美好的追思回想，再至万念俱灰的绝境深渊。

至于分量较轻的变奏曲部分，凭借他们富有幽默感的沟通能力和他们将这种感染力融入变奏曲各种套路的能力，杜普蕾和巴伦博伊姆将之演绎得生动、动听，堪称一绝。每一段变奏都赋予美妙鲜明的各自特色，与此同时，他们还找到了一种令人满意的解决方案，用以处理整体内节拍间相互关系。

音速方面，巴伦博伊姆录制于爱丁堡音乐节现场演奏的这些唱片或录像资料远没有达到完美；这一点，当然，是一场音乐演奏的负面方面，再加上还有观众时不时的咳嗽声和喷嚏声。作为补偿，这首音乐在乐章高潮处再次赋予人切实的触动，在此，两位演奏人展现出在录音棚中往往缺位的自由发挥。

极为遗憾的是，杜普蕾丧失了在录音棚里录制这些她如此熟悉的作品的机会。不过，我们必须感谢这些录制下来的音乐会现场演奏，它们让人得以了解，是什么引得乐评人对杜普蕾的诠释议论纷纷。

ⅰ　《洛杉矶时报》（LA Times），1969年12月20日。

ⅱ　《公民新闻》（Citizen News），1969年12月20日。

ⅲ　摘自有关南岸音乐节音乐会节目内容的一篇文章，1970年8月2日。

ⅳ　本书作者的电话访谈内容，1995年6月。

ⅴ　本书作者的访谈内容，都灵，1993年9月。

ⅵ　《高保真杂志》，1970年7月。

ⅶ　阿兰·休斯，《纽约时报》，1970年3月7日。

ⅷ　《纽约邮报》，1970年3月6日。

ⅸ　本书作者的访谈内容，伦敦，1994年。

ⅹ　本书作者的访谈内容，伦敦，1994年6月。

ⅹⅰ　《泰晤士报》，1970年8月15日。

ⅹⅱ　本书作者的访谈内容，伦敦，1997年1月1日。

ⅹⅲ　本书作者的访谈内容，米兰，1994年9月。

ⅹⅳ　《泰晤士报》，1970年8月15日。

ⅹⅴ　《泰晤士报》，1970年8月17日。

ⅹⅵ　杰拉尔德·摩尔，同前，第114页。

ⅹⅶ　本书作者的访谈内容，伦敦，1993年6月。

第二十四章
迎难而上

　　音乐家唯自己被打动才会活跃起来，因而，他意欲唤起听者内心中的情感，必须能将自身投射到这唤起的所有情感之中：他令他们获悉他的激情，暨此，打动他们的内心，最为彻底地心向悲悯。

——卡尔·菲利普·伊曼纽尔·巴赫

　　爱丁堡音乐会一结束，巴伦博伊姆夫妇便动身赴澳大利亚，于9月1日抵达。尽管旅途漫长劳累，夫妇二人仍要按计划在抵达当天出席一场媒体见面会。澳大利亚广播委员会主办他们的此次巡演，已拟定好演出日程，四个星期的档期中，为巴伦博伊姆安排了十四场音乐会，杜普蕾四场。主要演奏的曲目仍是贝多芬音乐——丹尼尔演奏全套完整的钢琴奏鸣曲和五首协奏曲，同时，夫妇二人共同演奏所有大提琴奏鸣曲和变奏曲；这几套音乐将分别在悉尼和墨尔本两座城市推出，还将在演奏现场进行电台直接广播。

　　杰姬的两场管弦乐演奏（都在丹尼尔的指挥下）也分别安排在这两座城市中进行。乐评人伊娃·瓦格纳不吝溢美之词地称赞两位演奏家的成就，将巴伦博伊姆描写为"充满生活乐趣，还会音乐创作，在他，这两方面仿佛就是一回事"。

　　杜普蕾9月15日在悉尼演奏埃尔加协奏曲，因其音乐的完整划一而备受赞誉:"他们演绎本质上年轻、不羁、几近狂野,完全不掺假,因而,可以说是到位的……在我,(他们的)音乐会是令人振奋的体验,让我觉得我们生活的这个世界并没那么糟糕。而且,我想,这就是音乐的根本目的。"[i] 丹尼尔,人在悉尼,继续进行贝多芬全套钢琴奏鸣曲的演奏,与此同时,杰姬飞赴新西兰,于9月19日,在惠灵顿,与新西兰广播公司爱乐乐团合作,演奏了两首协奏曲,由劳伦斯(拉里)·福斯特执棒指挥。管弦乐团中各位音乐家对杜普蕾演奏的印象是音乐力度相当强烈震撼,以致三十年后,它仍作为新西兰音乐生活中的一大亮点为人们所铭记——确实,乐团中的一位大提琴手甚至给自己女儿取名杰奎琳。当中还有一位音乐人,约翰·格瑞(John Gray),记得,"她带着这把大提琴大步流星登上台,径直扎入海顿的《C大调大提琴协奏曲》里去了……幕间休息结束,她回到台上,又全身心投入到德沃夏克伟大的协奏曲之中。这场演出活动真是感人至极……"[ii]

新西兰广播公司管弦乐团,尽管水准低于美国和欧洲的一流管弦乐团,再加上杰姬常常与这些顶尖乐团合作演出,不过,在杰姬的音乐演奏和福斯特卓越且"火爆"指挥的激发下,乐团一路担当了下来。据拉里观察,只要得到必要的支持,杰姬一贯都是一位乐于助人的同人:"她容忍不了的是指挥和乐团漠然无趣,缺乏热情。要是见你真心努力,她会给予很多谅解。"

他们演奏的德沃夏克一直保留在一份电台的录音资料中,这份录音表明杰姬处在非常好的演奏状态之中。随着这首协奏曲展开,乐团的自信心也提升了起来,福斯特给这场演奏注入了恰当的热情,指挥的结构井然有致。令人饶有兴趣的是观察杰姬怎样适应这次管弦乐演奏的局限,比如,延伸大段木管乐独奏部分或维持完整的弦乐声方面都存在不足,她于是采用稍许快一些的节拍速度,保持音乐继续推进。

这场音乐会结束,第二天,杰姬返回与丹尼尔会合,两人9月余下的时日都待在墨尔本。在墨尔本,自己空闲的一些时日里,杰姬受到作家朱达·华顿[1]和他妻子（杰姬"莫斯科"小提琴手好友爱丽丝的父母）的款待。他们发觉杰姬比过去更温柔了，但总是乐于幽默相待音乐家艺术生活中的沧桑变迁。杰姬在墨尔本演奏了两场音乐会：9月23日，她与墨尔本爱乐乐团合作，演奏了德沃夏克协奏曲，巴伦博伊姆担纲指挥，而后，他们离开之前，夫妇二人又举办了他们的第二场贝多芬专场小型音乐会。

10月1日，他们返回伦敦，杰姬有三个星期空了下来，可聊为缓冲休息，但仍忙着处理家庭事务。她和丹尼尔最近在汉普斯特德一条安静的街区买了一栋独立屋，附近的商店和保健机构步行即到——这两方面的便捷使得杰姬对这栋房子颇动心。他们正着手将独立屋进行重新装修、改造；车库要改装成一间隔音的音乐工作室，希望能随心所欲地演奏音乐，同时不会侵扰到附近的邻里。实际上，巴伦博伊姆夫妇1月底才刚住进他们位于朝圣者巷的新家，当时他们计划好了一次为期三个月的假期，也是他们第一次真正意义上的休假，暂别已持续四年半之久的音乐会生涯。这次休假提供了一次迫切需要的机会，好盘点整理，一次真正度假的机会，也是一次没有演出压力下研习音乐的机会。

10月底，杰姬赴多伦多启动自己的北美秋季巡演，分别于10月27日和28日演奏了舒曼的协奏曲，由卡雷尔·安切尔[2]指挥。乐评人约翰·科拉格兰德称赞杜普蕾和安切尔两人启迪人心的音乐演奏，但表示，"就纯粹的音乐感和控制听众专注力的能力而言，最高的荣誉当属舒曼和杜普蕾小姐"。他归纳杰姬的成就就是"当今顶级大提琴家极为精彩的大提琴演奏。"[iii]

杰姬继续前往纽约，赶赴在卡耐基音乐厅与祖宾·梅塔和洛杉矶爱乐乐团合作的两场演出。10月30日，演奏舒曼协奏曲，31日，与巴伦博伊姆和祖克曼一道，推出一场贝多芬三重奏协奏曲的演出。

第二天，巴-祖-杜三人组（梅塔不在内）动身赴美国中西部，在那里，巴伦博伊姆已预约好，将担纲芝加哥爱乐乐团的特邀指挥两个星期。他们先期的五场音乐会在"城外"举办，即位于东兰辛市内的密歇根州立

---

[1] 朱达·华顿（Judah Leon Waten，1911年—1985年）：澳大利亚作家。
[2] 卡雷尔·安切尔（Karel Ančerl，1908年—1973年）：捷克指挥家。

大学校园里，期间，筹划组织了一场小规模的贝多芬二百周年音乐节，以巴伦博伊姆、祖克曼和芝加哥爱乐乐团为演出核心。音乐节的音乐不仅限于贝多芬的作品。

11月2日，小型开幕式音乐会上，由杰姬和丹尼尔奉献演出，上半场专场演奏两首贝多芬的奏鸣曲（F调和C调）；幕间休息后，演奏勃拉姆斯的《E小调奏鸣曲》、德沃夏克的《寂静的森林 Op.68》和《回旋曲 Op.94》，第二首是他们为拟在下个星期录制德沃夏克音乐唱片做的一次热身试演。

三天后，丹尼尔担当指挥，杰姬与芝加哥爱乐乐团合作，又演奏这首德沃夏克协奏曲。巴伦博伊姆首次指挥这家乐团，合作相当顺利，丹尼尔凭借自己在下半场贝多芬《英雄交响曲》的出色指挥赢得不错的口碑，这首《英雄交响曲》非常考验作为指挥的技巧功底与音乐修养。乐评文章集中在人们即刻能感知到的方面，即芝加哥爱乐乐团与巴伦博伊姆之间一种独到的默契关系。伯纳德·雅各布森，在《芝加哥每日新闻报》撰文预言道，二十八岁的巴伦博伊姆"总有一天，我们当下用在诸如魏因加特纳[①]、尼基施[②]和富特文格勒这些指挥大家身上的措辞，人们会用它们来说到他。他就是那一类天才人物，而且业已成熟"。他最后这么结束的："毋庸置疑这位非同凡响的艺术家才华横溢。他做的每件事都很有意思，他演奏我熟知在心的音乐，于我，在初次相识的强烈感，这些音乐重生了。"[iv] 当他雅各布森宣称"巴伦博伊姆的演奏将载入芝加哥的音乐编年史"时，他一点没说错；丹尼尔与乐团这种独特的默契有了它合乎情理的发展结果，丹尼尔于1991年接替乔治·索尔蒂，出任芝加哥爱乐乐团的音乐总监一职。

虽然着笔杰姬的演奏篇幅要少些，但雅各布森注意到，"比起上一季在管弦乐团音乐厅的亮相，与索尔斯合作演奏同一首协奏曲时的状态来看，而今的杰奎琳·杜普蕾更有把握，更平稳。"杰姬的演奏也在其他媒

[①] 魏因加特纳（Paul Felix von Weingartner，1863年—1942年）：奥地利指挥家，作曲家。

[②] 阿图尔·尼基施（Artúr Nikisch，1855年—1922年）：匈牙利指挥家。

体上受到好评：11月11日，《兰辛州刊》这样写道："杜普蕾小姐必须要人亲耳听过、亲眼看见方让人相信。她精彩演奏的德沃夏克协奏曲迷住了座无虚席的观众。"这位乐评人催促那些错过这场音乐会的人们赶紧买票，赴芝加哥看再次推出的另一场音乐会。

11月6日，在东兰辛，此次系列的最后一场音乐会上，杰姬与丹尼尔一起演奏圣桑的《A小调协奏曲》。其中一位评论人将巴伦博伊姆形容为"无几人可及的指挥大家"，不过，他也强调说，"用对圣桑协奏曲独一无二的演绎盗走观众内心的人，则是杜普蕾小姐……她一边演奏，一边仿佛进入一种迷幻状态……她打破这一幻术仅两次，要么望望自己的丈夫获知指挥提示，要么欢欣鼓舞地对着首席小提琴家微微一笑"。[v]

杰姬用自己的真诚演奏俘获了她的听众，与此同时，少有人会察觉出每场音乐会演出要消耗杰姬多少精力。凯特·比尔，一位大提琴家，也是查尔斯·比尔的前妻，记得："杰姬还不知道自己的身体出了什么状况，我记得她跟我说过'当我说我觉得拉大提琴很困难时，根本没人会信啊。'"凯特自己在20世纪80年代患上了多发性硬化症，她解释说，"多发性硬化症导致人感到的疲乏，这点挺困惑人的，但是，你无法跟别人说清楚你这种虚弱无力感，他人从表面察觉不出你的任何不适。杰姬仍在拉大提琴，还拉得很棒，很难让人看出这里面真有可能已出现什么不对劲的方面。"[vi]

毫无疑问，丹尼尔意识到有什么东西不对劲了，他们北美秋季巡演期间，杰姬频繁抱怨精疲力竭，抱怨感到冷，双手有时麻木无力，丹尼尔对此很是担心。他记得："当杰姬要拿起什么东西时，她全然不知东西的重量，不知道是五十克还是五千克。"毋庸置疑，出现这种莫名其妙没有感觉的情形，任何时候都会令人内心不安，更何况拉大提琴时，它就会是一个巨大的障碍，要知道琴弓在琴弦上的施力是进行音乐表达的一大主要因素。

祖克曼记得他们的各项活动催着他们的日常步调纷繁杂乱："通常我们人一到音乐会大厅，就直接上台，然后演奏，没有时间暖场。"杰姬以往经常都不需要练琴，而今，她却越来越发觉不练琴行不通了。她不得不提前几个小时到达音乐厅,然后戴上手套,拉上很长一段时间,好让她的手足够活络起来进行演奏。据祖克曼观察,并不是说杰姬紧张要演奏的音乐,杰姬暖场练手拉的音乐经常是她母亲给小时候的她编写的那些小曲调。他记得:

> 常规情形下,杰姬没有什么时间感。她有自己的内在时钟告诉她必须做什么。只在杰姬不得不走上舞台时,她的内在时钟被打断,还有些时候,这个内在时钟还没准备好。"为什么现在上台去?"她很可能这么问。这些时候,她仿佛总是受到什么的干扰,往往会很是紧张起来。体态中有着某种不情愿。不过,我从没忘记走在她后面登上舞台——她一踏上舞台,灯光一照着她,她就被推着向前去。她总是身姿很笔直地走道,在外看浑身充满活力。她具有一种很不同寻常的专注力,这种特别吸引人的品质,人们将之与最伟大的演员联系在一起。[vii]

查尔斯·沃德斯沃斯,人在兰辛市的东边,拟与祖克曼合作举办一场二重奏小型音乐会,他留意到,杰姬不是她自己了:"音乐会后,平基和丹尼尔想要聚一下,但杰姬看上去总是很累的样子,要求送她回酒店。"在丹尼尔和他们的朋友看来,她的反应让人颇困惑。人们记得丹尼尔若有所思地大声说:"我搞不懂了,我母亲大了杰姬一轮,也远比她来得有精神呢。"丹尼尔之前初次邂逅的那位杰姬,那位充满活力、快乐,而且总是笑眯眯的杰姬,正在经历性情的大变。

虽然她的日程远没有巴伦博伊姆的那么高强度,但是,音乐会一结束,她就只瘫倒在床上,而丹尼尔还得跟朋友出去吃饭和"放松"一下。最后几个月里,杰姬渐渐有些怨恨丹尼尔了,认为他是那个担责任的人,即强加给她勉强应付的一连串旅行、演奏和社交活动的那个人。据丹尼尔回忆,杰姬不再喜欢这种生活方式了,但又不明白自己想要什么。在这种境况下,夫妇二人感到越来越无助,逐渐很难排除彼此心生的怨恨与愧疚之感,也因此,似乎没有什么显见的解决之道。

更加重杰姬对自己身体状况担忧的是,杰姬收到家中有关她父亲健康状况的消息,令人不安。她父亲看上去患上了黄疸,得抓紧进一步检查;又怀疑是患了肝癌,德里克于12月中旬住进医院,接受活组织检查。杰姬纵然很想即刻打点行囊，飞到父母身边，但又必须等到她履行完自己的演出承诺后方才行。她只得通过电话定期跟家人取得联系，还提议说应该让她自己的医生，莱恩·塞尔比医生，给父亲做检查和进行治疗。

杰姬11月初原计划紧张的日程安排做了部分调整，以便她为录制德沃夏克协奏曲唱片做好准备。11月7日，她第二次演奏这首协奏曲，在芝加哥管弦乐音乐大厅里，不同于通常的预订系列活动，这次演奏既是一场额外的彩排，又是一次非常高调对外宣传的音乐活动。丹尼尔与此同时还忙于为接下来一周的套票音乐会排练节目，祖克曼将在其中与这家管弦乐团合作，推出他的独奏首演。

EMI-天使唱片公司已预订下麦地那寺，一座有音响共振效果的维多利亚式大寺庙，用于11月11日的两次唱片录制演奏。令杰姬深感遗憾的是，苏维·格鲁布因身体不适无法督导录制，彼得·安德里从伦敦调了过来，顶替格鲁布的位置。丹尼尔记得，从刚一开始，就察觉独奏大提琴与管弦乐团之间的平衡存在问题——大提琴听起来不是太往后，就是太往前了。一张唱片的声音不仅有赖于音乐厅的音响效果，而且，在一定程度上，要人为地通过麦克风的摆放和乐音平衡的处理营造出来。现场摄影的照片表明，为了这次协奏曲的唱片录制，采取了不同往常的座位布置，独奏大提琴确实被安置在指挥身后的指挥台上，面对着管弦乐团，不过，这次具体的录制过程中，是杰姬坚持大提琴要带上麦克风。毋庸置疑，她不想妥协放弃自己对这首宏大的协奏曲的理念，就作品自身，非常近似一首交响乐。她要求将大提琴琴音前置，暗示着她没有明说的承认，也就是当下，她的琴音音响不够充分，不足以从容对位芝加哥交响乐团华丽且持续的声音。

尽管音色丰富而且木管乐器的独奏篇章美妙精彩，德沃夏克《B小调大提琴协奏曲》中的管弦乐编曲时而不够通透，这使得大提琴的独奏声很难穿过较厚的音乐织体。尽管如此，不过，在这张芝加哥演奏唱片中，从最开始以准即兴创作式大提琴进入起，杰姬用非常强劲和缜密的琴声进行演绎，让自己形同孤军奋战的战士对抗着交响乐般的浩荡之师。在这段即兴的开篇部分，杰姬演绎出来的坚毅恰如其分，而非任意随性，在这里，常为人所知，杰姬会在琴弓猛力上拉时砰然一击，为在琴弓跟脚处拉奏华丽的十六分音符积获取最大力度。杰姬意欲强调彼此对话的诵读部分，力争呈现庄严高贵的乐音，力求将乐句最大限度地延伸。

显然，从罗伯特·迈尔斯，时任天使唱片公司总经理，与彼得·安德里的往来信函中看，显而易见的是，剪辑这次德沃夏克协奏曲的录音磁带造成了相当大的问题（当然，我们在说前数字化时代的事情，当时录音磁带仍是通过有形的剪辑与黏合制作）。迈尔斯抱怨说，有些录音录得声音级别各不相同，在录音过程中，音量监控等级变动所致。他还指出，这些录音精准地在指定点位开始录制，而不是像以往那样提前几个小节就开始，这使得录音事实上无法实现良好的衔接。而且，他批评巴伦博伊姆指挥的节拍处理不当，"各段录音出入相当大"。[viii]安德里的回答反映出，他也意识到这些问题的存在。有关慢节拍的问题，他写道："在录音时，我向巴伦博伊姆多次指出这一问题，但他说他仍坚持他自己和他太太的演绎方式。"安德里表示对录音的声音级别的出入问题负责——这归咎于录音工程技术部门，虽然他承认，他不得不变换音量监控等级，将"难以忍受的转化为刚好能忍受的"声音。这封信以几分伤感的语调收尾："很明显，我们需要的是一位好的制作人，显然，我不再能担当此任了！"[ix]事实上，这是安德里作为录音制作人在任期间最后一次步入录音棚了。

无论平衡问题会是什么，单就作为独立音乐成分的节拍问题，人们是无法判断的，节拍速度与情绪表达的关联这般密切。当然，这段演奏在巴伦博伊姆指挥下录制，采用了稍许从容不迫的节拍速度，营造出空灵宽广之感，给予芝加哥交响乐团充分的空间，令其在宏大的合奏中展现华丽的共振。杜普蕾对德沃夏克音乐的反应毋庸置疑已经相当成熟，并吸收其中的克制成分，将一位老者追忆往昔的情感世界表达得高贵庄严，而不是对青春激情的追求。杰姬早期演奏突显华丽情感的迸发涌动（尤其是她1967年与切利比达奇合作的诠释风格），而今被一种强烈的脆弱情感所取代，即便在高度紧张、饱含情感的片段。第一次聆听这段伤感且深情的第二主题，这般温柔美妙，很少大提琴手能这么演奏出来，杰姬在此审慎地表述作曲家运用最弱音的意图。怀旧的追忆情愫和失去幸福的痛苦始终萦绕于心，大大提升她的音乐感染力。

用于伦敦爱乐乐团填补的部分，原先包括两首德沃夏克的作品——《寂静的森林》和《回旋曲》。巴伦博伊姆记得，他们很快录制完第一首，但录制《回旋曲》时，时间耗尽。"杰姬不是特别热衷录制这首乐曲，她对这首乐曲的感觉不甚自在。于是乎，即便不录它，也有的是其他乐曲来填充这部分录制内容。"不过，倘若当初让杜普蕾演绎这首特色鲜明的乐曲作品的话，那该多好啊；这首乐曲与人们喜闻乐见的《斯拉夫舞曲》的意境这般接近，加上充满留念不舍之情的G小调主题，与基于民间调式和韵律的洒脱片段形成鲜明对比。尽管如此，不过，我们有幸的是，杰姬对《寂静的森林》极具感染力的诠释得以保留下来。这是她存留以免遗忘的一首力作，她演奏这首乐曲的唱片日后也成为她个人最钟爱的一张唱片。

丹尼尔继续赴费城进行两个星期的客串指挥活动，杰姬则动身前往明尼阿波里斯①，于11月19日和20日演奏拉罗协奏曲，由斯克洛瓦切夫斯基②指挥，明尼阿波里斯交响乐团伴奏。这次是杰姬十来岁以来第一次演奏这首乐曲了，这首乐曲重新纳入她音乐会演奏的曲目单，预示着她有计划要在近期为之录制一张唱片。

11月21日，杰姬到费城与丹尼尔会合。她将与丹尼尔指挥下的费城爱乐乐团合作四场音乐会，演奏埃尔加协奏曲。11月27日和28日，分别推出前两场，由CBS电视台录制下来，履行祖克曼得以解除为EMI唱片公司录制贝多芬三重奏唱片项目的交换内容。尽管杜普蕾与巴比罗利合作的埃尔加协奏曲唱片取得极大的成功，仍让人觉得，于她，存在演绎别的版本的空间。毋庸置疑，历经过去四年，杰姬对这首乐曲的洞见有了进一步的提升，尤其是在她与丹尼尔的许多次演奏过程中；一张录制于现场音乐会的唱片就受益于这方面的直接影响。

---

① 明尼阿波里斯（Minneapolis）：美国明尼苏达州最大的城市。
② 斯克洛瓦切夫斯基（Stanislaw Skrowaczewski，1923年—）：波兰裔美国古典音乐指挥家和作曲家。

11月27日上午，小提琴匠赛尔吉奥·皮里森[1]抵达埃尔加协奏曲彩排现场，带着给杰姬的一份礼物——他刚制作完的一把崭新大提琴。杰姬很中意这件乐器的琴音表达品质和响应轻快的特点，当场就决定下来，而后就用这把琴进行当晚的音乐会演奏。

这段故事缘起于去年8月份，巴伦博伊姆巧遇皮里森。据丹尼尔回忆：

萨拉托加泉水音乐节上，我在指挥费城管弦乐团进行各场音乐会的演出。一天，祖宾·梅塔对我说，他要从以色列爱乐乐团那儿取几件乐器，之前就安排好了，准备在费城会会赛尔吉奥·皮里森。我陪着他和小提琴家伊夫里·吉特利斯[2]一同取得。皮里森，一个很有魅力的人，他跟我说，他的梦想是为杰姬打造一把大提琴。我于是说，"好啊，她10月份会来，到那时，你可以直接跟她说。"我知道后来的事，他带着这把已做好的大提琴出现在我们的彩排现场。

相应地，梅塔之前从祖克曼那儿就得知皮里森的名字，祖克曼1969年春从皮里森那儿买了一件乐器。查尔斯·贝尔记得，平基真心喜欢自己买的小提琴。"不过，在伦敦，他拿给我看时，我还有些将信将疑，我知道许多新制乐器首次用于演奏时，往往琴声很开阔，不过，接下去就难进一步拓展了。我对平基说，'我们且看，到圣诞节时，你还喜欢它不。'"贝尔真就一语言中了，祖克曼与他这把新小提琴的恋情没能持久。不过，杰姬对她新乐器的忠贞却是始终不渝的；她之后再没想过要拉她那把珍贵且古老的意大利大提琴了。

祖克曼承认皮里森乐器做工精湛的同时，也将杰姬对这把新大提琴爱不释手的部分原因归功于杰姬的身体状况。"皮里森的琴上手容易。杰姬很可能已身处病痛之中，演奏的最后几年里，她的手臂根本没有气力。人们在她演奏中渐渐看出其中端倪——比如，她的左手，有时很难再往上抬高——她的双臂无法相互合作做大幅度的转动移位。"

丹尼尔承认杰姬拉这把新大提琴要省力些。"这把皮里森琴的琴音更为开阔，更有穿透力，在德沃夏克这首协奏曲的宏大乐章中，它更容易平

---

[1] 赛尔吉奥·皮里森（Sergio Peresson, 1913年—1991年）：意大利小提琴制造师。
[2] 伊夫里·吉特利斯（Ivry Gitlis）：以色列的著名小提琴家。

衡——远胜过斯特拉瓦迪琴和格弗里勒琴。录制这张芝加哥版德沃夏克专辑唱片时，杰姬仍在用格弗里勒大提琴，发觉这把琴很难发出她想要的乐音。"事实上，正如巴伦博伊姆的看法，"杰姬有着她个人特有的乐音，这种乐音并不取决于她拉的乐器。我记得，在费城录音制作的几个星期中，她与我和柏林爱乐乐团再次演奏埃尔加协奏曲。奥托马尔·波洛维兹基（Ottomar Borowitzky），乐团中两位独奏大提琴手中的一位，当晚休息，就去音乐厅听这场演出。之后，他来到后台说他平生第一回听到这么动听的达维多夫琴声——他不知道杰姬其实拉的是一把崭新的大提琴。"

并非所有人都认为杰姬的新大提琴能让她充分发挥极其丰富的音调与音色。当然，查尔斯·比尔永远无法理解为什么杰姬对皮里森大提琴这种更直接、更外在的声音喜爱有加。不过，据丹尼尔回忆，许多其他弦乐演奏家确实也很喜欢这把大提琴，其中包括皮亚蒂戈尔斯基。"他来伦敦时，就喜欢用它来演奏。尽管他拥有两把斯特拉瓦迪大提琴（其中一把就是有名的巴塔大提琴），皮亚蒂戈尔斯基坚持认为，人们应该用当代乐器演奏，这很重要，否则的话，乐器的制作就会停顿。"近些年，巴伦博伊姆借出过这把大提琴，他确信这把琴仍保持着其出色的声质。

这把新琴的馈赠来得正当时，给予杰姬一股新的动力爆发，帮助她完成接下来一个月里的各场音乐会演出。有这把新大提琴在手，杰姬很是轻松地演奏出她想要的声音，杰姬甚是欢欣鼓舞；在费城版本的埃尔加协奏曲唱片中，她用这把琴拉出的音色异彩纷呈，乐音纯粹，任何聆听这张唱片的人都会对之难以忘怀。

在音乐平衡方面，得益于管弦乐配器堪称典范的精简编排，录制埃尔加大提琴协奏曲确实比德沃夏克协奏曲的录制出现的问题要少。埃尔加音乐的魅力，比起德沃夏克音乐，也许没有那么惹眼；德沃夏克的大提琴协奏曲之丰富尤见于木管乐器的独奏华丽多彩，铜管乐器的运用极具想象力。不过，杰姬完全认同埃尔加的内敛和他的内心激情。她很可能很同意拉尔夫·沃恩·威廉斯[①]的评点："埃尔加具有这么一种独特的美，这种

---

① 拉尔夫·沃恩·威廉斯（Ralph Vaughan Williams，1872年—1958年）：英国作曲家，英国民歌的收集者。

美给予我们，他的同胞，我们自家田野与小巷的亲近感；不是冰川、珊瑚礁和热带丛林那般疏离且不近人情的美。"沃恩·威廉斯认为，这首乐曲并不是埃尔加自己意欲广为流传的重磅作品（例如《想象中的乐土》或是《希望与荣耀之地》），不是他已成为英格兰民族意识的组成部分的那些重磅之作，"不过，当时，（埃尔加）仿佛已归隐在自己的圣地之中了"。[x]唯在这首大提琴协奏曲之中，他最是明显地实现了这种隐归，对此，用音乐学家杰罗尔德·诺斯洛普·穆尔[①]的话说，"大提琴寻着它孤寂之径穿过广袤但荒芜空荡的景致，娓娓奏出音乐，这音乐在次属音的旋律中反复探寻其主音调的栖身之所。"[xi]

　　杜普蕾和巴伦博伊姆在费城录制的埃尔加协奏曲版本，是两场音乐会现场演奏内容进行剪辑的成果，传递出音乐厅现场演奏的临场感，包括观众干扰人的咳嗽声和噼啪声。杰姬的理念历经数年确实日臻成熟，在许多小细节上，都不同于她早前和巴伦博伊姆合作拍摄的电视版本以及她1965年与巴比罗利合作的唱片版本。不过，本质上，它并没有变化。最明显的变化在于采用了稍微慢一些的节拍，对此，丹尼尔以各种理由加以辩解：

　　杰姬用一把新大提琴进行演奏，这把琴有着非常棒的持续力，杰姬在试用它。她与费城管弦乐团一起进行音乐演奏，这个乐团有着十分丰富的持续音，这使得演奏节拍可以慢一些。英国管弦乐弦乐演奏者不曾奏出过这种乐音，因此，同他们演奏时，你无法承受这么多的时间。杰姬对时空的问题非常敏感，也很清楚节拍速度取决于诸如音响效果、声音的强度、音量和连续性等变量因素。

　　事实上，在这次费城的演奏中，她尽量延长第一乐章至8分43秒的时长，比与巴比罗利合作的唱片长了大约45秒。巴伦博伊姆表示自己对这较慢的速度负一定的责任。这源于这么一种基本需要，即想迫使这首音乐进行最充分的表达，而这里，节拍与所提的这首乐曲的音乐组成关联紧密。通过张力的建构与释放，运用节拍中自然而然的弹性变化，这首音乐的结构打造了出来。巴伦博伊姆承认，他的诠释最初倾向于空灵宽阔，这样，

---

　　① 杰罗尔德·诺斯洛普·穆尔（Jerrold Northrop Moore, 1934年—）：美国出生的英国音乐学家。

他可以突出音乐的感染力。"尽管如此，不过，当我与同一家乐团连续演奏同一首乐曲时，我往往会趋向越来越紧凑。在这点上，杰姬的方法与我的很接近。"

巴伦博伊姆注意到，杰姬拥有美妙的韵律感。他看出韵律感好的音乐家与节拍感好的音乐家有着明确的区别（这两种品质确实罕有二者兼备的）。"说到韵律，我指的是内在脉动的节奏韵律，至于节拍，我指的是计时式的节拍。弹性速度在杰姬是一件再自然不过的事情。倘若你想很哲理地理解它的话，那就是，杰姬潜意识地活在自己的世界里——此外，弹性速度意味着不按那些常规行事，不受公认的教条束缚，不拘泥于事先确定和事先决定下来的时间限制。她对弹性速度的看法，类似叛逆的观点；这就好像她喜欢时不时调皮淘气一下，不按时间行事。"

这次费城演奏中，杜普蕾偶尔迫使其音乐表达越过音乐形式的约束，这点值得探讨，她大量运用弹性速度，效果非凡，时不时在慢乐章中延长"至永恒"（杰姬教学时喜欢说的口头禅）。这里举一个生动的例子，音型39后面的两个小节中，她慢慢延伸到八度D音上。魔法般达到这个顶端音符（带着标识出的延音）后，她将它悬置于令人陶醉的极弱音中，而后，音乐减弱融入降B调的主调音中。在这个乐章中，杰姬自由洒脱到无所顾忌，她心里很明白，一层温暖但肃静、持续的弦乐自始至终支持着她。

杜普蕾独树一帜，能用自己的音乐演奏"让时钟停住"，与此同时，她也知道如何与时间游戏。杰姬正是通过所产生出的情感力量来把控节奏的波动。例如，在第一乐章提升十六分音符音阶中，将大提琴就E小调主题的歌唱与管弦乐的主题叙述结合起来，其间，杰姬传递出个人奋斗且最终取胜的心绪。她一度要求她的学生做到这点，她有次对桑迪·贝利说："当你最终达到了最高的E音时，你必须让你的观众觉得你撼动了宇宙。"[xii]

总之，这张费城唱片中，杰姬的这份洒脱自由不仅反映出她对埃尔加音乐的体悟深度，而且反映出她已有极发达的意识能力，懂得如何运用，甚至操纵她自身的诠释魅力。有几个时点，在某个节拍的对位，或是某个延音符的把持上，杰姬传递音乐信息中似乎强调得险些过度；当人们谈论说演奏放纵或夸张时，心里想到的也许就是她演奏的这部分。不过，总体来看，在这张埃尔加协奏曲的费城唱片版本中，忏悔的韵味和情感的宣泄都极为出色，其中，情感的宣泄将这首音乐深深的痛与心如刀绞的悲揭示到一种让人几乎难以忍受的境地。

据小提琴家罗德尼·弗兰德说，在杜普蕾显见的弱点中，存在不可否认的夸大成分，这不是所有听者受用的。

当杰姬感觉她预计要达到最高音的时候，这个弱点就会出现，虽然这很可能是她下意识的反应，绝不是有意强加的矫饰风格。有些人偏爱她早期唱片中较内敛的表达，那是他们没有将杰姬的生活经历考虑进去，随着情感的各种变化与问题出现，这些经历注定在她作为演奏者的身上留下印记。再有，倘若她继续演奏下去的话，她也会继续变化与拓展。话说到此，到目前为止，杰姬都是当时最棒的演奏家。

吉他表演艺术家约翰·威廉姆斯察觉出杰姬内心无法解决的冲突迹象，但杰姬本人并没有意识到。

会到这么一个阶段，非常富有创意的人格无法克制自己的才华。倘若不对表达给予足够的控制，它便通过某种放纵进行自我表达。人们能在某些大明星身上看到这点。当任其发展到极端时，他们就自我毁灭自己，只是因为无法在他们表演的形式之中容纳下自己创意的动能。吉米·亨德里克斯①就是明显的一例。不过，在杰姬身上，我认为，这种演奏放纵表现得越来越多，就是一种人格内在创造力冲突的反映。

威廉姆斯做了这番推测，与此同时，他强调这种假设并不是音乐判断："说杰姬在演奏中过分放纵的那些人错了，他们既不懂音乐也不懂杰姬。我认为，在音乐上，她做的一切到不可思议。"

然而，有一些乐评人批评杜普蕾的演奏，认为杰姬强烈的情感化音乐表达不仅仅是自我放纵，而且是对作曲家曲谱的背叛。巴伦博伊姆对这种论调进行了驳斥：

就人有没有罪的重大决断，倘若不进入其哲理方面进行思考的话，有关忠实于乐谱的使命，任何情形下都是一种客观上的不可能。当然，

---

① 吉米·亨德里克斯（Jimi Hendrix，1942年—1970年）：著名的美国吉他手、歌手、音乐人。

倘若你演奏错了节奏或音符，或是表明轻奏时你却强奏，你当然没有忠实于乐谱。不过，有这么些人，他们借表面忠实于乐谱文本的形式行不作为之大忌。比如，杰姬特别讲究音乐的清晰表达，而许多"忠实于乐谱的"演奏者则不在意。她也极为讲究音色——这也是音乐的重要环节。至于争议很大的节拍问题，作曲家的节拍标注只是一种指示罢了，但节拍有着更深入的内隐部分，这些部分也同等重要，高于其所有真实特性，更何况存在于线性音乐中的起落呢。

对照乐谱听杰姬的这张费城版埃尔加协奏曲唱片，人们可一窥杰姬怎样诠释每一处小的重音符，她的表达和乐句处理有多么准确到位。她可能依据动态或节拍速度标注，比其他演奏人更进一步地推进极端状态，不过，这是因为对这首音乐的理念有着如此深刻的感悟，以致需要额外的空间维度来表达。[xiii]

巴伦博伊姆注意到，把这首音乐带入物理空间的过程将音乐带到作曲家最初想象的图景之外的舞台，这种之外带给演奏者一种持续不断的挑战：

只要乐曲只是存在于作曲家的想象之中，那么，作曲家就节拍速度、强度、透明度和音量等各方面在自己脑海中创设编配规律，这首乐曲就受制于这些规律。一旦作曲家将乐曲写在纸上，乐曲就不再只受制于这些规律了。实际上，许多作曲家的节拍标注都太快，他们内耳缺少的东西就是声音的质量与音值。这就是为什么在钢琴排练中，节拍速度往往快过管弦乐排练中的节拍速度。管弦乐赋予这种声音不一样的音值。今天，倘若你完全"忠实于"作曲家的节拍标注，就会被誉为一种极富道德勇气的举动，不过，你也在冒懦弱胆小的风险，因为你这是在远离音乐富于灵感与想象的部分，而这些部分是诠释性创新最精髓的实质。

将书面乐谱带入真实声音世界的问题，对演奏人和作曲人等一类人士有着无尽的魅力。就像英国作曲家拉尔夫·沃恩·威廉姆斯坦言的那样："音乐标记……众所周知是不充分的，将这些符号转译为音乐的那些人受他们个人的等身束缚着，每个人演奏得皆稍许不同。因而就有了我们称之为由不同伟大演奏家和指挥演绎同一首乐曲的不同版本。"沃恩·威廉姆斯总结说，演绎者是赋予作曲家的想象力生命的重要因素："要是半人半鸟的塞壬，不是朝他歌唱，而是递给他一份完整乐谱的赠本的话，尤利西斯（本就不）该被绑在桅杆上了。"[xiv]倘若作曲家的乐谱仅仅只能存在一种解读方案的话，那也就太过简单化了。巴伦博伊姆坚信每一首伟大的音乐作品都有两张面孔———张面孔对着它自身的时代，一张面孔朝向未来，或是Zeitgeist（德语：时代精神——译者注）。以埃尔加音乐为例，埃尔加自己录制的唱片用作他看待音乐诠释的记录文献。杰姬对这首大提琴协奏曲的演绎有各种不同的录制版本（从广播音乐会到两张商用唱片），这些演绎将深刻与富有远见的见解注入这首音乐，这对于埃尔加时代演奏这首乐谱的诠释者而言是做不到的。此外，毋庸置疑，杰姬揭示的诸多方面极有可能比埃尔加原来想象的图景来得更为深刻。在这首乐曲，胜过任何其他乐曲，杜普蕾仿佛充当着一叶扁舟，将来自她外界，或是，也可能，就像丹尼尔所说的，来自内心某隐蔽深处的信息传输了出去。

的确，年至二十五岁时，杜普蕾已录制完大提琴绝大多数的标准曲目，她开始显露厌了曲目库的有限。近来，她致力学习卡尔·马里·冯·韦伯①鲜为人知的《协奏幻想曲Op.20》，还致力拯救斯特劳斯的《堂吉诃德》，拟1971年6月10日在节日音乐大厅与梅塔合作演出这首乐曲。

杜普蕾继续表现出自己与英国作曲家的强烈认同感，甚至早在1969年秋天，她就要求她的经纪人把戴留斯和沃尔顿两人的大提琴协奏曲纳入自己1971年—1972年的演奏季曲目中。沃尔顿的协奏曲是新添入杰姬演奏曲库中的作品，这首作品无疑会是一首与杰姬丰富的情感、华丽夸张的演奏风格极为契合的乐曲。不过，她原计划将于1972年春天与查尔斯·格罗夫斯合作，演奏戴留斯的乐曲（在伦敦，与皇家爱乐乐团合作；在利物浦，与皇家利物浦爱乐乐团合作），而沃尔顿的乐曲将于1972年秋季推出，分别与哈勒管弦乐团和利物浦爱乐乐团合作，这些安排之后不得已全部取消。就在杰姬短暂回归音乐会演奏平台之前，她再次同意将沃尔顿的协奏曲纳入自己当季的演奏曲目中。她首次演奏这首作品的日程拟在1973年6月与吉尔福德爱乐乐团合作推出。

---

① 卡尔·马里·冯·韦伯（Carl Maria Friedrich Ernst von Weber，1786年—1826年）：德国作曲家。

在演奏生涯的不同阶段，杰姬接受过各种意向提案，准备演奏或录制20世纪的核心作品，诸如布里顿的大提琴交响乐、保罗·亨德米特[①]1940年创作的协奏曲，和普罗科菲耶夫的《交响协奏曲》。不过，这些都是她不大抱有热情的作品，而且，除了普罗科菲耶夫的乐曲外，她一概都没学过。当北方小型交响乐团建议说，在1972年4月的四场音乐会系列中，杰姬应演奏肖斯塔科维奇的《第一大提琴协奏曲》（这首，杰姬自然知道）。杰姬很是感兴趣，就将演奏肖斯塔科维奇的小协奏曲的想法作为相对应的提案提了出来。

的确引起杰姬注意的新生作品中，包括休·伍德[②]新创作的《大提琴协奏曲》，这是一首极为浪漫的乐曲。她之前就受邀进行这首作品的首奏，但没能找出时间落实；1969年逍遥音乐会上，扎拉·奈尔索瓦向世界首奏了这首乐曲。不过，当罗伯特·庞森比，苏格兰国家乐团的经理人，邀杰姬于1971年10月1日演奏伍德的《大提琴协奏曲》来启动他们的演出季时，杰姬二话没说就径直答应了。原定的日期推迟到1972年3月，而后，又推延了。再次，仍是庞森比，时任BBC广播三台的主管，于1973年早些时候建议，杜普蕾应在1974年9月的逍遥音乐节上首奏阿诺德·库克[③]的《大提琴协奏曲》。杰姬当时以健康不佳为由回绝了，不过，很可能是库克的音乐对她的吸引力不大。

杰姬留意收集的其他新的大提琴协奏曲，还有亨利·杜替耶[④]和卢托斯瓦夫斯基[⑤]两人创作的协奏曲（这两首都是写给罗斯特罗波维奇的作品）。1973年初，杰姬收到出版商送来的杜替耶《遥远的世界》（Tuot Monde Lontain）这首作品的乐谱。她是否有过机会考虑这首乐曲，无从得知，不过，要是听见她演奏这首暧昧的性感乐曲，肯定会很吸引人，这首

---

① 保罗·亨德米特（Paul Hindemith，1895年—1963年）：德国作曲家、理论家、教师、中提琴家和指挥家。
② 休·伍德（Hugh Wood，1932年—）：英国作曲家。
③ 阿诺德·库克（Arnold Atkinson Cooke，1906年—2005年）：英国作曲家。
④ 亨利·杜替耶（Henri Dutilleux，1916年—2013年）：法国古典音乐当代作曲家。
⑤ 卢托斯瓦夫斯基（Witold Roman Lutos·awski，1913年—1994年）：波兰作曲家、指挥家。

乐曲的灵感来源于波特莱尔的诗歌。这一年晚些时候，罗斯特罗波维奇将鲁托斯拉夫协奏曲的乐谱赠送给杰姬。希望疾病只是暂时中断杰姬的演奏，罗斯特罗波维奇建议，杰姬不妨远离大提琴，"用眼和耳"学习这首音乐。

所有这一切后来皆化作泡影，人们唯一能做的就是与比尔·普利兹的悲叹产生共鸣，上天夺走了杰姬演奏更多如此美妙音乐的机会。

ⅰ 《澳洲人报》，1970年9月21日。

ⅱ 乔伊·唐克斯（Joy Tonks），《新西兰交响乐团：第一个四十年历程》，第191页。

ⅲ 《多伦多全球邮报》，1970年10月28日。

ⅳ 《芝加哥每日新闻》，1970年11月10日。

ⅴ 《兰辛州刊》，1970年11月11日。

ⅵ 本书作者的访谈内容，伦敦，1993年。

ⅶ 本书作者的访谈内容，都灵，1993年9月。

ⅷ 罗伯特·迈尔斯写给彼得·安德里的信函，1970年12月16日。EMI档案资料。

ⅸ 彼得·安德里写过罗伯特·迈尔斯的信函，1970年12月22日。EMI档案资料。

ⅹ 拉尔夫·沃恩·威廉斯，"我们从埃尔加学到什么？"，摘自《民族音乐等论文集》，Claredon出版社，牛津，1996年，第251—252页。

ⅹⅰ 摘自杰奎琳·杜普蕾的埃尔加协奏曲MK79529, 1970年CBS唱片的宣传单。

ⅹⅱ 本书作者的访谈内容，伦敦，1994年。

ⅹⅲ 在唱片的CD版本中，有一具体的失误，也许缘于编辑阶段的疏忽所致——也就是在第一乐章的第13音型上的一处间歇，大提琴长连接符号连接的B音符没有接转进入木管乐器的12/8主题内——这个短暂的间歇显然是编辑粘接的痕迹。我无法想象杰姬会在演奏中漏掉这个音符。

ⅹⅳ 拉尔夫·沃恩·威廉斯，"我们如何制作音乐？"同前，第216页

第二十五章
患疾封琴

音乐揭示予人一个未知的领域，一个与他周遭外界世俗毫无共性的世界，一个他留下所有真情实感的世界，让自身全然沉浸在难以言传的憧憬中。

——E.T.A.霍夫曼[①]，《论贝多芬》

甚至就在当时，杰姬费城动情演绎埃尔加协奏曲，这场演奏，在一些人听来，就仿佛在传递一种绝望的乐音，事后来看，我们可以聆听这场演奏会的唱片并想象我们听见求助的哀鸣。无疑，这种紧张与焦虑已在她内心积累，暗示出现了严重的不对劲。这些不对劲数月后便猛地崩溃了，不过，眼下，她继续演出，显然在音乐会上仍拿出自己最好的状态。她得以履行完自己一直到1972年2月初的演出日程，而后开始了自己计划了很久的休假，为期三个月。

回伦敦前，12月1日，她和丹尼尔在纽约，携手费城交响乐团，推出最后一场埃尔加协奏曲的演奏，紧接着，在曼哈顿的爱乐音乐大厅又举办了两场小型演奏会，这也是他们贝多芬两百周年音乐循环演奏的最后一场

[①] E.T.A.霍夫曼（Ernst Theodor Wilhelm Hoffmann，1776年—1822年）：德国作家、作曲家、音乐评论人。

演出。与此同时，丹尼尔这些年的秋季月份都在爱丽丝·塔利音乐厅①推广自己的贝多芬钢琴奏鸣曲循环演奏活动，直到10月中旬结束。

回到伦敦，12月17日，在皇家节日音乐厅，丹尼尔执棒指挥，杰姬与伦敦爱乐乐团合作，演奏德沃夏克的协奏曲。乐评人热情洋溢地谈论他们的演奏，彼得·斯塔登评论说，杜普蕾对德沃夏克协奏曲的诠释光彩华丽，有时来自于她对原乐谱的"不忠"："因忽视某个主音的节拍（指示）而获得迷人的效果，她完全有资格获得哈布斯堡家族的奖牌了，当将领违抗军令赢得战场胜利时，哈布斯堡家族往往会颁发给获胜者奖牌。"i

罗德尼·弗冉德时任利物浦爱乐乐团的团长，他记得，杰姬将这种灵感启迪不仅传递给观众而且感染着管弦乐团各位音乐家：

当与杰姬一起演奏时，你总感到受到激发。倘若环顾管弦乐团，我会看见，演奏者个个热情高涨，都想要尽展自己的看家本领。整个管弦乐团可从容轻松地融入杰姬正在演奏的部分，因为她的音乐性如此自然流畅，也因为她与所有演奏者彼此关联。的确，我甚至要说，凭借她绝对卓越不凡的演奏，杰姬有着这么一种能力，这种能力领引一个乐团达到几乎没有几个指挥能做到的水准。

在这场特殊的节日音乐厅演奏会中，杜普蕾突显德沃夏克音乐中的狂喜与凄美。罗德尼记得，在第三乐章，他与杰姬的二重奏部分（小提琴独奏和大提琴）就是一次兴奋愉快的体验。"它就像坐在一辆劳斯莱斯或是法拉利里疾速而过。她浑身充满活力，还有演奏音乐的巨大快乐。"他观察到，一方面，杰姬运用大提琴的方式从不落俗套，凭借可取用的音乐资源巨大，她真的想要怎样就能怎样。"例如，杰姬可以让乐音持续一段难以置信的时间段，拉出伴着无缝衔接变换的长弓音，相当美妙。而且，在这一弓拉出的时长间，她的演绎是一连串出色的生气、纹理与音色。她能够将琴弓锁定在她想象的任何乐音之上。"

第二天，巴伦博伊姆启程赴柏林，拟于12月20至21日，与柏林爱乐乐团合作，举办数场演奏会。这一年的最后几场音乐会上，杰姬多次演奏埃

---

① 爱丽丝·塔利音乐厅（Alice Tully Hall）：纽约市曼哈顿林肯中心的一座音乐厅，1969年落成，名从纽约表演艺术家和慈善家爱丽丝·塔利。

尔加协奏曲。在巴伦博伊姆的指挥下，她的演奏留给听众和管弦乐音乐家等众人难以忘怀的美好印象。这场演奏，也是他们夫妇两人一道演奏埃尔加协奏曲的最后一次演出。

回到伦敦，杰姬投入自己大量的时间与精力帮助自己的母亲爱丽斯。德里克的黄疸治疗并不见效，他获准住进威尔士王子医院进行检查，包括一次活组织切片检查。丹尼尔于12月按时返回纽约，准备以纽约爱乐乐团的客座指挥身份进行四个星期的演出，杰姬答应要与他一同前往，虽然演出的这四个星期，她只有一场预约的音乐会演出。她不大情愿地离开了家，心里仍挂念着自己的父亲。直到1月中旬，德里克才出院。体检诊断他患有慢性肝炎，眼下需要长时间的康复疗养。

巴伦博伊姆夫妇在纽约欢庆新年除夕，与他们最亲近的音乐圈友人——祖克曼夫妇、帕尔曼夫妇和亚瑟·鲁宾斯坦在Trader Vick's餐厅一起晚宴，而后，他们乘兴去到祖克曼夫妇位于滨江大道的公寓，一起即兴玩起了音乐，一直玩到下半夜。在当晚拍摄的一张照片里，杰姬看起来正在与祖克曼、鲁宾斯坦演奏钢琴三重奏，巴伦博伊姆则是翻乐谱的被动角色。杰姬面容苍白、紧绷，很可能只是因熬夜太多造成的常见疲乏反应；不过，另一个细节是，她光着脚丫子，这说明——杰姬脱掉了鞋子，想要消解自己双脚的麻木感。

1月23日，在费城，为庆祝费城管弦乐团成立125周年的节庆音乐会上，丹尼尔担任指挥，杰姬与费城管弦乐团合作，演奏圣桑的协奏曲。1月底，巴伦博伊姆夫妇飞回伦敦，准备住进他们位于朝圣者巷的独立屋内休假，这里就是他们之前寻访逾一年之久的新家了。不过，休假临近时，杰姬也开始畏惧起来。虽然即将从巡回演奏音乐家的紧张压力中抽身出来，可以休息休息，她已意识到自己的种种不适不全来自外部压力，很大可能有着更深层的内在因素。

对于杰姬身边的那些人来说，1970年最后几个月里，已经很明显了，杰姬一直在遭受严重的内在危机折磨，疲劳与焦虑的积累越发加剧了这种折磨。据丹尼尔回忆，"不只是生理疲惫的问题。我不知道杰姬是否是精神上的问题。当然，我们俩谁都没想到她患上了一种生理疾病。早在1969

年,杰姬就已出现一些奇怪的症状,比如四肢感到麻木。不过,从第一次出现这种症状起,用了足足四年时间才诊断出她患上了多发性硬化症。在她和在我,这都是最艰难的时日。"

之前的几个月,杰姬咨询过她的全科医生,塞尔比医生,有关她身上的痣。医生建议杰姬去做检查,虽然它们并无危险。2月26日,杰姬赴约去大学学院医院,进行了一次常规小手术;这次手术要求全身麻醉,并住院观察一两个晚上。杰姬出院后,塞尔比医生2月28日到杰姬家中看望她。他发觉杰姬情绪很低落,向他抱怨感觉麻木。到第二天,这种麻木感已传到她左侧的整个身体。塞尔比医生认为这种症状属于半身痛觉迟钝,身体一侧单边失去感觉,常伴随着癔症发作(尤其发生在成年女性患者身上),不过,也可能有其他原因。这种麻木感一两天后又消退了,来去一样地莫名其妙。

杰姬并没有一味抱怨自己的病恙,但仍发觉这种病痛令人心烦,以致她的不适抱怨常被诉诸为某种身心疾病或是压力过大导致的结果。就这种特别的生理失调,根本没有明显的病因可寻,就连杰姬的医生也开始怀疑杰姬是不是患上了歇斯底里癔病了。塞尔比医生很了解杰姬的这种焦虑不安,温和地告诉她,这种知觉丧失很可能是压力相关的症状。

雷奥·兰格医生,日后给杰姬进行治疗的神经科医师,这么解释说:"我们知道某些事情会引发多发性硬化症病人的疾病症状或复发,其中包括某些外科创伤或情感创伤等类型。"他还说,音乐家常常乐于接受这么一种说法,也就是心理因素造成任何小的紊乱失调:"音乐演奏包含大量情感投入,我认为音乐家比别的人更易受这种解释的影响。"不过,认为这种奇怪且令人恐惧的麻木感不是压力引发就是神经衰弱所致的看法,杰姬看起来不接纳。不过,这种可能性的想法足以令她陷入困惑中,引得她想知道她会不会一路紧张到精神崩溃的境地。

多发性硬化症(通常缩写为MS),一种影响到中枢神经系统的疾病,在早期阶段会经常呈现许多似乎不起眼的征兆。这些早期征兆有些离奇到无以名状,无论是腿部抽搐几下,针扎针刺般的抽动,还是某次摇晃不稳的身体感觉。多发性硬化症伴有一种持续性的征兆,就是——一次发作的警示征兆会来去皆诡秘莫测，而后，患者往往有一段长时期的休憩期（术语称作缓和期）。疾病的起因尚不清楚：人们曾一度认为它是受病毒感染而引发的，不过，现在，人们认为它属于一种自身免疫系统受损的疾病，外部的、环境的等因素很有可能也起着重要影响。个案范围大，从良性多发性硬化症，即单次发作后无复发症状，到另一端的极端，患者患上渐进型多发性硬化重症皆存在。

多发性硬化症造成髓鞘受损，髓鞘用于保护神经纤维和细胞。用兰格医生的话说，"多发性硬化症的初始状况，脱髓鞘作用，即是对髓鞘受损的一种炎症反应，这种反应有可能会严重至神经纤维遭到损伤，导致神经纤维停止传输搏动。或者，有可能相对平缓，甚至完全恢复，不留下任何残留损伤。"[ii]脱髓鞘作用导致沿神经的电磁信息传送受阻，进而可能影响运动、感知或视神经各器官。一次发作后，有时，受到影响的细胞会再生，允许部分或全部恢复，不过，其他情形中，神经组织出现伤痕，导致永久性损伤。后一种情况，缓解只会是局部的。

多发性硬化症的临床诊断，首先通过排除各种其他可能性的推断来确诊。必须有以下神经系统方面的迹象：在一定的典型时间模式下，中枢神经至少有两到三个部分已受到影响。一旦怀疑患上了这种疾病，可采取一种或另一种的化验检查来确认诊断结果。

确诊这种疾病后，各位医生有可能告诉过杰姬，她的这个病推算始于1969年，甚至早至1968年秋天。早在1969年夏天，杰姬因复发性膀胱炎的不适从澳大利亚返回伦敦，杜普蕾夫妇的全科家庭医生，海契克医生给杰姬做过检查。他怀疑这种不适是一种神经失调症，而不是一种感染，于是介绍杰姬去看一位神经病学家，安东尼·沃尔夫医生。沃尔夫的诊断证实了海契克医生的怀疑，但仍没有查出是多发性硬化症，很可能因为杰姬当时没有告诉沃尔夫，她之前几个月遭受过的某些其他症状。

回顾自己的医疗病史，杰姬回想起有可能与多发性硬化症相关联的各种征兆。最早的失调紊乱可以追溯到她十六岁时，她当时有过某些短暂的视觉模糊或重影症状。事实上，眼球后神经炎或复视，这些症状的医学术语，是这种疾病的早期预兆，虽然它们往往自行完全自愈。

艾莉森·布朗记得，她们一起住在拉德布罗苑的时候，杰姬不只是偶尔视觉出现问题，还常常抱怨手脚冰冷。当时，艾莉森将这些症状部分归因于英国冬季气候潮湿阴冷，部分归因于杰姬虚弱的血液循环系统。杰姬的朋友，眼科专家和业余音乐家约翰·安德森，在杰姬1966年夏天从莫斯科返回伦敦后，也给杰姬做过检查，当时杰姬跟他说，前几个月她眼睛视力有问题。不过，她询问他时，她的不适症状已经消失，安德森因而没发现任何明显的不对劲。

别的旁观者则提到，1966年初秋，杰姬那场历时颇久的腺热有可能就是这种疾病的发端。这之前，1965年9月，杰姬去看海契克医生和李察·贝利斯爵士时，她只提到诸如头疼和膀胱炎之类的身体不适，还抱怨太过忙碌的演出行程不通人情，让人抑郁。于是，他们告诫过她，她紧张繁忙的演奏活动很有可能导致神经衰弱。

近来，杰姬不时出现别的奇怪症状：喉炎，莫名其妙的身体摇晃导致她失去平衡，或是类似醉酒式的失调乱步导致的身体晃荡。同样地，她的协调能力也很可能会突然受到影响，膝盖猛地"垮下去"，导致身体跌倒。有一次，在莫斯科（1966年春），我见她在音乐学院的楼梯上一个踉跄，人摔了下去——人们当时不知道该更紧张她好，还是更在意她的那把斯特拉迪瓦里大提琴。杰姬看上去身体摇晃，抱怨手腕感觉酸痛。（我记得带她去博特金医院，给她的右手拍了X光进行检查，但没发现什么问题。）

尽管如此，兰格医生觉得，过度认为这些迹象的意义重大是危险的："回头去看转折点是容易的。我认为没有哪位患有神经系统紊乱的人能像杰姬一样良好把控自己的平衡和演奏大提琴。有的人天生笨拙——他们往往比别的人跌倒的次数多，但这并不意味着他们患有多发性硬化症。"

当然，倘若杰姬和丹尼尔当时就知道，近两年来逐渐恶化的各种症状其实预示了某种生理疾病的话，他们或不会承受那么多的痛苦和不确定感。事后，丹尼尔这么概括杰姬的两难境地："我认为，在更深、更久的意义上，这种境况就类似在聚会熬夜熬得太晚，她自己开心得没了尽头。在某一点上，这境况发生太多，她无法应付了。"

其他人很快认为，杰姬自己的生活方式、音乐演奏生涯的旅程出行、

"全世界转"（world-schlepping）和疲劳，一并令杰姬精疲力竭了。这是在意指杰姬跟不上丹尼尔高负荷的步调。这种指责非常有失公平，丹尼尔不厌其烦地保护着杰姬，总是非常小心查看她的日记簿，确保杰姬真的想要进行演出方做安排。事实上，比起许多同龄的音乐演奏家，杰姬的日程里享有更多的休息时段，人们也绝不该忘记杰姬本人有多么热衷演奏。

是的，杰姬如此彻底地活在当下，因此，让她束缚于早早计划好的各种职责，确实强她所难。体力耗尽使得演奏音乐会成了讨厌的任务，觉得不好时，杰姬开始憎恨非得调整自己的生物钟以便登台上场。音乐家生活的外在排场，在外人看来，照理看起来颇迷人独特，不过，任何有点虚饰的东西对杰姬皆无吸引力。以敏锐的机智留意这些外在方面的同时，杰姬厌恶招待会上虚伪的奉承和闲聊。接受采访或是与演出主办方和经理商讨"购买"事宜，一贯都只是差事活，她更愿意交由丹尼尔打理。巴伦博伊姆有打理事务和与外界打交道的天生才干，天生具有吸引人的性格、精力充沛，而且仅用两三分钟睡眠就能恢复精气神的动力，似乎就是在拥挤喧闹的房间里只要想睡就能睡着。

后来担任爱丁堡音乐节的总监，彼得·戴蒙德这么评价说："巴伦博伊姆圈子附近的人（并非属于他这个圈子的那些人）曾经说，杰姬的病诊断出来之前，丹尼尔拽杰姬陷入对她来说太过的生活节奏中。这全是丹尼尔的错。我从没有觉得杰姬是在被迫行事。相反，我一直认为，杰姬就是一位全心全意事事配合丹尼尔的伴侣，她也很享受他们伴侣关系中的这种角色。"

不过，现在，对她而言最重要的几桩事——她的演奏事业，以及自己与丹尼尔的关系——统统陷入困境之时，杰姬开始退缩进她自己的世界里。戴蒙德记得，在生命这段困难时期，杰姬的行为似乎相当冲动，如果说不是全然怪异的话："在伦敦或爱丁堡的招待会上，杰姬看上去有些沉默孤僻，很难开口说话。接着，她会突然站起身，说，'抱歉，我必须出去绕街区走上两三趟'。然后，她走出去了。当然，这只不过些琐碎小事而已，但这使得人不禁想问，是不是出了什么问题。此外，商议跟她演出节目相关的事情时，她哪怕要拿小决定，都带着奇怪的无感冷漠，这令我很诧异,更不用说大的决定了。"

当自己状态好的时候,杰姬最喜欢的是友人的陪伴。而今,装着重重疑虑,她离群索居起来。显然,公众形象与私下形象越来越天壤之别起来,而且,在这个阶段,杰姬需要自我投入进去的正是私人形象。数年之后,杰姬在日记这样写道,她只懂得如何用音乐说话:"当与他的艺术独处时,艺术家在交际场合中最是孤独,也最是充实、最是满足且最是豁达。"1971年起(除了她在费城有过的一场音乐会外),大提琴被搁置一边,此刻的杰姬感到自己被剥夺了天生的表达手段,无法聚集内在心力来面对危机。杰姬低落焦虑,加上自己的自信心处在最低潮,以致将自己的恼怒与挫折感发泄在自己最亲近的人身上,这么做太容易了。杰姬开始视丹尼尔就是那个站在她和她真实身份之间的人。在困惑夹杂愤怒的状态下,夫妇两人的关系受到冲击,二人之间的交流开始破裂,也就不足为怪了。

就在回到伦敦,正准备开始他们的休假时,杰姬决定暂时离开丹尼尔。丹尼尔对她的决定深感难过的同时,也意识到杰姬需要有自己的空间,也就没有阻碍她的离开。对两人之间发生的事深感无能为力与焦虑,跟杰姬一样,丹尼尔也被弄得不堪重负:"杰姬说,她感到很是困惑,不知道如何处理这种诸事令她压抑的感觉。人们说到这些是歇斯底里症状或过度疲劳的表现,却也于事无补;只是让她更加心烦意乱。她想走,而我又阻止不了她,我心都碎了。"

杰姬第一本能就是转向自己的家人寻求帮助。虽然爱丽斯自始至终都是实实在在地支撑(比如,她仍然在帮杰姬洗衣服),母女间的关系纽带却已松了。杰姬觉得自己无法信任父母,认为他们无法给予她必要的理解与回应。无论如何,爱丽斯此时在忙着照料丈夫糟糕的身体状况和康复疗养。于是,杰姬转向姐姐希拉里和姐夫克里斯托弗(基弗)·芬兹,在他们位于阿什曼斯沃思①的农场寻求慰藉。在这里,置身在家庭生活的中心,远离公众的视线,杰姬期望自己能获得所需的心理平静来

---

① 阿什曼斯沃思(Ashmansworth):英国汉普郡的英贝辛斯托克和迪恩区的村庄地区。

解决自己的问题。她与希拉里分享许多共同的爱好,她们受呵护的童年一度让她们天真单纯,不受外界习俗束缚。杰姬超充分发挥了自己巨大的才华,而希拉里转道离开了音乐职业生涯,虽然在音乐方面,她的天赋相当大,理当一试,不过,她选择了家庭幸福。而今,结婚十年,有了四个小孩子,希拉里看上去拥有了杰姬所向往的东西——有一个稳定的安所和一个小家庭去爱。

毋庸置疑,基弗远比杜普蕾家两个女儿的视野宽阔,凭借他的个性魅力,他能激起杰姬其他方面的兴趣,从诗歌到哲学,同时给予她一种新的视角看待生活与音乐。作为一位非传统的人士,介乎于乡绅和20世纪70年代雅痞士之间的禀性,基弗继承了自己父亲杰拉德·芬兹与纽伯里弦乐乐队的角色(不只是拉大提琴,他正规学过大提琴),取得了一定程度的成功。他的抱负就是一位博学的业余爱好者,与巴伦博伊姆和杜普蕾这种世界音乐人的自信的超高专业特质完全相反。无论有意还是无意之间,基弗确实助长了杰姬对丹尼尔以及这种专业化的"音乐生意"的逆反心理。

基弗支持业余音乐爱好作为一种生活方式,这点在某些方面仿效了他的父亲(和其他一些英国学院派作曲家)对本杰明·布里顿的态度,布里顿作为一位当权人物,抱定要他自己对在实现国际音乐生涯中的个人利益。杰拉德·芬兹认为布里顿就是一位浅薄且肤浅的作曲家,谴责他与这种"职业勾当"之间的瓜葛。反过来,布里顿则谴责纽伯里弦乐乐队的业余水准,容不下芬兹的热忱,对此,他可笑地称之不过就是"'我更喜欢这个乐队,而不是那些讨厌的专业人士'之类的事。"[iii]

尽管受到她姐姐一家人的欢迎和安抚,杰姬在这段休假期却愈发抑郁了。她的这种精神状况太明显了,与此同时,她没有向家人吐露自己身体症状的程度,不过,她再次咨询了自己的医生。4月6日,塞尔比医生推荐她去看一位精神病医生,梅齐医生(Dr. Mezey),梅齐医生而后确认了塞尔比医生的抑郁症诊断,然后开了抗抑郁药和安定药。一个月后,杰姬又去见了塞尔比,说自己感到头疼、恶心和麻木。虽然塞尔比将这些失调症状部分归因于焦虑烦躁,但告诉丹尼尔,他怀疑存在相当严重的问题。尽管如此,各项演出活动仍在着手进行,这个节骨眼使得夫妇二人没能正确解读这些信号。杰姬的痛苦很快显现得像彻底的神经衰弱。

与此同时，复活节已过，希拉里和基弗带着杰姬前往他们法国地处山区的家，借着接触人烟稀少且未受破坏的自然风景，杰姬能得到休息，恢复元气。丹尼尔，这个阶段一直与杰姬保持着联系，决定加入他们中间，一起住上几天。不过，一起度过的时光并没有让夫妇两人达成谅解。没能恢复杰姬的心里平静，相反，这次度假令杰姬更深地陷入沮丧情绪之中。对自己的婚姻已丧失了信任，她如今从别处寻求男性的呵护。

她渐渐变得越来越依赖基弗。她之前一直在寻找生活中的导师，当下，情感处在极端脆弱的状况中，她也许太过于随时随地顺从于基弗的影响了。到休假结束时，她与基弗的关系已从信任的友谊关系转变为情人关系了。毫无疑问，双方一定都知道行男女之事势必伤害到彼此各自的伴侣。他们进行这事并没有瞒着希拉里，希拉里多少被迫地睁一只眼闭一只眼容忍了他们。

基弗自认对莱因[①]这位特立独行的苏格兰医生的著作非常迷恋，从这点看，也许其中包含了他所持逻辑的关键因素。莱因深信，常规家庭的束缚桎梏应该打破，可允许更广泛的关系存在，这种信仰肯定影响了日后的基弗，后来，基弗将位于阿什曼斯沃思的教堂农场转变为一个群居公社。

近来，基弗声称愧疚感从来没有显露出来过，杜普蕾姐妹彼此完全信任，也没有出现任何形式的嫉妒之事。"我想杰姬给予希拉里莫大的赞美，当她迫不及待寻找一个她能亲近的人的时候，她找到希拉里。"[iv]尽管如此，这几个月里，杰姬亲近的这个人看来是基弗。希拉里后来替她丈夫的行为辩解，将之解释为帮杰姬渡过难关的一种手段，近乎一种治疗形式。[v]不过，这说法排除了另一显见的事实——有一段时间，她妹妹和她丈夫很是相互吸引；忘了一切，只就此刻此时，他们没有考虑这种本质上可描述为十分自私的行为所带来的任何后果。当时，在杰姬，这种体验的两重性既令人亢奋又有着令人困惑的一面。不过，在一年的时间里，她有意从另一视角看清情形，开始认为她的姐夫就是一个利用操纵手段行使自

[①] 莱因（Ronald David Laing，1927年—1989年）：通常写作R. D. Laing，苏格兰精神病理学家。

己权威的男人，这个人一度乘虚而入，欺负精神处于恍惚的女人。

到了五月初，巴伦博伊姆夫妇的休假即将结束，杰姬不久将重新开始她的音乐会，一如既往，配合丹尼尔的日程，安排好了相关的演出日程。继续跟着自己的日程安排走，这意味着杰姬做出了回到丹尼尔那儿的决定，也许就是重建婚姻的初步表态。夫妇二人的再次联袂，于5月13日，在曼彻斯特的自由贸易大厅，与哈勒管弦乐团合作推出。这一次，杰姬演奏韦伯的《协奏幻想曲Op.20》，一首在音乐会平台上很少听到的作品，也是杰姬为这场演奏新学的曲目。已有计划要录制这首作品，与柴可夫斯基的《洛可可变奏曲》放在一起，柴氏的这首曲子将在接下来的7月份与英国室内乐团合作演奏。

接下来的一个星期，巴伦博伊姆夫妇动身赴美国，他们已预定好与费城管弦乐团合作，一起推出一次从海岸到海岸的巡演。在身体极其脆弱的状况下，杰姬着手进行这么一次离家千万里的音乐巡演，也许并非明智之举。在演出当中，她只履行了原定演出日程的首站演出，5月24日，在加利福尼亚的纽波特比奇[①]，丹尼尔指挥下演奏德沃夏克的协奏曲。

倘若发现很难重新与巴伦博伊姆复合的话，杰姬不大能更好地处理自己职业生涯的回归。她的困惑在丹尼尔看来太明显了，他能看出杰姬正濒临崩溃。她留在阿什曼斯沃思的那段剪不断理还乱的情感关系纠缠在她心中。由于天生藏不住真相，杰姬不久就向丹尼尔坦白了实情，不过，她疲惫且困惑的状况使得她的解释语无伦次。处于一种强烈情绪困扰的状况下，她只觉自己剩下的气力全都耗尽了。

辛西娅·本茨，撰写过有关多发性硬化症的书，这本书细细道来而且信息丰富，其中形象地描绘伴随这种疾病早期阶段会出现的疲倦感：
"有时，疲乏就是一种牵制着你的常驻症状。其他时候，它在不经意的情形下悄悄上身。这种典型模式是在启动一项工程……而且相当正常地运行着，直到突然间气力消失，你停顿了或是砰然倒下。气力会如此刹那间丧失，以致你就会被猛不防地击垮。这病频繁伴随着一种晕眩感和

[①] 纽波特比奇（Newport Beach）：美国加利福尼亚州奥兰治县的一座城市。

因过度虚弱而无法交流。患有多发性硬化症且疲乏无力的人无法进行磋商或解决问题。"[vi]

无论丹尼尔多么努力试图跟杰姬讲道理，杰姬就是强硬坚持她无法继续随这次巡演演奏了。这么一来，杰姬令那些音乐会组织方、经纪人和管弦乐团经理大为失望，为此，丹尼尔还需一一去安抚这些人。丹尼尔意识到，再规劝也无济于事，于是只能建议杰姬去看一位当地的医生，找到医治她不适的短期疗法，取得必要的医疗诊断书，好使她免于违约。接下来一个月的音乐会全都取消了，杰姬飞回到自己姐姐在英国的家中，撇下丹尼尔，痛苦且同样困惑，继续完成在美国的巡演。

匆匆撤退后，杰姬最初的如释重负让位给了搅动的情绪，她打算夏季音乐节季时即重返音乐会平台。事实上，媒体早就嗅到各种谣言，说杜普蕾患上了一种神经衰弱症，再有，她与巴伦博伊姆的婚姻也触礁了，这些使得事情没有得到缓解。挡开新闻记者和安抚音乐会组织者，就是戴安娜·里克斯的任务。里克斯坚定认为杜普蕾的健康问题是腱鞘炎（手腕腱发炎）引起的；她还建议各家媒体最好打电话给巴伦博伊姆夫妇的律师，路易斯·考茨（Louis Courts），从而转移新闻记者的关注；考茨代表杰姬和丹尼尔两人。这一做法本身就足以堵住各种所谓他们两人婚姻触礁的谣言了。其实，在私下，杰姬看似确实给这些谣言提供了一些口实。这年初夏，她告知她一些密友（或直接，或通过书信）很快就要与丹尼尔分居了；她焦虑不安，生怕他们从媒体报道中得知此事。

夏天慢慢划过，杰姬的焦虑不安却没有减轻，她逐渐认识到，就连自己家人最好的意愿也取代不了专业的帮助，帮助她解决自身的问题。确实，在基弗家，姐妹间存在的ménage-à-trois（法语：三角关系——译者注），造成这种奇特、蠢蠢欲动要爆发的境况，对她心理或情绪平衡的恢复几乎没啥帮助。到了7月初，找到了一个解决途径，杰姬与一位弗洛伊德心理分析师，沃尔特·约菲医生取得联系。杰姬见了约菲医生，喜欢他，而后，商定好杰姬将开始接受他的治疗。心理疗法的初期过程几乎即刻就转为接受全面心理分析的承诺。为了得以实施，约菲医生做的头几件事中就有一件，就是提供杰姬一份医疗诊断书，证明她患有神经衰弱，需要至少一年的休整，暂离音乐舞台。杰姬将约菲医生写于1971年7月12日的信函交给戴安娜·里克斯，里克斯随即面临着一项令人不快的任务，即取消杰姬所有的音乐会事项。杜普蕾的记事簿一直搁置到1973年，方才谨慎做出了一个复出计划。

与此同时，杰姬太过抑郁，根本不想演奏音乐。她那把新的佩尔松大提琴几乎一直躺在琴箱里。至于那把达维多夫琴，杰姬借给了自己的大提琴家朋友，安娜·沙特尔沃思（Anna Shuttleworth），杰姬偶尔与安娜一起拉二重奏。不过，有过一两回，杰姬接受他人建议，破例不遵守自己的沉默法则，"非正式地"与纽伯里乐队进行演奏，藏身坐在管弦乐队里大提琴组的后排椅子上。随着约菲医生诊断她患有神经衰弱状况，杰姬所有的专业演出活动全都取消了，但不久，7月18日，她甚至与这支管弦乐队演奏了莫恩的《G小调协奏曲》。虽然这场音乐会在英克潘①不大的新罕布什尔村里剧场，而且实际上是一场业余演出活动，杰姬仍在冒一次不必要的危险，她的演奏很可能受人关注。确实，长假期间，杰姬偶尔在公众场合露面，不时激起人们不满的抱怨，抱怨她在逃避作为一名演奏家的职责。

这种性质的误解激起一位BBC制片人于1972年2月初写信给杰姬，同时又附上了一份邀请，邀请杰姬在贝辛斯托克狂欢音乐节上进行演奏。他这封信的开场白就几乎是一种指责："几个晚上前，你出现在威格摩尔音乐厅，我期望你已病体康复，也期望你退出音乐会舞台只是暂时的。"杰姬写信给戴安娜·里克斯，请她回复这封来信，说明她现在的状况；她评价说，"也许我该乔装成富尼耶走动！……听这信第一句话的口气，就像伦敦警察厅对我感兴趣了，而不是贝辛斯托克狂欢节组委会。"

事实上，在与芬兹一家待在一起的这段时日里，杰姬保持着与丹尼尔、她伦敦的友人以及在哈罗德·霍尔特的戴安娜·克里斯的联系。这年春天和初夏，里克斯继续与巴伦博伊姆商议，计划着接下来演出季的音乐会和唱片录制事项，巴伦博伊姆帮着选择演出曲目和确定薪酬高低。那

---

① 英克潘（Inkpen）：英国西伯克郡亨格福德中心东南部的村庄和民用教区。

一年与EMI唱片公司敲定的计划，包括1971年8月间某个具体日子，在慕尼黑，准备照着努本影片中录制的《鳟鱼》五重奏原样进行编排。其他仍在商议的唱片录制项目包括全套莫扎特钢琴三重奏、与祖克曼合作的勃拉姆斯二重奏和一场肖邦专题小型音乐会的现场录制，曲目有《大提琴奏鸣曲Op.65》、《华丽波兰漫步舞曲Op.3》和少有人听过、与大提琴家奥古斯特·弗朗肖姆合作、根据歌剧《恶魔罗伯特》[1]的主题创作的《大二重奏》。这些意向均得到批准，符合EMI公司财务部提出的销售估算中必须达到的各项经济指标的销售预算。

埃莉诺·沃伦记得，初秋时节，邀杰姬一起吃午饭，向她建议她可能会喜欢录制几首巴赫的无伴奏作品，可以不那么正式地在BBC公司方面做出安排。埃莉诺解释说，除了她们两人，谁都不必通告，也没有要发行一张电台录音唱片的任何压力。这无疑是杰姬深为感激的好提议，意味着，其实就是对杰姬困境的一种理解和对她才华一如既往的信任，不过，遗憾的是，杰姬从没着手起来。

随着接受约菲医生深入的约见治疗的次数有时增加到每周五次之多，很自然杰姬需要班师回朝住在伦敦，这么一来，她于是与丹尼尔重新修好。经常地，她会从在朝圣者巷的独立屋出发，走上两公里，穿过汉普斯特德健康中心，去到约菲地处伯格斯山（Burgess Hill）的诊所；回来的路上，她会偶尔造访自己住在伦敦北部的朋友。约菲医生注意到，杰姬的心理障碍要追溯到她四岁时，那年她被送进医院，做了一次扁桃腺切除手术，在没有任何解释的情况下与自己的家人分开了。四岁，也是杰姬拿起大提琴的年龄。

在她接受心理分析的过程中，当审视一段特定关系时，杰姬有时会变得敌视家中某个或其他成员，同时觉得在真实生活中无法面对那个人。杰姬视丹尼尔对她的困境负有责任，约菲似乎最初并没有阻止她这么去想。不过，这只是一个前奏，好让她接受为自己负责，让她理解自己生活中反

---

[1] 《罗伯特魔鬼》（Robert Le Diable）：由贾科莫·梅耶贝尔（Giacomo Meyerbeer）根据尤金·斯克利伯（Eugène Scribe）和圣日尔曼·德拉维涅（Germain Delavigne）写的歌词创作的五幕歌剧。

复出现依赖、服从、而后叛逆这种模式包含的更深含义。

  与此同时，丹尼尔继续忙于自己繁忙的音乐委托事务，常常需要动身离开伦敦。他寻求体面地解决因杰姬的退出造成的各方面问题，基于他明白一名艺术家对他的观众负有义务。在以色列音乐节上的一场《鳟鱼》演奏中，杰姬的位置由乌兹·威塞尔①，特拉维夫四重奏乐队中的大提琴家替代。在逍遥音乐会上，巴-杜-普三人组原计划的《大公爵》演奏节目被取代，改为祖克曼和巴伦博伊姆演奏贝多芬的《C小调小提琴奏鸣曲》。

  丹尼尔知道杰姬对任何方式的影响相当抵触，因而不给杰姬施加任何压力。对于一个经常看似急性子的人来说，丹尼尔足拥有不俗的耐心。他的理性就已决定时间就是最有效的药物，他很可能强烈地直觉感到杰姬很快就会需要他的。现在，将她时间在伦敦和阿什曼斯沃思两地做着分配，当丹尼尔巡演回来待在家里时，杰姬在他们朝圣者巷的共同房子里恢复自己与丹尼尔的接触也就是顺理成章的事了。

  自最近一次在公共场合演奏后，六个月过去了，12月的一个早上，在位于汉普斯特德的家中，杰姬醒来，发觉自己大好。她取出自己的大提琴，开始与丹尼尔一起演奏音乐，就像他们以前习惯了的那样。看到杰姬的演奏品质并未受损，发挥自如，丹尼尔很是高兴，便打电话给苏维·格鲁布，想看看EMI公司有没有空着的录音棚。丹尼尔觉得，不做事先安排且不公开的唱片录制不会对杰姬施加过度的压力；万一，因故行不通的话，也没人能想到更好的辄了。很是同情他们这番境况，苏维便出面效劳，真找到阿比路上的一间录音棚在12月10日至11日空着。没有演奏他们最初要举办小型音乐意向中选定的三首肖邦作品，杰姬和丹尼尔取而代之地选择只录制奏鸣曲，再加上他们过去经常演奏的另一首奏鸣曲——希泽·弗兰克的奏鸣曲。在任何情况下，杰姬从来没有学过所提到的这两首肖邦作品，据丹尼尔说，杰姬对《波兰舞曲》中的一两段乐段感觉不上手。这相当令人吃惊，因为这些演奏难点恰恰就专属于这

---

① 乌兹·威塞尔（Uzi Wiesel, 1927年—）：以色列大提琴家和音乐教育家。

首钢琴曲的创作。

当然,听这些唱片,人们绝不会相信杰姬已远离大提琴这么久了,或是,作为一个二重奏组合,巴伦博伊姆夫妇已有整整一年没有任何演出举动了。杜普蕾演奏这些浪漫的奏鸣曲,偏爱优雅的亲密感,而不是热血旺盛的激情。通过这首音乐,杰姬发自内心地倾诉伴着一种脆弱的情感,这种情感超越这把琴的约束,直接触动听者。杰姬显然没有采用弗里德里克·肖邦学院的权威波兰版本,第一乐章中,存在某些音域出入(两个地方,杰姬将音乐拉高一个八度),再就是,慢乐章中1.5个节拍(第八和第九小节)完全是另外一种乐谱理解。这些细节,当然,无论怎样也没有偏离她固有的诠释品质。

巴伦博伊姆夫妇对这首肖邦奏鸣曲的诠释揭示了作曲家忧郁的内心世界,像似从舒伯特那里获得灵感。第一乐章开篇主题的旋律与舒伯特绝望色彩的声乐套曲《冬之旅》系列中第一首歌《GUTE NACHT》(德语:晚安——译者注)之间存在着惊人的相似处;两首乐曲另一共同点在于,借某个半音升降呈现的颤音基调显而易见地散见其间。[vii]

这首奏鸣曲的外部乐章中,杰姬赋予其朗诵式感染力极为高贵的气质,同时,她广板的诠释感人肺腑,完全没有任性耍巧或炫技,巴伦博伊姆,一位敏锐的搭档,供给激情和推动力,同时,绝不让钢琴的华彩音型遮蔽大提琴的乐线;他与杰姬都将这段出了名的超强难度的过渡乐段视为这首乐曲的一大表现特色。通过清晰衔接和节奏特色,两位音乐家突显出这段诙谐曲与妈祖卡舞曲的相近,还将终乐章的主题与一首波兰舞联系起来。巴伦博伊姆和杜普蕾保持了这首奏鸣曲的经典比例,不过,他们灵活的断句则展示出对肖邦式弹性速度的一种理解,李斯特将这种肖邦式弹性速度比若和煦之风沙沙作响穿行于林梢树枝之间,搅动起树叶的生息,与此同时,这个真实的树自个儿依然深根于大地。

弗兰克的奏鸣曲给大提琴-钢琴二重奏组合设置了不同的难关,尤其是作品原本就是为小提琴而创作,即使一开始是为大提琴而构思的。不过,这个版本得益于大提琴不同音域的鲜明对比,涵盖从男中音到女高音的音域范围。也许,最薄弱的点来自终乐章部分,大提琴轮唱式效仿钢琴的开篇主题，重复钢琴的左手音域部分，与此同时，小提琴的响应是猛升一个八度，越过了钢琴人的右手音域部分。

巴伦博伊姆-杜普蕾二重奏组合诠释这首奏鸣曲，有相当多的地方令人钦佩——无论是即兴式幻想曲的元素，还是对作曲家再三标有相当悦耳以及极柔和的地方小心遵守（这些指示常被误认为是一种外在的表达方式）。杜普蕾的琴声充满柔和的渴望之情，非常适合第一乐章的沉思意味，也非常符合第三乐章宣叙调的狂想曲式即兴演奏特色；在这些乐章中，杰姬和巴伦博伊姆仿佛抓住了其创作冲动的精髓。同样，他们在保持乐曲织体清晰明了，既富有节奏起伏的变化之感又不失推动力的同时，将激情与戏剧设置注入第二乐章。杰姬运用延音与滑奏的技巧，增添了表达和戏剧效果的分量，尤其在第三乐章极为精彩的跳跃式主题部分（我认为，在原来的小提琴版本中，要抓住类似征服空间的感觉似乎不太可能）。就是这个部分和尾声部分，杰姬有时将乐句延伸到几乎越过为人所接受的欣赏与形式限界；暨此，她的演奏没有效仿，虽然她通过强烈的情感张力合理化了任何夸张演绎。自始至终，得益于巴伦博伊姆的支撑和能力，杰姬塑造出这种形式，得以控制自己的激情。

就这些唱片中杰姬的直觉式演奏，许多人都评价过。大提琴家桑迪·贝利这么说过："在诠释肖邦和弗兰克的奏鸣曲中，杰姬诚实的状态几乎是在对着干。演奏中，她看起来完全不食人间烟火。"就纯粹的大提琴琴声方面，这张唱片表明佩尔松大提琴在声音深度和精细度上都不如杰姬之前的意大利大提琴（尤其是C弦上），这么说也是公平的。在杰姬，对大提琴如何响应的感觉要比大提琴的琴声处理潜力来得重要得多，此外，杰姬独到的音调和巨大的音色范围并不取决于她拉的大提琴。通过与杜普蕾用戈弗里勒或是达维多夫大提琴录制的早期唱片进行直接对照，人们只察觉音质上的差异。

苏维·格鲁克称，在两天的录制工作中，杰姬演奏得跟以往一样棒极了。"我们大功一告成，她就说她想要开始贝多芬奏鸣曲的录制。巴伦博伊姆和我都蛮担心，她看上去很疲惫，不过我们录制了《Op.5 No.1》的第一乐章。这段乐章结束时，她一边说'就它了'一边把自己的大提琴放回

琴箱，甚至都不想听我们录好的东西。这是杰奎琳·杜普蕾最后一次出现在录音棚里。" ⅷ

 ⅰ 《每日电讯报》，1970年12月18日。

 ⅱ 本书作者的访谈内容，伦敦，1995年6月。

 ⅲ 斯蒂芬·班菲尔德，《格拉尔德·芬兹：一位英国作曲家》，Feber& Faber 出版社，伦敦，1997年，第285页。

 ⅳ 与克里斯托弗·芬兹的访谈内容，《泰晤士报》，星期三，1997年10月8日。

 ⅴ 希拉里·杜普蕾和皮尔斯·杜普蕾，同前，第37章以下。

 ⅵ 辛西娅·本兹（Cynthia Benz），《应对多发性硬化症》，Macdonald Optima 出版社，伦敦，1988年，第25页。

 ⅶ 摘自阿纳托尔·雷金（Anatole Leikin），《奏鸣曲》，吉姆·萨姆森（Jim Samson）（编），《肖邦的剑桥通道人》，剑桥大学出版社，1992年，第185页。

 ⅷ 苏维·拉吉·格鲁布，同前，第100页。

第二十六章
短暂复出

我们拥有艺术，以免我们死于真相。①

——弗里德里希·尼采

到了新的一年，杰姬的信心已恢复到她准备面对世界的程度了。她与约菲的心理分析约谈产生了积极的效果。现在，在丹尼尔的支持和参与下，杰姬尝试着重建夫妻两人的关系。仍没有公开演出的同时，通过与自己的大提琴友人演奏二重奏，杰姬一直保持着与大提琴的接触。经常，这些时段转变为即兴课堂，彰显了杰姬慷慨大方、乐于分享的精神。杰姬想要教她喜欢的人拉大提琴，甚至是零基础的初学者也不例外，这其中散发着她令人感动的天真性情。她不仅帮助像乔·缪霍兰德（Jo Milholand）、凯特·比尔和我本人这样的专业大提琴手，还鼓励西尔维亚·索斯科姆重新拿起自己的乐器来，索斯科姆之前因抚养年幼的孩子而不再拉琴了。杰姬甚至说服自己的挚友戴安娜·努本也拿起大提琴，坚持要从零开始一点点教她。后来，病了时，她自愿给两个来自很不同领域的零基础初学者上课：银行家詹姆斯·沃尔芬森和歌唱家普拉西多·多明戈。

---

① 本书原文为"We possess art lest we perish of the truth"，但查阅相关出处，译自德语的对应英文应为"We have art lest we perish from the truth."见于1888年尼采的笔记，这里，依据原意翻译。——译者注

杰姬也喜欢去听音乐会，会见和招待朋友。丹尼尔记得"我们在朝圣者巷有过一些很美好的夜晚，杰姬会做晚饭。沃尔特·莱格①要来访，亚瑟·鲁宾斯坦、舒拉·切尔卡斯基②、克利福德·柯曾③，以及其他许多人。杰姬可能还称不上是一名蓝绶带④级别的厨师，但会烧很好吃的饭菜，很喜欢烹饪。"

与此同时，杜普蕾"复出"的具体日期也在拟定中。他们认为，最好等到1973年初再接受协奏曲演出活动；不管怎样，较短时间内就会安排二重奏或三重奏小型音乐会。到了这年的夏初，杰姬感觉好很多了，准备好开始演出了。有安排她参加几场室内乐演奏会的演奏，第一场于1972年7月31日举办。当时，杰姬与祖克曼和巴伦勃依姆搭档，演奏贝多芬的《幽灵三重奏》和柴可夫斯基的《A小调三重奏Op.50》。事出凑巧，以色列电台录制下了这场演奏会；大约十年后，苏维·格鲁伯出面协商，EMI唱片公司获得这盘录音带的所有权并发行面世。据丹尼尔回忆，这对杰姬有着极大的重要意义："她很喜欢柴可夫斯基的这首乐曲，情感上与这首音乐亲近。历经一段时间的沉寂，重返舞台演出，在杰姬就象征着一种重生。"这次成功重返舞台，象征着杰姬重获对自己活力的信心，也代表着再次发现与丹尼尔在一起的幸福。

柴可夫斯基为纪念自己的友人，尼古拉斯·鲁宾斯坦专门创作了这首钢琴三重奏；鲁宾斯坦是莫斯科音乐学院创始人。第一乐章，编曲规模壮阔，哀婉凄怆与怀旧的抒情意味交织。在唱片中，我们听见，当巴伦博伊姆在这首精湛钢琴作品中展现极为强烈的华丽色彩，杜普蕾和祖克曼如何即刻抓住哀伤挽歌的内在情绪；这首乐曲是柴可夫斯基献给俄国钢琴学派（The School of Russian Pianism）的作品；尼古拉斯及其兄弟安东·鲁宾斯坦⑤做了大量工作促进这个学派的发展。对比鲜明的是，第二乐章，主导

---

① 华尔特·莱格（Walter Legge, 1906年—1979年）：英国古典音乐制作人。
② 舒拉·切尔卡斯基（Shura Cherkassky, 1911年—1995年）：俄裔美国钢琴家。
③ 克利福德·柯曾（Sir Clifford Michael Curzon, 1907年—1982年）：英国著名钢琴家。
④ 蓝绶带（cordon bleu）：法国波旁王朝时代授予骑士的最高勋章。
⑤ 安东·鲁宾斯坦（Anton Rubinstein, 1829年—1894年）：俄罗斯钢琴家、作曲家及指挥家。

旋律阳光轻快，其俄式民歌主题的转换富有想象力（即使冗长），情绪转变其中，巴-杜-祖三重奏组合捕捉住了这种情绪变化。就像在场景变化着的一出芭蕾舞剧，我们欣赏到一首富有特色的玛祖舞、一曲轻快美妙的华尔兹（由杰姬演奏，带着芬芳迷人的魅力）、一段悲恸的挽歌（这里，祖克曼近乎完美地撩拨着人们的心弦），更不必说一曲完整的赋格，在这曲赋格中，柴可夫斯基向鲁宾斯坦心怀促进创建一所全国性作曲学院的理想致敬。巴-杜-祖三人组利用各自身为个人独奏演奏家的才能，洋溢着充溢的情感，使得他们将这首三重奏作为一首史诗般的音乐展现出来，没有遵循奥地利—德国室内音乐更个人的传统。

这场演奏由EMI唱片公司最终公开发行后，杰姬常常一遍一遍聆听，说："你从这场演奏中看得出，我一定是爱上了平基！"这玩笑式的表白某种程度上很好地形容出，在音乐中，杰姬与这位小提琴家完全共生的音乐合作关系，其间，两位弦乐演奏家富于表情的伙伴关系旨在与这首钢琴曲协奏曲式特色相比照。

的确，人病了后，从聆听这场录制的现场演奏中，杰姬得以获得近乎代入感式的喜悦。不过，对于钢琴部分漏掉了一处音符，她同样毫不留情面；因为这处漏掉的音符，巴伦博伊姆起初不大情愿让唱片出版发行。人们猜测，倘若丹尼尔真拒绝发行的话，杰姬应当不会原谅丹尼尔了。当然，音符的完美精确，在杰姬演奏生涯中，从来就不是主要考虑的因素；更确切地说，她对枯燥乏味且缺乏精神的音乐演奏避而远之。

这年夏天余下的时日里，杰姬没有演奏，赋闲修养，8月大部分时间都在爱丁堡音乐节现场，与丹尼尔在一起，丹尼尔首次的歌剧亮相，指挥莫扎特的《唐璜》。多年以后，当被选中参加BBC电台制作的《荒岛唱片》[①]时，杰姬谈到这段"快乐的时光，我参加了所有彩排，渐渐认识了节目摄制组的人员"。不久，她把这出歌剧牢记在心，不仅对音乐文本中，而且对唱的歌词里的错误极快地标注出来。《唐璜》三重奏，第一场结尾部分里的采琳娜和马塞托（第十八幕）有一处不大（且重复的）错误

[①]《荒岛唱片》（Desert Island Discs）：BBC第四套电台的一档电台栏目，于1942年在BBC Forces Programme电台首次播出。

发音，引得杰姬和丹尼尔大笑不止，也惹得他们二人互取小名。总的来说，这次亲身体验莫扎特歌剧激起杰姬对音乐和戏剧表演两方面的欲望；当疾病迫使她停止演奏后，杰姬能沉溺并乐在其中的也是这两方面。

杜普蕾接下来的一次公开亮相，于9月22日，在伦敦的节日音乐厅，再次演奏这首三重奏，重过了一遍他们在以色列演出过的节目单。这次演出因音乐意外的缘故是一场颇紧张的演奏；以色列运动员在慕尼黑奥林匹克村遭受残杀的事件[1]余波未平之际，人们担心世界范围内出现报复行动和进一步的攻击。据丹尼尔回忆，"虽然对我们不存在实际威胁，但还是决定采取预防措施。"埃莉诺·沃伦，当时负责BBC电台实况转播这场演奏的工作，仍记得音乐厅内刑警活动频繁：

所有新闻公告宣布严防"伦敦的阿拉伯杀手"。每一位音乐家都有一名指定的刑警守护。这些音乐家对这一情形反应各异：平基是听天由命的态度，他说："要是你注定遭枪杀，那你就会遭枪杀。"丹尼尔坚持要时时能看得见自己的刑警，杰姬则在后台转来转去，看起来不太在意。我与当晚指派给丹尼尔的那位刑警交上了朋友，便问这位探员是不是真有会把我们全给炸了的危险。他答道，"我不大信，因为观众席里人人口袋里几乎都兜着把枪呢。"

所幸的是，这场音乐会没发生任何意外。《泰晤士报》乐评人马克斯·哈里森对巴伦博伊姆的音乐圈从来都不太欣赏，他撰写了一篇极为尖刻讥讽的评论文章，在文章中，他对这"两场流于表面的肤浅"演奏表达了自己极端的恼怒。"贝多芬作品的经典纯正与内敛遭到误解，与之相比，柴可夫斯基这首少有人听过的《三重奏Op.50》则惨遭非正统的浪漫激情式演奏……很多时候，从第一小节开始，就好像听见某人扯着最高嗓门地说话，还伴着最大的表现力……"[i]

一个星期后，9月26日，杰姬和丹尼尔在阿尔伯特音乐厅举办一场小

---

[1] 即慕尼黑惨案（Munich massacre），在1972年9月5日第二十届夏季奥运会举办期间，发生在德意志联邦共和国慕尼黑的一次恐怖事件。巴勒斯坦武装组织黑色九月为策划者，袭击目标锁定为参加奥运会的以色列代表团，结果，警察在营救过程中出现严重失误，导致以色列代表团十一人全部身亡。——译者注

型音乐会，演奏勃拉姆斯的《E小调》，贝多芬的《A大调》和弗兰克的奏鸣曲。《每日邮报》乐评人给予这场实况演出最高的赞誉，只是遗憾演出场地选在了音响效果不佳的阿尔伯特音乐厅。"一场选错场地但仍绝妙动听的演奏会。"他总结说。各位友人，包括摄影师克莱夫·巴达（Cliver Barda）和他太太罗茜，都记得这场演奏会带给人的那种强烈情感冲击。在他们看来，仿佛杰姬在丝毫无保留地将她整个自我投入到自己的演奏之中，通过发自她内心深处对这首音乐的情感倾泻，杰姬超越了乐器的束缚。[ii]据大提琴家桑迪·贝利回忆，"在最后这几场音乐会中，杰姬投射出来的气场和她拉大提琴的实际方式有时是两件分开的事。换句话说，时不时这种表达变得大过实际拉出来的琴声。不过，这没什么，因为音乐信息这般有力地传递出来，取代了任何诸如琴弓表面噪声一类的瑕疵。"

也许由于演奏的物理过程不再是杰姬无意识下依赖的方面，其他特点开始发挥作用。其一就是大大提升了的凭冲动冒险的自主性，不担心乐器本身的难度或欠缺。不过，清醒的意识也达到提高，需要运用眼睛来定位手指和琴弓。当她的天生技巧不听自己使唤时，这种解析过程便起到援助作用。有时，杰姬不得不诉诸这么一种在她同行音乐家都不甚明显的方式，更不必说一般观众了。据贝利观察，"听见杰姬错过一个音符就跟听见她抓住它一样令人激动。要是她突然想要拉升G弦奏出一个泛音，但没奏出来，观众仍感受到一如她真的击到这个音符点上似的冲击力。"

与此同时，大众宣传正意欲宣传杜普蕾音乐演奏生涯的"复出"。杰姬计划1973年1月初在美国和加拿大开始她与管弦乐团的预约演出，演奏拉罗的协奏曲。这首作品1971年6月就列在她日程中，准备出唱片，当时有计划和巴黎管弦乐团以及巴伦博伊姆合作，将这首乐曲与福莱的《悲歌》以及圣桑的《热情的快板》一起录制，但之后再三推迟，直到1973年6月，适逢杜普蕾首次与巴黎管弦乐团一同亮相一场音乐会。丹尼尔和杜普蕾当即要求EMI唱片公司将拉罗协奏曲与伊贝尔[①]的《大提琴与管乐器协奏曲》组合录制，因为杰姬已将它纳入自己巴黎音乐会的节目单。

---

① 伊贝尔（Jacques François Antoine Ibert，1890年—1962年）：法国作曲家。

尽管如此，EMI唱片公司不再高兴这种冒险事项了，他们的财务部已质疑先期录制拉罗协奏曲是否会有收益；增添伊贝尔的作品这个想法更让这个项目不够吸引人。除了令人吃惊的偏低销量预计和巴黎管弦乐团高额的出场费用之外，伊贝尔的作品仍受版权保护。受这些因素的影响，EMI公司的财务部否决了这项提案。苏维·格鲁布当下要求彼得·安德里考虑此事，提醒他受欢迎的大提琴和管弦乐曲目库就没有几首作品。就像他说到的，除了柴可夫斯基的《洛可可变奏曲》外，杰姬已录制了几乎所有众所周知的大提琴协奏曲。[iii]

显然，从回复看，安德里原想取消整个项目，不过，为了与杜普蕾和巴伦博伊姆维持良好的关系，他提出一个折中方案——也就是，录制拉罗的协奏曲，但用凯撒·弗兰克的一两首乐曲替代伊贝尔的协奏曲，这一方案避开了版权费用。他还建议启用"出场费少些"的一家伦敦管弦乐团。[iv]

讽刺的是，杰姬2月在纽约的音乐会舞台上遭受一次危机之时，格鲁布正在不断敦促在巴黎录制杰姬的拉罗协奏曲唱片一事。格鲁布还在以色列设置室内乐的唱片录制，其中包括舒伯特的《鳟鱼五重奏》和莫扎特的《钢琴四重奏》，这次的组合搭档为帕尔曼负责小提琴，祖克曼拉中提琴。1973年春季时，全部这些项目都不得不再次推迟；到了很明显杜普蕾的病终结了她的公开演出复出时，这些项目最终只得取消。

蛮自相矛盾的是，二十多年后，EMI唱片公司最终发行了一张杜普蕾生前诠释拉罗协奏曲的唱片。很是庆幸，1973年（1月4和6日）杜普蕾复出的头两场音乐会，与巴伦博伊姆和克利夫兰交响乐团合作演奏，克利夫兰的一家本地电台将之录制了下来。最近面世的两张CD版本实际上就是取自这两场演奏编辑而来的，不过，后期编辑仍无法掩饰杰姬拉大提琴时明显体力不支的迹象。不过，这些小瑕疵既没有减损杰姬流畅的表达，也没有影响她对这首协奏曲的整体构想。人们从中能探寻出这些瑕疵：左手某些变换稳健不足，琴弓击弦时而粗糙、某些拉弓琴音不得当的尖刻（比如，在最后乐章的主题呈现上）。由于自己衰退的气力，杜普蕾发觉很难把控琴弓和支持极强的琴音，以致她不得不在最大声的乐段强行逼迫乐音。

同一张CD碟上还发行了斯特劳斯的《堂吉诃德》，这首五年前就录制的乐曲，借着这样的方式，EMI公司无意间突显了杜普蕾1968年处于巅峰状态下的演奏与其在职业生涯最后苦苦挣扎一个月里的演奏之间的不同。在斯特劳斯的这首乐曲中，我们能听出杰姬的整个乐器把控稳健有度，她演奏出无比丰富且强有力的乐音，令人唯感印象深刻。

尽管如此，我们应该感激，杜普蕾对这首低估了的协奏曲的诠释得以保存下来。杰姬抓住了拉罗音乐的朗诵式特质，令人钦佩，她将最为难缠的过渡乐段放在大提琴最阴沉的音域处理，呈现出一种高贵之心，音乐意图明确清晰。在第一乐章，她在抒情与英勇之间交替；第二乐章的间奏曲，在带有西班牙舞曲韵律的切分音中，淘气地挑逗其间；尾声部分，富有狂想和华丽意韵。巴伦博伊姆的伴奏强调了这首乐曲的拉丁味，简而言之，无论是第一乐章，尾声部分、忧郁且戏剧化的介绍部分、到尾声部分，还是间奏曲各种韵律模式的简洁呈现中，皆敏锐地为弦乐和弦伴着奏。巴伦博伊姆总是营造出必要的张力来辅助音乐向前推进，但没有覆盖大提琴的经过段演奏。

当时，罗伯特·芬热情洋溢地写到了这场克利夫兰演出，称赞杜普蕾"目空一切"的才华天赋，和她优先重点放在"强烈、大胆的衔接来成就乐音之美和风格化的细腻处理"。[v]

克利夫兰音乐会之后，丹尼尔和杰姬前往多伦多，1月9日和10日再次演奏这首协奏曲。《环球邮报》的乐评人，一位杜普蕾巨大天赋的敬仰者，想知道，杰姬与多伦多交响乐团的演奏为何缺少了其通常独有的那团火和活力，"这种声音品质在这位音乐家而言似乎令人意外地微不足道。"他这么说。依照通常的评判标准，在音乐上和技巧上，杰姬的大提琴演奏仍旧"出类拔萃"。不过，这位乐评人下结论说，这场音乐会"并非精彩的杜普蕾音乐"。

这一边，丹尼尔返回克利夫兰，准备与克利夫兰交响乐团再进行一个星期的合作演出，另一边，杰姬与拉马尔·克劳森搭档，在华盛顿州的肯尼迪中心和布鲁克林推出两场小型音乐会。1月15日，丹尼尔加入杰姬，两人在纽约爱乐音乐厅推出一场小型音乐会，这场音乐会后来证明就是他们两人的最后一场合作演奏会。虽然号称"杰奎琳·杜普蕾沉寂两年后的复出演出",这场演奏会很难产生胜利复出的效果。

这场演奏的节目包括勃拉姆斯的《E小调》、德彪西和肖邦的奏鸣曲,杰姬对所有这些乐曲都了如指掌。《纽约时报》的乐评人承认,杜普蕾是一位有着鲜明个人风格的演奏家。"不过,这次,她的起伏变化巨大,从格外好到有些毛病,再到明显难以接受的程度,让人晕头转向。"撰文最后,这位乐评人抱怨变换尖啸,柔弦颤音幅度大,"扑过来"或时而错过的音符。在赞赏巴伦博伊姆镇静的影响力和清晰且专注的演奏外,这位乐评人建议杜普蕾:"透过这些技巧失误和诠释上的种种反常,人们仍能听出一位天才型音乐家和一种富有交流活力的个性。也许杜普蕾小姐应考虑调和一下自我放纵式的任性,稍稍认真思考一下这些音符和它们要去的地方。"[vi]

不仅是乐评人,杰姬的许多朋友和仰慕者也都被她演奏中的这些改变弄糊涂了。那些认识她的人忍住没有说出他们的疑惑,杰姬明显很苦恼,她一直都是她自己最严苛的评判人,当下,没有理由质疑她的音乐真诚。

离开纽约,杰姬飞回伦敦,有一到两个星期的休息,而后,2月8日和11日,她在节日音乐厅推出两场音乐会,演奏埃尔加协奏曲,由祖宾·梅塔指挥,与新爱乐乐团合作。起初,杜普蕾已订好演奏《堂吉诃德》,但是,出于越来越担心自己日渐衰弱的体力不支,她选择演奏自己有十足把握的协奏曲。据梅塔回忆:

我们决定演奏埃尔加协奏曲;很可能杰姬已有预感这将是她在伦敦的最后一场音乐会。她的右手之前就有些不听使唤好一阵子了,也因为这个,她调换了自己的琴弓,选择拉佩尔松大提琴——这把琴给了她外在宏大的音调。即便如此,她仍拉不出我们记得的那种出色的乐音。随着声音持续减弱,杰姬开始在音乐上夸张起来。我记得,我们彩排埃尔加协奏曲时,新爱乐乐团很多大提琴手找到我,恳请我跟杰姬请求一下,劝阻她不要越来越过度放纵地发挥了。[vii]

梅塔知道比出面干涉更好的法子:尽管他强烈感到有什么不对劲,但他觉得自己最好的渠道是给予杰姬安慰和鼓励。她显然需要精神上的支持,还坚持认为自己的心理分析师沃尔特·约菲应当到场听上一场她的音乐会。看看杰姬抱怨的演奏中身体不适是否与他个人的客观观察相符,约菲对此有临床兴趣。他也想准确了解杰姬对自己的演奏感受如何。

在杰姬,显然,这是一次情感炙热的演出,正是在这座音乐厅,正是凭借这首乐曲的演奏,她一举成名,诸多的回忆一定潮水般涌上她的心头。她将自己尽数奉献给了这两场满座的音乐会,那些到场听了音乐的人们也明白他们正在目睹一件非同寻常的事情。受我们对诸多事情前前后后的回顾了解的渲染,禁不住吸引人追忆杰姬的这场演出犹如希腊悲剧般的一种灾难预感逼近。

当时,彼得·斯塔德伦[①]写道:"她深深打动人心的演奏……引得观众入迷至深……回想着自从这位杰出的青年音乐家的第一次登台亮相起走过的这些年,今天见证这么一段从有些谨小慎微的含蓄朝向绝对臣服于这首音乐的旅程,我们有充分理由对之惊叹不已。"[viii]

内维尔·卡达斯在《卫报》的乐评更进一步,演奏几乎就像是一段致杜普蕾成就的凄美碑文。卡达斯注意到,虽然"时间和欠佳的健康不停地拿走杰姬十拿九稳技巧中的某些东西,但,诠释埃尔加创作的这首最打动内心且最为忧郁的音乐同时,杰姬对作品的成熟理解与心性思考方面回归了很多。"

很少人像卡达斯那样,在他细腻感知的评论中,着笔处带着对杜普蕾梦幻魔力和诠释最真诚的欣赏之情:

……杰姬以年纪轻轻音乐家身上非凡的热诚追根寻源去抓住事物的本质,以致我们仿佛没有怎么在听,而是像偶然听见,带着夕阳落日之感的音乐,诉说着《我们的岛屿物语》[②]中一个时代的结局,同时,也在诉说埃尔加对这一结局的接受。朗朗白日已尽,埃尔加在等待黑暗的降临。接近协奏曲的结束,埃尔加回顾慢乐章中的一个主题,下降的韵律甚是自怜自悯,杰奎琳·杜普蕾从这段自我真情表露的乐段中攫取了

---

① 彼得·斯塔德伦(Peter Stadlen,1910年——1996年):匈牙利裔英国作曲家、钢琴家和音乐学家。

② 《我们的岛屿物语》(Our Island Story):亨丽埃塔·马歇尔(Henrietta Elizabeth Marshall)创作的一本英国历史的儿童读物,1905年首版。

这份伤痛不绝的汁液；她的乐音来自她敏感且颤抖着的指间。

卡达斯最后回忆道："多年前，我在这些专栏中形容杜普蕾小姐就是自凯瑟琳·费里尔①之后英国诠释音乐获赠的最珍贵的礼物。那一晚的演奏赐予后，我加以强调地重复这份形容与赞美。"[ix]

星期四晚的音乐会，我在场，有一处转换几乎漏掉，过渡乐段的衔接也出现稍稍的停顿，这些已是小的警示信号。对某些人而言，慢乐章的缓慢节奏几近太慢了。对此，吉莉安·威特库姆抱怨"手指的滑动太夸张，人们会说'滑延音'好几遍后她才拉到这最后的音符。"[x]

不过，她传达音乐信息的效果是如此难以抗拒地强烈，以致模糊去了任何类似的瑕疵和矫饰做作。罗德尼·弗兰德完全被杰姬星期四晚音乐会上的演奏征服了："而后，我只是坐在自己的座位上足足十分钟，含着泪；我感到杰姬高度情绪化的演奏效果相当令人身心交瘁。我想真的我之前从没体验过如此毫无保留的音乐给予，不带任何矫揉造作和肤浅表面的迹象。她演奏中呈现的痛苦与苦难近乎能触摸得到，是那么一种没有解释的东西。"[xi]

桑迪·贝利记得，星期天下午的下半场音乐会上，出现了更多的拿不住瞬间。"杰姬最后一次演奏埃尔加，在我看来既美妙又糟糕。我能看出，在大提琴演奏上，她的琴弓把控有问题，虽然我不知道个中缘故。她很不自在，第三乐章时，人看上去甚至不得不从座椅上站起身来。即使这样也没有妨碍这首音乐的交流——依然是一次精彩的演出。这首埃尔加如此深深植入她内心，她不可能拉砸它的。"

这场音乐会一结束，杰姬就由人送往希思罗机场，她必须搭乘晚班机赴纽约，与丹尼尔会合进行另外一场拉罗协奏曲的演奏，即2月14日，在纽约的卡耐基音乐厅，与克利夫兰管弦乐团合作。她身体恢复到相对不错的状态。哈里特·约翰逊赞扬杜普蕾对拉罗音乐"漫不经心的感悟"："一旦她开始演奏，总是赶着劲的感情洋溢……昨晚，杜普蕾具有某种魔鬼般的魅力，不仅在演奏中，当她滑到一个高音位只是惊险地在琴上激发出另

---

① 凯瑟琳·玛丽·费里尔（Kathleen Mary Ferrier，1912年—1953年）：英国著名女低音歌唱家。

一种氛围,而且在间歇间她向巴伦博伊姆和前排乐队其他成员投过去会意的微笑之中。她演奏得仿佛为这一晚的演出什么都豁出去了,这姿态很适合这首乐曲漫不经心的特色。"[xii]

这场成为杰姬与巴伦博伊姆合作的最后一场的音乐会结束后,杰姬已计划好与祖克曼搭档演奏勃拉姆斯的《二重奏》,与莱奥纳多·伯恩斯坦指挥下的纽约爱乐乐团合作。与往常一样,这些音乐会准备以套票系列方式在爱乐音乐大厅重复举办四次,演出日期拟定为2月22日至27日。彩排期间,杰姬令人不安的症状就已经出现加剧:手指无力得打不开大提琴琴箱,身体带有针刺般的发麻感,扩散式麻木感又回来了。近来,她就一直跟朋友说,每场音乐会上的她不知道自己能否坚持完一场演奏。她的手臂感到铅一般沉,自己万分担心琴弓会掉下去,她已把不准弓的分量了。吉妮·祖克曼回忆,首场纽约音乐会前,杰姬咨询过一位医生,这位医生不认为她的症状属于歇斯底里癔症。这种诊断只是更加剧了杰姬的不安,让她觉得诸事都是她自己的错。

伯恩斯坦起初猜想杜普蕾是患上了神经病,于是就哄着她进行演奏。杰姬坚持完成了四场音乐会中的三场。不过,第三场对她来说简直就是一场噩梦。她走上舞台就仿佛走上绞刑架,清楚自己不再能感觉到自己指尖下的琴弦了。在这最后一场演出中,杰姬不得不仅凭眼睛来明确在哪儿放置自己的手指。后来,她坦诚"拉得不好"。[xiii]吉妮·祖克曼形容杰姬那晚的演奏狂乱且东拼西凑。

阿诺德·斯坦哈特也去听了当晚的音乐会,据他回忆,各位纽约音乐家之间分歧很大,因为杰姬在拉她那把新的佩尔松大提琴:

人们很吃惊,比起自己那把古老的意大利大提琴,杰姬更喜欢一把崭新的大提琴。不过,我吃惊的是她的演奏。我记得我心下想:"真难过她居然容得下自己拉得如此草率,听上去就好似她不在演奏。有着她这般天赋的一个人怎能如此不敬重自己的才华呢?"当了解事情原委后,我相当难过,自己一度这般指责过她,尽管我是自己心里这么想过。后来,杰姬告诉我她如何努力以及为完成这场音乐会的演奏而经历的种种。[xiv]

第三场音乐会后,杰姬向伯恩斯坦解释说她必须取消2月27日的最后一场演出。据祖克曼回忆，"她只是应付不下来了；情绪上，她已触到了谷底，她真就是再没有体力演奏什么了"。伯恩斯坦起先还质疑杰姬的不适，现在特别严肃地看待这些问题，特意给予帮助和安慰杰姬。杰姬打电话给（在洛杉矶的）丹尼尔，说她想回伦敦去，要取消自己所有的演出活动。据丹尼尔说，"杰姬极端痛苦，不知道自己究竟出了什么问题。我记得伯恩斯坦的关注和重视很让杰姬感动。他亲自带着杰姬去看医生。她很清楚莱尼这个人众所周知的外向一面，不过，这次，却看见和体验到他个人关怀的一面"。

《纽约时报》报道说，杜普蕾突然取消演出是因为她的右手臂触觉异常，一种神经末梢的失调障碍。回到家中，塞尔比医生试图给予安慰。一方面认真对待她的不适，另一方面，他并没查出什么具体的毛病，虽然到此时他开始怀疑杰姬遭受的是某种神经紊乱而不是心理失调。不想在这时打击杰姬，他倾向等有了更明确的证据后再送她去进行临床检查，以便得出诊断。据辛西娅·本茨在她有关多发性硬化症的书中所写，"诊断是一个关键点……若给出诊断太快，则具毁灭性，而隐瞒不说，也令人大为恼火"。xv

与此同时，戴安娜·里克斯负责去信取消杰姬未来所有可预见的演出活动，解释说杜普蕾患上了腱鞘炎。约菲医生试图撑住杰姬摇摇欲坠的信心，但这次各种失调症状卷土重来，令人失望，他也解释不了此中的所以然。此刻的杰姬变得比之前任何时候更加依赖丹尼尔的支持。没有与丹尼尔分隔两地，在接下来的几个月里，杰姬一直陪着丹尼尔进行巡演，奔赴日本、巴黎、以色列等国家，8月还参加了爱丁堡音乐节——每一个地方，她都已取消了自己的演出预约。

杰姬对自己的健康状况感到焦虑不安，这使得她越来越沉浸于自我世界。人们经常发现她人茫然失措且心烦意乱。到如今，丹尼尔高度关注着杰姬的情况。他回忆起几次令人揪心的意外事故："我们在日本时，杰姬无缘由摔下楼梯两三回。人们不知道发生了什么事，我也同样不知道。"那个夏末，各位朋友有时很困惑地发现杰姬一个人在汉普斯特德街区一带漫无目的地游荡。桑迪·戈尔记得，有一次，他看见杰姬困在一处交通安全岛上，人显然僵住了。原来，与约菲医生约谈完后，杰姬这是走在回家的路上；戈尔于是搭了她一程，带她去了他自己母亲的家中，好让她镇定下来。

杰姬试图维持一副一切如常的外在模样，但是，有时很难掩饰自己的内心恐惧。不过，她不想自己成为引发焦虑不安的原因，所以往往向丹尼尔隐瞒自己的症状。要是她在家出现晚了，丹尼尔就会担心是不是有什么不对劲；杰姬倾向于安慰地回答他说，她是去看朋友了或是买东西耽误了。后来，很可能她发生过摔倒在街上，没法自己爬起来的事。

10月5日晚上，杰姬和丹尼尔在朝圣者巷的家中招待友人晚宴。当时是犹太人的赎罪日前夕，以色列的紧张局势预示着战争会爆发。丹尼尔一心想尽快赶往特拉维夫，就像他1967年5月那次一样。整个晚上的大部分时间，丹尼尔都在与他父母通电话、准备离开伦敦和取消既定的演出活动。杰姬已做好了超好吃的晚饭，不过，当丹尼尔叫她上楼去卧室里取一个地址簿时，杰姬莫名其妙地看似尖刻蛮横起来。事实上，她成功地瞒过了自己的丈夫和客人，她的双腿其实已无力到没法支撑她上楼去了。

第二天，丹尼尔到了以色列，那里的境况远比他们1967年春的那次来得更为严峻。这次没有与六日战争一样干净利落的胜利。当年那场战争期间，杰姬与丹尼尔一起现身以色列，起到了象征希望和慷慨大度的作用，同时，作为夫妇，他们在自己个人幸福完满的同时，共同分享了一个国家沉浸在胜利之中的欣喜精神。而今，当强大过他们的外力突袭他们的命运时，他们最闪耀的希望正在他们周遭摇摇欲坠。

丹尼尔意识到，自己这是撇下杰姬让她独自承受身心焦躁不安的状况。在汉普斯特德街区又摔了一跤后，杰姬返回去找她的医生。10月8日，塞尔比医生给杰姬做了检查，决定让她去见一位神经科专家。"我意识到，这些固有的症状不能再诊断为心理疾病。显然是某种非常严重的疾病。我发现她的一些反射能力异常，这让我相当肯定是某种神经官能方面的问题。"[xvi]第二天，杰姬去看了伦敦诊所的神经科专家雷奥·兰格医生，兰格医生观察到"虽然杰姬并没有出现多恶劣的体征，但足以让我觉得是某种生理构造上的问题"。于是，做出决定，杰姬应该住进位于帕丁顿①的圣·玛丽医院，在这所医院进行各项医疗检查。

据兰格医生回忆，"那时候，诊断得靠推断得出。当时没有核磁共振成像扫描仪可用，而这种仪器可以得出诊断。作为常规检查，我进行了一次腰椎穿刺，从那儿抽出脑脊髓液用于化验分析。多发性硬化症病人的脊椎液内含有异常蛋白或是高位抗体。"由于病史跟体检一样重要，兰格医生需要跟塞尔比医生谈过才好确诊。兰格医生记得，他试图说一下杰姬的听觉，但"这让杰姬非常紧张。丹尼尔在以色列，艾萨克·斯特恩的夫人来医院探望杰姬。在非亲属的人面前，我不好说得太多。"[xvii]兰格医生做出的多发性硬化症诊断，10月16日得到圣·玛丽医院神经科咨询专家哈罗德·爱德华医生的确认。

杰姬的几位医生尽可能和缓地告知杰姬确诊的结果。杰姬的反应混杂着难以置信的震惊和可以理解的释怀。没有惊动身在以色列的丹尼尔，杰姬决定等丹尼尔回来后再告知他实情。但，这确实说得容易做起来难啊。祖宾·梅塔，正与巴伦博伊姆一道在以色列举办音乐会，他记得，丹尼尔每天都与杰姬通电话："有一天，当他打电话到自己家中，他得知杰姬去医院做检查了。他问出了什么事。他听到一个回答，显然不了解情况的管家的回答，说医生怀疑是多发性硬化症——非常突然，冷不防的突然。"[xviii]

在20世纪60年代和70年代初，多发性硬化症是一种鲜为人知的疾病——绝大多数人从来就没有听说过这种病，巴伦博伊姆和梅塔也同样不知晓。就像梅塔说的那样，"因为我们对这种不幸的疾病一无所知……我们对我们电话里听到的严重性根本没反应过来。不过，我们当然得尽快弄明白，于是，我打电话给我的一位医生朋友，想要一个解释。因为房间里只有一台电话，丹尼尔凑近在电话边上，这样他好听得见医生在说什么。这就是丹尼尔首次得知这场悲剧的情形，这场悲剧即将进入他的生活之中。"

---

① 帕丁顿：英国伦敦西部一住宅区。

ⅰ 《泰晤士报》，1972年9月25日。

ⅱ 本书作者的访谈内容，伦敦，1993年6月。

ⅲ EMI档案资料，苏维·格鲁布于1973年2月20日写给彼得·安德里的便条。

ⅳ EMI档案资料，彼得·安德里于1973年2月28日写给苏维·格鲁布的便条。

ⅴ 《（克利夫兰）诚实商人报》（Plain Dealer），1973年1月6日。

ⅵ 彼得·戴维斯，《纽约时报》，1973年1月17日。

ⅶ 本书作者的访谈内容，都灵，1994年2月。

ⅷ 《每日电讯报》，1973年2月9日。

ⅸ 《卫报》，1973年2月9日。

ⅹ 《金融时报》，1973年2月9日。

ⅹⅰ 本书作者的访谈内容，1993年6月。

ⅹⅱ 《纽约邮报》，1973年2月17日。

ⅹⅲ BBC第四套电台致敬杰奎琳·杜普蕾四十岁生日。

ⅹⅳ 本书作者的访谈内容，米兰，1997年6月。

ⅹⅴ 辛西娅·本茨，同前，第32页。

ⅹⅵ 本书作者的访谈内容，伦敦，1993年6月。

ⅹⅶ 本书作者的访谈内容。

ⅹⅷ 祖宾·梅塔，同前，第92，93页。（原书中未见此项尾注标号，译者揣摩标注）。

第二十七章
宿命弄人

笼中的一只红胸知更鸟，
置整个天庭于狂怒之中。

——威廉·布莱克

  大概用了好些天的时日，倘若不是几个星期的话，杰姬方明了多发性硬化症这一诊断的全部含意。不过，它的直接影响则是得以全面公正地看待过去这些年种种痛苦的经历。按照塞尔比医生的话说，"现在，至少杰姬知道这不完全是心理的问题。"明确得知自己是生理而不是心理疾病，这令杰姬心头种种郁结的千头万绪得以释然，从兴奋的缓解到极度痛苦的哀痛。

  得知杰姬住院，丹尼尔搭乘飞往伦敦的首班航班，离开了陷入战争困扰的以色列。他决定要与自己的太太一起面对这种境况，给予杰姬他深情支持的全部力量。毋庸置疑，这病的确诊起初带给丹尼尔的震惊要远胜过带给杰姬的震惊。并不想引起杰姬不必的惊恐，杰姬的医生和缓地给出解释，说明在这种疾病通常的病变进程中，每次发作后就是漫长的缓和期。不过，谁都没打算隐瞒丹尼尔这种病治愈无望的前景。原本完全一无所知，丹尼尔眼下必须了解有关多发性硬化症一些赤裸裸的事实，同时听取各种相互矛盾的治疗建议。

  丹尼尔记得，坚持要得到杰姬这病实事求是的病情预后的人就是他：

"爱德华医生（圣·玛丽医院神经科高级咨询医师）向我描述这种疾病自我表征和恶化的各种可能，以及在某些情况下出现漫长缓和期的可能性。事实上，他描述到最糟的情形——多发性硬化症发生快速恶化，相应的预期寿命大约为十五年左右——不幸言中，真就是杰姬遭受病情的真实写照。确诊出来十四年后，杰姬辞世而去。"

如此残酷的可能性，对一个年仅三十岁的男人而言当然是晴天霹雳，这个男人自身拥有内在的活力和强健的身体。就像丹尼尔坦言的那样，"当你年轻时，几乎不大可能去想象这种十五年之久的疾病和它噩梦般的恶化会是什么样子"。

医生们在尽全力安慰杰姬。莱恩·塞尔比，巴伦博伊姆夫妇的挚友，在他治疗杰姬时总是表现出一种轻松的幽默感；杰姬对塞尔比的同情心与人情味心存感激，一如对他给予自己的医疗治理一样心存感激。据塞尔比回忆，"刚开始，杰姬希望重返正常生活和演奏音乐会。她能够展现给这个世界一张勇敢的面庞——她是一个非常伟大的女演员。不过，我的确也看到了事情的另一面，我怀疑在内心深处她感到恐惧"。

每个人都祈望这种病会温和进展，杰姬有可能享有长期的缓解期（这是百分之八十五的多发性硬化症患者经历的病状）。丹尼尔和杰姬两人都怀着期望，希望杰姬能再次拉起大提琴，也许还能恢复到能生几个孩子，能给予他们正常生活的希望。克服了最近的一次婚姻危机，杰姬和丹尼尔都觉得彼此的婚姻比以往更牢固了。眼下，这场婚姻正遭受着命运另一次残忍的打击，对此，夫妇二人要保持乐观心态当然非常不易。

仍在住院期间，杰姬给一大圈的朋友和家人打电话，告知他们自己确诊的消息。我记得，她耐心解释这种病的性质，坦诚弄清自己这病的确切病因让她自己松了口气，借此试图缓和我被吓到的反应。她想要让人们放心，她没事儿，唯恐担心有人通过媒体报道得知有关她病情这一令人震惊的消息，这是她善解人意、体贴人心的典型之举。

杰姬的谨慎是有道理的，杰姬出院不久，《每日邮报》在它的头版打出轰动性的标题"杜普蕾将永远不再演奏"。这条报道在（英国）绝大多数的全国性新闻媒体转载，在电视和电台上播报，丹尼尔被这种无情无义的投机报道激怒了。当天，丹尼尔就叫停与伦敦爱乐乐团的一次上午彩排，立即举行了一场正式新闻发布会（11月6日）。否认了杰姬患病严重的说法，丹尼尔解释说，"杰姬在家过着正常生活，做做饭和收拾收拾屋子"。当晚，杰姬还前去听了丹尼尔的音乐会。丹尼尔结束时的话是一段谴责："说她重病在身，根本毫无益处。"巴伦博伊姆让自己的律师发表一则具有法律效力的新闻声明，声明有关杜普蕾不再演奏的谣言纯属不实报道——杰姬只不过遭受了一次多发性硬化症的"轻微"发作。

回到家后，杰姬一开始挺享受这种特许，可以尽享休息，还不必去想长期或短期的演出活动，不过，满足于自己有病休养状态的同时，也留给她很多时间思考羸弱疾病的残酷本质，这种病会导致许多不同程度的残疾。她还得应对自己的内疚感，一直想着自己的病会给自己的那些至亲带来巨大的影响。

的确，不得不面对这么一种无法保证治愈的疾病，对丹尼尔产生了极为不安的负面影响。他第一反应是取消他绝大多数的音乐演出预约。这一举动不只是因为杰姬需要他待在家中，而且因为一时间应付这样的打击熄灭了一名音乐家登台演出所需的外向自信力。丹尼尔发现自己在负责一系列行政事务，从协商和同意医生的治疗方案，获准重新设计独立屋的规划许可，到家事管理等等；对杰姬而言，独立屋里的楼梯是一大障碍。丹尼尔的朋友不只看见丹尼尔真切入心的悲伤，还看到丹尼尔肩负着积压如山的压力。对待杰姬，丹尼尔一直温存亲切有加，另一方面，当不在杰姬身边时，丹尼尔则是一个阴郁焦虑的人。他本天性爱笑闹、有些孩子气调皮，而今，这些方面经常被阴沉严肃且不苟言笑的状态所取代。

基本上，丹尼尔为自己且代表杰姬顺利做出了各种务实的决定，第一个决定就是杰姬应该在家生活，这样她能招待朋友，拥有随时需要就出门活动的自由。于是很需要找到一位住家管家；很快不用多久，杰姬还需要一个住家护士。也是在后来，丹尼尔买了一辆能安放轮椅的小轿车，还请了一位兼职司机带杰姬出门办事和到处逛逛。

第二个同等重要的决定牵涉丹尼尔自己仍在继续着的音乐事业。莱恩·塞尔比记得，初期那些时日，丹尼尔表示过希望待在家中照看杰姬。莱恩劝阻了丹尼尔这个想法，指出这种疾病会开销非常大，尤其是要是杰姬准备留在家中治疗。丹尼尔的各位友人也一致认为，牺牲给多发性硬化症一条生命足矣，应当鼓励巴伦博伊姆追求他注定的事业，发挥他的才华。

本质上是一个现实主义者，丹尼尔需要集合并调动他所有的资源，找到解决这般困境的积极方案。他感谢斯宾诺莎的核心哲思理念，这一理念教导他理性必须运用于日常生活之中："理性能展示我们何为暂时的与何为永恒之间的不同。人处绝境，除非能运用理性，否则，逻辑结论只会是自杀，或者，身陷极度的痛苦。"[i]

1974年这新的一年里，虽然取消了那些无论时间长短需要他远离伦敦的演出预约，丹尼尔再次开始演奏音乐会。20世纪70年代这段时间，丹尼尔大幅度缩减了所有北美的巡演活动，即便这一举动牵涉到可能断绝与多家顶级美国管弦乐团处于长足发展中的关系。丹尼尔很快意识到他需要一个稳定的基底，能让他有常规的空余时间与杰姬一起度过，不必非得每天面对她的治疗和照顾问题。不再继续担当客座指挥，丹尼尔决定寻求音乐指挥的职位。因为距离的缘故，他压根没考虑任何来自美国几家管弦乐团的邀请意向。据他回忆，"我先后接到了伦敦爱乐乐团（LPO）和爱乐管弦乐团（Philharmonia）提供的首席指挥工作岗位。但我没有接受伦敦这边的管弦乐团，主要原因是杰姬已病了，我应付不了一个迫使我生活在伦敦的职位。1974年，我收到巴黎管弦乐团音乐指挥的职位邀请，这次我接受了。这份工作于1975年9月开始时，我将自己的基地从伦敦转移到了巴黎。"

起先带来欣慰的确诊之后，杰姬陷入无精打采与萎靡不振之中。后来，她说起早期这几个月自己所经历的过程："有好些自己禁闭在四面围墙之间的时段，好些感觉非常孤独的时光，好些时间很是紧张地分析自己每一种症状，观察病症的变化就好像放在显微镜下琢磨似的。这些时间过得很可怕，我自己也应付得不好。当事情不顺，人也不好时，人很强地意识得到这对他周围亲人产生的影响；这种影响要消耗他们大量的精力。"[ii]

杰姬很清楚丹尼尔正面临着巨大的利益冲突，于是她鼓励丹尼尔接受巴黎的指挥工作，不过，她很依赖丹尼尔，每每丹尼尔不在家，她便思念丹尼尔。丹尼尔养成了每天打电话给杰姬的习惯，询问一切可好，而这些每日电话就是她常规生活中的头等大事。

确诊出来之后的几个月里，杰姬身边的几位密友定期前往看望她。戴安娜·里克斯记得好几次去到朝圣者巷，丹尼尔不在家，就只见在楼上自己房间里，杰姬郁郁寡欢地躺在床上。母亲爱丽斯经常在独立屋里，烧饭和帮着忙，不过，杰姬看起来不想跟爱丽斯或别的任何人说话。她早就失去对外部世界的所有兴趣了，还常拒绝任何积极的建议，不论是听音乐，看书还是挂些画让她的房间亮丽起来。显然，要逐渐接受这个病需要杰姬自己这方面做巨大的努力，也需要付出自己内心每一盎司的能量。

一开始，她的大提琴一直牢牢锁箱收起来了。偶尔，杰姬听她的大提琴朋友拉拉琴，给出意见，虽然在这个阶段，她没有进行专业教授的意愿。因为自己虚弱无力，杰姬没有气力来面对这个世界。凯特·比尔是杰姬出院后首先来看望杰姬的友人，在杰姬的要求下，凯特带上了自己的大提琴。凯特记得，"杰姬在楼上躺在床上，看上去疲惫，无精打采。她一点不像往日的她了，看上去什么都不关心。我觉得，'噢天啊，她最不想的恐怕就是听我拉大提琴了吧？'不过，我一拉起舒曼协奏曲的开篇，她人就活了，坐得笔直，完全变了个样。这十分鼓舞人，也令人深深感动"。在朋友的帮助下，杰姬日渐从这最初的萎靡不振中走了出来。

虽然爱丽斯和阿伊达·巴伦博伊姆在最初几个月都打算来杰姬家里帮忙，不过，丹尼尔意识到急切需要找一位长期住家的管家。他和杰姬都没法应付做饭的事，尤其是当这么多朋友和拜访者进进出出这个家门时。很偶然，丹尼尔在奥尔加·雷伊曼身上找到了最理想的解决之道，雷伊曼是一位热心肠的捷克妇女，人刚六十出头，从1964年起就一直住在伦敦。她是一位音乐爱好者，之前听过巴伦博伊姆好几场演出，包括在阿尔伯特音乐厅，丹尼尔和杜普蕾一起为捷克斯洛伐克举办的那场慈善音乐会。

罗德尼·弗兰德与丹尼尔当时在一起，1974年2月的一天，他们两人走进伦敦一家小餐厅，奥尔加是这家餐厅的一名厨师：

事出凑巧，奥尔加站在厨房外，正好看见我们走进来。认出丹尼尔的那一刻，她跳跃起来——这可是捷克斯洛伐克的救助人本人啊！丹尼尔一门心思要找一个人，这个人不仅能照看杰姬，还能照料他自己。当今世界一大批的音乐精英会来他家中做客，他应付不来招待之事。丹尼尔先开口跟奥尔加说话，被她的善良和同情所打动。"你要不来看看我们？"他问道。"也许你今晚过来，做个晚饭什么的——艾萨克·斯特恩要来。"奥尔加便来了，而后，她一待就待了六年。ⅲ

奥尔加给予杰姬大量的爱与关切，虽然她保留着自己对丹尼尔的绝对忠诚。作为他们夫妇两人日常生活的见证人，奥尔加比任何人都看得更真切，丹尼尔有多么在意杰姬，多么努力尝试给杰姬的生活带来慰藉。奥尔加很快就被接纳为这家人的成员。她厨艺很了得，不知疲惫地为看似无穷尽、来来去去的朋友访客准备饭菜。时不时，她抗议在她来说太多了些的话，巴伦博伊姆夫妇于是会减少一些招待次数。不过，若不接待客人，这有悖奥尔加的本性，也有悖他夫妇的个性，于是客人们继续一拨一拨地来来去去。

如果杰姬在家人和朋友前不以为然自己的种种困难处境，那么，要有一个释放她恐惧和焦虑的发泄口就尤为必要。一开始，她有赖于自己跟沃尔特·约菲医生的约谈治疗，能够把这些烦恼说出来。1974年夏初，约菲突发心脏病而去世，这无异于一种可怕的打击。约菲的妻子，意识到不能将杰姬弃之不理，便即刻介绍杰姬去见另一位心理分析师，亚当·利门塔尼（Adam Limentani）医生。他们见了面，利门塔尼当时就赢得了杰姬的信任。他不久就成为杰姬身边不可或缺的人物，在杰姬生命最后岁月一直都是如此。杰姬对他发展出了一份深厚的感情，当着他的面称呼他阿玛迪奥一世[1]，还当着自己的朋友称呼他"柠檬"或是"柠檬糖"。

在杰姬的境况下，没有什么选择，唯有采纳一种哲学态度应对这般人生沉浮。她通常能看到事物光明的一面，感恩自己不幸中的万幸。丹尼尔可谓细心温存之至；每当不在家时，他一定确保自己的朋友要轮流来看望杰姬。杰姬找到了新的兴趣爱好，主要是对文学和戏剧的热爱。她打起了字，用书信不断联系自己的朋友们。

---

[1] 阿玛迪奥一世（Amadeo，1845年—1890年）：西班牙萨伏伊王朝国王（1870年—1873年）；即位前是意大利第一任奥斯塔公爵，意大利国王维托里奥·埃曼努埃莱二世之子。

能够适当做一些身体协调运动的同时,她仍常常拉一拉大提琴,虽然拉出来的声音远不是她想要的琴声。尽管有挫折感,拉琴让她积极主动参与于音乐之中,也是很有用的心理治疗方式。正如她写信给玛吉·考恩,她在英国室内乐团的小提琴家友人所言的那样:"噢,亲爱的,为什么有些说来简单的事却很难说出口呢?在我这把既新亦旧的大提琴上,这可容易得多啊。这位朋友现在在楼上一直陪伴着我,时不时,我试拉'黑绵羊咩咩叫'①和别的这类有用的练习曲。非常有启迪。"ⅳ

友人和同事都鼓励杰姬进行"这些习练"。1974年夏,格里高利·皮亚蒂戈尔斯基来到伦敦,准备替代杰姬的位置,在伦敦城市音乐节上,与丹尼尔和平基合作演出,他坚持要每天探望杰姬,与她一起演奏二重奏。丹尼尔总是乐于与杰姬演奏各种曲目,有时,他们好友圈中的朋友会加入其中。在一次这样的场合中,伊扎克·帕尔曼同他们一道演奏舒伯特的《降B调钢琴三重奏》。"尽管看似令人惊讶,"帕尔曼回忆说,"杰姬十拿九稳的技巧全都在她心中,她丝毫没有妥协于自己身体的无力,她从来就不曾试图让自己适应自己的身体局限。姿态举止、琴弓和手指的摆位全都做到跟她巅峰时期时一样的派头十足,虽然现在她会错过该转换的地方,声音也控制不住了。"ⅴ

普利兹,一位常客,记得杰姬有一次电话邀他一起拉二重奏。她事先就对自己的演奏表示歉意,提醒他说,只能用自己的眼睛引导自己,她才心里有底知道自己正在琴桥的哪一边拉琴。"不过,我们会船到桥头自然直。"她一语双关地说了这句俏皮话。普利兹很是欣赏杰姬身处这种境况下的勇气和幽默,对她成功超越自己在大提琴上的身体局限感到惊诧。面对着如此强劲的一种精神交流,粗糙、沙哑的琴声失去了它的关联,以致乐音直接与原始的冲动相关,或就是普利兹称之为的"内耳音乐"。

杰姬总是知道如何将音乐演奏转化为独特的时刻。我记得,她带着她的大提琴来到我家,还有一份礼物,德·费什②的几首大提琴二重奏乐谱。得知我不知道这些作品,她之前便大费周折地拿到乐谱,然后跟我一

---

① 黑绵羊咩咩叫(Baa, Baa, Black Sheep):英语童谣,最早的版本可追溯到1731年。
② 德·费什(Willem de Fesch,1687年—1761年):荷兰低音大提琴大师和作曲家。

道拉这些乐器,以难以让人忘怀的方式诠释这些音乐。

起初的一年半,杰姬还留有足够的行动能力应付行走。想要安置升降电梯将家改装成便于残疾人走动的家舍的意图受挫,改建的规划许可申请未获批准。不过,杰姬在自己朝圣者的独立屋里坚决自己上下楼,即便有时她不得不坐在楼梯上滑下去。体力吃得消时,她出去听音乐会,享受购物和做做烹饪。

对多发性硬化症没有什么具体的治疗方法,医生谈到这种疾病的"管理"。塞尔比医生记得,就杰姬的病例情况,每一种治疗法都尝试过,从饮食调理到服用猛药,但丝毫没有显著效用。很快越来越明显的是,杰姬的协调能力每况愈下,复发模式并没有出现任何显著缓解来给予抵消。换句话说,杰姬几乎无法重获她之前失去的生理根基。这一事实本身表明病情恶化的性质。

除了明显的生理症状外,多发性硬化症还经常造成患者巨大的情绪涨落,这一点,就杰姬的病情而言,由于服用类固醇药物,她的境况更加严重——往往处于兴奋而不是抑郁状态。兰格医生之前在他的早期治疗方案中开过类固醇药物,希望类固醇对杰姬存在的症状,即便不能治愈,也能遏制。起初,类固醇具有所需的遏制效用,但,不久就变得越来越明显,类固醇对这种病的病变反而并没有产生巨大的压制。不过,停用类固醇后,杰姬历经了更进一步的几次小复发。类固醇也产生令人讨厌的生理副作用:体重增加、脱发和水肿。随着自己的面容变得浮肿虚胖,杰姬对自己外貌的变化心感发怵。

现在,自己的病已是尽人皆知,杰姬不断收到好心人的信函,不乏给她提各种治疗建议。有些建议在医学上见效,有些则涉及膳食和"替代"方案,还有一些稀奇古怪的不是离奇,就是荒唐到大可摒弃不予理会。杰姬的确试了试其中的一些膳食疗法。她有一段时间坚持了一种膳食疗法(格里尔医生的膳食法),这种疗法包括禁食盐摄取;杰姬会带着讽刺式幽默说,在某些宗教戒规里,饮食不用盐被规定为一种赎罪苦修。

任何包含严肃医疗建议的信函就转交给了莱恩·塞尔比医生。塞尔比还翻阅国际学刊寻求有关新治疗手段的信息。据莱恩观察,"多发性硬化症的麻烦在于，你永远无从知道患者是否已处在自然缓解期，也无从知道他是否在对某种治疗或膳食方式有反应。我全世界地去信，从莫斯科到洛杉矶，寻求一种治愈方案。有一天，我读到一项研究，纽约洛克菲勒学院的扎布里斯卡博士（Dr.Zabriska）在进行的一项研究，试图探知麻疹与多发性硬化症之间的联系。"依据进一步调查，大家都同意这种疗法值得严肃考虑一下。杰姬对奇迹不抱期望，不过，仍希望扎布里斯卡的治疗方法至少能遏制疾病的恶化，让她恢复一些行动能力。兰格医生解释说：

  这项针对转移因子的研究和这一因子与多发性硬化症的联系是一长期以来的推测理论，至今尚未得到证实。这一推测基于这么一个事实，就是在多发性硬化症患者的血液和骨髓液中都发现麻疹抗体的水平升高了。通常情况下，骨髓液中不含任何细胞，但发炎期间，产生于所有之前受到的感染（甚至普通的流感病毒）的抗体都表现为水平升高。这一直都困扰着相关的研究。多发性硬化症自身是否由病毒引起这一点仍不清楚，这也使得研究更为复杂。

  1975年春，杰姬在洛克菲勒学院医院里住了六个星期，但这段时间显示是一段不愉快的经历，在医学上，治疗没有达成杰姬所愿。尽管她4月底之时曾心怀乐观和希望来到纽约，这显现在她写给罗德尼和辛西娅·弗兰德最初的一封信中："我看得见美丽的江景，每个人也都格外的好和愉快。扎布里斯卡医生是一位大提琴手，埃斯平诺迦（Espinoga）医生，一位超级音乐迷，其他（医生）很多生活中也都听音乐。"这天前，她去爱乐乐团音乐厅听了一场音乐会，罗斯特罗波维奇与伯恩斯坦一同演奏。"我们在后台玩得很开心。我尝试拉了拉迪波尔·斯特拉迪瓦里大提琴①（罗斯特罗波维奇刚得到这把琴），这让我说不出话来，这琴的乐音和力度。好美啊。"[vi]

  一两周后，她打字写给弗兰德夫妇另一封信，基调愉快，在信中，她描述自己的日常作息："很严格的作息时间表制定了下来，我觉得这会让

---

① 迪波尔·斯特拉迪瓦里（the Duport Strad）：克雷莫纳的意大利制琴师安东尼奥·斯特拉迪瓦里1711年制的一把大提琴。

你们俩笑开去。它包括——注意呵——一个小时的钢琴，一个小时的大提琴，一个小时的体育锻炼，一个小时的打字，还有，闲暇时间，鼓励你做类似针织和钩织之类的事（尽管你着迷这类鬼东西）。"[vii]

丹尼尔事实上整个5月份人都在美国，只要可能，他就前往探望。杰姬跟罗德尼和辛西娅说，她仍能去听丹尼尔在纽约的几场音乐会，她还特别喜欢克利福德·柯曾[①]作为丹尼尔的独奏演奏者的演奏，称之为"不可思议的最好发挥"。杰姬只字没提医疗症状，也许是她越来越担心的一种表象。她提及医生的表述，说她的行走"数月都不会恢复"，也只是一笔带过，似乎她更在意正在逐渐停用类固醇激素，她希望，这样就意味着自己的头发会重新长回来。"所以，就不是那么schwer zu sein a yid[②]，"信的结尾，针对辛西娅的犹太关联开了个恰当的玩笑，就像她自身一位转信犹太教的皈依者。

然而，住在洛克菲勒学院医院期间，杰姬真切意识到，她的境况远未见改善，反而更加恶化。尽管如此，不过，导致她苦恼的不是治疗（主要包括注射转化因子）本身。杰姬赴纽约之事，事前没有咨询利门塔尼医生，利门塔尼医生对此不悦。他早就预测到，心理咨询支持停下这么长一段时间，很可能后果恐极，他回顾这事时确信自己的担忧证实是有理的："杰姬离开伦敦时，人走着上飞机——可回来时，人坐着轮椅。这很难解释过去。人们一定意识到，尽管生理机能受到缓慢侵蚀，也是这种疾病的一部分，治疗压力也有其负面影响。就杰姬的病情而言，这些医生让杰姬更全面地了解了这种病的严重性，以致压力重生。明白自己很大可能不会有起色，这令人悲痛欲绝。"[ix]

在日后的岁月中，杰姬经常尖刻地说到洛克菲勒学院医院里那些冷血医生，他们毫不隐讳地描述了一幅这种疾病将怎样影响她的可怕画面。她一度被告知她很可能再也无法行走，也无法进行演奏了，他们还伤口上撒盐，跟她说，极其有可能她的精神状态也会受到影响，更糟的是，她的听

---

① 克利福德·柯曾（Sir Clifford Michael Curzon，1907年—1982年）：英国著名钢琴家。
② schwer zu sein a yid：犹太意第绪语，对应英文：It's tough to be a Jew.即"要当犹太人艰难。"

力也遭受损害。她永远无法原谅某位梅里医生,这位医生居然告诉她,她会整个疯掉。

不过,那几个星期,在纽约探望过杰姬的一些友人回忆说,杰姬当时外在看起来并没有什么不快。她受到不错的照看,甚至能享受为她的双手专门设计出来的一些职业疗法。后来,她开始视这些治疗就是一种令人感到耻辱的提醒,在提醒她再也无法拉大提琴了。不过,当时,杰姬生而有之的创造力突显了出来,她给友人制作了几件礼物,包括两条皮带,上面有她打孔戳出来的音乐隽语。她将取自巴赫《第一大提琴组曲》中的G大调序曲的开篇几个小节部分题献给詹姆斯·沃尔芬森[1];将《埃尔加协奏曲》尾声部分中她称作"泪珠"的乐段题献给利门塔尼医生。

吉妮·祖克曼,另一位定期探望杰姬的朋友,记得杰姬变得对疾病相关的心理和医疗两方面知识感兴趣起来,在读奥利弗·萨克斯[2]的书籍。吉妮察觉,洛克菲勒学院医院的住院治疗在杰姬来说是一次重要经历,让她明白这病无药可治,那些医生基本上只不过是在徒劳地捞救命稻草。

6月20日,杰姬回到伦敦,心下顿觉如释重负。回家之前,她获准送至位于帕丁顿的圣玛丽医院接受相关医疗检查。正是在圣玛丽医院,杰姬首次遇见露丝·安·坎尼斯,一名来自圭亚那的黑人女青年。住在圣玛丽医院期间,杰姬开始喜欢露丝开朗的性情,还用她自己的绰号称呼露丝"笑眯眯"。她很赏识露丝的护理技巧,尤其是露丝抬起她来不费吹灰之力,而且,杰姬曾在洛克菲勒学院医院历经过那些男护士的"草率对待",因而更是对露丝印象深刻。

人不在伦敦的六个星期,杰姬行走能力发生如此巨大的恶化,很明显,她再也应付不来位于朝圣者巷自己家中的楼梯了。挺偶然,芭蕾舞女演员玛格·芳登夫人[3]恰好提出意向,将她位于奈茨布里奇大街上一处偏

---

[1] 詹姆斯·大卫·沃尔芬森(James David Wolfensohn,1933年—):澳洲裔美国人,律师、投资银行家与经济学家,曾任世界银行集团第九任行长。

[2] 奥利佛·萨克斯(Oliver Sacks,1933年—2015年):英国伦敦著名医生、生物学家、脑神经学家、作家及业余化学家。

[3] 玛格·芳登(Dame Margot Fonteyn,1919年—1991年):英国著名的芭蕾舞家。

僻房屋出租给巴伦博伊姆夫妇。它已改造成适合轮椅走动,因为芳登的丈夫、罗伯托·(铁托)·阿里亚斯博士①之前因遭受一次暗杀未遂事件导致截瘫。

于是,7月初,巴伦博伊姆夫妇搬进了拉特兰郡苑舍,位于海德公园南边的一处安静的小路井巷里。楼下大大的客厅,墙壁用雕刻的木质镶板装饰着,这些镶板完整取自巴拿马的一座教堂内。房间的另一端是餐厅,面向一扇大大的露台窗户,窗台处,奥尔加摆满美丽的植被。一台升降电梯刚好放得进一把轮椅,坐轮椅的人和一位"推轮椅的人",将廊道与楼上的卧室连接了起来,卧室的数量足够让巴伦博伊姆夫妇雇用一位住家护士和一位常住管家。杰姬也许挺想念汉普斯特德那个地方,不过,她欣赏这儿推着轮椅即可到海德公园②、九曲湖以及奈茨布里奇大街的各种便利店,包括被她提及的哈罗德店的一家"本地药房"。

搬进拉特兰郡苑舍,就意味着接受新的残疾程度,即需要使用轮椅来给杰姬行动能力。在杰姬,这意味着她必须有赖于他人和随之而来的挫折感和负疚感。在丹尼尔,轮椅就是一个残酷的现实提醒,在提醒他杰姬的病残境况,即使不是对他自己继续音乐生涯的一种谴责的话。

罗德尼·弗兰德记得,1974年底,他曾帮着丹尼尔去取杰姬的第一辆轮椅。

当我们走进商店,这是一个很严肃的时刻——很可怕的一次面对:杰姬坐进这辆轮椅,就出不来了。这次事中挺犯傻的是,要想法子将空轮椅取回来放进小轿车里。我于是推着丹尼尔走,倘若我事前知道怎么应付路边的井栏、阶梯或是要抬起的地方的话,我应该能推得不错。回多层停车场变成了一出笑闹剧,一位好心的先生追上我们,一心想帮忙。这反过来逼得我们得继续装下去,虽然我们此刻都已咯咯笑得不行了。整个处境这般悲惨,不过,我们自己苦中作乐,借着表象把这不好

---

① 罗伯托·阿里亚斯(Rpberto Tito Arias,1918年—1989年):被称为"铁托",国际巴拿马律师、外交官和记者。

② 海德公园(英语:Hyde Park):位于英国伦敦中心的西敏寺地区,伦敦最大的皇家庭园。该公园被九曲湖(Serpentine Lake)分为两部分。

受的时刻整成了一出恶作剧。

残疾的人可能会感到孤独,不过,很少有机会独处。杰姬发现自己被一支名副其实的人民队伍照看着:奥尔加,一名住家护士,一名救援护士,数名医生和专家,还有她的心理医生们门塔尼。这些人之外再加上她的老朋友西尔维亚·索斯科姆,索斯科姆每个星期五下午都来处理信件和厘清相关的家庭账单与护士的薪酬。杰姬还开始每周与心理理疗师索尼亚·科尔德雷约见,接受心理治疗,杰姬很快就认索尼亚为自己的朋友了。

索尼亚回忆,首次见面时,她建议应当先行试约见几次,看看两人相处得怎样。"杰姬放声大笑起来,而后说:'噢,我觉得我们会喜欢彼此的。'我当下就被她的友好个性打动了。"索尼亚解释给杰姬听,心理治疗阻止不了病情境况的恶化,不过,能通过锻炼不动弹且衰弱的肌肉来促使她维持一般的健康水平。索尼亚坚持认为杰姬应当开始用齐默助行架①走动走动。杰姬起初热情高涨,但,有一次,她太过渴望秀自己的技巧了,不小心在自己的床上摔了一跤。"丹尼尔和露丝·安都在楼下,听见一声撞击的巨响。他们冲上楼。我们抬起杰姬。她有些被惊吓住了,还好的是基本没受伤。离开她的住处,我那晚感觉很糟。不过,第二天,我就收到杰姬寄来的卡片,上面写着一段很有特色的幽默话:'可真的是朋友之间的一摔啊!周四见。'这表明她对我的在意,和她极美好的善解人意品质。"

做着行走练习的同时,索尼亚还安排杰姬去位于诺丁山门②一处泳池里游泳,那里,有一位擅长豪立威克水疗法技巧③的游泳教练帮助杰姬进

---

① 齐默助行架(zimmer frame):帮助老弱者行走的辅助支架。
② 诺丁山门(Notting Hill Gate):诺丁山的主要交通要道。
③ 豪立威克水疗法(Halliwick Aquatic Therapy,又称 Water Specific Therapy,WST):运用马达控制的生物学原理开发残疾人的平衡感和核心稳定性,最初开发教客户一个(物理)残疾游泳,由英国工程师詹姆斯·麦克米兰(James McMilla)于19世纪四五十年代根据流体动力学创立。

入和脱离泳池里的水。"杰姬的手臂仍然相当强健,她也热爱游泳,游泳给了她自由。不过,四或五个月后,我们不得不中断,因为杰姬从其中一把轮椅上掉了下去,受到很大的惊吓。"也没多久,用助行器行走也放弃了。

据索尼亚回忆,杰姬不喜欢受人蒙蔽,期望得到有关她健康问题直截了当的真诚回答。有时,我答不上来,不过,当她问到她能否重新走路的问题,我温和地对她说,"不能了,杰姬,我觉得你不再能了。"像身处这种境况的所有人一样,她仍怀抱希望。

事实上,纽约的转化因子治疗法没成功,就已打破了这些希望,也严重削弱了杰姬的信心。要接受自己无法好转起来这样的医学事实,很艰难。回来后不久,杰姬就遭遇了一次危机。就像利门塔尼医生预测的那样,杰姬已下决心放弃了。的确,她的身体状况恶化得如此快速,以致医生认为她只剩两个月的生命了。医生让她服用更大剂量的激素,11月,丹尼尔接到电话返回伦敦。利门塔尼医生相信,是丹尼尔和杰姬最亲密的朋友的爱与支持帮助她得以度过危机。杰姬还必须付出思想上和精神上极大的努力,来恢复活下去的意愿和克服自己对残疾人的生活相当强烈的反感。

此外,公众的认可与肯定在给予杰姬超越受困于轮椅的动力方面起到了极大的作用。这种认可促使杰姬重获自己的自信心。通过了解到自己在世人眼中所代表的东西,杰姬学会了肯定自己的价值。1974年4月,杜普蕾被指定为英国皇家音乐艺术学院的荣誉成员,还被选为伦敦市政厅音乐学院和皇家音乐学院的董事。接下的几年,她获得来自这家音乐机构进一步的荣誉,还收到了来自七所英国大学的荣誉博士(荣誉音乐博士)头衔。这当中最后一个是牛津大学授予她的;与此同时,她被选为牛津大学圣希尔达学院的荣誉董事。

1976年1月,杰姬在新年授勋名单中荣获英帝国佐勋衔。她对此特别高兴。全国媒体印制刊登出她在丹尼尔陪同下去白金汉宫,而后从爱丁堡公爵手中接受奖章的多幅照片。这次重获公众瞩目帮助杰姬找到勇气,打破自己退出音乐表演舞台后一直保持的沉默。1月底,杰姬同意接受BBC

电视台《今晚》节目档的采访，采访中，她谈到自己的病和这种病如何影响她的生活。这表明杜普蕾重新进入公众生活。

她首次"公共"举动其中的一件就是加入多发性硬化症协会。不久，杰奎琳·杜普蕾的名字成为代表多发性硬化症病患的尊严与勇气的象征。CRACK是从多发性硬化症协会派生出来的一个社团，于1976年初创设，旨在给予年轻患者以希望，该社团启动活动之际，杰姬在皇家节日音乐厅向满场观众致辞。平生第一次，杰姬用言语而不是她钟爱的大提琴登台亮相。

在国际多发性硬化症协会的协调下，杰奎琳·杜普蕾研究基金会（詹姆斯·沃尔芬森和巴伦博伊姆的点子）于1978年1月创设，意在进一步通过利用杜普蕾的名字促进公众提高对多发性硬化症的意识的重要一步。在研究基金会启动仪式上，对外宣布数位世界级音乐家（包括巴伦博伊姆、祖克曼、帕尔曼、菲舍尔-迪斯考[①]和其他人）每位都将每年四场音乐会的收入捐赠出来，为研究筹集资金。丹尼尔解释说，研究基金会的开宗明义就是要告知公众多发性硬化症病带给许多人的生活痛苦，藉此增强人们对这种疾病的认识意识。"我们觉得必须做点事来鼓励研究，而不是帮助个别缺钱的病患。杰姬对这个项目有兴趣，但这个项目并不是她积极参与其中的事情，也不是给予她动力的事情。"

基本上，杰姬从自己的音乐中受到人们的认可中所获的满足感远大过从她在多发性硬化症方面做出的贡献获得的满足感。1976年，EMI唱片公司最终解决了与杜普蕾的合同，双方的合同关系自1969年一直悬而未决地搁置着。这使得贝多芬大提琴奏鸣曲唱片得以发行，唱片录制于1970年爱丁堡音乐节的现场演奏会。直到此时，杰姬才开始对自己的唱片表现出兴趣——听这些唱片，太过痛苦，无异于提醒自己再也无法取得这种成就的痛楚。

杰姬的生活不久逐步习惯了一种常规作息，上午看医生，接着，会见朋友吃午饭，下午休息，傍晚时要么教课，要么阅读。要是不去看戏或听音乐会的话，她就设晚宴款待朋友。最重要的是周末，丹尼尔从巴黎回

[①] 菲舍尔-迪斯考（Dietrich Fischer-Dieskau，1925年—2012年）：德国男中音、指挥家、画家、音乐作家和评论家。

来。丹尼尔或会带着鲜花回来，或是一份心意礼物，然后，带她去一家两人中意的餐厅用餐。或者，他们招待朋友，经常是音乐家，其间，常常会有些即兴的音乐演奏。即便连续几日基本没与杰姬在一起，丹尼尔也会给予杰姬相当的关注来补偿她。丹尼尔不厌其烦地试图将杰姬带出自己封闭的内心世界，激发她对各种活动项目的兴趣，比如学意大利语，或是听贝多芬的四重奏。

病情确诊出来一年后，丹尼尔建议杰姬，教学会是保持主动接触音乐的方式。尽管无法再拉大提琴，杰姬却从没有终止作为大提琴家的存在，她的音乐记忆力一直未遭疾病损害，直至她生命逝去。1975年春，她的朋友，吉姆·沃尔芬森也赞同丹尼尔的意见，还当即志愿当起杰姬的第一位正规学琴的学生。虽然完全是无基础的初学者，吉姆具备有关音乐的必要背景知识。吉姆记得，上第一节课时，杰姬一上来没做进一步的预热就让他动手拉曲库中的名曲：巴赫《G大调无伴奏大提琴组曲》中的序曲，和圣桑的《天鹅》。尽管他几乎不知道如何调节大提琴，也不知道怎么把弓，但这种即时性浸入式学习证明对他挺见效。在拉特兰郡苑舍，每个星期日下午的课不久就演变为对两人都有治疗效用的见面会。吉姆的大提琴课结束后，杰姬还经常电话给吉姆述说自己的心事，吐露自己的烦恼与担忧，寻求吉姆的同情。

现在，随着杰姬回归公众生活的舞台，丹尼尔再又敦促杰姬投入更多时间从事教学，提醒她这是一项有价值的职业活动。杰姬自身也意识到，不惜任何代价保持自己头脑活跃非常重要——正如她在自己笔记本上所写的那样，"努力工作要不了命。懒惰、停滞与无聊则会要人命。"于是，消息在伦敦音乐圈传开了，说杰奎琳·杜普蕾愿意私下授课了。不久，各个国度的大提琴手纷至沓来找她讨教经验，或是跟着她进行一段较长时间的学习。1976年春，有人给出建议，她的授课可以扩展开设大师班。艾丽卡·戈达德（Erica Goddard）答应在她家中组织星期六下午的培训课。

接下的几年，大批不同年纪段和水平的大提琴手都与杜普蕾有过接触。从低龄的、没什么基础的小学生——最小的，仅十岁的简·戈德温，每两周从佩斯一路南下来伦敦上课——到国际水平的音乐家，各个层次的人都有。间或为杰姬演奏的那些音乐家中，包括拉尔夫·科什邦①、斯蒂文·依瑟利斯②和马友友。

见到杰姬在家开办的周六下午培训课如此成功，伊恩·亨特爵士于是建议杰姬应该在音乐节上进行公开的大师班教学。杰姬起初犹豫了一番，之后接受了。她以教师身份首次公众亮相是在1977年的布莱顿音乐节上，而后，在1978年6月和8月举办的马尔文音乐节和南岸音乐节上分别开班，1979年8月又在达廷顿夏季学校和位于奥尔德堡的皮尔斯-布里顿学校里授课。杰姬非常感激亨特的鼓励，去信给亨特感谢他一直以来对她的绝对信任。杰姬告诉亨特爵士，她认识到"这（教学）行得通，而且，不是觉得自己没用，就只呆坐着，我还能说些东西"，这一认识对她意味着太多太多"。[x]

虽然这些公共大师班的开设带给杰姬一定的满足感，却也是一种毋庸置疑的压力。坐在轮椅上面对观众并非一项轻松的任务；鉴于她的病带有无法预知的特性，总是有这么一种焦虑在，担心有那么一天她无法担当了。就像利门塔尼医生评价的那样，"走出来教授这些大师班，这么做得付出杰姬巨大的勇气、兴趣、精力和专注力。她非常非常勇敢，很多在她这种处境的人做不到这样，但这就是她接受的挑战。反过来，它确实满足了她想要公众关注的心理需求，这是她觉得最难放弃的一方面"。

伊恩爵士留下了一份感人的描述，描述杜普蕾在布莱顿音乐节上首次大师课开班的情形。1977年7月9日的上午，他开车送杰姬和丹尼尔南下到布莱顿。他们在惠勒餐厅吃午饭，一起回顾前几次音乐节上音乐会后有如此多快乐的庆典活动。"杰姬看起来状态不错，我们点了龙虾和酒——我觉得我得喝点更烈的酒，好压压我的神经，无论丹尼尔还是我都并没有十足把握，拿不准杰姬面对自己再次出现在公众面前会做怎样的反应。当她坐着轮椅被推上理工学院剧场的舞台时，一阵如潮般的热烈掌声响了起来，接着，她骨子里的艺术家风范即刻便有了反应。"

---

① 拉尔夫·科什邦（Ralph Henry Kirshbaum，1946年—）：美国大提琴家。
② 斯蒂文·依瑟利斯（Steven Isserlis，1958年—）：英国大提琴家。

彼得·托马斯的父母当时也到场，坐在前排。杰姬看见他们，还示意他们来后台找她，拥抱莫纳·托马斯时，杰姬说："你们可是听过我逍遥音乐节首演仅有的几位，也是我大师班首秀的仅有的几位啊。"莫纳当场感动得落下泪来，不只是被杰姬的境况，也因为看到她如此凄凉，而深感悲伤。虽然丹尼尔在场，但杰姬自己的家人谁都没有来支持她。[xi]

第二年，在南岸音乐节上，杰姬的大师班甚至更为成功。布莱斯·莫里森在《泰晤士报》上表示他的乐评文章中可以用"口才了得的溢美之词"这么几个字来总结概括。他评价杜普蕾擅长温和且坚定地"说服"学生要厘清和强化他们自身已有的观念想法。"看着她引导（他们）好不美妙……带着如此娴静安宁的权威感，将各式各样卓越的建设性意见与优美恰当的口头类比进行结合。"[xii]

1979年春早些时候，BBC电视台计划在市政厅里摄制两节公开的大师班教学活动。到了录制时，杰姬的短时记忆已开始出现问题。她的学生意识到她的困境，不过，当时现场体现的非凡情谊使得这些麻烦无足轻重。作为其中一位参与者，桑迪·贝利记得，"我们就像共犯一样，杰姬快乐得按捺不住咯咯笑出声，在台上，她真的记不起来某个学员短至五秒钟的演奏内容。她便说，'你想再来一遍吗？'这样就好给她自己一点时间组织她想说的东西。没看过这节课的人无从知道她的精力正集中在'此时'的思考。她的眼睛会睁得大大的，聆听时她常展现出她演奏时所具有的那种个人魅力。"

杰姬讨厌任何教条主义，从来不想将自己的音乐见解强加于任何学生。相反，见解必须来自确信于心的内在反应。她没有时间去谈那些自我定位为艺术大师的音乐家的自负和自大。她的学生很欣赏她回避任何大师公开班虚张声势的氛围，而是通过她的鼓励促进学员确立信心。她提的建议往往带着歉意："你介意再试一次吗？"或是"你想过用上弓启奏吗？"不过，她有礼有节的方式并不是适合所有人。杰姬饶有趣味地记得，某位美国学生很是沮丧地回敬她说："请说给我，别问我。"

另一位前学者，梅丽莎·菲尔普斯说，杰姬意识到自己学生感到焦虑不安时，会用灿烂且善解人意的微笑消除他们的紧张。不过，就像杰姬在自己笔记本中写下的那样，"表演前，若没感到紧张或者甚至害怕，则会令人的冒险意识松懈，亲爱的，而且我认为，甚至放松了时机的把握"。

教学迫使杰姬不仅要思考有关大提琴的东西，而且要用言语表述演奏的过程。考虑到自己不善言辞的难处，她学会如何流利地清晰表达自己的音乐理念和技巧建议方面。她准确分析自己如何再现声音、运用琴弓和指法，分析得非常成功，她还善于传达演奏时真实的生理感受。一个四肢已丧失所有知觉的人能如此生动地回忆演奏大提琴时的生理感应，好不令人惊讶。任何见过杰姬教学的人都相信，倘若她的手得以恢复的话，她能够即刻坐下来，演奏记忆曲库中的所有乐曲，品质丝毫无损。

杰姬的所有学生一致同意，总是要求他们做的是多些——多些表达，多些张力和多些投射。洛瑞·布莱克，杰姬最有才华的一位学员，注意到，杰姬不仅教授如何形象化音乐作品中至关重要的高潮部分，也教授其中最为静怡、最为柔和的片段。[xiii]虽然她无法再在大提琴上演示，但她会吟唱出这首音乐，用她手臂大幅度的挥动来传达欢愉的感染力。为了诠释一段高潮部分，她整个上半身仿佛都参与这个手势之中，被拂过头顶的手臂带动起来。有些大提琴演奏的动作仍能用她的手表示出来，为了教授一种具体指法，她有时会就着某个给定乐段的音符把它唱出来。

马里·威尔斯记得，1979年在达廷顿夏季学校里发生过这么一件事——杰姬在那里教授大师班课，他本人在举办音乐会演奏。得知马里已在排练勃拉姆斯的《C小调钢琴四重奏》，杰姬问马里演奏慢乐章中大开大展的大提琴乐音的具体指法：

她对我的指法的反应很是不以为热："这种指法一点都不好。"用餐时，我们遇见，她就唱给我听各种不同的可能——"4-1-2"或是其他类似的指法。第一次，她提议一种指法，我就觉得，"这很有意思，我一定尝试一下"。而后，第二次用餐时，她对我说，"忘了那种指法吧，试试这种"。这情形来来回回三次。她越是琢磨这事，给出的指法就越来越反常，越来越怪异，就好像这些指法与这段旋律的简单音质越来越远。我被迷住了，杰姬越是思考这段乐句，我就开始感到越来越接近杰姬自己会如何进行演奏。我记得，她在第四个音符上拉出一个开放的A本位音，赋予这个半音程A本位音-升G小调一种独特的张力。这是一种大胆的指法，在她可行。一般来说，复制杰姬的指法很危险，这些指法极少包含音符与音符之间的滑奏，这在她手中会听起来妙不可言，但在才华欠些的人手里，往往听起来绝对可怕。

的确，杰姬从不依方便来考虑指法。别的演奏者保持在一个把位上的一段乐段部分，杰姬往往会进行数个把位的变换。就像她向凯特·比尔解释的那样，当你经常变换把位时，你的手指在指板上上下活动，这赋予你更大的自由——再就是，毕竟，运动是紧张的对立面。杜普蕾的滑音和滑奏运用皆是她演奏的个人显著特质。它们存在各式各样的巨大不同，或慢、或快、或带或不带颤音、或轻柔或沉重，或在这一弓之中，或在拉弓变化之后。通过很仔细聆听她演奏埃尔加的唱片来准确判断她在哪些地方运用极富表现力的指法和滑音，这是一种很有趣的习练。

杰姬很着迷音符之间的关联关系，她说，"孤立的A音符或和弦没有意义，没有生气。与别的音符或和弦相邻，它便立即说了起来，有了轮廓、地理意义与情感表达"。[xiv]她有时要求她的学员在很小的间隔部分拉出一个格外富有表现力的滑音。据桑迪·贝利回忆，这可能看起来是一个明白无误的矛盾。

德沃夏克的这首协奏曲中，有一处地方，音乐留恋不舍地从小调回到大调。杰姬用了大量时间让我掌握从一个F本位音滑音至升F调上，同时使这个音符颤动起来。我一直做不来她想要的，于是，在某一具体位置上，我罢手了，说，"但是没有足够的空间进行滑音啊，只就一个半音而已。"杰姬很吃惊，回答说，"可是这两个音符彼此相隔百万英里呢。"这让我意识到，决定杰姬对滑音的观念是情感强度，而不是地理距离。

同样，杰姬对乐句构成的理解受她对音乐的情绪响应所支配。就像马里·威尔斯评价的那样，"她一贯清楚乐句的轴心在哪里，最大限度的张力时点在哪里。杰姬经常说：'在这段乐句里，只有一个地方你可以滑音处理。'这处地方对我而言不明显，但她清楚这处就是关键的地方，即便她不一定会解释为什么"。

杰姬在快过门部分的指法方式也同样独出心裁。她常常用左手大拇指作为一个踏板或者基准，赋予自己的手极大的扩展范围。舒曼协奏曲的一个开头附近有一段上行的十六分音符琶音过门，杰姬就运用这种技巧，十分引人注目，这里，通过将左拇指置于悦耳的D调弦上，同时用拉弓变化来掩饰这种转换，她便能用极大的清晰度和力度表达出这个高音音符。同样，在埃尔加协奏曲中过渡到第二乐章的宣叙调序曲部分，杰姬没有运用滑音处理，而是通过在A和声上换掉左拇指达成一个跳跃，（确切地说，一个和弦——第六个A–C调和弦——这里，低音音符短暂释音，留下这个A泛音）猛虎般扑向高音的升F调，一种大师级的艺术效果，其戏剧化感染令人叹为观止。

　　学员掌握杰姬的左手指法可能容易些，她的弓法有许多方面，比如她的跳弓演奏或是跳弓划弦，则完全很个性化。无法演示的话，几乎不可能传授其中涉及的技巧。不过，探讨对乐音的一般感觉时，杰姬往往不厌其烦地诠释如何运用琴弓的分量和把位，以及具体的拉弓速度。事实上，杰姬的弓法运用以依据该音符听上去应当怎样为前提，而不是这个音符应当怎么用弓演奏出来。桑迪·贝尔记得自己有一次问杰姬，她是如何达成琴弓变化的："我一辈子都忘不了她当时的回答——'琴弓变化？'她说。'不存在这种变化。只有一个音符与下一个音符之间的关联。'"

　　杰姬不喜欢孤立地谈任何技巧要点，一切都源于音乐并与音乐相连接。的确，不提伴随着的左手音色来谈琴弓弓法，在杰姬不寻常。按具体的操作指示不用颤音或用一个宽阔的颤音，这或许能做到，但更多往往不是通过一个语言形象来实现的——"这里，音色是冰冷的"，或是，"得等暗色的音符出现，那是真正让人痛的音符"。

　　杜普蕾执着于每个音符的音色与明暗，这是她教学的一大显著特色。梅丽莎·菲尔普斯说，"杰姬几乎从画家的角度思考，如何在音色中渲染异彩纷呈的明暗对比，从而影响音符的情绪方向。一种音色的面相也能在音符自身内产生变化，她会运用这种手段产生压倒一切的效果"。[xv]可供杰姬发挥的颤音丰富多元，部分通过这些颤音，部分也从用琴弓雕塑乐音的理念出发，促成这种效果。

十六岁的罗伯特·科恩来找杰姬进行一段短时间但非常紧张的学习。像杰姬一样，罗伯特从十岁起就跟着普利兹学琴。罗伯特记得，自己从杰姬身上学到的最重要的，就是杰姬对乐句中每一个音符绝对且彻底的投入。"为每一个音符而生，这是我之前在普利兹那里就知道的，但，直到我找到杰姬，我才有达到如此一种程度的体悟。杰姬教给我，有关每一个音符，你对自己恰在那个时点的水准意识绝对至关重要。要是你正准备结束一句渐弱的乐句时，以营造其情感的独特方式来演奏这段直至最后的渐弱乐句中的每个音符，极其重要。"

杰姬的音乐信念显然自带其历久不变的逻辑。科恩吃惊地发现，杜普蕾是具有难以置信的领悟力的一位演奏家：

从聆听和观看她的演奏中，我的印象是，这音乐只就从她那儿奔涌出来，就是一个自然而然、不假思索的过程。不久，我意识到她总是早就准确知道自己在做什么——当你听这些唱片，你就理解到这一点。实际上，她对演奏过程有着清醒的知性理解，而且她绝对是有意识地演奏，尽管她给人的印象完全是自然生发的自由演奏。许多人推测，当杰姬病了，她不得不脱离大提琴来分析事情，这种觉悟意识是她事后的收获。不过，这种觉悟早些年就已经发生了。[xvi]

杰姬仿佛明白每一位学员需要什么。对待吉莉安·索迪和安德里·赫斯，杰姬的教法是针对偏重分析的法式院校教法的一种矫正，同时，给予他们探求自身音乐个性的自由。安德里记得，他惊奇地发现杰姬不遵守任何规则："一开始，我被杰姬处理器乐问题所做的那些'违规'之举惊呆了。她抛开任何学究式的方法，教导我说，只要奏效，做什么都可以。杰姬给予她的学员最有价值的东西就是让他们做自己。在这点上，她与我遇见过的所有大师级人物完全相反。"[xvii]

对那些从没有听过杰姬演奏的学员而言，想要掌握她演奏方法中最核心的自由度，也许会比较难。他们当中就有提姆·休（Tim Hugh），休1980年开始上杰姬的课。与杰姬的接触，以及得知杰姬一度跻身顶端并在如此短的时间里取得如此大的成就，这些令休深受启迪。"不过，遇见这位伟大的大提琴家，就仿佛出现了时间倒错，她依旧非常鲜活但不再是大提琴家了。我记得，聆听她自己与巴伦博伊姆录制的埃尔加唱片时，杰姬哭了。看着她活在过去和无望的未来，确实令人心酸难挡。"[xviii]

想要对杰姬作为音乐教师进行分类，这不太可能，对她作为演奏家进行分类还有些可能。她回避任何教条，也因为这个缘故，人们无法指出在她的演奏方式中有哪种流派或是哪种准则。就像她以往的学生证实的那样，杰姬传达相当精彩的正是她对一首作品的强烈诠释式感受，以及她所有的技巧启发都从属于这首音乐的语境。杰姬自己经常抱怨她没有一位学员能真正拉大提琴。就像丹尼尔提醒她那样，一名学员就像在找医生的一位病人；这位学员只会在了解自己存在问题时才会来。甚至在自己的胳膊真的瘫痪时，杰姬面对"谁能拉好大提琴呢"这个问题仍会断然表示"我"作为回答。很可能最是学到杰姬式风格和乐音的大提琴家是莫雷·威尔士①，他成为了杰姬的好友。杰姬往往不喜欢用"学生"这个词。"不对，"她坚持道，"他们不是学生，他们是我的朋友。"

与教学活动平行展开的事项是，杰姬还试手编辑现存的大提琴曲库。她的第一份委托来自切斯特音乐出版社②，编辑六首巴赫的《无伴奏组曲》。一边准备自己的编辑版本，杰姬同时研究其他大提琴家的版本，并鸣谢承认自己尤其受到恩里科·马伊纳尔迪③的影响，丹尼尔之前曾给杰姬买过马伊纳尔迪编辑的版本。通过自己的朋友托尼·普利兹，杰姬也开始意识到正宗巴洛克式演奏的各种演变与发展。不过，杰姬更喜欢仿效马伊纳尔迪的方法，比如，通过标注谐波踏板（harmonic pedal）或是应当用琶音或展开的和弦部分，一开始即表明自己的音乐意图。牢记这种含蓄的基本和谐，这在单一乐声的音乐中非常重要，因为"它支配着乐曲的方向，因而也支配着音乐的表达"。杰姬还提到"乐曲当从地理层面加以思量……作为一种引导来真正解决在音乐上容易迂回蜿蜒的地方。"[xix]结果，这些标注没有用在出版的版本中，版本不幸遭遇

---

① 莫雷·威尔士（Moray Welsh，1947年—）：英国大提琴家。
② 切斯特音乐出版社（Chester Music）：英国专营古典音乐与音乐教育书籍的出版社。
③ 恩里科·马伊纳尔迪（Enrico Mainardi，1897—1976年）：意大利大提琴家、作曲家和指挥。

粗心大意的印刷错印和失误。最大的疑点部分有关指法。尽管杰姬的指法体系高度原创，我很怀疑标注的指法是否自始至终表现了她的意思。（这个版本似乎未经有着大提琴演奏知识的业内人士核对过。）当然，杰姬对外演奏过的四首组曲与从未在公开场合演奏过的两首（第四和第六组曲），在处理方法上存在明显差异。在后两首，指法时而武断，她的标注缺少慎重考虑后的确切把握。

比尔·普利兹声称，杜普蕾编著版本中有关弓法和清晰发音方面的观点与他的理念类似。一方面，杰姬确实吸纳了普利兹演绎巴赫的方法，普利兹的这一说法没有说明杰姬的音乐拓展。如果人们一边看杰姬编排的版本，一边听BBC早期录制的巴赫第一和第二组曲唱片，人们会注意到，杰姬的演奏和书中的标注有出入。在一场接一场演奏中，杰姬自己不大可能只遵循一套弓法和指法。不过，从研读杜普蕾编排的巴赫版本中，人们会发现一些令人诧异的方面：第五组曲中，她坚持支持原版的变格定弦（A弦变格降至一个G调上），还有，她怪异的指法体系，涉及许多无名指的半音程滑音和丰富的空弦音运用，有时，在两根或三根弦之间需要棘手的跳奏。

杰姬后来请大提琴家朋友用她出版的指法和弓法通盘演奏了一遍巴赫的组曲，当时，她想必挺灰心的。这证明是一次不得要领的习练，没有人能再次呈现她自己做的事，乐谱上一堆的指示标注也无济于事。也许因为这个缘故，1979年下半年，杰姬接受一项编辑埃尔加协奏曲的意向时，她的心并没在这项任务上，这本是一项她非常适合的项目。杰姬请莫雷·威尔士协助她编辑埃尔加协奏曲的工作。那时她已发觉很难提笔写字了，莫雷就充当起了笔录文书一职。莫雷记忆犹新他们第一次的工作情形：

杰姬说的第一件事是，"我们要在开头去掉高雅地。""不过杰姬，你不能就这么去掉这个标注，它可是埃尔加本人写的。"我惊愕地回答她。"无论怎么样，这就是你演奏的方式呀。""不对，不是的。"她答道并坚持我们划掉埃尔加的指示。杰姬看上去抱定了这种想法，她可以更改除音符以外的任何一切，她很可能也是这么做的。她擦掉了埃尔加的所有演奏指示。不久，很显然，这样不可能做出可行的编著版，也出版不了。我认为我们第一乐章都没做完。

杰姬日渐衰弱的健康状况开始折磨她，杰姬不再觉得自己能完成这项任务。

i 丹尼尔·巴伦博伊姆，同前，第172页。
ii 摘自杰奎琳·杜普蕾接受BBC电台专访"我真的是一个非常幸运的人"。
iii 本书作者的访谈内容，伦敦，1993年6月。
iv 杰奎琳·杜普蕾写给玛吉·科恩的信函，1974年12月17日。
v 本书作者的访谈内容，纽约，1994年2月。
vi 杰奎琳·杜普蕾寄给辛西娅和罗德尼·弗兰德夫妇的明信片，寄于1975年5月。
vii 杰奎琳·杜普蕾寄给辛西娅和罗德尼·弗兰德夫妇未标注日期的信函，1975年5月。
viii 同上。
ix 本书作者的访谈内容，伦敦，1993年5月。
x 杰奎琳·杜普蕾写给伊恩·亨特爵士的信函，1977年7月17日。
xi 莫纳·托马斯写给本书作者的信函内容，1994年12月。
xii 《泰晤士报》，1978年8月21日。
xiii 摘自她写给本书作者的信函内容。
xiv 摘自杰奎琳·杜普蕾的笔记本。
xv 本书作者的访谈内容，1993年6月。
xvi 本书作者的访谈内容，伦敦，1995年11月。
xvii 本书作者的访谈内容，伦敦，1995年。
xviii 本书作者的电话访谈内容。
xix 杰奎琳·杜普蕾，未出版的笔记本。

第二十八章
琴声依旧

没有轮椅可以中断心灵之旅程。

——杰奎琳·杜普蕾,《笔记本》

1976年7月,伦敦城市音乐节在圣·保罗大教堂举办开幕式音乐会,杰姬出现在观众席里,倾听着巴伦博伊姆指挥贝多芬第九交响曲。露丝·安·坎尼斯也在场,演出结束后,上前向杰姬问好。露丝离开时,丹尼尔正好看见她:"那位可是圣玛丽医院的护士?"他问道,并立即让他母亲去追露丝。阿伊达·巴伦博伊姆追上露丝·安,并邀她过来,自那以后,露丝便成为杰姬的私人护理。巴伦博伊姆夫妇已接连用过几家医疗机构的护士,都不甚令人满意,夫妇二人迫切想寻找一位可靠的专业护士能住家看护。

打消先是有些犹豫的念头后,坎尼斯接受了这项提议,并在杰姬一生的最后岁月中一直与杰姬在一起。在露丝·安来说,护理杰姬也就是一份职业,在这份工作中,她得到自己心底的福音派[①]信仰的辅助。杰姬,本质上并不笃信宗教,讨厌带任何狂热意味的一切,不过,她尊重露丝·安的精神寄托,无论她们的差异是什么,她们心照不宣地赞同彼此不干涉各

[①] 福音派信仰(evangelical beliefs):新教神学中影响层面最为广阔的福音主义(evangelism)神学的信仰,起源于18世纪70年代的英国。福音神学四大特点是:强调个人归信基督(或曰重生);积极表述和传播福音;强调圣经的权威,坚信圣经无错谬;强调与耶稣复活有关的基督教教义。

自的思维方式。

露丝·安最为关心的，是要确保杰姬尽可能地充实生活。她完全清楚自己的工作意味着不只是满足这位伤残病人的需求，她还有确保杰姬参与涉及照顾她的所有决定。露丝尽自己最大努力让杰姬感觉和看上去都不错，还不厌其烦地留意做到，让杰姬漂漂亮亮在人前亮相，穿着打扮搭配适当的饰品，头发梳理整齐干净。同样，露丝·安用明亮的颜色装点杰姬的房间，将杰姬伤残状况下的所有辅助配备隐藏起来。她表现出不只是一位尽心尽力的护士，她给予爱和安慰，并逐渐越来越多地承担起这一家人的家务管理责任。

1975年秋末，熬过了一次重大的健康危机后，杰姬想要娱乐娱乐的心思回来了，她开始去剧院，也去看朋友。她不久就发现，伦敦并非所有的剧院都方便轮椅出入，而且，有时，得事先安排将她从车里抬进一处包厢，她方能观看一出特定的演出。她的教父哈伍德爵士，那时是英国国家歌剧院的负责人，鼓励她发掘对歌剧的热爱。尽管如此，杰姬对音乐的兴趣很大程度上集中在自己好友圈中几位朋友的演出活动。但凡丹尼尔、平基、伊扎克以及祖宾在伦敦演出，杰姬几乎都人在观众席中。节日音乐厅专门制定了一条特许条例，它影响到防火规章制度，但让杰姬可以使用大厅左侧的一个私人包厢，她可以通过后台入口穿过一条迷宫式路径抵达包厢。轮椅观众通常被安排在正厅前排座位第一排的位子上，对于杜普蕾这样的名人而言，则易受伤害。

据索尼亚·科尔德雷回忆，"杰姬不喜欢人们注意到她的行动不便。但她设法在这种处境中找到幽默感。她讲述那些好心的陌生人怎么走近她，尝试对她说宽慰的话，却往往适得其反。'你知道吗，我姨妈也跟你一样。她过得还不错，虽然死得早。'话一说出口后，他们方意识到自己很是失礼"。[i]

丹尼尔最是开心的一个念头给了杰姬一次机会来满足她对登台演出的热爱。1976年夏，杰姬出现在阿尔伯特音乐厅的一场特殊音乐会上，在（向海顿致敬的）《玩具》交响乐演出中敲击一个小鼓。这次演出是为庆贺哈罗德·霍尔特①基金会的周年纪念，音乐会上，诸位音乐家中许多人都是在拉法埃尔·库贝利克②指挥下进行演奏（很多年前，还是个孩子的时候，杰姬就在一场演奏这首乐曲的电视录制中起劲地敲击自己的玩具鼓，鼓因此被敲裂了）。1979年，丹尼尔安排杰姬在他的指挥下与英国室内乐团合作，朗读普罗科菲耶夫的管弦乐故事《彼得与狼》③。除了公开演出一场外，他们还将这首作品进行了一次录音棚录音，由德意志唱片公司出版发行。再次登上舞台，用自己的言语演出，杰姬陶醉在其中。在她的旁白朗读中，杰姬突出的艺术才能展现了出来，尤其是她的时间感和淘气的幽默感。

一年后，她诵读奥格登·纳什④的诗文配合《动物狂欢节》⑤室内乐的演奏，与英国室内乐团和查尔斯·马克拉斯⑥合作，不过，到这时，杰姬的吐字发音变得越来越含糊不清起来，还在演出过程中几近濒临兴奋过度的傻笑边缘（录制于阿波特里⑦音乐节的电台录音磁带资料里，杰姬朗诵纳什诗歌《化石》，人们从中听得出来）。苏维·格鲁布向彼得·安德里建议，EMI要录制这件作品。不过，安德里不喜欢采用纳什的诗歌配合圣桑音乐的点子，指出他们之前就拒绝过录制由梅纽因太太戴安娜配合同一首音乐朗读同一首诗的事项。

要让丹尼尔接受杰姬不再音乐演奏这一痛苦事实确实很难，起先，他一度拒绝与别的大提琴家合作，虽然皮亚蒂戈尔斯基则视为例外。尽管丹

---

① 哈罗德·霍尔特（Harold Edward Holt，1908年—1967年）：第17任澳大利亚总理，澳大利亚自由党政治家。

② 拉法埃尔·库贝利克（Rafael JeronýmKubelík，1914年—1996年）：捷克指挥家，作曲家。

③ 《彼得与狼》（Peter and the Wolf）：普罗科菲耶夫于1936年返回苏联后创作的一首带旁白的管弦童话。

④ 奥格登·纳什（Frederic Ogden Nash，1902年—1971年）：美国著名的谐音散文诗作家。

⑤ 《动物狂欢节》（Le carnaval des animaux）：法国作曲家圣桑所作的一系列室内乐组曲，由十四首小品组成。以各种乐器生动地描写许多动物而闻名。

⑥ 查尔斯·马克拉斯（Sir Alan Charles Maclaurin Mackerras，1925年—2010年）：澳大利亚指挥家。

⑦ 阿波特里（Upottery）：位于英格兰德文郡的一处小村庄。

尼尔最终克服了自己的抵触情绪，不过，有些特定的作品，比如埃尔加的大提琴协奏曲和舒伯特的《鳟鱼五重奏》等与杰姬紧密关联的作品，他从此再也不想演奏和录制它们了。

丹尼尔经常仔细考虑该如何过自己的生活，但他从不含糊的是一定要尽全力呵护好杰姬。他的医生曾建议杰姬住院应当要好过住家治疗，住院更适合专业化护理杰姬的瘫痪境况，丹尼尔却不这么认为。不过，他去看过普特尼绝症患者护理中心（Putney Home for Incurable），伦敦当时唯一一家针对杰姬这样长期不治病患提供专业护理的医疗机构。丹尼尔去这家机构看过后，只是更肯定他自己最初的想法，无论多么困难，自己的太太一定要在自己家中照顾。丹尼尔从没有告诉过杰姬他曾去过这家名称如此令人压抑的医疗院所。

患病的早几年里，杰姬表现出相当在意丹尼尔。她跟塞尔比医生说，她觉得丹尼尔完全应该跟她离婚，组建一个有孩子的家庭。与此同时，她跟她的朋友说，历经这么多磨难后，他们两人现在比任何时候都要来得亲密，彼此会无所不谈，还一起做出深思熟虑的决定。

不过，自担任巴黎管弦乐音乐总监一职起，丹尼尔越来越专心于自己的工作，这使得他不得不更大程度上区隔自己的生活。带着护士和随身医疗设备出行去巴黎看望丹尼尔，这种尝试令杰姬沮丧，虽然，1976年里有过一次，她去探望了一个星期。在所难免，丹尼尔无奈意识到自己在巴黎需有人陪伴，而杰姬基本上不在他新的朋友圈内。丹尼尔继续在伦敦与杰姬一起共同生活，但杰姬越来越冷淡丹尼尔了。一方面，这意味着一种寻求自我保护的本能需求，另一方面，也意味着，随着她生活视野窄了，越来越关注她自身也就成为必然。

杰姬身体状况日渐恶化，人也变得越来越自我沉迷，丹尼尔在情感上难免对杰姬的付出多少有些退缩了。1980年代，丹尼尔开始减少自己赴伦敦探望杰姬的次数。那时，丹尼尔对杰姬的康复彻底不抱希望了。杰姬什么都没有问，知道刚满四十的丹尼尔需要有一个或能为他生孩子的女人安稳下来过日子，她在心底并不感吃惊。丹尼尔做出要将自己的生活一分为二的决定，就这个决定，丹尼尔得到了自己的各位朋友和自己的搭档艾琳娜·巴什基洛娃[1]的理解与体谅。知道丹尼尔私人"秘密"的人从没想过要泄漏他们的事,在这层意义上来说,这些朋友表现出他们对丹尼尔和杰姬的忠诚。丹尼尔对杰姬担负着一份充分的责任感,一如既往对杰姬的爱激励着他这么做,这一点从来都毋庸置疑。

在转移杰姬对自己问题的关注,激发她各种兴趣爱好,并给予她同情与支持这些方面,杰姬的朋友知道他们能起到的作用,与此同时,他们也意识到杰姬最需要的是爱与安慰。对于男性朋友而言,这有时会挺困难。杰姬对自己的需求很直白,她要的是人来慰藉和确认她的女人味。她大抵已经是个残疾人了,但她的情感和她的性欲仍非常活跃,不容忽视。

杰姬之前一直都是需要付出的人:被剥夺去借自己的音乐给予他人的机会,杰姬仍在友谊中慷慨大度地付出自己。甚至重病在身时,杰姬仍知道如何做一位富有同情心的听众。杰姬从来没有丧失的另一种能力是她带给人们欢笑的天赋,不论是提到奇闻怪事、可笑滑稽之事,或是普通的轻佻粗俗之事,想要压抑住杰姬的幽默感可是要大费周章的。

安慰与支持也来自一处精神之源。威斯敏斯特犹太教会堂[2]就在拉特兰苑舍拐角附近。有一天,杰姬坐着轮椅到户外散步,她与丹尼尔巧遇了艾伯特·弗莱德兰德拉比。他们彼此相悦,这位拉比不久就成了他们家的常客。弗莱德兰德拉比与杰姬的几次会面中,他们的交谈天南地北,话题各种各样,从文学到犹太教无所不谈。弗莱德兰德拉比介绍杰姬了解了好几位作家和音乐家,其中包括唐纳德·斯旺[3]、丹尼·阿布斯[4]和阿伦·西利托[5]。他帮助杰姬为BBC电台栏目《荒岛唱片》和朗读《彼得和狼》做准备。"我去看了演出,非常感人,人们能从观众欢迎她的热情中

---

[1] 艾琳娜·巴什基洛娃(Elena Dmitrievna Bashkirova,1958年—):俄裔美国钢琴家和音乐指挥。

[2] 威斯敏斯特犹太教会堂(The Westminster Reform Synagogue):位于伦敦的海德花园旁。

[3] 唐纳德·斯旺(Donald Ibrahím Swann,1923年—1994年):英国作曲家、音乐家兼娱乐艺人。

[4] 丹尼·阿布斯(Dannie Abse,1923年—2014年):英国诗人、医生。

[5] 阿伦·西利托(Alan Sillitoe,1928年—2010年):英国作家。

感受到他们对杰奎琳的喜爱。我还听了她为《动物狂欢节》室内乐演奏朗读奥格登·纳什的诗作,这也是杰姬最后一次登台亮相。杰姬太喜欢演出了,必须接受自己再无法演出,这是非常痛苦的事情。"[ii]

弗莱德兰德拉比尝试回避在宗教集会上遇见杰姬。据他观察,"从来都不是牧师来探望她的感觉。我们有时谈到做祈祷,她喜欢为我朗读一些赞美诗。她的犹太教信仰当然不是传统的犹太教,但,她有着自己就是犹太人这种非常单纯的信念与信仰。某些时候,她来参加犹太集会。我们曾经在赎罪日里常听她录制的《希伯来祷歌》——通过音乐就是奉行犹太教义的杰姬方式。"

在丹尼尔和杰姬两人看来,他们的犹太教信仰不存在任何教条式的东西,他们包容他人的不同信仰。祖宾·梅塔回忆,有一年,他和他太太南希打算在拉特兰苑舍来一次盛大的圣诞庆祝,没人反对。他们知道杰姬从这些古老传统之中能获得莫大的快乐,他们准备了一棵巨大的圣诞装饰树和一顿真真正正的圣诞大餐。

在杰姬来说,犹太教使她与丹尼尔和音乐圈内她曾经喜爱一起演奏的以色列音乐家关联在一起。犹太教也联系着她对他们的亲密情感,这些犹太朋友总是在需要之际团结在周围。与爱丽斯对比鲜明,丹尼尔的母亲阿伊达任何时候都愿意立刻离开自己在特拉维夫的家和学生来应杰姬的需要。阿伊达务实的智慧和热情豁达的性情使得她成为这个家的力量支柱,随着杰姬病情的恶化,阿伊达平日也住在拉特兰苑舍。

尽管如此,每每出现险情,包括某位救援护士请假外出,管家生病,或是杰姬病情突然复发,厘清危机的责任都落在丹尼尔身上。在拉特兰苑舍,家庭事务在露丝·安和奥尔加之间轮流打理着,相对运转顺利,不过,几年过后,她们两人的关系开始变坏。机缘巧合走进巴伦博伊姆夫妇生活的两位女人就该彼此相处不来,这看似一种奇怪的命运安排。奥尔加有着一副好心肠,不过,来自东欧的她之前没有在族裔混合的社群中生活工作过。她接受不了露丝·安的肤色,这导致冲突发生。1980年,巴伦博伊姆被迫在这两位住家帮手中做出选择。不得已,丹尼尔只得辞退奥尔加。露丝·安不可替代啊。

很多危机中唯有一次迫使丹尼尔取消预约好的演出活动，随即飞回伦敦。虽然可以依靠自己母亲取得支持，丹尼尔却一直很困惑，就是在这种时刻，杰姬的家人都仿佛人间蒸发了一般。"我真搞不懂。也许，我当时年轻，做得不够，没能让杜普蕾一家振作起来，而且，我本当更直接些向他们请求帮助。"

不过，无论他们有多么在意杰姬，主动寻求相互间的对话或是自愿伸出援手，这些举动都并非爱丽斯和德里克的性情。他们受到他们自身背景的局限，还有，在外人看起来，类似有点"英式的"压抑感。爱丽斯对杰姬瘫痪的哀痛也是对她自己的损失的悲痛。她将自己一生的绝大部分时间都注入在帮助杰姬成为一位伟大音乐家的努力之中；看到她的所有投入就这样在眼前破碎不堪，的确苦涩难当。相应地，自己的母亲看似将爱与关怀撤回的举动令杰姬深感受伤。在某种程度上，通过英国室内乐团的几位朋友，联系上了杰姬的教母伊斯梅娜·霍兰德，并委托她能说服爱丽斯能探望杰姬更频繁些。据霍兰德太太回忆，爱丽斯与德里克的确做出了回应，开始每两周一次地前往伦敦看望，固定不变地每个星期五来，与杰姬一起吃顿中午饭，而后与她一起喝茶。[iii]不过，爱丽斯对自己的朋友玛格特·佩西坦言，她不再懂得该如何与自家女儿接触打交道了，而且彼此两边都萦绕着一种挥之不去的排斥感。[iv]所有这些都促使这些例行看望弱化成了一种拘谨的礼节性来往。杰姬设法出行了一两次，去父母在纽伯里镇①外，位于卡里奇村庄②的家。露丝·安记得，杰姬总是感到冷和不舒服，父母家的房屋设置并不适合她的残疾不便。杰姬无疑很渴望自家人能给予更温暖些的表示。

1979年，杰姬的弟弟皮尔斯、母亲爱丽斯和父亲德里克成为获得再生的基督徒时，这个问题加剧激化了。杰姬认为自己家人在信仰上幼稚、近乎简单化，她对此甚少抱有同情。杰姬表示，爱丽斯认为她的病就是摒弃基督教而转信犹太教造成的恶果，爱丽斯的想法无疑很夸张。不过，爱丽斯真正相信自己已被耶稣拯救，这些想法恰植根于她信念的反转认知之

---

① 纽伯里（Newbury）：英国英格兰伯克郡的一个镇。
② 卡里奇（Curridge）：英格兰的伯克郡的一座小村庄。

中。据弗莱德兰德拉比回忆,"杰姬很清楚,她母亲认为,杰姬之前放弃了耶稣,所以在遭受惩罚。这清楚说明了,耶稣已成为她母亲生活的核心。这只是导致杰姬更为肯定她自己是犹太教徒而非基督信徒,这让她与自己的母亲和自己的姐弟产生敌对,相互反感"。

也许,唯一一个甚至当着面对杰姬说她应当再思考自己转教一事的人,就是罗斯特罗波维奇的太太加琳娜·维什涅夫斯卡娅,维什涅夫斯卡娅阐明她自己的个人信条,那就是每个人都应当实践自己自一出生就进入的宗教。维什涅夫斯卡娅一直都是心里一想到就冲口说出来,她当然不是处于教士般的热忱而说这番话的。杰姬没有因此记恨于她,不过,她厌恶来自激进基督徒的含沙射影和严苛的暗示,不论它们是来自她自己的家人还是来自露丝·安的朋友圈。

某种层面上,宗教问题几乎无关紧要,不过,在另一层面上,它被用来刺激双方的敌意。毫无疑问,杰姬觉得自己的家人令自己失望。她往往把自己对姐姐的真实情感保存于心,据利门塔尼医生回忆,当找出时间看望时,杰姬很是高兴。杰姬知道希拉里的生活并不轻松,也知道姐姐一门心思都放在照看自己的一大家子。杰姬也一直关心她姓芬兹的外甥子和外甥女,之前住在阿什曼斯沃思期间,杰姬渐渐爱上他们了。不过,她对基弗只剩下鄙夷,至于自己的弟弟,她常怀疑弟弟皮尔斯较之想来看望她的心,更有兴趣跟人上奢华餐馆外加点上一瓶最贵的酒。

在好些场合,杰姬都坦言,自己有一种不得不为自己的才华付出补偿的想法,而且被这种想法困扰着,某种程度上对自身的苦难心感愧疚。弗莱德兰德拉比给予杰姬慰藉,解释说,在犹太教来说,苦难从来不是对罪孽的惩罚。"所有苦难都是一种可怕的不幸和一种要承受的负担。而她的苦难绝对不是她非得感到内疚的苦难。这种病间或令她生出一种决然的开朗快活,这一部分是心理因素。她害怕缺乏开朗快活会赶走他人。"

当然,杰姬苦修的乐观勇气对她非常有好处。她之前结交了一大圈朋友,包括皇室成员。查尔斯王子到她家中探望,杰姬好不激动,还珍藏着两三封王子写给她的信。杰姬也成为肯特公爵夫人①的挚友。不过，她从不攀龙附凤，同样乐于与自己的司机道·洛科尔一起打发时间，杰姬欣赏且感激道的忠诚与热心善良。

这些年中最突出的一桩事情是杰姬收到参加查尔斯王子与戴安娜·斯宾塞婚礼的请柬。在丹尼尔缺席的情况下，露丝·安建议莫雷·威尔斯②陪同杰姬前往。莫雷记得，在圣·保罗大教堂的大婚仪式上，杰姬发现自己被安排在轮椅残疾人士的行列而神情惊骇。她要求莫雷将她推到前面，能更好观看整个过程，莫雷很难说服她，皇家事务上的这番礼仪是神圣不可违背的。

通过莫雷，杰姬还找到将自己对言语的热爱用于专业运用的一种方式。莫雷将杰姬介绍给了女演员佩内洛普·李（Penelope Lee），李便邀请杜普蕾在德文郡举办的阿波特里音乐节上主持一档阅读节目，BBC第四套广播电台将这档节目录制了下来，用于他们的系列栏目《最是赏心悦耳时》（With Great Pleasure）。莫雷记得，杰姬非常享受为这个节目做的各项准备工作，这些准备有助于她在六个月中最好的时段提前集中注意力。"那段时间，佩内洛普、男演员约翰·卡尔森（John Carlson）和我常一起相伴着读诗歌给杰姬听。我们将她喜欢的放一边堆成一堆作为备用读物。在最后的一两年里，跟她待在一起变得越发困难了，还好现在，我们找到了一件积极的事情来做和让杰姬参与某个真正目标活动中的一种方式，对所有相关的方面来说，也就容易些了。"[v]

在这段时间，莫雷注意到，杰姬的生理状况出现相当大的恶化。"一开始，她还能阅读，但六个月结束之时，她真就无法正常看东西了。于是，我们不得不放大印刷字体，将诗歌写在大卡片上，好让她能读出来。"我们达成一致意见，由两位演员负责读物绝大部分的朗读，杰姬则负责介绍这些读物并背诵一到两首诗歌。就是临到最后一分钟时，我们都一直担心杰姬的健康状况可能应对不了这档节目的紧张压力。尽管如此，她应付了

---

① 肯特公爵夫人（Katharine, Duchess of Kent, 1933年—）：肯特公爵爱德华王子的妻子。

② 伦敦交响乐团现任首席大提琴莫雷·威尔斯（Moray Welsh）。

下来，这次活动被认为取得了极大的成功，其中，杰姬的勇气和出色的舞台表现也大获成功。她传递自己的喜悦，且风格显著地亮相当晚舞台。据莫雷回忆，"杰姬在家朗读时，最大的毛病是她会情不自禁咯咯傻笑起来，我们因此有些紧张，怕这番情形会发生在舞台上。不过，她一路都进展顺利，虽然你在磁带上会听出来她几乎就在即将彻底崩溃的边缘之上了"。

在阿波特里村庄时，杰姬还遇见了另外两位演员，爱德华·福克斯①和乔安娜·大卫②。他们交上了朋友，经常前来探望并读诗歌给杰姬听，还邀杰姬南下去到他们位于多塞特郡③的家中度周末。杰姬一直以来都受到一种情结搅扰之苦，就是她聊胜于无的在校教育让她音乐之外几乎什么都不懂。珍妮特·苏兹曼④，另一位女演员兼朋友，曾帮着杰姬准备《彼得与狼》的朗读节目，后来撰文提及这种无知不懂反倒是积极的有利条件："对于一个人来说，要是每天做的事就是说呀，说呀，说更多的话，对着某个人，而这个人的响应是如此直接、如此新鲜，如此丝毫不受乏味老套教育的搅扰，那是怎样的惬意轻松啊！她没有识字人的偏见，没有半生不熟的想法，她快活地白丁一个，毫不含糊的白板一块。"[vi]不过，人们容易夸大杰姬缺乏教育。杰姬欣赏言语，而且，即使她阅读有限，真要遇上什么文学作品，她能很快正确领悟并理解它。她对诗歌的音乐性尤其有共鸣，还一直痴迷莎士比亚的作品。让杰姬失望的是，保罗·斯科菲尔德⑤答应要来给她朗读游吟诗人的十四行诗，但始终没成行。

大约1981年起，杰姬便每况愈下，不光显现在生理上而且在精神上。一方面，她说话变得含糊不清，四肢越发虚弱无力，吞咽出现困难。为了制止住自己双臂的震颤，她保持双臂交叉的姿势。这种疾病现在也逐渐影响到脑部某些特定区域。据兰格医生解释，"当大脑出现生理和化学变化时，你的情绪、记忆力、推理能力和言行举止也都产生变化。当条件反射

---

① 爱德华·福克斯（Edward Charles Morice Fox，1937年—）：英国演员。
② 乔安娜·大卫（Joanna David（born Joanna Elizabeth，1947年—）：英国女演员。
③ 多塞特郡（Dorset）：英国英格兰西南部的郡，在英吉利海峡北岸。
④ 珍妮特·苏兹曼（Janet Suzman，1939年—）：南非裔英国女演员。
⑤ 保罗·斯科菲尔德（David Paul Scofield，1922年—2008年）：英国著名舞台及电影演员。

（位于大脑皮层的额叶处）受到影响，你的性情遭受变化，社交反应也在改变"。[vii]

很多人并没有意识到杰姬性情上的这些变化缘于生理影响。利门塔尼医生说，"当病得极严重时，杰姬说的很多东西应当不可尽信，虽然太多人都信以为真了。她说污秽的话语和想要男人，都是因为缺乏自制力——被称作抑制因子，或是条件反射——这跟多发性硬化症有关，会让一个人看起来要么欣快异常要么躁狂不安。这一切都根植于她童年受到的种种约束限制。她过去认为语出惊人非常有趣"。[viii]

大约就是这个时候，利门塔尼医生觉得自己有责任该通知巴伦博伊姆了，他再也无法做出正式意义上的分析了。"我继续给杰姬看病的唯一一个原因是我给她尚能紧紧抓住的一样东西——一个她能冲着发火的对象。跟我在一起，当她再无法自己吃东西或不得不按铃求助时，她还能发泄自己的怒火。她憎恨事事都要依赖于人。"

朋友们注意到，一反常态，杰姬的恬淡寡欲开始崩溃。在发泄痛苦和挫败中，杰姬现在开始抱怨她周遭的人。她主要的标靶，不是她杜普蕾自己家的人，而是她最依赖的两个人：露丝·安和丹尼尔。随着她开始受困于她的依赖性，杰姬逐渐视露丝·安如同一位看守人一般，这也许是她所患疾病带来的自然结果。她的厌恶和愤怒吐露在对露丝宗教信仰的冷嘲热讽之中。各位朋友不同方式地给予帮助，不是倾听她的发泄，就是提出论调的另一面供她参考，要么将她从这件事上转移开去。不过，对于偶尔来访的人来说，她的痛骂会极其令人心寒。

人们不需要太多想象就能认识到，这些恼怒的话语其实只是一个面相，一个杰姬的挫折感迫切需要排解的发泄出口。每一次丹尼尔来到房间里或是打电话回来，杰姬的眼睛就会亮起来，声音也软了下来。漫漫长夜那些孤独时光里，都是露丝·安用她的情谊、兴致与爱支撑着杰姬。

利门塔尼医生认为，这些寻求同情的呼唤部分源自杰姬做不来自怜自叹。"她想要她的朋友来做她自己做不来的事情。她说的很多让人们做的事，为的是要引人怜悯。然而，她在做的却恰恰跟她想做的背道而驰，与此同时，她不想要这种怜悯。这种情形在那样的境况下相当常见。"

1983年夏天，杰姬搬到一处新家，更适合她越来越不方便的瘫痪状况。在诺丁山门附近的切普斯托别墅区，巴伦博伊姆购置了新改造好的同一层楼两套相邻的公寓，也都改造成适应露丝·安和杰姬各方面的特殊需要的布局。不过，切普斯托别墅区的这栋公寓楼缺少拉特兰苑舍独立屋的那种明亮与温暖感。尽管露丝·安尽最大努力尽量掩饰，作为一处家，它了无生气，主要是用来应对杰姬这病的临终阶段。每每丹尼尔来，他就给这屋子带来安慰、光亮和活力，但日渐多的是，丹尼尔的到来更多是专注于解决各种问题。

从医学角度看，1983年标志着杰姬生命临近终点的开始。随着她的状况明显恶化，几乎一天一变，她再也无法自己吃东西，也拿不了东西了。说话变得异常含糊不清，很难表达清楚自己的意思。这种疾病蚕食着她的心理和生理的同时，她的孤独感和排斥感不断加剧，几乎到了不抱一丝一毫乐观的绝境边缘了。担心自己被朋友抛弃的这份焦虑转为一种固恋偏好，把自己的日常作息塞满各种预约活动。刚一见到一位访客，就开始安排他们下一次造访的事宜了。有更多正当的理由要感谢她忠诚的朋友圈，他们不间断地来看她，还总是给予积极的东西来安慰她。她的很多老故友——扎米拉·梅纽因、史蒂芬·比肖普、辛西娅和罗德尼·弗兰德、查尔斯·比尔、伊恩和梅赛德斯·斯托泽克夫妇、托比和伊扎克·帕尔曼夫妇、比尔和托尼·普利兹兄弟，还有她那些"英国室内乐团的伙伴"，乔·密霍兰德、玛吉·考恩和安妮塔·拉斯克[1]——都在杰姬的挚友圈中，随时听候她的需要。

新的兼职管家，法国人安-玛丽·莫兰，开朗快乐，她的到来也算是一种慰藉，给杰姬的生活带来轻松的场面。随着杰姬日渐衰弱，露丝·安承担了所有护理和照料的工作，她觉得，一旦出现超过数小时的危机，无法信任其他任何人接手。至少有过两回，因及时采取正确步骤止住杰姬出现的哽咽窒息，露丝·安救了杰姬的命。露丝·安信赖几位受敬重的朋友，比如乔·密霍兰德和辛西娅·弗兰德，陪着杰姬这样的支持，让杰姬

---

[1] 安妮塔·拉斯克（Anita Lasker，1925年——）：犹太裔英国大提琴家。

有时间去教堂和重振精力。

露丝·安还懂得在杰姬陷入极度抑郁时如何帮助杰姬。戴安娜·努本患癌症临终之时，露丝·安就做了安排，带杰姬去布莱顿过了一次周末。西尔维亚·肖司康伯陪同她们一同前往，她记得，听闻戴安娜去世，杰姬哭不出来，也吐露不了自己苦涩的悲痛。这部分是缘于生理原因，疾病侵袭影响了泪管，杰姬再也沉湎不了哭泣这被她称作"伟大的礼物和仁慈的装置"之中了。

不过，这也反映出杰姬在内心日渐冷漠冷酷起来，拒绝为他人和她自己面露同情神态。她父亲在1980年代中期患上帕金森症时，杰姬公然的无动于衷令很多人震惊。尽管如此，当得知爱丽斯已癌症晚期时，杰姬无法掩饰自己的焦虑。露丝·安明白无论杰姬会怎样反着说什么，极为重要的是要安排一次临终告别探望，于是，1985年9月，露丝·安带杰姬南下去看望住在纽伯里医院的母亲。这次看望最终成为这家人的最后一次全家团聚。

几个月的时间里，不只是爱丽斯去世，杰姬还得知阿伊达，她的婆婆，也癌症晚期了。不过，时至如今，她太过沉浸在自己的求生挣扎之中，做不到全身心地哀悼这两位女人，这两位曾以各自的方式为她的生活奉献良多的女人。即使在最好的状态时，用言语表达她的悲痛尚不容易，而今，她的讲话很糟，几乎无法让人明白她了。

生命的最后几年，留给杰姬为数不多的愉快之事中的一件就是她自己的唱片。倾听这些唱片是与她的朋友分享自己最美好的东西的方式，他们中有些人之前从没听过她音乐会上的现场演奏。这也给予杰姬让自己的演奏重生的机会。不过，随着她的需要变得越来越偏执，朋友们发觉聆听这些唱片的时间更是一种痛苦的折磨而非一种愉悦。尝试将这两相冲突的形象联系在一起，实在令人心碎，几乎不堪忍受：杜普蕾这位伟大音乐家听得见的佐证，之于她衰退消逝的悲伤图景。当时，我很吃惊，每张唱片快要放完时，她会恒定不变地问我，"拉得可好？"给她必要的安慰从来不难，仅不过想回应她慷慨大度且充满爱意的精神。显然，杰姬自己录制的音乐演奏就是现实对她而言至关重要的唯一形式，也是疾病无法从她身上夺走的唯一一件东西。

扎米拉·梅纽因仍记得，就在杰姬临终前一个星期有过一次辛酸的会面。"杰姬知道自己坚持不了多久了——每病一次，她就愈发虚弱许多，她再也说不出话了。她不哭，但不祥之兆隐约可见。我记得自己对她说：'很显然，我们所有人总有一天都得死。但是，从现在起到之后一百年里，我们绝大多数人都会被人遗忘，但你仍会还在，人们会对你的音乐一直抱有浓厚的兴趣。'我明白这听上去陈词滥调的，但，听到这话真的让她高兴。"ix

患有像多发性硬化症这类慢性病的病患，往往经常死于继发性感染，这在杰姬身上也是如此。1986年12月，她患了肺炎，但对抗生素有反应。不祥之兆飘至，话就是如此，1987年10月初，她患上了胸部感染，而后再次转为肺炎。这次，她太虚弱而敌不过了。丹尼尔一直保持着与莱恩·塞尔比的联系，塞尔比汇报给他听杰姬的病情进展。10月18日，星期天，莱恩电话通知丹尼尔，大限很是逼近了。辛西娅·弗兰德搬进公寓支援露丝·安，许多杰姬的朋友和她的弟弟、姐姐都前来向她告别；即便她说不出话，她看起来仍认得他们所有人。不过，据露丝·安说，杰姬一直坚持着，直到丹尼尔10月19日，星期一的下午早早赶到之时。一直都等着他，她方无所牵挂地撒手人寰了，在死亡中找到自己最终的宁静。

10月17日，星期六，和10月18日，星期天，这个周末，英格兰的南部遭受飓风蹂躏，造成可怕的破坏。大量的树被吹断和连根拔起，包括肯特花园里的一些最珍稀的树种。这样一场暴风雨余波过后的间歇间，不可思议地发生了与杰姬之殇相契合的事情。丹尼尔之前总是把杰姬比作一股自然界的力量。伴着阳光的积极能量，杰姬一度展现自己流星般璀璨但短促的惊人天赋。她承受悲惨遭遇的那些岁月，不仅对她自己的生活，也对她身边那些至亲好友的生活，造成狂风暴雨般的肆虐摧残。

杰奎琳·杜普蕾，凭借自己的音乐与个性，感动所有与她接触过的人的人生，她的音乐与个性在这个集美的世界之中散发着与这些世界之美同样的温暖、慷慨与喜悦，但也同样传递着深深的悲哀与巨大的怜悯。撰写葬礼悼词时，弗莱德兰德拉比想起杰姬面对疾病灾难时曾经说过，后被世人大量引用的一段话:"我是如此幸运,在自己年轻时就取得了一切。我录制了全套曲库的曲目……我没有遗憾。"

"我们敢说她对了——还是她错了吗?"弗莱德兰德拉比问。就像他在别处落笔的那样,这首歌并没有随着歌手逝世而终止。真正的真相在文字中找不到,但在音乐中永生。

ⅰ 本书作者的访谈内容,伦敦,1994年11月。

ⅱ 此处引用与本章内之后的所有引用皆摘自本书作者的访谈内容,伦敦,1994年6月。

ⅲ 本书作者的访谈内容,海斯,1993年6月。

ⅳ 本书作者的访谈内容,巴斯,1993年5月。

ⅴ 此处引用与本章内之后的所有引用皆摘自本书作者的访谈内容,伦敦,1993年5月。

ⅵ 珍妮特·苏兹曼(Janet Suzman)的文章《杰姬与狼》,收录沃德沃斯编著,同前,第127页。

ⅶ 本书作者的访谈内容,伦敦。

ⅷ 此处引用与本章内之后的所有引用皆摘自本书作者的访谈内容,伦敦,1993年6月。

ⅸ 本书作者的访谈内容,伦敦,1993年6月。

致谢

我要感谢无数的人,是他们的支持与贡献成就了这本书。

首先,我希望向丹尼尔·巴伦博伊姆表达我的感激之情,感激他的信任,让我承担这项任务,感激他在各方面给予我的帮助和鼓励,先是提供我各式合同的内容与信息,而后,分享他对杰奎琳的回忆,赐予我他对音乐与演奏令人着迷的见解与洞见,临了,他阅读本书手稿时,还进行修订,给予意见与高见。他很审慎行事,从不自以为是,让我完全自由地写下我所见所闻的方方面面。

至于其他方面,杰奎琳生前的很多朋友和同行给予我慷慨的合作与帮助,一直促进着我的写作——杰姬生来慷慨的性情留予这世间的影响。只有两到三位回绝了我的采访请求,他们更希望保留下属于自己的私人记忆。

大部分的情况是,我有幸当面进行采访,分别在意大利、英国、美国、柏林和巴黎各国各地进行。也有时只能电话采访。某些情况下,人们就我的问题以书面方式答复,交与我书面的回忆录或文稿文本。

遗憾的是,在我准备期间,杰姬的姐姐和弟弟,希拉里·芬兹和皮埃尔·杜普蕾也着手撰写他们自己的家庭回忆录,并于1997年10月出版,因为这个缘故,我没能获准翻阅杜普蕾的家庭档案资料。尽管如此,我仍想感谢他们给予我的一次正式访谈,让我核实了杰奎琳早年的一些信息。

我最为感谢那些了解且与杰奎琳·杜普蕾演奏过、并与我分享追思的音乐家,他们包括:弗拉基米尔·阿什肯纳齐[①](Vladimir Ashcenazy)、

[①] 弗拉基米尔·阿什肯纳齐(Vladimir Ashcenazy,1937年—):俄罗斯钢琴学派的杰出代表。

奎恩·博拉蒂（Quin Ballardie）、哈里·布莱希（Harry Blech）、安娜·丘马琴科（Ana Chumachenko）、玛吉·考恩（Maggie Cowan）、拉玛尔·克劳森（Lamar Crowson）、戴安娜·卡明斯（Diana Cummings）、赫伯特·唐斯（Herbert Downes）、劳伦斯·福斯特（Lawrence Foster）、罗德尼·弗雷德（Rodney Friend）、何塞·路易斯·加西亚（Jose Luis Garcia）、理查德·古德（Richard Goode）、安东尼·霍普金斯（Antony Hopkins）、史蒂芬·科瓦塞维奇（Stephen Kovacevich）、安妮塔·拉斯克（Antony Hopkins）、阿尔贝托·莱西（Alberto Lysy）①、奥斯卡·莱西（Oscar Lysy）、休·马奎尔（Hugh Maguire）、乔治·马尔科姆（George Malcolm）、祖宾·梅塔（Zubin Mehta）、耶胡迪·梅纽因（Yehudi Menuhin）、乔安娜·马尔霍兰（Joanna Milholland）、伊扎克·帕尔曼（Itzhak Perlman）、阿诺德·斯坦哈特（Arnold Steinhardt）、彼得·托马斯（Peter Thomas）、傅聪（Fou Ts'ong）、约翰·威廉姆斯（John Williams）、平克斯·祖克曼（Pinchas Zukerman）。

我深深感谢杰奎琳的几位老师：首先是威廉·普利兹（William Pleeth），还有姆斯蒂斯拉夫·罗斯特罗波维奇（Mstislav Rostropovich）。

我要感谢下面几位大提琴家与出色的同行，他们在这个项目上热心相助，无疑反映出他们对杰奎琳·杜普蕾的持久热爱与高度敬重：桑迪·贝利（Sandy Bailey）、劳恩·布雷克（Lown Blake）、奥达马·波维斯科（Ottomar Borwitsky）、纳塔利娅·古特曼（Natalia Gutman）、安德烈·赫斯（Andrea Hess）、蒂姆·休（Tim Hugh）、斯蒂芬·依瑟利斯（Stephen Isserlis）、拉尔夫·科什鲍姆（Ralph Kirshbaum）、米沙·麦斯基（Misha Maisky）、鲍里斯·帕尕密什科夫（Boris Pergamenshchikov）、梅丽莎·菲尔普斯（Melissa Phelps）、安娜·沙特尔沃思（Anna Shuttleworth）、拉斐尔·索默（Raphael Sommer）、珍妮·泰塔德（Jeanine Tetard）、莫德·马丁-托特里耶（Maude Martin-Tortelier）、吉尔·索迪（Gill Thoday）、珍妮·沃德-克拉克（Jenny Ward-Clarke）、马里·威尔士（Moray Welsh）、

---

① 阿尔贝托·莱西（Alberto Lysy，1935年—2009年）：著名的阿根廷小提琴家和指挥家。

和马友友（Yo-Yo Ma）。

我也要感谢杰奎琳的许多朋友与熟人，他们同意与我交谈和分享他们的回忆：约翰·艾米斯（John Amis）、彼得·安德里（Peter Andry）、巴比罗利夫人（Lady Barbirolli）、克莱夫和露西·巴尔达夫妇（Clive and Rosie Barda）、查尔斯·比尔（Charles Beare）、凯特·比尔（Kate Beare）、Y.贝尼斯（Y. Beinish）、扎米拉·本沙尔（Zamira Benthall）、苏丹·布拉德肖（Sudan Bradshaw）、艾莉森·布朗（Alison Brown）、乔安娜·大卫（Joanna David）、杰里米·戴尔-罗伯茨（Jeremy Dale-Roberts），后来的彼得·戴梦德（Peter Diamand）、玛德琳·丁克尔（Madeleine Dinkel）、霍华德·弗格森（Howard Ferguson）、阿尔伯特·弗里德兰德拉比（Rabbi Albert Friedlander）、辛西娅·弗雷德（Cynthia Friend）、格罗夫斯夫人（Lady Groves）、苏维·格拉布（Suvi Grubb）、佩内洛普·李（Penelope Lee）、格斯里·卢克（Guthriel Luke）、洛特·克伦佩勒（Lotter Klemperer），泰迪·寇勒（Teddy Kollek）、苏西·马奎尔（Susie Maguire）、克里斯托弗·努本（Christopher Nupen）、扬·普利兹（Jan Pleeth）、奥列格·普罗科菲耶夫（Oleg Prokofiev）、戴安娜·里克斯（Diana Rix）、斯图尔特·罗宾逊（Stuart Robinson）、吉尔·西弗斯（Jill Severs）、厄休拉·斯特里比（Ursula Strebi）、伊恩爵士和斯多特兹克夫人（Sir Ian and Lady Stoutzker）、莫娜·托马斯（Mona Thomas）、杰里米·索普太太（Mrs. Jeremy Thorpe）、查理斯·沃兹沃思（Charles Wadsworth）、埃莉诺·沃伦（Eleanor Warren）、詹姆斯和伊莱恩·沃尔芬森（James and Elaine Wolfenssohn）和尼娅·祖克曼（Eugenia Zukeman）。

我想进一步感谢：

i.杰奎琳不同阶段和分布世界各地的各位经纪人：汉斯·阿德勒（Hans Adler）、特里·哈里森（Terry Harrison）、伊恩·亨特爵士（Sir Ian Hunter）、哈罗德·肖（Harold Shaw）和威尔弗里德·斯蒂夫（Wilfrid Stiff），特别是戴安娜·里克斯（Diana Rix）给予我的可贵帮助，她让我查阅哈罗德·霍尔特（Harold Holt）的办公文件和日记。我还想特别感谢提莱特信托（Tillett Trust），允许我使用他们的档案资料。

ii. 杰奎琳生前的医生雷恩·塞尔比医生（Len Selby）和雷奥·兰格医生（Leo Lange），后来的亚当·利门塔尼医生（Adam Limentani），和杰奎琳的护士露丝·安·坎宁斯（Ruth Ann Cannings）。

iii. 杰奎琳的教父哈伍德勋爵（Lord Harewood）和伊斯曼纳·霍兰德夫人（Mrs Ismena Holland）。

iv. 帕齐·詹姆斯（Patsy James）、玛丽·梅（Mary May）、玛戈·佩西（Margot Pacey）和罗纳德·史密斯（Ronald Smith），谢谢他们帮助我获得艾丽斯·杜普蕾的音乐背景信息。

v. 公益女子私立住宿学校（Commonweal Lodge）①，克罗伊登高中（Croydon High School），皇后学院（Queen's College），市政厅音乐戏剧学院（The Guildhall School of Music and Drama），巴黎音乐学院（The Paris Conservatoire），皇后学院的校友辛西娅·戈斯内尔（Cynthia Gosnell），多琳·阿什当（Doreen Ashdown），杰奎琳的校友安德烈·巴伦（Andrea Barron），帕泰诺佩比昂（Parthenope Bion）和弗雷迪尔·克拉伯恩（Freddle Collarbone）（娘家姓比斯顿Beeston），帮助我核实相关事实和分享杰奎琳在校学习的往事。

vi. 保罗·多纳蒂（Paolo Donari），玛利亚·fang（Maria Fontecedro），玛利亚·玛嘉诺医生（Dr. Maria Majno），鲍勃·马丁，弗朗哥·斯科拉（Franco Scala），瓦列里·沃思科波尼克夫（Valery Voskoboinikov），谢谢他们提供杰奎琳生前在意大利的音乐活动。

vii. 柳德米拉·科纳斯基（Lyudmila Kovnastskya），谢谢核查在俄罗斯的音乐会演出信息与资料。

viii. 作家罗伯特·鲍多克（Robert Baldock）和威廉·华兹华斯（William Wordsworth），谢谢各种意见和珍贵的建议。

我尤其要感谢玛德琳·丁克尔、格斯里·卢克、罗德尼·弗雷德和辛西娅·弗雷德和玛吉·考恩，他们让我查阅和引用杰奎琳·杜普蕾的私人信件。我还要感谢音乐家慈善基金会（Musicians Benevolent Fund）的瓦莱丽·比

---

① 公益女子私立住宿学校（Commonweal Lodge）：1916年—2010年间，位于英国珀利的一所女子私立学校。

尔（Valerie Beale）让我查阅和引用杰奎琳写给苏吉亚基金会的一封信。

在EMI（百代唱片）公司，我想要感谢罗杰·刘易斯（Roger Lewis）和那些在海耶斯档案部的热心助理。我特别致谢查理斯·罗蒂（Charles Rodie），不止是准予我引用档案馆中的文档，而且至始自终给予我鼓励与帮助。

我最是要感谢以下机构，让我获准使用杜普蕾生前参与的广播与电视栏目的相关音频与视频资料以及听取相关磁带录音：英国BBC广播电台和BBC电视台、丹麦电台、格拉纳达电视台（英国——译者注）国家声音档案馆、纽约爱乐乐团、分驻罗马和都灵的意大利国家电视台和瑞典广播公司。在此，我特别感谢迪瑞特·莱格拉夫（Dorette Leygraf）和泰格·欧亥艮（Tage Olhagen）两位。

此外，我感谢大不列颠艺术协会、英国文化委员会、音乐家贝多芬基金会、杰奎琳·杜普蕾纪念基金会的诺曼·韦伯（Norman Webb）、国际多发性硬化症联盟的西尔维亚·洛瑞（Sylvia Lawry）和牛津大学的圣·希尔达学院，他们提供了我非常有用的信息资料。

我亦致谢世界各地的管弦乐团档案馆：

i.在英国，BBC交响乐团、伯明翰交响乐团、哈勒管弦乐团、伦敦交响乐团、伦敦爱乐乐团、爱乐管弦乐团、皇家利物浦爱乐乐团、北方交响乐团、皇家爱乐乐团和苏格兰国家管弦乐团。

ii.在欧洲，丹麦电台管弦乐团、海牙王宫管弦乐团、斯卡拉[①]爱乐乐团、罗马的圣塞西利亚[②]管弦乐团、巴黎管弦乐团、柏林人爱乐乐团在柏林的德意志交响乐团、以色列交响乐团、奥斯陆爱乐乐团和瑞典电台管弦乐团。

iii.在南半球，澳大利亚广播电台档案馆和悉尼的新西兰广播委员会管弦乐团，尤其感谢档案馆员乔伊·唐克斯（Joy Tonks）。

iv.在北美洲，波士顿交响乐团、芝加哥交响乐团［其中特别致谢弗兰克·维莱拉（Frank Villella），时任该档案馆助理］、克利夫兰管弦乐团，达拉斯交响乐团、丹佛交响乐团、底特律交响乐团、火奴鲁鲁交响乐团、堪萨斯市、洛杉矶爱乐协会、明尼苏达州管弦乐协会、蒙特利尔交响乐

[①] 斯卡拉（Scala）：意大利南部的一座小镇。
[②] 圣塞西利亚（Santa Cecilia），西班牙的一座市镇。

团、纽约交响乐团、俄克拉荷马市爱乐乐团、费城管弦乐团、旧金山交响乐团、多伦多交响乐团和温哥华交响乐团。

我最是感谢以下组织机构，他们鼎力协助我从他们的档案资料中收集杰姬生前参加过的音乐会的具体演出日期和节目单：（英国）国民托管组织的音乐会与演出[①]、伦敦的皇家阿尔伯特音乐厅、南岸中心、纽约的卡耐基音乐厅的基诺·弗兰西斯肯尼（Gino Francesconi）和切尔滕纳姆的巴赫音乐节、伦敦市政厅、爱丁堡、切斯特、诺威奇和卢塞恩。

我要感谢以下人员供我使用他们私人保存的摄影照片：丹尼尔·巴伦博伊姆、尤金尼亚·祖克曼、安娜·丘马琴科。还有克莱夫·巴尔达、弗里茨·寇松（Fritz Curzon）、各大通讯社、BBC图片档案馆和摩纳哥公国国家档案馆，该馆让我使用鲍勃·马丁的照片。

在两位优秀助理的努力协助下，我的工作得以进展轻松，先是安娜·威尔逊（Anna Wilson），其后四年是罗西·钱伯（Rosie Chamber）。罗西不懈努力地收集信息，整理资料，建立人员联络，取得档案使用许可，她远比我锲而不舍。我十分感激我的编辑埃尔斯贝特·林德纳（Elsbeth Lindner）给予的所有点评、意见与修订。我还要感谢韦登菲尔德&尼克尔森出版社（Weidenfeld & Nicolson）所有那些协助本书一系列事项的工作人员，尤其是艾恩·特里温（Ion Trewin）和伊恩·品达（Ien Pindar）两位。

这项任务一路走来，我有幸得到来自我的家人和朋友的耐心与支持。我感谢他们所有人，特别感谢凯瑟琳·威尔逊（Catherine Wilson）、弗朗西斯科·坎迪多（Francesco Candido）和克里斯汀·安德森（Christine Anderson），她们都通篇阅读这本书的手稿，提出许多有用的建议和评点。我还要感谢安·威尔逊（Ann Wilson）和爱丽斯·克兰尼奇（Eilis Cranitch）给予的帮助。

最后，回忆和记录着这些我从世界各地许许多多人那儿获得的巨大帮助的同时，我谨向我可能不经意间忽视掉的人致歉与致谢。

[①] 国民托管组织（the National Trust）：英国保护名胜古迹的私人组织。